온라인 삼성직무적성검사

머리말

삼성 경영철학의 최우선순위는 '인간존중' 이념이다. 이를 구현하기 위해 삼성은 1995년에 개인의 능력과 무관한 학력, 성별 등의 모든 차별을 배제한 '열린채용'을 실시함으로써 채용문화에 변화의 바람을 일으켰다. 이때 삼성 직무적성검사(SSAT : SamSung Aptitude Test)를 도입, 단편적 지식과 학력 위주의 평가 방식에서 과감히 탈피했다.

20년 동안 채용을 진행하면서, 입사 후 우수 직원들의 업무성과 요인 등을 분석한 결과 직군별 성과요인에 차이가 있었다. 또한 미래 경영환경의 변화와 글로벌 주요 기업들의 사례를 통해, 창의적이고 우수한 인재를 효과적으로 확보할 필요성이 생겼다. 이에 삼성은 2015년 하반기 공채부터 시험 위주의 획일적 채용방식을 직군별로 다양화하는 방향으로 채용제도를 개편했다. 이와 더불어 SSAT(국내)와 GSAT(해외)로 혼재되어 사용하던 삼성 직무적성검사의 명칭을 GSAT(Global Samsung Aptitude Test)로 통일시켰다.

실제 삼성 직무적성검사 기출문제를 살펴보면 평소 꾸준히 준비하지 않으면 쉽게 통과할 수 없도록 구성되어 있다. 더군다나 입사 경쟁이 날이 갈수록 치열해지는 요즘과 같은 상황에서는 이에 대한 더욱 철저한 준비가 요구된다. '철저한 준비'는 단지 입사를 위해서뿐만 아니라 성공적인 직장생활을 위해서도 필수적이다.

이에 SD에듀는 수험생들이 GSAT에 대한 '철저한 준비'를 할 수 있도록 다음과 같이 교재를 구성하였으며, 이를 통해 단기에 성적을 올릴 수 있는 학습법을 제시하였다.

도서의 특징

❶ 2022년 하반기 ~ 2020년 상반기 기출복원문제를 수록하여 최신 출제 경향을 파악할 수 있도록 하였다.

❷ 영역별 이론점검, 대표유형, 유형점검을 수록하여 단계별로 학습이 가능하도록 하였다.

❸ 최종점검 모의고사와 온라인 모의고사, 문제풀이 용지를 제공하여 온라인 시험에 대비할 수 있도록 하였다.

❹ 인성검사, 에세이, 면접을 수록하여 한 권으로 삼성 채용을 대비할 수 있도록 하였다.

끝으로 본서로 삼성 채용 시험을 준비하는 여러분 모두의 건강과 합격을 진심으로 기원한다.

SD적성검사연구소 씀

삼성 GSAT

Always **with you**

사람의 인연은 길에서 우연하게 만나거나
함께 살아가는 것만을 의미하지는 않습니다.
책을 펴내는 출판사와 그 책을 읽는 독자의 만남도 소중한 인연입니다.
SD에듀는 항상 독자의 마음을 헤아리기 위해 노력하고 있습니다.
늘 독자와 함께하겠습니다.

삼성 이야기

핵심가치

인재제일

'기업은 사람이다'라는 신념을 바탕으로 인재를 소중히 여기고 마음껏 능력을 발휘할 수 있는 기회의 장을 만들어 간다.

최고지향

끊임없는 열정과 도전정신으로 모든 면에서 세계 최고가 되기 위해 최선을 다한다.

변화선도

변화하지 않으면 살아남을 수 없다는 위기의식을 가지고 신속하고 주도적으로 변화와 혁신을 실행한다.

정도경영

곧은 마음과 진실되고 바른 행동으로 명예와 품위를 지키며 모든 일에 있어서 항상 정도를 추구한다.

상생추구

우리는 사회의 일원으로서 더불어 살아간다는 마음을 가지고 지역사회, 국가, 인류의 공동 번영을 위해 노력한다.

경영원칙

법과 윤리를 준수한다.

- 개인의 존엄성과 다양성을 존중한다.
- 법과 상도의에 따라 공정하게 경쟁한다.
- 정확한 회계기록을 통해 회계의 투명성을 유지한다.
- 정치에 개입하지 않으며 중립을 유지한다.

깨끗한 조직문화를 유지한다.

- 모든 업무활동에서 공과 사를 엄격히 구분한다.
- 회사와 타인의 지적 재산을 보호하고 존중한다.
- 건전한 조직 분위기를 조성한다.

고객, 주주, 종업원을 존중한다.

- 고객만족을 경영활동의 우선적 가치로 삼는다.
- 주주가치 중심의 경영을 추구한다.
- 종업원의 삶의 질 향상을 위해 노력한다.

환경·안전·건강을 중시한다.

- 환경친화적 경영을 추구한다.
- 인류의 안전과 건강을 중시한다.

글로벌 기업시민으로서 사회적 책임을 다한다.

- 기업시민으로서 지켜야 할 기본적 책무를 성실히 수행한다.
- 현지의 사회 · 문화적 특성을 존중하고 상생을 실천한다.
- 사업 파트너와 공존공영의 관계를 구축한다.

신입사원 채용 안내

모집시기

❶ 회사별 특성에 맞게 인력소요가 생길 경우에 한해 연중 상시로 진행하고 있다.

❷ 회사별로 대규모 인력이 필요한 경우에는 별도의 공고를 통해 모집한다.

지원방법

❶ 삼성채용 홈페이지(www.samsungcareers.com)에 접속한 후 상단메뉴 「채용지원/조회 – 3급 신입채용」을 클릭한 다음 로그인하여 신규 작성한다.

❷ 제시된 안내와 채용공고에 따라 지원서를 작성하여, 지원서 접수기간 내에 제출한다.

❸ 이후 해당 회사의 안내에 따라 전형절차에 응시한다.

채용전형 절차

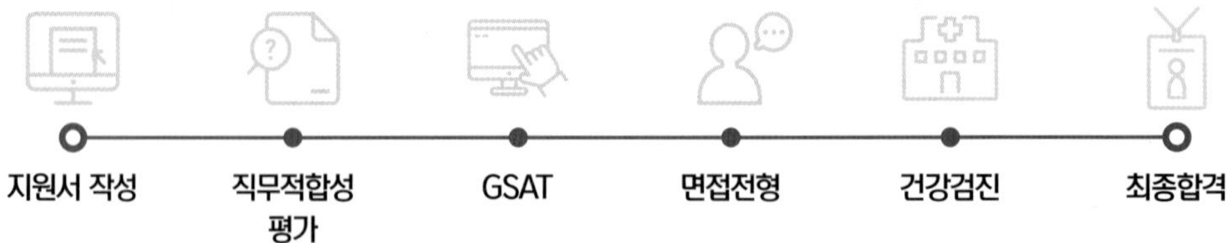

❖ 채용절차는 채용유형, 채용직무, 채용시기 등에 따라 변동될 수 있으므로 반드시 발표되는 채용공고를 확인하시기 바랍니다.

REVIEW

합격 선배들이 알려주는

삼성 GSAT 필기시험 합격기

합격후기

풀고 또 풀고!

대기업 인적성 하면 제일 먼저 떠오르는 게 GSAT이고 가장 높은 장벽처럼 느껴졌습니다. 그래서 도서를 구입하고 책이 너덜너덜해질 때까지 풀고 또 풀었습니다. 안 그래도 다른 대기업 인적성 도서보다 두껍고 어려운 도서를 반복해서 보려고 하니 힘들어서 포기하고 싶었지만 도서를 믿고 기출 유형을 반복하여 익혔습니다. 실제 시험에서 SD에듀 도서로 공부한 문제와 유형도 비슷하게 나오고 난이도도 얼추 맞아 수월하게 시험에 응시할 수 있었던 것 같아 SD에듀 도서를 믿고 푼 보람이 있었습니다.

유형부터 모의고사까지!

취업 준비를 시작하면서 가장 막막했던 것이 인적성시험 준비였습니다. 특히 삼성 같은 경우에는 합격의 당락을 좌우하는 요소 중 GSAT의 비중이 매우 크다고 들었던 터라 더욱 걱정이 되었습니다. 서점에 가서 여러 종류의 책들을 훑어보다가 SD에듀 도서가 유형부터 모의고사까지 구성이 되어 있어 체계적인 학습이 가능할 것 같아 선택하게 되었습니다. 저처럼 인적성시험 공부가 처음인 사람에게는 굉장히 도움이 될 것 같았고, 실제로도 그랬습니다. 기출복원문제가 맨 앞에 따로 나와 있어서 이걸 풀어보면서 시험이 어떤 식으로 출제되는지 감을 잡을 수 있었습니다. 책의 구성이 저 같은 초심자도 체계적으로 공부할 수 있도록 이루어져 있어 굉장히 도움이 되었습니다.

❖ 본 독자 후기는 실제 SD에듀의 도서를 통해 공부하여 합격한 독자들께서 보내주신 후기를 재구성한 것입니다.

2022년 하반기 기출 분석

총평

유형별로 난이도 차이가 다소 있었지만, 전체적으로 난이도가 평이했다는 의견이 많았다. 신유형 없이 기존에 출제되던 유형으로만 출제되었으며, 영역별 유형의 비율 또한 기존 GSAT 시험과 비슷했다. 시험 영역, 유형 등이 전체적으로 안정된 시험이었고, 난이도도 평이했다. 다만, 추리 영역의 조건추리 유형을 풀이하는 데 시간이 걸려 다소 까다로웠다고 느껴졌다.

온라인 GSAT의 핵심 전략

시간 내에 풀 수 있는 문제를 전략적으로 선택하여 높은 정답률로 가장 많이 푸는 것이 핵심이다. 따라서 먼저 본인이 가장 자신 있는 유형과 자신 없는 유형을 파악해야 하고 문제 순서를 미리 정해 자신 있는 유형을 먼저 풀고 약한 유형에 나머지 시간을 투자해야 한다.

2022년 하반기 시험에는 키트가 배송되지 않았으므로, 이후 시험에도 삼각대나 휴대폰 거치대를 미리 준비하는 것이 좋다. 그리고 문제풀이 용지는 본인이 인쇄하여 준비하는 것으로 변경되었으므로, 화면만 보고 문제 푸는 법을 연습을 한다.

영역별 출제 유형 및 비중

❶ 수리논리

영역	유형	문항 수	비율	제한시간
수리논리	응용수리	2문항	10%	30분
	자료해석	18문항	90%	

❷ 추리

영역	유형	문항 수	비율	제한시간
추리	명제	3문항	10%	30분
	도형추리	3문항	10%	
	도식추리	4문항	13%	
	어휘추리	2문항	7%	
	논리추리	7문항	23%	
	조건추리	11문항	37%	

온라인 GSAT 합격 팁!

❶ 실제 온라인 GSAT에서는 풀고자 하는 문제 번호를 검색하면 해당 문제로 바로 갈 수 있다. 페이지를 마우스 클릭으로 일일이 넘기지 않아도 된다.
❷ 오답은 감점 처리된다. 따라서 확실하게 푼 문제만 답을 체크하고 나머지는 그냥 둔다.
❸ 온라인 시험에서는 풀이를 문제풀이 용지에 작성하고 정답은 화면에서 체크해야 하므로 문제를 풀고 정답을 바로바로 체크하는 연습이 필요하다.
❹ 풀이가 작성된 문제풀이 용지는 시험 직후 jpg로 제출해야 하며 부정행위가 없었는지 확인하는 데에 사용된다.
❺ 찍으면 감점되므로 모르는 문제는 넘어간다.

주의사항

❶ 시험시간 최소 20분 전에 접속 완료해야 한다.
❷ 촬영 화면 밖으로 손이나 머리가 나가면 안 된다.
❸ '응시자 매뉴얼'을 준수해야 한다.
❹ 시험 문제를 메모하거나 촬영하는 행위는 금지된다.
❺ 외부 소음이 나면 시험이 중지될 수 있다.
❻ 휴대전화는 방해금지 모드를 설정하는 것이 좋다.
❼ 거울, 화이트보드, CCTV가 있는 장소에서는 응시가 불가능하다.
❽ 부정행위는 절대 금지된다.

부정행위

❶ 신분증 및 증빙서류를 위 · 변조하여 검사를 치르는 행위
❷ 대리 시험을 의뢰하거나 대리로 검사에 응시하는 행위
❸ 문제를 메모 또는 촬영하는 행위
❹ 문제의 일부 또는 전부를 유출하거나 외부에 배포하는 행위
❺ 타인과 답을 주고받는 행위

TEST CHECK

주요 대기업 적중문제

삼성

수리논리 ▶ 확률

06 S부서에는 팀원이 4명인 제조팀, 팀원이 2명인 영업팀, 팀원이 2명인 마케팅팀이 있다. 한 주에 3명씩 청소 당번을 뽑으려고 할 때, 이번 주 청소 당번이 세 팀에서 한 명씩 뽑힐 확률은?

① $\frac{1}{3}$　② $\frac{1}{4}$
③ $\frac{2}{5}$　④ $\frac{2}{7}$
⑤ $\frac{2}{9}$

추리 ▶ ❶ 조건추리

04 신발가게에서 일정 금액 이상 구매 한 고객에게 추첨을 통해 다양한 경품을 주는 이벤트를 하고 있다. 함께 쇼핑을 한 A～E는 이벤트에 응모했고 이 중 1명만 신발에 당첨되었다. 다음 A～E의 대화에서 한 명이 거짓말을 한다고 할 때, 신발 당첨자는?

> A : C는 신발이 아닌 할인권에 당첨됐어.
> B : D가 신발에 당첨됐고, 나는 커피 교환권에 당첨됐어.
> C : A가 신발에 당첨됐어.
> D : C의 말은 거짓이야.
> E : 나는 꽝이야.

① A　② B
③ C　④ D
⑤ E

추리 ▶ ❷ 독해추론

10 다음 글의 내용이 참일 때 항상 거짓인 것을 고르면?

> 사회 구성원들이 경제적 이익을 추구하는 과정에서 불법 행위를 감행하기 쉬운 상황일수록 이를 억제하는 데에는 금전적 제재 수단이 효과적이다.
> 현행법상 불법 행위에 대한 금전적 제재 수단에는 민사적 수단인 손해 배상, 형사적 수단인 벌금, 행정적 수단인 과징금이 있으며, 이들은 각각 피해자의 구제, 가해자의 징벌, 법 위반 상태의 시정을 목적으로 한다. 예를 들어 기업들이 담합하여 제품 가격을 인상했다가 적발된 경우, 그 기업들은 피해자에게 손해 배상 소송을 제기당하거나 법원으로부터 벌금형을 선고받을 수 있고 행정 기관으로부터 과징금도 부과받을 수 있다. 이처럼 하나의 불법 행위에 대해 세 가지 금전적 제재가 내려질 수 있지만 제재의 목적이 서로 다르므로 중복 제재는 아니라는 것이 법원의 판단이다.
> 그런데 우리나라에서는 기업의 불법 행위에 대해 손해 배상 소송이 제기되거나 벌금이 부과되는 사례는 드물어서, 과징금 등 행정적 제재 수단이 억제 기능을 수행하는 경우가 많다. 이런 상황에서는 과징금 등 행정적 제재의 강도를 높임으로써 불법 행위의 억제력을 끌어올릴 수 있다. 그러나 적발 가능성이 매우 낮은 불법 행위의 경우에는 과징금을 올리는 방법만으로는 억제력을 유지하는 데 한

SK

수리 ▸ 응용수리

☑ 제한시간 30초

02 같은 헤어숍에 다니고 있는 A양과 B군은 일요일에 헤어숍에서 마주쳤다. 서로 마주친 이후 A양은 10일 간격으로 헤어숍에 방문했고, B군은 16일마다 헤어숍에 방문했다. 두 사람이 다시 헤어숍에서 만났을 때의 요일은 언제인가?

① 월요일
② 화요일
③ 수요일
④ 목요일
⑤ 금요일

언어 ▸ 일치 · 불일치

※ 다음 글의 내용과 일치하지 않는 것을 고르시오. [1~2]

01

> 1994년 미국의 한 과학자는 흥미로운 실험 결과를 발표하였다. 정상 유전자를 가진 쥐에게 콜레라 독소를 주입하자 심한 설사로 죽었다. 그러나 낭포성 섬유증 유전자를 한 개 가진 쥐에게 독소를 주입하자 설사 증상은 보였지만 그 정도는 반감했다. 낭포성 섬유증 유전자를 두 개 가진 쥐는 독소를 주입해도 전혀 증상을 보이지 않았다.
> 낭포성 섬유증 유전자를 가진 사람은 장과 폐로부터 염소 이온을 밖으로 퍼내는 작용을 정상적으로 하지 못한다. 반면 콜레라 독소는 장에서 염소 이온을 비롯한 염분을 과다하게 분비하게 하고, 이로 인해 물을 과다하게 배출시켜 설사를 일으킨다. 그 과학자는 이에 따라 1800년대 유럽을 강타했던 콜레라의 대유행에서 살아남은 사람은 낭포성 섬유증 유전자를 가졌을 것이라고 추측하였다.

① 장과 폐에서 염소 이온을 밖으로 퍼내는 작용을 하지 못하면 생명이 위험하다.

추리 ▸ 조건추리

☑ 제한시간 60초

08 한 마트에서는 4층짜리 매대에 과일들을 진열해 놓았다. 매대의 각 층에는 서로 다른 과일이 한 종류씩 진열되어 있을 때, 다음에 근거하여 바르게 추론한 것은?

> • 정리된 과일은 사과, 귤, 감, 배의 네 종류이다.
> • 사과 위에는 아무 과일도 존재하지 않는다.
> • 배는 감보다 아래쪽에 올 수 없다.
> • 귤은 감보다는 높이 위치해 있지만, 배보다 높이 있는 것은 아니다.

① 사과는 3층 매대에 있을 것이다.
② 귤이 사과 바로 아래층에 있을 것이다.
③ 배는 감 바로 위층에 있을 것이다.
④ 귤은 감과 배 사이에 있다.
⑤ 귤은 가장 아래층에 있을 것이다.

포스코

언어이해 ▶ 주제찾기

Easy

02 다음 글의 주제로 가장 적절한 것은?

빅데이터는 스마트 팩토리 등 산업 현장 및 ICT 소프트웨어 설계 등에 주로 활용되어 왔다. 유통이나 물류 업계의 '콘텐츠가 대량으로 이동하는 현장'에서는 데이터가 발생하면, 이를 분석하고 활용하는 쪽으로 주로 사용됐다. 이제는 다양한 영역에서 빅데이터의 적용이 빨라지고 있다. 대표적인 사례가 금융권이다. 국내의 은행들은 현재 빅데이터 스타트업 회사를 상대로 대규모 투자에 나서고 있다. 뉴스와 포털 등 현존하는 데이터를 확보하여 금융 키워드 분석에 활용하기 위해서다. 의료업계도 마찬가지다. 정부는 바이오헬스 산업의 혁신전략을 통해 연구개발 투자를 2025년까지 4조 원 이상으로 확대하겠다고 밝혔으며, 빅데이터와 인공 지능 등을 연계한 다양한 로드맵을 준비하고 있다. 벌써 의료 현장에 빅데이터 전략을 구사하고 있는 병원도 다수이다. 국세청도 빅데이터에 관심이 많다. 빅데이터 플랫폼 인프라 구축을 끝내는 한편, 50명 규모의 빅데이터 센터를 가동하기 시작했다. 조세 행정에서 빅데이터를 통해 탈세를 예방·적발하는 등 다양한 쓰임새를 고민하고 있다.

자료해석

02 다음은 연도별 자원봉사 참여현황을 나타낸 자료이다. 자료에 대한 설명으로 〈보기〉 중 적절하지 않은 것을 모두 고르면?

〈연도별 자원봉사 참여현황〉

(단위 : 명)

구분	2017년	2018년	2019년	2020년	2021년
총 성인 인구수	41,649,010	42,038,921	43,011,143	43,362,250	43,624,033
자원봉사 참여 성인 인구수	2,667,575	2,874,958	2,252,287	2,124,110	1,383,916

보기

ㄱ. 자원봉사에 참여하는 성인 참여율은 2018년도가 가장 높다.
ㄴ. 2019년도의 성인 자원봉사 참여율은 2020년보다 높다.
ㄷ. 자원봉사 참여 증가율이 가장 높은 해는 2018년도이고 가장 낮은 해는 2020년이다.
ㄹ. 2017년부터 2020년까지의 자원봉사에 참여한 성인 인구수는 천만 명 이상이다.

공간지각 ▶ 전개도

※ 제시된 전개도를 접었을 때 나타나는 입체도형으로 옳은 것을 고르시오. **[1~2]**

01

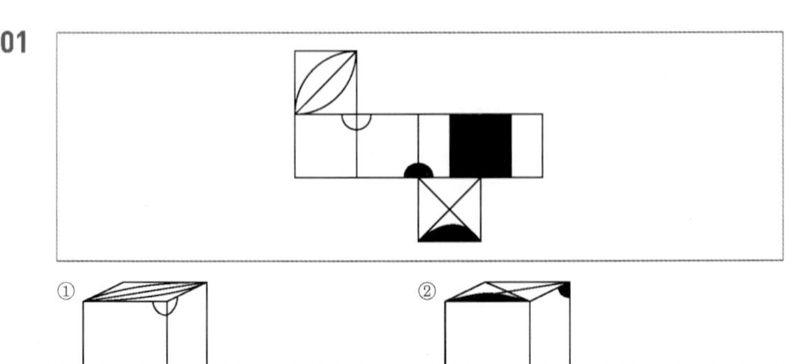

① ②

LG

언어추리 ▶ 명제

01 다음 문장을 읽고, 올바르게 유추한 것은?

- 한나는 장미를 좋아한다.
- 노란색을 좋아하는 사람은 사과를 좋아하지 않는다.
- 장미를 좋아하는 사람은 사과를 좋아한다.

① 사과를 좋아하지 않는 사람은 장미를 좋아한다.
② 노란색을 좋아하지 않는 사람은 사과를 좋아한다.
③ 장미를 좋아하는 사람은 노란색을 좋아한다.
④ 한나는 노란색을 좋아하지 않는다.
⑤ 사과를 좋아하는 사람은 장미를 싫어한다.

자료해석

02 다음은 최근 5년 동안 아동의 비만율을 나타낸 자료이다. 이에 대한 설명으로 옳은 것을 〈보기〉에서 모두 고른 것은?

〈연도별 아동 비만율〉

(단위 : %)

구분	2017년	2018년	2019년	2020년	2021년
유아(만 6세 미만)	11	10.80	10.20	7.40	5.80
어린이(만 6세 이상 만 13세 미만)	9.80	11.90	14.50	18.20	19.70
청소년(만 13세 이상 만 19세 미만)	18	19.20	21.50	24.70	26.10

보기

ㄱ. 모든 아동의 비만율은 전년 대비 증가하고 있다.
ㄴ. 어린이 비만율은 유아 비만율보다 크고, 청소년 비만율보다 작다.
ㄷ. 2017년 대비 2021년 청소년 비만율의 증가율은 45%이다.

창의수리 ▶ 수추리

01 다음 시계는 일정한 규칙을 갖는다. $2B-\frac{A}{20}$의 값은?(단, 분침은 시간이 아닌 숫자를 가리킨다)

① 25
② 20
③ 15
④ 10
⑤ 5

도서 200% 활용하기

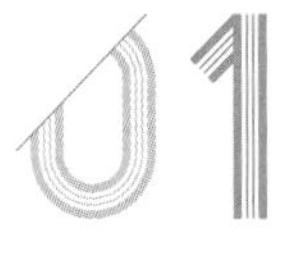

3개년 기출복원문제로 출제 경향 파악

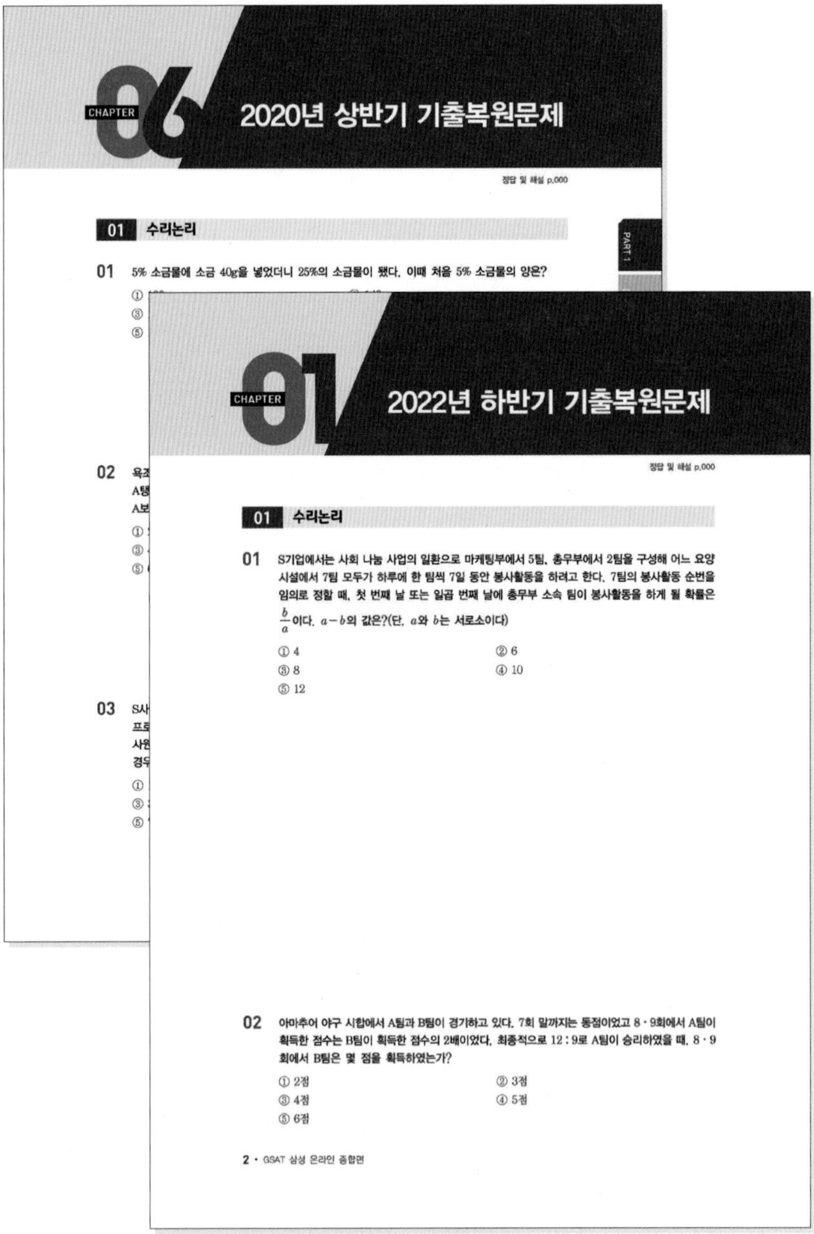

CHAPTER 06 2020년 상반기 기출복원문제

정답 및 해설 p.000

01 수리논리

01 5% 소금물에 소금 40g을 넣었더니 25%의 소금물이 됐다. 이때 처음 5% 소금물의 양은?

CHAPTER 01 2022년 하반기 기출복원문제

정답 및 해설 p.000

01 수리논리

01 S기업에서는 사회 나눔 사업의 일환으로 마케팅부에서 5팀, 총무부에서 2팀을 구성해 어느 요양 시설에서 7팀 모두가 하루에 한 팀씩 7일 동안 봉사활동을 하려고 한다. 7팀의 봉사활동 순번을 임의로 정할 때, 첫 번째 날 또는 일곱 번째 날에 총무부 소속 팀이 봉사활동을 하게 될 확률은 $\frac{b}{a}$이다. $a-b$의 값은?(단, a와 b는 서로소이다)

① 4 ② 6
③ 8 ④ 10
⑤ 12

02 아마추어 야구 시합에서 A팀과 B팀이 경기하고 있다. 7회 말까지는 동점이었고 8·9회에서 A팀이 획득한 점수는 B팀이 획득한 점수의 2배이었다. 최종적으로 12 : 9로 A팀이 승리하였을 때, 8·9회에서 B팀은 몇 점을 획득하였는가?

① 2점 ② 3점
③ 4점 ④ 5점
⑤ 6점

2 • GSAT 삼성 온라인 종합편

2022~2020년 기출복원문제를 수록하여 최신 출제 경향을 파악할 수 있도록 하였다.
또한, 이를 바탕으로 학습을 시작하기 전에 자신의 실력을 판단할 수 있도록 하였다.

이론점검, 대표유형, 유형점검으로 영역별 단계적 학습

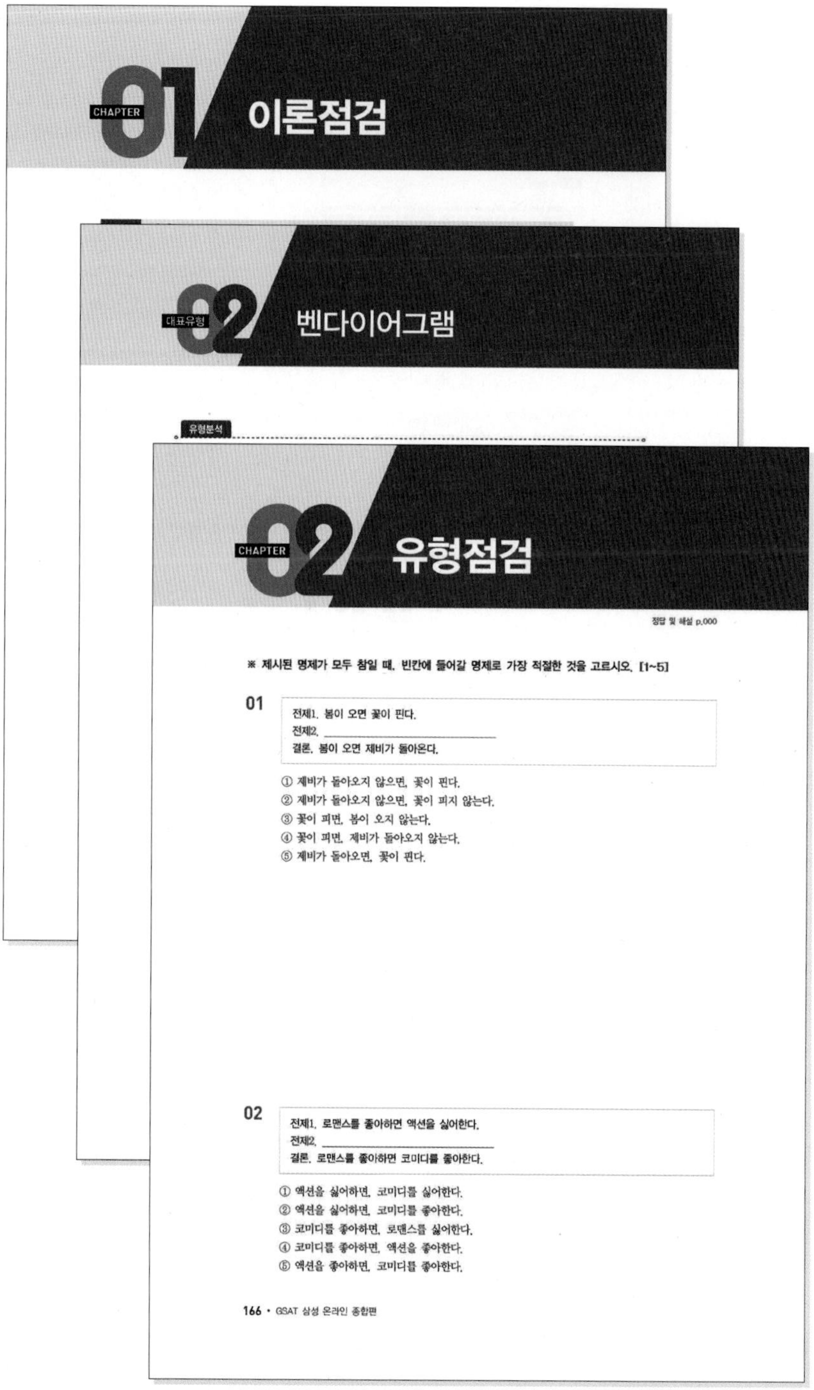

CHAPTER 01 이론점검

대표유형 02 벤다이어그램

유형분석

CHAPTER 02 유형점검

정답 및 해설 p.000

※ 제시된 명제가 모두 참일 때, 빈칸에 들어갈 명제로 가장 적절한 것을 고르시오. [1~5]

01

전제1. 봄이 오면 꽃이 핀다.
전제2. ________________
결론. 봄이 오면 제비가 돌아온다.

① 제비가 돌아오지 않으면, 꽃이 핀다.
② 제비가 돌아오지 않으면, 꽃이 피지 않는다.
③ 꽃이 피면, 봄이 오지 않는다.
④ 꽃이 피면, 제비가 돌아오지 않는다.
⑤ 제비가 돌아오면, 꽃이 핀다.

02

전제1. 로맨스를 좋아하면 액션을 싫어한다.
전제2. ________________
결론. 로맨스를 좋아하면 코미디를 좋아한다.

① 액션을 싫어하면, 코미디를 싫어한다.
② 액션을 싫어하면, 코미디를 좋아한다.
③ 코미디를 좋아하면, 로맨스를 싫어한다.
④ 코미디를 좋아하면, 액션을 좋아한다.
⑤ 액션을 좋아하면, 코미디를 좋아한다.

166 • GSAT 삼성 온라인 종합편

출제되는 영역에 대한 이론점검, 대표유형, 유형점검을 수록하여 최근 출제되는 유형을 익히고 점검할 수 있도록 하였다. 이를 바탕으로 기본기를 튼튼히 준비할 수 있도록 하였다.

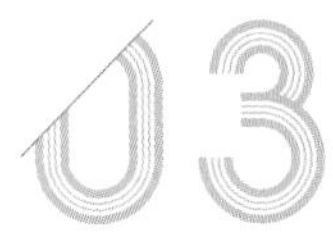

최종점검 모의고사 + 도서 동형 온라인 실전연습 서비스로 반복 학습

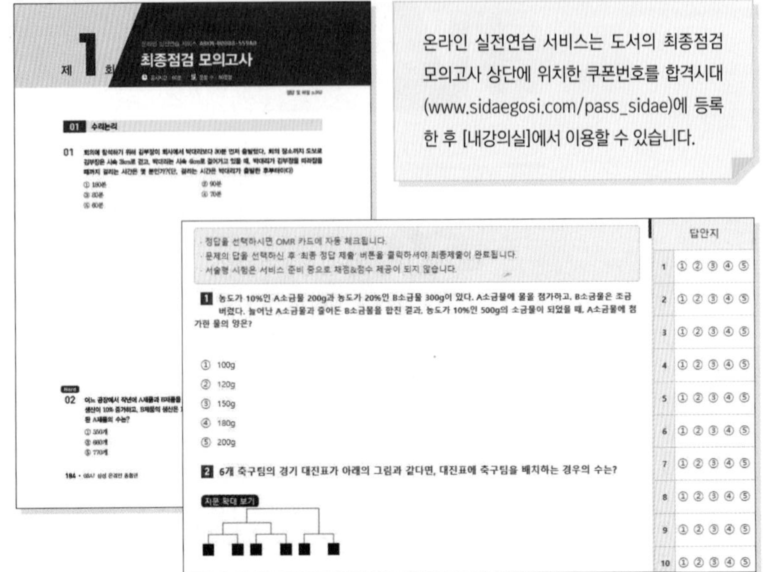

온라인 실전연습 서비스는 도서의 최종점검 모의고사 상단에 위치한 쿠폰번호를 합격시대(www.sidaegosi.com/pass_sidae)에 등록한 후 [내강의실]에서 이용할 수 있습니다.

실제 시험과 유사하게 구성된 최종점검 모의고사를 통해 최종 마무리를 할 수 있다.
또한 최종점검 모의고사와 동일한 문제로 구성된 도서 동형 온라인 실전연습 서비스로 반복 학습할 수 있다.

04 온라인 모의고사 + 문제풀이 용지로 실전 연습

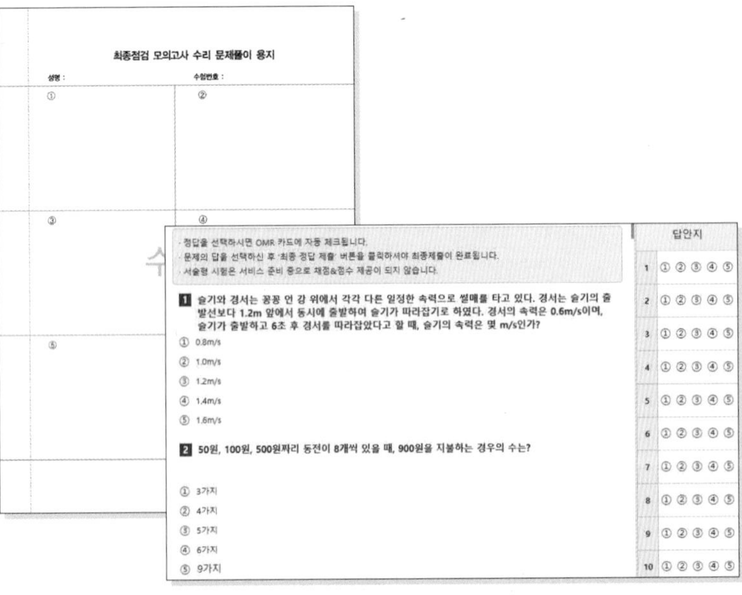

온라인 모의고사와 문제풀이 용지를 활용하여 실제 시험처럼 연습할 수 있다.

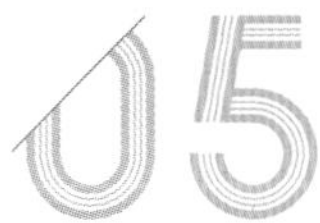

Easy & Hard로 난이도별 시간 분배 연습

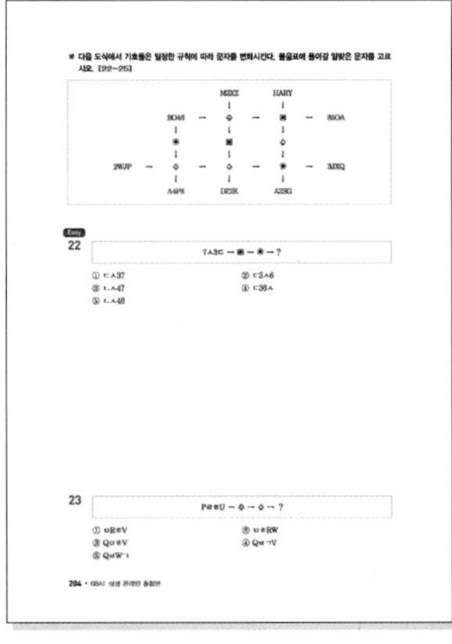

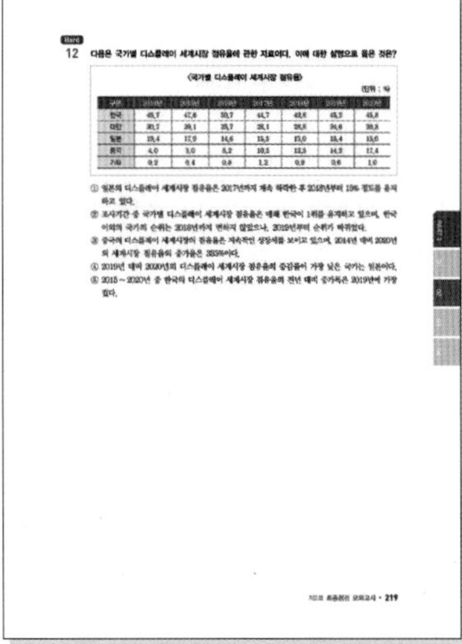

조금만 연습하면 시간을 절약할 수 있는 난이도가 낮은 문제와 함께, 다른 문제에서 절약한 시간을 투자해야 하는 고난도 문제를 각각 표시하였다. 이를 통해 일반적인 문제들과는 다르게 시간을 적절하게 분배하여 풀이하는 연습이 가능하도록 하였다.

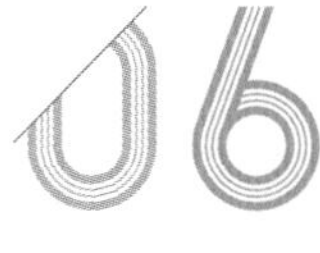

정답 및 오답분석으로 풀이까지 완벽 마무리

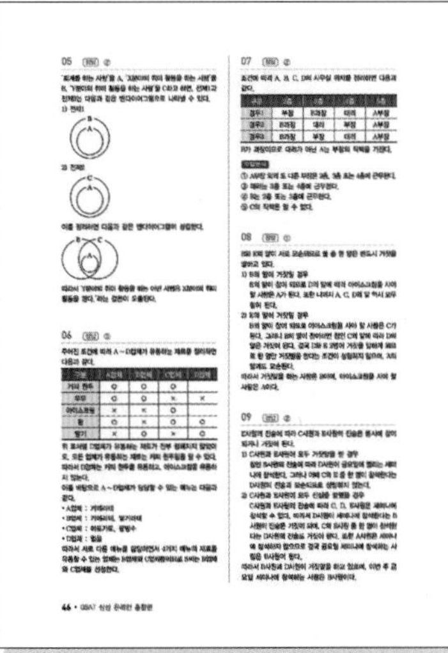

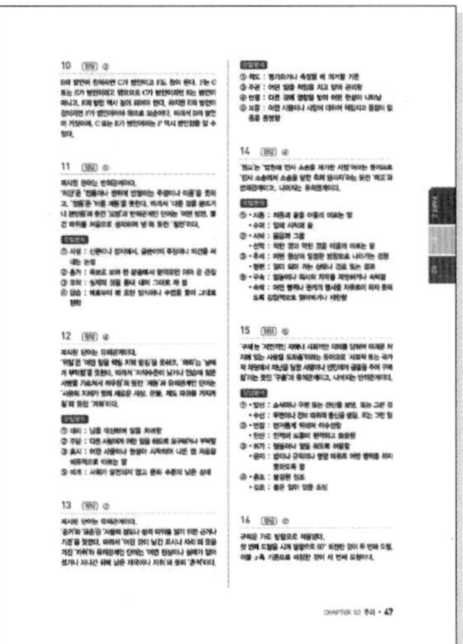

정답에 대한 자세한 해설은 물론 문제별 오답분석을 수록하여 오답이 되는 이유를 올바르게 이해할 수 있도록 하였다.

STUDY PLAN

학습플랜

1주 완성 학습플랜

본서에 수록된 전 영역을 단기간에 끝낼 수 있도록 구성한 학습플랜이다. 한 번에 전 영역을 공부하지 않고, 한 영역을 집중적으로 공부할 수 있도록 하였다. 인성검사 및 필기시험에 대한 기초 학습은 되어 있으나, 학습 계획 세우기에 자신이 없는 분들이나 미리 시험에 대비하지 못해 단시간에 많은 분량을 봐야 하는 수험생에게 추천한다.

ONE WEEK CHECK LIST

Start!	1일 차 ☐	2일 차 ☐	3일 차 ☐
	____월 ____일	____월 ____일	____월 ____일
4일 차 ☐	**5일 차 ☐**	**6일 차 ☐**	**7일 차 ☐**
____월 ____일	____월 ____일	____월 ____일	____월 ____일

STUDY CHECK LIST

구분	1일 차	2일 차	3일 차	4일 차	5일 차	6일 차	7일 차
PART 1							
PART 2							
최종점검 모의고사 1회							
최종점검 모의고사 2회							
최종점검 모의고사 3회							
최종점검 모의고사 4회							
다회독 1회							
다회독 2회							
오답분석							

스터디 체크리스트 활용법

1주 완성 학습플랜에서 계획한 학습량을 어느 정도 실천하였는지 표시하여 자신의 학습량을 효율적으로 관리할 수 있다.

STUDY CHECK LIST

구분	1일 차	2일 차	3일 차	4일 차	5일 차	6일 차	7일 차
PART 1	수리 논리	×	×	완료			

CONTENTS

이 책의 차례

PART 1

3개년 기출복원문제

2022년 하반기 기출복원문제

정답 및 해설 p.002

01 수리논리

01 S기업에서는 사회 나눔 사업의 일환으로 마케팅부에서 5팀, 총무부에서 2팀을 구성해 어느 요양 시설에서 7팀 모두가 하루에 한 팀씩 7일 동안 봉사활동을 하려고 한다. 7팀의 봉사활동 순번을 임의로 정할 때, 첫 번째 날 또는 일곱 번째 날에 총무부 소속 팀이 봉사활동을 하게 될 확률은 $\frac{b}{a}$이다. $a-b$의 값은?(단, a와 b는 서로소이다)

① 4
② 6
③ 8
④ 10
⑤ 12

02 아마추어 야구 시합에서 A팀과 B팀이 경기하고 있다. 7회 말까지는 동점이었고 8·9회에서 A팀이 획득한 점수는 B팀이 획득한 점수의 2배이었다. 최종적으로 12 : 9로 A팀이 승리하였을 때, 8·9회에서 B팀은 몇 점을 획득하였는가?

① 2점
② 3점
③ 4점
④ 5점
⑤ 6점

03 S회사에서는 업무효율을 높이기 위해 근무여건 개선방안에 대하여 논의하고자 한다. 귀하는 논의 자료를 위하여 전 직원의 야간근무 현황을 조사하였다. 다음 중 적절하지 않은 것은?

〈야간근무 현황(주 단위)〉

(단위 : 일, 시간)

구분	임원	부장	과장	대리	사원
평균 야간근무 빈도	1.2	2.2	2.4	1.8	1.4
평균 야간근무 시간	1.8	3.3	4.8	6.3	4.2

※ 60분의 3분의 2 이상을 채울 시 1시간으로 야간근무수당을 계산한다.

① 과장은 한 주에 평균적으로 2.4일 정도 야간근무를 한다.
② 전 직원의 주 평균 야간근무 빈도는 1.8일이다.
③ 사원은 한 주 동안 평균 4시간 12분 정도 야간근무를 하고 있다.
④ 1회 야간근무 시 평균적으로 가장 긴 시간 동안 일하는 직원은 대리이다.
⑤ 야간근무수당이 시간당 10,000원이라면 과장은 주 평균 50,000원을 받는다.

04 화물 출발지와 도착지 간 거리가 A기업은 100km, B기업은 200km이며, 운송량은 A기업이 5톤, B기업이 1톤이다. 국내 운송 시 수단별 요금체계가 다음과 같을 때, A기업과 B기업의 운송비용에 대한 설명으로 적절한 것은?(단, 다른 조건은 같다)

구분		화물자동차	철도	연안해송
운임	기본운임	200,000원	150,000원	100,000원
	추가운임	1,000원	900원	800원
부대비용		100원	300원	500원

※ 추가운임 및 부대비용은 거리(km)와 무게(톤)를 곱하여 산정한다.

① A, B 모두 화물자동차 운송이 저렴하다.
② A는 화물자동차가 저렴하고, B는 모든 수단이 같다.
③ A는 모든 수단이 같고, B는 연안해송이 저렴하다.
④ A, B 모두 철도운송이 저렴하다.
⑤ A는 연안해송, B는 철도운송이 저렴하다.

05 다음은 2017 ~ 2021년의 한부모 및 미혼모·부 가구 수를 조사한 자료이다. 자료에 대한 설명으로 적절하지 않은 것은?

〈2017 ~ 2021년 한부모 및 미혼모·부 가구 수〉

(단위 : 천 명)

구분		2017년	2018년	2019년	2020년	2021년
한부모 가구	모자 가구	1,600	2,000	2,500	3,600	4,500
	부자 가구	300	340	480	810	990
미혼모·부 가구	미혼모 가구	80	68	55	72	80
	미혼부 가구	28	17	22	27	30

① 한부모 가구 중 모자 가구 수는 2018 ~ 2021년까지 2020년을 제외하고 매년 1.25배씩 증가한다.
② 한부모 가구에서 부자 가구가 모자 가구 수의 20%를 초과한 연도는 2020년과 2021년이다.
③ 2020년 미혼모 가구 수는 모자 가구 수의 2%이다.
④ 2018 ~ 2021년 전년 대비 미혼모 가구와 미혼부 가구 수의 증감 추이가 바뀌는 연도는 같다.
⑤ 2018년 부자 가구 수는 미혼부 가구 수의 20배이다.

06 다음은 인천국제공항의 연도별 세관 물품 신고 수에 관한 자료이다. 〈보기〉를 바탕으로 A ~ D에 들어갈 물품으로 적절한 것은?

〈연도별 세관 물품 신고 수〉

(단위 : 만 건)

구분	2017년	2018년	2019년	2020년	2021년
A	3,547	4,225	4,388	5,026	5,109
B	2,548	3,233	3,216	3,410	3,568
C	3,753	4,036	4,037	4,522	4,875
D	1,756	2,013	2,002	2,135	2,647

보기

㉠ 가전류와 주류의 2018 ~ 2020년까지 전년 대비 세관물품 신고 수는 증가와 감소가 반복되었다.
㉡ 2021년도 담배류 세관 물품 신고 수의 전년 대비 증가량은 두 번째로 많다.
㉢ 2018 ~ 2021년 동안 매년 세관 물품 신고 수가 가장 많은 것은 잡화류이다.
㉣ 2020년도 세관물품 신고 수의 전년 대비 증가율이 세 번째로 높은 것은 주류이다.

	A	B	C	D
①	잡화류	담배류	가전류	주류
②	담배류	가전류	주류	잡화류
③	잡화류	가전류	담배류	주류
④	가전류	담배류	잡화류	주류
⑤	가전류	잡화류	담배류	주류

07 반도체 부품 회사에서 근무하는 A사원은 월별 매출 현황에 대한 보고서를 작성 중이었다. 그런데 실수로 파일이 삭제되어 기억나는 매출액만 다시 작성하였다. A사원이 기억하는 월평균 매출액은 35억 원이고, 상반기의 월평균 매출액은 26억 원이었다. 다음 중 남아 있는 매출 현황을 통해 상반기 평균 매출 대비 하반기 평균 매출의 증감액은 얼마인가?

〈월별 매출현황〉

(단위 : 억 원)

1월	2월	3월	4월	5월	6월	7월	8월	9월	10월	11월	12월	평균
–	10	18	36	–	–	–	35	20	19	–	–	35

① 12억 원 증가
② 12억 원 감소
③ 18억 원 증가
④ 18억 원 감소
⑤ 20억 원 증가

08 다음은 통계청에서 발표한 서울 지역 물가지수이다. 자료를 해석한 것으로 적절하지 않은 것은?

〈서울 지역 소비자물가지수 및 생활물가지수〉

(단위 : %)

구분	2018년	2019년				2020년				2021년		
	4/4 분기	1/4 분기	2/4 분기	3/4 분기	4/4 분기	1/4 분기	2/4 분기	3/4 분기	4/4 분기	1/4 분기	2/4 분기	3/4 분기
소비자 물가지수	95.5	96.4	97.7	97.9	99.0	99.6	100.4	100.4	101.0	102.6	103.4	104.5
전년 동기 (월)비	4.2	3.9	2.5	2.4	2.7	2.5	2.5	2.8	3.2	3.6	3.8	4.1
생활물가지수	95.2	95.9	97.1	97.6	99.1	99.7	99.7	100.4	100.9	103.1	103.5	104.5
전년 동기 (월)비	3.5	3.1	2.4	2.5	3.4	2.7	2.7	2.9	3.4	4.0	3.8	4.1

※ 물가지수는 2018년을 100으로 하여 각 연도의 비교치를 제시한 것임

① 2018년에 비해 2020년 소비자물가지수는 거의 변동이 없다.
② 2021년 4/4분기의 생활물가지수가 95.9포인트라면, 2021년 생활물가지수는 2020년에 비해 2포인트 이상 상승했다.
③ 2018년 이후 소비자물가지수와 생활물가지수는 매년 상승했다.
④ 2020년에는 소비자물가지수가 생활물가지수보다 약간 더 높다.
⑤ 전년 동기와 비교하여 상승 폭이 가장 클 때는 2018년 4/4분기 소비자물가지수이고, 가장 낮을 때는 2019년 2/4분기 생활물가지수와 2019년 3/4분기 소비자물가지수이다.

09 다음은 Z세균을 각각 다른 환경인 X와 Y조건에 놔두는 실험을 하였을 때 번식하는 수를 기록한 자료이다. 번식하는 수는 일정한 규칙으로 변화할 때 10일 차에 Z세균의 번식 수를 구하면?

〈실험 결과〉

(단위 : 만 개)

구분	1일 차	2일 차	3일 차	4일 차	5일 차	…	10일 차
X조건에서의 Z세균	10	30	50	90	150	…	(A)
Y조건에서의 Z세균	1	2	4	8	16	…	(B)

	(A)	(B)
①	1,770	512
②	1,770	256
③	1,770	128
④	1,440	512
⑤	1,440	256

10 새로운 원유의 정제비율을 조사하기 위해 상압증류탑을 축소한 Pilot Plant에 새로운 원유를 투입해 사전분석실험을 시행했다. 다음과 같은 실험 결과를 얻었다고 할 때 아스팔트는 최초 투입한 원유의 양 대비 몇 % 생산되는가?

〈사전분석실험 결과〉

생산제품	생산량
LPG	투입한 원유량의 5%
휘발유	LPG를 생산하고 남은 원유량의 20%
등유	휘발유를 생산하고 남은 원유량의 50%
경유	등유를 생산하고 남은 원유량의 10%
아스팔트	경유를 생산하고 남은 원유량의 4%

① 1.168%
② 1.368%
③ 1.568%
④ 1.768%
⑤ 1.968%

02 추리

※ 제시된 명제가 모두 참일 때, 빈칸에 들어갈 명제로 가장 적절한 것을 고르시오. [1~2]

01

- 환율이 하락하면 국가 경쟁력이 떨어졌다는 것이다.
- ______________________________
- 수출이 감소했다는 것은 GDP가 감소했다는 것이다.

따라서 수출이 감소하면 국가 경쟁력이 떨어진다.

① 국가 경쟁력이 떨어지면 수출이 감소했다는 것이다.
② GDP가 감소해도 국가 경쟁력은 떨어지지 않는다.
③ 환율이 상승하면 GDP가 증가한다.
④ 환율이 하락해도 GDP는 감소하지 않는다.
⑤ 수출이 증가했다는 것은 GDP가 증가했다는 것이다.

02

- 아는 것이 적으면 인생에 나쁜 영향이 생긴다.
- ______________________________
- 지식을 함양하지 않으면 아는 것이 적다.

따라서 공부를 열심히 하지 않으면 인생에 나쁜 영향이 생긴다.

① 공부를 열심히 한다고 해서 지식이 생기지는 않는다.
② 지식을 함양했다는 것은 공부를 열심히 했다는 뜻이다.
③ 아는 것이 많으면 인생에 나쁜 영향이 생긴다.
④ 아는 것이 많으면 지식이 많다는 뜻이다.
⑤ 아는 것이 적으면 지식을 함양하지 않았다는 것이다.

03 고등학생 L은 총 7과목(ㄱ~ㅅ)을 한 과목씩 순서대로 중간고사를 보려고 한다. L이 세 번째로 시험 보는 과목이 ㄱ일 때, 〈조건〉에 따라 네 번째로 시험 보는 과목은 무엇인가?

조건

- 7개의 과목 중에서 ㄷ은 시험을 보지 않는다.
- ㅅ은 ㄴ보다 나중에 시험 본다.
- ㄴ은 ㅂ보다 먼저 시험 본다.
- ㄹ은 ㅁ보다 나중에 시험 본다.
- ㄴ은 ㄱ과 ㄹ보다 나중에 시험 본다.

① ㄴ
② ㄹ
③ ㅁ
④ ㅂ
⑤ ㅅ

04 S사는 공개 채용을 통해 4명의 남자 사원과 2명의 여자 사원을 최종 선발하였고, 선발된 6명의 신입 사원을 기획부, 인사부, 구매부 세 부서에 배치하려고 한다. 다음 〈조건〉에 따라 신입 사원을 배치할 때, 적절하지 않은 것은?

조건

- 기획부, 인사부, 구매부 각 부서에 적어도 한 명의 신입 사원을 배치한다.
- 기획부, 인사부, 구매부에 배치되는 신입 사원의 수는 서로 다르다.
- 부서별로 배치되는 신입 사원의 수는 구매부가 가장 적고, 기획부가 가장 많다.
- 여자 신입 사원만 배치되는 부서는 없다.

① 인사부에는 2명의 신입 사원이 배치된다.
② 구매부에는 1명의 남자 신입 사원이 배치된다.
③ 기획부에는 반드시 여자 신입 사원이 배치된다.
④ 인사부에는 반드시 여자 신입 사원이 배치된다.
⑤ 인사부에는 1명 이상의 남자 신입 사원이 배치된다.

05 함께 놀이공원에 간 A, B, C, D, E 5명 중 1명만 롤러코스터를 타지 않고 회전목마를 탔다. 이들은 집으로 돌아오는 길에 다음과 같은 대화를 나누었다. 5명 중 2명은 거짓을 말하고, 나머지 3명은 모두 진실을 말한다고 할 때, 롤러코스터를 타지 않은 사람은 누구인가?

> A : 오늘 탄 롤러코스터는 정말 재밌었어. 나는 같이 탄 E와 함께 소리를 질렀어.
> B : D는 회전목마를 탔다던데? E가 회전목마를 타는 D를 봤대. E의 말은 사실이야.
> C : D는 회전목마를 타지 않고 롤러코스터를 탔어.
> D : 나는 혼자서 회전목마를 타고 있는 B를 봤어.
> E : 나는 롤러코스터를 탔어. 손뼉을 칠 만큼 너무 완벽한 놀이기구야.

① A ② B
③ C ④ D
⑤ E

PART 1 01 02 03 04 05 06

06 A, B, C, D는 S아파트 10층에 살고 있다. 다음 〈조건〉을 고려하였을 때 다음 중 항상 거짓인 것을 고르면?

조건

- 아파트 10층의 구조는 다음과 같다.

계단	1001호	1002호	1003호	1004호	엘리베이터

- A는 엘리베이터보다 계단이 더 가까운 곳에 살고 있다.
- C와 D는 계단보다 엘리베이터에 더 가까운 곳에 살고 있다.
- D는 A 바로 옆에 살고 있다.

① A보다 계단이 가까운 곳에 살고 있는 사람은 B이다.
② D는 1003호에 살고 있다.
③ 본인이 살고 있는 곳과 가장 가까운 이동 수단을 이용한다면 C는 엘리베이터를 이용할 것이다.
④ B가 살고 있는 곳에서 엘리베이터 쪽으로는 2명이 살고 있다.
⑤ C 옆에는 D가 살고 있다.

※ 다음 제시된 낱말의 대응 관계로 볼 때, 빈칸에 들어가기에 적절한 것을 고르시오. [7~8]

07

간섭 : 참견 = 갈구 : (   )

① 관여
② 개입
③ 경외
④ 관조
⑤ 열망

08

호평 : 악평 = 예사 : (   )

① 비범
② 통상
③ 보통
④ 험구
⑤ 인기

09 다음 글을 읽고 〈보기〉의 내용으로 적절한 것을 모두 고르면?

뉴턴 역학은 갈릴레오나 뉴턴의 근대과학 이전 중세를 지배했던 아리스토텔레스의 역학관에 정면으로 반대된다. 아리스토텔레스에 의하면 물체가 똑같은 운동 상태를 유지하기 위해서는 외부에서 끝없이 힘이 제공되어야만 한다. 이렇게 물체에 힘을 제공하는 기동자가 물체에 직접적으로 접촉해야 운동이 일어난다. 기동자가 없어지거나 물체와의 접촉이 중단되면 물체는 자신의 운동 상태를 유지할 수 없다. 그러나 관성의 법칙에 의하면 외력이 없는 한 물체는 자신의 원래 운동 상태를 유지한다. 아리스토텔레스는 기본적으로 물체의 운동을 하나의 정지 상태에서 다른 정지 상태로의 변화로 이해했다. 즉, 아리스토텔레스에게는 물체의 정지 상태가 물체의 운동 상태와는 아무런 상관이 없었다. 그러나 근대 과학의 시대를 열었던 갈릴레오나 뉴턴에 의하면 물체가 정지한 상태는 운동하는 상태의 특수한 경우이다. 운동 상태가 바뀌는 것은 물체의 외부에서 힘이 가해지는 경우이다. 즉, 힘은 운동의 상태를 바꾸는 요인이다. 지금 우리는 뉴턴 역학이 옳다고 자연스럽게 생각하고 있지만 이론적인 선입견을 배제하고 일상적인 경험만 떠올리면 언뜻 아리스토텔레스의 논리가 더 그럴듯하게 보일 수도 있다.

보기

㉠ 뉴턴 역학은 적절하지 않으므로, 아리스토텔레스의 역학관을 따라야 한다.
㉡ 아리스토텔레스는 '외부에서 힘이 작용하지 않으면 운동하는 물체는 계속 그 상태로 운동하려하고, 정지한 물체는 계속 정지해 있으려고 한다.'고 주장했다.
㉢ 뉴턴이나 갈릴레오 또한 당시에는 아리스토텔레스의 논리가 옳다고 판단하였다.
㉣ 아리스토텔레스는 정지와 운동을 별개로 보았다.

① ㉡
② ㉣
③ ㉠, ㉢
④ ㉡, ㉣
⑤ ㉠, ㉡, ㉢

10 다음 글의 주장에 대한 비판으로 가장 적절한 것은?

사회 현상을 볼 때는 돋보기로 세밀하게, 그리고 때로는 멀리 떨어져서 전체 속에 어떻게 위치하고 있는가를 동시에 봐야 한다. 숲과 나무는 서로 다르지만 따로 떼어 생각할 수 없기 때문이다. 현대 사회 현상의 최대 쟁점인 과학 기술에 대해 평가할 때도 마찬가지이다. 로봇 탄생의 숲을 보면, 그 로봇 개발에 투자한 사람과 로봇을 개발한 사람들의 의도가 드러난다. 그리고 나무인 로봇을 세밀히 보면, 그 로봇이 생산에 이용되는지 아니면 감옥의 죄수들을 감시하기 위한 것인지 그 용도를 알 수가 있다. 이 광범한 기술의 성격을 객관적이고 물질적이어서 가치관이 없다고 쉽게 생각하면 로봇에 당하기 십상이다.

자동화는 자본주의의 실업을 늘려 실업자에 대해 생계의 위협을 가하는 측면뿐 아니라, 기존 근로자에 대한 감시를 더욱 효율적으로 해내는 역할도 수행한다. 자동화를 적용하는 기업 측에서는 자동화가 인간의 삶을 증대시키는 이미지로 일반 사람들에게 인식되기를 바란다. 그래야 자동화 도입에 대한 노동자의 반발을 무마하고 기업가의 구상을 관철시킬 수 있기 때문이다. 그러나 자동화나 기계화 도입으로 인해 실업을 두려워하고, 업무 내용이 바뀌는 것을 탐탁해 하지 않았던 유럽의 노동자들은 자동화 도입에 대해 극렬히 반대했던 경험들을 갖고 있다.

지금도 자동화・기계화는 좋은 것이라는 고정관념을 가진 사람들이 많고, 현실에서 이러한 고정관념이 가져오는 파급 효과는 의외로 크다. 예를 들어 은행에 현금을 자동으로 세는 기계가 등장하면 은행원들이 현금을 세는 작업량은 줄어든다. 손님들도 기계가 현금을 재빨리 세는 것을 보고 감탄해 하면서 행원이 세는 것보다 더 많은 신뢰를 보낸다. 그러나 현금 세는 기계의 도입에는 이익 추구라는 의도가 숨어 있다. 현금 세는 기계는 행원의 수고를 덜어 준다. 그러나 현금 세는 기계를 들여옴으로써 실업자가 생기고 만다. 사람이 잘만 이용하면 잘 써먹을 수 있을 것만 같은 기계가 엄청나게 혹독한 성품을 지닌 프랑켄슈타인으로 돌변하는 것이다.

자동화와 정보화를 추진하는 핵심 조직이 기업이란 것에서도 알 수 있듯이 기업은 이윤 추구에 도움이 되지 않는 행위는 무가치하다고 판단한다. 그러므로 자동화는 그 계획 단계에서부터 기업의 의도가 스며들어가 탄생된다. 또한 그 의도대로 자동화나 정보화가 진행되면, 다른 한편으로 의도하지 않은 결과를 초래한다. 자동화와 같은 과학 기술이 풍요를 생산하는 수단이라고 생각하는 것은 하나의 고정관념에 불과하다.

채플린이 제작한 영화 「모던 타임즈」에 나타난 것처럼 초기 산업화 시대에는 기계에 종속된 인간의 모습이 가시적으로 드러날 수밖에 없었다. 그래서 이러한 종속에 저항하고자 하는 인간의 노력도 적극적인 모습을 보였다. 그러나 현대의 자동화기기는 그 첨병이 정보 통신기기로 바뀌면서 문제는 질적으로 달라진다. 무인 생산까지 진전된 자동화나 정보 통신화는 인간에게 단순 노동을 반복시키는 그런 모습을 보이지 않는다. 그래서인지는 몰라도 정보 통신은 별 무리 없이 어느 나라에서나 급격하게 개발・보급되고 보편화되어 있다. 그런데 문제는 이 자동화기기가 생산에만 이용되는 것이 아니라, 노동자를 감시하거나 관리하는 데도 이용될 수 있다는 것이다. 오히려 정보 통신의 발달로 이전보다 사람들은 더 많은 감시와 통제를 받게 되었다.

① 기업의 이윤 추구가 사회 복지 증진과 직결될 수 있음을 간과하고 있어.
② 기계화・정보화가 인간의 삶의 질 개선에 기여하고 있음을 경시하고 있어.
③ 기계화를 비판하는 주장만 되풀이할 뿐, 구체적인 근거를 제시하지 않고 있어.
④ 화제의 부분적 측면에 관계된 이론을 소개하여 편향적 시각을 갖게 하고 있어.
⑤ 현대의 기술 문명이 가져다 줄 수 있는 긍정적인 측면을 과장하여 강조하고 있어.

11 다음 제시문에 대한 반론으로 가장 적절한 것은?

> 어느 관현악단의 연주회장에서 연주가 한창 진행되는 도중에 휴대 전화의 벨 소리가 울려 음악의 잔잔한 흐름과 고요한 긴장이 깨져버렸다. 청중들은 객석 여기저기를 둘러보았다. 그런데 황급히 호주머니에서 휴대 전화를 꺼내 전원을 끄는 이는 다름 아닌 관현악단의 바이올린 주자였다. 연주는 계속되었지만 연주회의 분위기는 엉망이 되었고, 음악을 감상하던 많은 사람에게 찬물을 끼얹었다. 이와 같은 사고는 극단적인 사례이지만 공공장소의 소음이 심각한 사회 문제가 될 수 있다는 사실을 보여주고 있다.
>
> 소음 문제는 물질문명의 발달과 관련이 있다. 산업화가 진행됨에 따라 우리의 생활 속에는 '개인적 도구'가 증가하고 있다. 그러한 도구들 덕분에 우리의 생활은 점점 편리해지고 합리적이며 효율적으로 변해가고 있다. 그러나 그러한 이득은 개인과 그가 소유하고 있는 물건 사이의 관계에서 성립하는 것으로 그 관계를 넘어서면 전혀 다른 문제가 된다. 제한된 공간 속에서 개인적 도구가 넘쳐남에 따라, 개인과 개인, 도구와 도구, 그리고 자신의 도구와 타인과의 관계 등이 모순을 일으키는 것이다. 소음 문제도 마찬가지이다. 개인의 차원에서는 편리와 효율을 제공하는 도구들이, 전체의 차원에서는 불편과 비효율을 빚어내는 것이다. 그래서 많은 사회에서 개인적 도구가 타인의 권리를 침해하는 것을 방지하기 위하여 공공장소의 소음을 규제하고 있다.

① 사람들은 소음을 통해 자신의 권리를 침해받기도 한다.
② 문명이 발달함에 따라 소음 문제도 대두되고 있다.
③ 소음 문제는 보통 제한된 공간 속에서 개인적 도구가 과도함에 따라 발생한다.
④ 엿장수의 가위 소리와 같이 소리는 단순한 물리적 존재가 아닌 문화적 가치를 담은 존재가 될 수 있다.
⑤ 개인 차원에서 효율적인 도구들이 전체 차원에서는 문제가 될 수도 있다.

12 다음 글에서 추론할 수 있는 내용으로 가장 적절한 것은?

무선으로 전력을 주고받으면, 전원을 직접 연결하는 유선보다 효율은 떨어지지만 전자 제품을 자유롭게 이동하며 사용할 수 있는 장점이 있다. 이처럼 무선으로 전력을 주고받을 수 있도록 전자기를 활용하여 전기를 공급하거나 이용하는 기술이 무선 전력 전송 방식인데 대표적으로 '자기 유도 방식'과 '자기 공명 방식' 두 가지를 들 수 있다.
자기 유도 방식은 변압기의 원리와 유사하다. 변압기는 네모 모양의 철심 좌우에 코일을 감아, 1차 코일에 '+, −' 극성이 바뀌는 교류 전류를 보내면 마치 자석을 운동시켜서 자기장을 형성하는 것처럼 1차 코일에서도 자기장을 형성한다. 이 자기장에 의해 2차 코일에 전류가 만들어지는데 이 전류를 유도전류라 한다. 변압기는 자기장의 에너지를 잘 전달할 수 있는 철심이 있으나, 자기 유도 방식은 철심이 없이 무선 전력 전송을 하는 것이다.
이러한 자기 유도 방식은 전력 전송 효율이 90% 이상으로 매우 높다는 장점이 있다. 하지만 1차 코일에 해당하는 송신부와 2차 코일에 해당하는 수신부가 수 센티미터 이상 떨어지거나 송신부와 수신부의 중심이 일치하지 않게 되면 전력 전송 효율이 급격히 저하된다는 문제점이 있다. 휴대전화 같은 경우, 충전 패드에 휴대전화를 올려놓는 방식으로 거리 문제를 해결하고 충전 패드 전체에 코일을 배치하여 송수신부 간 전송 효율을 높임으로써 무선 충전이 가능하도록 하였다. 다만 휴대전화는 직류 전류를 사용하기 때문에 1차 코일로부터 2차 코일에 유도된 교류 전류를 직류 전류로 변환해 주는 정류기가 충전 단계 전에 필요하다.
두 번째 전송 방식은 자기 공명 방식이다. 다양한 소리굽쇠 중에 하나를 두드리면 동일한 고유 진동수를 가지는 소리굽쇠가 같이 진동하는 물리적 현상이 공명이다. 자기장에 공명이 일어나도록 1차 코일과 공진기를 설계하여 공진 주파수를 만든다. 이후 2차 코일과 공진기를 설계하여 공진 주파수가 전달되도록 하는 것이 자기 공명 방식의 원리이다.
이러한 특성으로 인해 자기 공명 방식은 자기 유도 방식과 달리 수 미터 가량 근거리 전력 전송이 가능하다는 장점이 있다. 이 방식이 상용화된다면, 송신부와 공명되는 여러 전자 제품을 전원을 연결하지 않아도 사용할 수 있거나 충전할 수 있다. 그러나 실험 단계의 코일 크기로는 일반 가전제품에 적용할 수 없으므로 코일을 소형화해야 할 필요가 있다. 따라서 이를 해결하기 위한 연구가 필요하다.

① 자기 유도 방식은 변압기의 핵심인 유도 전류와 철심을 이용한 방식이다.
② 자기 유도 방식을 사용하면 무선 전력 전송임에도 어떠한 환경에서든 유실되는 전력이 많이 없다는 장점이 있다.
③ 휴대전화와 자기 유도 방식의 '2차 코일'은 모두 직류 전류 방식이다.
④ 자기 공명 방식에서 2차 코일은 공진 주파수를 생성하는 역할을 한다.
⑤ 자기 공명 방식에서 해결이 시급한 것은 전력을 생산하는데 필요한 코일의 크기가 너무 크다는 것이다.

13 다음 제시문을 토대로 〈보기〉를 바르게 해석한 것을 고르면?

1930년대 대공황 상황에서 케인스는 당시 영국과 미국에 만연한 실업의 원인을 총수요의 부족이라고 보았다. 그는 총수요가 증가하면 기업의 생산과 고용이 촉진되고 가계의 소득이 늘어 경기를 부양할 수 있다고 주장했다. 따라서 정부의 재정정책을 통해 총수요를 증가시킬 필요성을 제기하였다.
케인스는 총수요를 늘리기 위해서 총수요 중 많은 부분을 차지하는 가계의 소비에 주목하였고, 소비는 소득과 밀접한 관련이 있다고 생각하였다. 케인스는 절대소득가설을 내세워, 소비를 결정하는 요인들 중에서 가장 중요한 것은 현재의 소득이라고 하였다. 그리고 소득이 없더라도 생존을 위해 꼭 필요한 소비인 기초소비가 존재하며, 소득이 증가함에 따라 일정 비율로 소비도 증가한다고 주장하였다. 이러한 절대소득가설은 1950년대까지 대표적인 소비결정이론으로 사용되었다.
그러나 쿠즈네츠는 절대소득가설로는 설명하기 어려운 소비 행위가 이루어지고 있음에 주목하였다. 쿠즈네츠는, 미국에서 장기간에 걸쳐 일어난 각 가계의 실제 소비 행위를 분석한 결과 저소득층의 소득 중 소비가 차지하는 비율이 고소득층보다 높다는 것을 발견하였다. 이러한 실증 분석 결과는 절대소득가설로는 명확히 설명하기 어려운 것이었다.
이러한 현상을 설명하기 위해 프리드만은 소비는 장기적인 기대소득으로서의 항상소득에 의존한다는 항상소득가설을 내세웠다. 프리드만은 실제로 측정되는 소득을 실제소득이라 하고, 실제소득은 항상소득과 임시소득으로 구성된다고 보았다. 항상소득이란 평생 동안 벌어들일 것으로 기대되는 소득의 매기 평균 또는 장기적 평균 소득이다. 임시소득은 장기적으로 예견되지 않은 일시적인 소득으로서 양(+)일 수도, 음(−)일 수도 있다. 프리드만은 소비가 임시소득과는 아무런 상관관계가 없고 오직 항상소득에만 의존한다고 보았으며, 임시소득의 대부분은 저축된다고 설명했다. 사람들은 월급과 같이 자신이 평균적으로 벌어들이는 돈을 고려하여 소비를 하지, 예상치 못한 복권 당첨이나 주가 하락에 의한 손실을 고려하여 소비하지는 않는다는 것이다.
항상소득가설을 바탕으로 프리드만은 쿠즈네츠가 발견한 현상을, 단기적인 소득의 증가는 임시소득이 증가한 것에 해당하므로 소비가 늘어나지 않은 것이라고 설명하였다. 항상소득가설에 따른다면 소비를 늘리기 위해서는 단기적인 재정 정책보다 장기적인 재정 정책을 펴는 것이 바람직하다. 가령 정부가 일시적으로 세금을 줄여 가계의 소득을 증가시키고 그에 따른 소비 진작을 기대한다 해도 가계는 일시적인 소득의 증가를 항상소득의 증가로 받아들이지 않아 소비를 늘리지 않기 때문이다.

보기

코로나로 인해 위축된 경제 상황을 극복하기 위해, 정부는 소득 하위 80% 국민에게 1인당 25만 원의 재난지원금을 지급하기로 하였다.

① 케인즈에 따르면, 재난지원금은 일시적 소득으로 대부분 저축될 것이다.
② 케인즈에 따르면, 재난지원금과 같은 단기적 재정정책보다는 장기적인 재정정책을 펴야 한다고 주장할 것이다.
③ 프리드만에 따르면, 재난지원금을 받은 국민들은 늘어난 소득만큼 소비를 늘릴 것이다.
④ 프리드만에 따르면, 재난지원금은 생존에 꼭 필요한 기초소비 비중을 늘릴 것이다.
⑤ 프리드만에 따르면, 재난지원금은 항상소득이 아니기 때문에 소비에 영향을 주지 않을 것이다.

※ 다음 제시된 도형의 규칙을 보고 물음표에 들어가기에 적절한 것을 고르시오. [14~16]

14

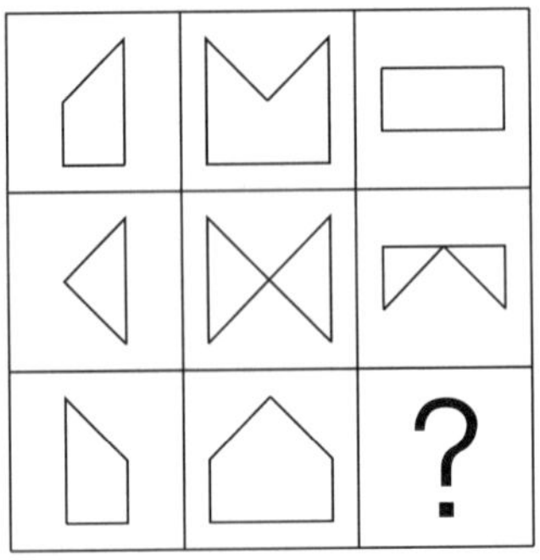

?

①

②

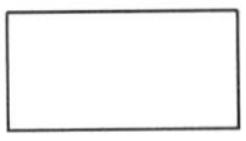

③

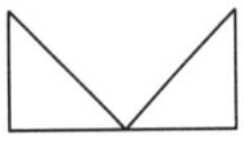

④

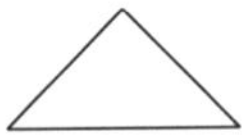

⑤

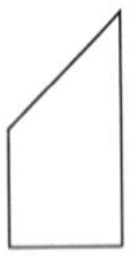

15

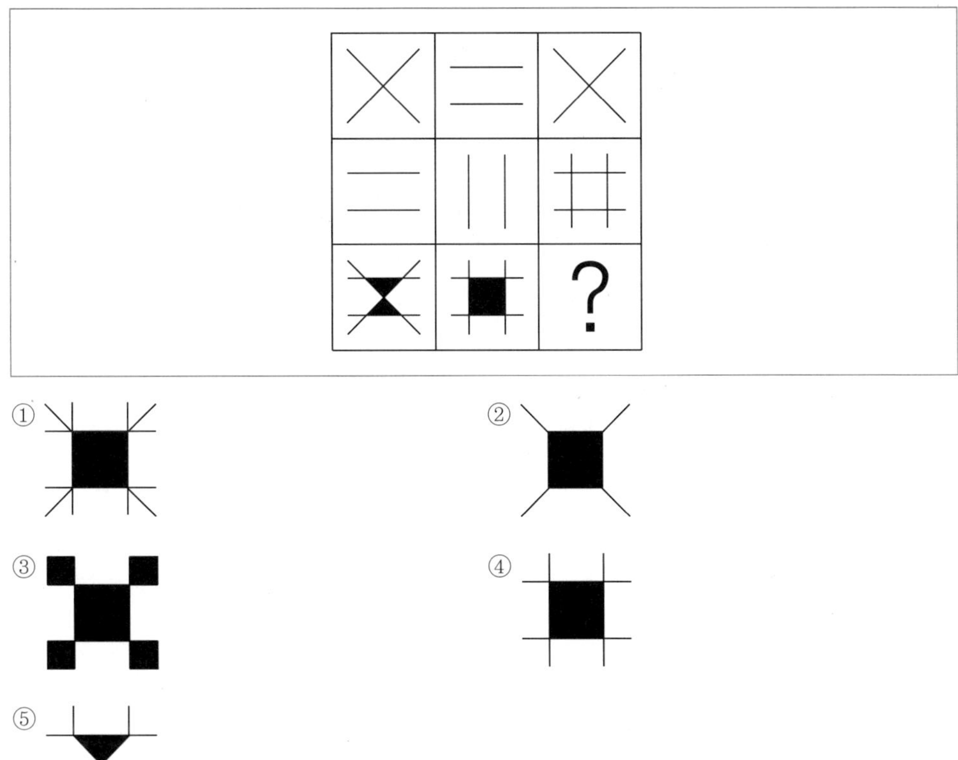

16

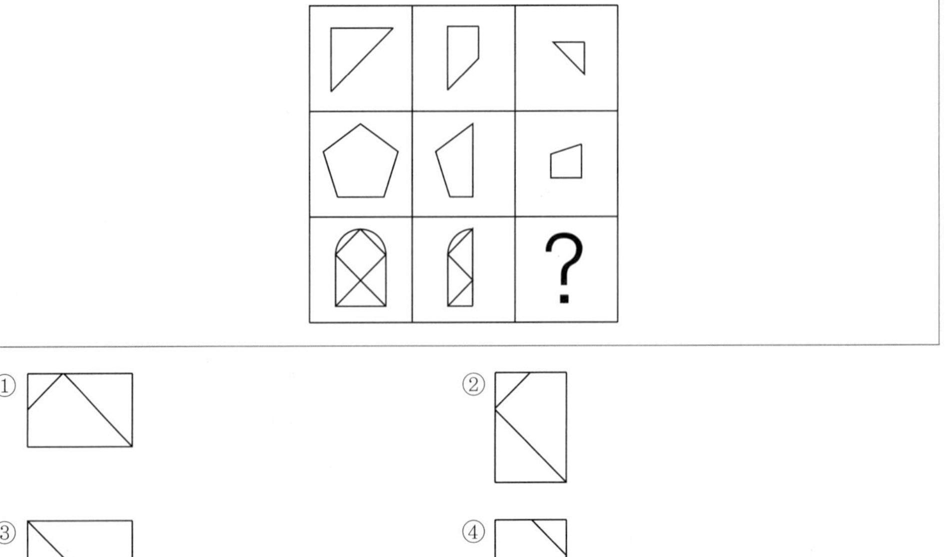

①

②

③

④

⑤

※ 다음 도식에서 기호들은 일정한 규칙에 따라 문자를 변화시킨다. 물음표에 들어갈 적절한 문자를 고르시오(단, 규칙은 가로와 세로 중 한 방향으로만 적용된다). **[17~20]**

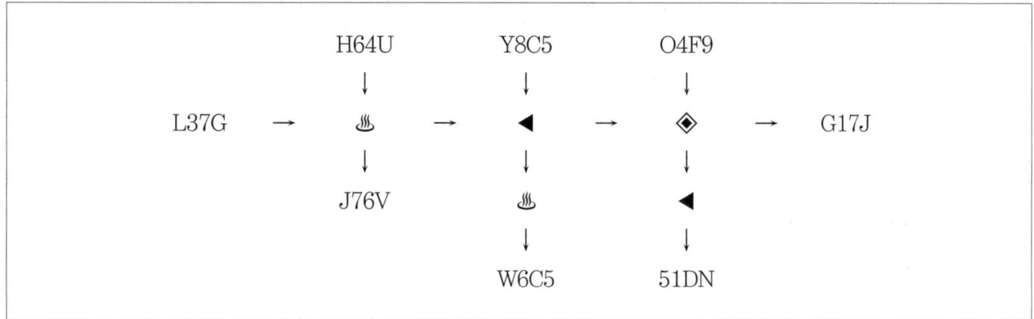

17

S4X8 → ♨ → ◈ → ?

① 37YT
② YT37
③ 95ZU
④ 5Z9U
⑤ Y73T

18

W53M → ◀ → ◈ → ?

① L12S
② M32P
③ L21S
④ MP32
⑤ 3M2P

19

T83I → ♨ → ◀ → ?

① H52Q
② Q52H
③ R63I
④ 63SI
⑤ 6S3I

20

6SD2 → ◀ → ◈ → ♨ → ?

① 34RE
② 4R3E
③ D43R
④ R4D3
⑤ 3QD3

2022년 상반기 기출복원문제

정답 및 해설 p.007

01 수리논리

01 영업부 직원 4명이 1월부터 5월 사이에 한 달에 한 명씩 출장을 가려고 한다. 네 사람이 적어도 한 번 이상씩 출장 갈 경우의 수는?

① 60가지
② 120가지
③ 180가지
④ 240가지
⑤ 300가지

02 작년 A부서의 신입사원 수는 55명이다. 올해 A부서의 신입사원 수는 5명이 증가했고, B부서의 신입사원 수는 4명 증가했다. 올해 B부서 신입사원 수의 1.2배가 올해 A부서 신입사원 수라면, 작년 B부서의 신입사원 수는?

① 44명
② 46명
③ 48명
④ 50명
⑤ 52명

03 A～F 6개의 직무팀을 층마다 두 개의 공간으로 분리된 3층짜리 건물에 배치하려고 한다. A팀과 B팀이 2층에 들어갈 확률은?

① $\frac{1}{15}$
② $\frac{1}{12}$
③ $\frac{1}{9}$
④ $\frac{1}{6}$
⑤ $\frac{1}{3}$

04 S사에서 판매 중인 두 제품 A와 B의 원가의 합은 50,000원이다. 각각 10%, 12% 이익을 붙여서 5개씩 팔았을 때 마진이 28,200원이라면 B의 원가는?

① 12,000원
② 17,000원
③ 22,000원
④ 27,000원
⑤ 32,000원

05 S사 인사이동에서 A부서 사원 6명이 B부서로 넘어갔다. 부서 인원이 각각 15% 감소, 12% 증가했을 때, 인사이동 전 두 부서의 인원 차이는?

① 6명
② 8명
③ 10명
④ 12명
⑤ 14명

06 S부서에는 팀원이 4명인 제조팀, 팀원이 2명인 영업팀, 팀원이 2명인 마케팅팀이 있다. 한 주에 3명씩 청소 당번을 뽑으려고 할 때, 이번 주 청소 당번이 세 팀에서 한 명씩 뽑힐 확률은?

① $\frac{1}{3}$
② $\frac{1}{4}$
③ $\frac{2}{5}$
④ $\frac{2}{7}$
⑤ $\frac{2}{9}$

07 다음은 휴대폰 A ~ D의 항목별 고객평가 점수를 나타낸 자료이다. 다음 〈보기〉에서 이에 대한 설명으로 적절한 것을 모두 고르면?

〈휴대폰 A ~ D의 항목별 고객평가 점수〉

구분	A	B	C	D
디자인	8	7	4	6
가격	4	6	7	8
해상도	5	6	8	4
음량	6	4	7	5
화면크기・두께	7	8	3	4
내장・외장메모리	5	6	7	8

※ 각 항목의 최고점은 10점이다.

※ 기본점수 산정방법 : 각 항목에서 제일 높은 점수 순대로 5점, 4점, 3점, 2점 배점

※ 성능점수 산정방법 : 해상도, 음량, 내장・외장메모리 항목에서 제일 높은 점수 순대로 5점, 4점, 3점, 2점 배점

보기

ㄱ. 휴대폰 A ~ D 중 기본점수가 가장 높은 휴대폰은 C이다.

ㄴ. 휴대폰 A ~ D 중 성능점수가 가장 높은 휴대폰은 D이다.

ㄷ. 각 항목의 고객평가 점수를 단순 합산한 점수가 가장 높은 휴대폰은 B이다.

ㄹ. 성능점수 항목을 제외한 고객평가 점수만을 단순 합산했을 때, 휴대폰 B의 점수는 휴대폰 C 점수의 1.5배이다.

① ㄱ, ㄷ

② ㄴ, ㄹ

③ ㄱ, ㄴ, ㄷ

④ ㄱ, ㄷ, ㄹ

⑤ ㄴ, ㄷ, ㄹ

08 다음은 S사 최종합격자 A ~ D 4명의 채용시험 점수표이다. 점수표를 기준으로 〈조건〉의 각 부서가 원하는 요구사항 대로 A ~ D를 배치한다고 할 때, 최종합격자 A ~ D와 각 부서가 바르게 연결된 것은?

〈최종합격자 A ~ D의 점수표〉

구분	서류점수	필기점수	면접점수	평균
A	㉠	85	68	㉡
B	66	71	85	74
C	65	㉢	84	㉣
D	80	88	54	74
평균	70.75	80.75	72.75	74.75

조건

〈부서별 인원배치 요구사항〉

홍보팀 : 저희는 대외활동이 많다보니 면접점수가 가장 높은 사람이 적합할 것 같아요.
총무팀 : 저희 부서는 전체적인 평균점수가 높은 사람의 배치를 원합니다.
인사팀 : 저희는 면접점수보다도, 서류점수와 필기점수의 평균이 높은 사람이 좋을 것 같습니다.
기획팀 : 저희는 어느 영역에서나 중간 정도 하는 사람이면 될 것 같아요.
※ 배치순서는 홍보팀 – 총무팀 – 인사팀 – 기획팀 순으로 결정한다.

	홍보팀	총무팀	인사팀	기획팀
①	A	B	C	D
②	B	C	A	D
③	B	C	D	A
④	C	B	D	A
⑤	C	B	A	D

09 다음은 2019년부터 2021년까지 우리나라의 국가채무 현황이다. 다음 중 자료에 대한 설명으로 적절한 것을 모두 고르면?(단, 비율은 소수점 둘째 자리에서 반올림한다)

〈우리나라 국가채무 현황〉

(단위 : 조 원)

구분	2019년	2020년	2021년
일반회계 적자보전	334.7	437.5	538.9
외환시장안정용	247.2	256.4	263.5
서민주거안정용	68.5	77.5	92.5
지방정부 순채무	24.2	27.5	27.5
공적자금 등	48.6	47.7	42.9
GDP 대비 국가채무 비율(%)	37.6	43.8	47.3

※ 국가채무=GDP×$\left(\frac{\text{GDP 대비 국가채무 비율}}{100}\right)$

보기

ㄱ. 서민주거안정용 국가채무가 국가채무에서 차지하는 비중은 2021년에 전년 대비 감소하였다.
ㄴ. 2020년과 2021년의 GDP 대비 국가채무의 비율과 지방정부 순채무의 전년 대비 증감추세는 동일하다.
ㄷ. 2020년 공적자금 등으로 인한 국가채무는 지방정부 순채무보다 60% 이상 많다.
ㄹ. GDP 중 외환시장안정용 국가채무가 차지하는 비율은 2020년이 2019년보다 높다.

① ㄱ, ㄴ
② ㄱ, ㄷ
③ ㄴ, ㄷ
④ ㄴ, ㄹ
⑤ ㄷ, ㄹ

10 다음은 각기 다른 두 가지 조건에서 세균을 배양하는 실험을 한 결과이다. 다음과 같이 일정한 변화가 지속될 때, 처음으로 환경 A의 세균이 더 많아질 때는?

〈환경별 세균 수 변화〉

(단위 : 마리)

구분	1시간	2시간	3시간	4시간	5시간
환경 A	1	3	7	15	31
환경 B	10	20	40	70	110

① 8시간 후
② 9시간 후
③ 10시간 후
④ 11시간 후
⑤ 12시간 후

02 추리

※ 제시된 명제가 모두 참일 때, 빈칸에 들어갈 명제로 가장 적절한 것을 고르시오. [1~3]

01

전제1. 수학을 좋아하는 사람은 과학을 잘한다.
전제2. 호기심이 적은 사람은 과학을 잘하지 못한다.
결론. ______________________

① 수학을 좋아하면 호기심이 적다.
② 과학을 잘하지 못하면 수학을 좋아한다.
③ 호기심이 많은 사람은 수학을 좋아하지 않는다.
④ 호기심이 적은 사람은 수학을 좋아하지 않는다.
⑤ 수학을 좋아하지 않으면 호기심이 적다.

02

전제1. 물에 잘 번지는 펜은 수성펜이다.
전제2. 수성펜은 뚜껑이 있다.
전제3. 물에 잘 안 번지는 펜은 잉크 찌꺼기가 생긴다.
결론. ______________________

① 물에 잘 번지는 펜은 뚜껑이 없다.
② 뚜껑이 없는 펜은 잉크 찌꺼기가 생긴다.
③ 물에 잘 안 번지는 펜은 뚜껑이 없다.
④ 물에 잘 번지는 펜은 잉크 찌꺼기가 안 생긴다.
⑤ 물에 잘 안 번지는 펜은 잉크 찌꺼기가 안 생긴다.

03

전제1. A를 구매한 어떤 사람은 B를 구매했다.
전제2. ______________________
결론. 그러므로 C를 구매한 어떤 사람은 A를 구매했다.

① B를 구매하지 않는 사람은 C도 구매하지 않았다.
② B를 구매한 모든 사람은 C를 구매했다.
③ C를 구매한 사람은 모두 B를 구매했다.
④ A를 구매하지 않은 어떤 사람은 C를 구매했다.
⑤ B를 구매한 어떤 사람은 C를 구매했다.

04 **신발가게에서 일정 금액 이상 구매 한 고객에게 추첨을 통해 다양한 경품을 주는 이벤트를 하고 있다. 함께 쇼핑을 한 A～E는 이벤트에 응모했고 이 중 1명만 신발에 당첨되었다. 다음 A～E의 대화에서 한 명이 거짓말을 한다고 할 때, 신발 당첨자는?**

A : C는 신발이 아닌 할인권에 당첨됐어.
B : D가 신발에 당첨됐고, 나는 커피 교환권에 당첨됐어.
C : A가 신발에 당첨됐어.
D : C의 말은 거짓이야.
E : 나는 꽝이야.

① A
② B
③ C
④ D
⑤ E

05 **A, B, C 세 사람은 점심식사 후 아메리카노, 카페라테, 카푸치노, 에스프레소 4종류의 음료를 파는 카페에서 커피를 마신다. 주어진 〈조건〉이 항상 참일 때, 다음 중 적절한 것은?**

조건

- A는 카페라테와 카푸치노를 좋아하지 않는다.
- B는 에스프레소를 좋아한다.
- A와 B는 좋아하는 커피가 서로 다르다.
- C는 에스프레소를 좋아하지 않는다.

① C는 아메리카노를 좋아한다.
② A는 아메리카노를 좋아한다.
③ C와 B는 좋아하는 커피가 같다.
④ A가 좋아하는 커피는 주어진 조건만으로는 알 수 없다.
⑤ C는 카푸치노를 좋아한다.

06 A팀과 B팀은 보안등급 상에 해당하는 문서를 나누어 보관하고 있다. 이에 따라 두 팀은 보안을 위해 아래와 같은 〈조건〉에 따라 각 팀의 비밀번호를 지정하였다. 다음 중 A팀과 B팀에 들어갈 수 있는 암호배열은?

조건

- 1 ~ 9까지의 숫자로 (한 자리 수)×(두 자리 수)=(세 자리 수)=(두 자리 수)×(한 자리 수) 형식의 비밀번호로 구성한다.
- 가운데에 들어갈 세 자리 수의 숫자는 156이며 숫자는 중복 사용할 수 없다. 즉, 각 팀의 비밀번호에 1, 5, 6이란 숫자가 들어가지 않는다.

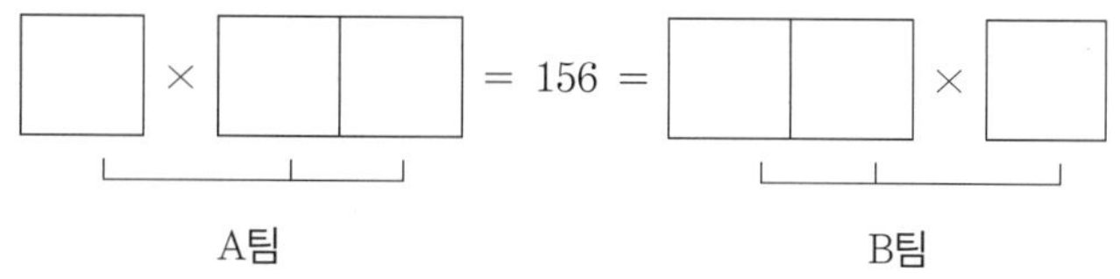

① 23　② 27　③ 29　④ 37　⑤ 39

07 A, B, C, D 네 명은 한 판의 가위바위보를 한 후 그 결과에 대해 각각 두 가지의 진술을 하였다. 두 가지의 진술 중 하나는 반드시 참이고, 하나는 반드시 거짓이라고 할 때, 다음 중 항상 참인 것은?

A : C는 B를 이길 수 있는 것을 냈고, B는 가위를 냈다.
B : A는 C와 같은 것을 냈지만, A가 편 손가락의 수는 나보다 적었다.
C : B는 바위를 냈고, 그 누구도 같은 것을 내지 않았다.
D : A, B, C 모두 참 또는 거짓을 말한 순서가 동일하다. 이 판은 승자가 나온 판이었다.

① B와 같은 것을 낸 사람이 있다.
② 보를 낸 사람은 1명이다.
③ D는 혼자 가위를 냈다.
④ B가 기권했다면 가위를 낸 사람이 지는 판이다.
⑤ 바위를 낸 사람은 2명이다.

※ 다음 제시된 낱말의 대응 관계로 볼 때, 빈칸에 들어가기에 적절한 것을 고르시오. **[8~9]**

08

근면 : 태만 = 긴장 : (　　)

① 완화
② 경직
③ 수축
④ 압축
⑤ 팽창

09

고집 : 집념 = (　　) : 정점

① 제한
② 경계
③ 한도
④ 절경
⑤ 절정

10 다음 글의 내용이 참일 때 항상 거짓인 것을 고르면?

사회 구성원들이 경제적 이익을 추구하는 과정에서 불법 행위를 감행하기 쉬운 상황일수록 이를 억제하는 데에는 금전적 제재 수단이 효과적이다.

현행법상 불법 행위에 대한 금전적 제재 수단에는 민사적 수단인 손해 배상, 형사적 수단인 벌금, 행정적 수단인 과징금이 있으며, 이들은 각각 피해자의 구제, 가해자의 징벌, 법 위반 상태의 시정을 목적으로 한다. 예를 들어 기업들이 담합하여 제품 가격을 인상했다가 적발된 경우, 그 기업들은 피해자에게 손해 배상 소송을 제기당하거나 법원으로부터 벌금형을 선고받을 수 있고 행정 기관으로부터 과징금도 부과받을 수 있다. 이처럼 하나의 불법 행위에 대해 세 가지 금전적 제재가 내려질 수 있지만 제재의 목적이 서로 다르므로 중복 제재는 아니라는 것이 법원의 판단이다.

그런데 우리나라에서는 기업의 불법 행위에 대해 손해 배상 소송이 제기되거나 벌금이 부과되는 사례는 드물어서, 과징금 등 행정적 제재 수단이 억제 기능을 수행하는 경우가 많다. 이런 상황에서는 과징금 등 행정적 제재의 강도를 높임으로써 불법 행위의 억제력을 끌어올릴 수 있다. 그러나 적발 가능성이 매우 낮은 불법 행위의 경우에는 과징금을 올리는 방법만으로는 억제력을 유지하는 데 한계가 있다. 또한 피해자에게 귀속되는 손해 배상금과는 달리 벌금과 과징금은 국가에 귀속되므로 과징금을 올려도 피해자에게는 직접적인 도움이 되지 못한다.

① 금전적 제재수단은 불법 행위를 억제하기 위해서 사용된다.
② 기업의 불법 행위에 대해 벌금과 과징금 모두 부과 가능하다.
③ 과징금은 가해자를 징벌하기 위해 부과된다.
④ 우리나라에서 주로 사용하는 방법은 행정적 제재이다.
⑤ 행정적 제재는 피해자에게 직접적인 도움이 되지 못한다.

CHAPTER 03

2021년 하반기 기출복원문제

정답 및 해설 p.012

01 수리논리

01 S사 직원인 A, B, C, D가 일렬로 나열된 여덟 개의 좌석에 앉아 교육을 받으려고 한다. A가 가장 첫 번째 자리에 앉았을 때, B와 C가 붙어 앉는 경우의 수는?

① 30가지
② 60가지
③ 120가지
④ 150가지
⑤ 180가지

02 S사에서 판매하는 공기청정기는 한 대에 15만 원이고, 선풍기는 한 대에 7만 원이다. 공기청정기와 선풍기를 총 200명이 구매하였고 공기청정기와 선풍기를 모두 구매한 사람은 20명이다. 공기청정기는 120개가 판매되었고 공기청정기와 선풍기를 모두 구매한 사람에게는 2만 원을 할인해줬을 때, 총 매출액은?(단, 공기청정기와 선풍기는 인당 각 1대씩만 구매할 수 있다)

① 2,450만 원
② 2,460만 원
③ 2,470만 원
④ 2,480만 원
⑤ 2,490만 원

03 S사의 전월 인원수는 총 1,000명이었다. 이번 달에는 전월 대비 여자는 20% 증가했고, 남자는 10% 감소해서 총 인원수는 80명 증가했다. 전월 남자 인원수는?

① 300명
② 400명
③ 500명
④ 600명
⑤ 700명

04 S사는 매달 행사 참여자 중 1명을 추첨하여 경품을 준다. 한 달에 3회차씩 진행하며 당첨되어 경품을 받으면 다음 회차 추첨에는 제외된다. 이번 달에는 A를 포함하여 총 10명이 행사에 참여하였을 때 A가 이번 달에 총 2번 당첨될 확률은?

① $\frac{1}{60}$ ② $\frac{1}{70}$

③ $\frac{1}{80}$ ④ $\frac{1}{90}$

⑤ $\frac{1}{100}$

05 S팀에 20대 직원은 3명이 있고, 30대 직원도 3명이 있다. S팀의 20, 30대 직원 6명 중 2명을 뽑을 때 20대가 적어도 1명 이상 포함될 확률은?

① $\frac{1}{2}$ ② $\frac{2}{3}$

③ $\frac{3}{4}$ ④ $\frac{3}{5}$

⑤ $\frac{4}{5}$

06 A제품을 X가 15시간 동안 1개, Y는 6시간 동안 1개, Y와 Z가 함께 60시간 동안 21개를 생산한다. X, Y, Z가 함께 360시간 동안 생산한 A제품의 개수는?

① 120개 ② 130개

③ 140개 ④ 150개

⑤ 160개

07 S사의 인원수는 2018년에 300명이었다. 2019년에 전년 대비 25% 감소, 2020년에는 전년 대비 20% 증가하였을 때 2018년과 2020년의 인원수 차이는?

① 20명 ② 30명

③ 40명 ④ 50명

⑤ 60명

08 S부서에는 팀원이 6명인 제조팀과 팀원이 4명인 영업팀으로 이루어져 있다. S부서에서 3명을 뽑을 때 제조팀에서 2명, 영업팀에서 1명이 뽑힐 확률은?

① $\frac{1}{2}$
② $\frac{1}{3}$
③ $\frac{2}{3}$
④ $\frac{1}{4}$
⑤ $\frac{3}{4}$

09 다음은 국가별 4차 산업혁명 기반산업 R&D 투자 현황에 관한 자료이다. 자료를 보고 〈보기〉 중 적절하지 않은 것을 모두 고르면?

〈국가별 4차 산업혁명 기반산업 R&D 투자 현황〉

(단위 : 억 달러)

국가	서비스				제조					
	IT서비스		통신 서비스		전자		기계장비		바이오 · 의료	
	투자액	상대수준	투자액	상대수준	투자액	상대수준	투자액	상대수준	투자액	상대수준
한국	3.4	1.7	4.9	13.1	301.6	43.1	32.4	25.9	16.4	2.3
미국	200.5	100.0	37.6	100.0	669.8	100.0	121.3	96.6	708.4	100.0
일본	30.0	14.9	37.1	98.8	237.1	33.9	125.2	100.0	166.9	23.6
독일	36.8	18.4	5.0	13.2	82.2	11.7	73.7	58.9	70.7	10.0
프랑스	22.3	11.1	10.4	27.6	43.2	6.2	12.8	10.2	14.2	2.0

※ 투자액은 기반산업별 R&D 투자액의 합계이다.
※ 상대수준은 최대 투자국의 R&D 투자액을 100으로 두었을 때의 상대적 비율이다.

보기

ㄱ. 한국의 IT서비스 부문 투자액은 미국 대비 1.7%이다.
ㄴ. 미국은 모든 산업의 상대수준이다.
ㄷ. 한국의 전자 부문 투자액은 전자 외 부문 투자액을 모두 합한 금액의 6배 이상이다.
ㄹ. 일본과 프랑스의 부문별 투사액 순서는 동일하지 않다.

① ㄱ, ㄴ
② ㄴ, ㄷ
③ ㄱ, ㄷ
④ ㄴ, ㄹ
⑤ ㄷ, ㄹ

10 S사의 부서별 전년 대비 순이익의 증감률 그래프로 적절하지 않은 것은?

〈S사 순이익〉

(단위 : 천만 원)

구분	리조트	보험	물류	패션	건설
2016년	100	160	400	40	50
2017년	160	160	500	60	60
2018년	400	200	800	60	90
2019년	500	300	1,000	300	180
2020년	600	420	1,200	90	90
2021년	690	420	1,500	270	180

① (단위 : %)

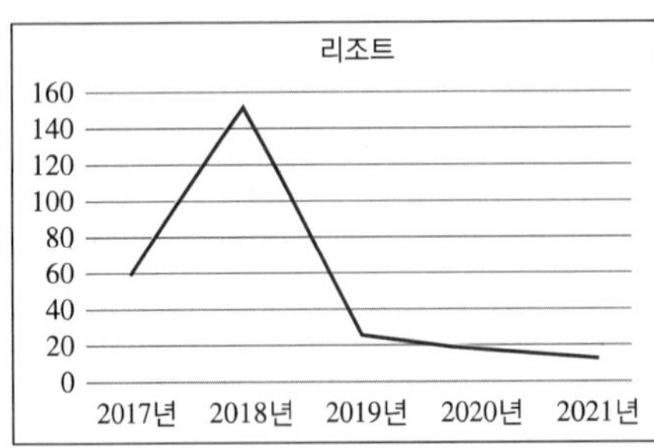

② (단위 : %)

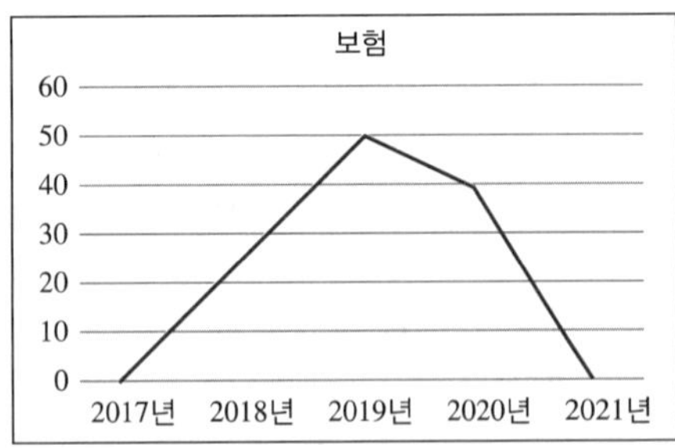

③ (단위 : %)

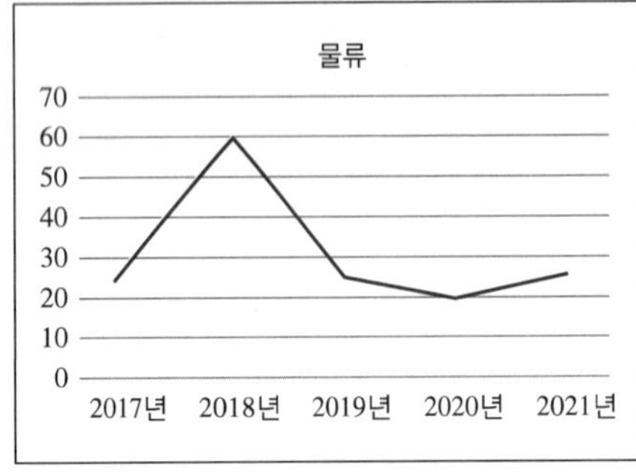

④ (단위 : %)

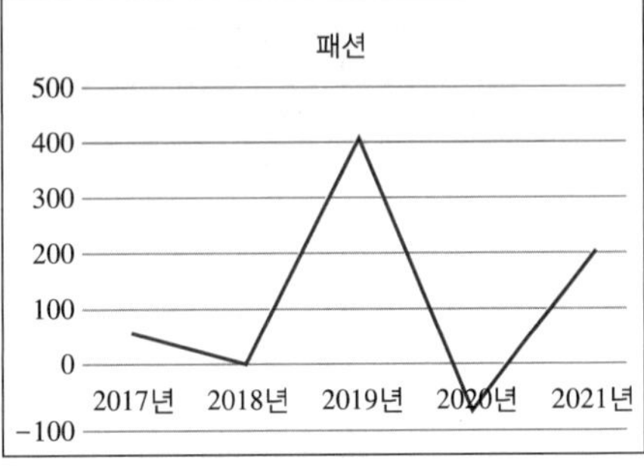

⑤ (단위 : %)

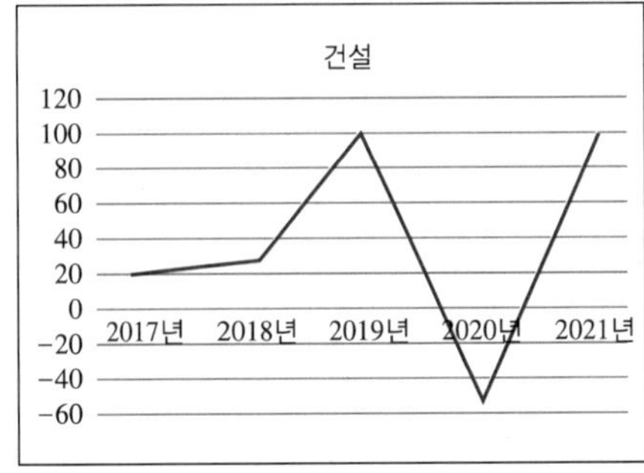

11 S사에서 생산하는 X, Y상품의 연도별 생산지수는 다음과 같은 관계가 성립할 때 ㉠, ㉡의 값으로 적절한 것은?(단, X, Y상품의 생산지수는 양수이다)

〈S사 X, Y상품 생산지수〉

구분	2018년	2019년	2020년	2021년
X상품 생산지수	10	20	30	㉠
Y상품 생산지수	52	108	㉡	300

(Y상품 생산지수)$=a\times$[(X상품 생산지수)$\div 10]^2+b\times$(X상품 생산지수)

	㉠	㉡
①	40	166
②	40	168
③	40	170
④	50	168
⑤	50	170

12 다음과 같이 A, B회사의 매출액이 일정하게 변할 때, B회사 매출액이 A회사 매출액의 절반을 뛰어넘는 연도는?

〈A, B회사 매출액〉

(단위 : 백만 원)

구분	2017년	2018년	2019년	2020년
A회사	3,500	5,000	6,400	7,700
B회사	1,500	2,100	2,700	3,300

① 2023년
② 2024년
③ 2025년
④ 2026년
⑤ 2027년

13 S사는 직원에게 성과금으로 T상품에 직접 가입시킨 고객 한 명당 2만 원씩을 매달 지급한다. A사원과 B사원이 T상품에 가입시킨 고객 수가 일정한 규칙으로 증가할 때 A사원과 B사원의 12월 성과금은?

〈T상품에 가입시킨 고객 수〉

(단위 : 명)

구분	1월	2월	3월	4월	5월	6월
A사원	2	7	12	17	22	27
B사원	1	3	7	13	21	31

	A사원	B사원
①	114	264
②	114	266
③	114	268
④	116	264
⑤	116	266

14 S사 상품의 수익이 다음과 같이 일정한 규칙으로 증가하고 있다. 2021년 5월 이후에 Y상품 수익이 X상품 수익의 3배가 되는 달은?

〈2021년 X, Y상품의 수익〉

(단위 : 천만 원)

구분	1월	2월	3월	4월	5월
X상품	25,000	26,000	27,000	28,000	29,000
Y상품	5,000	6,000	9,000	14,000	21,000

① 2021년 10월
② 2021년 11월
③ 2021년 12월
④ 2022년 01월
⑤ 2022년 02월

02 추리

※ 제시된 명제가 모두 참일 때, 빈칸에 들어갈 명제로 가장 적절한 것을 고르시오. [1~5]

01

전제1. 연극을 좋아하면 발레를 좋아한다.
전제2. 영화를 좋아하지 않으면 발레를 좋아하지 않는다.
결론. ______________________________

① 연극을 좋아하면 영화를 좋아하지 않는다.
② 발레를 좋아하면 영화를 좋아하지 않는다.
③ 발레를 좋아하지 않으면 영화를 좋아한다.
④ 연극을 좋아하면 영화를 좋아한다.
⑤ 연극을 좋아하지 않는 사람은 발레를 좋아하지 않는다.

02

전제1. 부품을 만드는 회사는 공장이 있다.
전제2. ______________________________
결론. 부품을 만드는 회사는 제조를 한다.

① 제조를 하지 않는 회사는 공장이 있다.
② 부품을 만들지 않는 회사는 공장이 있다.
③ 공장이 없는 회사는 제조를 한다.
④ 제조를 하는 회사는 부품을 만든다.
⑤ 공장이 있는 회사는 제조를 한다.

03

전제1. 와인을 좋아하는 모든 회사원은 치즈를 좋아한다.
전제2. ____________________
결론. 포도를 좋아하는 어떤 회사원은 치즈를 좋아한다.

① 포도를 좋아하는 어떤 회사원은 와인을 좋아하지 않는다.
② 와인을 좋아하는 어떤 회사원은 포도를 좋아한다.
③ 와인을 좋아하지 않는 모든 회사원은 포도를 좋아한다.
④ 치즈를 좋아하는 모든 회사원은 와인을 좋아하지 않는다.
⑤ 포도를 좋아하지 않는 어떤 회사원은 와인을 좋아한다.

04

전제1. 연극을 좋아하는 모든 아이는 드라마를 본다.
전제2. 연극을 좋아하는 모든 아이는 영화를 본다.
결론. ____________________

① 드라마를 보는 모든 아이는 영화를 본다.
② 영화를 보는 어떤 아이는 드라마를 본다.
③ 드라마를 보는 모든 아이는 연극을 좋아한다.
④ 영화를 보지 않는 모든 아이는 연극을 좋아한다.
⑤ 드라마를 보지 않는 어떤 아이는 영화를 본다.

05

전제1. C언어를 하는 사원은 파이썬을 한다.
전제2. Java를 하는 사원은 C언어를 한다.
결론. ____________________

① 파이썬을 하는 사원은 C언어를 한다.
② C언어를 하지 않는 사원은 Java를 한다.
③ Java를 하지 않는 사원은 파이썬을 하지 않는다.
④ C언어를 하는 사원은 Java를 한다.
⑤ 파이썬을 하지 않는 사원은 Java를 하지 않는다.

06 S사원은 상품 A, B, C, D, E를 포장하여 다음과 같은 보관함에 넣었다. 다음 〈조건〉을 만족할 때 항상 거짓인 것은?

〈보관함〉

	1열	2열	3열
1행	1	2	3
2행	4	5	6
3행	7	8	9

조건

- 포장되는 순서대로 상품을 보관함에 넣을 수 있다.
- 보관함에 먼저 넣은 상품보다 나중에 넣은 상품을 뒤의 번호에 넣어야 한다.
- C는 두 번째로 포장을 완료했다.
- B는 보관함 2열에 넣었다.
- E는 B보다 먼저 포장을 완료했다.
- E는 보관함 3행에 넣었다.
- D는 A가 넣어진 행보다 한 행 아래에 넣어졌다.
- C는 D가 넣어진 열보다 한 열 오른쪽에 넣어졌다.
- 짝수 번의 보관함에는 한 개의 상품만 넣어졌다.

① A는 1번 보관함에 넣어졌다.
② B는 8번 보관함에 넣어졌다.
③ C는 2번 보관함에 넣어졌다.
④ D는 5번 보관함에 넣어졌다.
⑤ E는 7번 보관함에 넣어졌다.

07 K부서의 사원 A, B, C, D, E, F는 출근하는 순서대로 먼저 출근한 3명은 에티오피아 커피, 나중에 출근한 3명은 케냐 커피를 마셨다. 다음 〈조건〉을 만족할 때 항상 거짓인 것은?

조건

- C는 가장 마지막에 출근했다.
- F는 바로 앞에 출근한 사원이 마신 커피와 다른 종류의 커피를 마셨다.
- A와 B는 연이어 출근했다.
- B는 E보다 나중에 출근했다.

① E는 첫 번째로 출근했고, 에티오피아 커피를 마셨다.
② D는 다섯 번째로 출근했고, 케냐 커피를 마셨다.
③ F는 네 번째로 출근했고, 케냐 커피를 마셨다.
④ E와 D는 서로 다른 종류의 커피를 마셨다.
⑤ B가 A보다 먼저 출근했다면 A는 두 번째로 출근했다.

08 **S사 직원 A, B, C, D, E, F가 커피머신 앞에 한 줄로 서 있다. 다음 〈조건〉을 만족할 때 항상 참인 것은?**

조건

- A, B가 E보다 앞에 서 있다.
- C와 D 사이에 두 명이 있다.
- F가 맨 앞에 서 있다.
- A가 D보다 앞에 서 있다.

① D는 항상 E의 바로 앞이나 바로 뒤에 서 있다.
② E가 맨 끝에 서 있으면 C는 F 바로 뒤에 서 있다.
③ A는 C보다 뒤에 서 있다.
④ E가 여섯 번째로 서 있다면 A는 B보다 앞에 서 있다.
⑤ A가 F 바로 뒤에 서 있다면 B는 여섯 번째에 서 있다.

09 **A, B, C, D, E, F, G 일곱 명이 토너먼트 경기를 하였다. 다음과 같은 〈조건〉을 만족할 때 항상 거짓인 것은?**

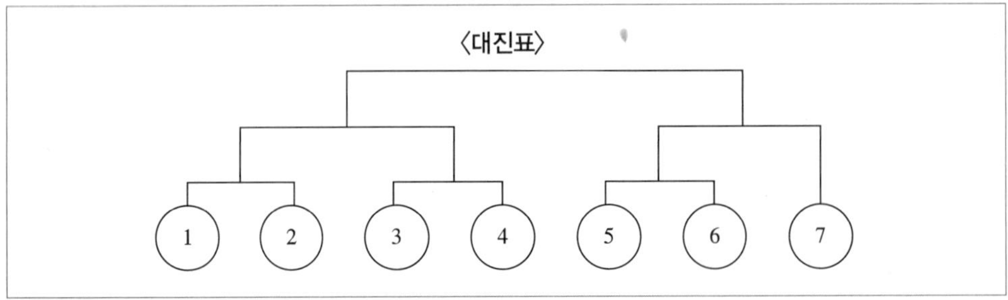

조건

- 대진표에서 왼쪽부터 순서대로 경기를 진행하며, 한 라운드가 완전히 끝나야 다음 라운드가 진행된다.
- G와 E는 준결승전에서 만났다.
- D는 결승전에 진출했고, B는 준결승전에서 패배했다.
- D는 첫 번째 경기에 출전했고, F는 두 번째 경기에 출전했다.

① D와 G는 결승전에서 만날 수도 있다.
② C는 1라운드에서 승리했다.
③ A는 부전승으로 준결승전에 출전할 수 없다.
④ B와 F는 1라운드에서 만났다.
⑤ A와 C는 경기를 3번 했다.

10 S부서의 사원 A, B, C, D는 공정설계, 설비기술, 회로설계, 품질보증 4개의 직무 중 2개씩을 담당하고 있고, 각 직무의 담당자는 2명이다. 다음과 같은 〈조건〉을 만족할 때 항상 참인 것은?

> **조건**
> - C와 D가 담당하는 직무는 서로 다르다.
> - B는 공정설계 직무를 담당한다.
> - D는 설비기술을 담당한다.
> - A와 C는 1개의 직무를 함께 담당한다.

① B가 회로설계 직무를 담당하면 D는 품질보증 직무를 담당한다.
② A가 설비기술 직무를 담당하지 않으면 C는 회로설계 직무를 담당한다.
③ D가 회로설계 직무를 담당하면 A는 C와 품질보증 직무를 담당한다.
④ C가 품질보증 직무를 담당하지 않으면 B는 회로설계 직무를 담당한다.
⑤ B가 설비기술 직무를 담당하지 않으면 A는 회로설계 직무를 담당하지 않는다.

11 A, B, C, D, E는 서로 다른 숫자가 적힌 카드를 한 장씩 가지고 있다. 카드에는 1부터 5까지의 자연수가 하나씩 적혀 있고, 본인이 가지고 있는 카드에 대해 다음과 같이 진술하였다. 한 명이 거짓을 말하고 있을 때 가장 큰 숫자가 적힌 카드를 가지고 있는 사람은?

> A : 나는 제일 작은 숫자가 적힌 카드를 가지고 있어.
> B : 나는 C보다는 큰 수가, 5보다는 작은 수가 적힌 카드를 가지고 있어.
> C : 나는 A가 가지고 있는 카드에 적힌 숫자에 2를 곱한 수가 적힌 카드를 가지고 있어.
> D : 나는 E가 가지고 있는 카드에 적힌 숫자에서 1을 뺀 수가 적힌 카드를 가지고 있어.
> E : A가 가지고 있는 카드의 숫자보다 작은 수가 적힌 카드를 가지고 있어.

① A ② B
③ C ④ D
⑤ E

12 S부서의 사원 A, B, C, D, E는 가, 나, 다팀에 속해있으며, 한 팀은 2명 이하로 구성되어 있다. 사원이 다음과 같이 진술하였고, 나팀에 속해있는 사원만이 거짓말을 할 때 각 팀의 팀원이 적절하게 연결된 것은?

> A : 나는 C와 같은 팀이야.
> B : 나는 다팀이야.
> C : E는 나팀이야.
> D : 나는 혼자 다팀이야.
> E : B는 나팀이 아니야.

	가팀	나팀	다팀
①	A, B	C, D	E
②	A, C	B, E	D
③	A, D	B, C	E
④	A, B	C, E	D
⑤	A, E	C, D	B

※ 다음 제시된 도형의 규칙을 보고 물음표에 들어가기에 적절한 것을 고르시오. **[13~15]**

13

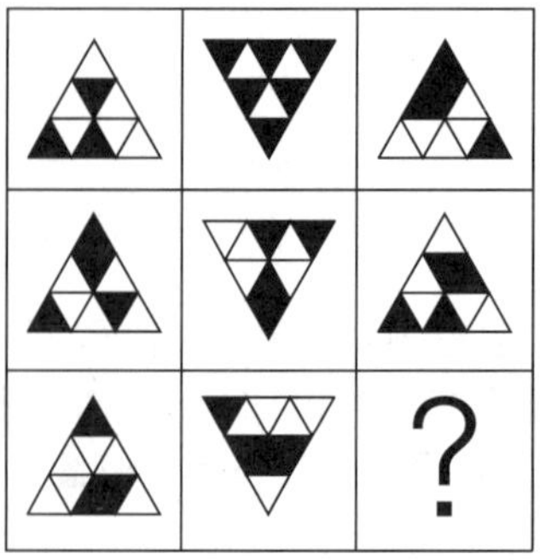

?

①

②

③

④

⑤

14

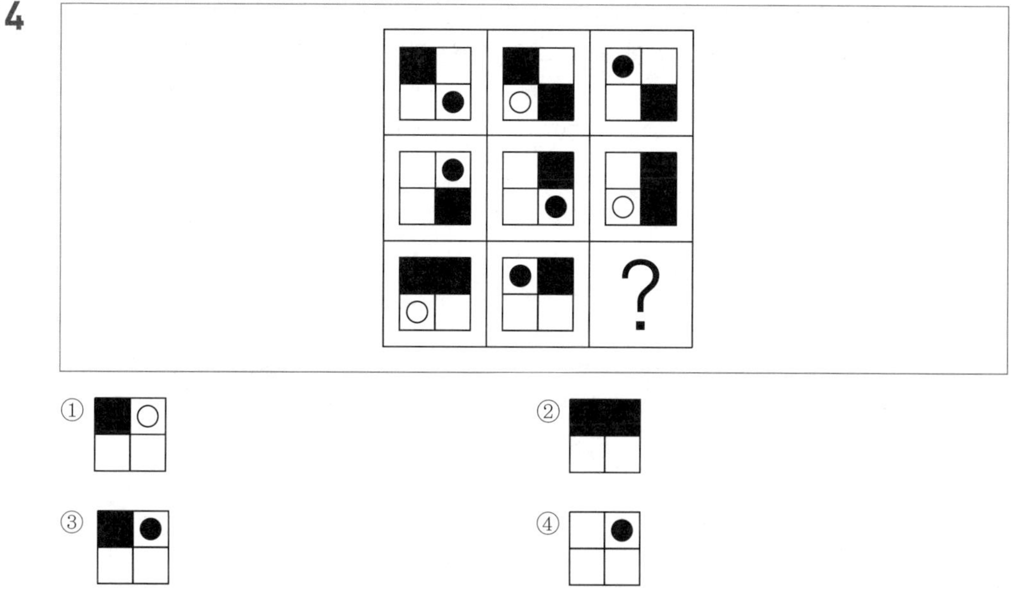

①　②　③　④　⑤

15

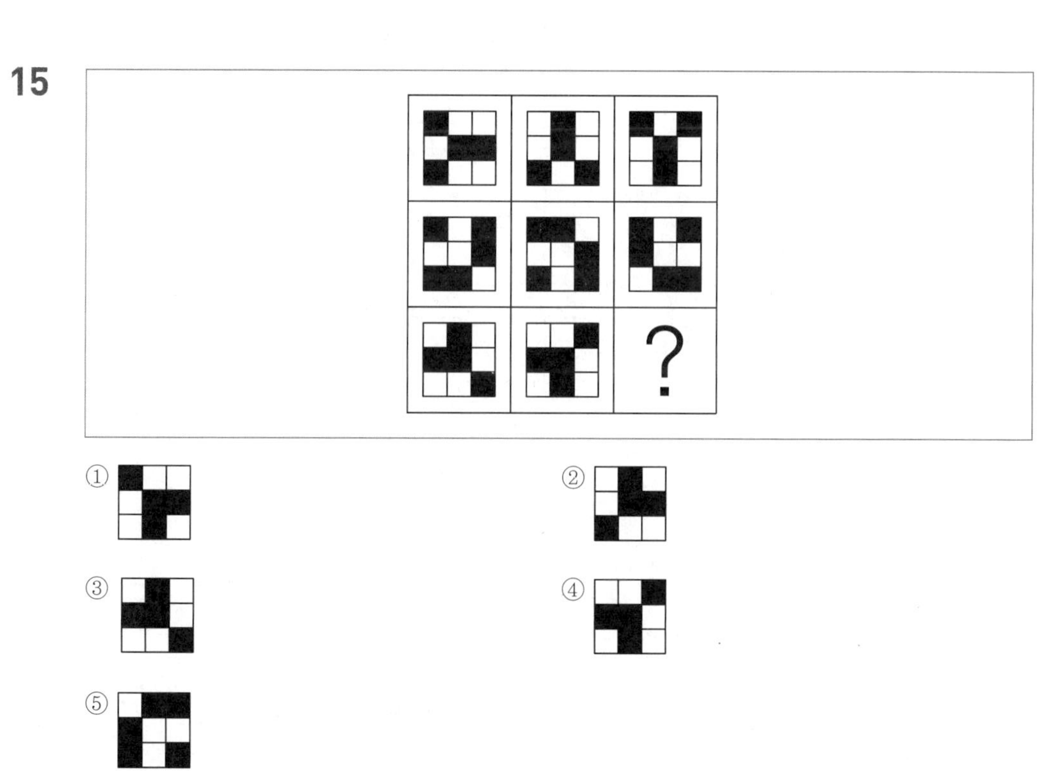

①　②　③　④　⑤

※ 다음 도식에서 기호들은 일정한 규칙에 따라 문자를 변화시킨다. 물음표에 들어갈 적절한 문자를 고르시오(단, 규칙은 가로와 세로 중 한 방향으로만 적용된다). **[16~19]**

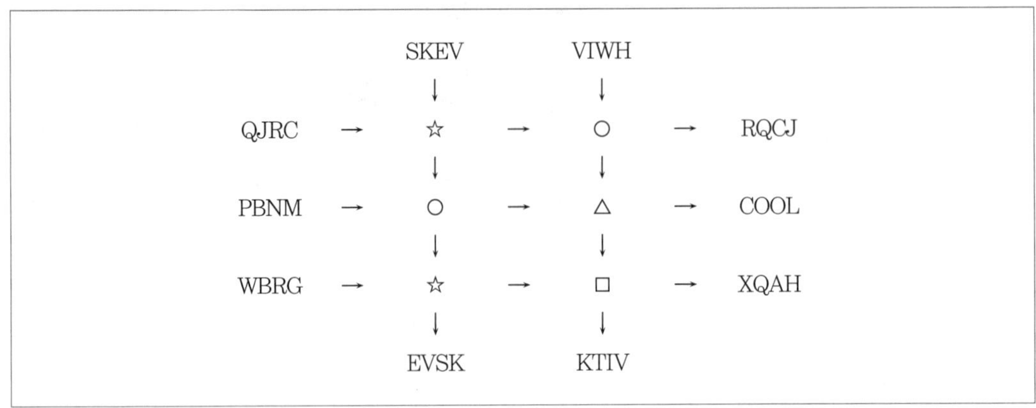

16

BROW → △ → ○ → ?

① QQCU
② CUQQ
③ QCUQ
④ CQQU
⑤ UQCQ

17

QWXE → □ → ☆ → ?

① FVWR
② RVWF
③ EXWQ
④ QRVF
⑤ RWVF

18

? → ☆ → ○ → HGEK

① GKHE
② EKGH
③ GHKE
④ GKEH
⑤ KGHE

19

? → △ → □ → ZMTS

① TSOX
② XOST
③ SOXT
④ YNUR
⑤ OSXT

※ 다음 도식에서 기호들은 일정한 규칙에 따라 문자를 변화시킨다. 물음표에 들어갈 적절한 문자를 고르시오(단, 규칙은 가로와 세로 중 한 방향으로만 적용된다). **[20~23]**

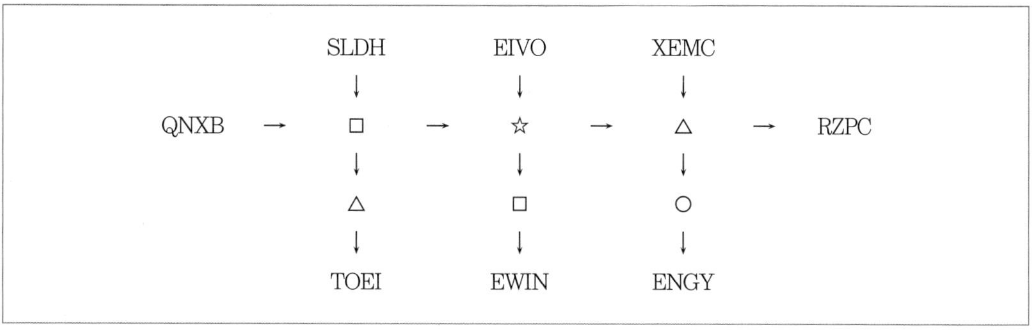

		SLDH		EIVO		XEMC		
		↓		↓		↓		
QNXB	→	□	→	☆	→	△	→	RZPC
		↓		↓		↓		
		△		□		○		
		↓		↓		↓		
		TOEI		EWIN		ENGY		

20

HLJW → □ → ☆ → ?

① VMJH
② VJMV
③ JHMV
④ HJMV
⑤ HMJV

21

SEMV → △ → ☆ → ?

① XNGT
② TGNX
③ TNGX
④ NGTX
⑤ GTXN

22

? → ○ → △ → QHIG

① HEFP
② HFPE
③ PFHE
④ EHPF
⑤ EHFP

23

? → □ → ○ → JVMA

① AMVJ
② ALVK
③ JVMA
④ JMAV
⑤ VAMJ

24 다음 제시된 낱말의 대응 관계로 볼 때, 빈칸에 들어가기에 가장 적절한 것을 고르면?

조잡하다 : 치밀하다 = 진출하다 : (　　)

① 철수하다
② 자립하다
③ 인식하다
④ 막론하다
⑤ 분별하다

25 다음 글의 내용이 참일 때 항상 거짓인 것은?

요즘 마트에서 쉽게 찾아볼 수 있는 아보카도는 열대 기후에서 재배되는 과일이다. 아보카도의 모양은 망고와 비슷하지만 잘라보았을 때 망고는 노란빛을 띠는 반면, 아보카도는 초록빛을 띠는 것이 특징이다.

예전에 아보카도는 고지방 식품으로 분류되어 다이어트를 할 때 피해야 할 과일로 여겨졌지만, 아보카도가 다이어트에 효과적이라는 연구결과가 알려지면서 요즘에는 다이어트를 하는 사람에게 인기가 많다. 또한 아보카도에는 비타민 C와 A, 필수지방산 등 영양 성분도 많이 함유되어 있어 여러 질병과 질환을 예방하는 데 도움이 된다.

이러한 효과와 효능을 보려면 잘 익은 아보카도를 골라 올바르게 섭취하는 것이 중요하다. 잘 익은 아보카도는 손으로 만져봤을 때 탄력이 있고, 껍질의 색이 녹색에서 약간 검게 변해 있다. 아보카도는 실내 온도에 3일 정도밖에 보관되지 않으므로 구매 후 바로 섭취하는 것이 좋다. 아보카도는 생으로 먹었을 때 효능을 극대화할 수 있으므로 다양한 채소와 견과류를 곁들인 샐러드로 먹는 것이 좋다.

① 아보카도의 모양은 망고와 비슷하다.
② 잘 익은 아보카도는 만졌을 때 탄력이 있다.
③ 아보카도는 일주일 이상 실온에서 숙성하여 섭취하는 것이 좋다.
④ 아보카도는 다이어트와 여러 질병, 질환을 예방하는 데 도움이 된다.
⑤ 아보카도의 효능을 극대화하려면 생으로 먹어야 한다.

26 다음 지문을 토대로 〈보기〉에 대한 해석으로 적절하지 않은 것은?

해시 함수(Hash Function)란 임의의 길이의 데이터를 고정된 길이의 데이터로 대응시키는 함수이다. 해시 함수는 키를 값에 연결시키는 자료구조인 해시 테이블에 사용된다. 여기서 키는 입력 값이며, 해시 함수에 의해 얻어지는 값은 해시 값이라고 한다.
해시 함수는 큰 파일에서 중복되는 값을 찾을 수 있기 때문에 데이터 검색이 매우 빠르다는 장점이 있다. 또한 해시 값이 다르면 그 해시 값에 대한 원래 입력 값도 달라야 하는 점을 이용하여 암호로도 사용될 수 있다. 그런데 해시 함수가 서로 다른 두 개의 입력 값에 대해 동일한 해시 값을 나타내는 상황이 발생하는데 이를 해시 충돌이라고 한다. 해시 충돌이 자주 일어나는 해시 함수는 서로 다른 데이터를 구별하기 어려워지고 검색하는 비용이 증가한다.

보기

입력 값	해시 함수 1	해시 값
A	→	01
B	→	02
C	→	03

입력 값	해시 함수 2	해시 값
A	→	01
B	→	02
C	→	02

입력 값	해시 함수 3	해시 값
A	→	01
B	→	02
B	→	03

① 해시 함수 1로 얻어지는 해시 값은 해시 충돌이 발생하지 않았다.
② 해시 함수 1과 다르게 해시 함수 2로 얻어지는 해시 값은 해시 충돌이 발생했다.
③ 해시 함수 3는 암호로 사용될 수 없다.
④ 주어진 자료만으로 판단했을 때 해시 함수 2보다는 해시 함수 1이 검색 비용이 적게 들 것이다.
⑤ 해시 함수 3은 해시 함수 2와 마찬가지로 해시 충돌이 발생했다.

27 **다음 글의 내용이 참일 때 항상 거짓인 것은?**

카메라의 성능이 점점 향상되어 손떨림까지 보정해주는 기술이 적용되기 시작했다. 손떨림 보정 기술에는 크게 광학식 보정(OIS; Optical Image Stabilization)과 전자식 보정(EIS; Electrical Image Stabilization)이 있다.
광학식 보정은 손이 떨리는 방향과 반대 방향으로 렌즈를 이동시켜 흔들림을 상쇄하는 기술이다. 최근에는 수직, 수평의 직선 운동에 대해서도 보정이 가능한 4축 기술까지 발전하였다.
전자식 보정은 사진을 찍은 후 떨림을 보정하는 기술이다. 손떨림이 크지 않을 때에는 유용하지만 사진의 해상도가 낮아질 수 있으므로 주의해야 한다.
전자식 보정은 광학식 보정보다 가격이 저렴하며, 광학식 보정은 전자식 보정보다 성능이 우수하다. 이처럼 두 기술에 장단점이 있어 어떤 기술을 사용하는 것이 옳다고 할 수 없다. 손떨림 보정 기술의 원리와 장단점을 분석하여 상황에 따라 적절하게 선택하는 것이 현명하다.

① 광학식 보정은 전자식 보정보다는 가격이 높지만, 성능이 우수하다.
② 전자식 보정은 사진 찍기 전에는 보정되는 정도를 확인할 수 없다.
③ 사진을 찍을 때 주로 거치대를 이용하는 A씨는 광학식 보정보다는 전자식 보정을 선택하는 것이 가격 면에서 이득이다.
④ 전자식 보정은 광학식 보정보다 나은 점이 없으므로 광학식 보정 기술이 적용된 카메라를 구입하는 것이 좋다.
⑤ 광학식 보정은 손이 왼쪽으로 떨리면 렌즈를 오른쪽으로 이동시켜 흔들림을 상쇄하는 기술이다.

CHAPTER 04

2021년 상반기 기출복원문제

정답 및 해설 p.020

01 수리논리

01 S사에서는 스마트패드와 스마트폰을 제조하여 각각 80만 원, 17만 원에 판매하고 있고, 두 개를 모두 구매하는 고객에게는 91만 원으로 할인하여 판매하고 있다. 한 달 동안 S사에서 스마트패드와 스마트폰을 구매한 고객은 총 69명이고, 한 달 동안 S사의 매출액은 4,554만 원이다. 스마트폰만 구입한 고객은 19명일 때, 한 달 동안 스마트패드와 스마트폰을 모두 구입한 고객의 수는?

① 20명
② 21명
③ 22명
④ 23명
⑤ 24명

02 S사 M부서의 직원은 100명이며 40대, 30대, 20대로 구성되어 있다. 20대가 30대의 50%이고, 40대가 30대보다 15명이 많을 때, 30대 직원 수는?

① 33명
② 34명
③ 35명
④ 36명
⑤ 37명

03 K씨는 100억 원을 주식 A와 B에 분산투자하려고 한다. A의 수익률은 10%, B의 수익률은 6%일 때 7억 원의 수익을 내기 위해서 A에 투자할 금액은?

① 23억 원
② 24억 원
③ 25억 원
④ 26억 원
⑤ 27억 원

04 S학원에 초급반 A, B, C, 고급반 가, 나, 다 수업이 있다. 6개 수업을 순차적으로 개설하려고 할 때, 고급반 수업은 이어서 개설되고, 초급반 수업은 이어서 개설되지 않는 경우의 수는?

① 12가지
② 24가지
③ 36가지
④ 72가지
⑤ 144가지

05 A가 속한 동아리에는 총 6명이 활동 중이며, 올해부터 조장을 뽑기로 하였다. 조장은 매년 1명이며, 1년마다 새로 뽑는다. 연임은 불가능할 때 올해부터 3년 동안 A가 조장을 2번 할 확률은?(단, 3년 동안 해당 동아리에서 인원 변동은 없다)

① $\frac{1}{3}$
② $\frac{1}{10}$
③ $\frac{1}{15}$
④ $\frac{1}{30}$
⑤ $\frac{1}{40}$

06 다음은 지역별 7급 공무원 현황을 나타낸 자료이다. 자료에 대한 설명으로 적절한 것은?

〈지역별 7급 공무원 현황〉

(단위 : 명)

구분	남성	여성	합계
서울	14,000	11,000	25,000
경기	9,000	6,000	15,000
인천	9,500	10,500	20,000
부산	7,500	5,000	12,500
대구	6,400	9,600	16,000
광주	4,500	3,000	7,500
대전	3,000	1,800	4,800
울산	2,100	1,900	4,000
세종	1,800	2,200	4,000
강원	2,200	1,800	4,000
충청	8,000	12,000	20,000
전라	9,000	11,000	20,000
경상	5,500	4,500	10,000
제주	2,800	2,200	5,000
합계	85,300	82,500	167,800

※ 수도권 : 서울, 인천, 경기

① 남성 공무원 수가 여성 공무원 수보다 많은 지역은 5곳이다.

② 광역시 중 남성 공무원 수와 여성 공무원 수 차이가 가장 큰 지역은 울산이다.

③ 인천 여성 공무원 비율과 세종 여성 공무원 비율의 차이는 2.5%p이다.

④ 수도권 전체 공무원 수와 광역시 전체 공무원 수의 차이는 5,000명 이상이다.

⑤ 제주 전체 공무원 중 남성 공무원의 비율은 55%이다.

07 다음은 주요업종별 영업이익을 비교한 자료이다. 자료에 대한 설명으로 적절하지 않은 것은?

〈주요업종별 영업이익 비교〉

(단위 : 억 원)

구분	2019년 1분기 영업이익	2019년 4분기 영업이익	2020년 1분기 영업이익
반도체	40,020	40,540	60,420
통신	5,880	6,080	8,880
해운	1,340	1,450	1,660
석유화학	9,800	9,880	10,560
건설	18,220	19,450	16,410
자동차	15,550	16,200	5,240
철강	10,740	10,460	820
디스플레이	4,200	4,620	−1,890
자동차부품	3,350	3,550	−2,110
조선	1,880	2,110	−5,520
호텔	980	1,020	−3,240
항공	−2,880	−2,520	120

① 2019년 4분기의 영업이익은 2019년 1분기 영업이익보다 모든 업종에서 높다.

② 2020년 1분기 영업이익이 전년 동기 대비 영업이익보다 높은 업종은 5개이다.

③ 2020년 1분기 영업이익이 적자가 아닌 업종 중 영업이익이 직전 분기 대비 감소한 업종은 3개이다.

④ 2019년 1, 4분기에 흑자였다가 2020년 1분기에 적자로 전환된 업종은 4개이다.

⑤ 항공업은 2019년 1, 4분기에 적자였다가 2020년 1분기에 흑자로 전환되었다.

08 다음은 2016년부터 2020년까지 시행된 국가고시 현황에 관한 표이다. 자료를 참고하여 그래프로 나타낸 것으로 적절하지 않은 것은?(단, 응시자와 합격자 수는 일의 자리에서 반올림한다)

〈국가고시 현황〉

(단위 : 명)

구분	2016년	2017년	2018년	2019년	2020년
접수자	3,540	3,380	3,120	2,810	2,990
응시율	79.40%	78.70%	82.70%	75.10%	74.20%
합격률	46.60%	44.70%	46.90%	47.90%	53.20%

※ $\text{응시율(\%)} = \frac{\text{응시자 수}}{\text{접수자 수}} \times 100$

※ $\text{합격률(\%)} = \frac{\text{합격자 수}}{\text{응시자 수}} \times 100$

① 연도별 미응시자 수 추이

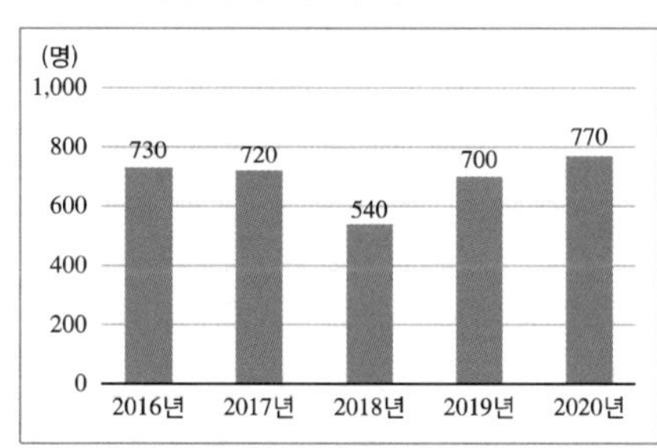

② 연도별 응시자 중 불합격자 수 추이

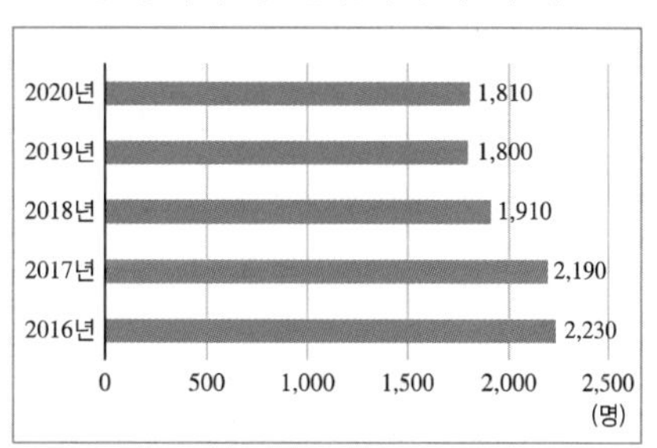

③ 2017 ~ 2020년 전년 대비 접수자 수 변화량

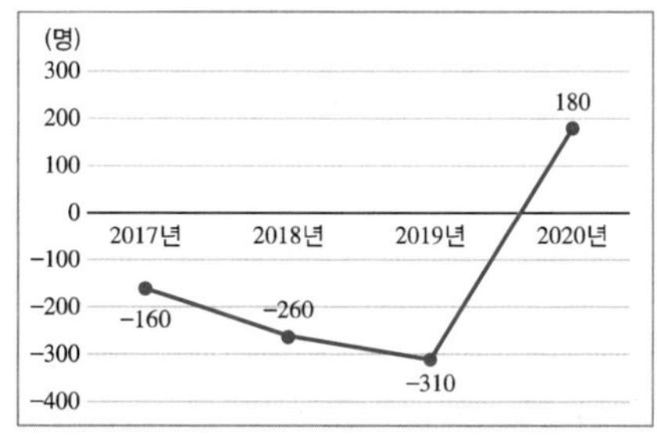

④ 2017 ~ 2020년 전년 대비 합격자 수 변화량

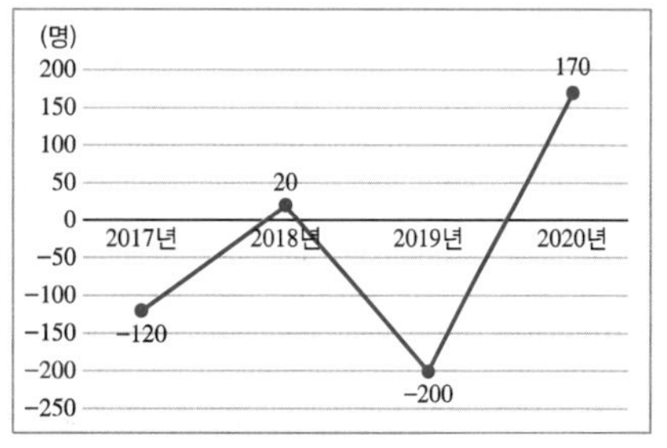

⑤ 2017 ~ 2020년 전년 대비 합격률 증감량

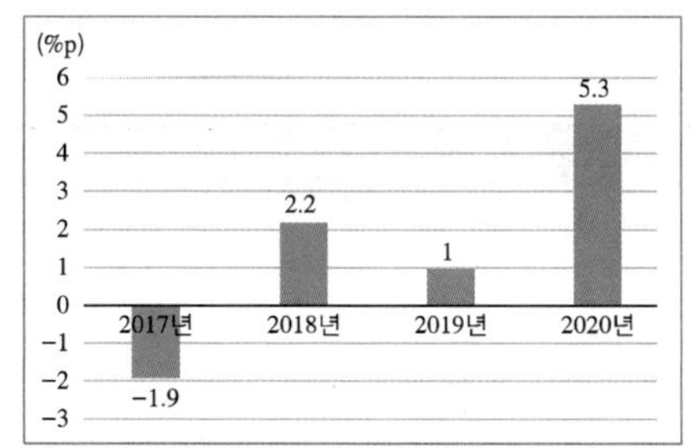

09 다음은 운동시간에 따른 운동효과를 나타낸 자료이다. 운동효과와 운동시간의 관계가 주어진 자료와 식과 같을 때 ㉠과 ㉡에 들어갈 숫자로 적절한 것은?

〈운동시간에 따른 운동효과〉

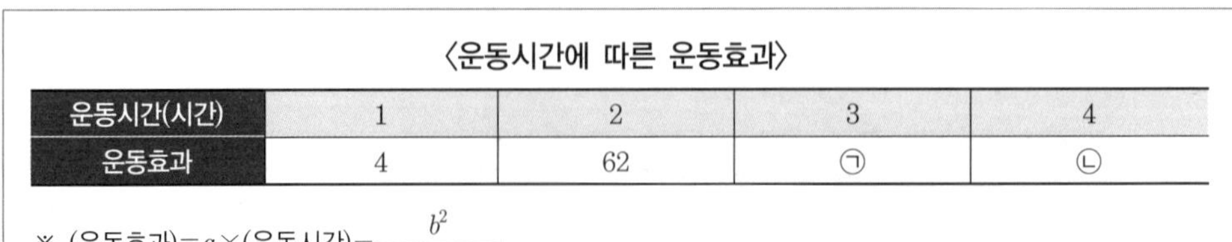

운동시간(시간)	1	2	3	4
운동효과	4	62	㉠	㉡

※ $(\text{운동효과}) = a \times (\text{운동시간}) - \frac{b^2}{(\text{운동시간})}$

	㉠	㉡
①	90	150
②	100	151
③	100	152
④	108	151
⑤	108	152

10 S사에서 생산하는 A제품과 B제품의 매출액은 다음과 같다. 매출액 추이가 동일하게 유지될 때, 두 제품의 매출액을 합쳐서 300억 원을 초과하는 연도는?

〈A, B제품 매출액〉

(단위 : 억 원)

구분	2016년	2017년	2018년	2019년	2020년
A제품	100	101	103	107	115
B제품	80	78	76	74	72

① 2021년
② 2022년
③ 2023년
④ 2024년
⑤ 2025년

02 추리

※ 제시된 명제가 모두 참일 때, 빈칸에 들어갈 명제로 가장 적절한 것을 고르시오. [1~5]

01

전제1. 대한민국에 사는 사람은 국내 여행을 간다.
전제2. 김치찌개를 먹지 않는 사람은 국내 여행을 가지 않는다.
결론. ________________

① 국내 여행을 가는 사람은 김치찌개를 먹지 않는다.
② 김치찌개를 먹는 사람은 대한민국에 사는 사람이다.
③ 대한민국에 사는 사람은 김치찌개를 먹는다.
④ 김치찌개를 먹지 않는 사람은 국내 여행을 간다.
⑤ 대한민국에 살지 않는 사람은 김치찌개를 먹는다.

02

전제1. TV 시청을 하는 사람은 작곡가를 꿈꾼다.
전제2. ________________
결론. 안경을 쓰지 않은 사람은 작곡가를 꿈꾸지 않는다.

① 작곡가를 꿈꾸는 사람은 안경을 쓰지 않았다.
② TV 시청을 하는 사람은 안경을 쓰지 않았다.
③ 작곡가를 꿈꾸지 않은 사람은 안경을 쓰지 않았다.
④ 안경을 쓰지 않은 사람은 TV 시청을 하지 않는다.
⑤ 안경을 쓴 사람은 TV 시청을 한다.

03

전제1. ________________
전제2. 바이올린을 배우는 사람은 필라테스를 배운다.
결론. 피아노를 배우는 사람은 필라테스를 배운다.

① 피아노를 배우는 사람은 바이올린을 배운다.
② 피아노를 배우지 않는 사람은 바이올린을 배운다.
③ 바이올린을 배우는 사람은 피아노를 배운다.
④ 필라테스를 배우는 사람은 피아노를 배운다.
⑤ 필라테스를 배우지 않는 사람은 바이올린을 배운다.

04

> 전제1. 커피를 좋아하지 않는 모든 사람은 와인을 좋아하지 않는다.
> 전제2. ________________________________
> 결론. 커피를 좋아하지 않는 모든 사람은 생강차를 좋아한다.

① 커피를 좋아하면 생강차를 좋아한다.
② 커피를 좋아하면 와인을 좋아한다.
③ 와인을 좋아하면 생강차를 좋아하지 않는다.
④ 와인을 좋아하지 않으면, 생강차를 좋아한다.
⑤ 생강차를 좋아하면 와인을 좋아한다.

05

> 전제1. 유행에 민감한 모든 사람은 고양이를 좋아한다.
> 전제2. ________________________________
> 결론. 고양이를 좋아하는 어떤 사람은 쇼핑을 좋아한다.

① 고양이를 좋아하는 모든 사람은 유행에 민감하다.
② 유행에 민감한 어떤 사람은 쇼핑을 좋아한다.
③ 쇼핑을 좋아하는 모든 사람은 고양이를 좋아하지 않는다.
④ 유행에 민감하지 않은 어떤 사람은 쇼핑을 좋아한다.
⑤ 고양이를 좋아하지 않는 모든 사람은 쇼핑을 좋아한다.

06 **A～E 5명은 아이스크림 가게에서 바닐라, 딸기, 초코맛 중에 한 개씩 주문하였다. 〈조건〉과 같을 때 다음 중 적절하지 않은 것은?**

> **조건**
> - C 혼자 딸기맛을 선택했다.
> - A와 D는 서로 같은 맛을 선택했다.
> - B와 E는 다른 맛을 선택했다.
> - 바닐라, 딸기, 초코맛 아이스크림은 각각 2개씩 있다.
> - 마지막에 주문한 E는 인원 초과로 선택한 아이스크림을 먹지 못했다.

① A가 바닐라맛을 선택했다면, E는 바닐라맛을 선택했다.
② C가 딸기맛이 아닌 초코맛을 선택하고 딸기맛은 아무도 선택하지 않았다면 B는 아이스크림을 먹지 못했을 것이다.
③ D보다 E가 먼저 주문했다면, E는 아이스크림을 먹었을 것이다.
④ A와 E가 같은 맛을 주문했다면, B와 D는 서로 다른 맛을 주문했다.
⑤ E가 딸기맛을 주문했다면, 모두 각자 선택한 맛의 아이스크림을 먹을 수 있었다.

07 A, B, C, D 네 명은 S옷가게에서 각자 마음에 드는 옷을 입어보았다. 〈조건〉과 같을 때, 다음 중 항상 적절한 것은?

조건

- S옷가게에서 판매하는 옷의 종류는 티셔츠, 바지, 코트, 셔츠이다.
- 종류별로 각각 검은색, 흰색 색상이 있으며, 재고는 1장씩밖에 남지 않았다.
- 각자 옷의 종류가 겹치지 않도록 2장씩 입었다.
- 같은 색상으로 입어본 사람은 2명이다.
- 코트를 입어본 사람은 셔츠를 입어보지 않았다.
- 티셔츠를 입어본 사람은 바지를 입어보지 않았다.
- B는 검은색 바지를, C는 흰색 셔츠를 입어보았다.
- 코트는 A, B가, 티셔츠는 A, C가 입어보았다.
- 검은색 코트와 셔츠는 A와 D가 입어보았다.

① A는 검은색 티셔츠와 흰색 바지를 입었다.
② A는 검은색 티셔츠와 흰색 코트를 입었다.
③ B는 흰색 바지와 흰색 코트를 입었다.
④ C는 흰색 티셔츠와 검은색 셔츠를 입었다.
⑤ D는 흰색 바지와 검은색 셔츠를 입었다.

08 1에서 5까지의 자연수가 적혀있는 카드가 A, B가 앉아있는 두 책상 위에 동일하게 놓여있다. A, B 두 사람은 각자의 책상 위에 숫자가 안보이게 놓여있는 카드를 세 장씩 뽑았다. A, B가 뽑은 카드가 〈조건〉과 같을 때 카드 숫자 합이 가장 큰 조합은?(단, 한 번 뽑은 카드는 다시 뽑지 않는다)

조건

- A와 B는 같은 숫자가 적힌 카드를 한 장 뽑았고, 그 숫자는 2이다.
- B가 세 번째에 뽑은 카드에 적힌 숫자는 A가 세 번째에 뽑은 카드에 적힌 숫자보다 1만큼 작고, B가 첫 번째에 뽑은 카드에 적힌 숫자보다 1만큼 크다.
- 첫 번째, 두 번째, 세 번째에 A가 뽑은 카드에 적힌 숫자는 B가 뽑은 카드에 적힌 숫자보다 1만큼 크다.

① A – 첫 번째, B – 세 번째
② A – 두 번째, B – 첫 번째
③ A – 두 번째, B – 두 번째
④ A – 세 번째, B – 두 번째
⑤ A – 세 번째, B – 세 번째

PART 1
01
02
03
04
05
06

09 A, B, C, D, E가 순서대로 놓인 1, 2, 3, 4, 5번 콘센트를 1개씩 이용하여 배터리가 방전된 휴대폰을 충전하려고 한다. 〈조건〉을 만족할 때 다음 중 항상 적절한 것은?(단, 작동하는 콘센트를 이용하는 사람의 휴대폰은 전원이 켜지고, 작동하지 않는 콘센트를 이용하는 사람의 휴대폰은 전원이 켜지지 않는다)

조건

- 5번 콘센트는 작동되지 않고, 나머지 콘센트는 작동한다.
- B는 3번 콘센트를 사용한다.
- D는 5번 콘센트를 이용하지 않는다.
- A는 1번이나 5번 콘센트를 이용한다.
- A와 E, C와 D는 바로 옆 콘센트를 이용한다.

① C의 휴대폰에 전원이 켜지지 않는다면, E는 1번 콘센트를 이용한다.
② C가 B의 바로 옆 콘센트를 이용하면, A의 휴대폰에 전원이 켜지지 않는다.
③ E가 4번 콘센트를 이용하면, C는 B의 바로 옆 콘센트를 이용한다.
④ A의 휴대폰에 전원이 켜지지 않는다면, D는 1번 콘센트를 이용한다.
⑤ D가 2번 콘센트를 이용하면, E의 휴대폰에 전원이 켜지지 않는다.

10 가와 나 마을에 A ~ F가 살고 있다. 가와 나 마을에는 3명씩 살고 있으며, 가 마을 사람들은 항상 진실만 말하고 나 마을 사람들은 항상 거짓만 말한다. F가 가 마을에 살고 있고, 다음 〈조건〉을 고려했을 때 나 마을 사람으로 적절한 것은?

조건

- A : B, D 중 한 명은 가 마을이야.
- C : A, E 중 한 명은 나 마을이야.

① A, B, C
② A, B, D
③ B, C, D
④ B, C, E
⑤ C, D, E

※ 다음 제시된 단어의 대응 관계가 동일하도록 빈칸에 들어갈 가장 적절한 단어를 고르시오. **[11~12]**

11

영겁 : 순간 = ( ) : 고귀

① 숭고
② 비속
③ 고상
④ 존귀
⑤ 신성

12

팽대 : 퇴세 = 쇄신 : ( )

① 진보
② 은폐
③ 세파
④ 답습
⑤ 개혁

※ 다음 단어의 대응 관계가 나머지와 다른 하나를 고르시오. **[13~14]**

13

① 참조 – 참고
② 숙독 – 탐독
③ 임대 – 차용
④ 정세 – 상황
⑤ 분별 – 인식

14

① 옹호하다 : 편들다
② 상정하다 : 가정하다
③ 혁파하다 : 폐지하다
④ 원용하다 : 인용하다
⑤ 겸양하다 : 거만하다

※ 다음 제시된 도형의 규칙을 보고 물음표에 들어가기에 적절한 것을 고르시오. [15~17]

15

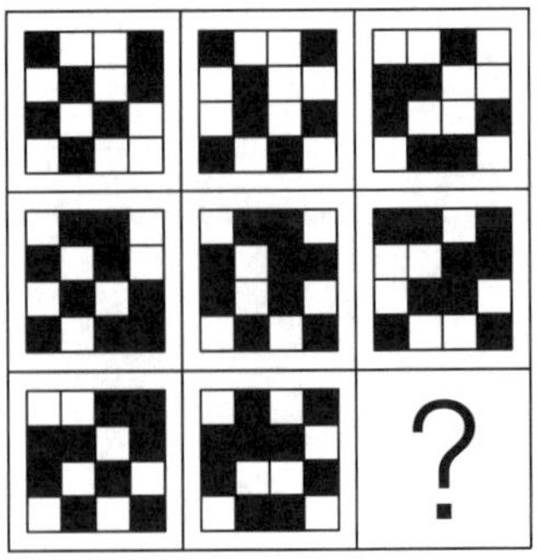

?

①

②

③

④

⑤

16

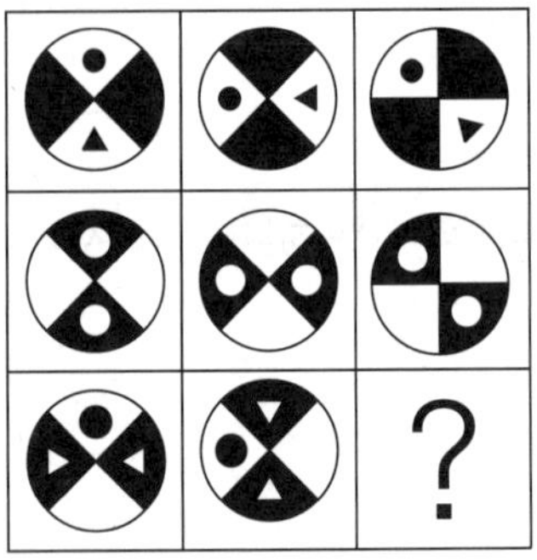

?

①

②

③

④

⑤

17

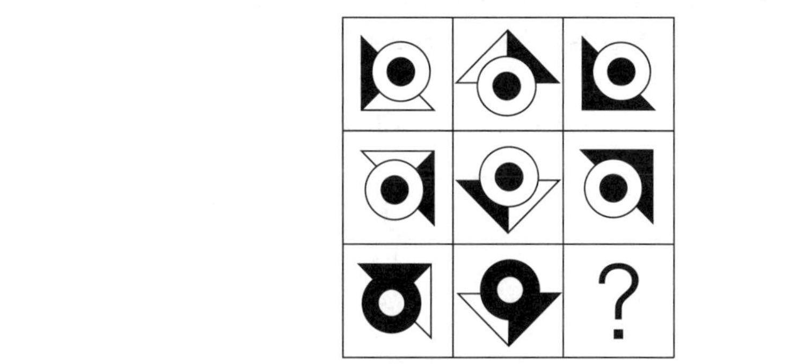

① 

② 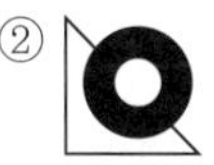

③ 

④ 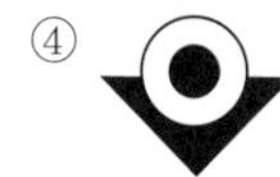

⑤

※ 다음 도식에서 기호들은 일정한 규칙에 따라 문자를 변화시킨다. 물음표에 들어갈 적절한 문자를 고르시오(단, 규칙은 가로와 세로 중 한 방향으로만 적용된다). **[18~21]**

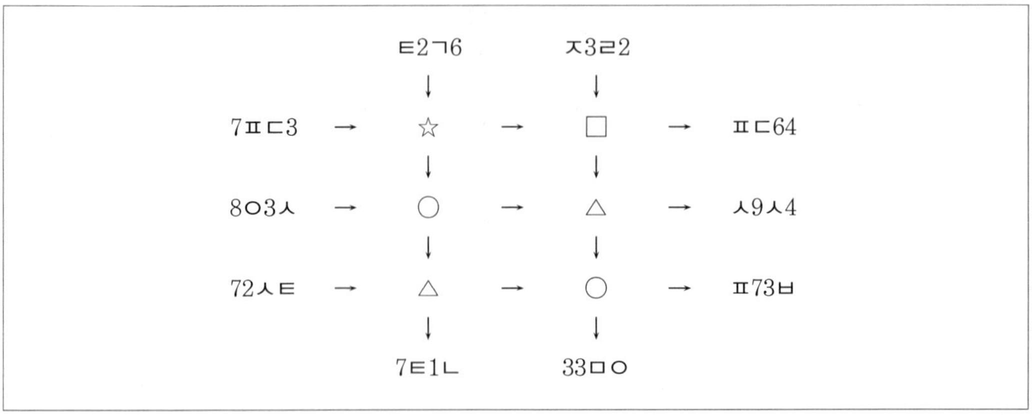

		ㅌ2ㄱ6		ㅈ3ㄹ2		
		↓		↓		
7ㅍㄷ3	→	☆	→	□	→	ㅍㄷ64
		↓		↓		
8ㅇ3ㅅ	→	○	→	△	→	ㅅ9ㅅ4
		↓		↓		
72ㅅㅌ	→	△	→	○	→	ㅍ73ㅂ
		↓		↓		
		7ㅌ1ㄴ		33ㅁㅇ		

18

QE1O → □ → ☆ → ?

① 1QPD
② EQP1
③ E1QO
④ E1QP
⑤ D1QP

19

JW37 → △ → ○ → ?

① 82JX
② 82XJ
③ 8JX2
④ 37JW
⑤ JX28

20

? → △ → □ → OVUE

① UNWD
② UNVC
③ UOVE
④ UVEO
⑤ TNWD

21

? → ☆ → △ → 5845

① 3675
② 4557
③ 9465
④ 6753
⑤ 2167

※ 다음 글의 내용이 참일 때 항상 거짓인 것을 고르시오. [22~23]

22

별도로 제작된 디자인 설계 도면을 바탕으로 소재를 얇게 적층하여 3차원의 입체 형상을 만들어내는 3D프린터는 오바마 대통령의 국정 연설에서도 언급되며 화제를 일으키기도 했다. 단순한 형태의 부품부터 가구, 치아, 심지어 크기만 맞으면 자동차까지 인쇄할 수 있는 3D프린터는 의학 분야에서도 역시 활용되고 있다.

인간의 신체 일부를 찍어낼 수 있는 의료용 3D바이오프린팅 시장은 이미 어느 정도 주류로 자리 잡고 있다. 뼈나 장기가 소실된 환자에게 유기물로 3D프린팅 된 신체를 대체시키는 기술은 연구개발과 동시에 상용화에도 박차를 가하고 있는 상황이다. 그리고 이러한 의료용 3D프린팅 기술 중에는 사람의 피부를 3D프린터로 인쇄하는 것도 있다. 화상이나 찰과상, 자상 등에 의해 피부 세포가 죽거나 소실되었을 때 인공 피부를 직접 사람에게 인쇄하는 방식이다.

이 인공 피부를 직접 사람에게 인쇄하기 위해서는 마찬가지로 살아 있는 잉크, 즉 '바이오 잉크'가 필요한데, 피부 세포와 콜라겐, 섬유소 등으로 구성된 바이오 잉크는 거부 반응으로 인한 괴사 등의 위험을 해결하기 위해 자기유래세포를 사용한다. 이처럼 환자의 피부 조직을 배양해 만든 배양 피부를 바이오 잉크로 쓰면 본인의 세포에서 유래된 만큼 거부 반응을 최소화할 수 있다는 장점이 있다.

물론 의료용 3D프린팅 기술에도 해결해야 할 문제는 존재한다. 3D프린팅 기술을 통한 피부이식에 대한 안전성 검증에는 많은 비용과 시간, 인내가 필요함에 따라 결과 도출에 오랜 시간이 걸릴 것으로 예상되며, 이 과정에서 장기 이식 및 전체적 동식물 유전자 조작에 대한 부정적 견해를 유발할 수 있을 것으로 우려되기 때문이다.

① 3D프린터는 재료와 그 크기에 따라 다양한 사물을 인쇄할 수 있다.
② 3D프린터 기술이 발전한다면 장기기증자를 기다리지 않아도 될 것이다.
③ 피부를 직접 환자에게 인쇄하기 위해서는 별도의 잉크가 필요하다.
④ 같은 바이오 잉크라 해도 환자에 따라 거부 반응이 발생할 여지가 있다.
⑤ 자칫 장기 이식 및 선택적 동식물 유전자 조작에 대한 부정적 견해를 유발할 수 있다.

23

생태학에서 생물량, 또는 생체량으로 번역되어 오던 단어인 바이오매스(Biomass)는, 태양 에너지를 받은 식물과 미생물의 광합성에 의해 생성되는 식물체, 균체, 그리고 이를 자원으로 삼는 동물체 등을 모두 포함한 생물 유기체를 일컫는다. 그리고 이러한 바이오매스를 생화학적, 또는 물리적 변환과정을 통해 액체, 가스, 고체연료, 또는 전기나 열에너지 형태로 이용하는 기술을 화이트 바이오테크놀로지(White Biotechnology), 줄여서 '화이트 바이오'라고 부른다.
옥수수나 콩, 사탕수수와 같은 식물자원을 이용해 화학제품이나 연료를 생산하는 기술인 화이트 바이오는 재생이 가능한 데다 기존 화석원료를 통한 제조방식에서 벗어나 이산화탄소 배출을 줄일 수 있는 탄소중립적인 기술로 주목받고 있다. 한편 산업계에서는 미생물을 활용한 화이트 바이오를 통해 산업용 폐자재나 가축의 분뇨, 생활폐기물과 같이 죽은 유기물이라 할 수 있는 유기성 폐자원을 바이오매스 자원으로 활용하여 에너지를 생산하고자 연구하고 있어, 온실가스 배출, 악취 발생, 수질오염 등 환경적 문제는 물론 그 처리비용 문제도 해결할 수 있을 것으로 기대를 모으고 있다.
비록 보건 및 의료 분야의 바이오산업인 레드 바이오나, 농업 및 식량 분야의 그린 바이오보다 늦게 발전을 시작했지만, 한국과학기술기획평가원이 발간한 보고서에 따르면 화이트 바이오 관련 산업은 연평균 18%의 빠른 속도로 성장하며 기존의 화학 산업을 대체할 것으로 전망하고 있다.

① 생태학에서 정의하는 바이오매스와 산업계에서 정의하는 바이오매스는 다르다.
② 산업계는 화이트 바이오를 통해 환경오염 문제를 해결할 수 있을 것으로 기대를 모으고 있다.
③ 가정에서 나온 폐기물은 바이오매스 자원으로 고려되지 않는다.
④ 화이트 바이오 산업은 아직 다른 두 바이오산업에 비해 규모가 작을 것이다.
⑤ 기존 화학 산업의 경우 탄소배출이 문제가 되고 있었다.

24 다음 글에 대한 반론으로 가장 적절한 것은?

경제 문제는 대개 해결이 가능하다. 대부분의 경제 문제에는 몇 개의 해결책이 있다. 그러나 모든 해결책은 누군가가 상당한 손실을 반드시 감수해야 한다는 특징을 갖고 있다. 하지만 누구도 이 손실을 자발적으로 감수하고자 하지 않으며, 우리의 정치제도는 누구에게도 이 짐을 짊어지라고 강요할 수 없다. 우리의 정치적, 경제적 구조로는 실질적으로 제로섬(Zero-sum)적인 요소를 지니는 경제 문제에 전혀 대처할 수 없다.

대개의 경제적 해결책은 대규모의 제로섬적인 요소를 갖기 때문에 큰 손실을 수반한다. 모든 제로섬 게임에는 승자가 있다면 반드시 패자가 있으며, 패자가 존재해야만 승자가 존재할 수 있다. 경제적 이득이 경제적 손실을 초과할 수도 있지만, 손실의 주체에게 손실의 의미란 상당한 크기의 경제적 이득을 부정할 수 있을 만큼 매우 중요하다. 어떤 해결책으로 인해 평균적으로 사회는 더 잘살게 될 수도 있지만, 이 평균이 훨씬 더 잘살게 된 수많은 사람들과 훨씬 더 못살게 된 수많은 사람들을 감춘다. 만약 당신이 더 못살게 된 사람 중 하나라면 내 수입이 줄어든 것보다 다른 누군가의 수입이 더 많이 늘었다고 해서 위안을 얻지는 않을 것이다. 결국 우리는 우리 자신의 수입을 보호하기 위해 경제적 변화가 일어나는 것을 막거나 혹은 사회가 우리에게 손해를 입히는 공공정책이 강제로 시행되는 것을 막기 위해 싸울 것이다.

① 빈부격차를 해소하는 것만큼 중요한 정책은 없다.
② 사회의 총생산량이 많아지게 하는 정책이 좋은 정책이다.
③ 경제문제에서 모두가 만족하는 해결책은 존재하지 않는다.
④ 경제적 변화에 대응하는 정치제도의 기능에는 한계가 존재한다.
⑤ 경제정책의 효율성을 높이는 방법은 일관성을 유지하는 것이다.

25 다음 제시문을 토대로 〈보기〉에 대한 해석으로 적절하지 않은 것을 고르면?

최근 환경 문제가 심각해져, 필환경* 시대가 되었고, 이 시대에 맞춰 그린 컨슈머(Green Consumer)가 늘어나고 있다. 이들은 환경 또는 건강을 가장 중요한 판단 기준으로 하는 소비자로 편의성과 쾌적함 등이 아닌 건강과 환경을 기준으로 제품을 선택하기 때문에 기존의 제품 생산 체계를 유지해 오던 기업들에게 적지 않은 영향을 미치고 있다. 이들은 지구를 살리는 습관이라고 하는 4가지 소비 방식인 Refuse, Reduce, Reuse, Recycle을 지키려고 하고 있는데, 이처럼 환경을 의식하는 소비자 운동을 그린 컨슈머 운동이라고도 하고, 그린 컨슈머리즘(Green Consumerism)이라고 부르기도 한다. 필환경 시대에는 컨셔스 패션(Conscious Fashion), 제로 웨이스트(Zero Waste), 프리사이클링(Precycling) 등의 친환경적 성격의 활동이 떠오르고 있다.

우리나라의 1인당 연간 플라스틱 소비량은 98.2kg으로 미국(97.7kg), 프랑스(73kg), 일본(66.9kg) 등의 국가보다 자원 소비가 많다. 쓰레기 문제는 이미 심각하며, 쓰레기 저감은 선택이 아닌 생존의 문제기 때문에 많은 사람이 그린 컨슈머에 합류해서 환경보전활동에 참여해야 한다.

* 필환경 : 인류의 생존을 위해 반드시 지켜야 할 소비 트렌드

보기

뉴스를 보던 A씨는 지금이 필환경 시대인가를 고민하다가, 집에 쌓여있는 많은 잡동사니를 보고 자신도 그린 컨슈머에 동참해야겠다고 생각하였다. 개인적으로 할 수 있는 것을 해보자는 생각으로 그린 컨슈머의 4가지 소비방식부터 시작하였다. 그런데 활동을 시작하자 생각했던 것보다 훨씬 어려운 점이 많다는 것을 알게 되었다.

① A씨는 커피숍에 갈 때 텀블러를 들고 가고, 물품을 살 때 필요한 것인지 한 번 더 생각하게 될 것이다.

② A씨는 과대 포장은 불필요하기 때문에 공정과정에서 필수 포장만 하도록 조정할 것이다.

③ 패션 업계가 A씨처럼 필환경 시대에 동참하려 한다면, 옷의 생산부터 제작, 폐기까지 친환경적인 요소를 적용하고, 이를 소비자에게 공개할 것이다.

④ A씨가 지금 필환경 시대가 아니라고 판단한다면, 지금과 큰 차이 없는 생활을 할 것이다.

⑤ A씨가 그린 컨슈머가 된 이유는 자신도 우리나라 연간 쓰레기 생산에 관여하고 있는 것을 느꼈기 때문이다.

CHAPTER 05

2020년 하반기 기출복원문제

정답 및 해설 p.027

01 수리논리

01 농도가 25%인 소금물 200g에 농도가 10%인 소금물을 섞었더니 소금의 양이 55g이었다. 섞은 후의 소금물의 농도는?

① 20%
② 21%
③ 22%
④ 23%
⑤ 24%

02 S사에서는 A상품을 생산하는 데 모두 10억 원의 생산비용이 발생하며, A상품의 개당 원가는 200원, 정가는 300원이다. 생산한 A상품을 정가에서 25% 할인하여 판매했을 때 손해를 보지 않으려면 생산해야 하는 A상품의 최소 개수는?(단, 이외의 비용은 생각하지 않고 생산한 A상품은 모두 판매된다. 또한 원가에는 생산비용이 포함되어 있지 않다)

① 3천만 개
② 4천만 개
③ 5천만 개
④ 6천만 개
⑤ 7천만 개

03 20억 원을 투자하여 10% 수익이 날 확률은 50%이고, 원가 그대로일 확률은 30%, 10% 손해를 볼 확률은 20%일 때 기대수익은?

① 4,500만 원
② 5,000만 원
③ 5,500만 원
④ 6,000만 원
⑤ 6,500만 원

04 A, B, C가 함께 작업하였을 때에는 6일이 걸리는 일이 있다. 이 일을 A와 B가 같이 작업하였을 때에는 12일이 걸리고, B와 C가 같이 작업하였을 때에는 10일이 걸린다. B가 혼자 일을 다 했을 때 걸린 기간은?(단, A, B, C 모두 혼자 일했을 때의 능률과 함께 일했을 때의 능률은 같다)

① 56일 ② 58일
③ 60일 ④ 62일
⑤ 64일

05 은경이는 태국 여행에서 A, B, C, D 네 종류의 손수건을 총 9장 구매했으며, 그 중 B손수건은 3장, 나머지는 각각 같은 개수를 구매했다. 기념품으로 친구 3명에게 종류가 다른 손수건 3장씩 나눠줬을 때, 가능한 경우의 수는?

① 5가지 ② 6가지
③ 7가지 ④ 8가지
⑤ 9가지

06 S사는 A, B사로부터 동일한 양의 부품을 공급받는다. A사가 공급하는 부품의 0.1%는 하자가 있는 제품이고, B사가 공급하는 부품은 0.2%가 하자가 있는 제품이다. S사는 공급받은 부품 중 A사로부터 공급받은 부품 50%와 B사로부터 공급받은 부품 80%를 선별하였다. 이 중 한 부품을 검수하였는데 하자가 있는 제품일 때, 그 제품이 B사 부품일 확률은?(단, 선별 후에도 제품의 불량률은 변하지 않는다)

① $\frac{15}{21}$ ② $\frac{16}{21}$
③ $\frac{17}{21}$ ④ $\frac{18}{21}$
⑤ $\frac{19}{21}$

07 다음은 2018년도 주택보급률에 대한 표이다. 표에 대한 해석으로 적절한 것은?

〈2018년 주택보급률 현황〉

구분	2018년		
	가구 수(만 가구)	주택 수(만 호)	주택보급률(약 %)
전국	1,989	2,072	104
수도권	967	957	99
지방	1,022	1,115	109
서울	383	368	96
부산	136	141	103
대구	95	99	104
인천	109	110	101
광주	57	61	107
대전	60	61	102
울산	43	47	110
세종	11	12	109
경기	475	479	100
강원	62	68	110
충북	64	72	113
충남	85	95	112
전북	73	80	110
전남	73	82	112
경북	109	127	116
경남	130	143	110
제주	24	26	108

※ $(\text{주택보급률})=\frac{(\text{주택 수})}{(\text{가구 수})}\times 100$

※ 수도권은 서울, 인천, 경기 지역이며, 지방은 수도권 외에 모든 지역이다.

① 전국 주택보급률보다 낮은 지역은 모두 수도권 지역이다.

② 수도권 외 지역 중 주택 수가 가장 적은 지역의 주택보급률보다 높은 지역은 다섯 곳이다.

③ 가구 수가 주택 수보다 많은 지역은 전국에서 가구 수가 세 번째로 많다.

④ 지방 전체 주택 수의 10% 이상을 차지하는 수도권 외 지역 중 지방 주택보급률보다 낮은 지역의 주택보급률과 전국 주택보급률의 차이는 약 1%p이다.

⑤ 주택 수가 가구 수의 1.1배 이상인 지역에서 가구 수가 세 번째로 적은 지역의 주택보급률은 지방 주택보급률보다 약 2%p 높다.

※ 다음은 A국가의 인구동향에 관한 자료이다. 이어지는 질문에 답하시오. **[8~9]**

〈인구동향〉

(단위 : 만 명, %)

구분	2014년	2015년	2016년	2017년	2018년
전체 인구수	12,381	12,388	12,477	12,633	12,808
남녀성비	101.4	101.8	102.4	101.9	101.7
가임기 여성비율	58.2	57.4	57.2	58.1	59.4
출산율	26.5	28.2	29.7	31.2	29.2
남성 사망률	8.3	7.4	7.2	7.5	7.7
여성 사망률	6.9	7.2	7.1	7.8	7.3

※ 남녀성비 : 여자 100명 당 남자 수

08 다음 〈보기〉에서 제시된 자료에 대한 설명으로 적절한 것을 모두 고르면?(단, 인구수는 버림하여 만 명까지만 나타낸다)

보기

ㄱ. 전체 인구수는 2014년 대비 2018년에 5% 이상이 증가하였다.
ㄴ. 제시된 기간 동안 가임기 여성의 비율과 출산율의 증감 추이는 동일하다.
ㄷ. 출산율은 2015년부터 2017년까지 전년 대비 계속 증가하였다.
ㄹ. 출산율과 남성 사망률의 차이는 2017년에 가장 크다.

① ㄱ, ㄴ
② ㄱ, ㄷ
③ ㄴ, ㄷ
④ ㄴ, ㄹ
⑤ ㄷ, ㄹ

09 다음 보고서에 밑줄 친 내용 중 적절하지 않은 것은 모두 몇 개인가?

〈보고서〉

자료에 의하면 ㉠ 남녀성비는 2016년까지 증가하는 추이를 보이다가 2017년부터 감소했고, ㉡ 전체 인구수는 계속하여 감소하였다. ㉢ 2014년에는 남성 사망률이 최고치를 기록했다.
그 밖에도 ㉣ 2014년부터 2018년 중 여성 사망률은 2018년이 가장 높았으며, 이와 반대로 ㉤ 2018년은 출산율이 계속 감소하다가 증가한 해이다.

① 1개
② 2개
③ 3개
④ 4개
⑤ 5개

10 S사 실험실에서 A세포를 배양하는 실험을 하고 있다. 다음과 같이 일정한 규칙으로 배양에 성공한다면 9시간 경과했을 때 세포 수는?

〈시간대별 세포 수〉

(단위 : 개)

구분	0시간 경과	1시간 경과	2시간 경과	3시간 경과	4시간 경과
세포 수	220	221	223	227	235

① 727개
② 728개
③ 729개
④ 730개
⑤ 731개

02 추리

01 **제시된 명제가 모두 참일 때, 빈칸에 들어갈 명제로 가장 적절한 것은?**

전제1. 야근을 하는 모든 사람은 X분야의 업무를 한다.
전제2. 야근을 하는 모든 사람은 Y분야의 업무를 한다.
결론. ____________________

① X분야의 업무를 하는 모든 사람은 야근을 한다.
② Y분야의 업무를 하는 어떤 사람은 X분야의 업무를 한다.
③ Y분야의 업무를 하는 모든 사람은 야근을 한다.
④ X분야의 업무를 하는 모든 사람은 Y분야의 업무를 한다.
⑤ 야근을 하는 어떤 사람은 X분야의 업무를 하지 않는다.

02 **다음 〈조건〉을 통해 추론할 때, 다음 중 항상 참인 것은?**

조건

- 사원번호는 0부터 9까지 정수로 이루어졌다.
- S사에 입사한 사원에게 부여되는 사원번호는 여섯 자리이다.
- 2020년 상반기에 입사한 S사 신입사원의 사원번호 앞의 두 자리는 20이다.
- 사원번호 앞의 두 자리를 제외한 나머지 자리에는 0이 올 수 없다.
- 2020년 상반기 S사에 입사한 K씨의 사원번호는 앞의 두 자리를 제외하면 세 번째, 여섯 번째 자리의 수만 같다.
- 사원번호 여섯 자리의 합은 9이다.

① K씨 사원번호의 세 번째 자리 수는 '1'이다.
② K씨의 사원번호는 '201321'이다.
③ K씨의 사원번호는 '201231'이 될 수 없다.
④ K씨의 사원번호 앞의 두 자리가 '20'이 아닌 '21'이 부여된다면 K씨의 사원번호는 '211231'이다.
⑤ K씨의 사원번호 네 번째 자리의 수가 다섯 번째 자리의 수보다 작다면 K씨의 사원번호는 '202032'이다.

※ 다음 〈조건〉을 통해 추론할 때, 다음 중 항상 거짓이 되는 것을 고르시오. [3~4]

03

조건

- 6대를 주차할 수 있는 2행 3열로 구성된 G주차장이 있다.
- G주차장에는 자동차 a, b, c, d가 주차되어 있다.
- 1행과 2행에 빈자리가 한 곳씩 있다.
- a자동차는 대각선을 제외하고 주변에 주차된 차가 없다.
- b자동차와 c자동차는 같은 행 바로 옆에 주차되어 있다.
- d자동차는 1행에 주차되어 있다.

① b자동차의 앞 주차공간은 비어있다.
② c자동차의 옆 주차공간은 빈자리가 없다.
③ a자동차는 2열에 주차되어 있다.
④ a자동차와 d자동차는 같은 행에 주차되어 있다.
⑤ d자동차와 c자동차는 같은 열에 주차되어 있다.

04

조건

- A, B, C, D, E 다섯 명의 이름을 입사한 지 오래된 순서로 이름을 적었다.
- A와 B의 이름은 바로 연달아서 적혔다.
- C와 D의 이름은 연달아서 적히지 않았다.
- E는 C보다 먼저 입사하였다.
- 가장 최근에 입사한 사람은 입사한 지 2년 된 D이다.

① C의 이름은 A의 이름보다 먼저 적혔다.
② B는 E보다 먼저 입사하였다.
③ E의 이름 바로 다음에 C의 이름이 적혔다.
④ A의 이름은 B의 이름보다 나중에 적혔다.
⑤ B는 C보다 나중에 입사하였다.

※ 다음 제시된 단어의 대응 관계가 동일하도록 빈칸에 들어갈 가장 적절한 단어를 고르시오. **[5~8]**

05

변변하다 : 넉넉하다 = 소요하다 : (   )

① 치유하다
② 한적하다
③ 공겸하다
④ 소유하다
⑤ 소란하다

06

공시하다 : 반포하다 = 각축하다 : (   )

① 공들이다
② 통고하다
③ 독점하다
④ 상면하다
⑤ 경쟁하다

07

침착하다 : 경솔하다 = 섬세하다 : (   )

① 찬찬하다
② 조악하다
③ 감분하다
④ 치밀하다
⑤ 신중하다

08

겨냥하다 : 가늠하다 = 다지다 : (   )

① 진거하다
② 겉잡다
③ 요량하다
④ 약화하다
⑤ 강화하다

09 다음 단어의 대응 관계가 나머지와 다른 하나는?

① 황혼 : 여명
② 유별 : 보통
③ 낭설 : 진실
④ 유지 : 부지
⑤ 서막 : 결말

10 다음 제시된 도형의 규칙을 보고 물음표에 들어가기에 적절한 것은?

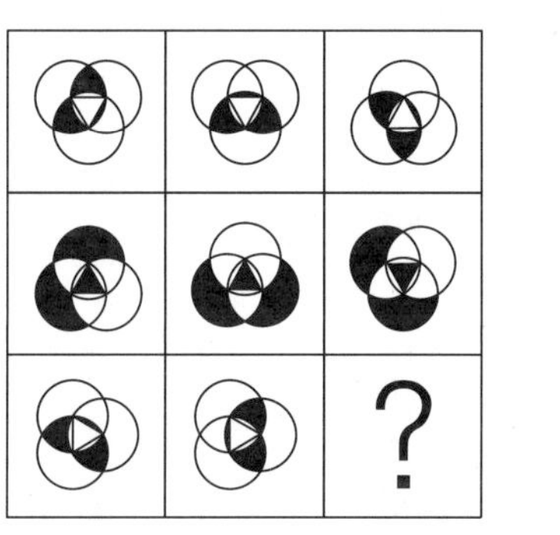

①
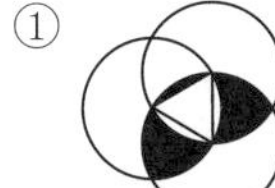

②
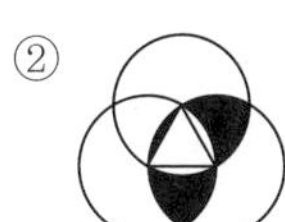

③
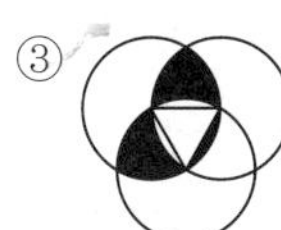

④
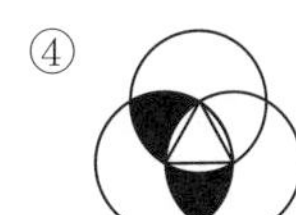

⑤
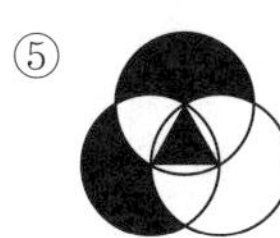

※ 다음 도식에서 기호들은 일정한 규칙에 따라 문자를 변화시킨다. 물음표에 들어갈 적절한 문자를 고르시오(단, 규칙은 가로와 세로 중 한 방향으로만 적용된다). [11~14]

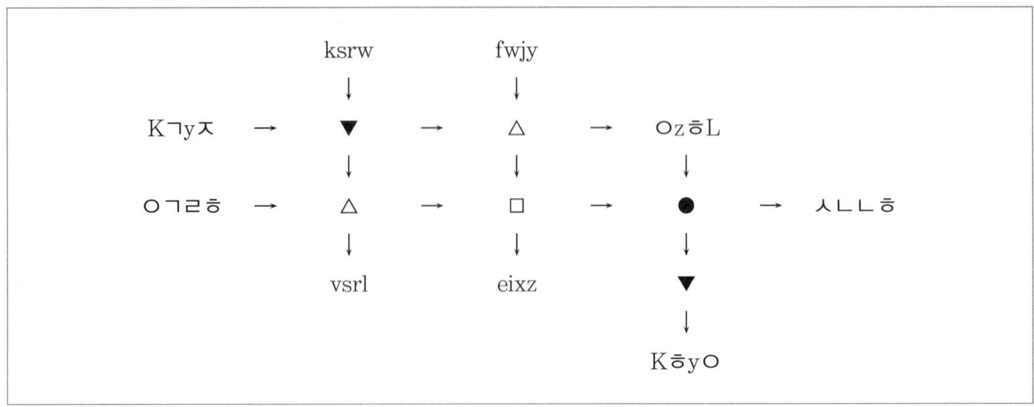

11

ㅅㄴㄹㅁ → ▼ → □ → ?

① ㅁㄴㄹㅅ
② ㅁㄹㄴㅅ
③ ㅁㅅㄴㄹ
④ ㅇㄱㄷㅂ
⑤ ㅅㄱㄹㄹ

12

isog → ● → △ → ?

① hsog
② iosg
③ gosi
④ hsng
⑤ irof

13

? → ▼ → ● → yenv

① neyv
② vney
③ yfnw
④ wyfn
⑤ wnfy

14

? → □ → △ → ㅇㅌㄷㄹ

① ㅈㄹㅋㄷ
② ㅊㄹㄷㅈ
③ ㅈㅊㄹㄷ
④ ㅅㅌㄴㄹ
⑤ ㅅㅌㄹㄴ

15 다음 글의 내용이 참일 때 항상 거짓인 것을 고르면?

일반적으로 최초의 망원경은 네덜란드의 안경 제작자인 한스 리퍼쉬(Hans Lippershey)에 의해 만들어졌다고 알려져 있다. 이 최초의 망원경 발명에는 출처가 분명하지는 않지만 재미있는 일화가 전해진다.
1608년 리퍼쉬의 아들이 리퍼쉬의 작업실에서 렌즈를 가지고 놀다가 두 개의 렌즈를 어떻게 조합을 하였더니 멀리 있는 교회의 뾰족한 첨탑이 매우 가깝게 보였다. 리퍼쉬의 아들은 이러한 사실을 아버지에게 알렸고 이것을 본 리퍼쉬가 망원경을 발명하였다. 리퍼쉬가 만들었던 망원경은 당시 그 지역을 다스리던 영주에게 상납되었다. 유감스럽게도 리퍼쉬가 망원경 제작에 사용한 렌즈의 조합은 현재 정확하게 알려져 있지는 않지만, 아마도 두 개의 볼록렌즈를 사용했을 것으로 추측된다. 이렇게 망원경이 발명되었다는 소식은 유럽 전역으로 빠르게 전파되어, 약 1년 후에는 이탈리아의 갈릴레오에게까지 전해졌다.
1610년, 갈릴레오는 초점거리가 긴 볼록렌즈를 망원경의 대물렌즈로 사용하고 초점 거리가 짧은 오목렌즈를 초점면 앞에 놓아 접안렌즈로 사용하였다. 이 같은 설계는 물체와 상의 상하좌우가 같은 정립상을 제공하므로 지상 관측에 적당하다. 이러한 광학적 설계 방식을 갈릴레이식 굴절 망원경이라고 한다.
갈릴레오가 자신이 만든 망원경으로 천체를 관측하여 발견한 천문학적 사실 중 가장 중요한 것은 바로 금성의 상변화이다. 금성의 각크기가 변한다는 것을 관측함으로써 금성이 지구를 중심으로 공전하는 것이 아니라 태양을 중심으로 공전하고 있다는 것을 증명하였으며, 따라서 코페르니쿠스의 지동설을 지지하는 강력한 증거를 제공하였다. 그러나 갈릴레이식 굴절 망원경은 초점 거리가 짧은 오목렌즈 제작의 어려움으로 배율에 한계가 있었으며, 시야도 좁고 색수차가 심하여 17세기 초반까지만 사용되었다. 오늘날에는 갈릴레이식 굴절 망원경은 오페라 글라스와 같은 작은 쌍안경에나 쓰일 뿐 거의 사용되지 않고 있다.
이후 케플러가 설계했다는 천체 관측용 망원경이 만들어졌는데, 이 망원경은 갈릴레이식보다 진일보한 형태로 오늘날 천체 관측용 굴절 망원경의 원형이 되고 있다. 케플러식 굴절 망원경은 장초점의 볼록렌즈를 대물렌즈로 하고 단초점의 볼록렌즈를 초점면 뒤에 놓아 접안렌즈로 사용한 구조이다. 이러한 설계 방식은 상의 상하좌우가 뒤집힌 도립상을 보여주기 때문에 지상용으로는 부적절하지만 천체를 관측할 때는 별다른 문제가 없다.

① 네덜란드의 안경 제작자인 한스 리퍼쉬는 아들의 렌즈 조합 발견을 계기로 망원경을 제작할 수 있었다.
② 갈릴레오의 망원경은 볼록렌즈를 대물렌즈로, 오목렌즈를 접안렌즈로 사용하였다.
③ 갈릴레오는 자신이 발명한 망원경으로 금성의 상변화를 관측하여 금성이 태양을 중심으로 공전한다는 것을 증명하였다.
④ 케플러식 망원경은 볼록렌즈만 사용하여 만들어졌다.
⑤ 케플러식 망원경은 갈릴레오식 망원경과 다르게 상의 상하좌우가 같은 정립상을 보여준다.

16 다음 주장에 대한 반박으로 가장 적절한 것은?

> 비타민D 결핍은 우리 몸에 심각한 건강 문제를 일으킬 수 있다. 비타민D는 칼슘이 체내에 흡수되어 뼈와 치아에 축적되는 것을 돕고 가슴뼈 뒤쪽에 위치한 흉선에서 면역세포를 생산하는 작용에 관여하는데, 비타민D가 부족할 경우 칼슘과 인의 흡수량이 줄어들고 면역력이 약해져 뼈가 약해지거나 신체 불균형이 일어날 수 있다.
> 비타민D는 주로 피부가 중파장 자외선에 노출될 때 형성된다. 중파장 자외선은 피부와 혈류에 포함된 7-디하이드로콜레스테롤을 비타민D로 전환시키는데, 이렇게 전환된 비타민D는 간과 신장을 통해 칼시트리롤(Calcitriol)이라는 호르몬으로 활성화된다. 바로 이 칼시트리롤을 통해 우리는 혈액과 뼈에 흡수될 칼슘과 인의 흡수를 조절하는 것이다.
> 이러한 기능을 담당하는 비타민D를 함유하고 있는 식품은 자연에서 매우 적기 때문에, 우리의 몸은 충분한 비타민D를 생성하기 위해 주기적으로 태양빛에 노출될 필요가 있다.

① 태양빛에 노출될 경우 피부암 등의 질환이 발생하여 도리어 건강이 더 악화될 수 있다.
② 비타민D 결핍으로 인해 생기는 부작용은 주기적인 칼슘과 인의 섭취를 통해 해결할 수 있다.
③ 비타민D 보충제만으로는 체내에 필요한 비타민D를 얻을 수 없다.
④ 태양빛에 직접 노출되지 않거나 자외선 차단제를 사용했음에도 체내 비타민D 수치가 정상을 유지한다는 연구결과가 있다.
⑤ 선크림 등 자외선 차단제를 사용하더라도 비타민D 생성에 충분한 중파장 자외선에 노출될 수 있다.

17 다음 제시문을 토대로 〈보기〉를 적절하게 해석한 것은?

요즘 대세로 불리는 폴더블 스마트폰이나 커브드 모니터를 직접 보거나 사용해 본 적이 있는가? 혁신적인 디자인과 더불어 사용자에게 뛰어난 몰입감을 제공하며 시장에서 큰 인기를 끌고 있는 이 제품들의 사양을 자세히 보면 'R'에 대한 값이 표시되어 있음을 알 수 있다. 이 R은 반지름(Radius)을 뜻하며 제품의 굽혀진 곡률을 나타내는데, 이 R의 값이 작을수록 접히는 부분의 비는 공간이 없어 완벽하게 접힌다.

일반적으로 여러 층의 레이어로 구성된 패널은 접었을 때 앞면에는 줄어드는 힘인 압축응력이, 뒷면에는 늘어나는 힘인 인장응력이 동시에 발생한다. 이처럼 서로 반대되는 힘인 압축응력과 인장응력이 충돌하면서 패널의 구조에 영향을 주는 것을 '폴딩 스트레스'라고 하는데, 곡률이 작을수록 즉, 더 접힐수록 패널이 받는 폴딩 스트레스가 높아진다. 따라서 곡률이 상대적으로 작은 인폴딩 패널이 곡률이 큰 아웃폴딩 패널보다 개발 난이도가 높은 셈이다.

보기

S전자는 이번 행사에서 1.4R의 인폴딩 패널을 사용한 폴더블 스마트폰을 개발하는 데 성공했다고 발표했다. 이는 아웃폴딩 패널을 사용한 H기업이나 동일한 인폴딩 패널을 사용한 A기업의 폴더블 스마트폰보다 현저히 낮은 곡률이다.

① 이번에 H기업에서 새로 개발한 1.6R의 작은 곡률이 적용된 패널을 사용한 폴더블 스마트폰은 S전자에서 개발한 폴더블 스마트폰과 동일한 방식의 패널을 사용했을 것이다.
② 아웃폴딩 패널을 사용한 H기업의 폴더블 스마트폰은 이번에 S전자에서 개발한 폴더블 스마트폰보다 폴딩 스트레스가 낮을 것이다.
③ 인폴딩 패널을 사용한 A기업의 폴더블 스마트폰은 S전자에서 개발한 폴더블 스마트폰과 개발난이도가 비슷했을 것이다.
④ 아웃폴딩 패널을 사용한 H기업의 폴더블 스마트폰의 R값이 인폴딩 패널을 사용한 A기업의 폴더블 스마트폰의 R값보다 작을 것이다.
⑤ S전자의 폴더블 스마트폰의 R값이 경쟁 기업보다 작은 것은 여러 층으로 구성된 패널의 층수를 타 기업의 패널보다 줄여 압축응력과 인장응력으로 인한 스트레스를 줄였기 때문일 것이다.

2020년 상반기 기출복원문제

정답 및 해설 p.033

01 수리논리

01 5% 소금물에 소금 40g을 넣었더니 25%의 소금물이 됐다. 이때 처음 5% 소금물의 양은?

① 130g　② 140g
③ 150g　④ 160g
⑤ 170g

02 욕조에 A탱크로 물을 채웠을 때 18분에 75%를 채울 수 있다. 욕조의 물을 전부 뺀 후, 15분간 A탱크로 물을 채우다 B탱크로 채울 때 B탱크로만 물을 채우는 데 걸리는 시간은?(단, B탱크는 A보다 1.5배 빠르게 채운다)

① 2분　② 3분
③ 4분　④ 5분
⑤ 6분

03 S사 직원은 각자 하나의 프로젝트를 선택하여 진행해야 하며 X, Y, Z프로젝트 중 선택되지 않은 프로젝트는 진행하지 않아도 상관없다. X, Y, Z프로젝트 중 X프로젝트는 대리만, Y프로젝트는 사원만, Z프로젝트는 누구나 진행할 수 있다. 대리 2명, 사원 3명이 프로젝트를 선택하여 진행하는 경우의 수는?

① 16가지　② 32가지
③ 36가지　④ 48가지
⑤ 72가지

04 A는 0.8km의 거리를 12분 만에 걸어간 후 36km/h의 속력의 버스에 탑승해 8분 동안 이동하여 목적지에 도착했다. 다음날 A가 자전거를 이용해 같은 시간동안 같은 경로로 이동할 때 평균 속력은?

① 1.80km/분　② 1.00km/분
③ 0.50km/분　④ 0.28km/분
⑤ 0.15km/분

05

서울 지사에 근무하는 A와 B는 X와 Y경로를 이용하여 부산 지사로 외근을 갈 예정이다. X경로를 이용하여 이동을 하면 A가 B보다 1시간 늦게 도착한다. A는 X경로로 이동하고 B는 X경로보다 160km 긴 Y경로로 이동하면 A가 B보다 1시간 빨리 도착한다. 이때 B의 속력은?

① 40km/h
② 50km/h
③ 60km/h
④ 70km/h
⑤ 80km/h

06

1 ~ 9까지의 수가 적힌 카드를 철수와 영희가 한 장씩 뽑았을 때 영희가 철수보다 큰 수가 적힌 카드를 뽑는 경우의 수는?

① 16가지
② 32가지
③ 36가지
④ 38가지
⑤ 64가지

07

S사는 주사위를 굴려 1이 나오면 당첨, 2, 3, 4가 나오면 꽝이고, 5 이상인 경우는 가위바위보를 통해 이겼을 때 당첨이 되는 이벤트를 하였다. 가위바위보에 비겼을 때에는 가위바위보를 한 번 더 할 수 있는 재도전의 기회를 얻으며 재도전은 한 번만 할 수 있다. 이때 당첨될 확률은?

① $\frac{1}{54}$
② $\frac{3}{54}$
③ $\frac{17}{54}$
④ $\frac{7}{14}$
⑤ $\frac{9}{14}$

08

S사는 작년에 직원이 총 45명이었다. 올해는 작년보다 안경을 쓴 사람은 20%, 안경을 쓰지 않은 사람은 40% 증가하여 총 58명이 되었다. 퇴사한 직원은 없다고 할 때 올해 입사한 사람 중 안경을 쓴 사람의 수는?

① 5명
② 10명
③ 15명
④ 20명
⑤ 25명

02 추리

※ 다음 짝지어진 단어 사이의 관계가 나머지와 다른 하나를 고르시오. [1~2]

01
① 노리다 – 겨냥하다
② 엄정 – 해이
③ 성기다 – 뜨다
④ 자아내다 – 끄집어내다
⑤ 보편 – 일반

02
① 득의 – 실의
② 엎어지다 – 자빠지다
③ 화해 – 결렬
④ 판이하다 – 다르다
⑤ 고상 – 저열

※ 제시된 단어와 동일한 관계가 되도록 빈칸에 들어갈 가장 적절한 단어를 고르시오. [3~4]

03

뇌까리다 : 지껄이다 = ( ) : 상서롭다

① 망하다
② 성하다
③ 길하다
④ 실하다
⑤ 달하다

04

초췌하다 : 수척하다 = 함양 : ( )

① 집합
② 활용
③ 결실
④ 도출
⑤ 육성

※ 주어진 명제가 참일 때, 다음 빈칸에 들어갈 명제로 가장 적절한 것을 고르시오. [5~6]

05

- 피자를 좋아하는 사람은 치킨을 좋아한다.
- 치킨을 좋아하는 사람은 감자튀김을 좋아한다.
- 나는 피자를 좋아한다.

따라서 ______________________

① 나는 피자를 좋아하지만 감자튀김은 좋아하지 않는다.
② 치킨을 좋아하는 사람은 피자를 좋아한다.
③ 감자튀김을 좋아하는 사람은 치킨을 좋아한다.
④ 나는 감자튀김을 좋아한다.
⑤ 감자튀김을 좋아하는 사람은 피자를 좋아한다.

06

- 갈매기는 육식을 하는 새이다.
- ______________________
- 바닷가에 사는 새는 갈매기이다.

따라서 헤엄을 치는 새는 육식을 한다.

① 바닷가에 살지 않는 새는 헤엄을 치지 않는다.
② 갈매기는 헤엄을 친다.
③ 육식을 하는 새는 바닷가에 살지 않는다.
④ 헤엄을 치는 새는 육식을 하지 않는다.
⑤ 갈매기가 아니어도 육식을 하는 새는 있다.

07 **고등학교 동창인 A, B, C, D, E, F는 중국음식점에서 식사를 하기 위해 원형 테이블에 앉았다. 〈조건〉이 다음과 같을 때, 항상 적절한 것은?**

조건

- E와 F는 서로 마주보고 앉아 있다.
- C와 B는 붙어있다.
- A는 F와 한 칸 떨어져 앉아 있다.
- D는 F의 바로 오른쪽에 앉아 있다.

① A와 B는 마주보고 있다.
② A와 D는 붙어있다.
③ B는 F와 붙어있다.
④ C는 F와 붙어있다.
⑤ D는 C와 마주보고 있다.

08 A, B, C, D, E 다섯 사람은 마스크를 사기 위해 차례대로 줄을 서고 있다. 네 사람이 진실을 말한다고 할 때, 다음 중 거짓말을 하는 사람은?

> A : B 다음에 E가 바로 도착해서 줄을 섰어.
> B : D는 내 바로 뒤에 줄을 섰지만 마지막은 아니었어.
> C : 내 앞에 줄을 선 사람은 한 명뿐이야.
> D : 내 뒤에는 두 명이 줄을 서고 있어.
> E : A는 가장 먼저 마스크를 구입할 거야.

① A
② B
③ C
④ D
⑤ E

09 갑, 을, 병, 정은 휴일을 맞아 백화점에서 옷을 고르기로 했다. 〈조건〉이 다음과 같을 때 갑, 을, 병, 정이 고른 옷으로 적절한 것은?

> **조건**
> • 네 사람은 각각 셔츠, 바지, 원피스, 치마를 구입했다.
> • 병은 원피스와 치마 중 하나를 구입했다.
> • 갑은 셔츠와 치마를 입지 않는다.
> • 정은 셔츠를 구입하기로 했다.
> • 을은 치마와 원피스를 입지 않는다.

	갑	을	병	정
①	치마	바지	원피스	셔츠
②	바지	치마	원피스	셔츠
③	치마	셔츠	원피스	바지
④	원피스	바지	치마	셔츠
⑤	바지	원피스	치마	셔츠

※ 다음 제시된 도형의 규칙을 보고 물음표에 들어가기에 적절한 것을 고르시오. [10~11]

10

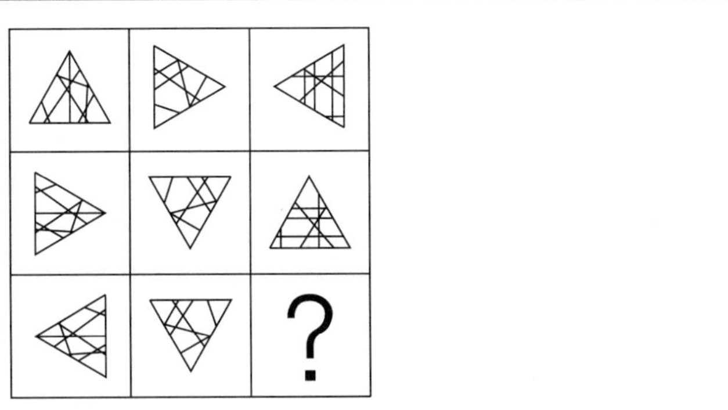

① 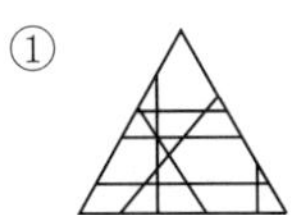

② 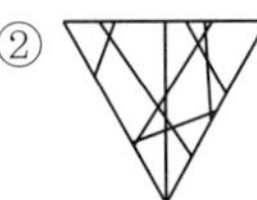

③ 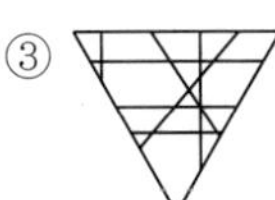

④ 

⑤ 

11

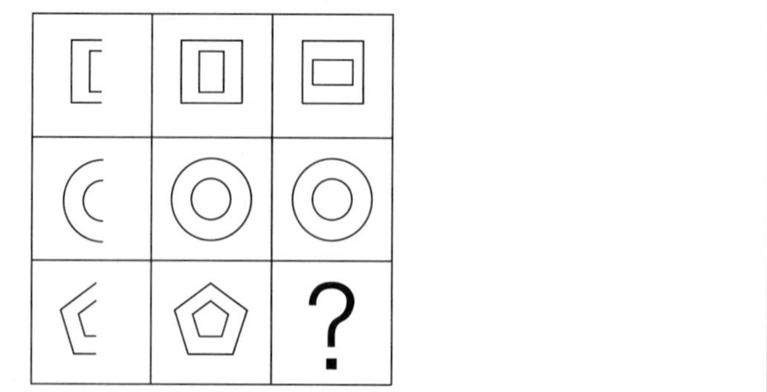

① 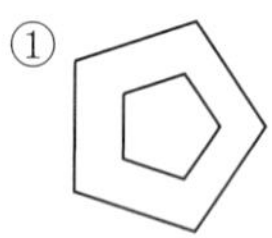

② 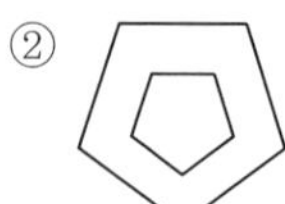

③ 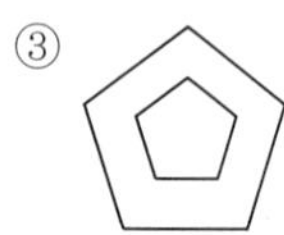

④ 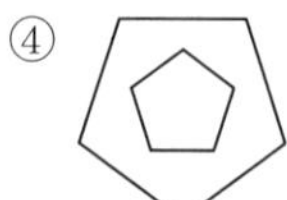

⑤ 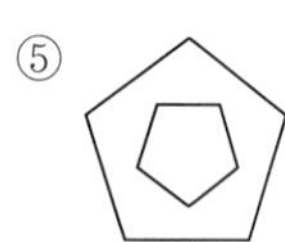

12 다음 글을 통해 추론할 수 있는 내용으로 적절하지 않은 것은?

오골계(烏骨鷄)라는 단어를 들었을 때 머릿속에 떠오르는 이미지는 어떤가? 아마 대부분의 사람들은 볏부터 발끝까지 새까만 닭의 모습을 떠올릴지도 모르겠다. 하지만 사실 이것은 토착종인 오계로, 오골계와는 엄밀히 구분되는 종이다. 그렇다면 오골계와 오계는 정확히 어떠한 차이가 있을까?
흔히 시장에 유통되고 있는 오골계는 정확히는 일제강점기에 유입된 '실키'라는 품종에서 비롯된 혼합종이라고 할 수 있다. 살과 가죽, 뼈 등이 검정에 가까운 자색을 띠지만 흰색이나 붉은 갈색의 털을 지니기도 한다. 병아리 또한 흰 솜털로 덮여 있으며 발가락 수가 5개인 것이 특징이다.
연산오계라고도 불리는 오계는 대한민국 천연기념물 제265호로 지정되어 충남 논산시에 위치한 국내 유일의 오계 사육 농장에서만 사육되고 있다. 살과 가죽, 뼈는 물론 털까지 검으며 야생성이 강하고 사육기간이 길어 기르는 것이 쉽지 않은 것으로 알려져 있다. 병아리 또한 검은색을 띠고 발가락 수가 일반 닭과 같은 4개이기에 구분이 어렵지는 않다.
오계라는 명칭은 동의보감에서 그 이름과 함께 약효와 쓰임새가 기록되어 있는 것을 토대로 최소 선조 이전부터 사육되었던 것으로 추정하고 있다. 하지만 현재는 그 수가 적어 천연기념물로 보호하기 위한 종계 개체 수 1,000마리를 유지하고 있으며, 그 외의 종계로써의 가치가 끝난 퇴역종계와 비 선발 종계후보들만이 식용으로 쓰이고 있다.

① 털의 색을 통해 오골계와 오계를 구분할 수 있을 것이다.
② 손질된 오골계와 오계 고기를 구분하기는 어려울 것이다.
③ 살이 검은 것을 제외하면 오골계와 일반 닭은 큰 차이가 없다고 볼 수 있다.
④ 오계는 병아리 때부터 다른 닭과 구분하기 쉽다고 할 수 있다.
⑤ 오계는 식재보다는 약용으로 더 많이 쓰였을 것으로 짐작할 수 있다.

PART 2
직무적성검사

CHAPTER 01
수리논리

합격 Cheat Key

GSAT의 수리논리 영역은 크게 응용수리와 자료해석으로 나눌 수 있다. 응용수리는 주로 수의 관계(약수와 배수, 소수, 합성수, 인수분해, 최대공약수 / 최소공배수 등)를 이용하는 기초적인 계산 문제, 방정식과 부등식을 수립(날짜 / 요일 / 시간, 시간 / 거리 / 속도, 나이 / 수량, 원가 / 정가, 일 / 일률, 농도, 비율 등)하여 미지수를 계산하는 응용계산 문제, 경우의 수와 확률을 구하는 문제 등이 출제된다. 자료해석은 제시된 표를 이용하여 그래프로 변환하거나 자료를 해석하는 문제, 자료의 추이를 파악하여 빈칸을 찾는 문제 등이 출제된다. 출제비중은 응용수리 2문제(10%), 자료해석 18문제(90%)가 출제되며, 30분 내에 20문항을 해결해야 한다.

01 응용수리

수의 관계에 대해 알고 그것을 응용하여 계산할 수 있는지, 그리고 미지수를 구하기 위해 필요한 계산식을 세울 수 있는지를 평가하는 유형이다. 최근에는 단순하게 계산하는 문제가 아닌 두, 세 단계의 풀이과정을 거쳐서 답을 도출하는 문제가 출제되고 있으므로 기초적인 유형을 정확하게 알고, 이를 활용하는 연습을 해야 한다.

학습포인트

- 문제풀이 시간 확보가 관건이므로 이 유형에서 점수를 따기 위해서는 다양한 문제를 최대한 많이 풀어보는 수밖에 없다.
- 고등학교 시절을 생각하며 오답노트를 만드는 것도 좋은 방법이 될 수 있다.

02 자료해석

표나 그래프 등 주어진 자료를 보고 필요한 정보를 빠르게 찾아 해석할 수 있는지를 평가하는 유형이다. 자료계산, 자료해석은 다른 기업의 인적성에도 흔히 출제되는 유형이지만, 규칙적인 변화 추이를 파악해서 미래를 예측하고, 자료의 적절한 값을 구하는 문제는 GSAT에서만 출제되는 특이한 유형이므로 익숙해지도록 연습해야 한다.

학습포인트

- 표, 꺾은선 그래프, 막대 그래프, 원 그래프 등 다양한 형태의 자료를 눈에 익힌다. 그래야 실제 시험에서 자료가 제시되었을 때 중점을 두고 파악해야 할 부분이 더욱 선명하게 보일 것이다.
- 자료해석 유형의 문제는 제시되는 정보의 양이 매우 많으므로 시간을 절약하기 위해서는 문제를 읽은 후 바로 자료 분석에 들어가는 것보다는, 선택지를 먼저 읽고 필요한 정보만 추출하여 답을 찾는 것이 좋다.

CHAPTER 01

이론점검

01 응용수리

1. 수의 관계

(1) 약수와 배수

a가 b로 나누어떨어질 때, a는 b의 배수, b는 a의 약수

(2) 소수

1과 자기 자신만을 약수로 갖는 수. 즉, 약수의 개수가 2개인 수

(3) 합성수

1과 자신 이외의 수를 약수로 갖는 수. 즉, 소수가 아닌 수 또는 약수의 개수가 3개 이상인 수

(4) 최대공약수

2개 이상의 자연수의 공통된 약수 중에서 가장 큰 수

(5) 최소공배수

2개 이상의 자연수의 공통된 배수 중에서 가장 작은 수

(6) 서로소

1 이외에 공약수를 갖지 않는 두 자연수. 즉, 최대공약수가 1인 두 자연수

(7) 소인수분해

주어진 합성수를 소수의 거듭제곱의 형태로 나타내는 것

(8) 약수의 개수

자연수 $N=a^m\times b^n$에 대하여, N의 약수의 개수는 $(m+1)\times(n+1)$개

(9) 최대공약수와 최소공배수의 관계

두 자연수 A, B에 대하여, 최소공배수와 최대공약수를 각각 L, G라고 하면 $A\times B=L\times G$가 성립한다.

2. 방정식의 활용

(1) 날짜 · 요일 · 시계

① 날짜 · 요일

㉠ 1일=24시간=1,440분=86,400초

㉡ 날짜 · 요일 관련 문제는 대부분 나머지를 이용해 계산한다.

② 시계

㉠ 시침이 1시간 동안 이동하는 각도 : 30°

㉡ 시침이 1분 동안 이동하는 각도 : 0.5°

㉢ 분침이 1분 동안 이동하는 각도 : 6°

(2) 거리 · 속력 · 시간

① (거리)=(속력)×(시간)

㉠ 기차가 터널을 통과하거나 다리를 지나가는 경우

- (기차가 움직인 거리)=(기차의 길이)+(터널 또는 다리의 길이)

㉡ 두 사람이 반대 방향 또는 같은 방향으로 움직이는 경우

- (두 사람 사이의 거리)=(두 사람이 움직인 거리의 합 또는 차)

② $(속력)=\frac{(거리)}{(시간)}$

㉠ 흐르는 물에서 배를 타는 경우

- (하류로 내려갈 때의 속력)=(배 자체의 속력)+(물의 속력)
- (상류로 올라갈 때의 속력)=(배 자체의 속력)−(물의 속력)

③ $(시간)=\frac{(거리)}{(속력)}$

(3) 나이 · 인원 · 개수

구하고자 하는 것을 미지수로 놓고 식을 세운다. 동물의 경우 다리의 개수에 유의해야 한다.

(4) 원가 · 정가

① (정가)=(원가)+(이익), (이익)=(정가)−(원가)

② (a원에서 b% 할인한 가격)$=a\times\left(1-\frac{b}{100}\right)$

(5) 일률 · 톱니바퀴

① 일률

전체 일의 양을 1로 놓고, 시간 동안 한 일의 양을 미지수로 놓고 식을 세운다.

- $(\text{일률})=\frac{(\text{작업량})}{(\text{작업기간})}$
- $(\text{작업기간})=\frac{(\text{작업량})}{(\text{일률})}$
- $(\text{작업량})=(\text{일률})\times(\text{작업기간})$

② 톱니바퀴

(톱니 수)×(회전수)=(총 맞물린 톱니 수)

즉, A, B 두 톱니에 대하여, (A의 톱니 수)×(A의 회전수)=(B의 톱니 수)×(B의 회전수)가 성립한다.

(6) 농도

① $(\text{농도})=\frac{(\text{용질의 양})}{(\text{용액의 양})}\times100$

② $(\text{용질의 양})=\frac{(\text{농도})}{100}\times(\text{용액의 양})$

(7) 수 I

① 연속하는 세 자연수 : $x-1$, x, $x+1$

② 연속하는 세 짝수(홀수) : $x-2$, x, $x+2$

(8) 수 II

① 십의 자릿수가 x, 일의 자릿수가 y인 두 자리 자연수 : $10x+y$

이 수에 대해, 십의 자리와 일의 자리를 바꾼 수 : $10y+x$

② 백의 자릿수가 x, 십의 자릿수가 y, 일의 자릿수가 z인 세 자리 자연수 : $100x+10y+z$

(9) 증가 · 감소

① x가 a% 증가 : $\left(1+\frac{a}{100}\right)x$

② y가 b% 감소 : $\left(1-\frac{b}{100}\right)y$

3. 경우의 수 · 확률

(1) 경우의 수

① 경우의 수 : 어떤 사건이 일어날 수 있는 모든 가짓수

② 합의 법칙

㉠ 두 사건 A, B가 동시에 일어나지 않을 때, A가 일어나는 경우의 수를 m, B가 일어나는 경우의 수를 n이라고 하면, 사건 A 또는 B가 일어나는 경우의 수는 $m+n$이다.

㉡ '또는', '~이거나'라는 말이 나오면 합의 법칙을 사용한다.

③ 곱의 법칙

㉠ A가 일어나는 경우의 수를 m, B가 일어나는 경우의 수를 n이라고 하면, 사건 A와 B가 동시에 일어나는 경우의 수는 $m\times n$이다.

㉡ '그리고', '동시에'라는 말이 나오면 곱의 법칙을 사용한다.

④ 여러 가지 경우의 수

㉠ 동전 n개를 던졌을 때, 경우의 수 : 2^n

㉡ 주사위 m개를 던졌을 때, 경우의 수 : 6^m

㉢ 동전 n개와 주사위 m개를 던졌을 때, 경우의 수 : $2^n\times6^m$

㉣ n명을 한 줄로 세우는 경우의 수 : $n!=n\times(n-1)\times(n-2)\times\cdots\times2\times1$

㉤ n명 중, m명을 뽑아 한 줄로 세우는 경우의 수 : ${}_n\mathrm{P}_m=n\times(n-1)\times\cdots\times(n-m+1)$

㉥ n명을 한 줄로 세울 때, m명을 이웃하여 세우는 경우의 수 : $(n-m+1)!\times m!$

㉦ 0이 아닌 서로 다른 한 자리 숫자가 적힌 n장의 카드에서, m장을 뽑아 만들 수 있는 m자리 정수의 개수 : ${}_n\mathrm{P}_m$

㉧ 0을 포함한 서로 다른 한 자리 숫자가 적힌 n장의 카드에서, m장을 뽑아 만들 수 있는 m자리 정수의 개수 : $(n-1)\times{}_{n-1}\mathrm{P}_{m-1}$

㉨ n명 중, 자격이 다른 m명을 뽑는 경우의 수 : ${}_n\mathrm{P}_m$

㉩ n명 중, 자격이 같은 m명을 뽑는 경우의 수 : ${}_n\mathrm{C}_m=\dfrac{{}_n\mathrm{P}_m}{m!}$

㉪ 원형 모양의 탁자에 n명을 앉히는 경우의 수 : $(n-1)!$

⑤ 최단거리 문제 : A에서 B 사이에 P가 주어져 있다면, A와 P의 최단거리, B와 P의 최단거리를 각각 구하여 곱한다.

(2) 확률

① (사건 A가 일어날 확률)$=\frac{\text{(사건 A가 일어나는 경우의 수)}}{\text{(모든 경우의 수)}}$

② 여사건의 확률

㉠ 사건 A가 일어날 확률이 p일 때, 사건 A가 일어나지 않을 확률은 $(1-p)$이다.

㉡ '적어도'라는 말이 나오면 주로 사용한다.

③ 확률의 계산

㉠ 확률의 덧셈

두 사건 A, B가 동시에 일어나지 않을 때, A가 일어날 확률을 p, B가 일어날 확률을 q라고 하면, 사건 A 또는 B가 일어날 확률은 $p+q$이다.

㉡ 확률의 곱셈

A가 일어날 확률을 p, B가 일어날 확률을 q라고 하면, 사건 A와 B가 동시에 일어날 확률은 $p\times q$이다.

④ 여러 가지 확률

㉠ 연속하여 뽑을 때, 꺼낸 것을 다시 넣고 뽑는 경우 : 처음과 나중의 모든 경우의 수는 같다.

㉡ 연속하여 뽑을 때, 꺼낸 것을 다시 넣지 않고 뽑는 경우 : 나중의 모든 경우의 수는 처음의 모든 경우의 수보다 1만큼 작다.

㉢ (도형에서의 확률)$=\frac{\text{(해당하는 부분의 넓이)}}{\text{(전체 넓이)}}$

02 자료해석

(1) 꺾은선(절선)그래프

① 시간적 추이(시계열 변화)를 표시하는 데 적합하다.

예 연도별 매출액 추이 변화 등

② 경과 · 비교 · 분포를 비롯하여 상관관계 등을 나타날 때 사용한다.

〈한국 자동차부품 수입 국가별 의존도〉

(단위 : %)

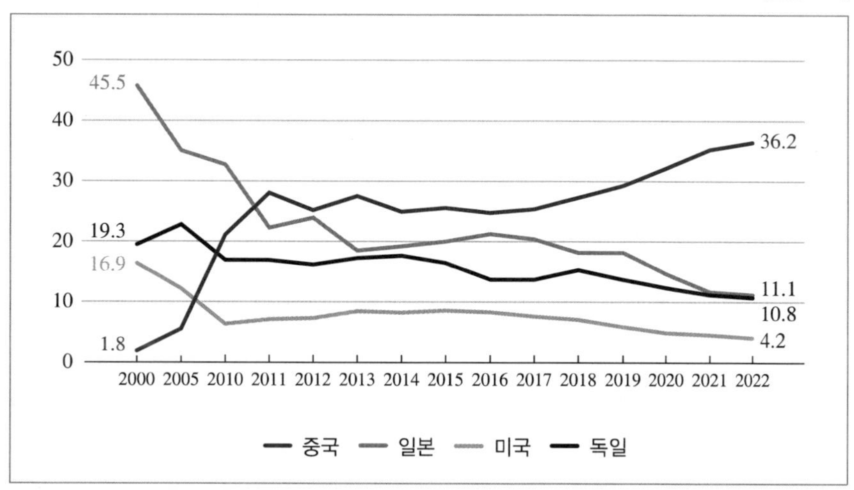

(2) 막대그래프

① 비교하고자 하는 수량을 막대 길이로 표시하고, 그 길이를 비교하여 각 수량 간의 대소 관계를 나타내는 데 적합하다.

예 영업소별 매출액, 성적별 인원분포 등

② 가장 간단한 형태로 내역 · 비교 · 경과 · 도수 등을 표시하는 용도로 사용한다.

〈경상수지 추이〉

(잠정치, 단위 : 억 달러)

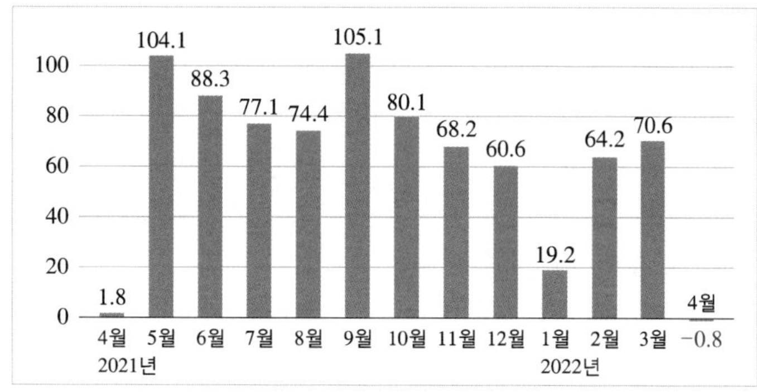

(3) 원그래프

① 내역이나 내용의 구성비를 분할하여 나타내는 데 적합하다.

　예 제품별 매출액 구성비 등

② 원그래프를 정교하게 작성할 때는 수치를 각도로 환산해야 한다.

〈C국의 가계 금융자산 구성비〉

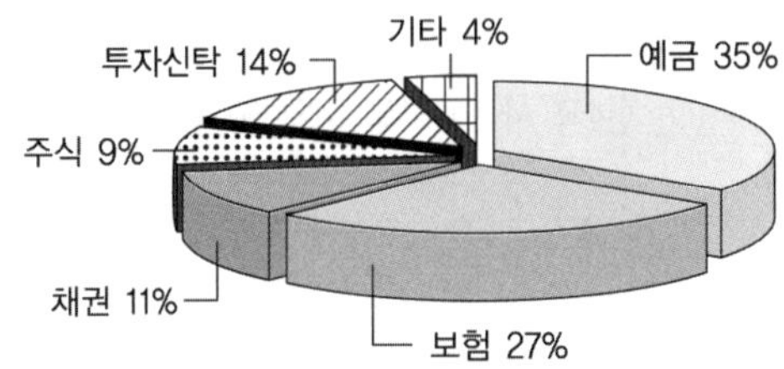

(4) 점그래프

① 지역분포를 비롯하여 도시, 지방, 기업, 상품 등의 평가나 위치, 성격을 표시하는 데 적합하다.

　예 광고비율과 이익률의 관계 등

② 종축과 횡축에 두 요소를 두고, 보고자 하는 것이 어떤 위치에 있는가를 알고자 할 때 사용한다.

〈OECD 국가의 대학졸업자 취업률 및 경제활동인구 비중〉

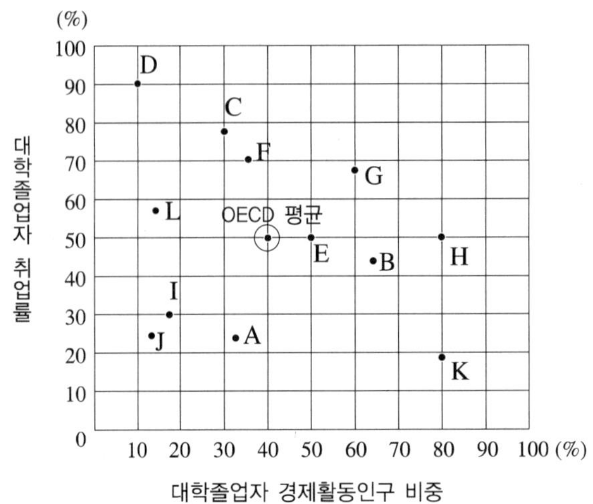

(5) 층별그래프

① 합계와 각 부분의 크기를 백분율로 나타내고 시간적 변화를 보는 데 적합하다.

② 합계와 각 부분의 크기를 실수로 나타내고 시간적 변화를 보는 데 적합하다.

예 상품별 매출액 추이 등

③ 선의 움직임보다는 선과 선 사이의 크기로써 데이터 변화를 나타내는 그래프이다.

〈경제고통지수 추이〉

9.0%
3.7%
5.3%
4.3%
4.5%
-0.2%
6.6%
4.0%
2.6%
8.4%
3.0%
5.4%
2019년 2020년 2021년 2022년
■ 실업률
■ 물가 상승률
(전년 동월 대비)
※ 5월 기준

(6) 레이더 차트(거미줄그래프)

① 다양한 요소를 비교할 때, 경과를 나타내는 데 적합하다.

예 매출액의 계절변동 등

② 비교하는 수량을 직경, 또는 반경으로 나누어 원의 중심에서의 거리에 따라 각 수량의 관계를 나타내는 그래프이다.

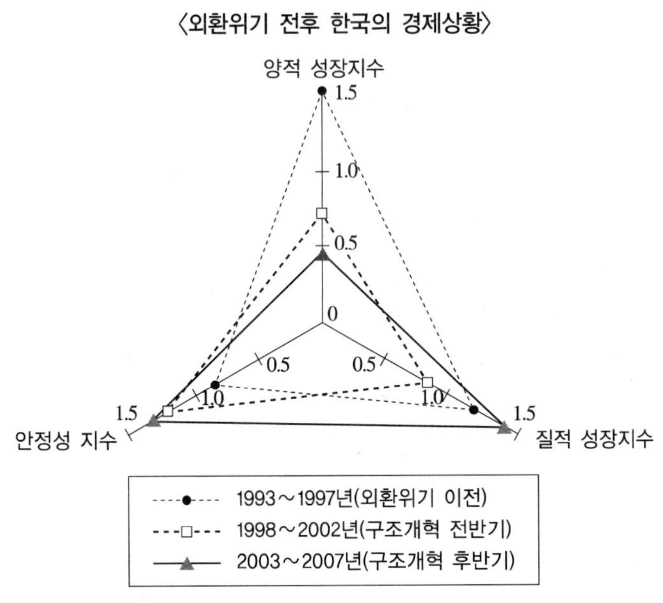

03 수열

(1) 등차수열 : 앞의 항에 일정한 수를 더해 이루어지는 수열

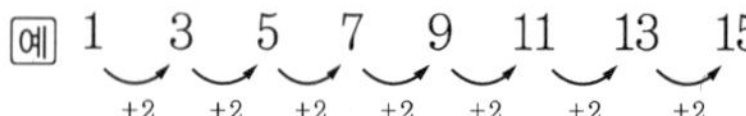

(2) 등비수열 : 앞의 항에 일정한 수를 곱해 이루어지는 수열

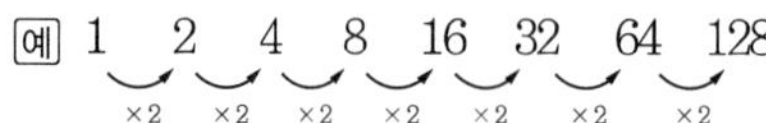

(3) 계차수열 : 수열의 인접하는 두 항의 차로 이루어진 수열

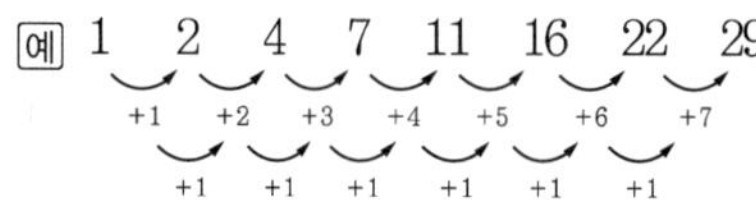

(4) 피보나치수열 : 앞의 두 항의 합이 그 다음 항의 수가 되는 수열

예 1 1 $\underset{1+1}{2}$ $\underset{1+2}{3}$ $\underset{2+3}{5}$ $\underset{3+5}{8}$ $\underset{5+8}{13}$ $\underset{8+13}{21}$

(5) 건너뛰기 수열

- 두 개 이상의 수열이 일정한 간격을 두고 번갈아가며 나타나는 수열

  예 1 1 3 7 5 13 7 19

  - 홀수항 : 1 3 5 7 (+2 +2 +2)
  - 짝수항 : 1 7 13 19 (+6 +6 +6)

- 두 개 이상의 규칙이 일정한 간격을 두고 번갈아가며 적용되는 수열

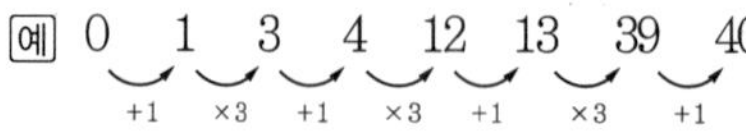

(6) 군수열 : 일정한 규칙성으로 몇 항씩 묶어 나눈 수열

예 • 1 1 2 1 2 3 1 2 3 4

⇒ 1 | 1 2 | 1 2 3 | 1 2 3 4

• 1 3 4 6 5 11 2 6 8 9 3 12

⇒ 1 3 4 (1+3=4) | 6 5 11 (6+5=11) | 2 6 8 (2+6=8) | 9 3 12 (9+3=12)

• 1 3 3 2 4 8 5 6 30 7 2 14

⇒ 1 3 3 (1×3=3) | 2 4 8 (2×4=8) | 5 6 30 (5×6=30) | 7 2 14 (7×2=14)

PART 2 | 01 | 02

대표유형 01 거리 · 속력 · 시간

유형분석

- 출제되는 응용수리 2문제 중 1문제에 속할 가능성이 높은 유형이다.
- (거리)=(속력)×(시간) 공식을 활용한 문제이다.

$$(\text{속력})=\frac{(\text{거리})}{(\text{시간})}$$

$$(\text{시간})=\frac{(\text{거리})}{(\text{속력})}$$

거리	
속력	시간

으로 기억해두면 세 가지 공식을 한 번에 기억할 수 있다.

- 기차와 터널의 길이, 물과 같이 속력이 있는 장소 등 추가적인 거리나 속력 시간에 관한 조건과 결합하여 난이도 높은 문제로 출제된다.

A사원은 회사 근처 카페에서 거래처와 미팅을 갖기로 했다. 처음에는 4km/h로 걸어가다가 약속 시간에 늦을 것 같아서 10km/h로 뛰어서 24분 만에 미팅 장소에 도착했다. 회사에서 카페까지의 거리가 2.5km일 때, A사원이 뛴 거리는?

① 0.6km
② 0.9km
③ 1.2km
④ 1.5km
⑤ 1.8km

정답 ④

총 거리와 총 시간이 주어져 있으므로 걸은 거리와 뛴 거리 또는 걸은 시간과 뛴 시간을 미지수로 잡을 수 있다. 미지수를 잡기 전에 문제에서 묻는 것을 정확하게 파악해야 나중에 답을 구할 때 헷갈리지 않는다. 문제에서 A사원이 뛴 거리를 물어보았으므로 거리를 미지수로 놓는다.

A사원이 회사에서 카페까지 걸어간 거리를 $x$km, 뛴 거리를 $y$km라고 하자. 회사에서 카페까지의 거리는 2.5km이므로 걸어간 거리 $x$km와 뛴 거리 $y$km를 합하면 2.5km이다.

$x+y=2.5$ … ㉠

A사원이 회사에서 카페까지 24분이 걸렸으므로 걸어간 시간$\left(\frac{x}{4}\text{시간}\right)$과 뛰어간 시간$\left(\frac{y}{10}\text{시간}\right)$을 합치면 24분이다. 이때 속력은 시간 단위이므로 분으로 바꾸어 계산한다.

$\frac{x}{4}\times60+\frac{y}{10}\times60=24 \rightarrow 5x+2y=8$ … ㉡

㉡−2㉠을 하여 ㉠과 ㉡을 연립하면 $x=1$이고, 구한 x의 값을 ㉠에 대입하면 $y=1.5$이다.

따라서 A사원이 뛴 거리는 $y$km이므로 1.5km이다.

30초 컷 Tip

1. 미지수를 정할 때에는 문제에서 묻는 것을 정확하게 파악해야 한다.
2. 속력과 시간의 단위를 처음에 정리하여 계산하면 계산 실수 없이 풀이할 수 있다.
   - 1시간=60분=3,600초
   - 1km=1,000m=100,000cm

온라인 풀이 Tip

온라인 GSAT는 풀이를 문제풀이 용지에 작성하여 시험이 끝난 후 제출해야 한다. 따라서 문제풀이 용지를 최대한 활용해야 한다. 문제를 풀 때 필요한 정보를 문제풀이 용지에 옮겨 적어 문제풀이 용지만 보고 답을 구할 수 있도록 한다. 다음은 문제풀이 용지를 활용한 풀이 예시이다.

걸은 속력 : 4km/h 뛴 속력 : 10km/h 총 걸린 시간 : 24분 총 거리 : 2.5km **뛴 거리는 몇 km?**	주어진 정보
걸어간 거리를 $x$km, 뛴 거리를 $y$km 가정 $x+y=2.5$ $\frac{x}{4}\times60+\frac{y}{10}\times60=24$ $\rightarrow 5x+2y=8$ $x=1$, $\underline{y=1.5}$	문제 풀이

대표유형 02

농도

유형분석

- 출제되는 응용수리 2문제 중 1문제에 속할 가능성이 높은 유형이다.
- $(\text{농도})=\frac{(\text{용질의 양})}{(\text{용액의 양})}\times 100$ 공식을 활용한 문제이다.

  $(\text{용질의 양})=\frac{(\text{농도})}{100}\times(\text{용액의 양})$

  다음과 같이 주어진 정보를 한눈에 알아볼 수 있도록 표를 그리면 식을 세우기 쉽다.

구분	용액1	용액2	…
용질의 양			
용액의 양			
농도			

- (소금물의 양)=(물의 양)+(소금의 양)이라는 것에 유의하고, 더해지거나 없어진 것을 미지수로 두고 풀이한다.
- 온라인으로 시행되고 나서 한 번도 빠짐없이 출제된 유형이다.

소금물 500g이 있다. 이 소금물에 농도가 3%인 소금물 200g을 온전히 섞었더니 소금물의 농도는 7%가 되었다. 500g의 소금물에 녹아 있던 소금의 양은?

① 31g　　② 37g
③ 43g　　④ 49g
⑤ 55g

정답 ③

문제에서 구하고자 하는 500g의 소금물에 녹아 있던 소금의 양을 미지수로 놓는다.

500g의 소금물에 녹아 있던 소금의 양을 xg이라고 하자.

소금물 500g에 농도 3%인 소금물 200g을 섞었을 때 소금물의 농도가 주어졌으므로 농도를 기준으로 식을 세울 수 있다. 식을 세우기 전에 주어진 정보를 바탕으로 표를 그리면 식을 세우기 훨씬 쉬워진다.

구분	섞기 전	섞을 소금물	섞은 후
소금(g)	x	6	x+6
소금+물(g)	500	200	500+200
농도(%)	구할 필요 없음	3	7

섞은 후의 정보를 가지고 식을 구하면 다음과 같다.

$\frac{x+6}{500+200}\times100=7$

→ $(x+6)\times100=7\times(500+200)$

→ $(x+6)\times100=4,900$

→ $100x+600=4,900$

→ $100x=4,300$

∴ $x=43$

따라서 500g의 소금물에 녹아 있던 소금의 양은 xg이므로 43g이다.

30초 컷 Tip

간소화

숫자의 크기를 최대한 간소화해야 한다. 특히, 농도의 경우 분수와 정수가 같이 제시되고, 최근에는 비율을 활용한 문제가 많이 출제되고 있으므로 통분이나 약분을 통해 수를 간소화시켜 계산 실수를 줄일 수 있도록 한다.

주의사항

항상 미지수를 구해서 그 값을 계산하여 풀이해야 하는 것은 아니다. 문제에서 원하는 값은 정확한 미지수를 구하지 않아도 풀이과정에서 답이 제시되는 경우가 있으므로 문제에서 묻는 것을 명확히 해야 한다.

섞은 소금물 풀이 방법

1. 정보 정리
   주어진 정보를 각 소금물 단위로 정리한다. 각 소금물에서 2가지 정보가 주어졌다면 계산으로 나머지 정보를 찾는다.
2. 미지수 설정
   각 소금물에서 2가지 이상의 정보가 없다면 그중 한 가지 정보를 미지수로 설정한다. 나머지 모르는 정보도 앞서 설정한 미지수로 표현해놓는다.
3. 식 세우기
   섞기 전과 섞은 후의 소금의 양, 소금물의 양을 이용하여 식을 세운다.

일의 양

유형분석

- 전체 일의 양을 1로 두고 풀이하는 유형이다.
- 분이나 초 단위 계산이 가장 어려운 유형으로 출제되고 있다.
- $(\text{일률})=\frac{(\text{작업량})}{(\text{작업기간})}$

  $(\text{작업기간})=\frac{(\text{작업량})}{(\text{일률})}$

  $(\text{작업량})=(\text{일률})\times(\text{작업기간})$

한 공장에서는 기계 2대를 운용하고 있다. 이 공장의 전체 작업을 수행할 때 A기계로는 12시간이 걸리며, B기계로는 18시간이 걸린다. 이미 절반의 작업이 수행된 상태에서, A기계로 4시간 동안 작업하다가 이후로는 A, B 두 기계를 모두 동원해 작업을 수행했다면 남은 절반의 작업을 완료하는 데 소요되는 총 시간은?

① 1시간
② 1시간 12분
③ 1시간 20분
④ 1시간 30분
⑤ 1시간 40분

정답 ②

전체 일의 양을 1이라고 하자. A기계가 한 시간 동안 작업할 수 있는 일의 양은 $\frac{1}{12}$이고, B기계가 한 시간 동안 작업할 수 있는 일의 양은 $\frac{1}{18}$이다.

이미 절반의 작업이 진행되었으므로 남은 일의 양은 $1-\frac{1}{2}=\frac{1}{2}$이다. 이중 A기계로 4시간 동안 작업을 진행했으므로 A기계와 B기계가 함께 작업해야 하는 일의 양은 $\frac{1}{2}-\left(\frac{1}{12}\times4\right)=\frac{1}{6}$이다.

따라서 남은 $\frac{1}{6}$을 수행하는 데 걸리는 시간은 $\frac{\frac{1}{6}}{\left(\frac{1}{12}+\frac{1}{18}\right)}=\frac{\frac{1}{6}}{\frac{5}{36}}=\frac{6}{5}$시간, 즉 1시간 12분이 걸린다.

30초 컷 Tip

1. 전체의 값을 모르는 상태에서 비율을 묻는 문제의 경우 전체를 1이라고 하면 쉽게 풀이할 수 있다.

   예 S가 1개의 빵을 만드는 데 3시간이 걸린다. 1개의 빵을 만드는 일의 양을 1이라고 하면 S는 한 시간에 $\frac{1}{3}$만큼의 빵을 만든다.

2. 난이도가 있는 일의 양 문제를 접근할 때 전체 일의 양을 막대 그림으로 표현하면서 풀이하면 한눈에 파악할 수 있다.

   예

$\frac{1}{2}$ 수행됨	A기계로 4시간 동안 작업	A, B 두 기계를 모두 동원해 작업

온라인 풀이 Tip

문제를 보자마자 기계별로 단위 시간당 일의 양부터 적고 시작한다. 그리고 남은 일의 양과 동원되는 기계는 몇 대인지를 확인하여 적어두고 풀이한다.

구분	A기계	B기계
시간당 일의 양	$\frac{1}{12}$	$\frac{1}{18}$

* 절반 작업됨 & **A기계 4시간 작업** & **A, B 두 기계를 모두 사용**

남은 절반의 작업 소요 시간?

주어진 정보

A기계 4시간 작업 후 남은 일의 양 : $\frac{1}{2}-\left(\frac{1}{12}\times 4\right)=\frac{1}{6}$

$\rightarrow \frac{\frac{1}{6}}{\left(\frac{1}{12}+\frac{1}{18}\right)}=\frac{\frac{1}{6}}{\frac{5}{36}}=\frac{6}{5}$

$\therefore 4+\frac{6}{5}$

문제 풀이

대표유형 04

금액

유형분석

- 원가, 정가, 할인가, 판매가 등의 개념을 명확히 한다.
  (정가)=(원가)+(이익)
  (이익)=(정가)−(원가)
  a원에서 b% 할인한 가격$=a\times\left(1-\frac{b}{100}\right)$
- 난이도가 어려운 편은 아니지만 비율을 활용한 계산 문제이기 때문에 실수하기 쉽다.
- 최근에는 경우의 수와 결합하여 출제되기도 했다.

종욱이는 25,000원짜리 피자 두 판과 8,000원짜리 샐러드 세 개를 주문했다. 통신사 멤버십 혜택으로 피자는 15%, 샐러드는 25%를 할인 받을 수 있고, 이벤트로 통신사 멤버십 혜택을 적용한 금액의 10%를 추가 할인받았다고 한다. 종욱이가 할인받은 금액은?

① 12,150원
② 13,500원
③ 18,600원
④ 19,550원
⑤ 20,850원

정답 ④

할인받기 전 종욱이가 지불할 금액은 25,000×2+8,000×3=74,000원이다.
통신사 할인과 이벤트 할인을 적용한 금액은 (25,000×2×0.85+8,000×3×0.75)×0.9=54,450원이다.
따라서 종욱이가 할인받은 금액은 74,000−54,450=19,550원이다.

30초 컷 Tip

전체 금액을 구하는 것이 아니라 할인된 금액을 구하면 수의 크기도 작아지고, 풀이 과정을 단축시킬 수 있다.
예를 들어 위의 문제에서 피자는 15%, 샐러드는 25%를 할인받았으므로 할인받은 금액은 각각 7,500원, 6,000원이다. 할인받은 금액의 합을 원래 지불했어야 하는 금액에서 빼면 60,500원이고, 이의 10%는 6,050원이므로 종욱이가 할인받은 총 금액은 7,500+6,000+6,050=19,550원이다.

온라인 풀이 Tip

다음은 문제풀이 용지를 활용한 풀이 예시이다.
금액 유형은 한번 잘못 계산하면 되돌아가기 쉽지 않다. 문제를 두 번 정도 읽는다는 생각으로 정확하게 정리해야 한다.

25,000×2	8,000×3
15% 할인	25% 할인
10% 할인	

할인받은 금액?

주어진 정보

할인 전 금액 : 25,000×2+8,000×3=74,000원
할인 후 금액 : (25,000×2×0.85+8,000×3×0.75)×0.9=54,450원
할인받은 금액 : 74,000−54,450=19,550원

문제 풀이

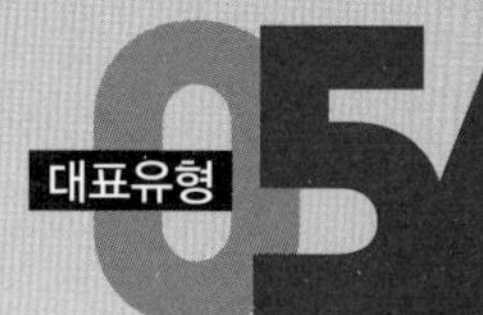

경우의 수

유형분석

- 출제되는 응용수리 2문제 중 1문제에 속할 가능성이 높은 유형이다.
- 순열(P)과 조합(C)을 활용한 문제이다.

$${}_{n}P_{m} = n \times (n-1) \times \cdots \times (n-m+1)$$

$${}_{n}C_{m} = \frac{{}_{n}P_{m}}{m!} = \frac{n \times (n-1) \times \cdots \times (n-m+1)}{m!}$$

- 벤다이어그램을 활용한 문제가 출제되기도 한다.

S전자는 토요일에는 2명의 사원이 당직 근무를 서도록 사칙으로 규정하고 있다. S전자의 B팀에는 8명의 사원이 있다. B팀이 앞으로 3주 동안 토요일 당직 근무를 선다고 했을 때, 가능한 모든 경우의 수는?(단, 모든 사원은 당직 근무를 2번 이상 서지 않는다)

① 1,520가지
② 2,520가지
③ 5,040가지
④ 10,080가지
⑤ 15,210가지

정답 ②

8명을 2명씩 3그룹으로 나누는 경우의 수는 ${}_8C_2 \times {}_6C_2 \times {}_4C_2 \times \frac{1}{3!} = 28 \times 15 \times 6 \times \frac{1}{6} = 420$가지이다.

3개의 그룹을 각각 A, B, C라 하면, 3주 동안 토요일에 근무자를 배치하는 경우의 수는 A, B, C를 일렬로 배열하는 방법의 수와 같다. 3그룹을 일렬로 나열하는 경우의 수는 $3 \times 2 \times 1 = 6$가지이다.

$\therefore$ $420 \times 6 = 2,520$가지

30초 컷 Tip

경우의 수의 합의 법칙과 곱의 법칙 등에 관해 명확히 한다.

합의 법칙

㉠ 두 사건 A, B가 동시에 일어나지 않을 때, A가 일어나는 경우의 수를 m, B가 일어나는 경우의 수를 n이라고 하면, 사건 A 또는 B가 일어나는 경우의 수는 $m+n$이다.

㉡ '또는', '~이거나'라는 말이 나오면 합의 법칙을 사용한다.

곱의 법칙

㉠ A가 일어나는 경우의 수를 m, B가 일어나는 경우의 수를 n이라고 하면, 사건A와 B가 동시에 일어나는 경우의 수는 $m \times n$이다.

㉡ '그리고', '동시에'라는 말이 나오면 곱의 법칙을 사용한다.

온라인 풀이 Tip

경우의 수 유형은 길게 풀어져 있는 문장을 알고 있는 공식에 대입할 수 있게 숫자를 잘 정리하는 게 포인트이다. 온라인으로 경우의 수 유형을 풀 때에도 수만 잘 정리하면 쉽게 풀 수 있다.

예 해당 문제에서는 '8명의 사원을 2명씩 3주에 배치'가 핵심이다.

8명의 사원

↓

2명씩 / 3주

$\therefore$ ${}_8C_2 \times {}_6C_2 \times {}_4C_2$

PART 2

01

02

대표유형 06

확률

유형분석

- 출제되는 응용수리 2문제 중 1문제에 속할 가능성이 높은 유형이다.
- 순열(P)과 조합(C)을 활용한 문제이다.
- 조건부 확률 문제가 출제되기도 한다.

주머니에 1부터 10까지의 숫자가 적힌 카드 10장이 들어있다. 주머니에서 카드를 세 번 뽑는다고 할 때, 1, 2, 3이 적힌 카드 중 하나 이상을 뽑을 확률은?(단, 꺼낸 카드는 다시 넣지 않는다)

① $\frac{5}{8}$

② $\frac{17}{24}$

③ $\frac{7}{24}$

④ $\frac{7}{8}$

⑤ $\frac{5}{6}$

정답 ②

(1, 2, 3이 적힌 카드 중 하나 이상을 뽑을 확률)=1-(세 번 모두 4~10이 적힌 카드를 뽑을 확률)

• 세 번 모두 4~10이 적힌 카드를 뽑을 확률 : $\frac{7}{10}\times\frac{6}{9}\times\frac{5}{8}=\frac{7}{24}$

∴ 1, 2, 3이 적힌 카드 중 하나 이상을 뽑을 확률 : $1-\frac{7}{24}=\frac{17}{24}$

30초 컷 Tip

여사건의 확률

㉠ 사건 A가 일어날 확률이 p일 때, 사건 A가 일어나지 않을 확률은 $(1-p)$이다.

㉡ '적어도'라는 말이 나오면 주로 사용한다.

확률의 덧셈

두 사건 A, B가 동시에 일어나지 않을 때, A가 일어날 확률을 p, B가 일어날 확률을 q라고 하면, 사건 A 또는 B가 일어날 확률은 $p+q$이다.

확률의 곱셈

A가 일어날 확률을 p, B가 일어날 확률을 q라고 하면, 사건 A와 B가 동시에 일어날 확률은 $p\times q$이다.

온라인 풀이 Tip

경우의 수 유형과 마찬가지로 확률 유형을 풀이하는 방법은 같다.

예 1~10 10장

↓

3장 / 1, 2, 3 중 적어도 1장 이상

∴ $1-\frac{7}{10}\times\frac{6}{9}\times\frac{5}{8}$

PART 2

01

02

추론 · 분석

유형분석

- 자료를 보고 해석하거나 추론한 내용을 고르는 문제가 출제된다.
- 증감 추이, 증감률, 증감폭 등의 간단한 계산이 포함되어 있다.
- %, %p 등의 차이점을 알고 적용할 수 있어야 한다.
  %(퍼센트) : 어떤 양이 전체(100)에 대해서 얼마를 차지하는가를 나타내는 단위
  %p(퍼센트 포인트) : %로 나타낸 수치가 이전 수치와 비교했을 때 증가하거나 감소한 양

다음은 지방자치단체 재정력 지수에 대한 자료이다. 이에 대한 설명으로 적절한 것은?

〈지방자치단체 재정력 지수〉

구분	2020년	2021년	2022년	평균
서울	1.106	1.088	1.010	1.068
부산	0.942	0.922	0.878	0.914
대구	0.896	0.860	0.810	0.855
인천	1.105	0.984	1.011	1.033
광주	0.772	0.737	0.681	0.730
대전	0.874	0.873	0.867	0.871
울산	0.843	0.837	0.832	0.837
경기	1.004	1.065	1.032	1.034
강원	0.417	0.407	0.458	0.427
충북	0.462	0.446	0.492	0.467
충남	0.581	0.693	0.675	0.650
전북	0.379	0.391	0.404	0.393
전남	0.319	0.330	0.320	0.323

※ 매년 지방자치단체의 기준 재정수입액이 기준 재정수요액에 미치지 않는 경우, 중앙정부는 그 부족만큼의 지방교부세를 당해 연도에 지급함

※ (재정력 지수)=(기준 재정수입액)÷(기준 재정수요액)

① 3년간 지방교부세를 지원받은 적이 없는 지방자치단체는 서울, 인천, 경기 3곳이다.
② 2022년의 서울 재정력 지수 대비 전북 재정력 지수의 비율은 30% 미만이다.
③ 3년간 재정력 지수가 지속적으로 상승한 지방자치단체는 전북이 유일하다.
④ 3년간 지방교부세를 가장 많이 지원받은 지방자치단체는 전남이다.
⑤ 3년간 대전과 울산의 기준 재정수입액이 매년 서로 동일하다면 기준 재정수요액은 대전이 울산보다 항상 많다.

정답 ③

3년간 재정력 지수가 지속적으로 상승한 지방자치단체는 전북이 유일하다고 하였으므로 우선 전북부터 재정력 지수가 지속적으로 상승하였는지 확인한다. 전북은 3년간 재정력 지수가 지속적으로 상승하였으므로 나머지 지방자치단체 중 3년간 재정력 지수가 상승하는 지방자치단체가 있는지 파악하여 전북이 유일한지를 확인한다. 3년간이므로 2020년 대비 2021년에 상승한 지방만 2021년 대비 2022년에 상승했는지 확인한다.

구분	2020년 대비 2021년	2021년 대비 2022년
서울	하락	–
부산	하락	–
대구	하락	–
인천	하락	–
광주	하락	–
대전	하락	–
울산	하락	–
경기	상승	하락
강원	하락	–
충북	하락	–
충남	상승	하락
전북	상승	상승
전남	상승	하락

오답분석

① 기준 재정수입액이 수요액보다 작으면 정부의 지원을 받는데 기준 재정수입액이 수요액보다 작으면 재정력지수는 1 미만이다. 인천의 경우 2021년에 재정력 지수가 1 미만이므로 정부의 지원을 받은 적이 있다.

② 2022년의 서울 재정력 지수 대비 전북 재정력 지수의 비율은 $\frac{0.404}{1.010}\times100=40\%$로 30% 이상이다.

④ 재정력 지수는 액수에 대한 비율을 나타낸 값이므로 절대적인 액수를 파악할 수 없다.

⑤ 기준 재정수입액이 동일하면 재정력 지수가 클수록 기준 재정수요액이 적다. 따라서 대전은 울산보다 기준 재정수요액이 항상 적다.

30초 컷 Tip

간단한 선택지부터 해결하기

계산이 필요 없거나 생각하지 않아도 되는 선택지를 먼저 해결한다.

예 ③은 제시된 수치의 증감 추이를 판단하는 문제이므로 가장 먼저 풀이 가능하다.

적절한 것 / 적절하지 않은 것 헷갈리지 않게 표시하기

자료해석은 적절한 것 또는 적절하지 않은 것을 찾는 문제가 출제된다. 문제마다 매번 바뀌므로 이를 확인하는 것은 매우 중요하다. 따라서 선택지에 표시할 때에도 선택지가 적절하지 않은 내용이라서 '×' 표시를 했는지, 적절한 내용이지만 문제가 적절하지 않은 것을 찾는 문제라 '×' 표시를 했는지 헷갈리지 않도록 표시 방법을 정해야 한다.

제시된 자료를 통해 계산할 수 있는 값인지 확인하기

제시된 자료만으로 계산할 수 없는 값을 묻는 선택지인지 먼저 판단해야 한다. 문제를 읽고 바로 계산부터 하면 함정에 빠지기 쉽다.

온라인 풀이 Tip

자료에서 가장 큰 값 찾기

자료를 위에서 아래로 또는 왼쪽에서 오른쪽으로 훑으면서 지금까지 확인한 숫자 중 가장 큰 값을 손가락으로 가리킨다. 자료가 많으면 줄이 헷갈릴 수 있으므로 마우스 포인터로 줄을 따라가며 읽는다.

자료계산

유형분석

- 주어진 자료를 통해 문제에서 주어진 특정한 값을 찾고, 자료의 변동량을 구할 수 있는지를 평가하는 유형이다.
- 각 그래프의 선이 어떤 항목을 의미하는지와 단위를 정확히 확인한다.
- 그림을 통해 계산하지 않고 눈으로 확인할 수 있는 내용(증감추이)이 있는지 확인한다.

다음은 연도별 국내 출생아 및 혼인건수에 대한 자료이다. 정보를 보고 (ㄱ), (ㄴ), (ㄷ)에 들어갈 적절한 수를 나열한 것은?

〈연도별 출생아 및 혼인 현황〉

(단위 : 명)

구분	2014년	2015년	2016년	2017년	2018년	2019년	2020년	2021년	2022년
출생아수	471,265	484,550	436,455	435,435	438,420	406,243	357,771	326,822	(ㄷ)
합계출산율	(ㄱ)	1.297	1.187	1.205	1.239	1.172	1.052	0.977	0.918
출생성비	105.7	105.7	105.3	105.3	(ㄴ)	105.0	106.3	105.4	105.5
혼인건수(건)	329,087	327,073	322,807	305,507	302,828	281,635	264,455	257,622	239,159

※ 합계출산율은 한 여자가 가임기간(15 ~ 49세)에 낳을 것으로 기대되는 평균 출생아수이다.

※ 출생성비$\left(=\frac{\text{남자 출생아}}{\text{여자 출생아}}\times 100\right)$는 여자 출생아 100명 당 남자 출생아수이다.

〈정보〉

- 출생아수는 2019 ~ 2022년 동안 전년 대비 감소하는 추세이며, 그 중 2022년도 전년 대비 감소한 출생아수가 가장 적다.
- 2014 ~ 2022년까지 연도별 합계출산율에서 2014년 합계출산율은 두 번째로 많다.
- 2016년부터 3년 동안 출생성비는 동일하다.

	(ㄱ)	(ㄴ)	(ㄷ)
①	1.204	105.0	295,610
②	1.237	105.0	295,610
③	1.244	105.3	302,676
④	1.237	105.3	302,676
⑤	1.251	105.3	295,873

정답 ③

(ㄱ) : 두 번째 정보에 따라 2014년부터 2022년까지 연도별 합계출산율 순위중 2014년도가 두 번째로 높은 연도이므로 가장 많은 2015년 합계출산율인 1.297명보다 낮고, 세 번째로 많은 2018년도의 1.239명보다 높아야 된다. 따라서 선택지에서 1.244명과 1.251명이 범위에 포함된다.

(ㄴ) : 세 번째 정보로부터 2016년부터 2018년까지의 출생성비가 동일함을 알 수 있다. 따라서 빈칸에 들어갈 수는 105.3명이다.

(ㄷ) : 첫 번째 정보에서 2019 ~ 2022년 동안 전년 대비 출생아수는 감소하는 추세이며, 빈칸에 해당하는 2022년 전년 대비 감소한 출생아수가 가장 적다고 하였다. 연도별 전년 대비 출생아수 감소 인원은 다음과 같다.

연도	2019년	2020년	2021년
전년 대비 출생아수 감소 인원	438,420−406,243 =32,177명	406,243−357,771 =48,472명	357,771−326,822 =30,949명

2019 ~ 2021년 중 2021년도가 전년 대비 감소 인원이 가장 적으므로 이보다 적게 차이가 나는 수를 찾으면 선택지 중 302,676명이 된다.

- 2022년 전년 대비 출생아수 감소 인원 : 326,822−302,676=24,146명 < 30,949명

따라서 (ㄱ), (ㄴ), (ㄷ)에 들어갈 적절한 수로 나열된 선택지는 ③이다.

30초 컷 Tip

- 자료계산 유형은 선택지를 소거하면서 풀이하면 시간을 단축시킬 수 있다.

온라인 풀이 Tip

- 숫자를 정확하게 옮겨 적은 후, 정확하게 계산을 할지 어림계산을 할지 고민한다.
- 최근 시험에서는 숫자 계산이 깔끔하게 떨어지는 경우가 많다.

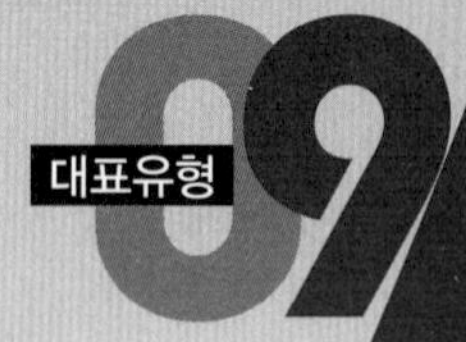

자료변환

유형분석

- 제시된 표나 그래프의 수치를 그래프로 올바르게 변환한 것을 묻는 유형이다.
- 복잡한 표가 제시되지 않으므로 수의 크기만을 판단하여 풀이할 수 있다.
- 정확한 수치가 제시되지 않을 수 있으므로 그래프의 높낮이나 넓이를 판단하여 풀이해야 한다.
- 제시된 표나 그래프의 수치를 계산하여 변환하는 유형도 출제될 수 있다.

다음은 연도별 치킨전문점의 개·폐업점 수에 관한 자료이다. 이를 적절하게 나타낸 그래프는?

〈연도별 개·폐업점 수〉

(단위 : 개)

구분	개업점 수	폐업점 수	구분	개업점 수	폐업점 수
2007년	3,449	1,965	2013년	3,252	2,873
2008년	3,155	2,121	2014년	3,457	2,745
2009년	4,173	1,988	2015년	3,620	2,159
2010년	4,219	2,465	2016년	3,244	3,021
2011년	3,689	2,658	2017년	3,515	2,863
2012년	3,887	2,785	2018년	3,502	2,758

①
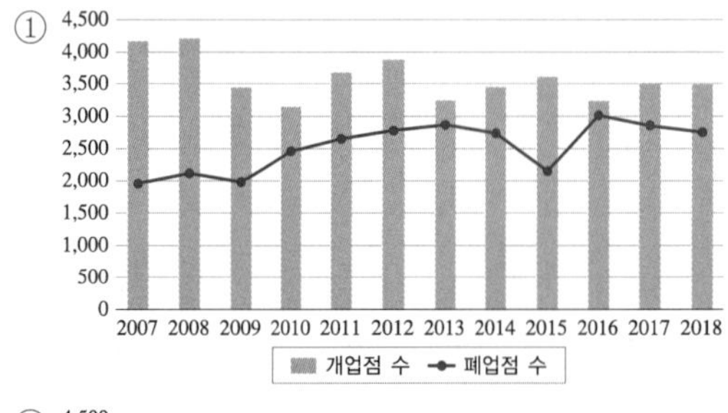

②
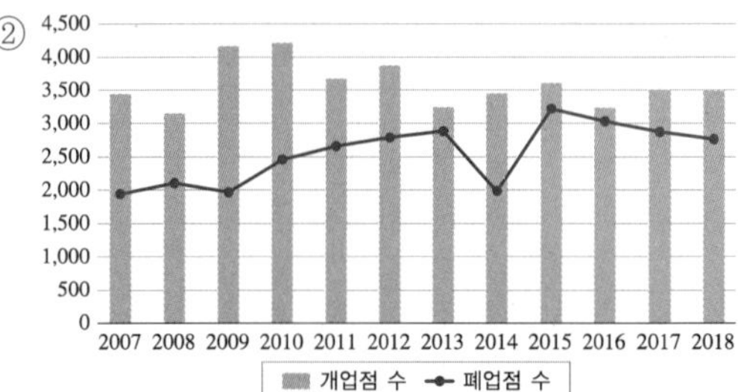

③
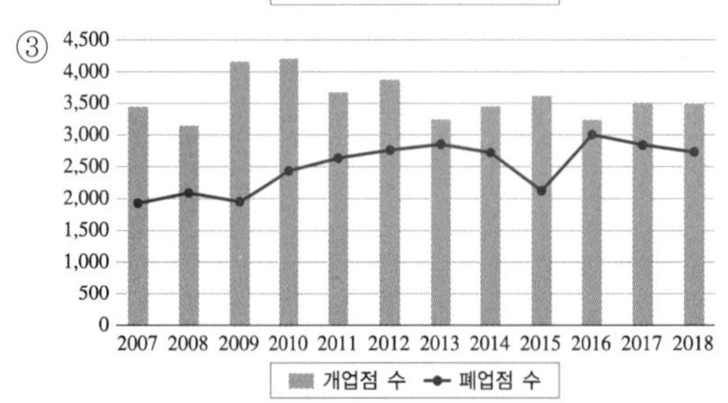

④
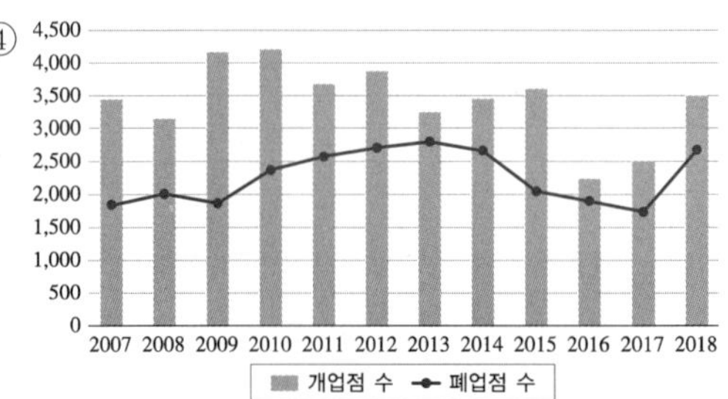

⑤
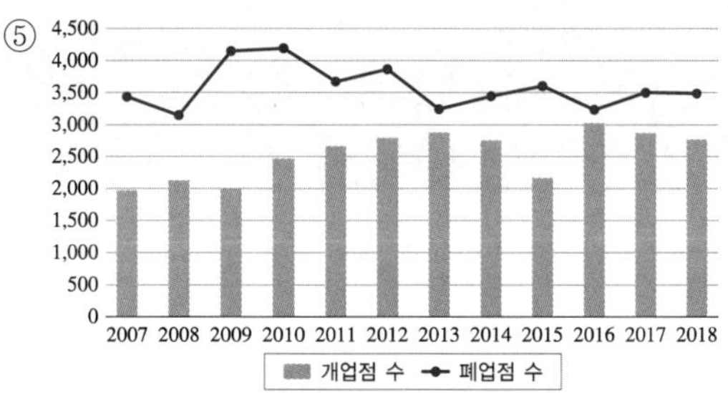

정답 ③

제시된 자료의 개업점 수와 폐업점 수의 증감 추이를 나타내면 다음과 같다.

구분	2007년	2008년	2009년	2010년	2011년	2012년	2013년	2014년	2015년	2016년	2017년	2018년
개업점 수	–	감소	증가	증가	감소	증가	감소	증가	증가	감소	증가	감소
폐업점 수	–	증가	감소	증가	증가	증가	증가	감소	감소	증가	감소	감소

이와 일치하는 추이를 보이고 있는 ③의 그래프가 적절하다.

오답분석

① 2007 ~ 2008년 개업점 수가 자료보다 높고, 2009 ~ 2010년 개업점 수는 낮다.
② 2014년 폐업점 수는 자료보다 낮고, 2015년의 폐업점 수는 높다.
④ 2016 ~ 2017년 개업점 수와 폐업점 수가 자료보다 낮다.
⑤ 2007 ~ 2018년 개업점 수와 폐업점 수가 바뀌었다.

30초 컷 Tip

1. 수치를 일일이 확인하는 것보다 해당 풀이처럼 증감 추이를 먼저 판단해서 선택지를 1차적으로 거르고 나머지 선택지 중 그래프 모양이 크게 차이 나는 곳의 수치를 확인하면 빠르게 풀이할 수 있다.
2. 막대그래프가 자료로 제시되는 경우 막대의 가운데 부분을 연결하면 꺾은선 그래프가 된다.

온라인 풀이 Tip

이 유형은 계산이 없다면 눈으로만 풀이해도 되지만, 문제풀이 용지에 풀이를 남겨야 하므로 다음과 같이 작성한다.

1. 계산이 있는 경우
   계산 부분만 문제풀이 용지에 적어도 충분하다.
2. 계산이 없는 경우
   해당 문제 풀이처럼 주어진 자료에서 증가, 감소를 파악하여 작성하거나 **오답분석**처럼 '①은 2007년 개업점 수가 자료보다 높음'으로 자료하고 다른 부분만 요약하여 작성한다.

대표유형 10

수추리

유형분석

- 제시된 자료의 규칙을 바탕으로 미래의 값을 추론하는 유형이다.
- 등차수열이나 등비수열, log, 지수 등의 수학적인 지식을 묻기도 한다.

주요 수열 종류

구분	설명
등차수열	앞의 항에 일정한 수를 더해 이루어지는 수열
등비수열	앞의 항에 일정한 수를 곱해 이루어지는 수열
계차수열	수열의 인접하는 두 항의 차로 이루어진 수열
피보나치수열	앞의 두 항의 합이 그 다음 항의 수가 되는 수열
건너뛰기 수열	1. 두 개 이상의 수열이 일정한 간격을 두고 번갈아가며 나타나는 수열
	2. 두 개 이상의 규칙이 일정한 간격을 두고 번갈아가며 적용되는 수열
군수열	일정한 규칙성으로 몇 항씩 묶어 나눈 수열

S제약회사에서는 유산균을 배양하는 효소를 개발 중이다. 이 효소와 유산균이 만났을 때 다음과 같이 유산균의 수가 변화하고 있다면 효소의 양이 12g일 때 남아있는 유산균의 수는?

효소의 양(g)	1	2	3	4	5
유산균의 수(억 마리)	120	246	372	498	624

① 1,212억 마리
② 1,346억 마리
③ 1,480억 마리
④ 1,506억 마리
⑤ 1,648억 마리

정답 ④

1. 규칙 파악

문제에서 효소와 유산균이 만났을 때 유산균의 수가 변화한다고 하였으므로 효소의 양과 유산균의 수의 변화는 관련이 있는 것을 알 수 있다. 효소의 수는 한 개씩 늘어나고 있고 그에 따른 유산균의 수는 계속 증가하고 있다. 수열 문제에 접근할 때 가장 먼저 등차수열이나 등비수열이 아닌지 확인해야 한다. 이 문제에서 유산균의 수는 공차가 126인 등차수열임을 알 수 있다.

2. 계산

삼성 수추리는 직접 계산해도 될 만큼의 계산력을 요구한다. 물론 식을 세워서 계산하는 방법이 가장 빠르고 정확하지만 공식이 기억나지 않는다면 머뭇거리지 말고 직접 계산을 해야 한다.

이 문제 역시 효소의 양이 12g일 때 유산균의 수를 물었으므로 공식이 생각나지 않는다면 직접 계산으로 풀이할 수 있다. 하지만 시험 보기 전까지 식을 세워보는 연습을 하여 실전에서 빠르게 풀 수 있도록 다음과 같이 2가지의 풀이 방법을 제시하였다.

㉠ 직접 계산하기

효소의 양(g)	5		6		7		8		9		10		11		12
유산균의 수(억 마리)	624	→	750	→	876	→	1,002	→	1,128	→	1,254	→	1,380	→	1,506
		+126		+126		+126		+126		+126		+126		+126	

㉡ 식 세워 계산하기

식을 세우기 전에 미지수를 지정한다. 효소의 양이 ng일 때 유산균의 수를 a_n억 마리라고 하자.

등차수열의 공식이 a_n=(첫 항)+(공차)×$(n-1)$임을 활용한다.

유산균의 수는 매일 126억 마리씩 증가하고 있다. 등차수열 공식에 의해 $a_n=120+126(n-1)=126n-6$이다.

따라서 효소의 양이 12g일 때의 유산균의 수는 $a_{12}=126\times12-6=1,512-6=1,506$억 마리이다.

30초 컷 Tip

자료해석의 수추리는 복잡한 규칙을 묻지 않고, 지나치게 큰 n(미래)의 값을 묻지 않는다. 등차수열이나 등비수열 등이 출제되었을 때, 공식이 생각나지 않는다면 써서 나열하는 것이 문제 풀이 시간을 단축할 수 있는 방법이다.

온라인 풀이 Tip

쉬운 수열은 눈으로 풀 수 있지만 대부분은 차이를 계산해봐야 하는 등 여러 경우를 생각해봐야 한다. 문제풀이 용지도 활용해야 하므로 문제를 읽고 바로 수열을 문제풀이 용지에 옮겨 적도록 한다.

CHAPTER 01

유형점검

정답 및 해설 p.038

Easy

01 장난감 A기차와 B기차가 4cm/s의 일정한 속력으로 달리고 있다. A기차가 12초, B기차가 15초에 0.3m 길이의 터널을 완전히 지났을 때, A기차와 B기차의 길이의 합으로 적절한 것은?

① 46cm
② 47cm
③ 48cm
④ 49cm
⑤ 50cm

Easy

02 D사원은 비품 구입을 위해 한 자루에 500원 하는 볼펜과 한 자루에 700원 하는 색연필을 합하여 12자루를 샀다. 구입한 비품을 같이 구매한 1,000원짜리 상자에 넣고 총금액으로 8,600원을 지불했을 때, D사원이 구입한 볼펜은 몇 자루인가?

① 8자루
② 7자루
③ 6자루
④ 5자루
⑤ 4자루

03 화물 운송 트럭 A, B, C는 하루 2회 운행하며 192톤을 옮겨야 한다. A트럭만 운행하였을 때 12일이 걸렸고, A트럭과 B트럭을 동시에 운행하였을 때 8일이 걸렸으며, B트럭과 C트럭을 동시에 운행하였을 때 16일이 걸렸다. 이때, C트럭의 적재량은 얼마인가?(단, 각 화물 운송 트럭의 적재량은 일정하다)

① 1톤
② 2톤
③ 3톤
④ 4톤
⑤ 5톤

04 A자원센터는 봄을 맞이하여 동네 주민들에게 사과, 배, 딸기의 세 과일을 한 상자씩 선물하려고 한다. 사과 한 상자 가격은 1만 원이고, 배 한 상자는 딸기 한 상자의 가격의 2배이며 딸기 한 상자와 사과 한 상자의 가격의 합은 배의 가격보다 2만 원 더 싸다. 10명의 동네 주민들에게 선물을 준다고 하였을 때 A자원센터가 지불해야 하는 총 비용은?

① 400,000원
② 600,000원
③ 800,000원
④ 1,000,000원
⑤ 1,200,000원

05 농도가 14%인 A설탕물 300g, 18%인 B설탕물 200g, 12%인 C설탕물 150g이 있다. A와 B설탕물을 합친 후 100g의 물을 더 넣고, 여기에 C설탕물을 합친 후 200g만 남기고 버렸다. 이때, 마지막 200g 설탕물에 녹아 있는 설탕의 질량은?

① 25.6g
② 28.7g
③ 30.8g
④ 32.6g
⑤ 34.8g

06 S사는 창립일을 맞이하여 초대장을 준비하려고 한다. VIP초대장을 완성하는데 혼자서 만들 경우 A대리는 6일, B사원은 12일이 걸린다. A대리와 B사원이 함께 VIP초대장을 만들 경우, 완료할 때까지 며칠이 걸리는가?

① 5일
② 4일
③ 3일
④ 2일
⑤ 1일

07 영희는 과일을 주문하려 인터넷 쇼핑몰에 들어갔다. 쇼핑몰에서는 사과, 수박, 바나나, 자두, 포도, 딸기, 감, 귤 8개의 과일 중에서 최대 4개의 과일을 주문할 수 있다. 영희가 감, 귤, 포도, 딸기 4개 과일에 대해서는 2개까지만 선택을 하고 3종류의 과일을 주문한다고 할 때, 영희의 주문에 대한 모든 경우의 수는?

① 48가지
② 52가지
③ 56가지
④ 64가지
⑤ 68가지

Hard

08 한국, 미국, 중국, 러시아에서 각각 두 명의 테니스 선수들이 8강전에 진출하였다. 각 국가의 선수들이 결승전에서만 붙는 경우의 수는?

① 56가지
② 58가지
③ 52가지
④ 64가지
⑤ 72가지

09 사원수가 100명인 어느 회사에는 최씨, 김씨, 이씨, 윤씨 성을 가진 사원밖에 없으며 이들의 비율은 4 : 2 : 2 : 2이다. 이 중에서 차례로 두 사람을 뽑을 때, 성이 같은 사람일 확률은?

① $\frac{25}{99}$
② $\frac{12}{33}$
③ $\frac{3}{11}$
④ $\frac{38}{99}$
⑤ $\frac{1}{9}$

Hard

10 A국가의 국회는 야당과 여당이 두 당만 있으며, 국회에서 의장을 뽑으려고 한다. 인원수만 고려했을 때 전체 당원 중 여당이 뽑힐 확률은 $\frac{2}{3}$, 여자가 뽑힐 확률은 $\frac{3}{10}$이다. 여당에서 뽑혔을 때 남자일 확률이 $\frac{3}{4}$이라고 한다. 남자가 의장으로 뽑혔을 때, 의장이 야당일 확률은?

① $\frac{1}{3}$
② $\frac{2}{7}$
③ $\frac{1}{2}$
④ $\frac{7}{12}$
⑤ $\frac{2}{3}$

Easy

11 다음은 2015년도부터 2022년도까지 법무부 공무원 징계 현황(검찰 제외)자료이다. 〈보기〉에서 이 자료에 대한 설명으로 적절하지 않은 것을 모두 고르면?

〈법무부 공무원 징계현황(검찰 제외)〉

(단위 : 건)

징계사유	경징계	중징계
A	3	23
B	174	42
C	171	47
D	160	55
기타	6	2

보기

ㄱ. 전체 경징계 건수는 중징계 건수의 3배 이상이다.
ㄴ. 총 징계 건수 중 경징계의 비율은 70% 이하다.
ㄷ. D로 인한 징계건수 중 중징계의 비율은 전체 징계 건수 중 중징계 비율보다 낮다.
ㄹ. 전체 징계 사유 중 징계의 비율이 가장 높은 것은 C이다.

① ㄱ, ㄴ
② ㄱ, ㄹ
③ ㄱ, ㄷ
④ ㄴ, ㄷ
⑤ ㄷ, ㄹ

12 다음은 지난달 봉사 장소별 봉사자 수를 연령별로 조사한 자료이다. 다음 〈보기〉에서 이에 대한 설명으로 적절한 것을 모두 고르면?

〈봉사 장소의 연령대별 봉사자 수〉

(단위 : 명)

구분	10대	20대	30대	40대	50대	전체
보육원	148	197	405	674	576	2,000
요양원	65	42	33	298	296	734
무료급식소	121	201	138	274	381	1,115
노숙자쉼터	0	93	118	242	347	800
유기견보호소	166	117	56	12	0	351
전체	500	650	750	1,500	1,600	5,000

보기

ㄱ. 전체 보육원 봉사자 중 30대 이하가 차지하는 비율은 36%이다.
ㄴ. 전체 무료급식소 봉사자 중 40·50대가 절반 이상이다.
ㄷ. 전체 봉사자 중 50대의 비율은 20대의 3배이다.
ㄹ. 노숙자쉼터 봉사자 중 30대는 15% 미만이다.

① ㄱ, ㄷ
② ㄱ, ㄹ
③ ㄴ, ㄷ
④ ㄴ, ㄹ
⑤ ㄷ, ㄹ

Hard

13 다음은 최근 5개년 동안의 연령대별 평균 데이트폭력 경험횟수를 나타낸 자료이다. 이에 대한 설명으로 적절하지 않은 것은?

〈연도별 각 연령대의 평균 데이트폭력 경험횟수〉

(단위 : 회)

구분	2018년	2019년	2020년	2021년	2022년
10대	3.2	3.9	5.7	7.9	10.4
20대	9.1	13.3	15.1	19.2	21.2
30대	8.8	11.88	14.2	17.75	18.4
40대	2.5	5.8	9.2	12.8	18
50대	4.1	3.8	3.5	3.3	2.9

① 2020년 이후 20대와 30대의 평균 데이트폭력 경험횟수의 합은 전 연령대 평균 데이트폭력 경험횟수의 절반 이상이다.

② 10대의 평균 데이트폭력 경험횟수는 매년 증가하고 있지만, 50대는 매년 감소하고 있다.

③ 2022년 40대의 평균 데이트폭력 경험횟수는 2018년의 7.2배에 해당한다.

④ 30대의 2021년 전년 대비 데이트폭력 경험횟수 증가율은 2019년보다 크다.

⑤ 연도별 평균 데이트폭력 경험횟수가 가장 높은 연령대는 동일하다.

14 다음은 마트 유형별 비닐봉투 · 종이봉투 · 에코백 사용률을 조사한 자료이다. 이에 대한 설명으로 〈보기〉에서 적절한 것을 모두 고르면?

〈마트별 비닐봉투 · 종이봉투 · 에코백 사용률〉

구분	대형마트 (2,000명 대상)	중형마트 (800명 대상)	개인마트 (300명 대상)	편의점 (200명 대상)
비닐봉투	7%	18%	21%	78%
종량제봉투	28%	37%	43%	13%
종이봉투	5%	2%	1%	0%
에코백	16%	7%	6%	0%
개인장바구니	44%	36%	29%	9%

※ 마트 유형별 전체 조사자수는 상이하다.

보기

ㄱ. 대형마트의 종이봉투 사용자 수는 중형마트의 6배 이상이다.
ㄴ. 대형마트의 종량제봉투 사용자 수는 전체 종량제봉투 사용자 수의 절반 이하이다.
ㄷ. 비닐봉투 사용률이 가장 높은 곳과 비닐봉투 사용자 수가 가장 많은 곳은 동일하다.
ㄹ. 편의점을 제외한 마트의 규모가 커질수록 개인장바구니의 사용률은 증가한다.

① ㄱ, ㄹ
② ㄱ, ㄴ, ㄷ
③ ㄱ, ㄷ, ㄹ
④ ㄴ, ㄷ, ㄹ
⑤ ㄱ, ㄴ, ㄷ, ㄹ

Easy

15 다음은 가족원수별 평균실내온도에 따른 일평균 에어컨가동시간을 나타낸 자료이다. 이에 대한 설명으로 적절한 것은?

〈가족원수별 평균실내온도에 따른 일평균 에어컨가동시간〉

(단위 : 시간/일)

가족원수 \ 평균실내온도		26℃ 미만	26℃ 이상 28℃ 미만	28℃ 이상 30℃ 미만	30℃ 이상
1인 가구		1.4	3.5	4.4	6.3
2인 가구	자녀 있음	3.5	8.4	16.5	20.8
	자녀 없음	1.2	3.1	10.2	15.2
3인 가구		4.2	10.4	17.6	16
4인 가구		4.4	10.8	18.8	20
5인 가구		4	11.4	20.2	22.8
6인 가구 이상		5.1	11.2	20.8	22

① 1인 가구의 경우 평균실내온도가 30℃ 이상일 때 일평균 에어컨가동시간은 26℃ 미만일 때보다 5배 이상 많다.

② 2인 가구는 자녀의 유무에 따라 평균실내온도에 따른 일평균 에어컨가동시간이 2배 이상 차이 난다.

③ 가구원수가 4인 이상일 때, 평균실내온도가 28℃ 이상이 될 경우 일평균 에어컨가동시간이 20시간을 초과한다.

④ 6인 가구 이상에서 평균실내온도에 따른 일평균 에어컨가동시간은 5인 이상 가구보다 많다.

⑤ 3인 가구의 26℃ 이상 28℃ 미만일 때 일평균 에어컨가동시간은 30℃ 이상일 때의 65% 수준이다.

※ 다음은 2022년 지역별 상수도 민원 건수에 대한 자료이다. 이를 보고 이어지는 물음에 답하시오. [16~17]

〈지역별 상수도 민원 건수〉

(단위 : 건)

구분	민원내용				
	낮은 수압	녹물	누수	냄새	유충
서울	554	682	102	244	118
경기	120	203	84	152	21
대구	228	327	87	414	64
인천	243	469	183	382	72
부산	248	345	125	274	68
강원	65	81	28	36	7
대전	133	108	56	88	18
광주	107	122	87	98	11
울산	128	204	88	107	16
제주	12	76	21	23	3
세종	47	62	41	31	9

※ 수도권은 서울, 경기, 인천 지역이다.

16 다음 〈보기〉 중 자료에 대한 설명으로 적절한 것을 모두 고르면?

보기

ㄱ. 경기 지역의 민원 중 40%는 녹물에 대한 것이다.
ㄴ. 대구의 냄새에 대한 민원건수는 강원의 11.5배이고, 제주의 18배이다.
ㄷ. 세종과 대전의 민원내용별 민원건수의 합계는 부산보다 작다.
ㄹ. 수도권에서 가장 많은 민원은 녹물에 대한 것이고, 가장 적은 민원은 유충에 대한 것이다.

① ㄱ, ㄴ
② ㄱ, ㄷ
③ ㄱ, ㄹ
④ ㄴ, ㄷ
⑤ ㄴ, ㄹ

17 다음 중 자료를 보고 나타낼 수 없는 그래프는 무엇인가?

① 수도권과 수도권 외 지역의 상수도 민원건수 발생 현황
② 광역시의 녹물 민원건수 발생 현황
③ 수도권 전체 민원건수 중 녹물에 대한 민원 비율
④ 지역별 민원건수 구성비
⑤ 지역별 유충발생건수 현황

Hard

18 다음은 A지역의 연도별 아파트 분쟁 신고 현황이다. 다음 〈보기〉에서 이에 대한 그래프로 적절한 것을 모두 고르면?

〈연도별 아파트 분쟁 신고 현황〉

(단위 : 건)

구분	2017년	2018년	2019년	2020년
관리비 회계 분쟁	220	280	340	350
입주자대표회의 운영 분쟁	40	60	100	120
정보공개 분쟁	10	20	10	30
하자처리 분쟁	20	10	10	20
여름철 누수 분쟁	80	110	180	200
층간소음 분쟁	430	520	860	1,280

보기

ㄱ. 연도별 층간소음 분쟁 현황

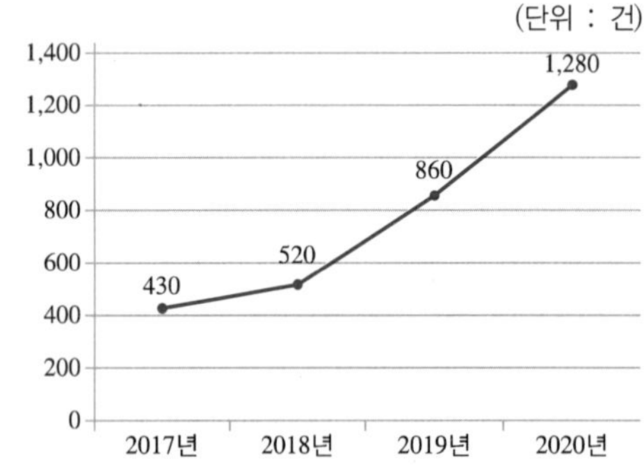

ㄴ. 2018년 아파트 분쟁 신고 현황

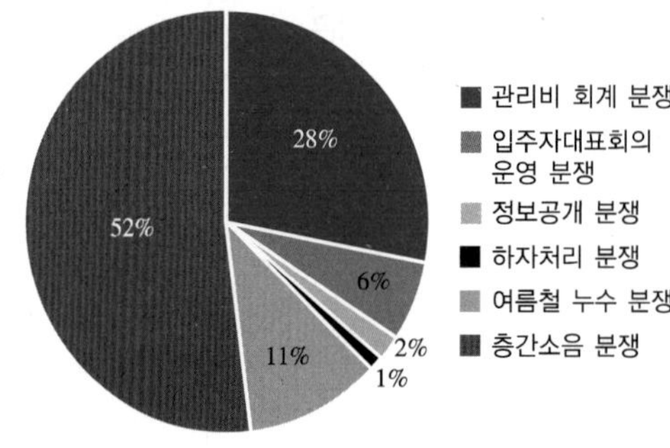

ㄷ. 전년 대비 아파트 분쟁 신고 증가율

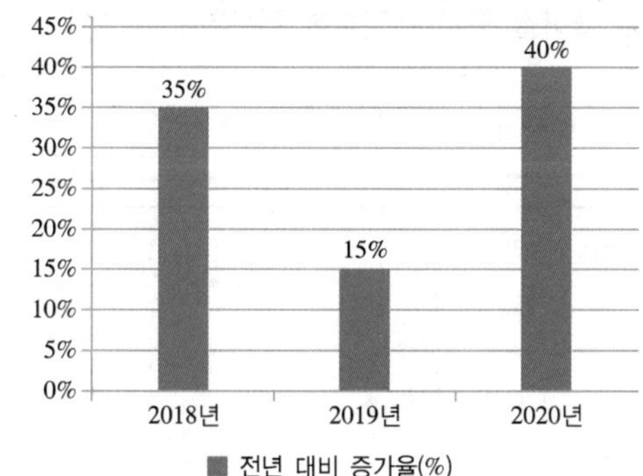

ㄹ. 3개년 연도별 아파트 분쟁 신고 현황

(단위 : 건)

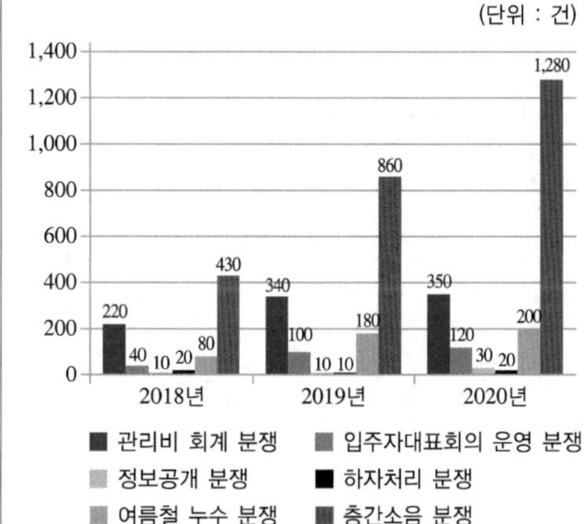

① ㄱ, ㄴ
② ㄱ, ㄷ
③ ㄴ, ㄷ
④ ㄴ, ㄹ
⑤ ㄷ, ㄹ

19 다음은 용접 공장의 자동화 장비의 대수별 일별 생산량을 나타낸 자료이다. 장비의 대수별 생산량의 관계가 주어진 자료와 같을 때 ㉠에 들어갈 숫자로 적절한 것은?

장비대수	2	3	4	5
생산량	7	20	67	㉠

※ (생산량)$=a$(장비대수)$-$(장비대수)$^b+2$ (단, $b>0$)

① 350
② 220
③ 430
④ 550
⑤ 140

Hard

20 다음은 S사의 연도별 채용 인원을 나타낸 것이다. 채용 인원이 다음과 같은 규칙이 있다고 할 때, 2023년도 채용 인원은 몇 명인가?

(단위 : 명)

구분	2012년	2013년	2014년	2015년	2016년	2017년
채용 인원	3	5	9	16	27	43

① 300명
② 279명
③ 250명
④ 233명
⑤ 177명

CHAPTER 02
추리

합격 Cheat Key

GSAT 추리 영역은 크게 언어추리, 도형추리, 도식추리로 나눌 수 있다. 언어추리에서는 동의·유의·반의·상하 관계 등 다양한 어휘 관계를 묻는 문제와 논리추리 및 추론을 요하는 문제가 출제된다. 또한, 도형추리 문제에서는 제시된 도형의 단계적 변화 속에서 변화의 규칙을 찾아내야 하며, 도식추리 문제에서는 문자의 변화 과정에 숨어있는 규칙을 읽어야 한다. 이 영역을 통해 평가하고자 하는 바는 '실제 업무를 행하는 데 필요한 논리적 사고력을 갖추고 있는가', '신속하고 올바른 판단을 내릴 수 있는가', '현재의 과정을 통해 미래를 추론할 수 있는가'이다. 이러한 세 가지 능력을 평가하기 위해 30개 문항을 30분 안에 풀도록 하고 있다.

01 언어추리

언어에 대한 논리력, 사고력, 그리고 추리력을 평가하는 유형으로 추리 영역 30문항 중 약 23문항 정도가 출제된다. 이는 전체의 약 75%를 차지할 정도로 비중이 굉장히 크므로 반드시 고득점을 얻어야 할 부분이다. 언어추리는 크게 명제, 조건추리, 어휘추리, 독해추론으로 구분할 수 있다.

학습포인트

- 명제 유형의 삼단논법 문제에서는 대우 명제를, '어떤'을 포함하는 명제 문제에서는 벤다이어그램을 활용한다.
- 조건추리 유형에서는 주어진 규칙과 조건을 파악한 후 이를 도식화(표, 기호 등으로 정리)하여 문제에 접근해야 한다.
- 어휘추리 유형에서는 문장 속 어휘의 쓰임이 아닌 1 : 1 어휘 관계를 묻는 것이 일반적이므로 어휘의 뜻을 정확하게 알아둔다.
- 독해추론 유형에서는 과학 지문의 비중이 높고, 삼성 제품 관련 지문이 나올 수 있으므로 관련 지문을 빠르게 읽고 이해할 수 있도록 연습한다.

02 도형추리

일련의 도형에 적용된 규칙을 파악할 수 있는지 평가하는 유형으로, 추리 영역 30문항 중 약 3문항 내외가 출제된다. 3×3개의 칸에 8개 도형만 제시되고, 그 안에서 도형이 변하는 규칙을 찾아 비어 있는 자리에 들어갈 도형의 모양을 찾는 문제이다.

학습포인트

- x축 · y축 · 원점 대칭, 시계 방향 · 시계 반대 방향 회전, 색 반전 등 도형 변화의 기본 규칙을 숙지하고, 두 가지 규칙이 동시에 적용되었을 때의 모습도 추론할 수 있는 훈련이 필요하다.
- 가로 행 또는 세로 열을 기준으로 도형의 변화를 살핀 후 대각선, 시계 방향 · 시계 반대 방향, 건너뛰기 등 다양한 가능성을 염두에 두고 규칙을 적용해 본다.
- 규칙을 추론하는 정해진 방법은 없다. 따라서 많은 문제를 풀고 접해보면서 감을 익히는 수밖에 없다.

02 도식추리

문자가 변화하는 과정을 보고 기호의 의미를 파악한 후, 제시된 문자가 어떻게 변화하는지 판단하는 유형이다. 추리 영역 30문항 중 4문항 정도가 출제된다. 도식추리는 하나의 보기에 여러 문제가 딸려 있는 묶음 형태로 출제되므로 주어진 기호를 정확히 파악해야 많은 문제를 정확히 풀 수 있다.

학습포인트

- 그동안 시험에서는 각 자릿수 ±4까지의 연산, 문자의 이동 등의 규칙이 출제되었다. 따라서 문자에 대응하는 숫자를 숙지하고 있으면 문제 푸는 시간을 단축할 수 있을 것이다.
- 규칙을 추론해야 한다는 사실에 겁부터 먹는 지원자들이 있는데, 사실 규칙의 대부분이 문자의 배열을 서로 바꾸거나 일정한 앞 또는 뒤의 문자로 치환하는 정도이므로 그리 복잡하지 않다. 또한 거치는 과정도 생각보다 많지 않으므로, 기본 논리 구조를 이해하고 연습한다면 실전에서 어렵지 않게 문제를 풀어낼 수 있을 것이다.

이론점검

| 언어추리 |

01 어휘추리

1. 유의 관계

두 개 이상의 어휘가 서로 소리는 다르나 의미가 비슷한 경우를 유의 관계라고 하고, 유의 관계에 있는 어휘를 유의어(類義語)라고 한다. 유의 관계의 대부분은 개념적 의미의 동일성을 전제로 한다. 그렇다고 하여 유의 관계를 이루는 단어들을 어느 경우에나 서로 바꾸어 쓸 수 있는 것은 아니다. 따라서 언어 상황에 적합한 말을 찾아 쓰도록 노력하여야 한다.

(1) 원어의 차이

한국어는 크게 고유어, 한자어, 외래어로 구성되어 있다. 따라서 하나의 사물에 대해서 각각 부르는 일이 있을 경우 유의 관계가 발생하게 된다.

(2) 전문성의 차이

같은 사물에 대해서 일반적으로 부르는 이름과 전문적으로 부르는 이름이 다른 경우가 많다. 이런 경우에 전문적으로 부르는 이름과 일반적으로 부르는 이름 사이에 유의 관계가 발생한다.

(3) 내포의 차이

나타내는 의미가 완전히 일치하지는 않으나, 유사한 경우에 유의 관계가 발생한다.

(4) 완곡어법

문화적으로 금기시하는 표현을 둘러서 말하는 것을 완곡어법이라고 하며, 이러한 완곡어법 사용에 따라 유의 관계가 발생한다.

2. 반의 관계

(1) 개요

반의어(反意語)는 둘 이상의 단어에서 의미가 서로 짝을 이루어 대립하는 경우를 말한다.

즉, 반의어는 어휘의 의미가 서로 대립하는 단어를 말하며, 이러한 어휘들의 관계를 반의 관계라고 한다. 한 쌍의 단어가 반의어가 되려면, 두 어휘 사이에 공통적인 의미 요소가 있으면서도 동시에 서로 다른 하나의 의미 요소가 있어야 한다.

반의어는 반드시 한 쌍으로만 존재하는 것이 아니라, 다의어(多義語)이면 그에 따라 반의어가 여러 개로 달라질 수 있다. 즉, 하나의 단어에 대하여 여러 개의 반의어가 있을 수 있다.

(2) 반의어의 종류

반의어에는 상보 반의어와 정도 반의어, 관계 반의어, 방향 반의어가 있다.

① **상보 반의어** : 한쪽 말을 부정하면 다른 쪽 말이 되는 반의어이며, 중간항은 존재하지 않는다. '있다'와 '없다'가 상보적 반의어이며, '있다'와 '없다' 사이의 중간 상태는 존재할 수 없다.

② **정도 반의어** : 한쪽 말을 부정하면 반드시 다른 쪽 말이 되는 것이 아니며, 중간항을 갖는 반의어이다. '크다'와 '작다'가 정도 반의어이며, 크지도 작지도 않은 중간이라는 중간항을 갖는다.

③ **관계 반의어** : 관계 반의어는 상대가 존재해야만 자신이 존재할 수 있는 반의어이다. '부모'와 '자식'이 관계 반의어의 예이다.

④ **방향 반의어** : 맞선 방향을 전제로 하여 관계나 이동의 측면에서 대립을 이루는 단어 쌍이다. 방향 반의어는 공간적 대립, 인간관계 대립, 이동적 대립 등으로 나누어 볼 수 있다.

3. 상하 관계

상하 관계는 단어의 의미적 계층 구조에서 한쪽이 의미상 다른 쪽을 포함하거나 다른 쪽에 포섭되는 관계를 말한다. 상하 관계를 형성하는 단어들은 상위어(上位語)일수록 일반적이고 포괄적인 의미를 지니며, 하위어(下位語)일수록 개별적이고 한정적인 의미를 지닌다.

따라서 상위어는 하위어를 함의하게 된다. 즉, 하위어가 가지고 있는 의미 특성을 상위어가 자동적으로 가지게 된다.

4. 부분 관계

부분 관계는 한 단어가 다른 단어의 부분이 되는 관계를 말하며, 전체 – 부분 관계라고도 한다. 부분 관계에서 부분을 가리키는 단어를 부분어(部分語), 전체를 가리키는 단어를 전체어(全體語)라고 한다. 예를 들면, '머리, 팔, 몸통, 다리'는 '몸'의 부분어이며, 이러한 부분어들에 의해 이루어진 '몸'은 전체어이다.

02 명제추리

1. 연역 추론

이미 알고 있는 판단(전제)을 근거로 새로운 판단(결론)을 유도하는 추론이다. 연역 추론은 진리일 가능성을 따지는 귀납 추론과는 달리, 명제 간의 관계와 논리적 타당성을 따진다. 즉, 연역 추론은 전제들로부터 절대적인 필연성을 가진 결론을 이끌어내는 추론이다.

(1) 직접 추론

한 개의 전제로부터 중간적 매개 없이 새로운 결론을 이끌어내는 추론이며, 대우 명제가 그 대표적인 예이다.

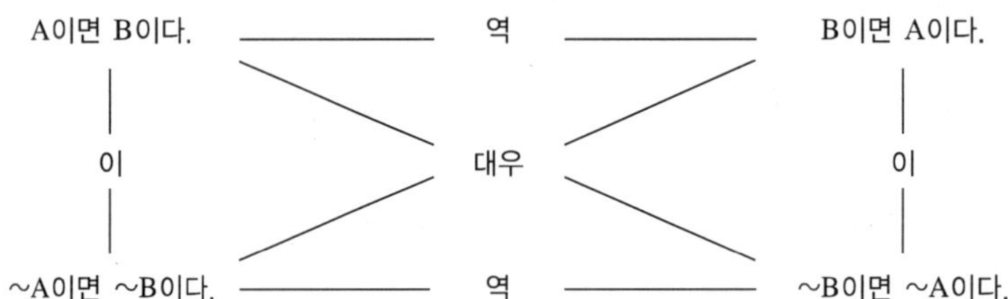

• 한국인은 모두 황인종이다.	(전제)
• 그러므로 황인종이 아닌 사람은 모두 한국인이 아니다.	(결론 1)
• 그러므로 황인종 중에는 한국인이 아닌 사람도 있다.	(결론 2)

(2) 간접 추론

둘 이상의 전제로부터 새로운 결론을 이끌어내는 추론이다. 삼단논법이 가장 대표적인 예이다.

① **정언 삼단논법** : 세 개의 정언명제로 구성된 간접추론 방식이다. 세 개의 명제 가운데 두 개의 명제는 전제이고, 나머지 한 개의 명제는 결론이다. 세 명제의 주어와 술어는 세 개의 서로 다른 개념을 표현한다.

② **가언 삼단논법** : 가언명제로 이루어진 삼단논법을 말한다. 가언명제란 두 개의 정언명제가 '만일 ~ 이라면'이라는 접속사에 의해 결합된 복합명제이다. 여기서 '만일'에 의해 이끌리는 명제를 전건이라고 하고, 그 뒤의 명제를 후건이라고 한다. 가언 삼단논법의 종류로는 혼합가언 삼단논법과 순수가언 삼단논법이 있다.

㉠ **혼합가언 삼단논법** : 대전제만 가언명제로 구성된 삼단논법이다. 긍정식과 부정식 두 가지가 있으며, 긍정식은 'A면 B이다. A이다. 그러므로 B이다.'이고, 부정식은 'A면 B이다. B가 아니다. 그러므로 A가 아니다.'이다.

• 만약 A라면 B이다. • B가 아니다. • 그러므로 A가 아니다.

㉡ **순수가언 삼단논법** : 대전제와 소전제 및 결론까지 모두 가언명제들로 구성된 삼단논법이다.

• 만약 A라면 B이다. • 만약 B라면 C이다. • 그러므로 만약 A라면 C이다.

③ **선언 삼단논법** : '~이거나 ~이다.'의 형식으로 표현되며 전제 속에 선언 명제를 포함하고 있는 삼단논법이다.

• 내일은 비가 오거나 눈이 온다(A 또는 B이다). • 내일은 비가 오지 않는다(A가 아니다). • 그러므로 내일은 눈이 온다(그러므로 B이다).

④ **딜레마 논법** : 대전제는 두 개의 가언명제로, 소전제는 하나의 선언명제로 이루어진 삼단논법으로, 양도추론이라고도 한다.

• 만일 네가 거짓말을 하면, 신이 미워할 것이다.	(대전제)
• 만일 네가 거짓말을 하지 않으면, 사람들이 미워할 것이다.	(대전제)
• 너는 거짓말을 하거나, 거짓말을 하지 않을 것이다.	(소전제)
• 그러므로 너는 미움을 받게 될 것이다.	(결론)

2. 귀납 추론

특수한 또는 개별적인 사실로부터 일반적인 결론을 이끌어 내는 추론을 말한다. 귀납 추론은 구체적 사실들을 기반으로 하여 결론을 이끌어 내기 때문에 필연성을 따지기보다는 개연성과 유관성, 표본성 등을 중시하게 된다. 여기서 개연성이란, 관찰된 어떤 사실이 같은 조건하에서 앞으로도 관찰될 수 있는가 하는 가능성을 말하고, 유관성은 추론에 사용된 자료가 관찰하려는 사실과 관련되어야 하는 것을 일컬으며, 표본성은 추론을 위한 자료의 표본 추출이 공정하게 이루어져야 하는 것을 가리킨다. 이러한 귀납 추론은 일상생활 속에서 많이 사용하고, 우리가 알고 있는 과학적 사실도 이와 같은 방법으로 밝혀졌다.
그러나 전제들이 참이어도 결론이 항상 참인 것은 아니다. 단 하나의 예외로 인하여 결론이 거짓이 될 수 있다.

- 성냥불은 뜨겁다.
- 연탄불도 뜨겁다.
- 그러므로 모든 불은 뜨겁다.

위 예문에서 '성냥불이나 연탄불이 뜨거우므로 모든 불은 뜨겁다.'라는 결론이 나왔는데, 반딧불은 뜨겁지 않으므로 '모든 불이 뜨겁다.'라는 결론은 거짓이 된다.

(1) 완전 귀납 추론

관찰하고자 하는 집합의 전체를 다 검증함으로써 대상의 공통 특질을 밝혀내는 방법이다. 이는 예외 없는 진실을 발견할 수 있다는 장점은 있으나, 집합의 규모가 크고 속성의 변화가 다양할 경우에는 적용하기 어려운 단점이 있다.

예 1부터 10까지의 수를 다 더하여 그 합이 55임을 밝혀내는 방법

(2) 통계적 귀납 추론

통계적 귀납 추론은 관찰하고자 하는 집합의 일부에서 발견한 몇 가지 사실을 열거함으로써 그 공통점을 결론으로 이끌어 내려는 방식을 가리킨다. 관찰하려는 집합의 규모가 클 때 그 일부를 표본으로 추출하여 조사하는 방식이 이에 해당하며, 표본 추출의 기준이 얼마나 적합하고 공정한가에 따라 그 결과에 대한 신뢰도가 달라진다는 단점이 있다.

예 여론조사에서 일부의 국민에 대한 설문 내용을 바탕으로, 이를 전체 국민의 여론으로 제시하는 것

(3) 인과적 귀납 추론

관찰하고자 하는 집합의 일부 원소들이 지닌 인과 관계를 인식하여 그 원인이나 결과를 이끌어 내려는 방식을 말한다.

① **일치법** : 공통적인 현상을 지닌 몇 가지 사실 중에서 각기 지닌 요소 중 어느 한 가지만 일치한다면 이 요소가 공통 현상의 원인이라고 판단

② **차이법** : 어떤 현상이 나타나는 경우와 나타나지 않은 경우를 놓고 보았을 때, 각 경우의 여러 조건 중 단 하나만이 차이를 보인다면 그 차이를 보이는 조건이 원인이 된다고 판단

예 현수와 승재는 둘 다 지능이나 학습 시간, 학습 환경 등이 비슷한데 공부하는 태도에는 약간의 차이가 있다. 따라서 두 사람이 성적이 차이를 보이는 것은 학습 태도의 차이 때문으로 생각된다.

③ **일치·차이 병용법** : 몇 개의 공통 현상이 나타나는 경우와 몇 개의 그렇지 않은 경우를 놓고 일치법과 차이법을 병용하여 적용함으로써 그 원인을 판단

예 학업 능력 정도가 비슷한 두 아동 집단에 대해 처음에는 같은 분량의 과제를 부여하고 나중에는 각기 다른 분량의 과제를 부여한 결과, 많이 부여한 집단의 성적이 훨씬 높게 나타났다. 이로 보아, 과제를 많이 부여하는 것이 적게 부여하는 것보다 학생의 학업 성적 향상에 도움이 된다고 판단할 수 있다.

④ **공변법** : 관찰하는 어떤 사실의 변화에 따라 현상의 변화가 일어날 때 그 변화의 원인이 무엇인지 판단

예 담배를 피우는 양이 각기 다른 사람들의 집단을 조사한 결과, 담배를 많이 피울수록 폐암에 걸릴 확률이 높다는 사실이 발견되었다.

⑤ **잉여법** : 앞의 몇 가지 현상이 뒤의 몇 가지 현상의 원인이며, 선행 현상의 일부분이 후행 현상의 일부분이라면, 선행 현상의 나머지 부분이 후행 현상의 나머지 부분의 원인임을 판단

예 어젯밤 일어난 사건의 혐의자는 정은이와 규민이 두 사람인데, 정은이는 알리바이가 성립되어 혐의 사실이 없는 것으로 밝혀졌다. 따라서 그 사건의 범인은 규민이일 가능성이 높다.

3. 유비 추론

두 개의 대상 사이에 일련의 속성이 동일하다는 사실에 근거하여 그것들의 나머지 속성도 동일하리라는 결론을 이끌어내는 추론, 즉 이미 알고 있는 것에서 다른 유사한 점을 찾아내는 추론을 말한다. 그렇기 때문에 유비 추론은 잣대(기준)가 되는 사물이나 현상이 있어야 한다. 유비 추론은 가설을 세우는 데 유용하다. 이미 알고 있는 사례로부터 아직 알지 못하는 것을 생각해 봄으로써 쉽게 가설을 세울 수 있다. 이때 유의할 점은 이미 알고 있는 사례와 이제 알고자 하는 사례가 매우 유사하다는 확신과 증거가 있어야 한다. 그렇지 않은 상태에서 유비 추론에 의해 결론을 이끌어 내면, 그것은 개연성이 거의 없고 잘못된 결론이 될 수도 있다.

- 지구에는 공기, 물, 흙, 햇빛이 있다(A는 a, b, c, d의 속성을 가지고 있다).
- 화성에는 공기, 물, 흙, 햇빛이 있다(B는 a, b, c, d의 속성을 가지고 있다).
- 지구에 생물이 살고 있다(A는 e의 속성을 가지고 있다).
- 그러므로 화성에도 생물이 살고 있을 것이다(그러므로 B도 e의 속성을 가지고 있을 것이다).

| 도형추리 |

1. 회전 모양

(1) 180° 회전한 도형은 좌우가 상하가 모두 대칭이 된 모양이 된다.

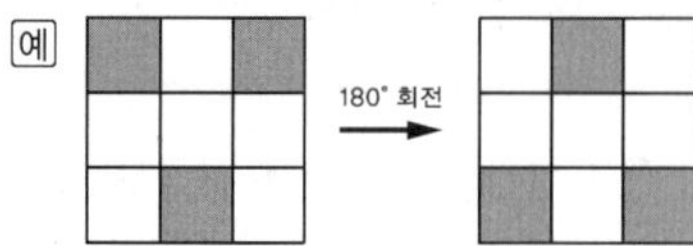

(2) 시계 방향으로 90° 회전한 도형은 시계 반대 방향으로 270° 회전한 도형과 같다.

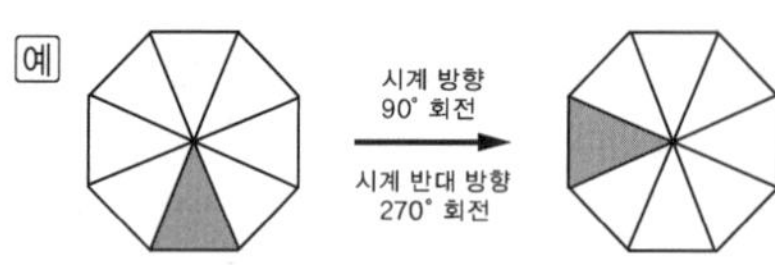

(3) 좌우 반전 → 좌우 반전, 상하 반전 → 상하 반전은 같은 도형이 된다.

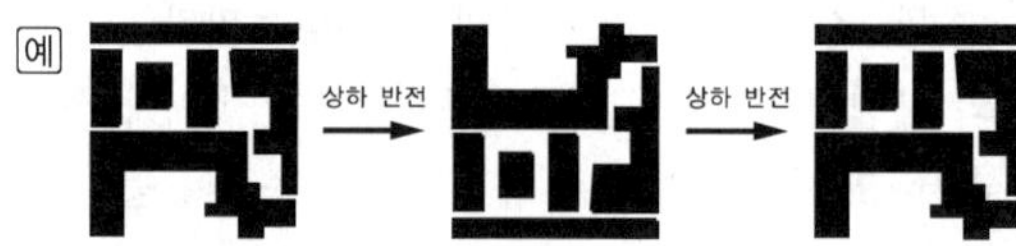

(4) 도형을 거울에 비친 모습은 방향에 따라 좌우 또는 상하로 대칭된 모습이 나타난다.

2. 회전 각도

도형의 회전 각도는 도형의 모양으로 유추할 수 있다.

(1) 회전한 모양이 회전하기 전의 모양과 같은 경우

도형	가능한 회전 각도
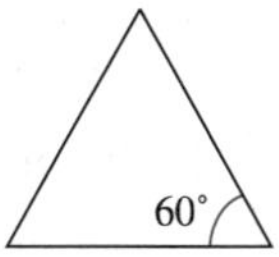 60°	…, −240°, −120°, +120°, +240°, …
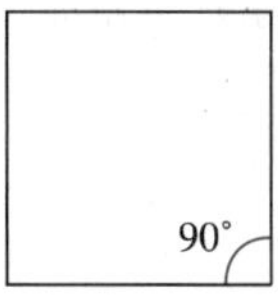 90°	…, −180°, −90°, +90°, +180°, …
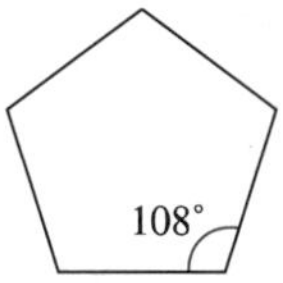 108°	…, −144°, −72°, +72°, +144°, …

(2) 회전한 모양이 회전하기 전의 모양과 다른 경우

회전 전 모양	회전 후 모양	회전한 각도
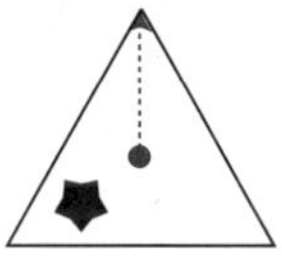	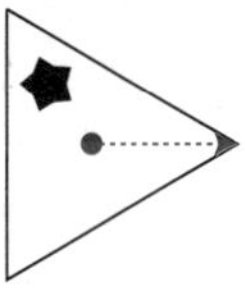	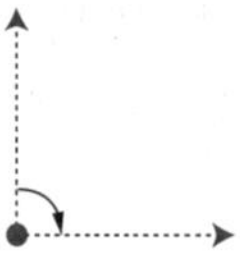
	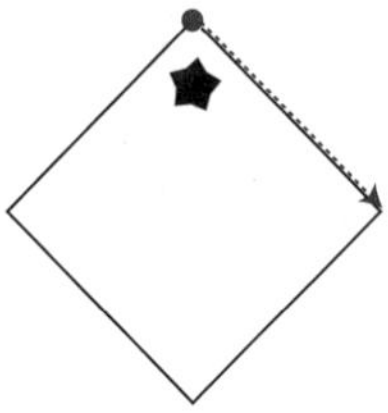	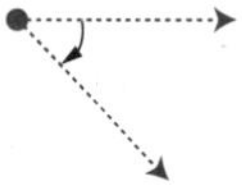
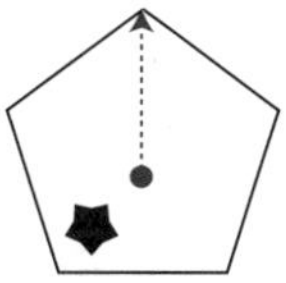	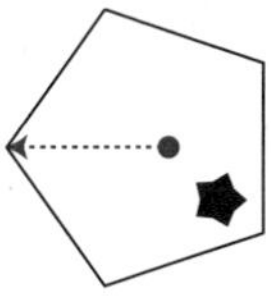	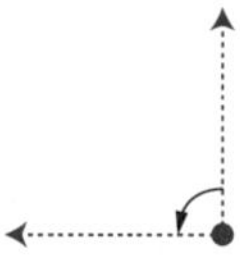

대표유형 01

삼단논법

유형분석

- '$p \rightarrow q$, $q \rightarrow r$이면 $p \rightarrow r$이다.' 형식의 삼단논법과 명제의 대우를 활용하여 푸는 유형이다.
- 전제를 추리하거나 결론을 추리하는 유형이 출제된다.
- 'A○ → B×' 또는 '$p \rightarrow \sim q$'와 같이 명제를 단순화하여 정리하면서 풀어야 한다.

제시된 명제가 모두 참일 때, 빈칸에 들어갈 명제로 가장 적절한 것을 고르면?

> 전제1. 공부를 하지 않으면 시험을 못 본다.
> 전제2. ______________________________
> 결론. 공부를 하지 않으면 성적이 나쁘게 나온다.

① 공부를 한다면 시험을 잘 본다.
② 시험을 잘 본다면 공부를 한 것이다.
③ 성적이 좋다면 공부를 한 것이다.
④ 시험을 잘 본다면 성적이 좋은 것이다.
⑤ 성적이 좋다면 시험을 잘 본 것이다.

정답 ⑤

'공부를 함'을 p, '시험을 잘 봄'을 q, '성적이 좋게 나옴'을 'r'이라 하면 첫 번째 명제는 $\sim p \rightarrow \sim q$, 마지막 명제는 $\sim p \rightarrow \sim r$이다. 따라서 $\sim q \rightarrow \sim r$이 빈칸에 들어가야 $\sim p \rightarrow \sim q \rightarrow \sim r$이 되어 $\sim p \rightarrow \sim r$이 성립한다. 참인 명제의 대우도 역시 참이므로 $\sim q \rightarrow \sim r$의 대우인 '성적이 좋다면 시험을 잘 본 것이다.'가 답이 된다.

30초 컷 Tip

전제 추리 방법	결론 추리 방법
전제1이 $p \rightarrow q$일 때, 결론이 $p \rightarrow r$이라면 각 명제의 앞부분이 같으므로 뒷부분을 $q \rightarrow r$로 이어준다. 만일 형태가 이와 맞지 않는다면 대우명제를 이용한다.	대우명제를 활용하여 전제1과 전제2가 $p \rightarrow q$, $q \rightarrow r$의 형태로 만들어진다면 결론은 $p \rightarrow r$이다.

온라인 풀이 Tip

해설처럼 p, q, r 등의 문자로 표현하는 것이 아니라 자신이 알아볼 수 있는 단어나 기호로 표시한다. 문제풀이 용지만 봐도 문제 풀이가 가능하도록 풀이과정을 써야 한다.

전제1. 공부 × → 시험 ×
전제2. ______
결론. 공부 × → 성적 ×

주어진 정보

⇒ 전제2. 시험 × → 성적 ×
& 성적 ○ → 시험 ○

문제 풀이

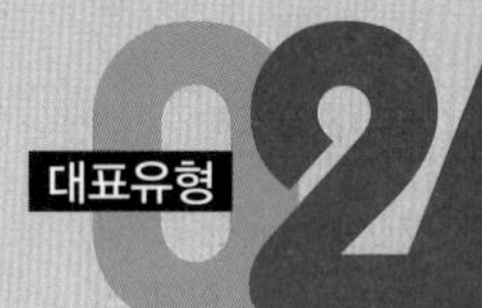

벤다이어그램

유형분석

- ‘어떤’, ‘모든’ 등 일부 또는 전체를 나타내는 명제 유형이다.
- 전제를 추리하거나 결론을 추리하는 유형이 출제된다.
- 벤다이어그램으로 나타내어 접근한다.

제시된 명제가 모두 참일 때, 빈칸에 들어갈 명제로 가장 적절한 것을 고르면?

전제1. 어떤 키가 작은 사람은 농구를 잘한다.
전제2. ______________________________
결론. 어떤 순발력이 좋은 사람은 농구를 잘한다.

① 어떤 키가 작은 사람은 순발력이 좋다.
② 농구를 잘하는 어떤 사람은 키가 작다.
③ 순발력이 좋은 사람은 모두 키가 작다.
④ 키가 작은 사람은 모두 순발력이 좋다.
⑤ 어떤 키가 작은 사람은 농구를 잘하지 못한다.

정답 ④

'키가 작은 사람'을 A, '농구를 잘하는 사람'을 B, '순발력이 좋은 사람'을 C라고 하면, 전제1과 결론은 다음과 같은 벤다이어그램으로 나타낼 수 있다.

1) 전제1

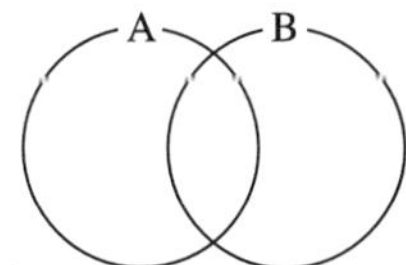

2) 결론

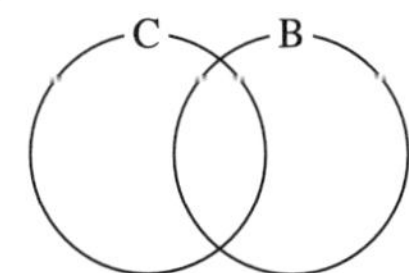

결론이 참이 되기 위해서는 B와 공통되는 부분의 A와 C가 연결되어야 하므로 A를 C에 모두 포함시켜야 한다. 즉, 다음과 같은 벤다이어그램이 성립할 때 마지막 명제가 참이 될 수 있으므로 빈칸에 들어갈 명제는 '키가 작은 사람은 모두 순발력이 좋다.'의 ④이다.

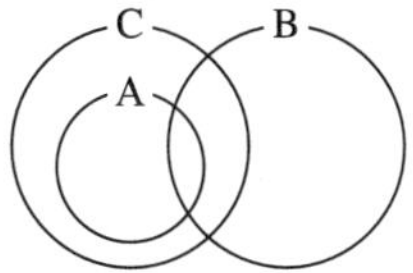

오답분석

① 다음과 같은 경우 성립하지 않는다.

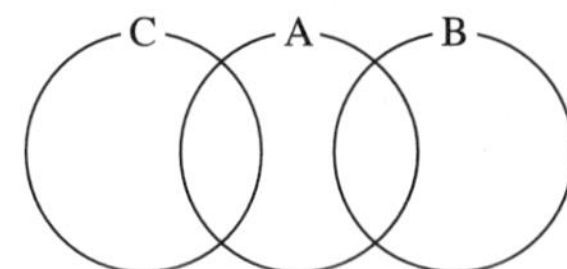

③ 다음과 같은 경우 성립하지 않는다.

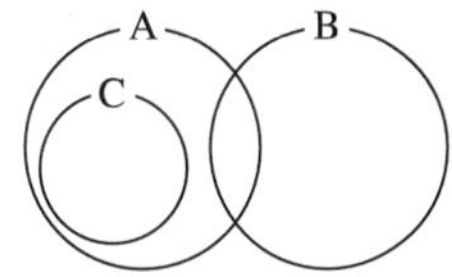

30초 컷 Tip

다음은 출제 가능성이 높은 명제 유형을 정리한 표이다. 이를 응용한 다양한 유형의 문제가 출제될 수 있으므로 대표적인 유형을 학습해두어야 한다.

명제 유형		전제1	전제2	결론
유형1	명제	어떤 A는 B이다.	모든 A는 C이다.	어떤 C는 B이다. (=어떤 B는 C이다.)
	벤다이어그램	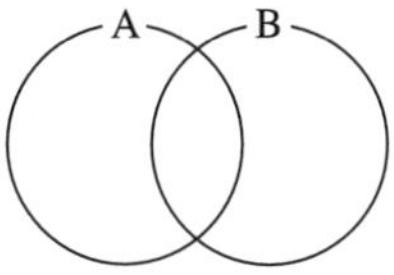	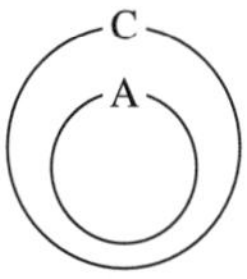	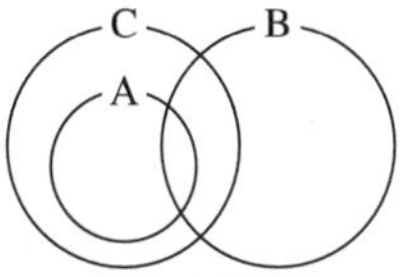
유형2	명제	모든 A는 B이다.	모든 A는 C이다.	어떤 C는 B이다. (=어떤 B는 C이다.)
	벤다이어그램	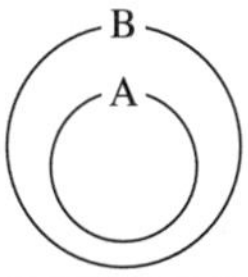	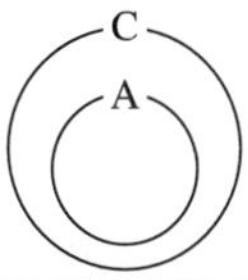	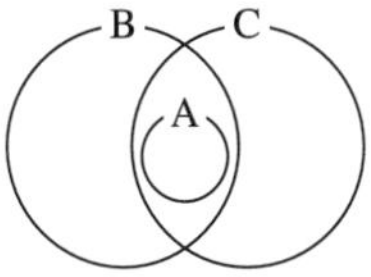

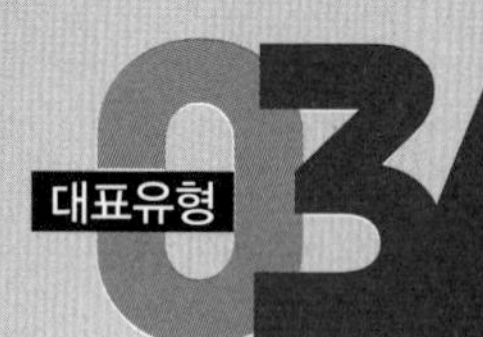

대표유형 03 배열하기 · 묶기 · 연결하기

유형분석

- 주어진 조건에 따라 한 줄로 세우거나 자리를 배치하는 유형이다.
- 평소 충분한 연습이 되어있지 않으면 풀기 어려운 유형이므로, 최대한 다양한 유형을 접해 보고 패턴을 익히는 것이 좋다.

S전자 마케팅팀에는 부장 A, 과장 B · C, 대리 D · E, 신입사원 F · G 총 7명이 근무하고 있다. A부장은 신입사원 입사 기념으로 팀원을 데리고 영화관에 갔다. 영화를 보기 위해 주어진 조건에 따라 자리에 앉는다고 할 때, 항상 적절한 것을 고르면?

- 7명은 7자리가 일렬로 붙어 있는 좌석에 앉는다.
- 양 끝자리 옆에는 비상구가 있다.
- D와 F는 인접한 자리에 앉는다.
- A와 B 사이에는 한 명이 앉아 있다.
- C와 G 사이에는 한 명이 앉아 있다.
- G는 왼쪽 비상구 옆 자리에 앉아 있다.

① E는 D와 B 사이에 앉는다.
② G와 가장 멀리 떨어진 자리에 앉는 사람은 D이다.
③ C 양 옆에는 A와 B가 앉는다.
④ D는 비상구와 붙어 있는 자리에 앉는다.
⑤ 가운데 자리에는 항상 B가 앉는다.

정답 ③

여섯 번째 조건에 의해 G는 첫 번째 자리에 앉고, 다섯 번째 조건에 의해 C는 세 번째 자리에 앉는다.
A와 B가 네 번째・여섯 번째 또는 다섯 번째・일곱 번째 자리에 앉으면 D와 F가 나란히 앉을 수 없다. 따라서 A와 B는 두 번째, 네 번째 자리에 앉는다. 그러면 남은 자리는 다섯・여섯・일곱 번째 자리이므로 D와 F는 다섯・여섯 번째 또는 여섯・일곱 번째 자리에 앉게 되고, 나머지 한 자리에 E가 앉는다.
이를 정리하면 다음과 같다.

구분	1	2	3	4	5	6	7
경우 1	G	A	C	B	D	F	E
경우 2	G	A	C	B	F	D	E
경우 3	G	A	C	B	E	D	F
경우 4	G	A	C	B	E	F	D
경우 5	G	B	C	A	D	F	E
경우 6	G	B	C	A	F	D	E
경우 7	G	B	C	A	E	D	F
경우 8	G	B	C	A	E	F	D

C의 양 옆에는 항상 A와 B가 앉으므로 ③은 항상 적절하다.

오답분석

① 경우 3, 경우 4, 경우 7, 경우 8에서만 가능하며, 나머지 경우에는 성립하지 않는다.
②・④ 경우 4와 경우 8에서만 가능하며, 나머지 경우에는 성립하지 않는다.
⑤ B는 두 번째 자리에 앉을 수도 있다.

30초 컷 Tip

이 유형에서 가장 먼저 해야 할 일은 고정된 조건을 찾는 것이다. 고정된 조건을 찾아 그 부분을 정해 놓으면 경우의 수가 훨씬 줄어든다.

온라인 풀이 Tip

컴퓨터 화면을 오래 쳐다보면서 풀 수 있는 유형이 아니므로 빠르게 문제를 읽고 문제풀이 용지만 보고 풀 수 있도록 모든 조건을 정리해 놓아야 한다. 그러기 위해서는 주어진 조건을 기호화하여 알아보기 쉽도록 정리할 수 있어야 한다.

간단한 기호로 조건 정리하기

주어진 조건	기호화 예시
7명은 7자리가 일렬로 붙어 있는 좌석에 앉는다.	1 | 2 | 3 | 4 | 5 | 6 | 7
양 끝자리 옆에는 비상구가 있다.	비 | 1 | 2 | 3 | 4 | 5 | 6 | 7 | 비
D와 F는 인접한 자리에 앉는다.	D∧F
A와 B 사이에는 한 명이 앉아 있다.	A∨B
C와 G 사이에는 한 명이 앉아 있다.	C∨G
G는 왼쪽 비상구 옆 자리에 앉아 있다.	|G

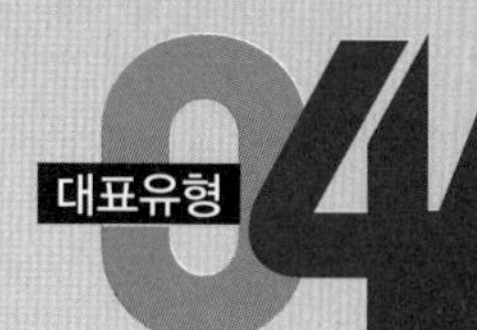

진실게임

유형분석

- 일반적으로 4 ~ 5명의 진술이 제시되며, 각 진술의 진실 및 거짓 여부를 확인하여 범인을 찾는 유형이다.
- 추리영역 중에서도 체감난이도가 상대적으로 높은 유형으로 알려져 있으나, 문제풀이 패턴을 익히면 시간을 절약할 수 있는 문제이다.
- 각 진술 사이의 모순을 찾아 성립하지 않는 경우의 수를 제거하거나, 경우의 수를 나누어 모든 조건이 들어맞는지를 확인해야 한다.

5명의 취업준비생 갑, 을, 병, 정, 무가 S그룹에 지원하여 그중 1명이 합격하였다. 취업준비생들은 다음과 같이 이야기하였고, 그중 1명이 거짓말을 하였다. 합격한 학생은 누구인가?

- 갑 : 을은 합격하지 않았다.
- 을 : 합격한 사람은 정이다.
- 병 : 내가 합격하였다.
- 정 : 을의 말은 거짓말이다.
- 무 : 나는 합격하지 않았다.

① 갑
② 을
③ 병
④ 정
⑤ 무

정답 ③

을과 정은 상반된 이야기를 하고 있으므로 둘 중 한 명은 진실, 다른 한 명은 거짓을 말하고 있다.

i) 을이 진실, 정이 거짓인 경우 : 정을 제외한 네 사람의 말은 모두 참이므로 합격자는 병, 정이 되는데, 합격자는 1명이어야 하므로 모순이다. 따라서 을은 거짓, 정은 진실을 말한다.

ii) 을이 거짓, 정이 진실인 경우 : 정을 제외한 네 사람의 말은 모두 참이므로 합격자는 병이다.

즉, 합격자는 병이 된다.

30초 컷 Tip

진실게임 유형 중 90% 이상은 다음 두 가지 방법으로 풀 수 있다. 주어진 진술을 빠르게 훑으며 다음 두 가지 중 어떤 경우에 해당되는지 확인한 후 문제를 풀어나간다.

두 명 이상의 발언 중 한쪽이 진실이면 다른 한쪽이 거짓인 경우

1) A가 진실이고 B가 거짓인 경우, B가 진실이고 A가 거짓인 경우 두 가지로 나눌 수 있다.
2) 두 가지 경우에서 각 발언의 진위 여부를 판단한다.
3) 주어진 조건과 비교한다(범인의 숫자가 맞는지, 진실 또는 거짓을 말한 인원수가 조건과 맞는지 등).

두 명 이상의 발언 중 한쪽이 진실이면 다른 한쪽도 진실인 경우

1) A와 B가 모두 진실인 경우, A와 B가 모두 거짓인 경우 두 가지로 나눌 수 있다.
2) 두 가지 경우에서 각 발언의 진위 여부를 판단하여 범인을 찾는다.
3) 주어진 조건과 비교한다(범인의 숫자가 맞는지, 진실 또는 거짓을 말한 인원수가 조건과 맞는지 등).

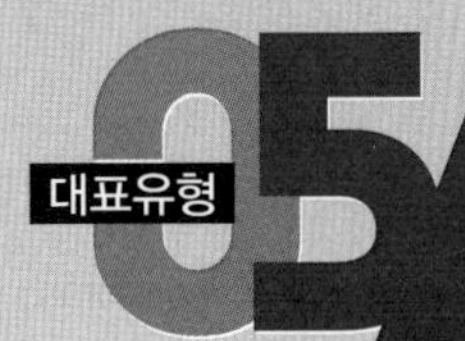

대응 관계 – 같은 것 찾기

유형분석

- 주어진 단어 사이의 관계를 유추하여 빈칸에 들어갈 알맞은 단어를 찾는 문제이다.
- 출제되는 어휘 관련 2문제 중 1문항이 이 유형으로 출제된다.
- 유의 관계, 반의 관계, 상하 관계 이외에도 원인과 결과, 행위와 도구, 한자성어 등 다양한 관계가 제시된다.
- 최근에는 유의 관계와 반의 관계 위주로 출제되고 있다.

다음 제시된 단어의 대응 관계가 동일하도록 빈칸에 들어갈 가장 적절한 단어를 고르면?

황공하다 : 황름하다 = (　　) : 아퀴짓다

① 두려워하다　　② 거칠다
③ 마무리하다　　④ 시작하다
⑤ 치장하다

정답 ③

최근에 출제되는 어휘유추 유형 문제는 선뜻 답을 고르기 쉽지 않은 경우가 많다. 이 경우 먼저 ①~⑤의 단어를 모두 빈칸에 넣어 보고, 제시된 단어와 관계 자체가 없는 보기 → 관계가 있지만 빈칸에 들어갔을 때 옆의 단어 관계와 등가 관계를 이룰 수 없는 보기 순서로 소거하면 좀 더 쉽게 답을 찾을 수 있다.

제시된 단어의 대응 관계는 유의 관계이다. ① 두려워하다, ② 거칠다, ⑤ 치장하다는 확실히 '아퀴짓다'와의 관계를 찾기 어려우므로 보기에서 먼저 제거할 수 있다. 다음으로 ④가 빈칸에 들어갈 경우, 제시된 두 단어는 유의 관계인데, '아퀴짓다'와 ④는 반의 관계이므로 제외한다. 따라서 남은 ③이 정답이다.

- 황공하다 · 황름하다 : 위엄이나 지위 따위에 눌리어 두렵다.
- 아퀴짓다 : 일이나 말을 끝마무리하다.
- 마무리하다 : 일을 끝맺다.

30초 컷 Tip

동의어 / 반의어 종류

종류		뜻	예시
동의어		형태는 다르나 동일한 의미를 가지는 두 개 이상의 단어	가난 – 빈곤, 가격 – 비용, 가능성 – 잠재력 등
반의어	상보 반의어	의미 영역이 상호 배타적인 두 영역으로 양분하는 두 개 이상의 단어	살다 – 죽다, 진실 – 거짓 등
	정도(등급) 반의어	정도나 등급에 있어 대립되는 두 개 이상의 단어	크다 – 작다, 길다 – 짧다, 넓다 – 좁다, 빠르다 – 느리다 등
	방향(상관) 반의어	맞선 방향을 전제로 하여 관계나 이동의 측면에서 대립하는 두 개 이상의 단어	오른쪽 – 왼쪽, 앞 – 뒤, 가다 – 오다, 스승 – 제자 등

함정 제거

동의어를 찾는 문제라면 무조건 보기에서 반의어부터 지우고 시작한다. 반대로 반의어를 찾는 문제라면 보기에서 동의어를 지우고 시작한다. 단어와 관련이 없는 보기는 헷갈리지 않지만 관련이 있는 보기는 아는 문제여도 함정에 빠져 틀리기 쉽기 때문이다.

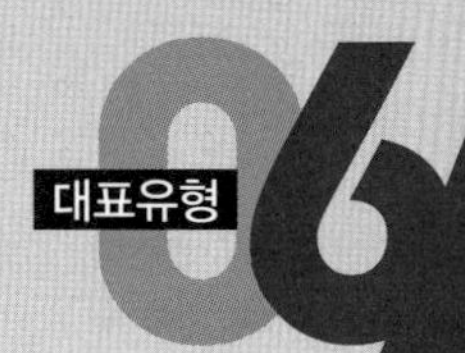

대표유형 06 대응 관계 – 다른 것 찾기

유형분석

- 2 ~ 3개 단어의 묶음이 각각의 보기로 제시되고, 이 중에서 단어 사이의 관계가 다른 하나를 찾는 문제이다.
- 출제되는 어휘 관련 2문제 중 1문항이 이 유형으로 출제된다.
- 관계유추 유형에서 제시되는 단어 사이의 관계는 도구와 행위자, 재료와 결과물 등 어휘유추 유형보다 더욱 폭이 넓고 다양한 편이지만 이 유형 역시 앞의 유형처럼 유의 관계와 반의 관계가 가장 많이 출제되고 있다.

다음 단어의 대응 관계가 나머지와 다른 하나를 고르면?

① 당착(撞着) : 모순(矛盾)
② 용인(庸人) : 범인(凡人)
③ 굴착(掘鑿) : 매립(埋立)
④ 체류(滯留) : 체재(滯在)
⑤ 모범(模範) : 귀감(龜鑑)

정답 ③

①·②·④·⑤는 유의 관계이나, ③은 반의 관계이다.

- 굴착(掘鑿) : 땅이나 암석 따위를 파고 뚫음
- 매립(埋立) : 우묵한 땅이나 하천, 바다 등을 돌이나 흙 따위로 채움

오답분석

① • 당착(撞着) : 말이나 행동 따위의 앞뒤가 맞지 않음
  • 모순(矛盾) : 어떤 사실의 앞뒤, 또는 두 사실이 이치상 어긋나서 서로 맞지 않음

② 용인(庸人)·범인(凡人) : 평범한 사람

④ 체류(滯留)·체재(滯在) : 객지에 가서 머물러 있음

⑤ • 모범(模範) : 본받아 배울 만한 대상
  • 귀감(龜鑑) : 거울로 삼아 본받을 만한 모범

30초 컷 Tip

단어 사이의 관계를 가장 확실히 알 수 있는 보기를 기준으로 하여 다른 보기와 대조해 본다.

적용

문제의 경우, ⑤에서 '모범(模範)'과 '귀감(龜鑑)'은 유의 관계임을 알 수 있으며, 나머지 ①·②·④도 마찬가지로 유의 관계임을 확인할 수 있다. 그런데 ③의 경우 '굴착(掘鑿)'과 '매립(埋立)'은 반의 관계이므로 ③의 단어 사이의 관계가 다른 보기와 다름을 알 수 있다.

온라인 풀이 Tip

온라인 시험에서 답이 아닌 선택지를 화면에서는 지울 수 없다. 따라서 문제풀이 용지에 답이 아닌 선택지를 제거하는 표시를 하는 방법과 손가락을 접거나 화면에서 선택지를 손가락으로 가리는 방법을 사용해야 한다.

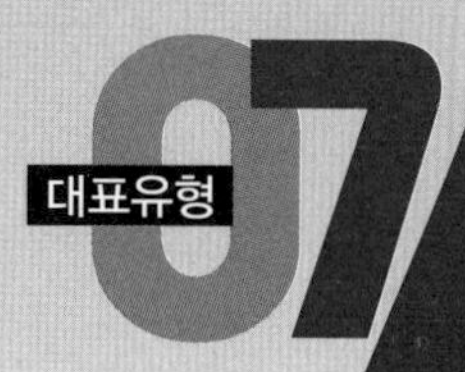

대표유형 07

도형추리

유형분석

- 3×3의 칸에 나열된 각 도형들 사이의 규칙을 찾아 ?에 들어갈 알맞은 도형을 찾는 유형이다.
- 이때 규칙은 가로 또는 세로로 적용되며, 회전, 색 반전, 대칭, 겹치는 부분 지우기 / 남기기 / 색 반전 등 다양한 규칙이 적용된다.
- 온라인 GSAT에서는 비교적 간단한 규칙이 출제되고 있다.

다음 제시된 도형의 규칙을 보고 물음표에 들어가기에 적절한 것을 고르면?

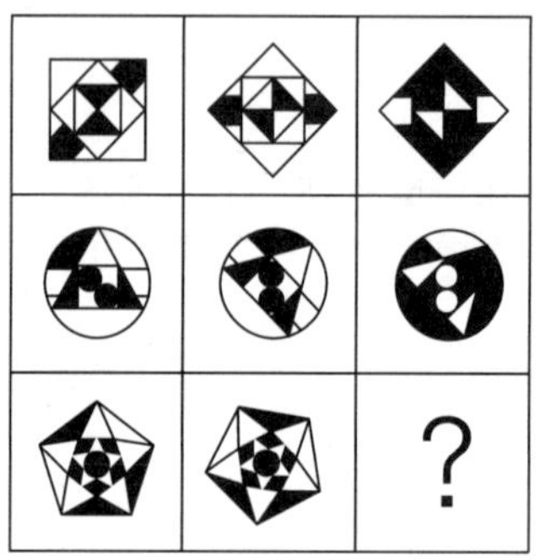

① 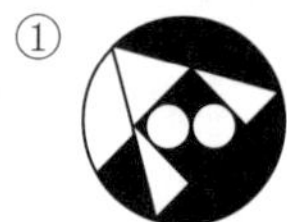

② 

③ 

④ 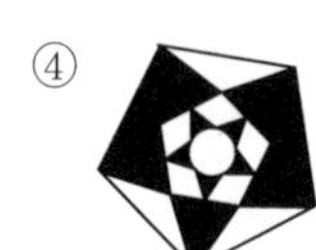

⑤ 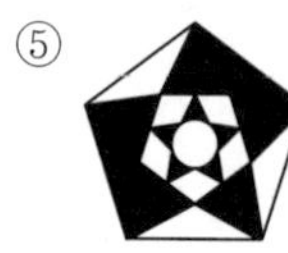

정답 ④

규칙은 가로 방향으로 적용된다.

첫 번째 도형을 시계 방향으로 45° 회전한 것이 두 번째 도형, 이를 색 반전한 것이 세 번째 도형이다.

30초 컷 Tip

1. 규칙 방향 파악
   규칙이 적용되는 방향이 가로인지 세로인지부터 파악한다. 해당 문제처럼 세 도형이 서로 다른 모양일 때에는 쉽게 파악할 수 있지만 아닌 경우도 많다. 모양이 비슷한 경우에는 가로와 세로 모두 확인하여 규칙이 적용된 방향을 유추해야 한다.
2. 규칙 유추
   규칙을 유추하기 쉬운 도형을 기준으로 규칙을 파악한다. 나머지 도형을 통해 유추한 규칙이 맞는지 확인한다.

주요 규칙

규칙		예시
회전	45° 회전	 시계 방향
	60° 회전	 시계 반대 방향
	90° 회전	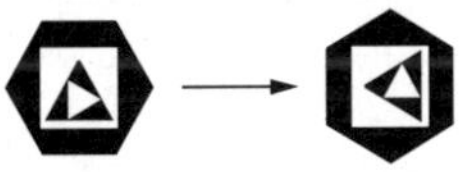 시계 반대 방향
	120° 회전	 시계 반대 방향
	180° 회전	
색 반전		
대칭	x축 대칭	
	y축 대칭	

도식추리

유형분석

- 문자를 바꾸는 규칙을 파악한 후, 제시된 규칙이 적용되었을 때 물음표에 들어갈 적절한 문자를 고르는 유형이다.
- 각 규칙들이 2개 이상 한꺼번에 적용되어 제시되기 때문에 각각의 예시만 봐서는 규칙을 파악하기 어렵다. 공통되는 규칙이 있는 예시를 찾아 서로 비교하여 각 문자열의 위치가 바뀌었는지 / 숫자의 변화가 있었는지 등을 확인하며 규칙을 찾아야 한다.

다음 도식에서 기호들은 일정한 규칙에 따라 문자를 변화시킨다. 물음표에 들어갈 적절한 문자를 고르면? (단, 규칙은 가로와 세로 중 한 방향으로만 적용된다)

		wate		meao		
		↓		↓		
four	→	⚁	→	⚂	→	qfnu
		↓		↓		
lasy	→	⚂	→	⚄	→	lzsx
		↓		↓		
doub	→	⚅	→	⚁	→	bduo
		↓		↓		
		dzwt		nmda		

ㄱㅊㄷㅈ → ⚁ → ⚂ → ?

① ㅈㄱㅊㄷ
② ㄴㅈㅊㄷ
③ ㄴㅈㅊㄱ
④ ㅇㄱㅈㄷ
⑤ ㄱㅊㄴㅈ

정답 ④

1. 규칙 파악할 순서 찾기

⚁ → ⚂ and ⚅ → ⚄

2. 규칙 파악

1	2	3	4	5	6	7	8	9	10	11	12	13	14	15	16	17	18	19	20	21	22	23	24	25	26
A	B	C	D	E	F	G	H	I	J	K	L	M	N	O	P	Q	R	S	T	U	V	W	X	Y	Z
ㄱ	ㄴ	ㄷ	ㄹ	ㅁ	ㅂ	ㅅ	ㅇ	ㅈ	ㅊ	ㅋ	ㅌ	ㅍ	ㅎ	ㄱ	ㄴ	ㄷ	ㄹ	ㅁ	ㅂ	ㅅ	ㅇ	ㅈ	ㅊ	ㅋ	ㅌ

- ⚁ : 가로 두 번째 도식과 세로 두 번째 도식에서 ⚂ → ⚄ 규칙이 겹치므로 이를 이용하면 ⚁의 규칙이 1234 → 4123임을 알 수 있다.
- ⚂ and ⚅ : ⚁의 규칙을 찾았으므로 가로 첫 번째 도식에서 ⚂의 규칙이 각 자릿수 −1, 0, −1, 0임을 알 수 있다. 같은 방법으로 가로 세 번째 도식에서 ⚅의 규칙이 1234 → 1324임을 알 수 있다.
- ⚄ : ⚂의 규칙을 찾았으므로 가로 두 번째 도식에서 ⚄의 규칙이 각 자릿수 +1, −1, +1, −1임을 알 수 있다.

따라서 정리하면 다음과 같다.

⚁ : 1234 → 4123

⚂ : 각 자릿수 −1, 0, −1, 0

⚅ : 1234 → 1324

⚄ : 각 자릿수 +1, −1, +1, −1

ㄱㅊㄷㅈ → ㅈㄱㅊㄷ → ㅇㄱㅈㄷ

　　　　　⚁　　　　　⚂

30초 컷 Tip

문자 순서 표기

문제를 보고 규칙을 찾기 전에 문제에서 사용한 문자를 순서대로 적어놓아야 빠르게 풀이할 수 있다.

묶음 규칙 이용

규칙을 한 번에 파악할 수 없을 때 두 가지 이상의 규칙을 한 묶음으로 생각하여 접근한다.

예

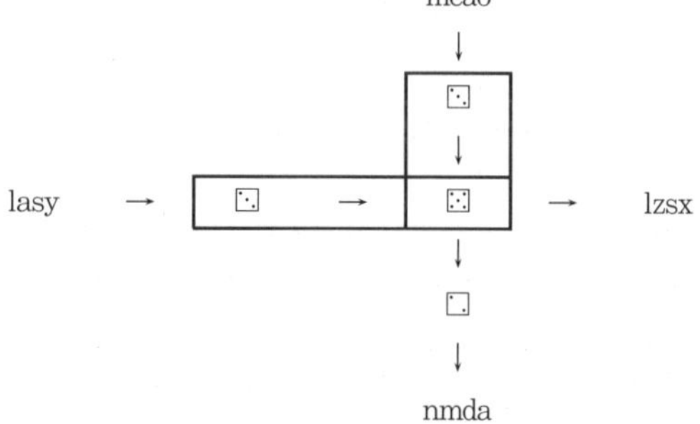

가로 도식에서 ⚂ → ⚄ 규칙을 한 묶음으로 생각하면 last → ⚂ → ⚄ → lzss이므로 ⚂ → ⚄는 각 자릿수 0, −1, 0, −1의 규칙을 갖는다.

세로 도식에서 meao은 ⚂ → ⚄의 규칙이 적용되면 mdan이 되므로 mdan → ⚁ → nmda이다. 따라서 ⚁의 규칙은 1234 → 4123이다.

규칙 정리

유추한 규칙을 알아볼 수 있도록 정리해둔다.

기출 규칙

GSAT에서 자주 출제되는 규칙은 크게 두 가지이다.

규칙	예시
순서 교체	1234 → 4321
각 자릿수 + 또는 −	+1, −1, +1, −1

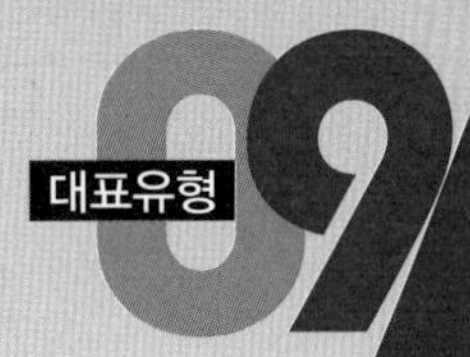

대표유형 09 참 또는 거짓

유형분석

- 주어진 글을 바탕으로 추론했을 때 항상 참 또는 거짓인 것을 고르는 유형이다.
- 언어이해 영역의 내용일치와 유사한 면이 있으나 내용일치가 지문에 제시된 내용인지 아닌지만 확인하는 유형이라면, 내용추론은 지문에 직접적으로 제시되지 않은 내용까지 추론하여 답을 도출해야 한다는 점에서 차이가 있다.

다음 글의 내용이 참일 때 항상 거짓인 것은?

루머는 구전과 인터넷을 통해 확산되고, 그 과정에서 여러 사람들의 의견이 더해진다. 루머는 특히 사회적 불안감이 형성되었을 때 빠르게 확산되는데, 이는 사람들이 사회적·개인적 불안감을 해소하기 위한 수단으로 루머에 의지하기 때문이다.

나아가 루머가 확산되는 데는 사회적 동조가 중요한 영향을 미친다. 사회적 동조란 '다수의 의견이나 사회적 규범에 개인의 의견과 행동을 맞추거나 동화시키는 경향'을 뜻한다. 사회적 동조는 루머가 사실로 인식되고 대중적으로 수용되는 과정에서도 큰 영향력을 행사한다.

사회적 동조는 개인이 어떤 정보에 대해 판단하거나 그에 대한 태도를 결정하는 데 정당성을 제공한다. 다수의 의견을 따름으로써 어떤 정보를 믿는 것에 대한 합리적 이유를 갖게 되는 것이다. 실제로 루머에 대한 지지 댓글을 많이 본 사람들은 루머에 대한 반박 댓글을 많이 본 사람들에 비해 루머를 사실로 믿는 경향이 더욱 강한 것으로 나타났다. 또한 사회적 동조가 있는 상태에서는 개인의 성향과 상관없이 루머를 사실이라고 믿는 경우가 많았다.

사회적 동조의 또 다른 역할은 사람들이 자신의 의견을 제시할 때 사회적 분위기를 고려하게 하는 것이다. 소속된 집단으로부터 소외되지 않기 위해서 다수에 의해 지지되는 의견을 따라가는 현상이 발생하기도 한다. 이와 같은 현상은 개인주의 문화권보다는 집단주의 문화권에 있는 사람들에게서 더 잘 나타난다. 집단주의 문화권 사람들은 루머를 믿는 사람들로부터 루머에 대한 정보를 얻고 그것을 근거로 하여 판단하며, 다른 사람들의 의견에 개인의 생각을 일치시키는 경향이 두드러진다.

① 사람들은 루머를 사회적 불안감을 해소하기 위한 수단으로 삼기도 한다.
② 사회적 동조는 개인이 루머를 사실로 받아들이는 결정을 함에 있어 정당성을 제공한다.
③ 집단주의 문화권에서는 개인주의 문화권보다 사회적 동조가 루머의 확산에 미치는 영향이 더 크게 나타난다.
④ 루머에 대한 반박 댓글을 많이 본 사람들이 지지 댓글을 많이 본 사람들보다 루머를 사실로 믿는 경향이 더 약하다.
⑤ 사회적 동조가 있을 때, 충동적인 사람들은 충동적이지 않은 사람들에 비해 루머를 사실로 믿는 경향이 더 강하다.

정답 ⑤

사회적 동조가 있는 상태에서는 개인의 성향과 상관없이, 즉 충동적인 것과는 무관하게 루머를 사실이라고 믿는 경우가 많았다고 하였으므로 적절하지 않다.

오답분석

① 사람들이 사회적·개인적 불안감을 해소하기 위한 수단으로 루머에 의지한다고 하였으므로 적절한 내용이다.
② 사회적 동조는 개인이 어떤 정보에 대해 판단하거나 그에 대한 태도를 결정하는 데 정당성을 제공한다고 하였으므로 적절한 내용이다.
③ 집단주의 문화권 사람들은 루머를 믿는 사람들로부터 루머에 대한 정보를 얻고 그것을 근거로 하여 판단하며, 다른 사람들의 의견에 개인의 생각을 일치시키는 경향이 두드러진다고 하였으므로 적절한 내용이다.
④ 루머에 대한 지지 댓글을 많이 본 사람들은 루머에 대한 반박 댓글을 많이 본 사람들에 비해 루머를 사실로 믿는 경향이 더욱 강한 것으로 나타났다고 하였다. 따라서 이를 역으로 생각하면 반박 댓글을 많이 본 사람들이 루머를 사실로 믿는 경향이 더 약함을 알 수 있다.

30초 컷 Tip

주어진 글에 대하여 거짓이 되는 답을 고르는 문제의 경우 제시문에 있는 특정 문장이나 키워드가 되는 단어의 의미를 비트는 경우가 많다. 따라서 정반대의 의미를 지녔거나 지나치게 과장된, 혹은 축소된 의미를 지닌 단어가 문항에 새로 추가되지는 않았는지 비교해보도록 한다.

온라인 풀이 Tip

온라인으로 풀기 어려운 유형이며 출제 비율이 높아 합격을 좌우하는 유형이 될 것이다. 따라서 비슷한 유형을 많이 풀면서 문제를 눈으로만 푸는 연습을 하여 온라인 시험에 대비해야 한다.

대표유형 10 반박 / 반론 / 비판

유형분석

- 글을 읽고 비판적 의견이나 반박을 생각할 수 있는지를 평가하는 유형이다.
- 제시문의 '주장'에 대한 반박을 찾는 것이므로, '근거'에 대한 반박이나 논점에서 벗어난 것을 찾지 않도록 주의해야 한다.

다음 글에 대한 반론으로 가장 적절한 것은?

> 인공 지능 면접은 더 많이 활용되어야 한다. 인공 지능을 활용한 면접은 인터넷에 접속하여 인공 지능과 문답하는 방식으로 진행되는데, 지원자는 시간과 공간에 구애받지 않고 면접에 참여할 수 있는 편리성이 있어 면접 기회가 확대된다. 또한 회사는 면접에 소요되는 인력을 줄여, 비용 절감 측면에서 경제성이 크다. 실제로 인공 지능을 면접에 활용한 ○○회사는 전년 대비 2억 원 정도의 비용을 절감했다. 그리고 기존 방식의 면접에서는 면접관의 주관이 개입될 가능성이 큰 데 반해, 인공 지능을 활용한 면접에서는 빅데이터를 바탕으로 한 일관된 평가 기준을 적용할 수 있다. 이러한 평가의 객관성 때문에 많은 회사들이 인공 지능 면접을 도입하는 추세이다.

① 빅데이터는 사회에서 형성된 정보가 축적된 결과물이므로 왜곡될 가능성이 적다.
② 인공 지능을 활용한 면접은 기술적으로 완벽하기 때문에 인간적 공감을 떨어뜨린다.
③ 회사 관리자 대상의 설문 조사에서 인공 지능을 활용한 면접을 신뢰한다는 비율이 높게 나온 것으로 보아 기존의 면접 방식보다 지원자의 잠재력을 판단하는 데 더 적합하다.
④ 회사의 특수성을 고려해 적합한 인재를 선발하려면 오히려 해당 분야의 경험이 축적된 면접관의 생각이나 견해가 면접 상황에서 중요한 판단 기준이 되어야 한다.
⑤ 면접관의 주관적인 생각이나 견해로는 지원자의 잠재력을 판단하기 어렵다.

정답 ④

제시된 글에서는 편리성, 경제성, 객관성 등을 이유로 인공 지능 면접을 지지하고 있다. 따라서 객관성보다 면접관의 생각이나 견해가 회사 상황에 맞는 인재를 선발하는 데 적합하다는 논지로 반박하는 것은 적절하다.

오답분석

①·③·⑤ 제시된 글의 주장에 반박하는 것이 아니라 제시된 글의 주장을 강화하는 근거에 해당한다.

② 인공 지능 면접에 필요한 기술과 인간적 공감의 관계는 제시된 글에서 주장한 내용이 아니므로 반박의 근거로도 적절하지 않다.

30초 컷 Tip

1. 주장, 관점, 의도, 근거 등 문제를 풀기 위한 글의 핵심을 파악한다. 이후 글의 주장 및 근거의 어색한 부분을 찾아 반박할 주장과 근거를 생각해본다.
2. 제시된 지문이 지나치게 길 경우 선택지를 먼저 파악하여 홀로 글의 주장이 어색하거나 상반된 의견을 제시하고 있는 답은 없는지 확인한다.
3. 반론 유형을 풀기 어렵다면 지문과 일치하는 선택지부터 지워나가는 소거법을 활용한다. 함정도 피하고 쉽게 풀 수 있다.
4. 문제를 풀 때 지나치게 시간에 쫓기거나 집중력이 떨어진 상황이라면 제시문의 처음 문장 혹은 마지막 문장을 읽어 글이 주장하는 바를 빠르게 파악하는 것도 좋은 방법이다. 단, 처음 문장에서 글쓴이의 주장과 반대되는 사례를 먼저 언급하는 경우도 있으므로 이 경우에는 마지막 문장과 비교하여 어느 의견이 글쓴이의 주장에 가까운지 구분하도록 한다.

대표유형 11 〈보기〉 해석

유형분석

- 제시된 글을 읽은 뒤 이를 토대로 〈보기〉의 문장을 바르게 해석할 수 있는지 평가하는 유형이다.
- 지문을 토대로 〈보기〉의 문장을 해석하는 것이므로 반대로 〈보기〉의 문장을 통해 지문을 해석하거나 반박하지 않도록 주의한다.

다음 제시문을 토대로 〈보기〉를 적절하게 해석한 것은?

근대 이후 개인의 권리가 중시되자 법철학은 권리의 근본적 성격을 법적으로 존중되는 의사에 의한 선택의 관점에서 볼 것인가 아니면 법적으로 보호되는 이익의 관점에서 볼 것인가를 놓고 지속적으로 논쟁해 왔다. 의사설의 기본적인 입장은 어떤 사람이 무언가에 대하여 권리를 갖는다는 것은 법률관계 속에서 그 무언가와 관련하여 그 사람의 의사에 의한 선택이 다른 사람의 의사보다 우월한 지위에 있음을 법적으로 인정하는 것이다. 의사설을 지지한 하트는 권리란 그것에 대응하는 의무가 존재한다고 보았다. 그는 의무의 이행 여부를 통제할 권능을 가진 권리자의 선택이 권리의 본질적 요소라고 보았기 때문에 법이 타인의 의무 이행 여부에 대한 권능을 부여하지 않은 경우에는 권리를 가졌다고 말할 수 없다고 주장했다.

의사설은 타인의 의무 이행 여부와 관련된 권능, 곧 합리적 이성을 가진 자가 아니면 권리자가 되지 못하는 난점이 있다. 또한 의사설은 면제권을 갖는 어떤 사람이 면제권을 포기함으로써 타인의 권능 아래에 놓일 권리, 즉 스스로를 노예와 같은 상태로 만들 권리를 인정해야 하는 상황에 직면한다. 하지만 현대에서는 이런 상황이 인정되기가 어렵다.

이익설의 기본적인 입장은 권리란 이익이며, 법이 부과하는 타인의 의무로부터 이익을 얻는 자는 누구나 권리를 갖는다는 것이다. 그래서 타인의 의무 이행에 따른 이익이 없다면 권리가 없다고 본다. 이익설을 주장하는 라즈는 권리와 의무가 동전의 양면처럼 논리적으로 서로 대응하는 관계일 뿐만 아니라 권리가 의무를 정당화하는 관계에 있다고 보았다. 즉, 권리가 의무 존재의 근거가 된다고 보는 입장을 지지한다고 볼 수 있다. 그래서 누군가의 어떤 이익이 타인에게 의무를 부과할 만큼 중요성을 가지는 것일 때 비로소 그 이익은 권리로서 인정된다고 보았다.

이익설의 난점으로는 제3자를 위한 계약을 들 수 있다. 가령 갑이 을과 계약하며 병에게 꽃을 배달해 달라고 했다고 하자. 이익 수혜자는 병이지만 권리자는 계약을 체결한 갑이다. 쉽게 말해 을의 의무 이행에 관한 권능을 가진 사람은 병이 아니라 갑이다. 그래서 이익설은 이익의 수혜자가 아닌 권리자가 있는 경우를 설명하기 어렵다는 비판을 받는다. 또한 이익설은 권리가 실현하려는 이익과 그에 상충하는 이익을 비교해야 할 경우 어느 것이 더 우세한지를 측정하기 쉽지 않다.

보기

A씨는 동물 보호 정책 시행 의무의 헌법 조문화, 동물 정책 기본법 제정 등을 통해 동물 보호 의무가 헌법에 명시되어야 한다고 주장하였다.

① 하트의 주장에 따르면 동물 보호 의무가 헌법에 명시되지 않더라도 동물은 기본적으로 보호받을 권리를 가지고 있다.
② 하트의 주장에 따르면 동물 생명의 존엄성이 법적으로 보호됨으로써 동물이 보다 나은 삶을 살 수 있다면 동물은 권리를 가질 수 있다.
③ 하트의 주장에 따르면 사람이 동물 보호 의무를 갖는다고 하더라도 동물은 이성적 존재가 아니므로 동물은 권리를 갖지 못한다.
④ 라즈의 주장에 따르면 사람의 의무 이행에 따른 이익이 있다면 동물이 권리를 가질 수 있지만, 그렇다고 동물의 권리가 사람의 의무를 정당화하는 것은 아니다.
⑤ 라즈의 주장에 따르면 동물의 이익이 사람에게 의무를 부과할 만큼 중요성을 가지지 못하더라도 상충하는 이익보다 우세할 경우 권리로 인정될 수 있다.

PART 2 01 02

정답 ③

의사설을 지지한 하트는 의무 이행 여부를 통제할 권능을 가진 권리자의 선택을 권리의 본질적 요소로 보았기 때문에 타인의 의무 이행 여부와 관련된 권능, 곧 합리적 이성을 가진 자가 아니면 권리자가 될 수 없다고 보았다. 따라서 하트는 동물 보호 의무와 관련하여 사람이 동물 보호 의무를 갖는다고 하더라도 이성적 존재가 아닌 동물은 권리를 갖지 못한다고 주장할 수 있다.

오답분석

① 의사설을 지지한 하트에 따르면 법이 타인의 의무 이행 여부에 대한 권능을 부여하지 않은 경우에는 권리를 가졌다고 말할 수 없다.
② 법이 타인의 의무로부터 이익을 얻는 자는 누구나 권리를 갖는다는 이익설의 입장에 따른 주장이므로 의사설을 지지한 하트의 주장으로는 적절하지 않다.
④ 이익설을 주장한 라즈에 따르면 타인의 의무로부터 이익을 얻는 자는 누구나 권리를 가지므로 권리와 의무는 서로 대응하는 관계이며, 권리는 의무를 정당화한다.
⑤ 이익설을 주장한 라즈에 따르면 누군가의 이익이 타인에게 의무를 부과할 만큼 중요성을 가질 때 그 이익은 권리로서 인정된다. 또한 이익설은 권리가 실현하려는 이익과 상충하는 이익을 비교해야 할 경우 어느 것이 더 우세한지를 측정하기 어렵다는 단점이 있다.

30초 컷 Tip

보기 해석의 경우 제시문과 보기에 제시된 문장의 의미를 제대로 파악할 필요가 있다는 점에서 난이도가 높은 유형이라고 볼 수 있다. 제시문과 보기, 그리고 문항의 의미를 모두 파악하는 데는 상당한 시간이 소요되므로, 가장 먼저 보기의 내용을 이해하도록 한다. 이후 각 문항에서 공통적으로 나타나는 핵심 주장이나 단어, 특정 사물이나 개인의 명칭 등 키워드를 기준으로 문항을 구분한 뒤, 이를 제시문과 대조하여 그 논지와 같은 문항을 찾아내도록 한다.

온라인 풀이 Tip

지문에 중요한 부분을 표시할 수 없으므로 보기부터 읽어 지문에서 확인해야 하는 정보가 무엇인지 파악한다. 문제풀이 용지에 보기의 내용을 간단하게 적어두고, 지문을 읽으면서 관련 내용을 추가로 요약한다.

유형점검

정답 및 해설 p.043

※ 제시된 명제가 모두 참일 때, 빈칸에 들어갈 명제로 가장 적절한 것을 고르시오. **[1~5]**

01

전제1. 봄이 오면 꽃이 핀다.
전제2. ______________________
결론. 봄이 오면 제비가 돌아온다.

① 제비가 돌아오지 않으면 꽃이 핀다.
② 제비가 돌아오지 않으면 꽃이 피지 않는다.
③ 꽃이 피면 봄이 오지 않는다.
④ 꽃이 피면 제비가 돌아오지 않는다.
⑤ 제비가 돌아오면 꽃이 핀다.

02

전제1. 로맨스를 좋아하면 액션을 싫어한다.
전제2. ______________________
결론. 로맨스를 좋아하면 코미디를 좋아한다.

① 액션을 싫어하면 코미디를 싫어한다.
② 액션을 싫어하면 코미디를 좋아한다.
③ 코미디를 좋아하면 로맨스를 싫어한다.
④ 코미디를 좋아하면 액션을 좋아한다.
⑤ 액션을 좋아하면 코미디를 좋아한다.

03

> 전제1. 운동을 하면 기초대사량이 증가한다.
> 전제2. ______________________________
> 결론. 운동을 하면 체력이 좋아진다.

① 체력이 좋아지면 기초대사량이 줄어든다.
② 체력이 좋아지면 운동을 하지 않는다.
③ 기초대사량이 증가하면 체력이 좋아진다.
④ 기초대사량이 줄어들면 체력이 좋아진다.
⑤ 기초대사량이 줄어들면 체력이 나빠진다.

Hard

04

> 전제1. 어떤 영양제를 먹는 사람은 빈혈이 없다.
> 전제2. ______________________________
> 결론. 어떤 운동을 하는 사람은 빈혈이 없다.

① 어떤 영양제를 먹는 사람은 운동을 한다.
② 빈혈이 없는 어떤 사람은 영양제를 먹는다.
③ 운동을 하는 사람은 모두 영양제를 먹는다.
④ 영양제를 먹는 사람은 모두 운동을 한다.
⑤ 어떤 영양제를 먹는 사람은 빈혈이 있다.

05

> 전제1. 회계를 하는 모든 사람은 X분야의 취미 활동을 한다.
> 전제2. 회계를 하는 모든 사람은 Y분야의 취미 활동을 한다.
> 결론. ______________________________

① X분야의 취미 활동을 하는 모든 사람은 회계를 한다.
② Y분야의 취미 활동을 하는 어떤 사람은 X분야의 취미 활동을 한다.
③ Y분야의 취미 활동을 하는 모든 사람은 회계를 한다.
④ X분야의 취미 활동을 하는 모든 사람은 Y분야의 취미 활동을 한다.
⑤ 회계를 하는 어떤 사람은 X분야의 취미 활동을 하지 않는다.

Hard

06 카페를 운영 중인 S씨는 네 종류의 음료를 여름 한정 메뉴로 판매하기로 결정하였고, 이를 위해 해당 음료의 재료를 유통하는 업체 두 곳을 선정하려 한다. 선정된 유통업체는 서로 다른 메뉴의 재료를 담당해야 하며, 반드시 담당하는 메뉴에 필요한 재료를 모두 공급해야 한다. 다음 〈조건〉을 참고할 때, S씨가 선정할 두 업체로 적절한 것은?

조건

- A, B, C, D업체는 각각 5가지 재료 중 3종류의 재료를 유통한다.
- 모든 업체가 유통하는 재료가 있다.
- A업체가 유통하는 재료들로 카페라테를 만들 수 있다.
- B업체가 유통하는 재료들로는 카페라테를 만들 수 있지만, 아포가토는 만들 수 없다.
- C업체는 딸기를 유통하지 않으나, D업체는 딸기를 유통한다.
- 팥은 B업체를 제외하고 모든 업체가 유통한다.
- 우유를 유통하는 업체는 두 곳이다.

〈카페 메뉴 및 재료〉

메뉴	재료
카페라테	커피 원두, 우유
아포가토	커피 원두, 아이스크림
팥빙수	아이스크림, 팥
딸기라테	우유, 딸기

① A업체, B업체
② A업체, C업체
③ B업체, C업체
④ B업체, D업체
⑤ C업체, D업체

07 S사의 A, B, C, D는 각각 다른 팀에 근무하는데, 각 팀은 2층, 3층, 4층, 5층에 위치하고 있다. 다음 〈조건〉을 참고할 때, 다음 중 항상 참인 것은?

조건

- A, B, C, D 중 2명은 부장, 1명은 과장, 1명은 대리이다.
- 대리의 사무실은 B보다 높은 층에 있다.
- B는 과장이다.
- A는 대리가 아니다.
- A의 사무실이 가장 높다.

① 부장 중 한 명은 반드시 2층에 근무한다.
② A는 부장이다.
③ 대리는 4층에 근무한다.
④ B는 2층에 근무한다.
⑤ C는 대리이다.

08 A～E는 점심 식사 후 제비뽑기를 통해 '꽝'이 쓰여져 있는 종이를 뽑은 한 명이 나머지 네 명의 아이스크림을 모두 사주기로 하였다. 다음 A～E의 대화에서 한 명이 거짓말을 한다고 할 때, 아이스크림을 사야 할 사람은 누구인가?

A : D는 거짓말을 하고 있지 않아.
B : '꽝'을 뽑은 사람은 C이다.
C : B의 말이 사실이라면 D의 말은 거짓이야.
D : E의 말이 사실이라면 '꽝'을 뽑은 사람은 A이다.
E : C는 빈 종이를 뽑았어.

① A ② B
③ C ④ D
⑤ E

Hard

09 S그룹에서 근무하는 A～E사원 중 한 명은 이번 주 금요일에 열리는 세미나에 참석해야 한다. 다음 A～E사원의 대화에서 2명이 거짓말을 하고 있다고 할 때, 다음 중 이번 주 금요일 세미나에 참석하는 사람은 누구인가?(단, 거짓을 말하는 사람은 거짓만을 말한다)

> A사원 : 나는 금요일 세미나에 참석하지 않아.
> B사원 : 나는 금요일에 중요한 미팅이 있어. D사원이 세미나에 참석할 예정이야.
> C사원 : 나와 D는 금요일에 부서 회의에 참석해야 하므로 세미나는 참석할 수 없어.
> D사원 : C와 E 중 한 명이 참석할 예정이야.
> E사원 : 나는 목요일부터 금요일까지 휴가라 참석할 수 없어. 그리고 C의 말은 모두 사실이야.

① A사원 ② B사원
③ C사원 ④ D사원
⑤ E사원

Hard

10 N백화점 명품관에서 도난 사건이 발생했다. CCTV 확인을 통해 그 시각 백화점 명품관에 있던 A, B, C, D, E, F용의자가 검거됐다. 이들 중 범인인 두 사람이 거짓말을 하고 있다면, 거짓말을 한 사람은?

> A : F가 성급한 모습으로 나가는 것을 봤어요. F가 범인이 확실해요.
> B : C가 가방 속에 무언가 넣는 모습을 봤어요.
> C : 나는 범인이 아닙니다.
> D : B 혹은 A가 훔치는 것을 봤어요.
> E : F가 범인인 게 확실해요. CCTV를 자꾸 신경 쓰고 있었거든요.
> F : 얼핏 봤는데, 제가 본 도둑은 C 아니면 E예요.

① A, C ② B, C
③ B, F ④ D, E
⑤ E, F

※ 다음 제시된 단어의 대응 관계가 동일하도록 빈칸에 들어갈 가장 적절한 단어를 고르시오. **[11~13]**

Easy

11

이단 : 전통 = 모방 : (　　)

① 사설　② 종가
③ 모의　④ 답습
⑤ 창안

12

위임 : 의뢰 = (　　) : 계몽

① 대리　② 주문
③ 효시　④ 개화
⑤ 미개

13

준거 : 표준 = 자취 : (　　)

① 척도　② 흔적
③ 주관　④ 반영
⑤ 보증

PART 2
01
02

※ 다음 단어의 대응 관계가 나머지와 다른 하나를 고르시오. [14~15]

14

① 시종 – 수미
② 시비 – 선악
③ 추세 – 형편
④ 원고 – 피고
⑤ 구속 – 속박

Hard

15

① 발신 – 수신
② 번잡 – 한산
③ 허가 – 금지
④ 흉조 – 길조
⑤ 구제 – 구휼

※ 다음 제시된 도형의 규칙을 보고 물음표에 들어가기에 적절한 것을 고르시오. [16~19]

Easy

16

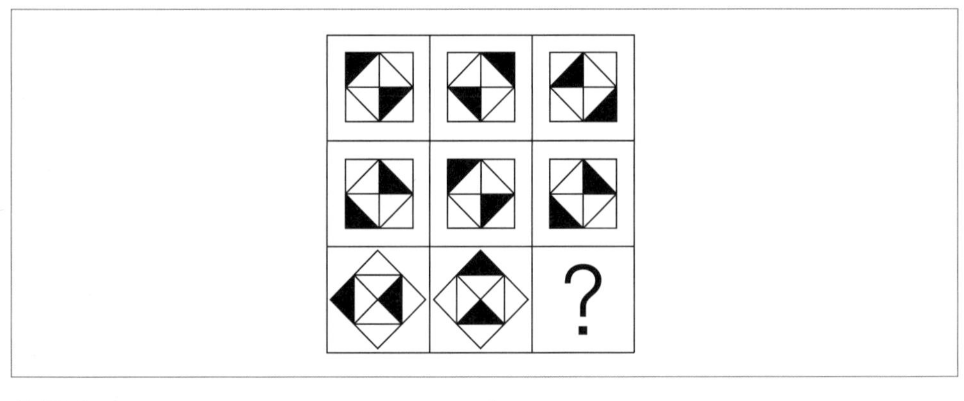

① 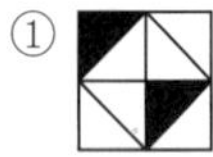
② 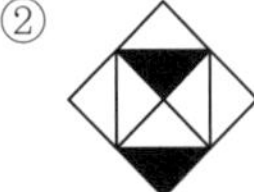
③ 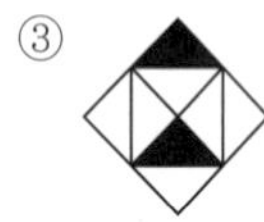
④ 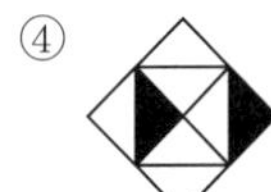
⑤ 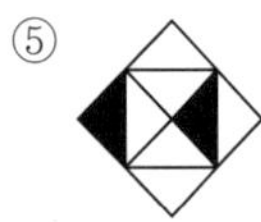

17

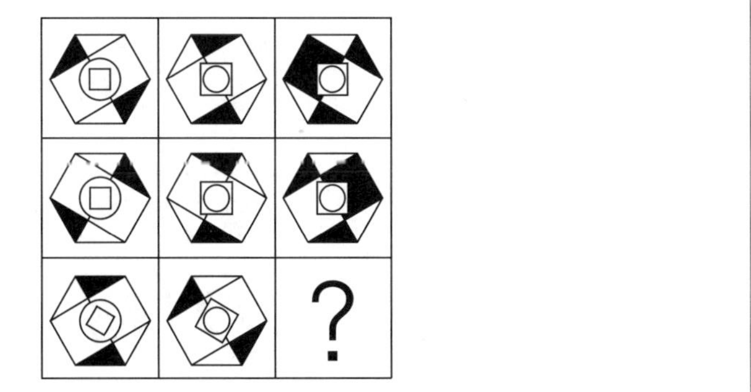

① 

② 

③ 

④ 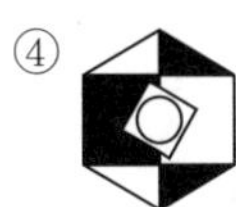

⑤ 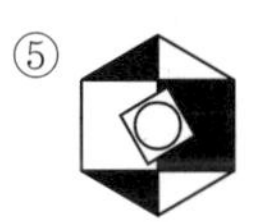

PART 2 01 02

18

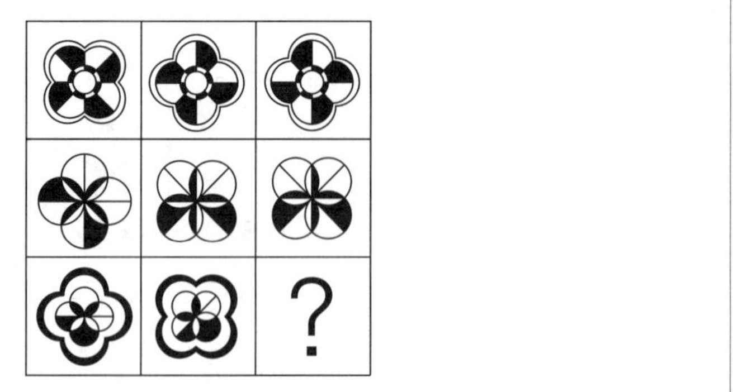

① 

② 

③ 

④ 

⑤ 

19

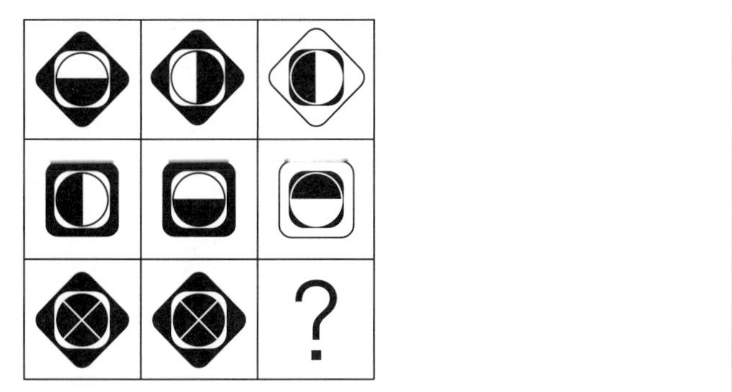

① 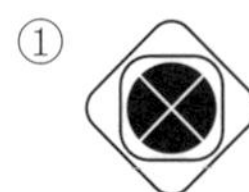

② 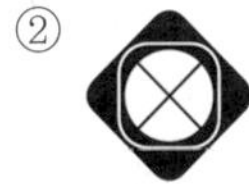

③ 

④ 

⑤ 

PART 2

01

02

※ 다음 도식에서 기호들은 일정한 규칙에 따라 문자를 변화시킨다. 물음표에 들어갈 적절한 문자를 고르시오(단, 규칙은 가로와 세로 중 한 방향으로만 적용된다). **[20~22]**

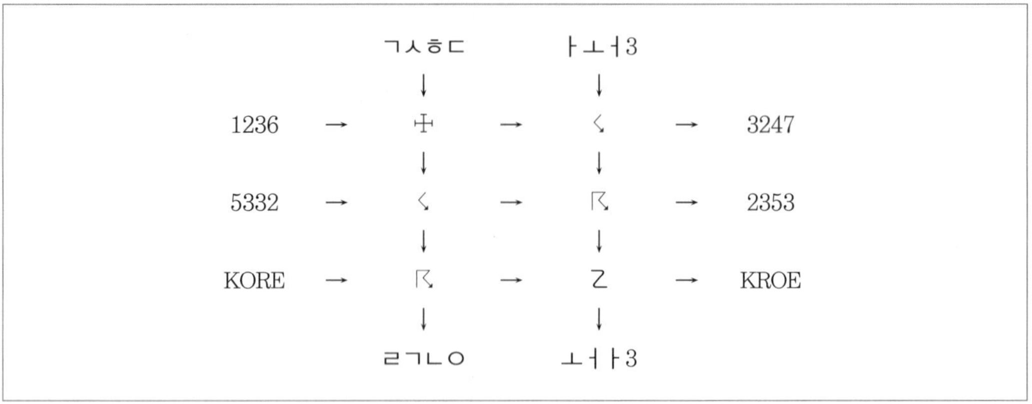

Easy

20

KIFR → ☇ → ☈ → ?

① KIFR　② IKRF
③ IKFR　④ RFKI
⑤ IFKR

21

SAN2 → ? → ☩ → 3BOT

① ☇　② ☈
③ ☡　④ ☩
⑤ ☇ → ☩

Hard

22

ㄱ33ㅏ → ? → ☡ → ㅏㄱ33

① ☇　② ☈
③ ☡　④ ☩
⑤ ☈ → ☇

※ 다음 도식에서 기호들은 일정한 규칙에 따라 문자를 변화시킨다. 물음표에 들어갈 적절한 문자를 고르시오(단, 규칙은 가로와 세로 중 한 방향으로만 적용된다). **[23~25]**

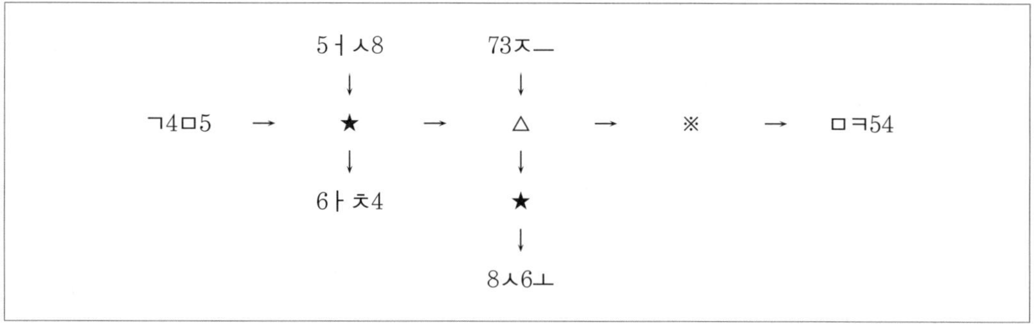

23

6ㅜ1ㅂ → △ → ※ → ?

① 38ㅅㅠ
② 49ㅊㅡ
③ 3ㅅㅠ8
④ 3ㅓㅅ8
⑤ 94ㅣㅈ

24

4ㄷㅅ7 → ★ → ※ → ?

① 46ㅎㄷ
② ㄷㅍ63
③ 7ㄷㅌ5
④ 36ㄷㅊ
⑤ 8ㄹㅍ6

25

ㅛㅅ68 → ★ → △ → ?

① ㅁ49ㅜ
② ㅁㅜ49
③ ㅜ9ㅁ4
④ ㅠ8ㅂ5
⑤ ㅂㅠ58

※ 다음 글의 내용이 참일 때 항상 거짓인 것을 고르시오. [26~27]

Hard

26

프랑스의 과학기술학자인 브루노 라투르는 아파트 단지 등에서 흔히 보이는 과속방지용 둔덕을 통해 기술이 인간에게 어떤 역할을 수행하는지를 흥미롭게 설명한다. 운전자들은 둔덕 앞에서 자연스럽게 속도를 줄인다. 그런데 운전자가 이렇게 하는 이유는 이웃을 생각해서가 아니라, 빠른 속도로 둔덕을 넘었다가는 차에 무리가 가기 때문이다. 즉 둔덕은 "타인을 위해 과속을 하면 안 된다."는 (사람들이 잘 지키지 않는) 도덕적 심성을 "과속을 하면 내 차에 고장이 날 수 있다."는 (사람들이 잘 지키는) 이기적 태도로 바꾸는 역할을 한다. 라투르는 과속방지용 둔덕을 "잠자는 경찰"이라고 부르면서, 이것이 교통경찰의 역할을 대신한다고 보았다. 이렇게 라투르는 인간이 했던 역할을 기술이 대신 수행함으로써 우리 사회의 훌륭한 행위자가 된다고 하였다.
라투르는 총기의 예도 즐겨 사용한다. 총기 사용 규제를 주장하는 사람들은 총이 없으면 일어나지 않을 살인 사건이 총 때문에 발생한다고 주장한다. 반면에 총기 사용 규제에 반대하는 그룹은 살인은 사람이 저지르는 것이며, 총은 중립적인 도구일 뿐이라고 주장한다. 라투르는 전자를 기술결정론, 후자를 사회결정론으로 분류하면서 이 두 가지 입장을 모두 비판한다. 그의 주장은 사람이 총을 가짐으로써 사람도 바뀌고 총도 바뀐다는 것이다. 즉 총과 사람의 합체라는 잡종이 새로운 행위자로 등장하며, 이 잡종 행위자는 이전에 가졌던 목표와는 다른 목표를 가지게 된다. 예를 들어, 원래는 다른 사람에게 겁만 주려 했는데, 총이 손에 쥐어져 있어 살인을 저지르게 되는 식이다.
라투르는 서양의 학문이 자연, 사회, 인간만을 다루어왔다고 강하게 비판한다. 라투르에 따르면 서양의 학문은 기술과 같은 '비인간'을 학문의 대상에서 제외했다. 과학이 자연을 탐구하려면 기술이 바탕이 되는 실험기기에 의존해야 하지만, 과학은 기술을 학문 대상이 아닌 도구로 취급했다. 사회 구성 요소 중에 가장 중요한 것은 기술이지만, 사회과학자들은 기술에는 관심이 거의 없었다. 철학자들은 인간을 주체 / 객체로 나누면서, 기술을 저급하고 수동적인 대상으로만 취급했다. 그 결과 기술과 같은 비인간이 제외된 자연과 사회가 근대성의 핵심이 되었다. 결국 라투르는 행위자로서 기술의 능동적 역할에 주목하면서, 이를 통해 서구의 근대적 과학과 철학이 범했던 자연 / 사회, 주체 / 객체의 이분법을 극복하고자 하였다.

① 라투르는 총과 사람의 합체로 탄생되는 잡종 행위자를 막기 위해서는 총기 사용을 규제해야 한다고 주장했다.
② 라투르는 서양의 학문이 자연, 사회, 인간만을 다루고 학문의 대상에서 기술을 제외했다고 비판했다.
③ 라투르는 행위자로서의 기술의 능동적 역할에 주목하여 자연과 사회의 이분법을 극복하고자 하였다.
④ 라투르는 과속방지용 둔덕이 행위자로서의 능동적 역할을 한다고 주장했다.
⑤ 라투르는 인간이 맡았던 역할을 기술이 대신 수행하는 것을 인정했다.

Hard

27

오늘날 대부분의 경제 정책은 경제의 규모를 확대하거나 좀 더 공평하게 배분하는 것을 도모한다. 하지만 뉴딜 시기 이전의 상당 기간 동안 미국의 경제 정책은 성장과 분배의 문제보다는 '자치(Self Rule)에 가장 적절한 경제 정책은 무엇인가?'의 문제를 중시했다.
그 시기에 정치인 A와 B는 거대화된 자본 세력에 대해 서로 다르게 대응하였다. A는 거대 기업에 대항하기 위해 거대 정부로 맞서기보다 기업 담합과 독점을 무너뜨려 경제권력을 분산시키는 것을 대안으로 내세웠다. 그는 산업 민주주의를 옹호했는데 그 까닭은 그것이 노동자들의 소득을 증진시키기 때문이 아니라 자치에 적합한 시민의 역량을 증진시키기 때문이었다. 반면 B는 경제 분산화를 꾀하기보다 연방 정부의 역량을 증가시켜 독점자본을 통제하는 노선을 택했다. 그에 따르면, 민주주의가 성공하기 위해서는 거대 기업에 대응할 만한 전국 단위의 정치권력과 시민 정신이 필요하기 때문이었다. 이렇게 A와 B의 경제 정책에는 차이점이 있지만, 둘 다 경제 정책이 자치에 적합한 시민 도덕을 장려하는 경향을 지녀야 한다고 보았다는 점에서는 일치한다.
하지만 뉴딜 후반기에 시작된 성장과 분배 중심의 정치경제학은 시민 정신 중심의 정치경제학을 밀어내게 된다. 실제로 1930년대 대공황 이후 미국의 경제 회복은 시민의 자치 역량과 시민 도덕을 육성하는 경제 구조 개혁보다는 케인즈 경제학에 입각한 중앙정부의 지출 증가에서 시작되었다. 그에 따라 미국은 자치에 적합한 시민 도덕을 강조할 필요가 없는 경제 정책을 펼쳐나갔다. 또한 모든 가치에 대한 판단은 시민 도덕에 의지하는 것이 아니라 개인이 알아서 해야 하는 것이며 국가는 그 가치관에 중립적이어야만 공정한 것이라는 자유주의 철학이 우세하게 되었다. 모든 이들은 자신이 추구하는 가치와 상관없이 일정 정도의 복지 혜택을 받을 권리를 가지게 되었다. 하지만 공정하게 분배될 복지 자원을 만들기 위해 경제 규모는 확장되어야 했으며, 정부는 거대화된 경제권력들이 망하지 않도록 국민의 세금을 투입하여 관리하기 시작했다. 그리고 시민들은 자치하는 자, 즉 스스로 통치하는 자가 되기보다 공정한 분배를 받는 수혜자로 전락하게 되었다.

① A는 시민의 소득 증진을 위하여 경제권력을 분산시키는 방식을 택하였다.
② B는 거대 기업을 규제할 수 있는 전국 단위의 정치권력이 필요하다는 입장이다.
③ A와 B는 시민 자치 증진에 적합한 경제 정책이 필요하다는 입장이다.
④ A와 B의 정치경제학은 모두 1930년대 미국의 경제 위기 해결에 주도적 역할을 하지 못하였다.
⑤ 케인즈 경제학에 기초한 정책은 시민의 자치 역량을 육성하기 위한 경제 구조 개혁 정책이 아니었다.

28 다음 글에 대한 반론으로 가장 적절한 것을 고르면?

> 투표는 주요 쟁점에 대해 견해를 표현하고 정치권력을 통제할 수 있는 행위로, 일반 유권자가 할 수 있는 가장 보편적인 정치 참여 방식이다. 그래서 정치학자와 선거 전문가들은 선거와 관련하여 유권자들의 투표 행위에 대해 연구해 왔다. 이 연구는 일반적으로 유권자들의 투표 성향, 즉 투표 참여 태도나 동기 등을 조사하여, 이것이 투표 결과와 어떤 상관관계가 있는가를 밝힌다. 투표 행위를 설명하는 이론 역시 다양하다.
> 합리적 선택 모델은 유권자 개인의 이익을 가장 중요한 요소로 보고, 이를 바탕으로 투표 행위를 설명한다. 이 모델에서는 인간을 자신의 이익을 극대화하기 위해 행동하는 존재로 보기 때문에, 투표 행위를 개인의 목적을 위한 수단으로 간주한다. 따라서 유권자는 자신의 이해와 요구에 부합하는 정책을 제시하는 후보자를 선택한다고 본다.

① 사람들은 자신에게 유리한 결과를 도출하기 위해 투표를 한다.
② 유권자들은 정치 권력을 통제하기 위한 수단으로 투표를 활용한다.
③ 사람들은 자신의 이익이 커지는 쪽으로 투표를 한다.
④ 유권자들의 투표 성향은 투표 결과에 영향을 끼친다.
⑤ 유권자들은 개인이지만 결국 사회적인 배경에서 완전히 자유로울 수 없다.

29 **다음 제시문을 토대로 〈보기〉를 바르게 해석한 것으로 가장 적절하지 않은 것을 고르면?**

현대인은 타인의 고통을 주로 뉴스나 영화 등의 매체를 통해 경험한다. 타인의 고통을 직접 대면하는 경우와 비교할 때 그와 같은 간접 경험으로부터 연민을 갖기는 쉽지 않다. 더구나 현대 사회는 사적 영역을 침범하지 않도록 주문한다. 이런 존중의 문화는 타인의 고통에 대한 지나친 무관심으로 변질될 수 있다. 그래서인지 현대 사회는 소박한 연민조차 느끼지 못하는 불감증 환자들의 안락하지만 황량한 요양소가 되어 가고 있는 듯하다.

연민에 대한 정의는 시대와 문화・지역에 따라 가지각색이지만, 다수의 학자들에 따르면 연민은 두 가지 조건이 충족될 때 생긴다. 먼저 타인의 고통이 그 자신의 잘못에서 비롯된 것이 아니라 우연히 닥친 비극이어야 한다. 다음으로 그 비극이 언제든 나를 엄습할 수도 있다고 생각해야 한다. 이런 조건에 비추어 볼 때 현대 사회에서 연민의 감정은 무뎌질 가능성이 높다. 현대인은 타인의 고통을 대부분 그 사람의 잘못된 행위에서 비롯된 필연적 결과로 보며, 자신은 그러한 불행을 예방할 수 있다고 생각하기 때문이다.

그러나 현대 사회에서도 연민은 생길 수 있으며 연민의 가치 또한 커질 수 있다. 그 이유를 세 가지로 제시할 수 있다. 첫째, 현대 사회는 과거보다 안전한 것처럼 보이지만 실은 도처에 위험이 도사리고 있다. 둘째, 행복과 불행이 과거보다 사람들의 관계에 더욱 의존하고 있다. 친밀성은 줄었지만 사회・경제적 관계가 훨씬 촘촘해졌기 때문이다. 셋째, 교통과 통신이 발달하면서 현대인은 이전에 몰랐던 사람들의 불행까지도 의식할 수 있게 되었다. 물론 간접 경험에서 연민을 갖기가 어렵다고 치더라도 고통을 대면하는 경우가 많아진 만큼 연민의 필요성이 커져 가고 있다. 이런 정황에서 볼 때 연민은 그 어느 때보다 절실히 요구되며 그만큼 가치도 높다.

진정한 연민은 대부분 연대로 나아간다. 연대는 고통의 원인을 없애기 위해 함께 행동하는 것이다. 연대는 멀리하면서 감성적 연민만 외치는 사람들은 은연중에 자신과 고통받는 사람들이 뒤섞이지 않도록 두 집단을 분할하는 벽을 쌓는다. 이 벽은 자신의 불행을 막으려는 방화벽이면서, 고통받는 타인들의 진입을 차단하는 성벽이다. '입구 없는 성'에 출구도 없듯, 이들은 성 바깥의 위험 지대로 나가지 않는다. 이처럼 안전지대인 성 안에서 가진 것의 일부를 성벽 너머로 던져 주며 자족하는 동정도 가치 있는 연민이다. 그러나 진정한 연민은 벽을 무너뜨리며 연대하는 것이다.

보기

영주는 어떤 할머니의 고통을 소개하는 방송을 보았다. 영주는 할머니가 불행에 대비하지 못한 것이 할머니 자신의 탓이고, 그 불행이 자기에게는 닥치지 않을 것이라고 생각했다. 그렇지만 할머니가 불쌍하다고 느껴져서 방송 도중 전화 모금에 참여했다. 마음은 뿌듯했지만 영주의 일상에는 아무런 변화가 없었다.

① 불행의 원인을 사회적 관계에서 찾지 않는 아쉬움이 있군.
② 간접 경험을 통해서도 연민을 느낄 수 있음을 보여 주는군.
③ 타인의 비극이 나를 엄습할 수 있다는 인식이 없이도 연민을 느낄 수 있군.
④ 연민 때문에 도움을 주긴 했지만 연대로 나아가지 못한 아쉬움이 있군.
⑤ 사전에 예방이 가능한 불행을 연민의 대상에서 제외하고 있군.

Hard

30 다음 제시문을 토대로 〈보기〉를 해석한 것으로 적절한 것은?

도덕적 원칙주의자는 합리적인 이성을 통해 찾을 수 있는 선험적인 도덕 법칙이 존재한다고 본다. 그리고 모든 인간은 이를 반드시 따라야 한다고 주장한다. 따라서 도덕적 원칙주의자는 갈등 상황이 생겼을 때 주관적 욕구나 개인이 처한 상황을 고려하지 말고 도덕 법칙에 따라 행동하라고 말한다. 도덕적 원칙주의는 인간의 합리적인 이성을 신뢰하고 이를 통해 윤리적으로 올바른 삶이란 무엇인가를 규명하려고 했다는 점에서 의의가 있다.

도덕적 자유주의자는 도덕적 원칙주의자와 달리 선험적인 도덕 법칙이 존재하지 않는다고 본다. 대신 개인들이 합의를 통해 만든 상위 원리를 바탕으로 갈등을 해결해야 한다고 주장한다. 자신의 이익만을 생각하는 편협한 입장에서 벗어나 객관적이고 공평한 지점에서 상위 원리를 만들 수 있다고 보기 때문이다. 상위 원리를 통해 법과 같은 현실적인 규범이나 지침을 만들면 사람들이 이를 준수함으로써 도덕적 갈등이 해결된다는 것이다. 따라서 도덕적 자유주의자는 공정한 형식적 절차를 마련하는 것을 최우선으로 삼는다. 도덕적 자유주의는 인간의 자율성을 보장하면서 갈등 상황을 해결할 수 있는 현실적인 방법을 만들어 냈다는 데 의의가 있다.

한편 도덕적 다원주의자는 해결 불가능한 도덕적 갈등이 있다고 주장한다. 이는 도덕적 가치의 우선순위를 판단하는 통일된 지표를 마련하는 것이 어려운 경우가 존재한다고 보기 때문이다. 가령 자유나 평등처럼 가치가 본래 지닌 내재적 속성이 상충되어 어느 하나를 추구하다 보면 다른 것을 상대적으로 덜 중시할 수밖에 없는 경우도 있으며, 어떤 조건에서는 우선시되는 가치가 다른 조건에서는 그렇지 않은 경우도 있다. 따라서 도덕적 다원주의자는 중재를 통해 타협점을 모색하는 방식을 제안한다. 가령 정의라는 가치가 중요하더라도 특정 갈등 상황에서 배려라는 가치가 더 중요하다면 타협을 통해 그것을 선택할 수도 있다고 말한다. 또한 타협하는 과정에서 기존의 도덕적 가치들 외에 새로운 가치를 생성할 수도 있다고 본다. 도덕적 다원주의자는 도덕적 갈등 상황에서 어떤 가치가 옳고 그른지 판단하는 것보다 갈등 당사자 간의 인간관계가 훼손되지 않는 것을 중시한다. 갈등 당사자들이 서로 다른 도덕적 가치를 주장한다고 하더라도 한 공동체 안에서 상호 작용하며 살아가야 하는 구성원들이라고 보기 때문이다.

보기

최근 코로나19 확진자 발생 시 역학조사에 활용하기 위해 다중이용시설 등의 이용 시 전자출입명부 또는 수기명부 작성이 의무화되었다. 이에 대하여 수기로 작성하는 명부에 이름을 기재하여야 하는가를 두고 ○○시장에서 치킨집을 운영하고 있는 A씨와 미용실을 운영하고 있는 B씨의 의견이 대립하였다. A씨는 정확한 출입자 명단을 확보하여야 신속하게 방역관리망을 작동시킬 수 있으므로 명부에 이름을 기재하여야 한다고 주장한다. 반면 B씨는 매장 내 자신의 이름이 적힌 수기명부를 보고 모르는 사람에 연락이 온 적이 있다며, 개인정보 침해 방지 및 사생활 보호라는 가치를 위해 명부에 이름을 기재하면 안 된다고 주장한다.

① 도덕적 원칙주의자는 수기명부 작성을 둘러싼 갈등 상황에서 A씨가 B씨의 개인적 경험을 고려하여야 한다고 주장한다.

② 도덕적 자유주의자는 수기명부 작성과 관련된 A씨와 B씨의 의견 대립을 해결 불가능한 도덕적 갈등으로 본다.

③ 도덕적 자유주의자는 B씨가 개인정보 침해 방지 및 사생활 보호라는 선험적인 도덕 법칙에 따르고 있다고 본다.

④ 도덕적 다원주의자는 수기명부 내 이름 작성이 공정한 절차에 따라 합의가 이루어진 방침이라면 B씨가 A씨의 의견을 따라야 한다고 본다.
⑤ 도덕적 다원주의자는 수기명부 작성을 둘러싼 갈등으로 인해 A씨와 B씨의 인간관계가 훼손되지 않는 것이 중요하다고 주장한다.

PART 2
01
02

PART 3
최종점검 모의고사

제 1 회

도서 동형 온라인 실전연습 서비스 ABKM-00000-559A0

최종점검 모의고사

응시시간 : 60분　문항 수 : 50문항

정답 및 해설 p.050

01 수리논리

01 회의에 참석하기 위해 김부장이 회사에서 박대리보다 30분 먼저 출발했다. 회의 장소까지 도보로 김부장은 시속 3km로 걷고, 박대리는 시속 4km로 걸어가고 있을 때, 박대리가 김부장을 따라잡을 때까지 걸리는 시간은 몇 분인가?(단, 걸리는 시간은 박대리가 출발한 후부터이다)

① 180분　② 90분
③ 80분　④ 70분
⑤ 60분

Hard

02 어느 공장에서 작년에 A제품과 B제품을 합하여 1,000개를 생산하였다. 올해는 작년보다 A제품의 생산이 10% 증가하고, B제품의 생산은 10% 감소하여 전체 생산량은 4% 증가하였다. 올해에 생산된 A제품의 수는?

① 550개　② 600개
③ 660개　④ 700개
⑤ 770개

03 다음은 S헬스장의 2022년 4분기 프로그램 회원 수와 2023년 1월 예상 회원 수에 대한 자료이다. 〈조건〉을 바탕으로 방정식 $2a+b=c+d$가 성립할 때, b에 알맞은 회원 수는 몇 명인가?

〈K헬스장 운동 프로그램 회원 현황〉

(단위 : 명)

구분	2022년 10월	2022년 11월	2022년 12월	2023년 1월
요가	50	a	b	
G.X	90	98	c	
필라테스	106	110	126	d

조건

- 2022년 11월 요가 회원은 전월 대비 20% 증가했다.
- 4분기 필라테스 총 회원 수는 G.X 총 회원 수보다 37명이 더 많다.
- 2023년 1월 필라테스의 예상 회원 수는 2022년 4분기 필라테스의 월 평균 회원 수일 것이다.

① 110명
② 111명
③ 112명
④ 113명
⑤ 114명

04 다음은 청개구리와 황소개구리의 개체 수 변화에 대한 자료이다. 이와 같은 일정한 변화가 지속될 때 2024년 청개구리와 황소개구리의 개체 수는 몇 마리인가?

〈청개구리 · 황소개구리 개체 수 변화〉

(단위 : 만 마리)

구분	2016년	2017년	2018년	2019년	2020년
청개구리	5	6	8	12	20
황소개구리	50	47	44	41	38

	청개구리	황소개구리
①	200만 마리	25만 마리
②	200만 마리	26만 마리
③	260만 마리	26만 마리
④	260만 마리	25만 마리
⑤	300만 마리	26만 마리

Easy

05 S슈퍼에서는 아이스크림 제조공장에서 아이스크림을 유통하여 소비자에게 판매한다. 다음은 아이스크림의 공장 판매가와 최대 판매 개수에 대한 자료이다. S슈퍼가 60만 원 이상의 순수익을 내고자 할 때 각 아이스크림의 가격을 최소 얼마 이상으로 해야 하는가?(단, 판매하는 아이스크림 개수를 최소한으로 하려하고 판매가는 공장 판매가의 5배를 넘기지 않는다)

아이스크림	공장 판매가	최대 판매 개수
A	100원	250개
B	150원	300개
C	200원	400개

	A	B	C
①	400원	650원	900원
②	350원	600원	800원
③	450원	700원	950원
④	500원	750원	1,000원
⑤	550원	800원	1,050원

06 주어진 도표를 이용해 빈칸을 완성한 후 (㉮+㉯)×㉰−ⓐ+ⓑ를 구하면?(단, 소수점은 빈칸에 표기하지 않으며, 모든 계산은 소수점 둘째 자리까지만 한다)

〈연도별 학교 식중독 발생건수 및 환자 현황〉

(단위 : 건, 명)

구분	총계		초등학교		중학교		고등학교	
	건 수	환자 수	건 수	환자 수	건 수	환자 수	건 수	환자 수
2018년	30	2,061	11	507	7	288	12	1,266
2019년	54	3,185	12	586	8	638	34	1,961
2020년	44	2,247	9	414	11	848	24	985
2021년	51	4,135	12	783	13	842	26	2,510
2022년	38	1,980	8	278	7	222	23	1,480

2.				
1.	㉯		1.	
㉮				
			ⓐ	
	2.	㉰		ⓑ

〈가로〉

1. 2018년과 2019년 초등학교 환자 수의 합과 2021년과 2022년 중학교 환자 수의 합 중 더 큰 숫자
2. 2018년 대비 2019년 초등학교 환자 수의 증가율

〈세로〉

1. 2020년과 2021년 고등학교 환자 수의 합
2. 2018년과 2019년 총환자 수의 차

① 0
② 1
③ 5
④ 9
⑤ 10

Easy

07

다음은 어느 해의 G시 5개 구 주민의 돼지고기 소비량에 관한 자료이다. 〈조건〉을 이용하여 변동계수가 3번째로 큰 구를 적절하게 구하면?

〈5개 구 주민의 돼지고기 소비량 통계〉

(단위 : kg)

구분	평균(1인당 소비량)	표준편차
A구	(　　)	5.0
B구	(　　)	4.0
C구	30.0	6.0
D구	12.0	4.0
E구	(　　)	8.0

※ $(\text{변동계수})=\frac{(\text{표준편차})}{(\text{평균})}\times 100$

조건

- A구의 1인당 소비량과 B구의 1인당 소비량을 합하면 C구의 1인당 소비량과 같다.
- A구의 1인당 소비량과 D구의 1인당 소비량을 합하면 E구 1인당 소비량의 2배와 같다.
- E구의 1인당 소비량은 B구의 1인당 소비량보다 6.0kg 더 많다.

① A구
② B구
③ C구
④ D구
⑤ E구

08

다음은 2022년도 A지역 고등학교 학년별 도서 선호 분야 비율에 관한 자료이다. 취업 관련 도서를 선호하는 3학년 학생 수 대비 철학·종교 도서를 선호하는 1학년 학생 수의 비율로 적절한 것은? (단, 모든 계산은 소수점 첫째 자리에서 반올림한다)

〈A지역 고등학교 학년별 도서 선호 분야 비율〉

(단위 : 명, %)

학년	사례 수	장르소설	문학	자기계발	취업관련	예술·문화	역사·지리	과학·기술	정치·사회	철학·종교	경제·경영	기타
소계	1,160	28.9	18.2	7.7	6.9	5.4	6.1	7.9	5.8	4.2	4.5	4.4
1학년	375	29.1	18.1	7	6.4	8.7	5.3	7.8	4.1	3	6.5	4
2학년	417	28.4	18.7	8.9	7.5	3.8	6.3	8.3	8.1	5	3.1	1.9
3학년	368	29.3	17.8	7.1	6.6	3.7	6.8	7.6	4.8	4.5	4.1	7.7

① 42%
② 46%
③ 52%
④ 56%
⑤ 62%

09 다음은 2016년부터 2022년까지 개방형 공무원 임용 현황에 대한 표인데 일부가 삭제되었다. (가), (나)에 들어갈 수를 순서대로 짝지은 것은?[단, (나)는 소수점 둘째 자리에서 반올림한다]

〈개방형 공무원 임용 현황〉

(단위 : 천 명)

구분	2016년	2017년	2018년	2019년	2020년	2021년	2022년
충원 수	136	146	166	196	136	149	157
내부임용 수	75	79	(가)	86	64	82	86
외부임용 수	61	67	72	110	72	67	71
외부임용률(%)	44.9	45.9	43.4	56.1	52.9	(나)	45.2

※ 외부임용률$=\frac{(\text{외부임용 수})}{(\text{충원 수})}\times 100$

	(가)	(나)
①	94	45.3
②	94	55.0
③	94	45.0
④	84	45.3
⑤	84	55.0

10 표준 업무시간이 80시간인 업무를 각 부서에 할당해 본 결과, 다음과 같은 표를 얻었다. 어느 부서의 업무효율이 가장 높은가?

〈부서별 업무시간 분석결과〉

부서		A	B	C	D	E
투입 인원(명)		2	3	4	3	5
개인별 업무시간(시간)		41	30	22	27	17
회의	횟수(회)	3	2	1	2	3
	소요시간(시간/회)	1	2	4	1	2

- 업무효율$=\frac{\text{표준 업무시간}}{\text{총 투입시간}}$
- 총 투입시간=개인별 투입시간(=개인별 업무시간+회의 횟수×회의 소요시간)×투입 인원
- 부서원은 업무를 분담하여 동시에 수행할 수 있음
- 투입된 인원의 개인별 업무능력과 인원당 소요시간은 동일함

① A부서
② B부서
③ C부서
④ D부서
⑤ E부서

11 귀하는 S회사의 인사관리 부서에서 근무 중이다. 오늘 회의시간에 생산부서의 인사평가 자료를 취합하여 보고해야 하는데, 자료 취합 중 파일에 오류가 생겨 일부 자료가 훼손되었다. 다음 중 (가), (나), (다), (라)에 들어갈 점수로 가장 적절한 것은?(단, 각 평가는 100점 만점이고, 종합순위는 각 평가지표 점수의 총합으로 결정한다)

〈인사평가 점수 현황〉

(단위 : 점)

구분	역량	실적	자기계발	성실성	종합순위
A사원	70	(가)	80	70	5
B사원	80	85	(나)	70	1
C대리	(다)	85	70	75	3
D과장	80	80	60	70	4
E부장	85	85	70	(라)	2

※ 점수는 5점 단위로 부여한다.

	(가)	(나)	(다)	(라)
①	60	70	55	60
②	65	70	65	60
③	65	65	65	65
④	75	65	55	65
⑤	80	70	65	65

12 김과장은 사내 체육행사 때 사용하게 될 생수를 구매하려고 한다. 다음 5개 업체의 생수 중에서 어떤 것을 고르는 것이 가장 이득이겠는가?(단, 생수의 품질은 모두 같고 물을 마시는 방법은 무시한다)

구분	A업체	B업체	C업체	D업체	E업체
가격(원)	6,000	4,000	5,000	4,500	5,500
부피(ml)	500	700	1,000	1,500	2,000
묶음 개수(개)	20	15	10	8	6

① A업체
② B업체
③ C업체
④ D업체
⑤ E업체

Hard

13 국토교통부는 자동차의 공회전 발생률과 공회전 시 연료소모량이 적은 차량 운전자에게 현금처럼 쓸 수 있는 탄소포인트를 제공하는 정책을 구상하고 있다. 국토교통부는 동일 차량 운전자 A～E를 대상으로 이 정책을 시범 시행하였다. 다음 자료를 근거로 할 때, 공회전 발생률과 공회전 시 연료소모량에 따라 A～E운전자가 받을 수 있는 탄소포인트의 총합이 큰 순서대로 나열된 것은?(단, 주어진 자료 이외의 다른 조건은 고려하지 않는다)

〈차량 시범 시행 결과〉

구분	A	B	C	D	E
주행시간(분)	200	30	50	25	50
총공회전시간(분)	20	15	10	5	25

〈공회전 발생률에 대한 탄소포인트〉

구분	19% 이하	20～39%	40～59%	60～79%	80% 이상
탄소포인트(P)	100	80	50	20	10

〈공회전 시 연료소모량에 대한 구간별 탄소포인트〉

구분	99cc 이하	100～199cc	200～299cc	300～399cc	400cc 이상
탄소포인트(P)	100	75	50	25	0

※ 공회전 발생률(%)$=\frac{\text{(총 공회전 시간)}}{\text{(주행시간)}}\times 100$

※ 공회전 시 연료소모량(cc)=(총 공회전 시간)×20

① D>C>A>B>E
② D>C>A>E>B
③ D>A>C>B>E
④ A>D>B>E>C
⑤ A>B>E>C>D

14 18～20세 대비 21～24세의 연평균 독서량은 2배 많고, 18～20세와 21～24세의 연평균 독서량의 합은 15～17세의 연평균 독서량과 같다. 18～20세 연평균 독서량은 9～11세 연평균 독서량의 25%이다. 이때, 15～17세의 연평균 독서량은?

〈청소년 연평균 독서량〉

(단위 : 권)

나이	9～11세	12～14세	15～17세	18～20세	21～24세	평균
연평균 독서량		20				16

① 6권
② 12권
③ 18권
④ 24권
⑤ 30권

15 다음은 ○○인터넷쇼핑몰의 1 ~ 4월 판매내역을 정리한 자료이며, 자료의 일부 내용에 잉크가 번져 보이지 않는 상황이다. 다음 자료에 대하여 1 ~ 4월까지의 총 반품금액에 대한 4월 반품금액의 비율과 1 ~ 4월까지의 총배송비에 대한 1월 배송비의 비율을 뺀 값으로 적절한 것은?

〈○○인터넷쇼핑몰 판매내역〉

(단위 : 원)

구분	판매금액	반품금액	취소금액	배송비	매출
1월	2,400,000	300,000			1,870,000
2월	1,700,000		160,000	30,000	1,360,000
3월	2,200,000	180,000	140,000		1,840,000
4월			180,000	60,000	1,990,000
합계	8,800,000	900,000		160,000	7,040,000

※ (매출)=(판매금액)−(반품금액)−(취소금액)−(배송비)

① 11.25%p
② 11.5%p
③ 11.75%p
④ 12%p
⑤ 12.25%p

Easy

16 다음은 S기업의 분야별 투자 현황이다. 다음과 같이 일정한 변화가 지속될 때, 2023년 제조업과 소재/부품 분야의 투자 합은 얼마인가?

(단위 : 억 원)

구분	2012년	2013년	2014년	2015년	2016년	2017년
제조업	1	3	7	13	21	31
소재/부품	3	5	9	17	33	65

① 1,158억 원
② 2,384억 원
③ 4,208억 원
④ 4,230억 원
⑤ 4,254억 원

17 푸드 트럭을 운영하기로 계획 중인 홍길동은 다음 표를 통해 푸드 트럭 메뉴를 한 가지 선정하려고 한다. 홍길동은 어떤 메뉴를 고를 것인가?

메뉴	월간 판매량(개)	생산 단가(원)	판매 가격(원)
A	500	3,500	4,000
B	300	5,500	6,000
C	400	4,000	5,000
D	200	6,000	7,000
E	150	3,000	5,000

① A ② B
③ C ④ D
⑤ E

18 다음은 철 조각과 묽은 염산이 반응할 때 발생하는 수소 기체의 부피를 30초 간격으로 측정한 결과이다. 60 ~ 90초 사이의 평균 반응 속도는 몇 mL/s인가?

시간(초)	0	30	60	90	120	150	180
수소 기체의 부피(mL)	0	17	28	34	36	38	38

① 0.1mL/s ② 0.2mL/s
③ 0.3mL/s ④ 0.4mL/s
⑤ 0.5mL/s

19 다음은 용도별 및 차종별 자동차검사 현황이다. 다음 중 빈칸에 들어갈 수치로 적절한 것은?(단, 각 수치는 연수가 높아짐에 따라 일정한 규칙으로 변화한다)

〈용도별, 차종별 자동차검사 현황〉

(단위 : %)

구분		4년 이하	5～6년	7～8년	9～10년	11～12년	13～14년	15년 이상
전체	합계	6.7	10.6	14.3	16.4	19.1	21.3	25.4
	승용차	5.5	9.0	11.3	14.1	17.8	20.3	25.3
	승합차	6.2	11.2	14.1	15.9	17.8	19.1	22.9
	화물차	7.4	14.9	22.6	24.5	23.5	24.8	26.0
	특수차	8.9	13.7	15.0	15.9	16.0	15.7	20.9
비사업용	합계	6.8	10.5	14.2	16.4	19.2	21.4	25.7
	승용차	6.8	9.1	11.4	14.1	17.8	20.3	25.3
	승합차	6.2	11.5	15.3	17.1	18.0	19.2	22.9
	화물차	6.9	14.6	23.2	25.5	24.4	25.5	27.0
	특수차	9.6	15.2	11.6	17.2		19.2	15.6
사업용	합계	6.4	11.2	14.6	16.2	18.3	19.6	20.2
	승용차	5.3	8.6	8.0	6.9	11.6	12.7	17.6
	승합차	6.1	9.7	9.7	9.9	9.8	8.6	9.8
	화물차	10.2	16.1	19.9	20.5	19.4	20.8	19.8
	특수차	8.7	13.4	14.9	16.0	16.5	15.9	22.7

① 12.6
② 13.6
③ 13.2
④ 14.2
⑤ 23.6

Hard

20 어항 안에 A금붕어와 B금붕어가 각각 1,675마리, 1,000마리가 있다. 다음과 같이 금붕어가 팔리고 있다면, 10일 차에 남아있는 금붕어는 각각 몇 마리인가?

(단위 : 마리)

구분	1일 차	2일 차	3일 차	4일 차	5일 차
A금붕어	1,675	1,554	1,433	1,312	1,191
B금붕어	1,000	997	992	983	968

	A금붕어	B금붕어
①	560마리	733마리
②	586마리	733마리
③	621마리	758마리
④	700마리	758마리
⑤	782마리	783마리

02 추리

※ 제시된 명제가 모두 참일 때, 빈칸에 들어갈 명제로 가장 적절한 것을 고르시오. [1~5]

Easy

01

전제1. 박세리는 골프 선수다.
전제2. ____________________
결론. 박세리는 지구력이 좋다.

① 지구력이 좋지 않으면 골프 선수가 아니다.
② 지구력이 좋으면 박세리다.
③ 지구력이 좋지 않으면 골프 선수다.
④ 골프 선수면 박세리가 아니다.
⑤ 지구력이 좋으면 골프 선수이다.

02

전제1. 한 씨는 부동산을 구두로 양도했다.
전제2. ____________________
결론. 한 씨의 부동산 양도는 무효다.

① 부동산 양도가 무효가 아니면 부동산을 구두로 양도했다.
② 부동산을 구두로 양도하지 않으면 부동산 양도는 무효다.
③ 부동산을 구두로 양도하면 부동산 양도는 무효다.
④ 부동산을 구두로 양도하면 부동산 양도는 무효가 아니다.
⑤ 부동산을 구두로 양도하지 않으면 부동산 양도는 무효가 아니다.

03

전제1. 연예인이 모델이면 매출액이 증가한다.
전제2. ____________________
결론. 연예인이 모델이면 브랜드 인지도가 높아진다.

① 브랜드 인지도가 높아지면 연예인이 모델이다.
② 브랜드 인지도가 높아지면 매출액이 줄어든다.
③ 매출액이 줄어들면 브랜드 인지도가 높아진다.
④ 매출액이 증가하면 브랜드 인지도가 높아진다.
⑤ 매출액이 증가하면 브랜드 인지도가 낮아진다.

Hard

04

> 전제1. 독서모임에 참여하는 모든 사람은 봉사활동에 참여한다.
> 전제2. ____________________
> 결론. 봉사활동에 참여하는 어떤 사람은 문화 동아리에 참여한다.

① 봉사활동에 참여하지 않는 모든 사람은 문화 동아리에 참여하지 않는다.
② 독서모임에 참여하지 않는 어떤 사람은 문화 동아리에 참여한다.
③ 봉사활동에 참여하는 어떤 사람은 독서모임에 참여한다.
④ 독서모임에 참여하는 어떤 사람은 문화 동아리에 참여한다.
⑤ 독서모임에 참여하는 모든 사람은 문화 동아리에 참여하지 않는다.

05

> 전제1. 자기관리를 하는 모든 사람은 공부를 한다.
> 전제2. 자기관리를 하는 모든 사람은 미라클 모닝을 실천한다.
> 결론. ____________________

① 공부를 하는 모든 사람은 자기관리를 한다.
② 공부를 하는 모든 사람은 미라클 모닝을 실천한다.
③ 미라클 모닝을 실천하는 모든 사람은 자기관리를 한다.
④ 미라클 모닝을 실천하는 어떤 사람은 공부를 한다.
⑤ 자기관리를 하는 어떤 사람은 공부를 하지 않는다.

06

A, B, C, D, E 다섯 약국은 공휴일마다 2곳씩만 영업을 한다. 알려진 사실이 다음과 같을 때 반드시 참인 것은?(단, 한 달간 각 약국의 공휴일 영업일수는 같다)

> • 이번 달 공휴일은 총 5일이다.
> • 오늘은 세 번째 공휴일이며 A약국, C약국이 영업을 한다.
> • D약국은 오늘을 포함하여 이번 달에는 더 이상 공휴일에 영업을 하지 않는다.
> • E약국은 마지막 공휴일에 영업을 한다.
> • A약국과 E약국은 이번 달에 한번씩 D약국과 영업을 했다.

① A약국은 이번 달에 두 번의 공휴일을 연달아 영업한다.
② 이번 달에 B약국, E약국이 함께 영업하는 공휴일은 없다.
③ B약국은 두 번째, 네 번째 공휴일에 영업을 한다.
④ 네 번째 공휴일에 영업하는 약국은 B와 C이다.
⑤ E약국은 첫 번째, 다섯 번째 공휴일에 영업을 한다.

Easy

07 농업인 A～E는 감자, 고구마, 오이, 토마토, 고추 밭을 하나씩 맡아 가꾸기로 하였다. 농업인 D는 무엇을 가꾸는가?

- A는 토마토와 고추만 가꿀 줄 안다.
- D는 오이를 가꿀 줄 모른다.
- E는 고추만 가꿀 줄 한다.
- C는 감자와 토마토만 가꿀 줄 안다.

① 감자
② 고구마
③ 오이
④ 토마토
⑤ 고추

08 아마추어 야구 리그에서 활동하는 4개의 팀(가～라)은 빨간색, 노란색, 파란색, 보라색 중에서 매년 상징하는 색을 바꾸고 있다. 다음 〈조건〉을 참고할 때, 반드시 참인 것은?

조건

- 하나의 팀은 하나의 상징색을 갖는다.
- 이전에 사용했던 상징색을 다시 사용할 수는 없다.
- 가와 나팀은 빨간색을 사용한 적이 있다.
- 나와 다팀은 보라색을 사용한 적이 있다.
- 라팀은 노란색을 사용한 적이 있고, 파란색을 선택하였다.

① 가는 파란색을 사용한 적이 있어 다른 색을 골라야 한다.
② 가팀의 상징색은 노란색이 될 것이다.
③ 다는 파란색을 사용한 적이 있을 것이다.
④ 다팀의 상징색은 빨간색이 될 것이다.
⑤ 라는 보라색을 사용한 적이 있다.

PART 3 01 02 03 04

Easy

09 한 초등학교의 어떤 반에서는 학생 4명(가 ~ 라)의 자리를 4개의 분단에 나누어 배정한다. 다음 〈조건〉을 참고할 때, 반드시 참인 것은?

> 조건
>
> - 하나의 분단에는 한 명의 학생이 앉는다.
> - 이전에 앉았던 분단에는 다시 앉지 않는다.
> - 가는 1분단과 3분단에 앉은 적이 있다.
> - 나는 2분단과 3분단에 앉은 적이 있다.
> - 다는 2분단과 4분단에 앉은 적이 있다.
> - 라는 1분단에 배정되었다.

① 가는 4분단에 배정된다.
② 다가 배정될 분단을 확실히 알 수 없다.
③ 나가 배정될 분단을 확실히 알 수 없다.
④ 나는 3분단에 앉을 것이다.
⑤ 가는 2분단에 앉을 것이다.

10 S사는 회사 내 5개의 부서(A ~ E)가 사용하는 사무실을 회사 건물의 1층부터 5층에 배치되어 있다. 각 부서의 배치는 2년에 한 번씩 새롭게 배치하며, 올해가 새롭게 배치될 해이다. 다음 〈조건〉을 참고할 때, 반드시 참인 것은?

> 조건
>
> - 한 번 배치된 층에는 같은 부서가 배치되지 않는다.
> - A팀과 C팀은 1층과 3층을 사용한 적이 있다.
> - B팀과 D팀은 2층과 4층을 사용한 적이 있다.
> - E팀은 2층을 사용한 적이 있고, 5층에 배정되었다.
> - B팀은 1층에 배정되었다.

① E팀은 3층을 사용한 적이 있을 것이다.
② A팀은 2층에 배정될 것이다.
③ E팀은 이전에 5층을 사용한 적이 있을 것이다.
④ 2층을 쓸 가능성이 있는 것은 총 세 팀이다.
⑤ D팀은 3층에 배정될 것이다.

※ 다음 제시된 단어의 대응 관계가 동일하도록 빈칸에 들어갈 가장 적절한 단어를 고르시오. [11~12]

11

참여 : 이탈 = ( ) : 종결

① 귀결 ② 소외
③ 착수 ④ 단락
⑤ 탈선

Hard

12

치환 : 대치 = 포고 : ( )

① 국면 ② 공포
③ 전위 ④ 극명
⑤ 은닉

※ 다음 단어의 대응 관계가 나머지와 다른 하나를 고르시오. [13~15]

Easy

13 ① 나태 – 근면 ② 사실 – 허구
③ 제정 – 폐지 ④ 상의 – 논의
⑤ 발생 – 소멸

14 ① 반제 – 차용 ② 등귀 – 하락
③ 도야 – 수련 ④ 미숙 – 성숙
⑤ 간이 – 번잡

15 ① 우량 – 열악 ② 과부 – 미망인
③ 우연 – 필연 ④ 문어 – 구어
⑤ 민감 – 둔감

PART 3
01
02
03
04

※ 다음 제시된 도형의 규칙을 보고 물음표에 들어가기에 적절한 것을 고르시오. **[16~20]**

16

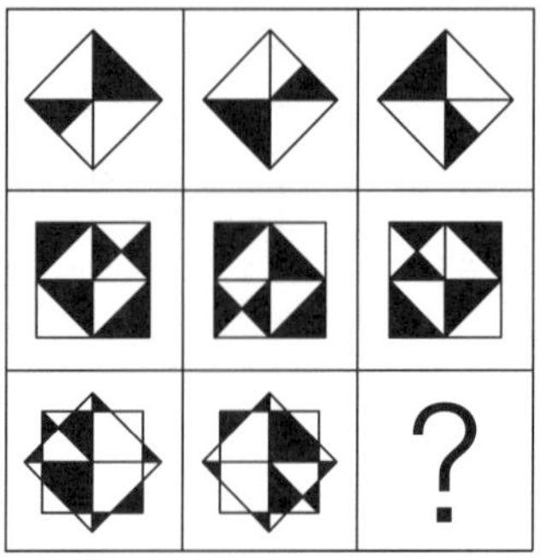

?

①  ②  ③  ④  ⑤

17

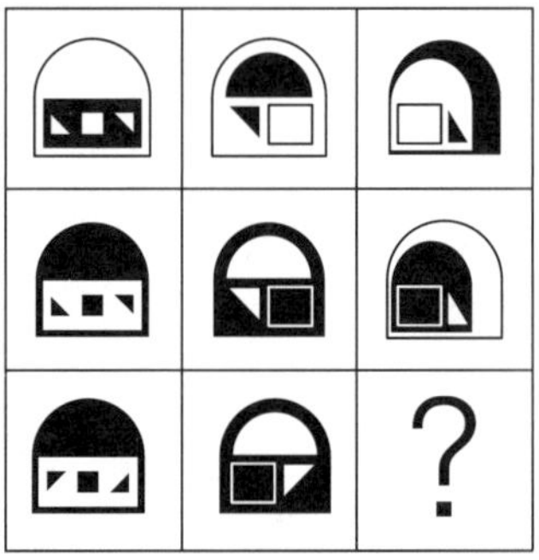

?

① ② ③ ④ ⑤

Easy

18

?

①

②

③

④

⑤

Hard

19

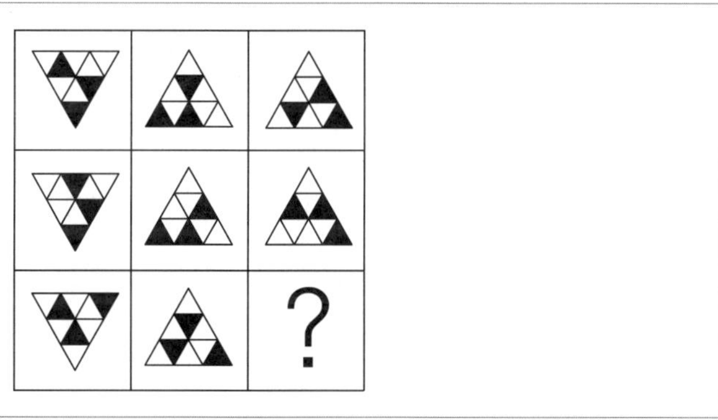

①

②

③

④

⑤

20

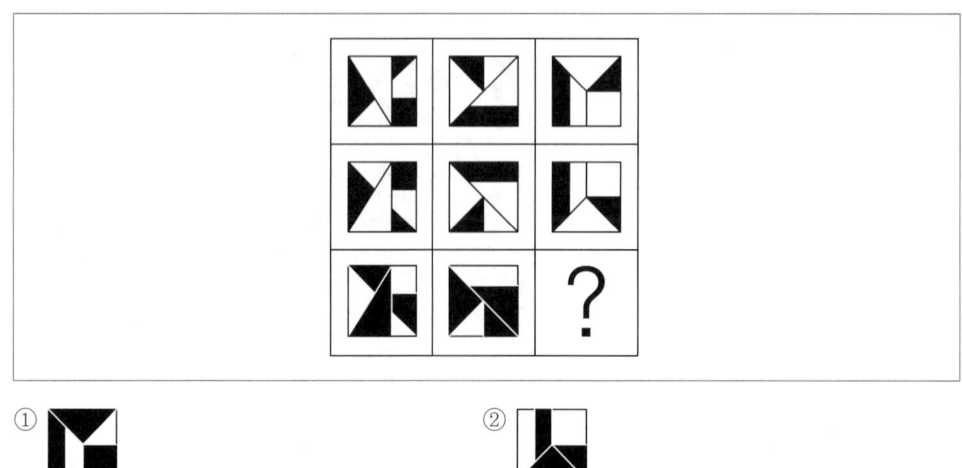

① 

② 

③ 

④ 

⑤ 

※ 다음 도식에서 기호들은 일정한 규칙에 따라 문자를 변화시킨다. 물음표에 들어갈 적절한 문자를 고르시오. **[21~23]**

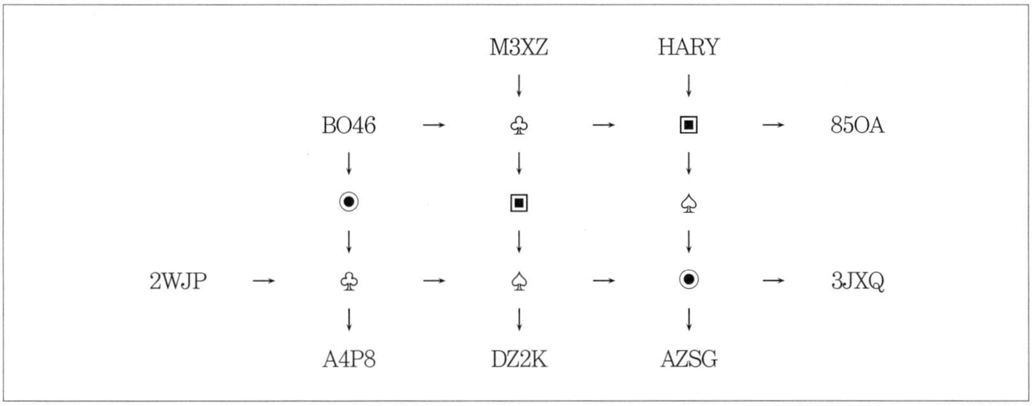

				M3XZ		HARY		
				↓		↓		
		BO46	→	♧	→	▣	→	85OA
		↓		↓		↓		
		◉		▣		♤		
		↓		↓		↓		
2WJP	→	♧	→	♤	→	◉	→	3JXQ
		↓		↓		↓		
		A4P8		DZ2K		AZSG		

Easy

21

7ㅅ3ㄷ → ▣ → ◉ → ?

① ㄷㅅ37
② ㄷ3ㅅ6
③ ㄴㅅ47
④ ㄷ36ㅅ
⑤ ㄴㅅ46

22

Pㄹㅎ U → ♧ → ♤ → ?

① ㅁRㅎV
② ㅁㅎRW
③ Qㅁㅎ V
④ Qㅂㄱ V
⑤ QㅂWㄱ

Hard

23

126ㅊ → ◉ → ? → ▣ → ㅈ713

① ◉
② ♤
③ ♧ → ♤
④ ◉ → ▣
⑤ ♤ → ◉

24 다음 제시문의 내용으로 가장 적절한 것은?

우리는 '재활용'이라고 하면 생활 속에서 자주 접하는 종이, 플라스틱, 유리 등을 다시 활용하는 것만을 생각한다. 하지만, 에너지 역시도 재활용이 가능하다고 한다.
에너지는 우리가 인지하지 못하는 일상생활 속 움직임을 통해 매 순간 만들어지고 또 사라진다. 문제는 이렇게 생산되고 또 사라지는 에너지의 양이 적지 않다는 것이다. 이처럼 버려지는 에너지를 수집해 우리가 사용할 수 있도록 하는 기술이 에너지 하베스팅이다.
에너지 하베스팅은 열, 빛, 운동, 바람, 진동, 전자기 등 주변에서 버려지는 에너지를 모아 전기를 얻는 기술을 의미한다. 이처럼 우리 주위 자연에 존재하는 청정에너지를 반영구적으로 사용하기 때문에 공급의 안정성, 보안성 및 지속 가능성이 높고, 이산화탄소를 배출하는 화석연료를 사용하지 않기 때문에 환경공해를 줄일 수 있어 친환경 에너지 활용 기술로도 각광 받고 있다.
이처럼 에너지원의 종류가 많은 만큼, 에너지 하베스팅의 유형도 매우 다양하다. 체온, 정전기 등 신체의 움직임을 이용하는 신체 에너지 하베스팅, 태양광을 이용하는 광 에너지 하베스팅, 진동이나 압력을 가해 이용하는 진동 에너지 하베스팅, 산업 현장에서 발생하는 수많은 폐열을 이용하는 열에너지 하베스팅, 방송전파나 휴대전화 전파 등의 전자파 에너지를 이용하는 전자파 에너지 하베스팅 등이 폭넓게 개발되고 있다.
영국의 어느 에너지기업은 사람의 운동 에너지를 전기 에너지로 바꾸는 기술을 개발했다. 사람이 많이 다니는 인도 위에 버튼식 패드를 설치하여 사람이 밟을 때마다 전기가 생산되도록 하는 것이다. 이 장치는 2012년 런던올림픽에서 테스트를 한 이후 현재 영국의 12개 학교 및 미국 뉴욕의 일부학교에서 설치하여 활용중이다.
이처럼 전 세계적으로 화석 연료에서 신재생 에너지로 전환하려는 노력이 계속되고 있는 만큼, 에너지 전환 기술인 에너지 하베스팅에 대한 관심은 계속 될 것이며 다양한 분야에 적용될 것으로 예상하고 있다.

① 재활용은 유체물만 가능하다.
② 에너지 하베스팅은 버려진 에너지를 또 다른 에너지로 만든다.
③ 에너지 하베스팅을 통해 열, 빛, 전기 등 여러 에너지를 얻을 수 있다.
④ 태양광과 폐열은 같은 에너지원에 속한다.
⑤ 사람의 운동 에너지를 전기 에너지로 바꾸는 기술은 사람의 체온을 이용한 신체에너지 하베스팅 기술이다.

※ 다음 글의 내용이 참일 때 항상 거짓인 것을 고르시오. [25~27]

25

노나카 이쿠지로는 지식에 대한 폴라니의 탐구를 실용적으로 응용하여 지식 경영론을 펼쳤다. 그는 폴라니의 '암묵지'를 신체 감각, 상상 속 이미지, 지적 관심 등과 같이 객관적으로 표현하기 어려운 주관적 지식으로 파악했다. 또한 '명시지'를 문서나 데이터베이스 등에 담긴 지식과 같이 객관적이고 논리적으로 형식화된 지식으로 파악하고, 이것이 암묵지에 비해 상대적으로 지식의 공유 가능성이 높다고 보았다.

암묵지와 명시지의 분류에 기초하여, 노나카는 개인, 집단, 조직 수준에서 이루어지는 지식 변환 과정을 네 가지로 유형화하였다. 암묵지가 전달되어 타자의 암묵지로 변환되는 것은 대면 접촉을 통한 모방과 개인의 숙련 노력에 의해 이루어지는 것으로서 '공동화'라 한다. 암묵지에서 명시지로의 변환은 암묵적 요소 중 일부가 형식화되어 객관화되는 것으로서 '표출화'라 한다. 또 명시지들을 결합하여 새로운 명시지를 형성하는 것은 '연결화'라 하고, 명시지가 숙련 노력에 의해 암묵지로 전환되는 것은 '내면화'라 한다. 노나카는 이러한 변환 과정이 원활하게 일어나 기업의 지적 역량이 강화되도록 기업의 조직 구조도 혁신되어야 한다고 주장하였다.

이러한 주장대로 지식 경영이 실현되기 위해서는 지식 공유 과정에 대한 구성원들의 참여가 전제되어야 한다. 하지만 인간에게 체화된 무형의 지식을 공유하는 것은 쉬운 일이 아니다. 단순한 정보와 유용한 지식을 구분하기도 쉽지 않고, 이를 계량화하여 평가하는 것도 어렵다. 따라서 지식 경영의 성패는 지식의 성격에 대한 정확한 이해에 기초하여 구성원들이 지식 공유와 확산 과정에 자발적으로 참여하도록 하는 방안을 마련하는 것에 달려 있다고 할 수 있다.

① 명시지는 암묵지에 비해 공유 가능성이 높다.
② 표출화를 통해 암묵지를 형식적인 지식으로 변환할 수 있다.
③ 여러 개의 명시지가 모여 새로운 지식을 만들어낼 수 있다.
④ 내면화 과정을 이용하면 무형의 지식을 쉽게 공유할 수 있다.
⑤ 암묵지와 명시지는 쉽게 구별되지 않는다.

26

휴대전화를 뜻하는 '셀룰러폰'은 이동 통신 서비스에서 하나의 기지국이 담당하는 지역을 셀이라고 말한 것에서 유래하였다. 이동 통신은 주어진 총 주파수 대역폭을 다수의 사용자가 이용하므로 통화 채널당 할당된 주파수 대역을 재사용하는 기술이 무엇보다 중요하다. 이동 통신 회사들은 제한된 주파수 자원을 보다 효율적으로 사용하기 위하여 넓은 지역을 작은 셀로 나누고, 셀의 중심에 기지국을 만든다. 각 기지국마다 특정 주파수 대역을 사용해 서비스를 제공하는데, 일정 거리 이상 떨어진 기지국은 동일한 주파수 대역을 다시 사용함으로써 주파수 재사용률을 높인다. 예를 들면, 아래 그림은 특정 지역에 이동 통신 서비스를 제공하기 위하여 네 종류의 주파수 대역(F1, F2, F3, F4)을 사용하고 있다. 주파수 간섭 문제를 피하기 위해 인접한 셀들은 서로 다른 주파수 대역을 사용하지만, 인접하지 않은 셀에서는 이미 사용하고 있는 주파수 대역을 다시 사용하는 것을 볼 수 있다. 이렇게 셀을 구성하여 방대한 지역을 제한된 몇 개의 주파수 대역으로 서비스할 수 있다.

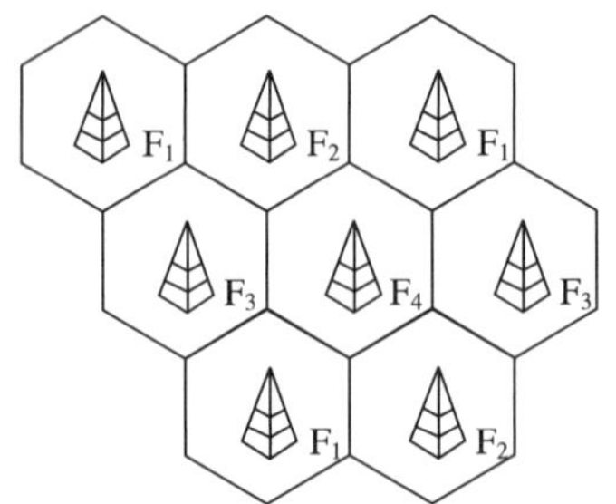

하나의 기지국이 감당할 수 있는 최대 통화량은 일정하다. 평지에서 기지국이 전파를 발사하면 전파의 장은 기지국을 중심으로 한 원 모양이지만, 서비스 지역에 셀을 배치하는 시스템 설계자는 해당 지역을 육각형의 셀로 디자인하여 중심에 기지국을 배치한다. 기지국의 전파 강도를 조절하여 셀의 반지름을 반으로 줄이면 면적은 약 1/4로 줄어들게 된다. 따라서 셀의 반지름을 반으로 줄일 경우 동일한 지역에는 셀의 수가 약 4배가 되고, 수용 가능한 통화량도 약 4배로 증가하게 된다. 이를 이용하여 시스템 설계자는 평소 통화량이 많은 곳은 셀의 반지름을 줄이고 통화량이 적은 곳은 셀의 반지름을 늘려 서비스 효율성을 높인다.

① 주파수 재사용률을 높이기 위해 기지국의 전파 강도를 높여 이동 통신 서비스를 제공한다.
② 제한된 수의 주파수 대역으로 넓은 지역에 이동 통신 서비스를 제공할 수 있다.
③ 인접 셀에서 같은 주파수 대역을 사용하면 주파수 간섭 문제가 발생할 수 있다.
④ 시스템 설계자는 서비스 지역의 통화량에 따라 셀의 반지름을 정한다.
⑤ 기지국 수를 늘리면 수용 가능한 통화량이 증가한다.

Easy

27

A효과란 기업이 시장에 최초로 진입하여 무형 및 유형의 이익을 얻는 것을 의미한다. 반면 뒤늦게 뛰어든 기업이 앞서 진출한 기업의 투자를 징검다리로 이용하여 성공적으로 시장에 안착하는 것을 B효과라고 한다. 물론 B효과는 후발진입기업이 최초진입기업과 동등한 수준의 기술 및 제품을 보다 낮은 비용으로 개발할 수 있을 때만 가능하다.

생산량이 증가할수록 평균생산비용이 감소하는 규모의 경제 효과 측면에서, 후발진입기업에 비해 최초진입기업이 유리하다. 즉, 대량 생산, 인프라 구축 등에서 우위를 조기에 확보하여 효율성 증대와 생산성 향상을 꾀할 수 있다. 반면 후발진입기업 역시 연구개발 투자 측면에서 최초진입기업에 비해 상대적으로 유리한 면이 있다. 후발진입기업의 모방 비용은 최초진입기업이 신제품 개발에 투자한 비용 대비 65% 수준이기 때문이다. 최초진입기업의 경우, 규모의 경제 효과를 얼마나 단기간에 이룰 수 있는가가 성공의 필수 요건이 된다. 후발진입기업의 경우, 절감된 비용을 마케팅 등에 효과적으로 투자하여 최초진입기업의 시장 점유율을 단기간에 빼앗아 오는 것이 성공의 핵심 조건이다.

규모의 경제 달성으로 인한 비용상의 이점 이외에도 최초진입기업이 누릴 수 있는 강점은 강력한 진입 장벽을 구축할 수 있다는 것이다. 시장에 최초로 진입했기에 소비자에게 우선적으로 인식된다. 그로 인해 후발진입기업에 비해 적어도 인지도 측면에서는 월등한 우위를 확보한다. 또한 기술적 우위를 확보하여 라이센스, 특허 전략 등을 통해 후발진입기업의 시장 진입을 방해하기도 한다. 뿐만 아니라 소비자들이 후발진입기업의 브랜드로 전환하려고 할 때 발생하는 노력, 비용, 심리적 위험 등을 마케팅에 활용하여 후발진입기업이 시장에 진입하기 어렵게 할 수도 있다. 결국 A효과를 극대화할 수 있는지는 규모의 경제 달성 이외에도 얼마나 오랫동안 후발주자가 진입하지 못하도록 할 수 있는가에 달려 있다.

① 최초진입기업은 후발진입기업에 비해 매년 더 많은 마케팅 비용을 사용한다.
② 후발진입기업의 모방 비용은 최초진입기업이 신제품 개발에 투자한 비용보다 적다.
③ 최초진입기업이 후발진입기업에 비해 인지도 측면에서 우위에 있다는 것은 A효과에 해당한다.
④ 후발진입기업이 성공하려면 절감된 비용을 효과적으로 투자하여 최초진입기업의 시장점유율을 단기간에 빼앗아 와야 한다.
⑤ 후발진입기업이 최초진입기업과 동등한 수준의 기술 및 제품을 보다 낮은 비용으로 개발할 수 없다면 B효과를 얻을 수 없다.

※ 다음 글에 대한 반론으로 가장 적절한 것을 고르시오. [28~29]

Easy

28

> 어떤 모델이든지 상품의 특성에 적합한 이미지를 갖는 인물이어야 광고 효과가 제대로 나타날 수 있다. 예를 들어, 자동차, 카메라, 공기 청정기, 치약과 같은 상품의 경우에는 자체의 성능이나 효능이 중요하므로 대체로 전문성과 신뢰성을 갖춘 모델이 적합하다. 이와 달리 상품이 주는 감성적인 느낌이 중요한 보석, 초콜릿, 여행 등과 같은 상품은 매력성과 친근성을 갖춘 모델이 잘 어울린다. 그런데 유명인이 그들의 이미지에 상관없이 여러 유형의 상품 광고에 출연하면 모델의 이미지와 상품의 특성이 어울리지 않는 경우가 많아 광고 효과가 나타나지 않을 수 있다.
>
> 유명인의 중복 출연이 소비자가 모델을 상품과 연결시켜 기억하기 어렵게 한다는 점도 광고 효과에 부정적인 영향을 미친다. 유명인의 이미지가 여러 상품으로 분산되면 광고 모델과 상품 간의 결합력이 약해질 것이다. 이는 유명인 광고 모델의 긍정적인 이미지를 광고 상품에 전이하여 얻을 수 있는 광고 효과를 기대하기 어렵게 만든다.
>
> 또한 유명인의 중복 출연 광고는 광고 메시지에 대한 신뢰를 얻기 힘들다. 유명인 광고 모델이 여러 광고에 중복하여 출연하면, 그 모델이 경제적인 이익만을 추구한다는 이미지가 소비자에게 강하게 각인된다. 그러면 소비자들은 유명인 광고 모델의 진실성을 의심하게 되어 광고 메시지가 객관성을 결여하고 있다고 생각하게 될 것이다.
>
> 유명인 모델의 광고 효과를 높이기 위해서는 유명인이 자신과 잘 어울리는 한 상품의 광고에만 지속적으로 나오는 것이 좋다. 이렇게 할 경우 상품의 인지도가 높아지고, 상품을 기억하기 쉬워지며, 광고 메시지에 대한 신뢰도가 제고된다. 유명인의 유명세가 상품에 전이되고 소비자가 유명인이 진실하다고 믿게 되기 때문이다.

① 광고 효과를 높이기 위해서는 제품의 이미지와 맞는 모델을 골라야 한다.
② 연예인이 여러 광고의 모델일 경우 소비자들은 광고 브랜드에 대한 신뢰를 잃게 된다.
③ 유명 연예인이 많은 광고에 출연하게 되면 소비자들은 모델과 상품 간의 연관성을 찾지 못한다.
④ 사람들은 특정 인물이 광고에 출연한 것만으로 브랜드를 선택하는 경향이 있다.
⑤ 유명인이 한 광고에만 지속적으로 나올 경우 긍정적인 효과를 기대할 수 있다.

Easy

29

세계경제포럼의 일자리 미래 보고서는 기술이 발전함에 따라 향후 5년 간 500만 개 이상의 일자리가 사라질 것으로 경고했다. 실업률이 증가하면 사회적으로 경제적 취약 계층인 저소득층도 늘어나게 되는데, 지금까지는 '최저소득보장제'가 저소득층을 보호하는 역할을 담당해 왔다.
최저소득보장제는 경제적 취약 계층에게 일정 생계비를 보장해 주는 제도로 이를 실시할 경우 국가는 가구별 총소득에 따라 지원 가구를 선정하고 동일한 최저생계비를 보장해 준다. 가령 최저생계비를 80만 원까지 보장해 주는 국가라면, 총소득이 50만 원인 가구는 국가로부터 30만 원을 지원받아 80만 원을 보장받는 것이다. 국가에서는 이러한 최저생계비의 재원을 마련하기 위해 일정 소득을 넘어선 어느 지점부터 총소득에 대한 세금을 부과하게 된다. 이때 세금이 부과되는 기준 소득을 '면세점'이라 하는데, 총소득이 면세점을 넘는 경우 총소득 전체에 대해 세금이 부과되어 순소득이 총소득보다 줄어들게 된다.

① 저소득층은 실업률과 양의 상관관계를 보인다.
② 국가에서 최저생계비를 보장할 경우 저소득층은 소득을 올리는 것보다 최저생계비를 보장 받는 것이 더 유리하다고 판단할 수 있다.
③ 저소득층은 최저소득보장제를 통해 생계유지가 가능하다.
④ 면세점을 기준으로 소득에 대한 세금이 부과된다.
⑤ 소득이 면세점을 넘게 되면 세금으로 인해 순소득이 기존의 소득보다 줄어들 수 있다.

30 다음 지문을 토대로 〈보기〉를 바르게 해석한 것으로 가장 적절하지 않은 것을 고르면?

미래주의는 20세기 초 이탈리아 시인 마리네티의 '미래주의 선언'을 시작으로, 화가 발라, 조각가 보치오니, 건축가 상텔리아 등이 참여한 전위예술 운동이다. 당시 산업화에 뒤처진 이탈리아는 산업화에 대한 열망과 민족적 자존감을 고양시킬 수 있는 새로운 예술을 필요로 하였다. 이에 산업화의 특성인 속도와 운동에 주목하고 이를 예술적으로 표현하려는 미래주의가 등장하게 되었다.

미래주의 화가들은 질주하는 자동차, 사람들로 북적이는 기차역, 광란의 댄스홀, 노동자들이 일하는 공장 등 활기찬 움직임을 보여 주는 모습을 주요 소재로 삼아 산업 사회의 역동적인 모습을 표현하였다. 그들은 대상의 움직임의 추이를 화폭에 담아냄으로써 대상을 생동감 있게 형상화하려 하였다. 이를 위해 미래주의 화가들은, 시간의 흐름에 따른 대상의 움직임을 하나의 화면에 표현하는 분할주의 기법을 사용하였다. '질주하고 있는 말의 다리는 4개가 아니라 20개다.'라는 미래주의 선언의 내용은, 분할주의 기법을 통해 대상의 역동성을 지향하고자 했던 미래주의 화가들의 생각을 잘 드러내고 있다.

분할주의 기법은 19세기 사진작가 머레이의 연속 사진 촬영 기법에 영향을 받은 것으로, 이미지의 겹침, 역선(力線), 상호 침투를 통해 대상의 연속적인 움직임을 효과적으로 표현하였다. 먼저 이미지의 겹침은 화면에 하나의 대상을 여러 개의 이미지로 중첩시켜서 표현하는 방법이다. 마치 연속 사진처럼 화가는 움직이는 대상의 잔상을 바탕으로 시간의 흐름에 따른 대상의 움직임을 겹쳐서 나타내었다. 다음으로 힘의 선을 나타내는 역선은, 대상의 움직임의 궤적을 여러 개의 선으로 구현하는 방법이다. 미래주의 화가들은 사물이 각기 특징적인 움직임을 갖고 있다고 보고, 이를 역선을 통해 표현함으로써 사물에 대한 화가의 느낌을 드러내었다. 마지막으로 상호 침투는 대상과 대상이 겹쳐서 보이게 하는 방법이다. 역선을 사용하여 대상의 모습을 나타내면 대상이 다른 대상이나 배경과 구분이 모호해지는 상호 침투가 발생해 대상이 사실적인 형태보다는 왜곡된 형태로 표현된다. 이러한 방식으로 미래주의 화가들은 움직이는 대상의 속도와 운동을 효과적으로 나타낼 수 있었다.

기존의 전통적인 서양 회화가 대상의 고정적인 모습에 주목하여 비례, 통일, 조화 등을 아름다움의 요소로 보았다면, 미래주의 회화는 움직이는 대상의 속도와 운동이라는 미적 가치에 주목하여 새로운 미의식을 제시했다는 점에서 의의를 찾을 수 있다.

보기

발라의 '강아지의 다이내미즘'은 여인이 강아지를 데리고 산책하는 모습을 그린 미래주의 회화의 대표적인 작품이다. 움직이는 강아지의 모습을 속도감 있게 나타내었고, 여러 개의 선을 교차시켜 쇠사슬의 잔상을 구체적으로 재현하였다. 바닥과의 경계가 모호한 강아지의 발과 여인의 다리는 중첩하여 여러 개로 그려졌다.

① 강아지와 여인의 움직임을 통해 산업 사회의 역동적인 모습을 표현하였군.
② 중첩되어 그려진 강아지의 발을 통해 시간의 흐름에 따른 강아지의 움직임을 표현하였군.
③ 쇠사슬의 잔상을 구체적으로 재현함으로써 쇠사슬만의 특징적인 움직임을 표현하였군.
④ 산책하는 강아지의 발과 여인의 다리를 나란히 그림으로써 인간과 동물의 조화를 강조하였군.
⑤ 강아지의 발과 바닥과의 경계를 모호하게 표현함으로써 움직이는 강아지의 속도와 운동을 효과적으로 나타내었군.

제2회 최종점검 모의고사

도서 동형 온라인 실전연습 서비스 ABKN-00000-55790

응시시간 : 60분 문항 수 : 50문항

정답 및 해설 p.064

01 수리논리

01 용산에서 출발하여 광주에 도착하는 ITX – 새마을호가 있다. 이 열차가 용산에서 익산으로 가는 길에는 260m 길이의 다리가, 익산에서 광주로 가는 길에는 1,180m 길이의 터널이 있다. 동일한 속력으로 달리는 열차가 다리를 완전히 통과하는 데 40초가 걸리고, 열차가 터널 안에 완전히 있는 시간은 2분이다. 이때 열차의 길이는 몇 m인가?

① 50m ② 100m
③ 150m ④ 200m
⑤ 250m

Hard

02 S회사의 감사팀은 과장 2명, 대리 3명, 사원 3명으로 구성되어 있다. A, B, C, D지역의 지사로 두 명씩 나눠서 출장을 간다고 할 때, 출장 지역마다 대리급 이상이 한 명 이상 포함되어 있어야 하고 과장 2명이 각각 다른 지역으로 가야한다. 과장과 대리가 한 조로 출장에 갈 확률은?

① $\frac{1}{2}$ ② $\frac{1}{3}$
③ $\frac{2}{3}$ ④ $\frac{3}{4}$
⑤ $\frac{3}{8}$

03 다음은 연도별 근로자 수 변화 추이에 관한 자료이다. 이에 대한 설명으로 적절하지 않은 것은?

〈연도별 근로자 수 변화 추이〉

(단위 : 천 명)

구분	전체	남성		여성	
			비중		비중
2018년	14,290	9,061	63.4%	5,229	36.6%
2019년	15,172	9,467	62.4%	5,705	37.6%
2020년	15,536	9,633	62.0%	5,902	38.0%
2021년	15,763	9,660	61.3%	6,103	38.7%
2022년	16,355	9,925	60.7%	6,430	39.3%

① 매년 남성 근로자 수가 여성 근로자 수보다 많다.
② 2018년 대비 2022년 근로자 수의 증가율은 여성이 남성보다 높다.
③ 2018～2022년 동안 남성 근로자 수와 여성 근로자 수의 차이는 매년 증가한다.
④ 전체 근로자 중 여성 근로자 수의 비중이 가장 큰 해는 2022년이다.
⑤ 2022년 여성 근로자 수는 전년보다 약 5% 증가하였다.

04 다음은 자동차 산업 동향에 관한 자료이다. 이에 대한 〈보기〉의 설명 중 적절하지 않은 것을 모두 고르면?

〈자동차 산업 동향〉

(단위 : 천 대, 억 불)

구분	생산량	내수량	수출액	수입액
2015년	3,513	1,394	371	58.7
2016년	4,272	1,465	544	84.9
2017년	4,657	1,475	684	101.1
2018년	4,562	1,411	718	101.6
2019년	4,521	1,383	747	112.2
2020년	4,524	1,463	756	140
2021년	4,556	1,589	713	155
2022년	4,229	1,600	650	157

보기

㉠ 2016～2022년 사이 전년 대비 자동차 생산량의 증가량이 가장 큰 해는 2016년이다.
㉡ 2021년 대비 2022년의 자동차 수출액은 10% 이상 감소했다.
㉢ 자동차 수입액은 조사기간 동안 지속적으로 증가했다.
㉣ 2022년의 자동차 생산량 대비 내수량의 비율은 약 35% 이상이다.

① ㉡
② ㉠, ㉡
③ ㉠, ㉣
④ ㉡, ㉢
⑤ ㉡, ㉢, ㉣

05 다음은 주요 항만별 선박 입항 현황에 대한 자료이다. 이에 대한 설명으로 적절하지 않은 것은?

〈주요 항만별 선박 입항 현황〉

(단위 : 대)

구분	2018년	2019년	2020년	2021년 3/4분기			2022년 3/4분기		
				소계	외항	내항	소계	외항	내항
전체	139,080	151,109	163,451	119,423	43,928	75,495	126,521	45,395	81,126
부산항	32,803	34,654	37,571	27,681	16,248	11,433	28,730	17,127	11,603
울산항	20,828	22,742	24,241	17,977	7,233	10,744	17,676	7,434	10,242
인천항	19,383	20,337	22,475	16,436	5,044	11,392	17,751	4,854	12,897
광양항	15,759	17,810	19,476	14,165	5,581	8,584	14,372	5,548	8,824
목포항	6,116	7,358	7,418	6,261	273	5,988	8,496	274	8,222
포항항	6,508	6,935	7,077	5,242	1,950	3,292	5,950	1,906	4,044

① 2018년부터 2020년까지 부산항은 가장 많은 입항 횟수를 지속적으로 유지하고 있다.
② 2022년 3/4분기에 전년 동분기 대비 가장 높은 증가율을 보이고 있는 항구는 목포항이다.
③ 2021년 3/4분기와 2022년 3/4분기의 내항의 입항 선박 차이가 가장 큰 항구는 인천항이다.
④ 2022년 입항 선박 규모가 전년 동분기 대비 감소한 항구는 1곳이다.
⑤ 2018년과 비교했을 때, 2020년 입항 선박 수가 가장 많이 늘어난 항은 부산항이다.

06 다음은 2018 ~ 2022년까지 우리나라의 사고유형별 발생현황에 관한 통계자료이다. 다음 자료를 분석한 것으로 적절한 것은?

〈사고유형별 발생 현황〉

(단위 : 건)

구분	2018년	2019년	2020년	2021년	2022년
도로교통	215,354	223,552	232,035	220,917	216,335
화재	40,932	42,135	44,435	43,413	44,178
가스	72	72	72	122	121
환경오염	244	316	246	116	87
자전거	6,212	4,571	7,498	8,529	5,330

① 도로교통사고 발생 수는 매년 화재사고 발생 수의 5배 이상이다.
② 환경오염사고 발생 수는 매년 증감을 거듭하고 있다.
③ 매년 환경오염사고 발생 수는 가스사고 발생 수보다 많다.
④ 매년 사고 발생 총 건수는 증가하였다.
⑤ 2018 ~ 2022년까지 전체 사고 발생 수에서 자전거사고 발생 수 비중은 3% 미만이다.

Easy

07 다음은 2022년 7월부터 12월까지 전 산업생산지수(원지수)에 대한 자료이다. 〈보기〉의 직원 중 다음 자료에 대하여 적절한 설명을 한 직원을 모두 고르면?

〈2022년 전 산업생산지수(원지수)〉

산업별 지수	7월	8월	9월	10월	11월	12월
전 산업생산지수 (농림어업 제외)	105.8	104.7	104.0	108.7	108.4	115.9
광공업	105.9	103.3	99.5	110.8	109.0	107.7
건설업	116.8	115.8	113.8	114.5	117.8	142.2
서비스업	105.8	105.6	105.9	107.9	107.7	115.0
공공행정	97.1	96.4	100.0	101.4	103.9	139.0

※ 전 산업생산지수는 2022년 1월의 산업별 부가가치(100)를 기준으로 나타낸 것이다.

보기

김대리 : 2022년 1월에 비해 2022년 7월에 부가가치가 감소한 산업분야는 공공행정뿐이다.
이주임 : 2022년 7월 대비 2022년 12월에 부가가치가 증가한 산업은 광공업, 건설업뿐이다.
최주임 : 서비스업 생산지수는 2022년 8월에 비해 2022년 10월에 4.0% 이상 상승하였다.
한사원 : 공공행정 생산지수는 2022년 9월에 비해 2022년 11월에 3.9% 상승하였다.

① 김대리, 이주임
② 김대리, 한사원
③ 이주임, 최주임
④ 이주임, 한사원
⑤ 최주임, 한사원

Easy

08 다음은 2015 ~ 2022년 A기업의 콘텐츠 유형별 매출액에 관한 자료이다. 이에 대한 설명으로 적절한 것은?

〈A기업의 콘텐츠 유형별 매출액〉

(단위 : 억 원)

구분	SNS	영화	음원	게임	전체
2015년	30	371	108	235	744
2016년	45	355	175	144	719
2017년	42	391	186	178	797
2018년	59	508	184	269	1,020
2019년	58	758	199	485	1,500
2020년	308	1,031	302	470	2,111
2021년	104	1,148	411	603	2,266
2022년	341	1,510	419	689	2,959

① 영화 매출액은 매년 전체 매출액의 30% 이상이다.
② 게임과 음원은 2016 ~ 2017년에 전년 대비 매출액의 증감 추이는 같다.
③ 2015 ~ 2022년 동안 매년 음원 매출액은 SNS 매출액의 2배 이상이다.
④ 2017년에는 모든 콘텐츠 유형의 매출액이 전년에 비해 증가하였다.
⑤ 2020년에 전년 대비 매출액 증가율이 가장 큰 콘텐츠 유형은 영화이다.

09 다음은 주요 국가별 자국 영화 점유율을 나타낸 자료이다. 다음 설명 중 적절하지 않은 것은?

〈주요 국가별 자국 영화 점유율〉

(단위 : %)

구분	2019년	2020년	2021년	2022년
한국	50.8	42.1	48.8	46.5
일본	47.7	51.9	58.8	53.6
영국	28.0	31.1	16.5	24.0
독일	18.9	21.0	27.4	16.8
프랑스	36.5	45.3	36.8	35.7
스페인	13.5	13.3	16.0	12.7
호주	4.0	3.8	5.0	4.5
미국	90.1	91.7	92.1	92.0

① 자국 영화 점유율에서, 프랑스가 한국을 앞지른 해는 한 번도 없다.
② 지난 4년간 자국 영화 점유율이 매년 꾸준히 상승한 국가는 하나도 없다.
③ 2019년 대비 2022년 자국 영화 점유율이 가장 많이 하락한 국가는 한국이다.
④ 2021년 자국 영화 점유율이 해당 국가의 4년간 통계에서 가장 높은 경우가 절반이 넘는다.
⑤ 2021년을 제외하고 영국, 독일, 프랑스, 스페인 간의 자국 영화 점유율 순위는 매년 같다.

10 다음은 도로 종류에 따른 월별 교통사고에 대해서 분석한 자료이다. 이에 대한 설명으로 적절하지 않은 것은?

〈도로 종류별 월별 교통사고〉

(단위 : 건, 명)

구분	2022. 02			2022. 03			2022. 04		
	발생 건수	사망자 수	부상자 수	발생 건수	사망자 수	부상자 수	발생 건수	사망자 수	부상자 수
일반국도	1,054	53	1,964	1,308	64	2,228	1,369	72	2,387
지방도	1,274	39	2,106	1,568	50	2,543	1,702	44	2,712
특별·광역시도	5,990	77	8,902	7,437	86	10,920	7,653	79	11,195
시도	4,941	86	7,374	6,131	117	9,042	6,346	103	9,666
군도	513	14	756	601	28	852	646	26	959
고속국도	256	16	746	316	20	765	335	15	859
기타	911	11	1,151	1,255	13	1,571	1,335	15	1,653

① 해당 시기 동안 특별·광역시도의 교통사고 발생 건수는 지속적으로 증가한다.
② 2022년 3월에 가장 많은 사고가 발생한 도로 종류에서 당월 가장 많은 사망자가 발생했다.
③ 부상자 수는 해당 기간 동안 기타를 제외하고 모든 도로 종류에서 지속적으로 증가하는 추세를 보인다.
④ 한 달 동안 교통사고 사망자 수가 100명이 넘는 도로 종류는 시도가 유일하다.
⑤ 2022년 2월부터 4월까지 부상자 수가 가장 적은 도로는 기타를 제외하고 모두 고속국도이다.

11 다음은 2016 ~ 2022년 우리나라 지진 발생 현황에 대한 자료이다. 자료에 대한 해석으로 적절한 것은?

〈우리나라 지진 발생 현황〉

구분	지진 횟수	최고 규모
2016년	42회	3.3
2017년	52회	4.0
2018년	56회	3.9
2019년	93회	4.9
2020년	49회	3.8
2021년	44회	3.9
2022년	492회	5.8

① 2017년부터 전년 대비 지진 발생 횟수가 꾸준히 증가하고 있다.

② 2019년에는 2018년보다 지진이 44회 더 발생했다.

③ 2019년에 일어난 규모 4.9의 지진은 2016년 이후 우리나라에서 발생한 지진 중 가장 강력한 규모이다.

④ 지진 횟수가 증가할 때 지진의 최고 규모도 커진다.

⑤ 2022년에 발생한 지진은 2016년부터 2021년까지의 평균 지진 발생 횟수에 비해 약 8.8배 급증했다.

Hard

12 다음은 국가별 디스플레이 세계시장 점유율에 관한 자료이다. 이에 대한 설명으로 적절한 것은?

〈국가별 디스플레이 세계시장 점유율〉

(단위 : %)

구분	2016년	2017년	2018년	2019년	2020년	2021년	2022년
한국	45.7	47.6	50.7	44.7	42.8	45.2	45.8
대만	30.7	29.1	25.7	28.1	28.8	24.6	20.8
일본	19.4	17.9	14.6	15.5	15.0	15.4	15.0
중국	4.0	5.0	8.2	10.5	12.5	14.2	17.4
기타	0.2	0.4	0.8	1.2	0.9	0.6	1.0

① 일본의 디스플레이 세계시장 점유율은 2019년까지 계속 하락한 후 2020년부터 15% 정도를 유지하고 있다.

② 조사기간 중 국가별 디스플레이 세계시장 점유율은 매해 한국이 1위를 유지하고 있으며, 한국 이외의 국가의 순위는 2020년까지 변하지 않았으나, 2021년부터 순위가 바뀌었다.

③ 중국의 디스플레이 세계시장의 점유율은 지속적인 성장세를 보이고 있으며, 2016년 대비 2022년의 세계시장 점유율의 증가율은 335%이다.

④ 2021년 대비 2022년의 디스플레이 세계시장 점유율의 증감률이 가장 낮은 국가는 일본이다.

⑤ 2017 ~ 2022년 중 한국의 디스플레이 세계시장 점유율의 전년 대비 증가폭은 2021년에 가장 컸다.

※ 다음은 신재생에너지 공급량 현황에 대한 자료이다. 자료를 참고하여 이어지는 질문에 답하시오. **[13~14]**

〈신재생에너지 공급량 현황〉

(단위 : 천 TOE)

구분	2014년	2015년	2016년	2017년	2018년	2019년	2020년	2021년	2022년
총 공급량	5,608.8	5,858.4	6,086.2	6,856.2	7,582.7	8,850.7	9,879.3	11,537.3	13,286.0
태양열	29.4	28.0	30.7	29.3	27.4	26.3	27.8	28.5	28.0
태양광	15.3	61.1	121.7	166.2	197.2	237.5	344.5	547.4	849.0
바이오	370.2	426.8	580.4	754.6	963.4	1,334.7	1,558.5	2,822.0	2,766.0
폐기물	4,319.3	4,568.6	4,558.1	4,862.3	5,121.5	5,998.5	6,502.4	6,904.7	8,436.0
수력	780.9	660.1	606.6	792.3	965.4	814.9	892.2	581.2	454.0
풍력	80.8	93.7	147.4	175.6	185.5	192.7	242.4	241.8	283.0
지열	11.1	15.7	22.1	33.4	47.8	65.3	87.0	108.5	135.0
수소·연료전지	1.8	4.4	19.2	42.3	63.3	82.5	122.4	199.4	230.0
해양	–	–	–	0.2	11.2	98.3	102.1	103.8	105.0

13 다음 중 자료에 대한 설명으로 적절하지 않은 것은?

① 2017년 수력을 통한 신재생에너지 공급량은 같은 해 바이오와 태양열을 통한 공급량의 합보다 크다.

② 폐기물을 통한 신재생에너지 공급량은 매해 증가하였다.

③ 2017년부터 수소·연료전지를 통한 공급량은 지열을 통한 공급량을 추월하였다.

④ 2018년부터 전년 대비 공급량이 증가한 신재생에너지는 5가지이다.

⑤ 해양을 제외하고 2014년도에 비해 2022년도에 공급량이 감소한 신재생에너지는 2가지이다.

14 다음 중 전년 대비 2016 ~ 2020년 신재생에너지 총 공급량의 증가율이 가장 큰 해는 언제인가? (단, 증가율은 소수점 둘째 자리에서 반올림한다)

① 2016년

② 2017년

③ 2018년

④ 2019년

⑤ 2020년

※ 다음은 산업별 취업자 수에 관한 자료이다. 자료를 참고하여 이어지는 질문에 답하시오. **[15~16]**

〈2014 ~ 2022년 산업별 취업자 수〉

(단위 : 천 명)

연도	총계	농·임·어업		광공업		사회간접자본 및 기타·서비스업				
		합계	농·임업	합계	제조업	합계	건설업	도소매·음식·숙박업	전기·운수·통신·금융업	사업·개인·공공 서비스 및 기타
2014년	21,156	2,243	2,162	4,311	4,294	14,602	1,583	5,966	2,074	4,979
2015년	21,572	2,148	2,065	4,285	4,267	15,139	1,585	5,874	2,140	5,540
2016년	22,169	2,069	1,999	4,259	4,241	15,841	1,746	5,998	2,157	5,940
2017년	22,139	1,950	1,877	4,222	4,205	15,967	1,816	5,852	2,160	6,139
2018년	22,558	1,825	1,749	4,306	4,290	16,427	1,820	5,862	2,187	6,558
2019년	22,855	1,815	1,747	4,251	4,234	16,789	1,814	5,806	2,246	6,923
2020년	23,151	1,785	1,721	4,185	4,167	17,181	1,835	5,762	2,333	7,251
2021년	23,432	1,726	1,670	4,137	4,119	17,569	1,850	5,726	7,600	2,393
2022년	23,577	1,686	–	3,985	3,963	17,906	1,812	5,675	2,786	7,633

15 다음 중 자료를 해석한 것으로 가장 적절하지 않은 것은?

① 2014년 도소매·음식·숙박업 분야에 종사하는 사람의 수는 총 취업자 수의 30% 미만이다.
② 2014 ~ 2022년 농·임·어업 분야의 취업자 수는 꾸준히 감소하고 있다.
③ 2022년 취업자 수가 2014년 대비 가장 많이 증가한 분야는 사업·개인·공공서비스 및 기타이다.
④ 2021년 취업자 수의 2014년 대비 증감률이 50% 이상인 분야는 2곳이다.
⑤ 2014 ~ 2022년 건설업 분야의 취업자 수는 꾸준히 증가하고 있다.

16 다음 중 적절한 설명을 모두 고르면?

ㄱ. 2017년 어업 분야의 취업자 수는 73천 명이다.
ㄴ. 2021년 취업자 수가 가장 많은 분야는 전기·운수·통신·금융업이다.
ㄷ. 2022년 이후 농·임업 분야의 종사자는 계속 줄어들 것이지만, 어업 분야의 종사자는 현상을 유지하거나 늘어난다고 볼 수 있다.

① ㄱ
② ㄴ
③ ㄱ, ㄴ
④ ㄱ, ㄷ
⑤ ㄱ, ㄴ, ㄷ

※ 다음은 교육부에서 발표한 고등학생의 졸업 후 진로 계획에 대한 자료이다. 다음 자료를 읽고 이어지는 질문에 답하시오. [17~18]

〈고등학생의 졸업 후 진로 계획〉

학교유형 / 진로	일반고		과학고·외고·국제고		예술·체육고		마이스터고		특성화고	
	빈도(명)	비율(%)	빈도(명)	비율(%)	빈도(명)	비율(%)	빈도(명)	비율(%)	빈도(명)	비율(%)
대학 진학	6,773	80.7	164	84.3	80	82.1	3	3.7	512	31.1
취업	457	5.4	11	5.7	3	3.3	64	80.2	752	45.6
창업	118	1.4	5	2.6	5	5.6	1	1.4	37	2.2
기타(군 입대, 해외 유학)	297	3.5	5	2.4	3	2.7	6	8.1	86	5.3
진로 미결정	749	9.0	10	5.0	6	6.3	5	6.6	260	15.8

17 다음은 고등학생의 졸업 후 진로 계획에 대한 설명이다. 다음 중 적절한 설명은?(단, 소수점 둘째 자리에서 반올림한다)

① 일반고 졸업생 중 졸업 후 대학에 진학하는 졸업생의 수는 특성화고 졸업생 중 대학에 진학하는 졸업생 수의 14배 이상이다.

② 졸업 후 군 입대를 하거나 해외 유학을 가는 졸업생들 중 과학고·외고·국제고와 마이스터고 졸업생들이 차지하는 비율은 5% 이상이다.

③ 진로를 결정하지 못한 졸업생의 수가 가장 많은 학교유형은 예술·체육고이다.

④ 졸업 후 창업하는 졸업생들 중 특성화고 졸업생이 차지하는 비율은 20% 이상이다.

⑤ 졸업생들 중 대학 진학률이 가장 높은 학교유형과 창업률이 가장 높은 학교유형은 동일하다.

18 다음은 고등학생의 졸업 후 진로 계획에 대한 보고서의 일부이다. 밑줄 친 내용 중 자료에 대한 설명으로 적절한 것을 모두 고르면?(단, 소수점 둘째 자리에서 반올림한다)

> 지난 8일, 진학점검부는 일반고, 과학고·외고·국제고, 예술·체육고, 마이스터고, 특성화고 졸업생들의 졸업 후 진로 계획에 대한 조사결과를 발표하였다. 진학점검부는 졸업생들의 졸업 후 진로를 크게 대학 진학, 취업, 창업, 기타(군 입대, 해외 유학), 진로 미결정으로 구분하여 조사하였다.
> 발표자료에 따르면, ㉠ 모든 유형의 학교에서 졸업 후 대학에 진학한 졸업생 수가 가장 많았다. 진로를 결정하지 못한 학생들도 모든 유형의 학교를 통틀어 1,000명이 넘는 등 상당히 많았고, ㉡ 졸업 후 취업한 인원은 모든 유형의 학교를 통틀어 총 1,200명이 넘었다. 창업에 뛰어든 졸업생들은 비교적 적은 숫자였다.
> 학교 유형별로 보면, ㉢ 일반고의 경우 졸업 후 취업한 졸업생 수는 창업한 졸업생 수의 4배가 넘었다. 반면 예술·체육고의 경우 창업한 졸업생 수가 취업한 졸업생 수보다 많았다. ㉣ 특성화고의 경우 진로를 결정하지 못한 졸업생 수가 대학에 진학한 졸업생 수의 40% 이상이었다. 과학고·외고·국제고 졸업생들의 경우 4/5 이상이 대학으로 진학하였다.

① ㉠, ㉡
② ㉠, ㉢
③ ㉡, ㉢
④ ㉡, ㉣
⑤ ㉢, ㉣

Hard

19 다음은 ○○국가의 2021년 월별 반도체 수출 동향을 나타낸 표이다. 이 자료를 적절하게 나타내지 않은 그래프는?(단, 그래프 단위는 모두 '백만 달러'이다)

〈2022년 월별 반도체 수출액 동향〉

(단위 : 백만 달러)

기간	수출액	기간	수출액
1월	9,681	7월	10,383
2월	9,004	8월	11,513
3월	10,804	9월	12,427
4월	9,779	10월	11,582
5월	10,841	11월	10,684
6월	11,157	12월	8,858

① 2022년 월별 반도체 수출액

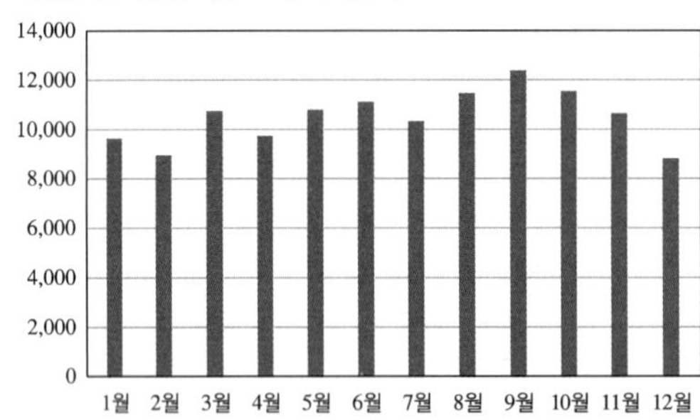

② 2022년 월별 반도체 수출액

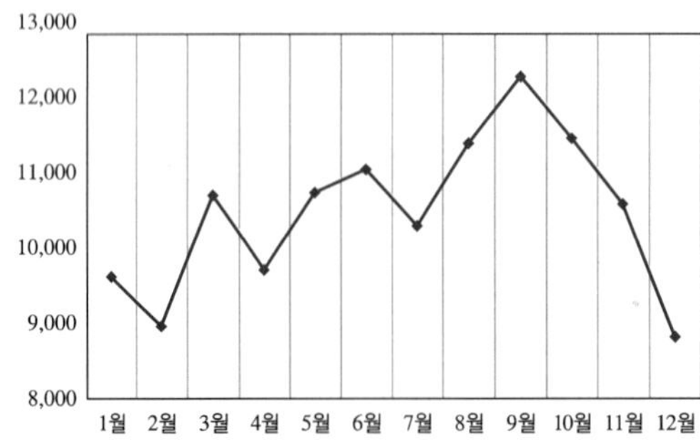

③ 2022년 월별 반도체 수출액

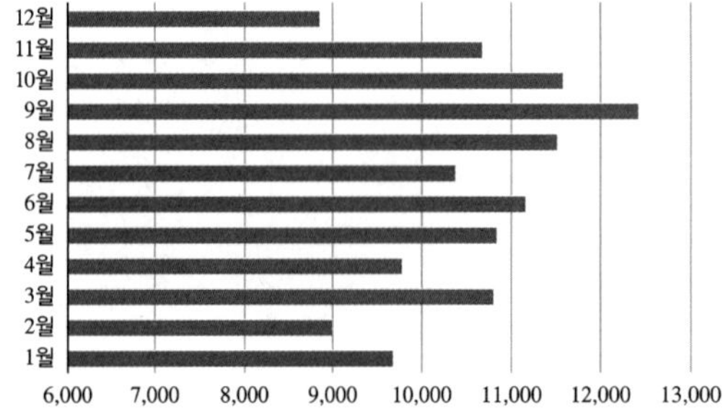

④ 2 ~ 12월까지 전월 대비 반도체 수출 증감액

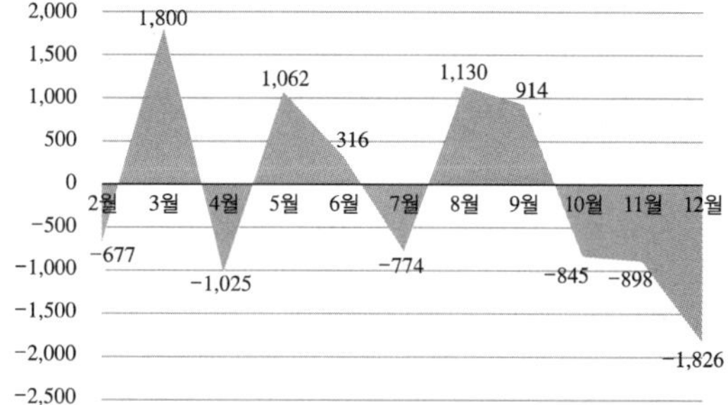

⑤ 2 ~ 12월까지 전월 대비 반도체 수출 증감액

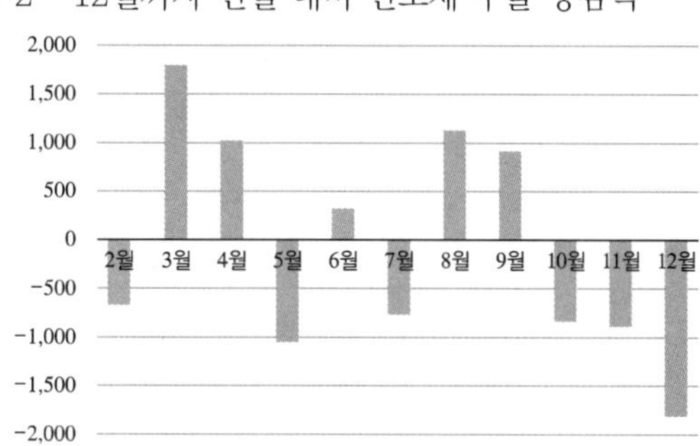

20 **다음은 A지역과 B지역의 2015년부터 2020년까지 매년 지진 강도 3 이상 발생 건수에 대한 자료이다. 이와 같은 일정한 변화가 지속될 때 2025년 A지역과 B지역의 강도 3 이상인 지진이 발생한 건수는 몇 건인가?**

〈연도별 지진 발생 건수〉

(단위 : 건)

구분	2014년	2015년	2016년	2017년	2018년	2019년	2020년
A지역	87	85	82	78	73	67	60
B지역	2	3	4	6	9	14	22

	A지역	B지역
①	9건	234건
②	10건	145건
③	9건	145건
④	10건	234건
⑤	10건	140건

02 추리

※ 제시된 명제가 모두 참일 때, 빈칸에 들어갈 명제로 가장 적절한 것을 고르시오. [1~3]

Easy

01

전제1. 홍보실은 워크숍에 간다.
전제2. ________________
결론. 출장을 가지 않으면 워크숍에 간다.

① 홍보실이 아니면 워크숍에 가지 않는다.
② 출장을 가면 워크숍에 가지 않는다.
③ 출장을 가면 홍보실이 아니다.
④ 워크숍에 가지 않으면 출장을 가지 않는다.
⑤ 홍보실이 아니면 출장을 간다.

02

전제1. 속도에 관심 없는 사람은 디자인에도 관심이 없다.
전제2. 연비를 중시하는 사람은 내구성도 따진다.
전제3. 내구성을 따지지 않는 사람은 속도에도 관심이 없다.
결론. ________________

① 연비를 중시하지 않는 사람도 내구성은 따진다.
② 디자인에 관심 없는 사람도 내구성은 따진다.
③ 연비를 중시하는 사람은 디자인에는 관심이 없다.
④ 속도에 관심 있는 사람은 연비를 중시하지 않는다.
⑤ 내구성을 따지지 않는 사람은 디자인에도 관심이 없다.

03

> 전제1. 모든 환경 보호 단체는 일회용품을 사용하지 않는다.
> 전제2. 어떤 환경 보호 단체는 에너지 절약 캠페인에 참여한다.
> 결론. ______________________________

① 모든 환경 보호 단체는 에너지 절약 캠페인에 참여한다.
② 에너지 절약 캠페인에 참여하는 단체는 환경 보호 단체에 속해 있다.
③ 일회용품을 사용하지 않는 어떤 단체는 에너지 절약 캠페인에 참여한다.
④ 일회용품을 사용하지 않는 모든 단체는 에너지 절약 캠페인에 참여한다.
⑤ 일회용품을 사용하는 모든 단체는 에너지 절약 캠페인에 참여하지 않는다.

04 **중학생 50명을 대상으로 한 해외여행에 대한 설문조사 결과가 다음과 같을 때, 항상 참인 것은?**

> • 미국을 여행한 사람이 가장 많다.
> • 일본을 여행한 사람은 미국 또는 캐나다 여행을 했다.
> • 중국과 캐나다를 모두 여행한 사람은 없다.
> • 일본을 여행한 사람의 수가 캐나다를 여행한 사람의 수보다 많다.

① 일본을 여행한 사람보다 중국을 여행한 사람이 더 많다.
② 일본을 여행했지만 미국을 여행하지 않은 사람은 중국을 여행하지 않았다.
③ 미국을 여행한 사람의 수는 일본 또는 중국을 여행한 사람의 합보다 많다.
④ 중국을 여행한 사람은 일본을 여행하지 않았다.
⑤ 미국과 캐나다를 모두 여행한 사람은 없다.

Easy

05 A, B, C, D, E 5명이 5층 건물 한 층에 한 명씩 살고 있다. 제시된 〈조건〉에 따를 때, 항상 참인 것은?

조건

- C와 D는 서로 인접한 층에 산다.
- A는 2층에 산다.
- B는 A보다 높은 층에 산다.

① D는 가장 높은 층에 산다.
② A는 E보다 높은 층에 산다.
③ C는 3층에 산다.
④ E는 D보다 높은 층에 산다.
⑤ B는 3층에 살 수 없다.

06 어떤 보안회사에서는 하루에 정확하게 7개의 사무실에 보안점검을 실시한다. 7개의 회사는 A, B, C, D, E, F, G이다. 이때 다음과 같은 〈조건〉이 주어져 있을 때 E가 3번째로 점검을 받는다면, 다음 사무실 중 반드시 은행인 곳은?

조건

- 보안점검은 한 번에 한 사무실만 실시하게 되며, 하루에 같은 사무실을 중복해서 점검하지는 않는다.
- 7개의 사무실은 은행 아니면 귀금속점이다.
- 귀금속점은 연속해서 점검하지 않는다.
- F는 B와 D를 점검하기 전에 점검한다.
- F를 점검하기 전에 점검하는 사무실 가운데 정확히 두 곳은 귀금속점이다.
- A는 6번째로 점검받는다.
- G는 C를 점검하기 전에 점검한다.

① B
② C
③ D
④ E
⑤ G

07 학교에서 온라인 축구게임 대회가 열렸다. 예선전을 펼친 결과 8개의 나라만 남게 되었다. 남은 8개의 나라는 8강 토너먼트를 치르기 위해 추첨을 통해 대진표를 작성했다. 이들 나라는 모두 다르며 남은 8개의 나라를 본 세 명의 학생 은진, 수린, 민수는 다음과 같이 4강 진출 팀을 예상하였다. 이때, 8개의 나라 중에서 4강 진출 팀으로 꼽히지 않은 팀을 네덜란드라고 하면, 네덜란드와 상대할 팀은 어디인가?

- 은진 : 브라질, 불가리아, 이탈리아, 루마니아
- 수린 : 스웨덴, 브라질, 이탈리아, 독일
- 민수 : 스페인, 루마니아, 독일, 브라질

① 불가리아
② 루마니아
③ 독일
④ 스페인
⑤ 브라질

08 윤아, 태연, 서현, 유리, 수영 5명이 한동네에서 살고, 이들의 집은 가로로 연속해서 줄지어 있다고 한다. 이들의 집이 다음 대화에 따라 배열되어 있을 때, 항상 적절한 것은?

윤아 : 태연의 옆집에 산다.
태연 : 유리와 이웃해서 살지 않는다.
서현 : 유리보다 오른쪽에 산다.
유리 : 수영과 이웃해서 산다.
수영 : 가장자리에 살지 않는다.

① 서현이 가장 오른쪽에 산다.
② 태연이 가장 왼쪽에 살 때, 서현은 가장 오른쪽에 산다.
③ 유리가 가장 왼쪽에 살 때, 윤아는 오른쪽에서 두 번째에 산다.
④ 유리는 항상 태연보다 왼쪽에 산다.
⑤ 수영이 왼쪽에서 두 번째에 살 때, 태연과 서현은 이웃해서 산다.

Easy

09 **다음 〈조건〉을 통해 추론할 때, 서로 언어가 통하지 않는 사람끼리 짝지어진 것은?**

조건

- A는 한국어와 영어만을 할 수 있다.
- B는 영어와 독일어만을 할 수 있다.
- C는 한국어와 프랑스어만을 할 수 있다.
- D는 중국어와 프랑스어만을 할 수 있다.

① A, B ② A, C
③ B, D ④ C, D
⑤ 없음

10 **동물 애호가 A, B, C, D가 키우는 동물의 종류에 대해서 다음과 같은 사실이 알려져 있다. 이를 보고 추론한 것으로 항상 적절한 것은?**

- A는 개, C는 고양이, D는 닭을 키운다.
- B는 토끼를 키우지 않는다.
- A가 키우는 동물은 B도 반드시 키운다.
- A와 C는 같은 동물을 키우지 않는다.
- A, B, C, D 각각은 2종류 이상의 동물을 키운다.
- A, B, C, D는 개, 고양이, 토끼, 닭 외의 동물은 키우지 않는다.

① B는 개를 키우지 않는다.
② B와 C가 공통으로 키우는 동물이 있다.
③ C는 키우지 않지만 D가 키우는 동물이 있다.
④ 세 명이 공통으로 키우는 동물은 없다.
⑤ 세 종류의 동물을 키우는 사람은 없다.

11 세 상품 A, B, C에 대한 선호도 조사를 실시했다. 조사에 응한 사람이 가장 좋아하는 상품부터 1 ~ 3순위를 부여했다. 조사의 결과가 다음과 같을 때 C에 3순위를 부여한 사람의 수는?(단, 두 상품에 같은 순위를 표시할 수는 없다)

- 조사에 응한 사람은 20명이다.
- A를 B보다 선호한 사람은 11명이다.
- B를 C보다 선호한 사람은 14명이다.
- C를 A보다 선호한 사람은 6명이다.
- C에 1순위를 부여한 사람은 없다.

① 8명　② 7명
③ 6명　④ 5명
⑤ 4명

12 월요일부터 금요일까지 진료를 하는 의사가 다음 〈조건〉에 따라 진료하는 요일을 정한다. 의사가 목요일에 진료를 하지 않았다면, 월요일부터 금요일 중 진료한 날은 총 며칠인가?

조건

- 월요일에 진료를 하면 수요일에는 진료를 하지 않는다.
- 월요일에 진료를 하지 않으면 화요일이나 목요일에 진료를 한다.
- 화요일에 진료를 하면 금요일에는 진료를 하지 않는다.
- 수요일에 진료를 하지 않으면 목요일 또는 금요일에 진료를 한다.

① 0일　② 1일
③ 2일　④ 3일
⑤ 4일

Hard

13 **전주국제영화제에 참석한 충원이는 A, B, C, D, E, F영화를 다음 〈조건〉에 맞춰 5월 1일부터 5월 6일까지 하루에 한 편씩 보려고 한다. 다음 중 항상 적절한 것은?**

조건

- F영화는 3일과 4일 중 하루만 상영된다.
- D영화는 C영화가 상영되고 이틀 뒤에 상영된다.
- B영화는 C, D영화보다 먼저 상영된다.
- 앞의 조건을 따를 때 첫째 날 B영화를 볼 가능성이 가장 높다면 5일에 반드시 A영화를 본다.

① A영화는 C영화보다 먼저 상영될 수 없다.

② C영화는 E영화보다 먼저 상영된다.

③ D영화는 5일이나 폐막작으로 상영될 수 없다.

④ B영화는 1일에 상영된다.

⑤ E영화는 개막작이나 폐막작으로 상영된다.

14 **S회사의 영업팀과 홍보팀에서 근무 중인 총 9명(A ~ I)의 사원은 워크숍을 가려고 한다. 한 층당 4개의 객실로 이루어져 있는 호텔을 1층부터 3층까지 사용한다고 할 때, 다음 〈조건〉을 참고하여 항상 참인 것은?(단, 직원 한 명당 하나의 객실을 사용하며, 2층 이상인 객실의 경우 반드시 엘리베이터를 이용해야 한다)**

조건

- 202호는 현재 공사 중이라 사용할 수 없다.
- 영업팀 A사원은 홍보팀 B, E사원과 같은 층에 묵는다.
- 3층에는 영업팀 직원 C, D, F가 묵는다.
- 홍보팀 G사원은 같은 팀 H사원의 바로 아래층 객실에 묵는다.
- I사원은 101호에 배정받았다.

① 영업팀은 총 5명의 직원이 워크숍에 참석했다.

② 홍보팀 G사원은 2층에 묵는다.

③ 영업팀 C사원의 객실 바로 아래층은 빈 객실이다.

④ 엘리베이터를 이용해야 하는 사람의 수는 영업팀보다 홍보팀이 더 많다.

⑤ E사원은 엘리베이터를 이용해야 한다.

15 경찰은 어떤 테러범의 아지트를 알아내 급습했다. 그 테러범 아지트에는 방이 3개 있는데, 그중 2개의 방에는 지역특산물과 폭발물이 각각 들어 있고, 나머지 1개의 방은 비어 있다. 진입하기 전 건물을 확인한 결과 각 방에는 다음과 같은 안내문이 붙어 있었고, 다음 안내문 중 단 하나만 참이라고 할 때, 가장 적절한 결론은?

- 방 A의 안내문 : 방 B에는 폭발물이 들어 있다.
- 방 B의 안내문 : 이 방은 비어 있다.
- 방 C의 안내문 : 이 방에는 지역특산물이 들어 있다.

① 방 A에는 반드시 지역특산물이 들어 있다.
② 방 B에는 지역특산물이 들어 있을 수 있다.
③ 폭발물을 피하려면 방 B를 택하면 된다.
④ 방 C에는 반드시 폭발물이 들어 있다.
⑤ 방 C에는 지역특산물이 들어 있을 수 있다.

16 다음 제시된 단어의 대응 관계가 동일하도록 빈칸에 들어갈 가장 적절한 단어를 고르면?

산만하다 : 정연하다 = 흡수하다 : (　　)

① 섭취하다　　② 배출하다
③ 영입하다　　④ 흡착하다
⑤ 흡인하다

17 다음 단어의 대응 관계가 나머지와 다른 하나를 고르면?

① 과실 – 고의　　② 구속 – 속박
③ 구획 – 경계　　④ 귀향 – 귀성
⑤ 추적 – 수사

PART 3 01 02 03 04

※ 다음 제시된 도형의 규칙을 보고 물음표에 들어가기에 적절한 것을 고르시오. **[18~20]**

18

①
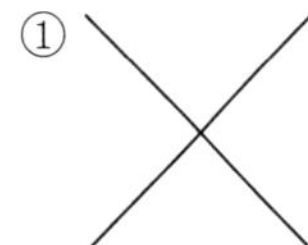

②
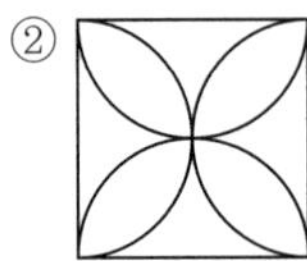

③
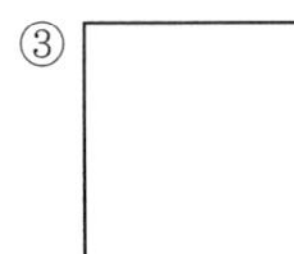

④
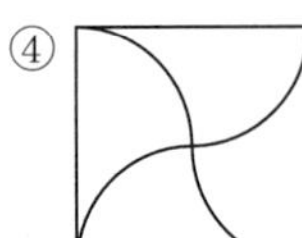

⑤
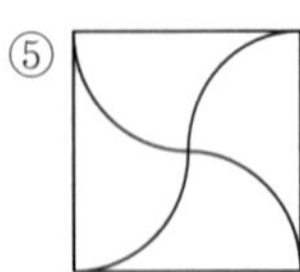

19

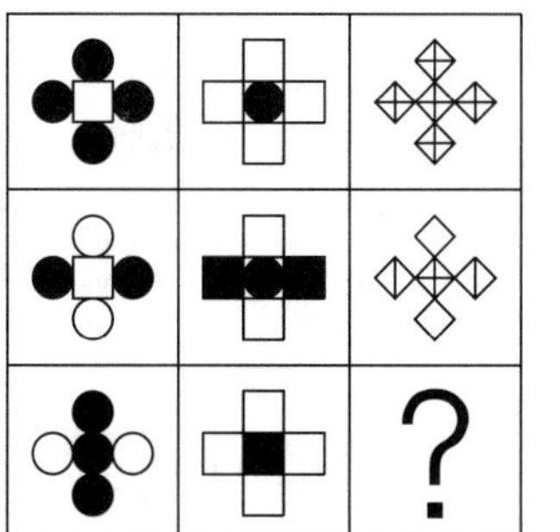

① 

② 

③ 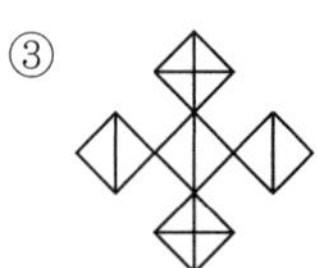

④ 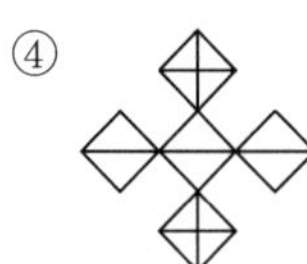

⑤ 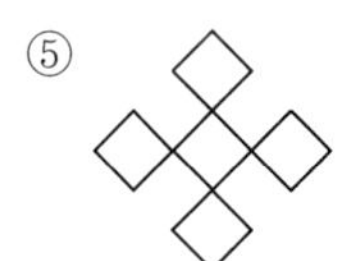

PART 3 01 02 03 04

20

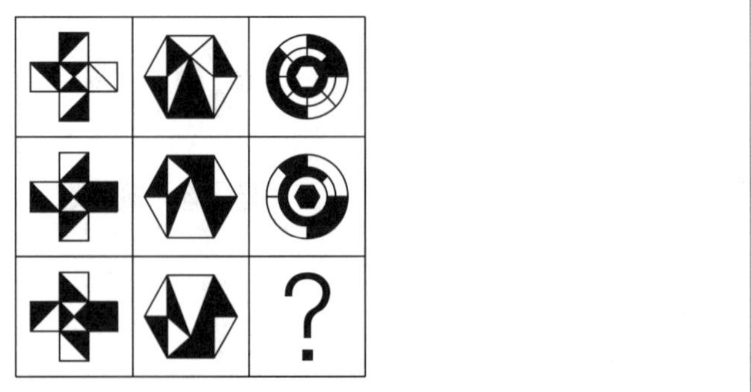

①

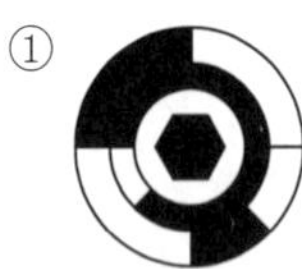

②

③

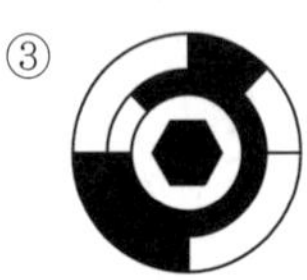

④

⑤

※ 다음 도식에서 기호들은 일정한 규칙에 따라 문자를 변화시킨다. 물음표에 들어갈 적절한 문자를 고르시오(단, 규칙은 가로와 세로 중 한 방향으로만 적용된다). **[21~24]**

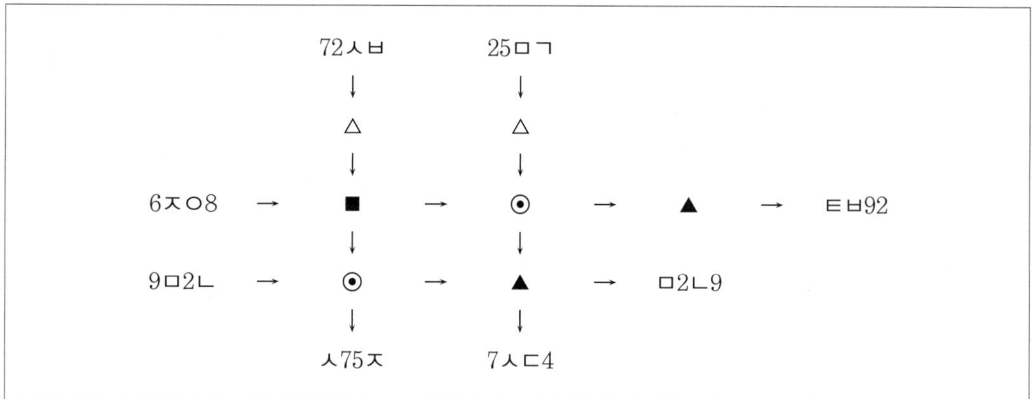

21

N ㄷ ㄱ T → ▲ → △ → ?

① Pㅁㄷ V
② ㄷ QWㅁ
③ Vㅁ Qㄷ
④ ㅁ PVㄷ
⑤ Qㅁ Wㄷ

22

ㅍ IMㄹ → ⊙ → ■ → ?

① ILㅋㅁ
② ㅁ Lㅇ E
③ Iㅋ Lㅁ
④ Eㄷ Lㅇ
⑤ LIㅁㅋ

23

? → ■ → ▲ → ㅍDㅂE

① ㅂDㅍE
② ㅂIㅋA
③ Hㅊ Gㅁ
④ ㅊ Hㅁ G
⑤ ㅋ Aㅂ I

24

? → △ → ■ → ufqs

① cuqp
② ucsr
③ yscr
④ waqp
⑤ wbqp

※ 다음 글의 내용이 참일 때 항상 거짓인 것을 고르시오. [25~26]

25

고대에는 별이 뜨고 지는 것을 통해 방위를 파악했다. 최근까지 서태평양 캐롤라인 제도의 주민은 현대식 항해 장치 없이도 방위를 파악하여 카누 하나만으로 드넓은 열대 바다를 항해하였다. 인류학자들에 따르면, 그들은 별을 나침반처럼 이용하여 여러 섬을 찾아다녔고 이때의 방위는 북쪽의 북극성, 남쪽의 남십자성, 그 밖에 특별히 선정한 별이 뜨고 지는 것에 따라 정해졌다.
캐롤라인 제도는 적도의 북쪽에 있어서 그 주민들은 북쪽 수평선의 바로 위쪽에서 북극성을 볼 수 있다. 북극성은 천구의 북극점으로부터 매우 가까운 거리에서 작은 원을 그리며 공전한다. 천구의 북극점은 지구 자전축의 북쪽 연장선상에 있기 때문에 천구의 북극점에 있는 별은 공전을 하지 않고 정지된 것처럼 보인다. 이처럼 천구의 북극점에 있는 별을 제외하고 북극성을 포함한 별이 천구의 북극점을 중심으로 공전하는 것처럼 보이는 것은 지구가 자전하기 때문이다.
캐롤라인 제도의 주민이 북쪽을 찾기 위해 이용했던 북극성은 자기(磁氣) 나침반보다 더 정확하게 천구의 북극점을 가리킨다. 이는 나침반의 바늘이 지구의 자전축으로부터 거리가 멀리 떨어져 있는 지구자기의 북극점을 향하기 때문이다. 또한 천구의 남극점 근처에서 쉽게 관측할 수 있는 고정된 별은 없으므로 캐롤라인 제도의 주민은 남극점 자체를 볼 수 없다. 그러나 남십자성이 천구의 남극점 주위를 돌고 있으므로 남쪽을 파악하는 데는 큰 어려움이 없다.

① 고대에 사용되었던 방위 파악 방법 중에는 최근까지 이용된 것도 있다.
② 캐롤라인 제도의 주민은 밤하늘에 있는 남십자성을 이용하여 남쪽을 알아낼 수 있었다.
③ 지구 자전축의 연장선상에 별이 있다면, 밤하늘을 보았을 때 그 별은 정지된 것처럼 보인다.
④ 자기 나침반을 이용하면 북극성을 이용할 때보다 더 정확히 천구의 북극점을 찾을 수 있다.
⑤ 캐롤라인 제도의 주민이 관찰한 별이 천구의 북극점을 중심으로 공전하는 것처럼 보이는 이유는 지구가 자전하기 때문이다.

26

갈릴레오는 『두 가지 주된 세계 체계에 관한 대화』에서 등장인물인 살비아티에게 자신을 대변하는 역할을 맡겼다. 심플리치오는 아리스토텔레스의 자연철학을 대변하는 인물로서 살비아티의 대화 상대역을 맡고 있다. 또 다른 등장인물인 사그레도는 건전한 판단력을 지닌 자로서 살비아티와 심플리치오 사이에서 중재자 역할을 맡고 있다.
이 책의 마지막 부분에서 사그레도는 나흘간의 대화를 마무리하며 코페르니쿠스의 지동설을 옳은 견해로 인정한다. 그리고 그는 그 견해를 지지하는 세 가지 근거를 제시한다. 첫째는 행성의 겉보기 운동과 역행 운동에서, 둘째는 태양이 자전한다는 것과 그 흑점들의 운동에서, 셋째는 조수 현상에서 찾아낸다.
이에 반해 살비아티는 지동설의 근거로서 사그레도가 언급하지 않은 항성의 시차(視差)를 중요하게 다룬다. 살비아티는 지구의 공전을 입증하기 위한 첫 번째 단계로 지구의 공전을 전제로 한 코페르니쿠스의 이론이 행성의 겉보기 운동을 얼마나 간단하고 조화롭게 설명할 수 있는지를 보여준다. 그런 다음 그는 지구의 공전을 전제로 할 때, 공전 궤도의 두 맞은편 지점에서 관측자에게 보이는 항성의 위치가 달라지는 현상, 곧 항성의 시차를 기하학적으로 설명한다.
그렇다면 사그레도는 왜 이 중요한 사실을 거론하지 않았을까? 그것은 세 번째 날의 대화에서 심플리치오가 아리스토텔레스의 이론을 옹호하면서 지동설에 대한 반박 근거로 공전에 의한 항성의 시차가 관측되지 않음을 지적한 것과 관련이 있다. 당시 갈릴레오는 자신의 망원경을 통해 별의 시차를 관측하지 못했다. 그는 그 이유가 항성이 당시 알려진 것보다 훨씬 멀리 있기 때문이라고 주장하였지만, 반대자들에게 그것은 임기응변적인 가설로 치부될 뿐이었다. 결국 그 작은 각도가 나중에 더 좋은 망원경에 의해 관측되기까지 항성의 시차는 지동설의 옹호자들에게 '불편한 진실'로 남아 있었다.

① 아리스토텔레스의 철학을 따르는 심플리치오는 지구가 공전하지 않음을 주장한다.
② 사그레도는 항성의 시차에 관한 기하학적 예측에 근거하여 코페르니쿠스의 지동설을 받아들인다.
③ 사그레도와 살비아티는 둘 다 행성의 겉보기 운동을 근거로 하여 코페르니쿠스의 지동설을 옹호한다.
④ 심플리치오는 관측자에게 항성의 시차가 관측되지 않았다는 사실에 근거하여 코페르니쿠스의 지동설을 반박한다.
⑤ 살비아티는 지구가 공전한다면 공전궤도상의 지구의 위치에 따라 항성의 시차가 존재할 수밖에 없다고 예측한다.

※ 다음 글에 대한 반론으로 가장 적절한 것을 고르시오. [27~28]

27

고대 그리스 시대의 사람들은 신에 의해 우주가 운행된다고 믿는 결정론적 세계관 속에서 신에 대한 두려움이나 신이 야기한다고 생각되는 자연재해나 천체 현상 등에 대한 두려움을 떨치지 못했다. 에피쿠로스는 당대의 사람들이 이러한 잘못된 믿음에서 벗어나도록 하는 것이 중요하다고 보았고, 이를 위해 인간이 행복에 이를 수 있도록 자연학을 바탕으로 자신의 사상을 전개하였다.
에피쿠로스는 신의 존재는 인정하나 신의 존재 방식이 인간이 생각하는 것과는 다르다고 보고, 신은 우주들 사이의 중간 세계에 살며 인간사에 개입하지 않는다는 이신론적(理神論的) 관점을 주장한다. 그는 불사하는 존재인 신이 최고로 행복한 상태이며, 다른 어떤 것에게도 고통을 주지 않고, 모든 고통은 물론 분노와 호의와 같은 것으로부터 자유롭다고 말한다. 따라서 에피쿠로스는 인간의 세계가 신에 의해 결정되지 않으며, 인간의 행복도 자율적 존재인 인간 자신에 의해 완성된다고 본다.
한편 에피쿠로스는 인간의 영혼도 육체와 마찬가지로 미세한 입자로 구성된다고 본다. 영혼은 육체와 함께 생겨나고 육체와 상호작용하며 육체가 상처를 입으면 영혼도 고통을 받는다. 더 나아가 육체가 소멸하면 영혼도 함께 소멸하게 되어 인간은 사후(死後)에 신의 심판을 받지 않으므로, 살아있는 동안 인간은 사후에 심판이 있다고 생각하여 두려워 할 필요가 없게 된다. 이러한 생각은 인간으로 하여금 죽음에 대한 모든 두려움에서 벗어나게 하는 근거가 된다.

① 신은 우리가 생각하는 것처럼 인간 세계에 대해 그다지 관심이 많지 않다.
② 인간은 신을 믿지 않기 때문에 두려움도 느끼지 않는다.
③ 신이 만든 인간의 육체와 영혼은 서로 분리될 수 없으므로 사후세계는 인간의 허상에 불과하다.
④ 신은 인간 세계에 개입하지 않으므로 신의 섭리에 따라 인간의 삶을 이해하려 해서는 안 된다.
⑤ 인간이 아픔 때문에 죽음에 대해 두려움을 느낀다면, 사후에 대한 두려움을 떨쳐버리는 것만으로 두려움은 해소될 수 없다.

28

현재 우리나라는 드론의 개인 정보 수집과 활용에 대해 '사전 규제' 방식을 적용하고 있다. 이는 개인 정보 수집과 활용을 원칙적으로 금지하면서 예외적인 경우에만 허용하는 방식으로 정보 주체의 동의 없이 개인 정보를 수집 · 활용하기 어려운 것이다. 이와 관련하여 개인 정보를 대부분의 경우 개인 동의 없이 활용하는 것을 허용하고, 예외적인 경우에 제한적으로 금지하는 '사후 규제' 방식을 도입해야 한다는 의견이 대두하고 있다. 그러나 나는 사전 규제 방식의 유지에 찬성한다.
드론은 고성능 카메라나 통신 장비 등이 장착되어 있는 경우가 많아 사전 동의 없이 개인의 초상, 성명, 주민등록 번호 등의 정보뿐만 아니라 개인의 위치 정보까지 저장할 수 있다. 또한 드론에서 수집한 정보를 검색하거나 전송하는 중에 사생활이 노출될 가능성이 높다. 더욱이 드론의 소형화, 경량화 기술이 발달하고 있어 사생활 침해의 우려가 커지고 있다. 드론은 인명 구조, 시설물 점검 등의 공공 분야뿐만 아니라 제조업, 물류 서비스 등의 민간 분야까지 활용 범위가 확대되고 있는데, 동시에 개인 정보를 수집하는 일이 많아지면서 사생활 침해 사례도 증가하고 있다.
헌법에서는 주거의 자유, 사생활의 비밀과 자유 등을 명시하여 개인의 사생활이 보호받도록 하고 있고, 개인 정보를 자신이 통제할 수 있는 정보의 자기 결정권을 부여하고 있다. 이와 같은 기본권이 안정적으로 보호될 때 드론 기술과 산업의 발전으로 얻게 되는 사회적 이익은 더욱 커질 것이다.

① 드론을 이용하여 개인 정보를 자유롭게 수집하게 되면 사생활 침해는 더욱 심해지고, 개인 정보의 복제, 유포, 훼손, 가공 등 의도적으로 악용하는 사례까지 증가할 것이다.
② 사전 규제를 통해 개인 정보의 수집과 활용에 제약이 생기면 개인의 기본권이 보장되어 오히려 드론을 다양한 분야에 활용할 수 있고, 드론 기술과 산업은 더욱더 빠르게 발전할 수 있다.
③ 산업적 이익을 우선시하면 개인 정보 보호에 관한 개인의 기본권을 등한시하는 결과를 초래할 수 있다.
④ 개인 정보의 복제, 유포, 위조 등으로 정보 주체에게 중대한 손실을 입힐 경우 손해액을 배상하도록 하여 엄격하게 책임을 묻는다면 사전 규제 없이도 개인 정보를 효과적으로 보호할 수 있다.
⑤ 사전 규제 방식을 유지하면서도 개인 정보 수집과 활용에 동의를 얻는 절차를 간소화하고 편의성을 높이면 정보의 활용이 용이해져 드론 기술과 산업의 발전을 도모할 수 있다.

※ 다음 제시문을 토대로 〈보기〉를 적절하게 해석한 것을 고르시오. **[29~30]**

29

예술 작품을 어떻게 감상하고 비평해야 하는지에 대해 다양한 논의들이 있다. 예술 작품의 의미와 가치에 대한 해석과 판단은 작품을 비평하는 목적과 태도에 따라 달라진다. 예술 작품에 대한 주요 비평 방법으로는 맥락주의 비평, 형식주의 비평, 인상주의 비평이 있다.

맥락주의 비평은 주로 예술 작품이 창작된 사회적·역사적 배경에 관심을 갖는다. 비평가 텐은 예술 작품이 창작된 당시 예술가가 살던 시대의 환경, 정치·경제·문화적 상황, 작품이 사회에 미치는 효과 등을 예술 작품 비평의 중요한 근거로 삼는다. 그 이유는 예술 작품이 예술가가 속해 있는 문화의 상징과 믿음을 구체화하며, 예술가가 속한 사회의 특성들을 반영한다고 보기 때문이다. 또한 맥락주의 비평에서는 작품이 창작된 시대적 상황 외에 작가의 심리적 상태와 이념을 포함하여 가급적 많은 자료를 바탕으로 작품을 분석하고 해석한다.

그러나 객관적 자료를 중심으로 작품을 비평하려는 맥락주의는 자칫 작품 외적인 요소에 치중하여 작품의 핵심적 본질을 훼손할 우려가 있다는 비판을 받는다. 이러한 맥락주의 비평의 문제점을 극복하기 위한 방법으로는 형식주의 비평과 인상주의 비평이 있다. 형식주의 비평은 예술 작품의 외적 요인 대신 작품의 형식적 요소와 그 요소들 간 구조적 유기성의 분석을 중요하게 생각한다. 프리드와 같은 형식주의 비평가들은 작품 속에 표현된 사물, 인간, 풍경 같은 내용보다는 선, 색, 형태 등의 조형 요소와 비례, 율동, 강조 등과 같은 조형 원리를 예술 작품의 우수성을 판단하는 기준이라고 주장한다.

인상주의 비평은 모든 분석적 비평에 대해 회의적인 시각을 가지고 있어 예술을 어떤 규칙이나 객관적 자료로 판단할 수 없다고 본다. "훌륭한 비평가는 대작들과 자기 자신의 영혼의 모험들을 관련시킨다."라는 비평가 프랑스의 말처럼, 인상주의 비평은 비평가가 다른 저명한 비평가의 관점과 상관없이 자신의 생각과 느낌에 대하여 자율성과 창의성을 가지고 비평하는 것이다. 즉, 인상주의 비평가는 작가의 의도나 그 밖의 외적인 요인들을 고려할 필요 없이 비평가의 자유 의지로 무한대의 상상력을 가지고 작품을 해석하고 판단한다.

보기

피카소의 그림 게르니카는 1937년 히틀러가 바스크 산악 마을인 게르니카에 30여톤의 폭탄을 퍼부어 수많은 인명을 살상한 비극적 사건의 참상을, 울부짖는 말과 부러진 칼 등의 상징적 이미지를 사용하여 전 세계에 고발한 기념비적인 작품이다.

① 작품의 형식적 요소와 요소들 간의 구조적 유기성을 중심으로 작품을 평가하고 있다.
② 피카소가 게르니카를 창작하던 당시의 시대적 상황을 반영하여 작품을 평가하고 있다.
③ 작품에 대한 자신의 주관적 감정을 반영하여 작품을 평가하고 있다.
④ 작품을 평가하는 과정에서 작품 속에 표현된 사건보다 상징적 이미지의 형태를 더 중시하고 있다.
⑤ 작품의 내적 요소를 중심으로 피카소의 심리적 상태를 파악하고 있다.

30

미학은 예술과 미적 경험에 관한 개념과 이론에 대해 논의하는 철학의 한 분야로서, 미학의 문제들 가운데 하나가 바로 예술의 정의에 대한 문제이다. 예술이 자연에 대한 모방이라는 아리스토텔레스의 말에서 비롯된 모방론은, 대상과 그 대상의 재현이 닮은꼴이어야 한다는 재현의 투명성 이론을 전제한다. 그러나 예술가의 독창적인 감정 표현을 중시하는 한편 외부 세계에 대한 왜곡된 표현을 허용하는 낭만주의 사조가 18세기 말에 등장하면서, 모방론은 많이 쇠퇴했다. 이제 모방을 필수 조건으로 삼지 않는 낭만주의의 예술가의 작품을 예술로 인정해줄 수 있는 새로운 이론이 필요했다. 20세기 초에 콜링우드는 진지한 관념이나 감정과 같은 예술가의 마음을 예술의 조건으로 규정하는 표현론을 제시하여 이 문제를 해결하였다. 그에 따르면, 진정한 예술 작품은 물리적 소재를 통해 구성될 필요가 없는 정신적 대상이다.
또한 이와 비슷한 시기에 외부 세계나 작가의 내면보다 작품 자체의 고유 형식을 중시하는 형식론도 발전했다. 벨의 형식론은 예술 감각이 있는 비평가들만이 직관적으로 식별할 수 있고 정의는 불가능한 어떤 성질을 일컫는 '의미 있는 형식'을 통해 그 비평가들에게 미적 정서를 유발하는 작품을 예술 작품이라고 보았다.
웨이츠의 예술 정의 불가론에 따르면 우리가 흔히 예술 작품으로 분류하는 미술, 연극, 문학, 음악 등은 서로 이질적이어서 그것들 전체를 아울러 예술이라 정의할 수 있는 공통된 요소를 갖지 않는다. 웨이츠의 이론은 예술의 정의에 대한 기존의 이론들이 겉보기에는 명제의 형태를 취하고 있으나, 사실은 참과 거짓을 판정할 수 없는 사이비 명제이므로 예술의 정의에 대한 논의 자체가 불필요하다는 견해를 대변한다.
디키는 예술계라는 어떤 사회 제도에 속하는 한 사람 또는 여러 사람에 의해 감상의 후보 자격을 수여받은 인공물을 예술 작품으로 규정한다는 제도론을 주장하였다. 하나의 작품이 어떤 특정한 기준에서 훌륭하므로 예술 작품이라고 부를 수 있다는 평가적 이론들과 달리, 디키의 견해는 일정한 절차와 관례를 거치기만 하면 모두 예술 작품으로 볼 수 있다는 분류적 이론이다. 예술의 정의와 관련된 이 논의들은 예술로 분류할 수 있는 작품들의 공통된 본질을 찾는 시도이자 예술의 필요충분 조건을 찾는 시도이다.

보기

20세기 중반에, 뒤샹이 변기를 가져다 전시한 「샘」이라는 작품은 예술 작품으로 인정되지만, 그것과 형식적인 면에서 차이가 없는 일반적인 변기는 예술 작품으로 인정되지 않았다.

① 모방론자는 변기를 있는 그대로 모방한 뒤샹의 작품 「샘」을 필수 조건을 갖춘 예술 작품으로 인정할 것이다.
② 표현론자는 일반적인 변기와 형식적 차이가 없는 「샘」을 자체의 고유 형식이 없다는 점에서 예술 작품으로 인정하지 않을 것이다.
③ 형식론자는 「샘」을 예술 작품으로 인정하지 않는 비평가에게 「샘」에 담긴 뒤샹의 내면 의식을 예술의 조건으로 제시할 것이다.
④ 예술 정의 불가론자는 예술 감각이 있는 비평가들만이 뒤샹의 작품 「샘」과 일반적인 변기를 구분할 수 있다고 볼 것이다.
⑤ 제도론자는 일정한 절차와 관례를 거쳐 전시한 뒤샹의 「샘」을 예술 작품으로 인정할 것이며, 일반적인 변기도 절차를 거친다면 예술 작품으로 인정할 것이다.

제 3 회

도서 동형 온라인 실전연습 서비스 ABKO-00000-C4DBC

최종점검 모의고사

응시시간 : 60분 문항 수 : 50문항

정답 및 해설 p.079

01 수리논리

01 농도가 20%인 소금물을 20% 증발시킨 후 농도가 10%인 소금물 200g을 섞어서 농도가 20%인 소금물을 만들었다. 증발 전 소금물에 소금 20g과 물 80g을 섞었을 때 농도는?

① 10%
② 20%
③ 30%
④ 40%
⑤ 50%

02 A회사에 남녀 성비가 3 : 2이며, 여직원 중 경력직은 15%, 남직원 중 경력직은 25%이다. 경력직 직원 중 한 명을 뽑을 때, 그 직원이 여직원일 확률은?

① $\frac{1}{4}$
② $\frac{3}{10}$
③ $\frac{2}{7}$
④ $\frac{5}{21}$
⑤ $\frac{3}{5}$

Hard

03 다음은 2020년 국가기록원의 비공개기록물 공개 재분류 사업 결과 및 현황이다. 이에 대한 설명으로 적절하지 않은 것은?

〈비공개기록물 공개 재분류 사업 결과〉

(단위 : 건)

구분	합계	재분류 결과			
		공개			비공개
		소계	전부공개	부분공개	
합계	6,891,460	6,261,102	269,599	5,991,503	630,358
30년 경과 비공개기록물	6,228,952	6,088,255	199,517	5,888,738	140,697
30년 미경과 비공개기록물	662,508	172,847	70,082	102,765	489,661

〈30년 경과 비공개기록물 중 비공개로 재분류된 기록물의 비공개 사유별 현황〉

(단위 : 건)

합계	비공개 사유					
	법령상 비밀	국방 등 국익침해	국민의 생명 등 공익침해	재판 관련 정보	개인 사생활 침해	법인 등 영업상 비밀침해
140,697	46	9,660	11,952	17,368	99,645	2,026

① 사업 대상 전체 기록물 중 10% 미만이 비공개로 재분류되었다.

② 30년 미경과 비공개기록물 중 전부공개로 재분류된 기록물 건수가 30년 경과 비공개기록물 중 '개인 사생활 침해' 사유에 해당하여 비공개로 재분류된 기록물 건수보다 적다.

③ 사업 대상 전체 기록물 중 전부공개로 재분류된 기록물의 비율이 30년 경과 비공개기록물 중 전부공개로 재분류된 기록물의 비율보다 낮다.

④ 재분류 건수가 많은 것부터 순서대로 나열하면, 30년 경과 비공개기록물은 부분공개, 전부공개, 비공개 순서이고 30년 미경과 비공개기록물은 비공개, 부분공개, 전부공개 순서이다.

⑤ 30년 경과 비공개기록물 중 '국민의 생명 등 공익침해'와 '개인 사생활 침해' 사유에 해당하여 비공개로 재분류된 기록물 건수의 합은 사업 대상 전체 기록물의 3% 이하이다.

Easy

04 다음 자료는 A, B, C, D사의 남녀 직원비율을 나타낸 것이다. 이에 대한 설명으로 적절하지 않은 것은?

〈A, B, C, D사의 남녀 비율〉

구분	A	B	C	D
남(%)	54	48	42	40
여(%)	46	52	58	60

① 여직원 대비 남직원 비율이 가장 높은 회사는 A사이며, 가장 낮은 회사는 D사이다.
② B, C, D사의 여직원 수의 합은 남직원 수의 합보다 크다.
③ A사의 남직원이 B사의 여직원보다 많다.
④ A사의 전체 직원 수가 B사 전체 직원 수의 2배라면 A, B사의 전체 직원 중 남직원이 차지하는 비율은 52%이다.
⑤ A, B, C사의 전체 직원 수가 같다면 A, C사 여직원 수의 합은 B사 여직원 수의 2배이다.

Easy

05 다음은 신재생에너지 산업에 관한 자료이다. 이에 대한 설명으로 적절한 것은?

〈신재생에너지원별 산업 현황〉

구분	기업체 수 (개)	고용인원 (명)	매출액 (억 원)	내수 (억 원)	수출액 (억 원)	해외공장 매출 (억 원)	투자액 (억 원)
태양광	127	8,698	67,637	22,975	33,887	18,770	5,324
태양열	21	229	290	290	0	0	1
풍력	37	2,369	12,070	5,123	8,839	3,809	583
연료전지	15	802	2,837	2,143	711	0	47
지열	26	541	1,430	1,430	0	0	251
수열	3	46	29	29	0	0	0
수력	4	83	129	116	13	0	0
바이오	128	1,511	10,815	11,884	550	0	221
폐기물	132	1,899	4,763	5,763	0	0	1,539
합계	493	16,178	100,000	49,753	44,000	22,579	7,966

① 태양광에너지 분야의 기업체 수가 가장 많다.
② 태양광에너지 분야에 고용된 인원이 전체 고용인원의 반 이상을 차지한다.
③ 전체 매출액 중 풍력에너지 분야의 매출액이 차지하는 비율은 15%가 넘는다.
④ 바이오에너지 분야의 수출액은 전체 수출액의 1% 미만이다.
⑤ 전체 매출액 대비 전체 투자액의 비율은 7.5% 미만이다.

06 다음은 A그룹의 주요 경영지표이다. 자료에 대한 설명으로 적절한 것은?

〈경영지표〉

(단위 : 억 원)

구분	공정자산총액	부채총액	자본총액	자본금	매출액	당기순이익
2017년	2,610	1,658	952	464	1,139	170
2018년	2,794	1,727	1,067	481	2,178	227
2019년	5,383	4,000	1,383	660	2,666	108
2020년	5,200	4,073	1,127	700	4,456	−266
2021년	5,242	3,378	1,864	592	3,764	117
2022년	5,542	3,634	1,908	417	4,427	65

① 2018년부터 2022년까지 전년 대비 자본총액은 꾸준히 증가하고 있다.
② 2018년부터 2022년까지 직전 해의 당기순이익과 비교했을 때, 당기순이익이 가장 많이 증가한 해는 2018년이다.
③ 공정자산총액과 부채총액의 차가 가장 큰 해는 2022년이다.
④ 각 지표 중 총액 규모가 가장 큰 것은 매출액이다.
⑤ 2017 ~ 2020년 사이에 자본총액 중 자본금이 차지하는 비중은 계속 증가하고 있다.

07 다음은 8개국 무역수지에 관한 국제통계 자료이다. 자료에 대한 설명으로 적절하지 않은 것은?

〈8개국 무역수지〉

(단위 : 백만 USD)

구분	한국	그리스	노르웨이	뉴질랜드	대만	독일	러시아	미국
7월	40,882	2,490	7,040	2,825	24,092	106,308	22,462	125,208
8월	40,125	2,145	7,109	2,445	24,629	107,910	23,196	116,218
9월	40,846	2,656	7,067	2,534	22,553	118,736	25,432	122,933
10월	41,983	2,596	8,005	2,809	26,736	111,981	24,904	125,142
11월	45,309	2,409	8,257	2,754	25,330	116,569	26,648	128,722
12월	45,069	2,426	8,472	3,088	25,696	102,742	31,128	123,557

① 한국 무역수지의 전월 대비 증가량이 가장 많았던 달은 11월이다.
② 전월 대비 뉴질랜드의 무역수지는 8월 이후 12월까지 지속해서 증가하였다.
③ 그리스의 12월 무역수지의 전월 대비 증가율은 약 0.7%이다.
④ 10월부터 12월 사이 한국의 무역수지 변화 추이와 같은 양상을 보이는 나라는 2개국이다.
⑤ 12월 무역수지가 7월 대비 감소한 나라는 그리스, 독일, 미국이다.

08 다음은 암 발생률 추이에 관한 자료이다. 자료에 대한 설명으로 적절한 것은?

〈암 발생률 추이〉

(단위 : %)

구분	2016년	2017년	2018년	2019년	2020년	2021년	2022년
위암	31.5	30.6	28.8	25.5	23.9	24.0	24.3
간암	24.1	23.9	23.0	21.4	20.0	20.7	21.3
폐암	14.4	17.0	18.8	19.4	20.6	22.1	24.4
대장암	4.5	4.6	5.6	6.3	7.0	7.9	8.9
유방암	1.7	1.9	1.9	2.2	2.1	2.4	4.9
자궁암	7.8	7.5	7.0	6.1	5.6	5.6	5.6

① 위암의 발생률은 점차 감소하는 추세를 보이고 있다.

② 폐암의 경우 발생률이 계속적으로 증가하고 있으며, 전년 대비 2022년 암 발생률 증가폭이 다른 암에 비해서 가장 크다.

③ 2016년 대비 2022년에 발생률이 증가한 암은 폐암, 대장암, 유방암이다.

④ 위암으로 죽은 사망자 수가 2022년에 가장 많으며, 이러한 추세는 지속될 것으로 보인다.

⑤ 자궁암의 경우 발생 비율이 지속적으로 감소하는 추세를 보이고 있다.

09 다음은 D공단에서 발표한 2016년부터 2022년까지 어린이 보호구역 지정대상 및 현황이다. 〈보기〉에서 아래 자료에 대한 설명으로 적절하지 않은 것을 모두 고르면?

〈어린이 보호구역 지정대상 및 지정현황〉

(단위 : 곳)

구분		2016년	2017년	2018년	2019년	2020년	2021년	2022년
어린이보호구역 지정대상	합계	17,339	18,706	18,885	21,274	21,422	20,579	21,273
어린이보호구역 지정현황	합계	14,921	15,136	15,444	15,799	16,085	16,355	16,555
	초등학교	5,917	5,946	5,975	6,009	6,052	6,083	6,127
	유치원	6,766	6,735	6,838	6,979	7,056	7,171	7,259
	특수학교	131	131	135	145	146	148	150
	보육시설	2,107	2,313	2,481	2,650	2,775	2,917	2,981
	학원	–	11	15	16	56	36	38

※ 어린이보호구역은 해당 연도의 지정대상 중에서 지정되며, 지정대상이 아닌 구역이 지정되는 일은 없다.

보기

ㄱ. 2019년부터 2022년까지 어린이보호구역 지정대상은 전년 대비 매년 증가하였다.
ㄴ. 2017년 어린이보호구역 지정대상 중 어린이보호구역으로 지정된 구역의 비율은 75% 이상이다.
ㄷ. 어린이보호구역으로 지정된 구역 중 학원이 차지하는 비중은 2020년부터 2022년까지 전년 대비 매년 증가하였다.
ㄹ. 어린이보호구역으로 지정된 구역 중 초등학교가 차지하는 비중은 2016년부터 2019년까지 매년 60% 이상이다.

① ㄱ
② ㄴ
③ ㄱ, ㄷ
④ ㄱ, ㄹ
⑤ ㄱ, ㄷ, ㄹ

Hard

10 다음은 S사의 금융 구조조정 자금 총지원 현황이다. 〈보기〉 중 다음 자료에 대한 설명으로 적절한 것을 모두 고르면?

〈금융 구조조정 자금 총지원 현황〉

(단위 : 억 원)

구분	은행	증권사	보험사	제2금융	저축은행	농협	소계
출자	222,039	99,769	159,198	26,931	1	0	507,938
출연	139,189	4,143	31,192	7,431	4,161	0	186,116
부실자산 매입	81,064	21,239	3,495	0	0	0	105,798
보험금 지급	0	113	0	182,718	72,892	47,402	303,125
대출	0	0	0	0	5,969	0	5,969
총계	442,292	125,264	193,885	217,080	83,023	47,402	1,108,946

보기

ㄱ. 출자 부문에서 은행이 지원받은 금융 구조조정 자금은 증권사가 지원받은 금융 구조조정 자금의 3배 이상이다.

ㄴ. 보험금 지급 부문에서 지원된 금융 구조조정 자금 중 저축은행이 지원받은 금액의 비중은 20%를 초과한다.

ㄷ. 제2금융에서 지원받은 금융 구조조정 자금 중 보험금 지급 부문으로 지원받은 금액이 차지하는 비중은 80% 이상이다.

ㄹ. 부실자산 매입 부문에서 지원된 금융 구조조정 자금 중 은행이 지급받은 금액의 비중은 보험사가 지급받은 금액 비중의 20배 이상이다.

① ㄱ

② ㄱ, ㄴ

③ ㄴ, ㄷ

④ ㄴ, ㄹ

⑤ ㄴ, ㄷ, ㄹ

Easy

11 다음은 대륙별 인터넷 이용자 수에 관한 자료이다. 자료에 대한 설명으로 적절하지 않은 것은?

〈대륙별 인터넷 이용자 수〉

(단위 : 백만 명)

구분	2015년	2016년	2017년	2018년	2019년	2020년	2021년	2022년
중동	66	86	93	105	118	129	141	161
유럽	388	410	419	435	447	466	487	499
아프리카	58	79	105	124	148	172	193	240
아시아·태평양	726	872	988	1,124	1,229	1,366	1,506	1,724
아메리카	428	456	483	539	584	616	651	647
독립국가연합	67	95	114	143	154	162	170	188

① 2022년 중동의 인터넷 이용자 수는 2015년에 비해 9천5백만 명이 늘었다.
② 2021년에 비해 2022년의 인터넷 이용자 수가 감소한 대륙은 한 곳이다.
③ 2022년 아프리카의 인터넷 이용자 수는 2018년에 비해 약 1.9배 증가했다.
④ 2015년부터 2022년까지 전년 대비 아시아·태평양의 인터넷 이용자 수의 증가량이 가장 큰 해는 2016년이다.
⑤ 대륙별 인터넷 이용자 수의 1·2·3순위는 2022년까지 계속 유지되고 있다.

12 다음은 2022년 9월 국내공항 항공 통계이다. 자료를 읽고 이해한 것으로 적절한 것은?(단, 모든 값은 소수점 둘째 자리에서 반올림한다)

〈2022년 9월 국내공항 항공 통계〉

(단위 : 편, 명, 톤)

공항	운항			여객			화물		
	도착	출발	합계	도착	출발	합계	도착	출발	합계
인천	15,878	15,843	31,721	2,697,760	2,696,932	5,394,692	161,775	168,171	329,946
김포	6,004	6,015	12,019	1,034,808	1,023,256	2,058,064	12,013	11,087	23,100
김해	4,548	4,546	9,094	676,182	672,813	1,348,995	7,217	7,252	14,469
제주	7,296	7,295	14,591	1,238,100	1,255,050	2,493,150	10,631	12,614	23,245
대구	1,071	1,073	2,144	151,341	151,933	303,274	1,208	1,102	2,310
광주	566	564	1,130	82,008	80,313	162,321	529	680	1,209
합계	35,363	35,336	70,699	5,880,199	5,880,297	11,760,496	193,373	200,906	394,279

① 6개 공항 모두 출발 여객보다 도착 여객의 수가 많다.
② 제주공항 화물은 김해공항 화물의 1.5배 이상이다.
③ 인천공항 운항은 전체 공항 운항의 48%를 차지한다.
④ 도착 운항이 두 번째로 많은 공항은 도착 화물도 두 번째로 높은 수치를 보인다.
⑤ 김해공항과 제주공항의 운항을 합한 값은 김포공항 화물의 값보다 작다.

※ 다음은 연령별 경제활동인구 및 비경제활동인구에 관한 자료이다. 이어지는 질문에 답하시오. **[13~14]**

〈연령별 경제활동인구 및 비경제활동인구〉

(단위 : 천 명, %)

구분	인구수	경제활동인구	취업자 수	실업자 수	비경제활동인구	실업률
10대(15 ~ 19세)	3,070	279	232	47	2,791	16.8
20대(20 ~ 29세)	7,078	4,700	4,360	340	2,378	7.2
30대(30 ~ 39세)	8,519	6,415	6,246	169	2,104	2.6
40대(40 ~ 49세)	8,027	6,366	6,250	116	1,661	1.8
50대(50 ~ 59세)	4,903	3,441	3,373	68	1,462	2.0
60세 이상	6,110	2,383	2,361	22	3,727	0.9
합계	37,707	23,584	22,822	762	14,123	3.2

※ [경제활동참가율(%)]$=\frac{\text{(경제활동인구)}}{\text{(인구수)}}\times 100$

※ [실업률(%)]$=\frac{\text{(실업자 수)}}{\text{(경제활동인구)}}\times 100$

13 다음 중 자료를 판단한 설명으로 적절한 것은?

① 연령이 높아질수록 실업률은 계속 감소한다.
② 30대 경제활동인구는 50대 경제활동인구보다 2배 이상 많다.
③ 연령별 취업자 수와 실업자 수의 증감 추이는 동일하다.
④ 20대의 실업자 수가 30대의 실업자 수보다 약 2배 많지만, 실업률이 2배 이상을 상회하는 것은 경제활동인구에서 차이가 나기 때문이다.
⑤ 60세 이상의 경제활동참가율은 40% 이상이다.

Hard

14 다음 중 경제활동인구가 가장 많은 연령대의 실업률과 비경제활동인구가 가장 적은 연령대의 실업률 차이는?

① 1.8%p
② 0.8%p
③ 0.6%p
④ 4.6%p
⑤ 9.6%p

※ 다음은 각 지역이 중앙정부로부터 배분받은 지역산업기술개발사업 예산 중 다른 지역으로 유출된 예산의 비중에 관한 자료이다. 이어지는 질문에 답하시오. **[15~16]**

〈지역산업기술개발사업 유출 예산 비중〉

(단위 : %)

지역	2018년	2019년	2020년	2021년	2022년
강원	21.9	2.26	4.74	4.35	10.08
경남	2.25	1.55	1.73	1.90	3.77
경북	0	0	3.19	2.25	2.90
광주	0	0	0	4.52	2.85
대구	0	0	1.99	7.19	10.51
대전	3.73	5.99	4.87	1.87	0.71
부산	2.10	2.02	3.08	5.53	5.72
수도권	0	0	23.71	0	0
울산	6.39	6.57	12.65	7.13	9.62
전남	1.35	0	6.98	5.45	7.55
전북	0	0	2.19	2.67	5.84
제주	0	1.32	6.43	5.82	6.42
충남	2.29	1.54	3.23	4.45	4.32
충북	0	0	1.58	4.13	5.86

※ 지역별 중앙정부로부터 배분받은 지역산업기술개발사업 예산은 같다.

15 다음 중 자료를 판단한 내용으로 적절하지 않은 것은?

① 조사 기간에 다른 지역으로 유출된 예산의 비중의 합이 가장 적은 곳은 광주이다.
② 조사 기간 동안 한 번도 0%를 기록하지 못한 곳은 5곳이다.
③ 2020년부터 전년 대비 부산의 유출된 예산 비중이 계속 상승하고 있다.
④ 조사 기간 동안 가장 높은 예산 비중을 기록한 지역은 수도권이다.
⑤ 2022년에 전년 대비 가장 큰 폭으로 증가한 곳은 강원이다.

Easy

16 다음 〈보기〉 중 적절한 설명을 모두 고르면?

보기

㉠ 2020 ~ 2022년 대전의 유출된 예산 비중은 전년 대비 계속 감소했다.
㉡ 지역별로 유출된 예산 비중의 총합이 가장 높은 연도는 2021년이다.
㉢ 2020년에 전년 대비 유출된 예산 비중이 1%p 이상 오르지 못한 곳은 총 4곳이다.
㉣ 2018년 강원의 유출된 예산 비중은 다른 모든 지역의 비중의 합보다 높다.

① ㉠, ㉡
② ㉠, ㉣
③ ㉡, ㉣
④ ㉡, ㉢
⑤ ㉢, ㉣

※ 다음은 2020년부터 2022년까지 주택유형별 주택 멸실 현황이다. 다음 자료를 보고 이어지는 물음에 답하시오. **[17~18]**

〈주택 멸실 현황〉

(단위 : 호)

구분	2020년			2021년			2022년		
	단독	연립	아파트	단독	연립	아파트	단독	연립	아파트
전국	44,981	1,704	7,124	48,885	2,660	7,299	47,298	2,495	7,321
수도권	15,214	1,421	1,126	16,062	2,324	5,688	15,878	2,307	2,881
지방	29,767	283	5,998	32,823	336	1,611	31,420	188	4,440
서울	6,970	932	906	8,151	1,746	4,140	8,235	1,468	2,243
부산	3,540	113	2,019	3,155	54	936	3,491	41	640
대구	1,720	24	910	1,967	0	255	2,037	29	0
인천	1,148	205	180	12	110	105	1,312	375	585
광주	1,406	0	0	1,204	4	0	1,055	22	2,331
대전	1,777	65	246	964	2	0	665	40	0
울산	575	3	940	1,234	40	0	1,160	9	0
경기	7,096	284	40	6,229	468	1,443	6,331	464	53
강원	1,896	19	0	2,045	126	0	2,166	0	0
충북	2,460	6	40	2,228	0	174	2,390	12	50
충남	2,686	12	84	3,131	0	77	2,874	0	0
전북	2,217	29	1,759	3,740	21	0	2,530	16	500
전남	2,900	0	0	3,678	2	83	3,068	0	150
경북	3,888	6	0	4,063	10	24	4,579	19	0
경남	4,029	6	0	4,693	77	62	4,726	0	769
제주	673	0	0	721	0	0	679	0	0

※ 멸실 주택 : 건축법상 주택의 용도에 해당하는 건축물이 철거 또는 멸실되어 더 이상 존재하지 않게 될 경우로서 건축물대장 말소가 이루어진 주택

17 위 자료에 대한 〈보기〉의 설명 중 적절하지 않은 것을 모두 고르면?

보기

ㄱ. 2021년과 2022년에 서울의 단독 멸실 수는 전년 대비 매년 5% 이상 증가하였다.

ㄴ. 2020년에 아파트 멸실 수가 네 번째로 많았던 지역은 2022년에도 아파트 멸실 수가 네 번째로 많다.

ㄷ. 2021년 서울의 연립 멸실 수는 같은 해 경기의 연립 멸실 수의 4배 이상이다.

ㄹ. 전국의 단독 멸실 수와 충남의 단독 멸실 수는 매년 증감 추이가 같다.

① ㄱ, ㄴ, ㄷ
② ㄱ, ㄷ, ㄹ
③ ㄴ, ㄷ, ㄹ
④ ㄴ, ㄷ, ㄹ
⑤ ㄱ, ㄷ, ㄹ

18 다음은 통계청에서 발표한 주택 멸실 현황에 기반해 작성한 보고서의 일부이다. 자료에 기반한 보고서의 내용 중 적절하지 않은 것은?

〈보고서〉

주택 멸실 현황은 멸실 주택 수 파악을 통해 지역별 주택재고 현황 파악 및 지역별 주택수급 상황 판단의 기초자료로 활용된다. 통계청은 건축물 대장을 기초로 시, 도 검증자료를 활용하여 2020년부터 2022년까지의 주택 멸실 현황 통계를 작성하였다.
① 조사기간 동안 전국의 아파트 멸실 주택 수가 증가하는 추세에 있다. 하지만 지역별 차이는 큰 것으로 나타났다. 수도권의 경우, 2021년 아파트 멸실 주택 수는 전년 대비 5배 이상 증가하였지만, 지방의 경우 30% 미만으로 감소하였다. 또한 ② 단독 주택의 멸실 주택은 서울의 경우, 2022년에 2020년 대비 18% 이상 증가하였으나, 대전의 경우 2분의 1 이하로 감소하여 큰 차이를 보였다. 멸실 주택이 없는 지역과 1,000호 이상으로 많았던 지역의 수는 연도에 따라 차이를 보였다. ③ 멸실된 연립 주택의 경우, 2020년에는 1,000호 이상 멸실된 지역은 총 2곳이었으며, 2022년에는 3곳으로 증가하였다. 한편 ④ 2022년에 멸실된 아파트가 없는 지역은 총 7곳이었으며 또한 ⑤ 전국의 연립 주택은 2022년에 멸실된 주택이 전년 대비 6% 감소한 것으로 나타났다.
공공주택본부는 이와 같은 자료를 바탕으로 안정적인 주택을 확보하고, 소모적인 멸실을 막기 위해 건축물대상 말소 전 갱신 고지방안과, 재건축 및 보수공사 등 건축물 수명 연장을 위한 방안을 논의 중이다.

Hard

19 다음은 A국 국회의원의 SNS(소셜네트워크서비스) 이용자 수 현황에 대한 자료이다. 이를 이용하여 작성한 그래프로 적절하지 않은 것은?(단, 소수점 둘째 자리에서 반올림한다)

〈A국 국회의원의 SNS 이용자 수 현황〉

(단위 : 명)

구분	정당	당선 횟수별				당선 유형별		성별	
		초선	2선	3선	4선 이상	지역구	비례대표	남자	여자
여당	A	82	29	22	12	126	19	123	22
야당	B	29	25	13	6	59	14	59	14
	C	7	3	1	1	7	5	10	2
합계		118	57	36	19	192	38	192	38

① 국회의원의 여야별 SNS 이용자 수

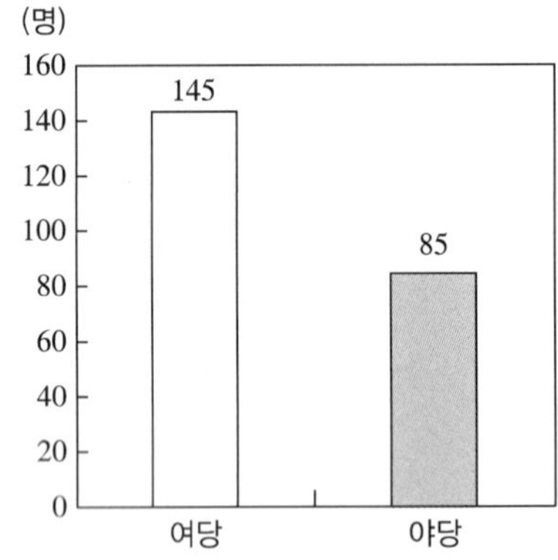

② 남녀 국회의원의 여야별 SNS 이용자 구성비

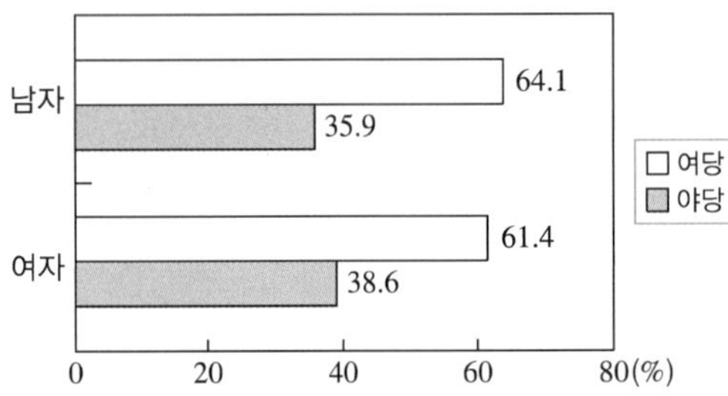

③ 야당 국회의원의 당선 횟수별 SNS 이용자 구성비

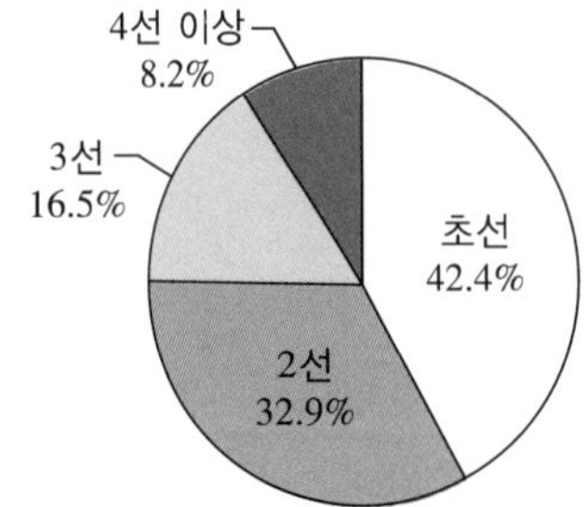

④ 2선 이상 국회의원의 정당별 SNS 이용자 수

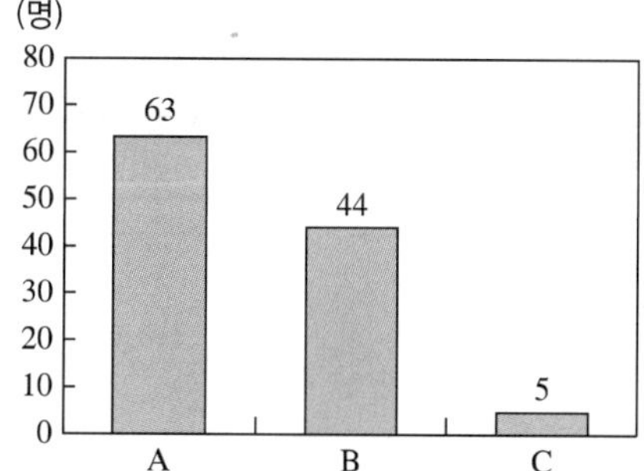

⑤ 여당 국회의원의 당선 유형별 SNS 이용자 구성비

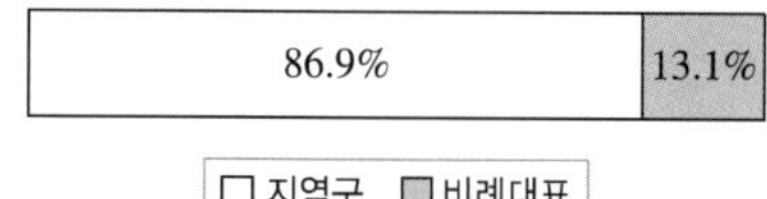

PART 3
01
02
03
04

20 다음은 A물고기와 B물고기 알의 부화 예정일로부터 기간별 부화 개수이다. 다음과 같이 기간별 부화수가 일정하게 유지된다면 9번째 주에 부화되는 알의 수는 몇 개인가?

〈A, B물고기 알의 부화 수 변화〉

(단위 : 개)

구분	1번째 주	2번째 주	3번째 주	4번째 주	5번째 주
A물고기	2	4	10	28	82
B물고기	1	3	7	15	31

	A물고기 알의 부화 수	B물고기 알의 부화 수
①	6,562개	511개
②	6,560개	511개
③	6,562개	519개
④	6,560개	519개
⑤	6,560개	522개

02 추리

※ 제시된 명제가 모두 참일 때, 빈칸에 들어갈 명제로 가장 적절한 것을 고르시오. **[1~3]**

01

전제1. 노력하지 않으면 보상도 없다.
전제2. ____________________
결론. 호야는 보상을 받지 못했다.

① 호야는 노력하지 않았다.
② 보상을 받았다는 것은 곧 노력했다는 의미이다.
③ 호야는 보상을 받았다.
④ 호야는 노력하고 있다.
⑤ 보상을 받았다는 것이 곧 노력했다는 의미는 아니다.

02

전제1. 오존층이 파괴되지 않으면 프레온 가스가 나오지 않는다.
전제2. ____________________
전제3. 지구 온난화가 진행되지 않으면 오존층이 파괴되지 않는다.
결론. 지구 온난화가 진행되지 않았다는 것은 에어컨을 과도하게 쓰지 않았다는 뜻이다.

① 에어컨을 잘 쓰지 않으면 프레온 가스가 나오지 않는다.
② 프레온 가스가 나온다고 해도 오존층은 파괴되지 않는다.
③ 오존층을 파괴하면 지구 온난화가 진행된다.
④ 에어컨을 과도하게 쓰면 프레온 가스가 나온다.
⑤ 에어컨을 적게 써도 지구 온난화는 진행된다.

Hard

03

> 전제1. 환경정화 봉사활동에 참여하는 모든 사람은 재난복구 봉사활동에 참여한다.
> 전제2. ______________________________
> 결론. 재난복구 봉사활동에 참여하는 어떤 사람은 유기동물 봉사활동에 참여한다.

① 재난복구 봉사활동에 참여하지 않는 모든 사람은 유기동물 봉사활동에 참여하지 않는다.
② 환경정화 봉사활동에 참여하지 않는 어떤 사람은 유기동물 봉사활동에 참여한다.
③ 재난복구 봉사활동에 참여하는 어떤 사람은 환경정화 봉사활동에 참여한다.
④ 환경정화 봉사활동에 참여하는 어떤 사람은 유기동물 봉사활동에 참여한다.
⑤ 환경정화 봉사활동에 참여하는 모든 사람은 유기동물 봉사활동에 참여하지 않는다.

PART 3
01
02
03
04

04 다음 〈조건〉을 통해 추론할 때, 다음 중 반드시 진실이 되는 것은?

> 조건
> - 관수는 보람이보다 크다.
> - 창호는 보람이보다 작다.
> - 동주는 관수보다 크다.
> - 인성이는 보람이보다 작지 않다.

① 인성이는 창호보다 크고 관수보다 작다.
② 보람이는 동주, 관수보다 작지만 창호보다는 크다.
③ 창호는 관수, 보람이보다 작지만 인성보다는 크다.
④ 동주는 관수, 보람, 창호, 인성이보다 크다.
⑤ 창호는 키가 가장 작지는 않다.

Easy

05 **각 지역본부 대표 8명이 다음 〈조건〉에 따라 원탁에 앉아 회의를 진행한다고 할 때, 경인 지역본부 대표의 맞은편에 앉은 사람을 적절하게 추론한 것은?**

> **조건**
>
> • 서울, 부산, 대구, 광주, 대전, 경인, 춘천, 속초 대표가 참여하였다.
> • 서울 대표는 12시 방향에 앉아 있다.
> • 서울 대표의 오른쪽 두 번째 자리에는 대전 대표가 앉아 있다.
> • 부산 대표는 경인 대표의 바로 왼쪽에 앉는다.
> • 광주 대표의 바로 양 옆자리는 대전 대표와 부산 대표이다.
> • 광주 대표와 대구 대표는 마주 보고 있다.
> • 속초 대표의 바로 양 옆자리는 서울 대표와 대전 대표이다.

① 대전 대표 ② 부산 대표
③ 대구 대표 ④ 속초 대표
⑤ 서울 대표

06 **각각 다른 심폐기능 등급을 받은 A, B, C, D, E 5명 중 등급이 가장 낮은 2명의 환자에게 건강관리 안내문을 발송하려 한다. 심폐기능 측정 결과가 다음과 같을 때, 발송 대상자를 모두 고르면?**

> 〈심폐기능 측정 결과〉
>
> • E보다 심폐기능이 좋은 환자는 2명 이상이다.
> • E는 C보다 한 등급 높다.
> • B는 D보다 한 등급 높다.
> • A보다 심폐기능이 나쁜 환자는 2명이다.

① B, C ② B, D
③ B, E ④ C, D
⑤ C, E

07 (가) ~ (마)의 학생들은 영어, 수학, 국어, 체육 수업 중 두 개의 수업을 듣는다고 할 때, 다음 중 (마) 학생이 듣는 수업을 모두 고르면?

- (가)와 (나) 학생은 영어 수업만 같이 듣는다.
- (나) 학생은 (다), (마) 학생과 수학 수업을 함께 듣는다.
- (다) 학생은 (라) 학생과 체육 수업을 함께 듣는다.
- (가)는 (라), (마) 학생과 어떤 수업도 같이 듣지 않는다.

① 영어, 수학
② 영어, 국어
③ 수학, 체육
④ 영어, 체육
⑤ 국어, 수학

08 김대리는 회의 참석자의 역할을 고려해 A ~ F 총 6명이 앉을 6인용 원탁 자리를 세팅 중이다. 다음 내용을 모두 만족하도록 세팅했을 때, 서로 옆 자리에 앉게 되는 사람은?

- 원탁 둘레로 6개의 의자를 같은 간격으로 세팅한다.
- A가 C와 F 중 한 사람의 바로 옆 자리에 앉도록 세팅한다.
- D의 바로 옆 자리에 C나 E가 앉지 않도록 세팅한다.
- A가 좌우 어느 쪽을 봐도 B와의 사이에 2명이 앉도록 세팅하고, B의 바로 왼쪽 자리에 F가 앉도록 세팅한다.

① A와 D
② A와 E
③ B와 C
④ B와 D
⑤ C와 F

09

짱구, 철수, 유리, 훈이, 맹구는 어떤 문제에 대한 해결 방안으로 A, B, C, D, E 중 각각 하나씩을 제안하였다. 다음 내용이 모두 참일 때, 제안자와 그 제안이 적절하게 연결된 것은?(단, 모두 서로 다른 하나의 제안을 제시하였다)

- 짱구와 훈이는 B를 제안하지 않았다.
- 철수와 짱구는 D를 제안하지 않았다.
- 유리는 C를 제안하였으며, 맹구는 D를 제안하지 않았다.
- 맹구는 B와 E를 제안하지 않았다.

① 짱구 – A, 맹구 – B
② 짱구 – A, 훈이 – D
③ 철수 – B, 짱구 – E
④ 철수 – B, 훈이 – E
⑤ 짱구 – B, 훈이 – D

10

경영학과에 재학 중인 A ~ E는 계절학기 시간표에 따라 요일별로 하나의 강의만 수강한다. 전공 수업을 신청한 C는 D보다 앞선 요일에 수강하고, E는 교양 수업을 신청한 A보다 나중에 수강한다고 할 때, 다음 중 항상 참이 되는 것은?

월	화	수	목	금
전공1	전공2	교양1	교양2	교양3

① A가 수요일에 강의를 듣는다면 E는 교양2 강의를 듣는다.
② B가 전공 수업을 듣는다면 C는 화요일에 강의를 듣는다.
③ C가 화요일에 강의를 듣는다면 E는 교양3 강의를 듣는다.
④ D는 반드시 전공 수업을 듣는다.
⑤ E는 반드시 교양 수업을 듣는다.

Easy

11 **다음 〈조건〉에 따라 교육부, 행정안전부, 보건복지부, 농림축산식품부, 외교부, 국방부에 대한 국정감사 순서를 정한다고 할 때, 다음 중 항상 적절한 것은?**

> 조건
> - 행정안전부에 대한 감사는 농림축산식품부와 외교부에 대한 감사 사이에 한다.
> - 국방부에 대한 감사는 보건복지부나 농림축산식품부에 대한 감사보다 늦게 시작되지만, 외교부에 대한 감사보다 먼저 시작한다.
> - 교육부에 대한 감사는 아무리 늦어도 보건복지부 또는 농림축산식품부 중 적어도 어느 한 부서에 대한 감사보다는 먼저 시작되어야 한다.
> - 보건복지부는 농림축산식품부보다 먼저 감사를 시작한다.

① 교육부는 첫 번째 또는 두 번째에 감사를 시작한다.
② 보건복지부는 두 번째로 감사를 시작한다.
③ 농림축산식품부보다 늦게 감사를 받는 부서의 수가 일찍 받는 부서의 수보다 적다.
④ 국방부는 행정안전부보다 감사를 일찍 시작한다.
⑤ 외교부보다 늦게 감사를 받는 부서가 있다.

12 **K부서 A, B, C, D, E 다섯 명의 직원이 원탁에 앉아 저녁을 먹기로 했다. 자리는 다음 〈조건〉에 따라 앉을 때, C직원을 기준으로 하여 시계방향으로 세 번째에 앉은 사람은 누구인가?**

> 조건
> - C 바로 옆 자리에 E가 앉고, B는 앉지 못한다.
> - D가 앉은 자리와 B가 앉은 자리 사이에 1명 이상 앉아 있다.
> - A가 앉은 자리의 바로 오른쪽은 D가 앉는다.
> - 좌우 방향은 원탁을 바라보고 앉은 상태를 기준으로 한다.

① A　　② B
③ D　　④ E
⑤ 알 수 없음

Easy

13 L사는 6층 건물의 모든 층을 사용하고 있으며, 건물에는 기획부, 인사 교육부, 서비스개선부, 연구·개발부, 해외사업부, 디자인부가 각 층별로 위치하고 있다. 다음 〈조건〉을 참고할 때 항상 적절한 것은?(단, 6개의 부서는 서로 다른 층에 위치하며, 3층 이하에 위치한 부서의 직원은 출근 시 반드시 계단을 이용해야 한다)

조건

- 기획부의 문 대리는 해외사업부의 이 주임보다 높은 층에 근무한다.
- 인사 교육부는 서비스개선부와 해외사업부 사이에 위치한다.
- 디자인부의 김 대리는 오늘 아침 엘리베이터에서 서비스개선부의 조 대리를 만났다.
- 6개의 부서 중 건물의 옥상과 가장 가까이에 위치한 부서는 연구·개발부이다.
- 연구·개발부의 오 사원이 인사 교육부 박 차장에게 휴가 신청서를 제출하기 위해서는 4개의 층을 내려와야 한다.
- 건물 1층에는 회사에서 운영하는 커피숍이 함께 있다.

① 출근 시 엘리베이터를 탄 디자인부의 김 대리는 5층에서 내린다.
② 디자인부의 김 대리가 서비스개선부의 조 대리보다 먼저 엘리베이터에서 내린다.
③ 인사 교육부와 커피숍은 같은 층에 위치한다.
④ 기획부의 문 대리는 출근 시 반드시 계단을 이용해야 한다.
⑤ 인사 교육부의 박 차장은 출근 시 연구·개발부의 오 사원을 계단에서 만날 수 없다.

14 어떤 회사가 A, B, C, D 네 부서에 1명씩 신입 사원을 선발하였다. 지원자는 총 5명이었으며, 선발 결과에 대해 다음과 같이 진술하였다. 이중 1명의 진술만 거짓으로 밝혀졌다. 다음 중 적절한 추론은?

지원자 1 : 지원자 2가 A부서에 선발되었다.
지원자 2 : 지원자 3은 A 또는 D부서에 선발되었다.
지원자 3 : 지원자 4는 C부서가 아닌 다른 부서에 선발되었다.
지원자 4 : 지원자 5는 D부서에 선발되었다.
지원자 5 : 나는 D부서에 선발되었는데, 지원자 1은 선발되지 않았다.

① 지원자 1은 B부서에 선발되었다.
② 지원자 2는 A부서에 선발되었다.
③ 지원자 3은 D부서에 선발되었다.
④ 지원자 4는 B부서에 선발되었다.
⑤ 지원자 5는 C부서에 선발되었다.

15 S기업은 임직원의 날 행사를 위해 A ~ E에게 역할을 배정하려고 한다. 행사를 위한 역할에는 '홍보', '구매', '기획', '섭외', '예산' 총 다섯 가지가 있으며, 다음 대화에서 한 명은 거짓을 말하고 있다고 할 때, 반드시 참인 것을 고르면?

> • A : 저는 '홍보'를 담당하고 있고, C는 참을 말하고 있어요.
> • B : 저는 숫자를 다뤄야 하는 '예산'과는 거리가 멀어서, 이 역할은 피해서 배정받았죠.
> • C : 저는 친화력이 좋아서 '섭외'를 배정해 주셨어요.
> • D : 저는 '구매'를 담당하고, C는 '기획'을 담당하고 있어요.
> • E : 저는 '예산'을 담당하고 있어요.

① A는 홍보를 담당하고 있다.
② B는 예산을 담당한다.
③ C는 섭외를 담당하지 않는다.
④ D는 섭외를 담당한다.
⑤ A는 거짓을 말하고 있다.

PART 3 01 02 03 04

16 다음 제시된 단어의 대응 관계가 동일하도록 빈칸에 들어갈 가장 적절한 단어를 고르면?

> 보유하다 : 소유하다 = 이룩하다 : (　　)

① 벗어나다
② 내보내다
③ 실현하다
④ 받아들이다
⑤ 실패하다

17 다음 단어의 대응 관계가 나머지와 다른 하나를 고르면?

① 개방 – 폐쇄
② 환희 – 비애
③ 자립 – 의존
④ 전거 – 이전
⑤ 일반 – 특수

※ 다음 제시된 도형의 규칙을 보고 물음표에 들어가기에 적절한 것을 고르시오. **[18~20]**

18

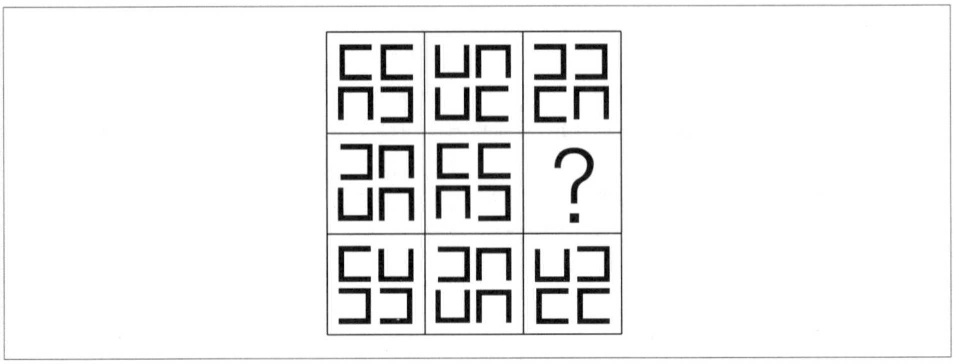

①

②

③

④

⑤

19

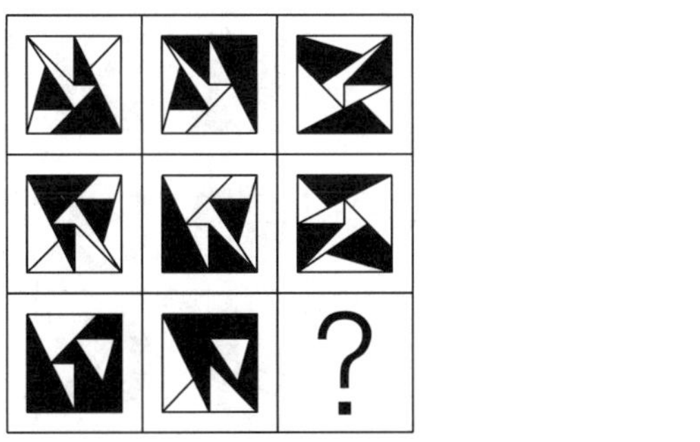

①

②

③

④

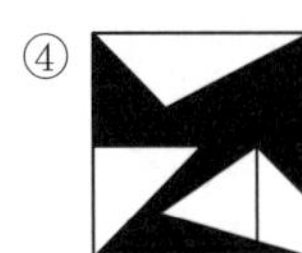

⑤

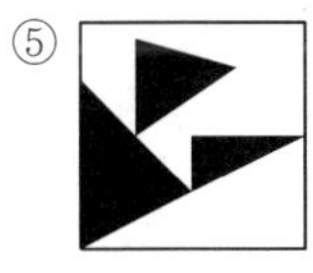

PART 3 01 02 03 04

20

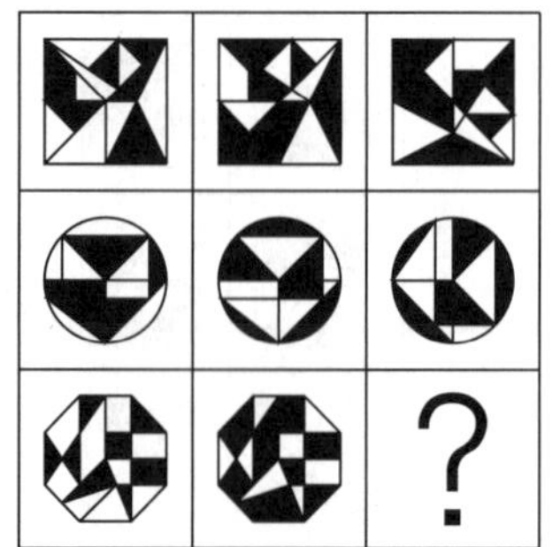

①
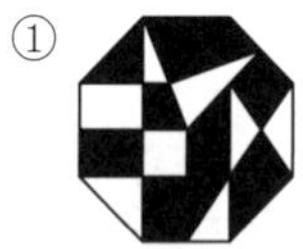

②
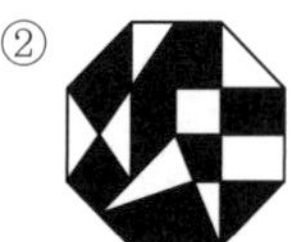

③
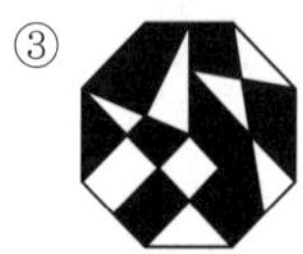

④
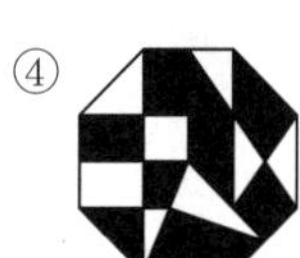

⑤
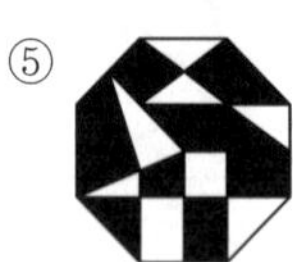

※ 다음 도식에서 기호들은 일정한 규칙에 따라 문자를 변화시킨다. 물음표에 들어갈 적절한 문자를 고르시오(단, 규칙은 가로와 세로 중 한 방향으로만 적용된다). **[21~24]**

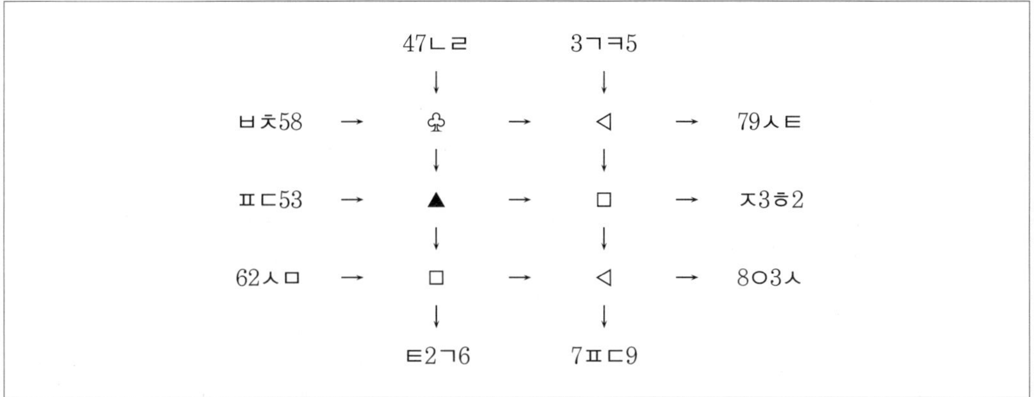

21

ㄷ5ㅇ6 → ◁ → ▲ → ?

① ㅊ4ㅂ6
② ㅂ3ㅊ7
③ ㄴ6ㅎ9
④ ㄱ3ㅅ7
⑤ ㄴ4ㅂ8

22

ㅇ2ㄴ8 → □ → ♧ → ?

① 35ㄷㅇ
② 24ㅊㅅ
③ 28ㅇㄴ
④ 12ㅈㅎ
⑤ 34ㅊㄴ

23

? → ▲ → □ → ㄷㄱ42

① 7ㅅㄷ3
② 3ㅅㄷ7
③ ㅅ73ㄷ
④ ㅅ7ㄷ3
⑤ 37ㄷㅅ

24

? → ♧ → ◁ → P3ㄴM

① ㄴP3M
② ㄱPN2
③ N3ㄴK
④ ㄱKN2
⑤ NP3ㄴ

※ 다음 글의 내용이 참일 때 항상 거짓인 것을 고르시오. [25~26]

25

연금술은 일련의 기계적인 속임수나 교감적 마술에 대한 막연한 믿음 이상의 인간 행위다. 출발에서부터 그것은 세계와 인간 생활을 관계 짓는 이론이었다. 물질과 과정, 원소와 작용 간의 구분이 명백하지 않았던 시대에 연금술이 다루는 원소들은 인간성의 측면들이기도 했다.

당시 연금술사의 관점에서 본다면 인체라는 소우주와 자연이라는 대우주 사이에는 일종의 교감이 있었다. 대규모의 화산은 일종의 부스럼과 같고 폭풍우는 왈칵 울어대는 동작과 같았다. 연금술사들은 두 가지 원소가 중요하다고 보았다. 그중 하나가 수은인데, 수은은 밀도가 높고 영구적인 모든 것을 대표한다. 또 다른 하나는 황으로, 가연성이 있고 비영속적인 모든 것을 표상한다. 이 우주 안의 모든 물체들은 수은과 황으로 만들어졌다. 이를테면 연금술사들은 알 속의 배아에서 뼈가 자라듯, 모든 금속들은 수은과 황이 합성되어 자라난다고 믿었다. 그들은 그와 같은 유추를 진지한 것으로 여겼는데, 이는 현대 의학의 상징적 용례에 그대로 남아 있다. 우리는 지금도 여성의 기호로 연금술사들의 구리 표시, 즉 '부드럽다'는 뜻으로 '비너스'를 사용하고 있다. 그리고 남성에 대해서는 연금술사들의 철 기호, 즉 '단단하다'는 뜻으로 '마르스'를 사용한다.

모든 이론이 그렇듯이 연금술은 당시 그 시대의 문제를 해결하기 위한 노력의 산물이었다. 1500년경까지는 모든 치료법이 식물 아니면 동물에서 나와야 한다는 신념이 지배적이었기에 의학 문제들은 해결을 보지 못하고 좌초해 있었다. 그때까지 의약품은 대체로 약초에 의존하였다. 그런데 연금술사들은 거리낌 없이 의학에 금속을 도입했다. 예를 들어 유럽에 창궐한 매독을 치료하기 위해 대단히 독창적인 치료법을 개발했는데, 그 치료법은 연금술에서 가장 강력한 금속으로 간주된 수은을 바탕으로 하였다.

① 연금술사는 모든 치료행위에 수은을 사용하였다.
② 연금술사는 인간을 치료하는 데 금속을 사용하였다.
③ 연금술사는 구리가 황과 수은의 합성의 산물이라고 보았다.
④ 연금술사는 연금술을 자연만이 아니라 인간에게도 적용했다.
⑤ 연금술사는 모든 물체가 두 가지 원소로 이루어진다고 보았다.

Hard

26

중동 제국이 발전함에 따라 제국의 개입으로 인해 소규모 공동체의 생활에 변화가 일어났다. 종교 조직은 제국 조직의 한 구성 요소로 전락했으며 제사장은 사법적·정치적 권력을 상실했다. 또한, 제국은 소규모 공동체에 개입함으로써 개인이 씨족이나 종교 조직에 구속받지 않게 만들었다. 광대한 영토를 방어하고 통제하며 제국 내에서의 커뮤니케이션을 더욱 활발하게 하기 위해서는 분권과 자치, 그리고 개인의 이동을 어느 정도 허용할 필요가 있었다. 이에 따라 제국은 전사와 관리에게 봉토를 지급하고 독점적 소유권을 인정해 주었다. 상인들은 자신의 자본으로 사업을 하기 시작했고, 생산 계급은 종교 조직이나 왕족이 아니라 시장을 겨냥한 물건을 만들기 시작했다. 낡은 자급자족 경제 대신 시장경제가 출현하여 독립된 생산자와 소비자 사이의 교환을 촉진했다. 시장이 확대되고 기원전 7세기경에 교환 수단인 화폐가 도입됨에 따라 고대 세계의 경제 구조는 획기적인 변화를 겪었다. 점점 더 많은 사람들의 생계가 세습적 권위의 지배를 받는 메커니즘이 아니라 금전 관계의 메커니즘에 좌우되었다.

또한, 제국은 개인이 씨족이나 종교 조직 또는 유력 집단에 흡수되는 것을 막는 언어적·종교적·법적 여건을 마련함으로써 개인이 좀 더 개방된 사회에서 활동할 수 있게 해주었다. 지배 엘리트가 사용하는 언어가 사회의 보편적인 언어가 되었으며, 각 지방의 토속신은 왕과 제국이 섬겨왔던 범접하기 어려운 강력한 신들, 즉 일종의 만신전에 모신 우주의 신들에게 자리를 양보했다. 아울러 제국의 법이 부의 분배와 경제적 교환 그리고 강자와 약자의 관계를 규제했다. 고대 제국은 정치의 행위 주체였을 뿐만 아니라 사회의 문화적·종교적·법률적 토대를 제공했다. 다시 말하면 제국은 중동 문명의 문화적 통합을 가능케 하는 강력한 힘이었다.

① 제국의 발전으로 인해 제국 내에서의 교류가 증대되었다.
② 제국이 발전함에 따라 제국 내에서 특정 언어와 종교가 보편화되었다.
③ 제국이 발전함에 따라 자급자족 체제가 시장경제 체제로 발전했다.
④ 제국의 힘은 생산과 소비를 통제하는 경제의 독점으로부터 비롯되었다.
⑤ 제국은 개인이 씨족이나 종교 조직 등 기존 체제와 맺는 관계를 약화시켰다.

※ 다음 글에 대한 반론으로 가장 적절한 것을 고르시오. [27~28]

27

'모래언덕'이나 '바람' 같은 개념은 매우 모호해 보인다. 작은 모래 무더기가 모래언덕이라고 불리려면 얼마나 높이 쌓여야 하는가? 바람이 되려면 공기는 얼마나 빨리 움직여야 하는가?
그러나 지질학자들이 관심이 있는 대부분의 문제 상황에서 이런 개념들은 아무 문제 없이 작동한다. 더 높은 수준의 세분화가 요구될 만한 맥락에서는 그때마다 '30m에서 40m 사이의 높이를 가진 모래언덕'이나 '시속 20km와 시속 40km 사이의 바람'처럼 수식어구가 달린 표현이 과학적 용어의 객관적인 사용을 뒷받침한다.
물리학 같은 정밀과학에서도 사정은 비슷하다. 물리학의 한 연구 분야인 저온물리학은 저온현상, 즉 초전도 현상을 비롯하여 절대온도 0도인 −273.16℃ 부근의 저온에서 나타나는 흥미로운 현상들을 연구한다. 그렇다면 정확히 몇 도부터 저온인가? 물리학자들은 이 문제를 놓고 다투지 않는다. 때로는 이 말이 헬륨의 끓는점(−268.6℃) 같은 극저온 근방을 가리키는가 하면, 질소의 끓는점(−195.8℃)이 기준이 되기도 한다.
과학자들은 모호한 것을 싫어한다. 모호성은 과학의 정밀성을 훼손할 뿐만 아니라 궁극적으로 과학의 객관성을 약화하기 때문이다. 그러나 모호성에 대응하는 길은 모든 측정의 오차를 0으로 만드는 데 있는 것이 아니라 대화를 통해 그 상황에 적절한 합의를 하는 데 있다.

① 과학의 정확성은 측정기술의 정확성에 달려 있다.
② 물리학 같은 정밀과학에서도 오차는 발생하기 마련이다.
③ 과학의 발달은 과학적 용어체계의 변화를 유발할 수 있다.
④ 과학적 언어의 객관성은 그 언어가 사용되는 맥락 속에서 확보된다.
⑤ 과학적 언어의 객관성은 용어의 엄밀하고 보편적인 정의에 의해서만 보장된다.

28

> "향후 은행 서비스(Banking)는 필요하지만 은행(Bank)은 필요 없을 것이다." 최근 4차 산업혁명으로 대변되는 빅데이터, 사물인터넷, AI, 블록체인 등 신기술이 금융업을 강타하면서 빌 게이츠의 20년 전 예언이 화두로 부상했다. 모든 분야에서 초연결화, 초지능화가 진행되고 있는 4차 산업혁명이 데이터 주도 경제를 열어가면서 데이터에 기반을 둔 금융업에도 변화의 물결이 밀려들고 있다. 이미 전통적인 은행, 증권, 보험, 카드업 등 전 분야에서 금융기술기업인 소위 '핀테크(Fintech)'가 출현하면서 금융서비스의 가치 사슬이 해체되기 시작한 것이다. 이전에는 상상조차 하지 못했던 IT 등 이종 업종의 금융업 진출도 활발하게 이루어지면서 전통 금융회사들을 위협하고 있다.
> 빅데이터, 사물인터넷, 인공지능, 블록체인 등 새로운 기술로 무장한 4차 산업혁명으로 인해 온라인 플랫폼을 통한 크라우드 펀딩 등 P2P 금융의 출현, 로보 어드바이저에 의한 저렴한 자산관리서비스의 등장, 블록체인 기술기반의 송금 등 다양한 가치 거래의 탈중계화가 진행되면서 금융 중계, 재산관리, 위험 관리, 지급 결제 등 금융의 본질적인 요소들이 변화하고 있는 것은 아닌지 의구심이 일어나고 있는 것이다. 혹자는 이들 변화의 종점에 금융의 정체성(Identity) 상실이 기다리고 있다며 금융업 종사자의 입장에서 보면 우울한 전망마저 내놓고 있다. 금융도 디지털카메라의 등장으로 사라진 필름회사 코닥과 같은 비운을 피하기 어렵다며 금융의 종말(The Demise of Banking), 은행의 해체 (Unbundling the Banks), 탈중계화, 플랫폼 혁명(Platform Revolution) 등 다양한 화두가 미디어의 전면에 등장하고 있다.

① 가치 거래의 탈중계화는 금융 거래의 보안성에 심각한 위협 요인으로 작용할 것이다.
② 금융 발전의 미래를 위해 금융업에 있어 인공지능의 도입을 막아야 한다.
③ 기술 발전은 금융업에 있어 효율성 향상이라는 제한적인 틀에서 크게 벗어나지 못했다.
④ 로보어드바이저에 의한 자산관리서비스는 범죄에 악용될 위험이 크다.
⑤ 금융의 종말을 방지하기 위해서라도 핀테크 도입의 법적인 제도 마련이 필요하다.

※ 다음 제시문을 토대로 〈보기〉를 적절하게 해석한 것을 고르시오. [29~30]

Hard

29

진나라 때 지어진 '여씨춘추'에서는 음악을 인간의 자연스러운 감정이 표출되어 형성된 것이자 백성 교화의 수단으로 인식하면서도 즐거움을 주는 욕구의 대상으로 보는 것에 주안점을 두었다. 지배층의 사치스러운 음악 향유를 거론하며 음악을 아예 거부하는 묵자에 대해 이는 인간의 자연적 욕구를 거스르는 것이라 비판하고, 좋은 음악이란 신분, 연령 등을 막론하고 모든 사람들에게 즐거움을 주는 것이라고 주장하였다.

여씨춘추에 따르면, 천지를 채운 기(氣)가 음악을 통해 균형을 이루는데, 음악의 조화로운 소리가 자연의 기와 공명하여 천지의 조화에 기여할 수 있고, 인체 내에서도 기의 원활한 순환을 돕는다. 음악은 우주 자연의 근원에서 비롯되어 음양의 작용에 따라 자연에서 생겨나지만, 조화로운 소리는 적절함을 위해 인위적 과정을 거쳐야 한다고 지적하고, 좋은 음악은 소리의 세기와 높낮이가 적절해야 한다고 주장하였다.

음악에 대한 여씨춘추의 입장은 인간의 선천적 욕구의 추구를 인정하면서도 음악을 통한 지나친 욕구의 추구는 적절히 통제되어야 한다는 것이라 할 수 있다. 이러한 입장은 여씨춘추의 '생명을 귀하게 여긴다.'는 '귀생(貴生)'의 원칙을 통해 분명하게 확인할 수 있다. 이 원칙에 따르면, 인간은 자연적인 욕구에 따라 음악을 즐기면서도 그것이 생명에 도움이 되는지의 여부에 따라 그것의 좋고 나쁨을 판단하고 취사선택해야 한다. 이에 따라 여씨춘추에서는 개인적인 욕구에 따른 일차적인 자연적 음악보다 인간의 감정과 욕구를 절도 있게 표현한 선왕(先王)들의 음악을 더 중시하였다. 그리고 선왕들의 음악이 민심을 교화하는 도덕적 기능이 있다고 지적하였다.

보기

욕구가 일어나지 않는 마음 상태를 이상적으로 본 장자(莊子)는 음악을 우주 자연의 근원에서 비롯되었다고 전제하면서 음악을 천지 만물의 조화와 결부하여 설명하였다. 음악이 인간의 삶에서 결여될 수 없다고 주장한 그는 의미 있는 음악이란 사람의 자연스러운 감정에 근본을 두면서도 형식화되어야 함을 지적하고, 선왕(先王)들이 백성들을 위해 제대로 된 음악을 만들었다고 보았다.

① 장자는 여씨춘추와 같이 인간의 욕구가 자연스럽게 표출된 상태를 이상적으로 보았다.
② 장자는 여씨춘추와 달리 음악이 우주 자연의 근원에서 비롯되었다고 보았다.
③ 장자는 여씨춘추와 달리 인위적으로 창작된 음악을 부정적으로 평가하였다.
④ 장자는 여씨춘추와 달리 음악에는 정제된 인간의 감정이 담겨야 한다고 보았다.
⑤ 장자는 여씨춘추와 같이 선왕의 음악에 대한 가치를 긍정적으로 평가하였다.

Hard

30

호펠드는 'X가 상대방 Y에 대하여 무언가에 관한 권리를 가진다.'는 진술이 의미하는 바를 몇 가지 기본 범주들로 살펴 권리 개념을 이해해야 권리자 X와 그 상대방 Y의 지위를 명확히 파악할 수 있다고 주장했다. 권리의 기본 범주는 다음과 같다.

먼저 청구권이다. 이는 Y가 X에게 A라는 행위를 할 법적 의무가 있다면 X는 상대방 Y에 대하여 A라는 행위를 할 것을 법적으로 청구할 수 있다는 의미이다. 호펠드는 청구가 논리적으로 언제나 의무와 대응 관계를 이룬다고 보았다. 가령 X는 폭행당하지 않을 권리를 가졌는데, Y에게 X를 폭행하지 않을 의무가 부과되지 않았다고 한다면 그 권리는 무의미하기 때문이다.

둘째, 자유권이다. 이는 X가 상대방 Y에 대하여 A라는 행위를 하거나 하지 않아야 할 법적 의무가 없다면 X는 Y에 대하여 A를 행하지 않거나 행할 법적 자유가 있다는 의미이다. 이 권리의 특징은 의무의 부정에 있다. 가령 A를 행할 자유가 있다는 것은 A를 하지 않아야 할 법적 의무가 없다는 것이다. 이때 권리자의 상대방은 권리자의 권리 행사를 방해할 권리를 가질 수 있다. 이처럼 자유로서의 권리는 상대방의 '청구권 없음'과 대응 관계에 있다.

셋째, 권능으로서의 권리이다. 이는 X가 상대방 Y에게 법적 효과 C를 야기하는 것이 인정된다면 X는 Y에게 효과 C를 초래할 수 있는 법적 권능을 가진다는 의미이다. 권능은 법률 행위를 통해서 자신 또는 타인의 법률관계를 창출하거나 변경 또는 소멸시킬 수 있는 힘으로, 소송할 권리 등이 이에 해당한다고 볼 수 있다.

넷째, 면제권이다. 이는 X에게 C라는 효과를 야기할 법적 권능이 상대방 Y에게 없다면, X는 Y에 대하여 C라는 법적 효과에 대한 법적 면제를 가진다는 의미이다. 다시 말해 Y가 X와 관련하여 법률관계를 형성, 변경, 소멸시킬 수 있는 권능을 가지고 있지 않다는 것이다. 면제로서의 권리는 상대방이 그러한 처분을 '할 권능 없음'과 대응 관계에 있다.

보기

언론 출판의 자유는 모든 국민이 마땅히 누려야 할 기본적 권리이다. 이를 헌법으로 보장한 것은 언론 출판의 자유를 국민에게 부여함으로써 국민이 얻는 이익이 매우 중요하기 때문이다. 언론 출판의 자유는 국가를 비롯하여 다른 누구의 권능에게도 지배받지 않는다고 할 수 있다. 또한 국민은 자신에게 부여된 언론 출판의 자유를 남에게 넘겨줄 수 없다.

① 국가는 언론 출판의 자유를 제한할 법적 의무가 없으므로 해당 권리는 청구권으로 설명할 수 있다.
② 국민은 자신에게 부여된 언론 출판의 자유를 타인에게 양도할 수 없으므로 해당 권리는 자유권으로 설명할 수 있다.
③ 국가는 국민에게 이익을 초래할 수 있는 법적 권능을 가지므로 해당 권리는 권능으로서의 권리로 설명할 수 있다.
④ 언론 출판의 자유는 국가의 권능 아래 있지 않으므로 해당 권리는 면제권으로 설명할 수 있다.
⑤ 언론 출판의 자유는 청구권, 자유권, 권능으로서의 권리, 면제권으로 모두 설명할 수 있다.

도서 동형 온라인 실전연습 서비스 ABKP-00000-802CB

최종점검 모의고사

응시시간 : 60분 문항 수 : 50문항

정답 및 해설 p.093

01 수리논리

01 서주임과 김대리는 공동으로 프로젝트를 끝내고 보고서를 제출하려 한다. 이 프로젝트를 혼자 할 경우 서주임은 24일이 걸리고, 김대리는 16일이 걸린다. 처음 이틀은 같이 하고, 이후엔 김대리 혼자 프로젝트를 하다가 보고서 제출 하루 전부터 같이 하였다. 보고서를 제출할 때까지 총 며칠이 걸렸는가?

① 11일 ② 12일
③ 13일 ④ 14일
⑤ 15일

Hard

02 서울시의 고등학교를 대상으로 축구 대항전이 진행된다. 총 80개의 학교가 참가했으며 5팀이 한 리그에 속해 리그전을 진행하고 각 리그의 우승팀만 토너먼트에 진출한다. 최종 우승팀에는 전체 경기 수에 2,000원을 곱한 금액을 상금으로 주고, 준우승팀에는 전체 경기 횟수에 1,000원을 곱한 금액을 상금으로 준다고 할 때, 상금의 총 금액은 얼마인가?(단, 리그전은 대회에 참가한 모든 팀과 서로 한 번씩 겨루는 방식이고, 부전승은 주최 측에서 임의로 선정한다)

① 520,000원 ② 525,000원
③ 530,000원 ④ 535,000원
⑤ 540,000원

Easy

03 다음은 2022년도 국가별 국방예산 그래프이다. 그래프를 이해한 내용으로 적절하지 않은 것은? (단, 비중은 소수점 둘째 자리에서 반올림한다)

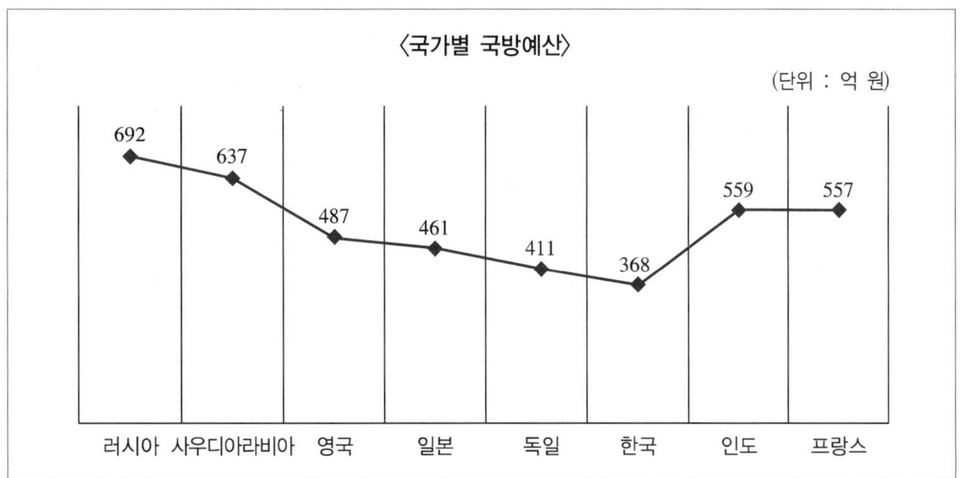

① 국방예산이 가장 많은 국가와 가장 적은 국가의 예산 차이는 324억 원이다.
② 사우디아라비아 국방예산은 프랑스 예산보다 15% 미만 많다.
③ 인도보다 국방예산이 적은 국가는 5개 국가이다.
④ 영국과 일본의 국방예산 차액은 독일과 일본의 국방예산 차액의 55% 이상 차지한다.
⑤ 8개 국가 국방예산 총액에서 한국이 차지하는 비중은 약 8.8%이다.

PART 3
01
02
03
04

04 다음 자료는 업종별 외국인근로자의 고용현황을 나타낸 자료이다. 〈보기〉 중 적절한 것을 모두 고르면?

〈업종별 외국인근로자 고용현황〉

(단위 : 명)

구분	2018년	2019년	2020년	2021년	2022년
제조업	31,114	31,804	48,967	40,874	40,223
건설업	84	2,412	1,606	2,299	2,228
농축산업	419	3,079	5,641	6,047	5,949
서비스업	41	56	70	91	71
어업	0	1,130	2,227	2,245	2,548
합계	31,658	38,481	58,511	51,556	51,019

※ 제시된 업종 외의 업종에 근로하는 외국인근로자는 없다.

보기

㉠ 2022년 전체 업종 대비 상위 2개 업종이 차지하는 비율은 2021년에 비해 낮아졌다.
㉡ 2022년 서비스업에 종사하는 외국인근로자의 2019년 대비 증가율보다 전년 대비 증가율이 더 높다.
㉢ 국내에서 일하고 있는 외국인근로자는 전년 대비 2021년과 2022년에 감소했다.
㉣ 2019년 농축산업에 종사하는 외국인근로자 수는 전체 외국인근로자의 6% 이상이다.
㉤ 전체적으로 건설업보다 제조업에 종사하는 외국인근로자의 소득이 더 높다.

① ㉠, ㉡, ㉣
② ㉠, ㉢, ㉣
③ ㉡, ㉣, ㉤
④ ㉡, ㉢, ㉣
⑤ ㉢, ㉣, ㉤

05 다음은 초콜릿 수·출입 추이와 2022년 5개국 수·출입 추이에 관한 자료이다. 이에 대한 설명으로 적절하지 않은 것은?

〈초콜릿 수·출입 추이〉

(단위 : 천 달러, 톤)

구분	수출금액	수입금액	수출중량	수입중량
2019년	24,351	212,579	2,853	30,669
2020년	22,684	211,438	2,702	31,067
2021년	22,576	220,479	3,223	32,973
2022년	18,244	218,401	2,513	32,649

〈2022년 5개국 초콜릿 수·출입 추이〉

(단위 : 천 달러, 톤)

구분	수출금액	수입금액	수출중량	수입중량
미국	518	39,090	89.9	6,008.9
중국	6,049	14,857	907.2	3,624.4
말레이시아	275	25,442	15.3	3,530.4
싱가포르	61	12,852	12.9	3,173.7
독일	1	18,772	0.4	2,497.4

※ (무역수지)=(수출금액)−(수입금액)

① 2019 ~ 2022년 동안 수출금액은 매년 감소했고, 수출중량 추이는 감소와 증가를 반복했다.
② 2022년 5개국 수입금액 총합은 전체 수입금액의 45% 이상 차지한다.
③ 무역수지는 2020년부터 2022년까지 매년 전년 대비 감소했다.
④ 2022년 5개 국가에서 수입중량이 클수록 수입금액도 높아진다.
⑤ 2022년 5개 국가에서 무역수지가 가장 낮은 국가는 미국이다.

06 다음은 2021년 8월부터 2022년 1월까지의 산업별 월간 국내카드 승인액이다. 다음 자료에 대한 〈보기〉의 설명으로 적절한 것을 모두 고르면?

〈산업별 월간 국내카드 승인액〉

(단위 : 억 원)

산업별	2021년 8월	2021년 9월	2021년 10월	2021년 11월	2021년 12월	2022년 1월
도매 및 소매업	3,116	3,245	3,267	3,261	3,389	3,241
운수업	161	145	165	159	141	161
숙박 및 음식점업	1,107	1,019	1,059	1,031	1,161	1,032
사업시설관리 및 사업지원 서비스업	40	42	43	42	47	48
교육 서비스업	127	104	112	119	145	122
보건 및 사회복지 서비스업	375	337	385	387	403	423
예술, 스포츠 및 여가관련 서비스업	106	113	119	105	89	80
협회 및 단체, 수리 및 기타 개인 서비스업	163	155	168	166	172	163

보기

ㄱ. 교육 서비스업의 2022년 1월 국내카드 승인액의 전월 대비 감소율은 25% 이상이다.

ㄴ. 2021년 11월 운수업과 숙박 및 음식점업의 국내카드 승인액의 합은 도매 및 소매업의 국내카드 승인액의 40% 미만이다.

ㄷ. 2021년 10월부터 2020년 1월까지 사업시설관리 및 사업지원 서비스업과 예술, 스포츠 및 여가관련 서비스업 국내카드 승인액의 전월 대비 증감 추이는 동일하다.

ㄹ. 2021년 9월 협회 및 단체, 수리 및 기타 개인 서비스업의 국내카드 승인액은 보건업 및 사회복지 서비스업 국내카드 승인액의 35% 이상이다.

① ㄱ, ㄴ
② ㄱ, ㄷ
③ ㄴ, ㄷ
④ ㄴ, ㄹ
⑤ ㄷ, ㄹ

Hard

07 다음은 지역별 · 용도지역별 지가변동률에 대한 자료이다. 이에 대한 설명으로 적절한 것은?

〈2022년 11월 전년 대비 지역별 · 용도지역별 지가변동률〉

(단위 : %)

구분	평균	주거지역	상업지역	공업지역	보전관리지역	농림지역
전국	3.14	3.53	3.01	1.88	2.06	2.39
서울특별시	3.88	3.95	3.34	5.3	0	0
부산광역시	3.79	4.38	5.28	−0.18	0	0
대구광역시	3.87	5.00	3.65	−0.97	0	1.4
인천광역시	3.39	3.64	3.37	3.35	2.78	2.82
광주광역시	4.29	4.59	3.00	1.60	1.92	6.45
대전광역시	2.38	2.84	1.68	1.09	1.28	0
울산광역시	1.01	1.46	1.16	−0.22	2.42	1.08
세종특별자치시	4.55	3.83	3.39	4.44	6.26	2.44
경기도	3.23	3.47	2.38	2.36	2.10	3.04
강원도	2.54	2.97	2.13	1.84	1.23	2.49
충청북도	2.08	1.64	1.64	2.06	1.53	1.8
충청남도	1.34	1.88	1.06	0.64	0.87	1.38
전라북도	2.23	2.21	1.83	−0.42	2.88	2.75
전라남도	3.61	4.02	3.14	3.12	3.52	3.57
경상북도	2.06	2.15	1.73	0.21	2.05	2.24
경상남도	0.80	0.22	0.67	−1.61	1.77	1.45
제주특별자치도	2.21	1.67	1.67	0.09	1.61	0

① 전년 대비 공업지역 지가가 감소한 지역의 농림지역 지가는 전년 대비 증가하였다.

② 전라북도 상업지역의 지가변동률은 충청북도의 주거지역의 지가변동률보다 30% 이상 높다.

③ 대구광역시 공업지역의 지가변동률과 경상남도 보전관리지역의 지가변동률 차이는 1.59%p이다.

④ 전국 평균 지가변동률보다 평균 지가변동률이 높은 지역은 주거지역 지가변동률도 전국 평균보다 높다.

⑤ 보전관리지역 지가변동률 대비 농림지역 지가변동률의 비율은 경기도보다 강원도가 높다.

Hard

08 다음은 우리나라의 2022년 거주지역별 주택소유 및 무주택 가구 수 현황이다. 다음 자료에 대한 설명으로 적절한 것은?

〈거주지역별 주택소유 및 무주택 가구 수 현황〉

(단위 : 가구)

구분	총가구 수	주택소유 가구 수	무주택 가구 수
전국	19,673,875	11,000,007	8,673,868
서울특별시	3,813,260	1,875,189	1,938,071
부산광역시	1,354,401	791,489	562,912
대구광역시	948,030	550,374	397,656
인천광역시	1,080,285	630,228	450,057
광주광역시	575,732	328,263	247,469
대전광역시	597,736	320,407	277,329
울산광역시	428,720	271,099	157,621
세종특별자치시	104,325	55,925	48,400
경기도	4,602,950	2,542,649	2,060,301
강원도	620,729	345,955	274,774
충청북도	629,073	362,726	266,347
충청남도	834,986	477,532	357,454
전라북도	728,871	427,522	301,349
전라남도	733,757	435,332	298,425
경상북도	1,087,807	652,416	435,391
경상남도	1,292,998	800,655	492,343
제주특별자치도	240,215	132,246	107,969

① 전국 총가구 중 전라북도와 경상남도의 총가구가 차지하는 비중은 10% 미만이다.
② 인천광역시의 총가구 중 무주택 가구가 차지하는 비중은 40% 이상이다.
③ 총가구 중 주택소유 가구의 비중은 충청북도가 강원도보다 5%p 이상 더 크다.
④ 부산광역시는 무주택 가구가 주택소유 가구의 55% 미만이다.
⑤ 세종특별자치시의 무주택 가구 수는 광주광역시의 무주택 가구 수의 20% 이상이다.

Easy

09 다음은 2018 ~ 2022년 각 시 · 도 · 광역시별 '비브리오 패혈증' 감염자 수와 사망자 수를 나타낸 자료이다. 이에 대한 설명 중 적절하지 않은 것은?

〈시 · 도 · 광역시별 비브리오 패혈증 감염자 및 사망자 수〉

(단위 : 명)

구분	2018년		2019년		2020년		2021년		2022년		합계	
	감염	사망	감염	사망	감염	사망	감염	사망	감염	사망	감염	사망
서울	6	2	12	9	10	2	1	0	6	3	35	17
부산	5	3	6	3	4	3	10	7	4	1	29	17
대구	0	0	1	0	0	0	0	0	0	0	1	0
인천	3	1	3	3	2	1	7	5	3	1	18	11
광주	2	2	1	0	1	0	0	0	0	0	4	2
대전	0	0	1	1	2	0	0	0	3	1	6	2
울산	0	0	3	2	3	1	1	1	1	0	8	4
경기	12	6	10	6	9	7	8	4	6	1	45	24
강원	0	0	0	0	1	1	0	0	0	0	1	1
충북	1	0	1	1	3	1	1	1	0	0	6	3
충남	4	3	2	2	7	6	2	1	0	0	15	12
전북	2	1	6	1	4	2	3	3	2	2	17	9
전남	7	3	5	2	4	1	17	13	6	1	39	20
경북	0	0	2	1	0	0	6	5	2	0	10	6
경남	9	5	8	4	6	5	6	2	4	3	33	19
제주	0	0	0	0	0	0	2	0	0	0	2	0
세종	0	0	0	0	0	0	0	0	0	0	0	0
합계	51	26	64	37	56	30	61	40	37	13	269	147

※ 감염자 수에는 사망자 수가 포함되어 있음

① 2018 ~ 2022년 전체 기간 동안 사망자가 발생하지 않은 도시는 3곳이다.
② 서울, 경기, 부산 감염자 수의 합은 매년 전체 감염자 수의 50% 미만이다.
③ 2018 ~ 2022년 전체 기간 동안 도시별 감염자 수 대비 사망자 수의 비율이 50% 미만인 도시는 7곳이다.
④ 2020년 서울, 경기, 부산의 사망자 수의 합은 2020년 전체 사망자 수의 30% 이상이다.
⑤ 2022년을 제외하고 전체 기간 동안 총 감염자 수 대비 사망자 수의 비율은 50%를 넘는다.

PART 3 01 02 03 04

Easy

10 S사에 근무 중인 귀하는 퇴직연금 계약관리를 맡고 있다. 자사의 성과를 평가하기 위해 퇴직연금 시장의 현황을 파악하고자 한다. 퇴직연금사업장 취급실적 현황을 보고 판단한 내용으로 적절하지 않은 것은?

〈퇴직연금사업장 취급실적 현황〉

(단위 : 건)

구분		합계	확정급여형(DB)	확정기여형(DC)	확정급여·기여형(DB&DC)	IRP 특례
2020년	1분기	152,910	56,013	66,541	3,157	27,199
	2분기	167,460	60,032	75,737	3,796	27,893
	3분기	185,689	63,150	89,571	3,881	29,087
	4분기	203,488	68,031	101,086	4,615	29,756
2021년	1분기	215,962	70,868	109,820	4,924	30,350
	2분기	226,994	73,301	117,808	5,300	30,585
	3분기	235,716	74,543	123,650	5,549	31,974
	4분기	254,138	80,107	131,741	6,812	35,478
2022년	1분기	259,986	80,746	136,963	6,868	35,409
	2분기	262,373	80,906	143,450	6,886	32,131
	3분기	272,455	83,003	146,952	7,280	35,220
	4분기	275,547	83,643	152,904	6,954	32,046

① 퇴직연금을 도입한 사업장 수는 매 분기 꾸준히 증가하고 있다.

② 퇴직연금제도 형태별로는 확정기여형이 확정급여형보다 많은 것으로 나타난다.

③ 2021년 중 전년 동분기 대비 확정기여형을 도입한 사업장 수가 가장 많이 증가한 시기는 2분기이다.

④ 2022년 4분기에 IRP 특례를 제외한 나머지 퇴직연금 취급실적은 모두 전년 동분기 대비 증가하였다.

⑤ 2020년부터 2022년까지 분기별 확정급여형 취급실적은 동기간 IRP 특례의 2배 이상이다.

Easy

11 다음은 한국, 중국, 일본 3개국의 배타적경제수역(EEZ) 내 조업현황을 나타낸 자료이다. 이에 대한 설명으로 적절한 것은?

〈한국, 중국, 일본의 배타적경제수역(EEZ) 내 조업현황〉

(단위 : 척, 일, 톤)

해역	어선 국적	구분	2021년 12월	2022년 11월	2022년 12월
한국 EEZ	일본	입어척수	30	70	57
		조업일수	166	1,061	277
		어획량	338	2,176	1,177
	중국	입어척수	1,556	1,468	1,536
		조업일수	27,070	28,454	27,946
		어획량	18,911	9,445	21,230
중국 EEZ	한국	입어척수	68	58	62
		조업일수	1,211	789	1,122
		어획량	463	64	401
일본 EEZ	한국	입어척수	335	242	368
		조업일수	3,992	1,340	3,236
		어획량	5,949	500	8,233

① 2022년 12월 중국 EEZ 내 한국어선 조업일수는 전월 대비 감소하였다.

② 2022년 11월 한국어선의 일본 EEZ 입어척수는 전년 동월 대비 감소하였다.

③ 2022년 12월 일본 EEZ 내 한국어선의 조업일수는 같은 기간 중국 EEZ 내 한국어선 조업일수의 3배 이상이다.

④ 2022년 12월 일본어선의 한국 EEZ 내 입어척수당 조업일수는 전년 동월 대비 증가하였다.

⑤ 2022년 11월 일본어선과 중국어선의 한국 EEZ 내 어획량 합은 같은 기간 중국 EEZ와 일본 EEZ 내 한국어선 어획량 합의 20배 이상이다.

12 다음은 세종특별시에 거주하는 20 ~ 30대 청년들의 주거 점유형태에 대한 자료이다. 이에 대한 설명으로 적절한 것은?(단, 소수점 둘째 자리에서 반올림한다)

〈20 ~ 30대 청년 주거 점유형태〉

(단위 : 명)

구분	자가	전세	월세	무상	합계
20 ~ 24세	537	1,862	5,722	5,753	13,874
25 ~ 29세	795	2,034	7,853	4,576	15,258
30 ~ 34세	1,836	4,667	13,593	1,287	21,383
35 ~ 39세	2,489	7,021	18,610	1,475	29,595
합계	5,657	15,584	45,778	13,091	80,110

① 20 ~ 24세 전체 인원 중 월세 비중은 38.2%이고, 자가 비중은 2.9%이다.
② 20 ~ 24세를 제외한 20 ~ 30대 청년 중에서 무상이 차지하는 비중이 월세 비중보다 더 높다.
③ 20 ~ 30대 청년 인원 대비 자가 비율보다 20대 청년 중에서 자가가 차지하는 비율이 더 낮다.
④ 연령대가 높아질수록 연령대별로 자가 비중이 높아지고, 월세 비중이 낮아진다.
⑤ 20 ~ 30대 연령대에서 월세에 사는 25 ~ 29세 연령대가 차지하는 비율은 10% 이상이다.

※ 다음은 연령별 어린이집 이용 영유아 현황에 관한 자료이다. 자료를 참고하여 이어지는 질문에 답하시오. [13~14]

〈연령별 어린이집 이용 영유아 현황〉

(단위 : 명)

구분		국·공립 어린이집	법인 어린이집	민간 어린이집	가정 어린이집	부모협동 어린이집	직장 어린이집	합계
2019년	0～2세	36,530	35,502	229,414	193,412	463	6,517	501,838
	3～4세	56,342	50,497	293,086	13,587	705	7,875	422,092
	5세 이상	30,533	27,895	146,965	3,388	323	2,417	211,521
2020년	0～2세	42,331	38,648	262,728	222,332	540	7,815	574,394
	3～4세	59,947	49,969	290,620	12,091	755	8,518	421,900
	5세 이상	27,378	23,721	122,415	2,420	360	2,461	178,755
2021년	0～2세	47,081	42,445	317,489	269,243	639	9,359	686,256
	3～4세	61,609	48,543	292,599	10,603	881	9,571	423,806
	5세 이상	28,914	23,066	112,929	1,590	378	2,971	169,848
2022년	0～2세	49,892	41,685	337,573	298,470	817	10,895	739,332
	3～4세	64,696	49,527	319,903	8,869	1,046	10,992	455,033
	5세 이상	28,447	21,476	99,847	1,071	423	3,100	154,364

Easy

13 다음 중 자료를 판단한 내용으로 적절하지 않은 것은?

① 2019～2022년 0～2세와 3～4세 국·공립 어린이집 이용 영유아 수는 계속 증가하고 있다.
② 2019～2022년 부모협동 어린이집과 직장 어린이집을 이용하는 각 연령별 영유아 수의 증감 추이는 동일하다.
③ 2020～2022년 가정 어린이집을 이용하는 0～2세 영유아 수는 2022년에 전년 대비 가장 크게 증가했다.
④ 법인 어린이집을 이용하는 5세 이상 영유아 수는 매년 감소하고 있다.
⑤ 매년 3～4세 영유아가 가장 많이 이용하는 곳을 순서대로 나열하면 상위 3곳의 순서가 같다.

Easy

14 다음 중 2019년과 2022년 전체 어린이집 이용 영유아 수의 차는 몇 명인가?

① 146,829명
② 169,386명
③ 195,298명
④ 213,278명
⑤ 237,536명

※ 다음은 2015년과 2020년의 해수면어업부문 종사 가구 및 성별 인구에 대한 자료이다. 다음 자료를 읽고 이어지는 질문에 답하시오. **[15~16]**

〈해수면어업부문 종사 가구 및 성별 인구 현황〉

(단위 : 가구, 명)

행정구역	2015년				2020년			
	어가(가구)	어가인구	어가인구(남자)	어가인구(여자)	어가(가구)	어가인구	어가인구(남자)	어가인구(여자)
전국	65,775	171,191	85,590	85,601	54,793	128,352	64,443	63,909
서울특별시	7	25	10	15	9	26	15	11
부산광역시	2,469	7,408	3,716	3,692	2,203	5,733	2,875	2,858
대구광역시	8	29	18	11	3	10	5	5
인천광역시	2,678	6,983	3,563	3,420	2,172	5,069	2,552	2,517
광주광역시	12	37	24	13	8	24	14	10
대전광역시	4	17	7	10	–	–	–	–
울산광역시	1,021	2,932	1,445	1,487	905	2,292	1,125	1,167
경기도	844	2,475	1,278	1,197	762	1,843	955	888
강원도	3,039	8,320	4,302	4,018	2,292	5,669	2,961	2,708
충청남도	11,021	27,302	13,238	14,064	8,162	18,076	8,641	9,435
전라북도	2,633	6,771	3,418	3,353	2,908	6,434	3,259	3,175
전라남도	21,809	54,981	27,668	27,313	18,819	43,818	22,434	21,384
경상북도	4,069	10,422	5,245	5,177	3,017	6,865	3,430	3,435
경상남도	10,768	28,916	14,571	14,345	9,417	22,609	11,543	11,066
제주특별자치도	5,393	14,573	7,087	7,486	4,116	9,884	4,634	5,250

15 다음은 2015년과 2020년의 해수면어업부문 종사 가구 및 성별 인구에 대한 설명이다. 다음 설명 중 적절한 것은?

① 2020년에 모든 지역에서 어가인구 중 남자가 여자의 수보다 많았다.
② 부산광역시와 인천광역시는 2020년에 2015년 대비 어가인구가 10% 이상 감소하였다.
③ 강원도의 어가 수는 2015년과 2020년 모두 경기도의 어가 수의 4배 이상이다.
④ 2015년에 어가 수가 두 번째로 많은 지역과 어가인구가 두 번째로 많은 지역은 동일하다.
⑤ 2020년 제주특별자치도의 남자 어가인구 수는 전라북도 남자 어가인구 수보다 50% 더 많다.

16 **다음은 해수면어업부문 종사 가구 및 성별 인구 현황을 토대로 작성한 보고서이다. 다음 내용 중 잘못된 내용을 모두 고르면?**

> 통계청은 2015년과 2020년의 해수면어업부문에 종사하는 가구 수와 인구에 대한 통계자료를 공개하였다. 자료는 광역자치단체를 기준으로 행정구역별로 구분되어 있다. 자료에 따르면, ㉠ 2015년에 해수면어업에 종사하는 가구가 가장 많은 행정구역은 전라남도였다. ㉡ 반면, 해수면어업 종사 가구 수가 가장 적은 행정구역은 대전광역시로, 가구와 인구 측면에서 모두 최저를 기록하였다. 내륙에 위치한 지리적 특성과 행정도시라는 특성상 어업에 종사하는 가구 및 인구가 적은 것으로 추정된다.
>
> ㉢ 2020년 해수면어업부문 종사 가구 및 성별 인구 현황을 보면, 2015년 대비 어가 수의 경우 부산광역시, 인천광역시 등 3개 이상의 행정구역에서 감소하였지만, 어가가 소멸한 지역은 없었다. 전반적으로 2015년에 비해 어업 종사 가구와 인구가 줄어드는 것은 지속적인 산업구조 변화에 따른 것으로 해석할 수 있다. ㉣ 서울특별시와 강원도만 2015년 대비 2020년에 어가인구가 증가하였다.

① ㉠, ㉡
② ㉠, ㉢
③ ㉡, ㉢
④ ㉡, ㉣
⑤ ㉢, ㉣

※ 다음은 통계청이 발표한 우리나라의 2022년 차종 및 운행연수별 자동차검사현황이다. 다음 자료를 읽고 이어지는 질문에 답하시오. **[17~18]**

〈2022년 차종 및 운행연수별 자동차검사 부적합률〉

(단위 : %)

구분	4년 이하	5 ~ 6년	7 ~ 8년	9 ~ 10년	11 ~ 12년	13 ~ 14년	15년 이상	전체
승용차	5.2	7.2	9.9	13.0	16.4	19.3	23.9	13.8
승합차	6.6	12.2	12.7	15.1	17.1	17.7	20.4	14.0
화물차	6.8	15.3	20.3	21.6	21.6	23.5	22.9	18.2
특수차	8.3	14.0	13.2	13.5	14.0	16.2	18.7	14.3
전체	6.3	9.5	12.5	15.3	17.7	20.5	23.2	15.2

17 2022년 차종 및 운행연수별 자동차검사 부적합률에 대한 〈보기〉의 설명 중 적절하지 않은 것을 모두 고르면?

보기

ㄱ. 운행연수가 4년 이하인 차량 중 부적합률이 가장 높은 차종은 화물차이다.

ㄴ. 승용차의 경우, 운행연수가 11 ~ 12년인 차량의 부적합률은 5 ~ 6년인 차량의 부적합률의 2배 이상이다.

ㄷ. 승합차의 경우, 운행연수가 높을수록 부적합률도 높다.

ㄹ. 운행연수가 13 ~ 14년인 차량 중 화물차의 부적합률 대비 특수차의 부적합률의 비율은 80% 이상이다.

① ㄱ
② ㄴ
③ ㄴ, ㄷ
④ ㄱ, ㄷ, ㄹ
⑤ ㄱ, ㄴ, ㄹ

18 **다음은 통계청에서 발표한 2022년 차종 및 운행연수별 자동차검사 부적합률에 기반해 작성한 보고서의 일부이다. 밑줄 친 보고서의 내용 중 적절하지 않은 것을 모두 고르면?**

> 통계청은 지난 2016년 차종 및 운행연수별 자동차검사현황을 발표하였다. 발표 항목 중 자동차검사 결과 부적합률을 보면, 대부분의 차량들은 차종과 무관하게 ㉠ 운행연수가 15년 이상인 차량의 부적합률은 운행연수가 4년 이하인 부적합률보다 낮은 경향을 보였다.
> ㉡ 모든 운행연수의 차량을 합한 전체 차량의 부적합률은 15% 이상이었다. 차종별로 보면, 모든 운행연수의 차량을 합한 부적합률이 가장 높은 차종은 화물차였으며, ㉢ 이는 모든 운행연수의 차량을 합한 부적합률이 가장 낮은 차종의 부적합률과 4.2%p의 차이를 보였다. 특수차의 경우, 모든 운행연수의 차량을 합하였을 때 승합차보다 높은 부적합률을 보였다.
> 운행연수별로 보면, 화물차의 경우 '15년 이상'인 차량의 부적합률은 '4년 이하'인 차량의 부적합률의 3배 이상이었다. ㉣ 특수차의 경우 '15년 이상'인 차량의 부적합률은 '4년 이하'인 차량의 부적합률의 2.5배 미만이었다. 운행연수가 '4년 이하'인 차량의 경우에는 승용차가 가장 부적합률이 낮았으나, '15년 이상'인 차량의 경우에는 승용차가 가장 높은 부적합률을 보였다.

① ㉠, ㉡
② ㉠, ㉢
③ ㉡, ㉢
④ ㉡, ㉣
⑤ ㉢, ㉣

19 다음은 한국 · 미국 · 일본 3국 환율에 관한 자료이다. 다음 자료를 변형했을 때 적절하게 나타낸 것은?

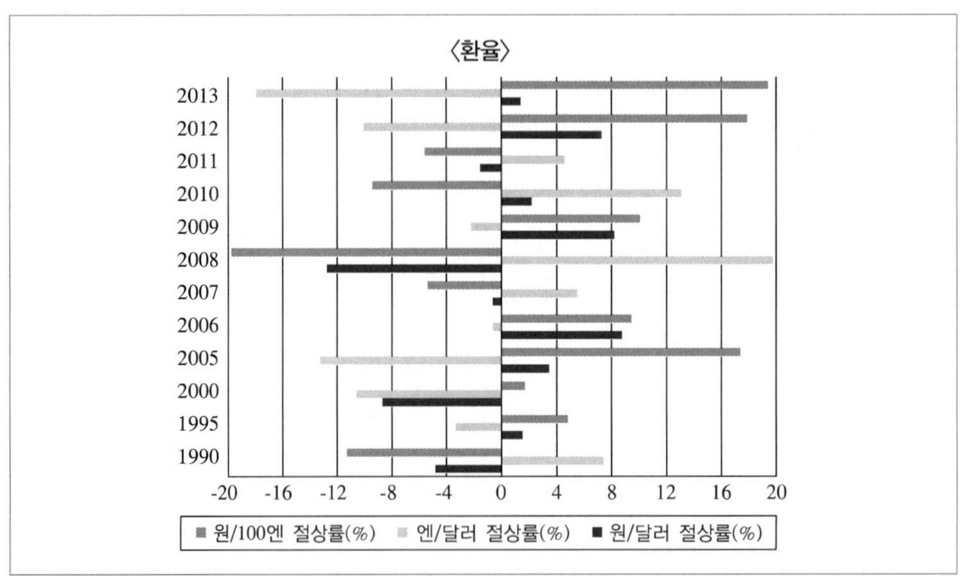

①

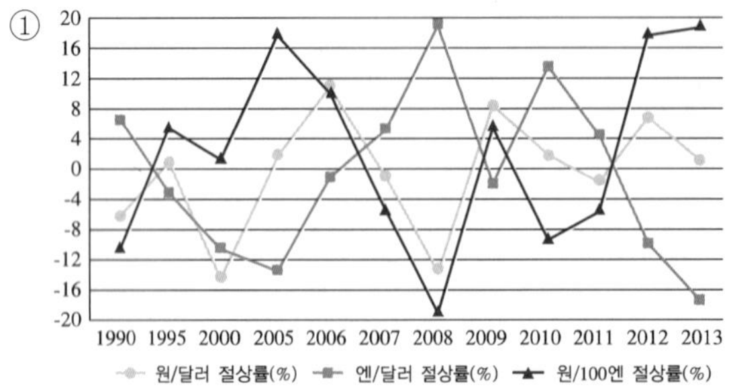

②

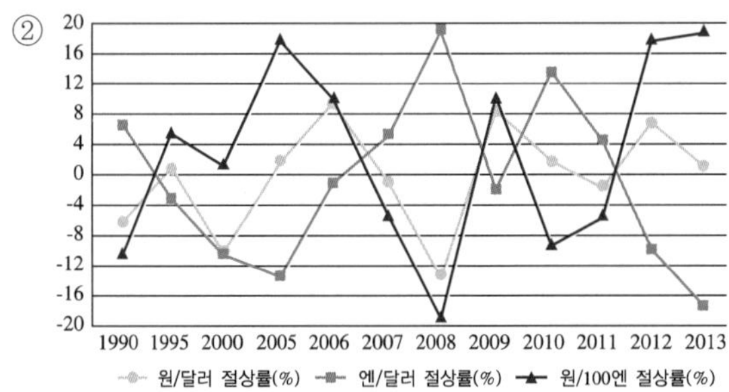

③

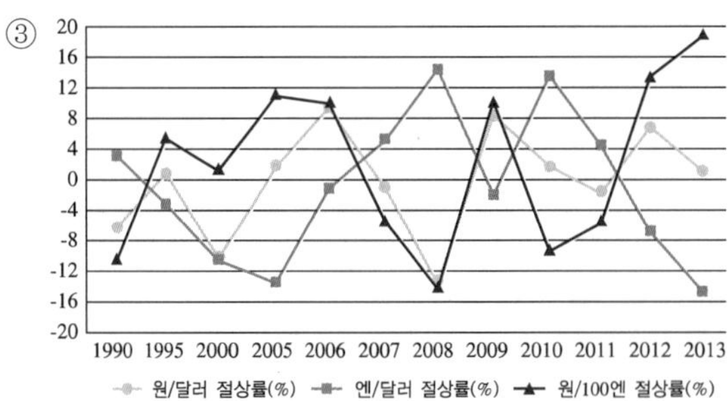

④

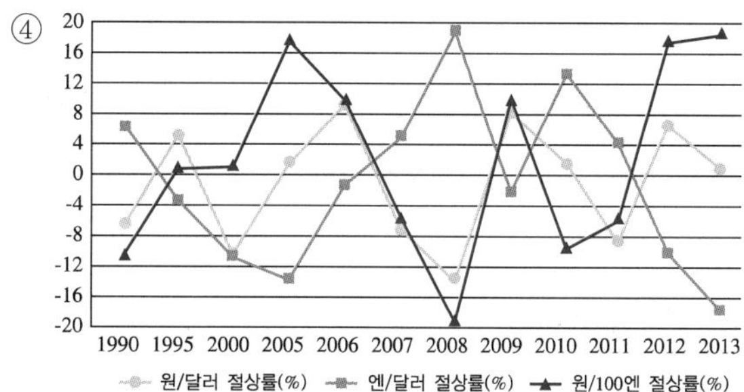

⑤

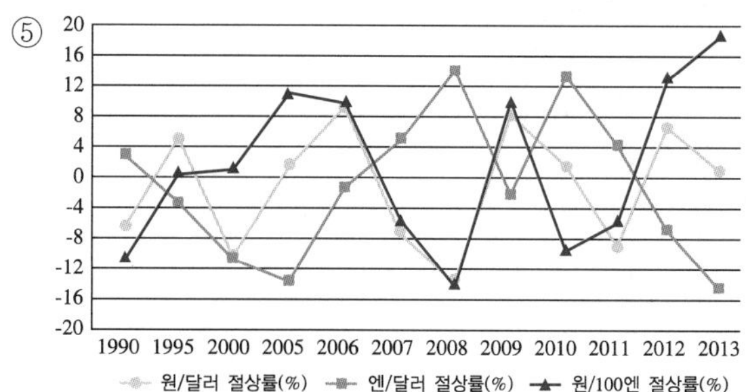

20 다음은 A박테리아와 B박테리아를 배양하는 실험을 한 결과이다. 박테리아는 개체 수가 늘어나면 그에 대한 반향으로 그 수가 줄어든다. 하지만 해당 실험에서는 적당한 영양분과 환경을 조성하여 9시간까지 일정하게 개체 수가 늘어나는 것을 확인하였다. 다음과 같이 일정하게 개체 수가 증가하였다면 9시간 경과 후 박테리아의 개체 수는 각각 몇 마리인가?

〈박테리아 개체 수 변화〉

(단위 : 마리)

구분	1시간	2시간	3시간	4시간	5시간
A박테리아	5	7	11	17	25
B박테리아	5	10	20	40	80

	A박테리아	B박테리아
①	75마리	640마리
②	79마리	640마리
③	75마리	1,280마리
④	77마리	640마리
⑤	77마리	1,280마리

02 추리

※ 제시된 명제가 모두 참일 때, 빈칸에 들어갈 명제로 가장 적절한 것을 고르시오. [1~3]

Easy

01

전제1. 영화를 좋아하는 사람은 드라마를 싫어한다.
전제2. ________________________________
결론. 음악을 좋아하는 사람은 영화를 싫어한다.

① 드라마를 좋아하는 사람은 영화를 싫어한다.
② 영화를 싫어하는 사람은 드라마를 좋아한다.
③ 드라마를 싫어하는 사람은 음악을 싫어한다.
④ 드라마를 좋아하는 사람은 음악을 싫어한다.
⑤ 음악을 싫어하는 사람은 드라마를 좋아한다.

02

전제1. 허리에 통증이 심하면 나쁜 자세로 공부했다는 것이다.
전제2. 공부를 오래 하면 성적이 올라간다.
전제3. ________________________________
결론. 성적이 올라가지 않았다는 것은 나쁜 자세로 공부했다는 것이다.

① 성적이 올라갔다는 것은 좋은 자세로 공부했다는 것이다.
② 좋은 자세로 공부한다고 해도 허리의 통증은 그대로이다.
③ 성적이 올라가지 않았다는 것은 공부를 별로 하지 않았다는 증거이다.
④ 좋은 자세로 공부한다고 해도 공부를 오래 하긴 힘들다.
⑤ 허리에 통증이 심하지 않으면 공부를 오래 할 수 있다.

Hard

03

전제1. 환율이 오르면 어떤 사람은 X주식을 매도한다.
전제2. X주식을 매도한 모든 사람은 Y주식을 매수한다.
결론. ____________________

① 환율이 오르면 모든 사람은 Y주식을 매수한다.
② 환율이 오르면 어떤 사람은 Y주식을 매수한다.
③ 모든 사람이 X주식을 매도하면 환율이 오른다.
④ 모든 사람이 Y주식을 매수하면 환율이 오른다.
⑤ Y주식을 매도한 모든 사람은 X주식을 매수한다.

PART 3 01 02 03 04

04

7층 아파트에 각 층마다 1명씩 거주하며, 현재 5명이 입주해 있다. E가 새로 입주하려 하는데 가능한 층수는?(단, E는 애완동물이 없다)

- 주민 간 합의를 통해 1 ~ 2층은 애완동물을 키우는 사람에게만 입주를 허용하였다.
- A는 개를 키우고 있다.
- B는 A보다 높은 곳에 살고 있고 홀수 층에 산다.
- C는 B 바로 아래층에 살고 애완동물이 없다.
- D는 5층에 산다.

① 1층
② 2층
③ 4층
④ 6층
⑤ 7층

05 갑, 을, 병 3명의 사람이 다트게임을 하고 있다. 다트 과녁은 색깔에 따라 다음과 같이 점수가 나눠진다. 〈조건〉과 같이 세 명이 다트게임을 했을 때 점수 결과로 나올 수 있는 경우의 수는?

〈다트 과녁 점수〉

(단위 : 점)

구분	빨강	노랑	파랑	검정
점수	10	8	5	0

조건

- 모든 다트는 네 가지 색깔 중 한 가지를 맞힌다.
- 각자 다트를 5번씩 던진다.
- 을은 40점 이상을 획득하여 가장 높은 점수를 얻었다.
- 병의 점수는 5점 이상 10점 이하이고, 갑의 점수는 36점이다.
- 검정을 제외한 똑같은 색깔은 3번 이상 맞힌 적이 없다.

① 9가지
② 8가지
③ 6가지
④ 5가지
⑤ 4가지

Hard

06 다음 〈조건〉에 따라 A, B, C, D 4명이 각각 빨간색, 파란색, 노란색, 초록색의 모자, 티셔츠, 바지를 입고 있을 때, 다음 설명 중 적절한 것은?

조건

- 한 사람이 입고 있는 모자, 티셔츠, 바지의 색깔은 서로 겹치지 않는다.
- 네 가지 색깔의 의상들은 각각 한 벌씩밖에 없다.
- A는 빨간색을 입지 않았다.
- C는 초록색을 입지 않았다.
- D는 노란색 티셔츠를 입었다.
- C는 빨간색 바지를 입었다.

① A의 티셔츠는 노란색이다.
② B의 바지는 초록색이다.
③ D의 바지는 빨간색이다.
④ B의 모자와 D의 바지의 색상은 서로 같다.
⑤ A의 티셔츠와 C의 모자의 색상은 서로 같다.

07 **기획부 직원 A, B, C, D, E 5명이 다음 〈조건〉에 따라 야근을 한다고 할 때, 수요일에 야근하는 사람은?**

조건

- 사장님이 출근할 때는 모든 사람이 야근을 한다.
- A가 야근할 때 C도 반드시 해야 한다.
- 사장님은 월요일과 목요일에 출근을 한다.
- B는 금요일에 야근을 한다.
- E는 화요일에 야근을 한다.
- 수요일에는 한 명만 야근을 한다.
- 월요일부터 금요일까지 한 사람당 3번 야근한다.

① A ② B
③ C ④ D
⑤ E

08 **귀하가 근무하는 S사는 출근할 때 카드 또는 비밀번호를 입력하여야 한다. 오늘 귀하는 카드를 집에 두고 출근하여 비밀번호로 근무지에 출입하려고 하였으나, 비밀번호가 잘 기억이 나지 않아 현재 매우 당혹스럽다. 네 자리 숫자로 구성된 비밀번호에 대하여 다음 사실이 기억났다면, 귀하가 추론할 수 있는 내용으로 적절하지 않은 것은?**

- 비밀번호를 구성하고 있는 각 숫자는 소수가 아니다.
- 6과 8 중에서 단 하나만이 비밀번호에 들어간다.
- 비밀번호는 짝수로 시작한다.
- 비밀번호의 각 숫자는 큰 수부터 차례로 나열되어 있다.
- 같은 숫자는 두 번 이상 들어가지 않는다.

① 비밀번호는 짝수이다.
② 비밀번호의 앞에서 두 번째 숫자는 4이다.
③ 주어진 정보를 모두 만족하는 비밀번호는 모두 세 개이다.
④ 비밀번호는 1을 포함하지만, 9는 포함하지 않는다.
⑤ 주어진 정보를 모두 만족하는 비밀번호 중 가장 작은 수는 6410이다.

Hard

09 **S사에서는 임직원 7명을 대상으로 서비스만족도 조사를 진행했다. 서비스만족도 조사 결과가 다음과 같을 때, 반드시 참인 것은 무엇인가?**

- A대리는 B사원보다 높은 점수를 받았다.
- B사원은 C과장보다 높은 점수를 받았다.
- C과장은 D사원보다 높은 점수를 받았다.
- E부장은 가장 낮은 점수를 받지 않았다.
- F대리는 B사원과 E부장보다 높은 점수를 받았지만, G사원보다는 낮은 점수를 받았다.

① B사원이 4등이면 G사원은 1등이다.
② 자신의 등수를 확실히 알 수 있는 사람은 2명이다.
③ C과장이 5등이라면 B사원이 4등이다.
④ E부장은 4등 안에 들었다.
⑤ F대리가 3등이면 A대리는 1등이다.

10 **S사 직원 A, B, C, D, E가 다음 〈조건〉에 따라 상여금을 받았다고 할 때, 다음 설명 중 적절하지 않은 것은?**

조건

- 지급된 상여금은 25만 원, 50만 원, 75만 원, 100만 원, 125만 원이다.
- A, B, C, D, E는 서로 다른 상여금을 받았다.
- A의 상여금은 다섯 사람 상여금의 평균이다.
- B의 상여금은 C, D보다 적다.
- C의 상여금은 어떤 이 상여금의 두 배이다.
- D의 상여금은 E보다 적다.

① A의 상여금은 A를 제외한 나머지 네 명의 평균과 같다.
② A의 상여금은 반드시 B보다 많다.
③ C의 상여금은 두 번째로 많거나 두 번째로 적다.
④ C의 상여금이 A보다 많다면, B의 상여금은 C의 50%일 것이다.
⑤ C의 상여금이 D보다 적다면, D의 상여금은 E의 80%일 것이다.

Easy

11 S사는 사무실 리모델링을 하면서 기획조정 1 ~ 3팀과 미래전략 1 ~ 2팀, 홍보팀, 보안팀, 인사팀의 사무실 위치를 변경하였다. 다음 〈조건〉과 같이 적용되었을 때, 변경된 사무실 위치에 대한 설명으로 적절한 것은?

1실	2실	3실	4실
복도			
5실	6실	7실	8실

조건

- 기획조정 1팀과 미래전략 2팀은 홀수실이며, 복도를 사이에 두고 마주보고 있다.
- 홍보팀은 5실이다.
- 미래전략 2팀과 인사팀은 나란히 있다.
- 보안팀은 홀수실이며, 맞은편 라인의 가장 먼 곳에는 인사팀이 있다.
- 기획조정 3팀과 2팀은 한 실을 건너 나란히 있고 2팀이 3팀보다 실 번호가 높다.

① 인사팀은 6실에 위치한다.
② 미래전략 2팀과 기획조정 3팀은 같은 라인에 위치한다.
③ 기획조정 1팀은 기획조정 2팀과 3팀 사이에 위치한다.
④ 미래전략 1팀은 7실에 위치한다.
⑤ 홍보팀이 있는 라인에서 가장 높은 번호의 사무실에 위치한 팀은 보안팀이다.

12 A, B, C, D 4명이 다음 〈조건〉에 따라 구두를 샀다고 할 때, A는 주황색 구두를 포함하여 어떤 색의 구두를 샀는가?(단, 빨간색 – 초록색, 주황색 – 파란색, 노란색 – 남색은 보색 관계이다)

조건

- 세일하는 품목은 빨간색, 주황색, 노란색, 초록색, 파란색, 남색, 보라색으로 각 한 켤레씩 남았다.
- A는 주황색을 포함하여 두 켤레를 샀다.
- C는 빨간색 구두를 샀다.
- B, D는 파란색을 좋아하지 않는다.
- C, D는 같은 수의 구두를 샀다.
- B는 C가 산 구두와 보색 관계인 구두를 샀다.
- D는 B가 산 구두 중 한 켤레가 보색 관계인 구두를 샀다.
- 모두 한 켤레 이상씩 샀으며, 네 사람은 세일품목을 모두 샀다.

① 노란색
② 초록색
③ 파란색
④ 남색
⑤ 보라색

Hard

13 귀하는 부하직원 A, B, C, D, E 5명을 대상으로 마케팅 전략에 대한 찬반 의견을 물었고, 이에 대해 부하직원은 다음 〈조건〉에 따라 찬성과 반대 둘 중 하나의 의견을 제시하였다. 다음 중 항상 적절한 것은?

조건

- A 또는 D 둘 중 적어도 하나가 반대하면, C는 찬성하고 E는 반대한다.
- B가 반대하면, A는 찬성하고 D는 반대한다.
- D가 반대하면 C도 반대한다.
- E가 반대하면 B도 반대한다.
- 적어도 한 사람은 반대한다.

① A는 찬성하고 B는 반대한다.
② A는 찬성하고 E는 반대한다.
③ B와 D는 반대한다.
④ C는 반대하고 D는 찬성한다.
⑤ C와 E는 찬성한다.

14 A, B, C 세 분야에서 연구 중인 8명의 연구원은 2개 팀으로 나누어 팀 프로젝트를 진행하려고 한다. 다음 〈조건〉에 따라 팀을 구성한다고 할 때, 다음 중 항상 적절한 것은?

조건

- 분야별 인원 구성
  - A분야 : a(남자), b(남자), c(여자)
  - B분야 : 가(남자), 나(여자)
  - C분야 : 갑(남자), 을(여자), 병(여자)
- 4명씩 나누어 총 2팀(1팀, 2팀)으로 구성한다.
- 같은 분야의 같은 성별인 사람은 같은 팀으로 구성될 수 없다.
- 각 팀에는 분야별로 적어도 한 명 이상이 포함되어야 한다.
- 한 분야의 모든 사람이 한 팀으로 구성될 수 없다.

① 갑과 을이 한 팀이 된다면, 가와 나도 한 팀이 될 수 있다.
② 4명으로 나뉜 두 팀에는 남녀가 각각 2명씩 구성된다.
③ a가 1팀에 포함된다면, c는 2팀에 포함된다.
④ 가와 나는 한 팀이 될 수 없다.
⑤ c와 갑은 한 팀이 될 수 있다.

15 어느 모임에서 지갑 도난 사건이 일어났다. 여러 가지 증거를 근거로 혐의자는 A, B, C, D, E로 좁혀졌다. A, B, C, D, E 중 한 명이 범인이고, 그들의 진술은 다음과 같다. 각각의 혐의자들이 말한 세 가지 진술 중에 두 가지는 참이지만, 한 가지는 거짓이라고 밝혀졌을 때, 지갑을 훔친 사람은 누구인가?

> A : 나는 훔치지 않았다. C도 훔치지 않았다. D가 훔쳤다.
> B : 나는 훔치지 않았다. D도 훔치지 않았다. E가 진짜 범인을 알고 있다.
> C : 나는 훔치지 않았다. E는 내가 모르는 사람이다. D가 훔쳤다.
> D : 나는 훔치지 않았다. E가 훔쳤다. A가 내가 훔쳤다고 말한 것은 거짓말이다.
> E : 나는 훔치지 않았다. B가 훔쳤다. C와 나는 오랜 친구이다.

① A
② B
③ C
④ D
⑤ E

16 다음 제시된 단어의 대응 관계가 동일하도록 빈칸에 들어갈 가장 적절한 단어를 고르면?

> 얌전하다 : 참하다 = (　　) : 아결하다

① 반성하다
② 고결하다
③ 도도하다
④ 아름답다
⑤ 결심하다

17 다음 단어의 대응 관계가 나머지와 다른 하나를 고르면?

① 먹다 : 먹이다
② 죽다 : 죽이다
③ 잡다 : 잡히다
④ 입다 : 입히다
⑤ 살다 : 살리다

※ 다음 제시된 도형의 규칙을 보고 물음표에 들어가기에 적절한 것을 고르시오. **[18~20]**

18

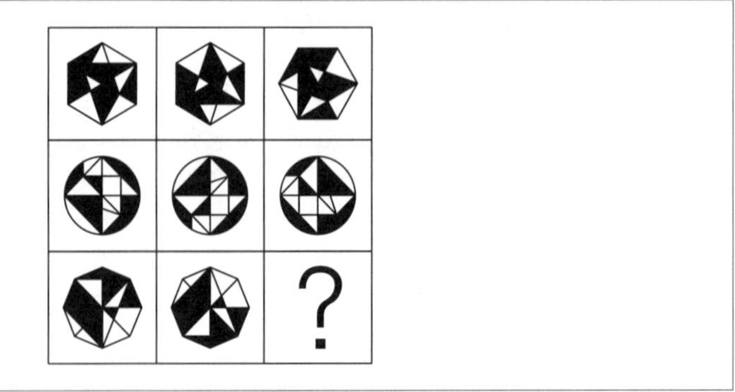

①
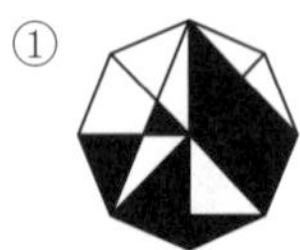

②

③
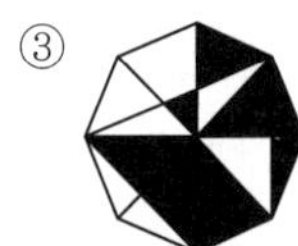

④
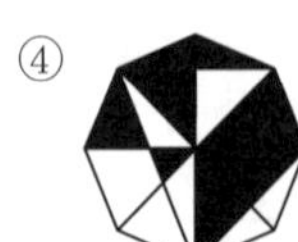

⑤
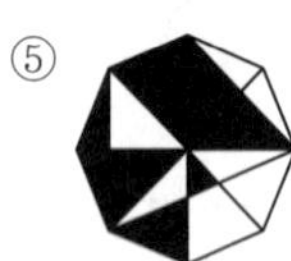

19

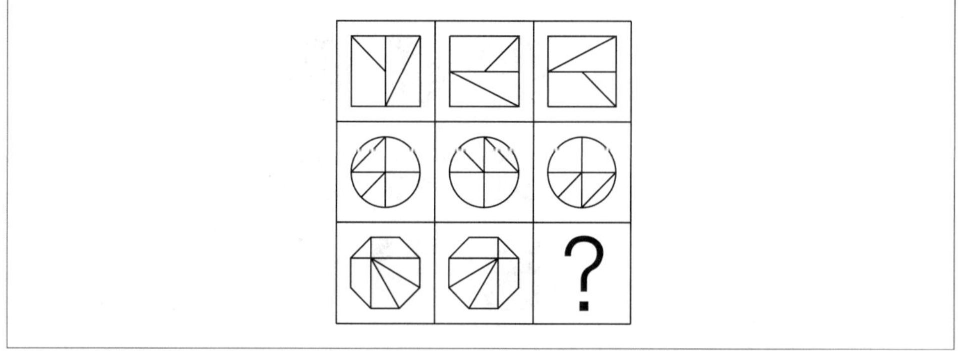

① 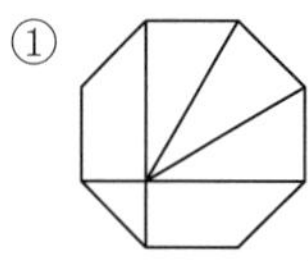

② 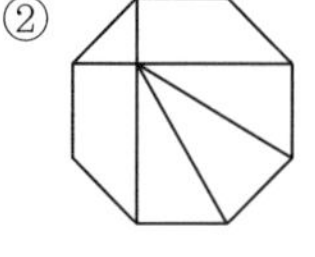

③ 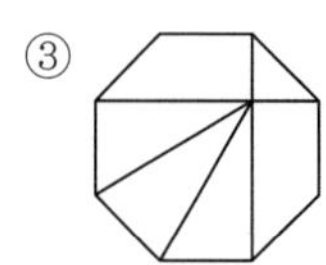

④ 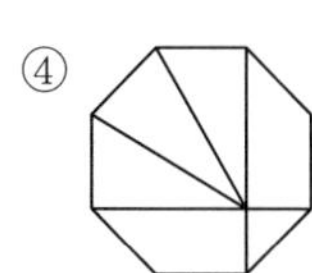

⑤ 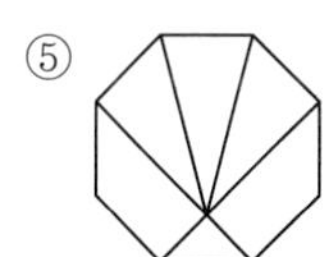

PART 3 01 02 03 04

20

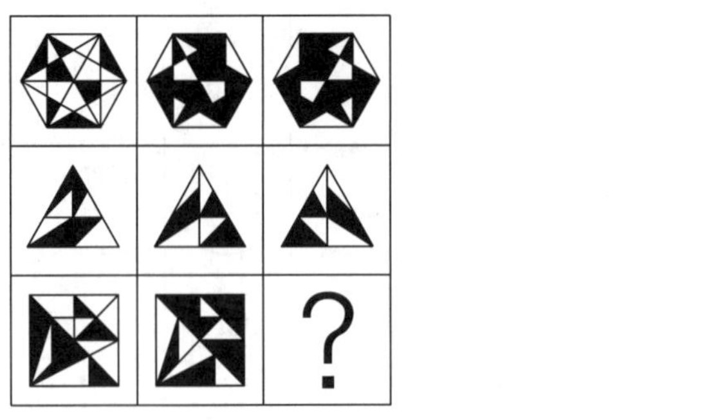

①
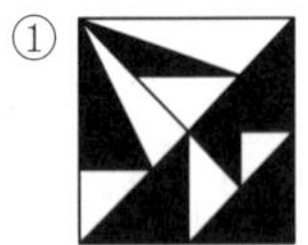

②

③

④
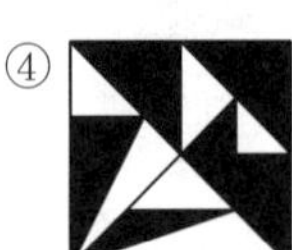

⑤
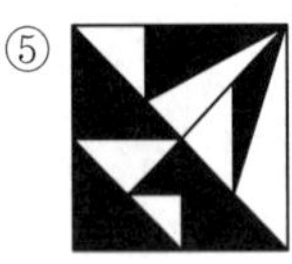

※ 다음 도식에서 기호들은 일정한 규칙에 따라 문자를 변화시킨다. 물음표에 들어갈 적절한 문자를 고르시오(단, 규칙은 가로와 세로 중 한 방향으로만 적용된다). **[21~24]**

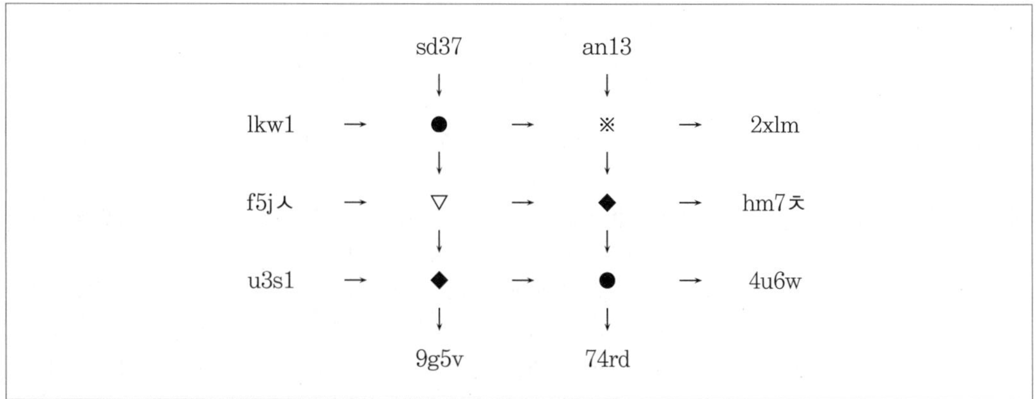

21

g7n1 → ※ → ● → ?

① 5h2o
② dk12
③ sn9s
④ 2o8h
⑤ h0aw

22

5va1 → ▽ → ◆ → ?

① 5ㅈb9
② 7dx4
③ ㅈir2
④ woc9
⑤ 2f71

23

? → ▽ → ● → h7y8

① 67ix
② 78hy
③ 87yh
④ xz78
⑤ 89hy

24

? → ◆ → ※ → k69s

① 6jo2
② 41ho
③ 62oh
④ ip51
⑤ h26o

※ 다음 글의 내용이 참일 때 항상 거짓인 것을 고르시오. [25~26]

25

고대 철학자인 피타고라스는 현이 하나 달린 음향 측정 기구인 일현금을 사용하여 음정 간격과 수치 비율이 대응하는 원리를 발견하였다. 이를 바탕으로 피타고라스는 모든 것이 숫자 또는 비율에 의해 표현될 수 있다고 주장하였다.

그를 신봉한 피타고라스주의자들은 수와 기하학의 규칙이 무질서하게 보이는 자연과 불가해한 가변성의 세계에 질서를 부여한다고 믿었다. 즉 피타고라스주의자들은 자연의 온갖 변화는 조화로운 규칙으로 환원될 수 있다고 믿었다. 이는 피타고라스주의자들이 물리적 세계가 수학적 용어로 분석될 수 있다는 현대 수학자들의 사고에 단초를 제공한 것이라고 할 수 있다.

그러나 피타고라스주의자들은 현대 수학자들과는 달리 수에 상징적이고 심지어 신비적인 의미를 부여했다. 피타고라스주의자들은 '기회', '정의', '결혼'과 같은 추상적인 개념을 특정한 수의 가상적 특징, 즉 특정한 수에 깃들어 있으리라고 추정되는 특징과 연계시켰다. 또한, 이들은 여러 물질적 대상에 수를 대응시켰다. 예를 들면 고양이를 그릴 때 다른 동물과 구별되는 고양이의 뚜렷한 특징을 드러내려면 특정한 개수의 점이 필요했다. 이때 점의 개수는 곧 고양이를 가리키는 수가 된다. 이것은 세계에 대한 일종의 원자적 관점과도 관련된다. 이 관점에서는 단위(Unity), 즉 숫자 1은 공간상의 한 물리적 점으로 간주되기 때문에 물리적 대상들은 수 형태인 단위 점들로 나타낼 수 있다. 이처럼 피타고라스주의자들은 수를 실재라고 여겼는데 여기서 수는 실재와 무관한 수가 아니라 실재를 구성하는 수를 가리킨다.

피타고라스의 사상이 수의 실재성이라는 신비주의적이고 형이상학적인 관념에 기반하고 있다는 점은 틀림없다. 그럼에도 불구하고 피타고라스주의자들은 자연을 이해하는 데 있어 수학이 중요하다는 점을 알아차린 최초의 사상가들임이 분명하다.

① 피타고라스는 음정 간격을 수치 비율로 나타낼 수 있다는 것을 발견하였다.

② 피타고라스주의자들은 자연을 이해하는 데 있어 수학의 중요성을 인식하였다.

③ 피타고라스주의자들은 물질적 대상뿐만 아니라 추상적 개념 또한 수와 연관시켰다.

④ 피타고라스주의자들은 물리적 대상을 원자적 관점에서 실재와 무관한 단위 점으로 나타낼 수 있다고 믿었다.

⑤ 피타고라스주의자들은 수와 기하학적 규칙을 통해 자연의 변화를 조화로운 규칙으로 환원할 수 있다고 믿었다.

26

현존하는 한국 범종 중에서 신라 범종이 으뜸이다. 신라 범종으로는 상원사 동종, 성덕대왕 신종, 용주사 범종이 있으며 모두 국보로 지정되어 있다. 이 가운데 에밀레종이라 알려진 성덕대왕 신종은 세계의 보배라 여겨진다. 그러나 이러한 평가는 미술이나 종교의 차원에 국한될 뿐, 에밀레종이 갖는 음향공학 차원의 가치는 간과되고 있다.
에밀레종을 포함한 한국 범종은 종신(鐘身)이 작고 종구(鐘口)가 벌어져 있는 서양 종보다 종신이 훨씬 크다는 점에서는 중국 범종과 유사하다. 또한 한국 범종은 높은 종탑에 매다는 서양 종과 달리 높지 않은 종각에 매단다는 점에서도 중국 범종과 비슷하다. 하지만 중국 범종은 종신의 중앙 부분에 비해 종구가 나팔처럼 벌어져 있는 반면, 한국 범종은 종구가 항아리처럼 오므라져 있다. 또한 한국 범종은 중국 범종에 비해 지상에 더 가까이 땅에 닿을 듯이 매단다.
나아가 한국 범종은 종신과 대칭 형태로 바닥에 커다란 반구형의 구덩이를 파두는데, 바로 여기에 에밀레종이나 여타 한국 범종의 숨은 진가가 있다. 한국 범종의 이러한 구조는 종소리의 조음에 영향을 미쳐 독특한 음향을 내게 한다. 이 구덩이는 100헤르츠 미만의 저주파 성분이 땅속으로 스며들게 하고, 커다란 울림통으로 작용하여 소리의 여운을 길게 한다.
땅속으로 음파를 밀어 넣어 주려면 뒤에서 받쳐 주는 지지대가 있어야 하는데, 한국 범종에서는 땅에 닿을 듯이 매달려 있는 거대한 종신이 바로 이 역할을 한다. 이를 음향공학에서는 뒷판이라 한다. 땅을 거쳐 나온 저주파 성분은 종신 꼭대기에 있는 음통관을 거쳐 나온 고주파 성분과 조화를 이루면서 인간이 듣기에 가장 적합한 소리, 곧 장중하고 그윽하며 은은히 울려 퍼지는 여음이 발생하는 것이다.

① 현존하는 한국 범종 중 세 개 이상이 국보로 지정되어 있다.
② 한국 범종과 중국 범종은 종신 중앙 부분의 지름이 종구의 지름보다 크다.
③ 한국 범종의 종신은 저주파 성분을 땅속으로 밀어 넣어주는 뒷판 역할을 한다.
④ 한국 범종의 독특한 소리는 종신과 대칭 형태로 파놓은 반구형의 구덩이와 관련이 있다.
⑤ 성덕대왕 신종의 여음은 음통관을 거쳐 나오는 소리와 땅을 거쳐 나오는 소리가 조화되어 만들어진다.

PART 3 01 02 03 04

※ 다음 글에 대한 반론으로 가장 적절한 것을 고르시오. [27~28]

27

경제 문제는 대개 해결이 가능하다. 대부분의 경제 문제에는 몇 개의 해결책이 있다. 그러나 모든 해결책은 누군가가 상당한 손실을 반드시 감수해야 한다는 특징을 갖고 있다. 하지만 누구도 이 손실을 자발적으로 감수하고자 하지 않으며, 우리의 정치제도는 누구에게도 이 짐을 짊어지라고 강요할 수 없다. 우리의 정치적 · 경제적 구조로는 실질적으로 제로섬(Zero-sum)적인 요소를 지니는 경제 문제에 전혀 대처할 수 없기 때문이다.

대개의 경제적 해결책은 대규모의 제로섬적인 요소를 갖기 때문에 큰 손실을 수반한다. 모든 제로섬 게임에는 승자가 있다면 반드시 패자가 있으며, 패자가 존재해야만 승자가 존재할 수 있다. 경제적 이득이 경제적 손실을 초과할 수도 있지만, 손실의 주체에게 손실의 의미란 상당한 크기의 경제적 이득을 부정할 수 있을 만큼 매우 중요하다. 어떤 해결책으로 인해 평균적으로 사회는 더 잘살게 될 수도 있지만, 이 평균이 훨씬 더 잘살게 된 수많은 사람과 훨씬 더 못살게 된 수많은 사람을 감춘다. 만약 당신이 더 못살게 된 사람 중 하나라면 내 수입이 줄어든 것보다 다른 누군가의 수입이 더 많이 늘었다고 해서 위안을 얻지는 않을 것이다. 결국 우리는 우리 자신의 수입을 보호하기 위해 경제적 변화가 일어나는 것을 막거나 혹은 사회가 우리에게 손해를 입히는 공공정책이 강제로 시행되는 것을 막기 위해 싸울 것이다.

① 빈부격차를 해소하는 것만큼 중요한 정책은 없다.
② 사회의 총생산량이 많아지게 하는 정책이 좋은 정책이다.
③ 경제문제에서 모두가 만족하는 해결책은 존재하지 않는다.
④ 경제적 변화에 대응하는 정치제도의 기능에는 한계가 존재한다.
⑤ 경제정책의 효율성을 높이는 방법은 일관성을 유지하는 것이다.

28

인간은 사회 속에서만 자신을 더 나은 존재로 느낄 수 있기 때문에 자신을 사회화하고자 한다. 인간은 사회 속에서만 자신의 자연적 소질을 실현할 수 있는 것이다. 그러나 인간은 자신을 개별화하거나 고립시키려는 성향도 강하다. 이는 자신의 의도에 따라서만 행위하려는 반사회적인 특성을 의미한다. 그리고 저항하려는 성향이 자신뿐만 아니라 다른 사람에게도 있다는 사실을 알기 때문에, 그 자신도 곳곳에서 저항에 부딪히게 되리라 예상한다.
이러한 저항을 통하여 인간은 모든 능력을 일깨우고, 나태해지려는 성향을 극복하며, 명예욕이나 지배욕, 소유욕 등에 따라 행동하게 된다. 그리하여 동시대인들 가운데에서 자신의 위치를 확보하게 된다. 이렇게 하여 인간은 야만의 상태에서 벗어나 문화를 이룩하기 위한 진정한 진보의 첫걸음을 내딛게 된다. 이때부터 모든 능력이 점차 계발되고 아름다움을 판정하는 능력도 형성된다. 나아가 자연적 소질에 의해 도덕성을 어렴풋하게 느끼기만 하던 상태에서 벗어나, 지속적인 계몽을 통하여 구체적인 실천 원리를 명료하게 인식할 수 있는 성숙한 단계로 접어든다. 그 결과 자연적인 감정을 기반으로 결합된 사회를 도덕적인 전체로 바꿀 수 있는 사유 방식이 확립된다.
인간에게 이러한 반사회성이 없다면, 인간의 모든 재능은 꽃피지 못하고 만족감과 사랑으로 가득 찬 목가적인 삶 속에서 영원히 묻혀 버리고 말 것이다. 그리고 양처럼 선량한 기질의 사람들은 가축 이상의 가치를 자신의 삶에 부여하기 힘들 것이다. 자연 상태에 머물지 않고 스스로의 목적을 성취하기 위해 자연적 소질을 계발하여 창조의 공백을 메울 때, 인간의 가치는 상승되기 때문이다.

① 사회성만으로도 충분히 목가적 삶을 영위할 수 있다.
② 반사회성만으로는 자신의 재능을 계발하기 어렵다.
③ 인간은 타인과의 갈등을 통해서도 사회성을 기를 수 있다.
④ 인간은 사회성만 가지고도 자신의 재능을 키워나갈 수 있다.
⑤ 인간의 자연적인 성질은 사회화를 방해한다.

※ 다음 제시문을 토대로 〈보기〉를 적절하게 해석한 것을 고르시오. **[29~30]**

29

인포그래픽은 복합적인 정보의 배열이나 정보 간의 관계를 시각적인 형태로 나타낸 것이다. 최근 인포그래픽에 대한 높은 관심은 시대의 변화와 관련이 있다. 정보가 넘쳐나고 정보에 주의를 지속하는 시간이 점차 짧아지면서, 효과적으로 정보를 전달할 수 있는 인포그래픽에 주목하게 된 것이다. 특히 소셜미디어의 등장은 정보 공유가 용이한 인포그래픽의 쓰임을 더욱 확대하였다.
비상구 표시등의 그래픽 기호처럼 시설이나 사물 등을 상징화하여 표시한 픽토그램은 인포그래픽과 유사하다. 그러나 픽토그램은 인포그래픽과 달리 복합적인 정보를 나타내기 어렵다. 예를 들어 컴퓨터를 나타낸 픽토그램은 컴퓨터 자체를 떠올리게 하지만, 인포그래픽으로는 컴퓨터의 작동 원리도 효과적으로 설명할 수 있다.
인포그래픽은 독자의 정보 처리 시간을 절감할 수 있다. 글에 드러난 정보를 파악하기 위해서는 문자 하나하나를 읽어야 하지만, 인포그래픽은 시각 이미지를 통해 한눈에 정보를 파악할 수 있다. 또한 인포그래픽은 독자의 관심을 끌 수 있다. 한 논문에 따르면, 인포그래픽은 독자들이 정보에 주목하는 정도를 높이는 효과가 있다고 한다.
시각적인 형태로 복합적인 정보를 나타냈다고 해서 다 좋은 인포그래픽은 아니다. 정보를 한눈에 파악하게 하는지, 단순한 형태와 색으로 구성됐는지, 최소한의 요소로 정보의 관계를 나타냈는지, 재미와 즐거움을 주는지를 기준으로 좋은 인포그래픽인지를 판단해 봐야 한다. 시각적 재미에만 치중한 인포그래픽은 정보 전달력을 떨어뜨릴 수 있다.

보기

○○학교 학생을 대상으로 설문 조사를 실시한 결과 학생의 90%가 교내 정보 알림판을 읽어 본 적이 없다고 답하였다. 학생들 대다수는 그 이유에 대하여 '알림판에 관심이 없기 때문'이라고 답했다. 이러한 문제를 해결하기 위해 김교사는 교내 정보 알림판을 인포그래픽으로 만들 것을 건의하였다.

① 김교사는 인포그래픽의 빠른 정보 전달 효과를 고려하였다.
② 김교사는 인포그래픽이 복합적인 정보를 나타낼 수 있다는 점을 고려하였다.
③ 김교사는 학생들의 주의 지속 시간이 짧다는 점을 고려하였다.
④ 김교사는 시각적 재미보다 정보 전달력을 더 고려하였다.
⑤ 김교사는 인포그래픽의 관심 유발 효과를 고려하였다.

30

바이러스는 생명체와 달리 세포가 아니기 때문에 스스로 생장이 불가능하다. 그래서 바이러스는 살아있는 숙주 세포에 기생하고, 그 안에서 증식함으로써 살아간다. 바이러스의 감염 가능 여부는 숙주 세포 수용체의 특성에 따라 결정되며, 우리 몸은 바이러스가 감염되는 다양한 과정을 통해 지속감염이 일어나기도 하고 급성감염이 일어나기도 한다. 급성감염은 일반적으로 짧은 기간 안에 일어나는데, 바이러스는 감염된 숙주 세포를 증식 과정에서 죽이고 바이러스가 또 다른 숙주 세포에서 증식하며 질병을 일으킨다. 시간이 흐르면서 체내의 방어 체계에 의해 바이러스를 제거해 나가면 체내에는 더 이상 바이러스가 남아 있지 않게 된다. 반면 지속감염은 급성감염에 비해 상대적으로 오랜 기간 동안 바이러스가 체내에 잔류한다. 지속감염에서는 바이러스가 장기간 숙주 세포를 파괴하지 않으면서도 체내의 방어 체계를 회피하며 생존한다. 지속감염은 바이러스의 발현 양상에 따라 잠복감염과 만성감염, 지연감염으로 나뉜다. 잠복감염은 초기 감염으로 증상이 나타난 후 한동안 증상이 사라졌다가 특정 조건에서 바이러스가 재활성화되어 증상을 다시 동반한다. 이때 같은 바이러스에 의한 것임에도 첫 번째와 두 번째 질병이 다르게 발현되기도 한다. 잠복감염은 질병이 재발하기까지 바이러스가 감염성을 띠지 않고 잠복하게 되는데, 이러한 상태의 바이러스를 프로바이러스라고 부른다. 만성감염은 감염성 바이러스가 숙주로부터 계속 배출되어 항상 검출되고 다른 사람에게 옮길 수 있는 감염 상태이다. 하지만 사람에 따라서 질병이 발현되거나 되지 않기도 하며 때로는 뒤늦게 발현될 수도 있다는 특성이 있다. 지연감염은 초기 감염 후 특별한 증상이 나타나지 않다가, 장기간에 걸쳐 감염성 바이러스의 수가 점진적으로 증가하여 반드시 특정 질병을 유발하는 특성이 있다.

보기

C형 간염 바이러스(HCV)에 감염된 환자의 약 80%는 해당 바이러스를 보유하고도 증세가 나타나지 않아 감염 여부를 인지하지 못하다가 나중에 나타난 증세를 통해 알게 되기도 한다. 감염 환자의 약 20%는 간에 염증이 나타나고 이에 따른 합병증이 나타나기도 한다.

① C형 간염 바이러스에 감염된 사람은 간에 염증이 나타나지 않는다면 바이러스가 검출되지 않을 것이다.

② C형 간염 바이러스에 감염된 사람은 증세가 사라지더라도 특정 조건에서 다시 바이러스가 재활성화될 수 있다.

③ C형 간염 바이러스에 감염된 사람은 일정 연령이 되면 반드시 간 염증과 그에 따른 합병증이 나타날 것이다.

④ C형 간염 바이러스에 감염되었으나 간에 염증이 나타나지 않은 사람이라면 C형 간염 프로바이러스를 보유하고 있을 것이다.

⑤ C형 간염 바이러스에 감염된 사람은 합병증이 나타나지 않더라도 다른 사람에게 바이러스를 옮길 수 있을 것이다.

PART 4
인성검사

PART 4

인성검사

01 인성검사의 개요

1. 인성검사의 의의

인성검사는 1943년 미국 미네소타 대학교의 임상심리학자 Hathaway 박사와 정신과 의사 Mckinley 박사가 제작한 MMPI(Minnesota Multiphasic Personality Inventory)를 원형으로 한 다면적 인성검사를 말한다. 다면적이라 불리는 것은 여러 가지 정신적인 증상들을 동시에 측정할 수 있도록 고안되어 있기 때문이다. 풀이하자면, 개인이 가지고 있는 다면적인 성격을 많은 문항수의 질문을 통해 수치로 나타내는 것이다. 그렇다면 성격이란 무엇인가?

성격은 일반적으로 개인 내부에 있는 특징적인 행동과 생각을 결정해 주는 정신적·신체적 체제의 역동적 조직이라고 말할 수 있으며, 환경에 적응하게 하는 개인적인 여러 가지 특징과 행동양식의 잣대라고 정의할 수 있다.

다시 말하면, 성격이란 한 개인이 환경적 변화에 적응하는 특징적인 행동 및 사고유형이라고 할 수 있으며, 인성검사란 그 개인의 행동 및 사고유형을 서면을 통해 수치적·언어적으로 기술하거나 예언해 주는 도구라 할 수 있다.

신규채용 또는 평가에 활용하는 인성검사로 MMPI 원형을 그대로 사용하는 기업도 있지만, 대부분의 기업에서는 MMPI 원형을 기준으로 연구, 조사, 정보수집, 개정 등의 과정을 통해서 자체 개발한 유형을 사용하고 있다.

인성검사의 구성은 여러 가지 하위 척도로 구성되어 있는데, MMPI 다면적 인성검사의 척도를 살펴보면 기본 척도가 8개 문항으로 구성되어 있고, 2개의 임상 척도와 4개의 타당성 척도를 포함, 총 14개 척도로 구성되어 있다.

캘리포니아 심리검사(CPI; California Psychological Inventory)의 경우는 48개 문항, 18개의 척도로 구성되어 있다.

2. 인성검사의 해석단계

해석단계는 첫 번째, 각 타당성 및 임상 척도에 대한 피검사자의 점수를 검토하는 방법으로 각 척도마다 피검사자의 점수가 정해진 범위에 속하는지 여부를 검토하게 된다.
두 번째, 척도별 연관성에 대한 분석으로 각 척도에서의 점수범위가 의미하는 것과 그것들이 나타낼 가설들을 종합하고, 어느 특정 척도의 점수를 근거로 하여 다른 척도들에 대한 예측을 시도하게 된다.
세 번째, 척도 간의 응집 또는 분산을 찾아보고 그에 따른 해석적 가설을 형성하는 과정으로 두 개 척도 간의 관계만을 가지고 해석하게 된다.
네 번째, 매우 낮은 임상 척도에 대한 검토로서, 일부 척도에서 낮은 점수가 특별히 의미 있는 경우가 있기 때문에 신중히 다뤄지게 된다.
다섯 번째, 타당성 및 임상 척도에 대한 형태적 분석으로서, 타당성 척도들과 임상 척도들 전체의 형태적 분석이다. 주로 척도들의 상승도와 기울기 및 굴곡을 해석해서 피검사자에 대한 종합적이고 총체적인 추론적 해석을 하게 된다.

02 척도구성

PART 4

1. MMPI 척도구성

(1) 타당성 척도

타당성 척도는 피검사자가 검사에 올바른 태도를 보였는지, 또 피검사자가 응답한 검사문항들의 결론이 신뢰할 수 있는 결론인가를 알아보는 라이스케일(허위척도)이라 할 수 있다. 타당성 4개 척도는 잘못된 검사태도를 탐지하게 할 뿐만 아니라, 임상 척도와 더불어 검사 이외의 행동에 대하여 유추할 수 있는 자료를 제공해 줌으로써, 의미있는 인성요인을 밝혀주기도 한다.

〈타당성 4개 척도구성〉

척도	내용
무응답 척도 (?)	무응답 척도는 피검사자가 응답하지 않은 문항과 '그렇다'와 '아니다'에 모두 답한 문항들의 총합이다. 척도점수의 크기는 다른 척도점수에 영향을 미치게 되므로, 빠뜨린 문항의 수를 최소로 줄이는 것이 중요하다.
허구 척도 (L)	L 척도는 피검사자가 자신을 좋은 인상으로 나타내 보이기 위해 하는 고의적이고 부정직하며 세련되지 못한 시도를 측정하는 허구 척도이다. L 척도의 문항들은 정직하지 못하거나 결점들을 고의적으로 감춰 자신을 좋게 보이려는 사람들의 장점마저도 부인하게 된다.
신뢰성 척도 (F)	F 척도는 검사문항에 빗나간 방식의 답변을 응답하는 경향을 평가하기 위한 척도로 정상적인 집단의 10% 이하가 응답한 내용을 기준으로 일반 대중의 생각이나 경험과 다른 정도를 측정한다.
교정 척도 (K)	K 척도는 분명한 정신적인 장애를 지니면서도 정상적인 프로파일을 보이는 사람들을 식별하기 위한 것이다. K 척도는 L 척도와 유사하게 거짓답안을 확인하지만 L 척도보다 더 미세하고 효과적으로 측정한다.

(2) 임상 척도

임상 척도는 검사의 주된 내용으로써 비정상 행동의 종류를 측정하는 10가지 척도로 되어 있다. 임상 척도의 수치는 높은 것이 좋다고 해석하는 경우도 있지만, 개별 척도별로 해석을 참고하는 경우가 대부분이다.

척도	내용
건강염려증(Hs) Hypochondriasis	개인이 말하는 신체적 증상과 이러한 증상들이 다른 사람을 조정하는 데 사용되고 있지는 않은지 여부를 측정하는 척도로서, 측정내용은 신체의 기능에 대한 과도한 집착 및 이와 관련된 질환이나 비정상적인 상태에 대한 불안감 등이다.
우울증(D) Depression	개인의 비관 및 슬픔의 정도를 나타내는 기분상태의 척도로서, 자신에 대한 태도와 타인과의 관계에 대한 태도, 절망감, 희망의 상실, 무력감 등을 원인으로 나타나는 활동에 대한 흥미의 결여, 불면증과 같은 신체적 증상 및 과도한 민감성 등을 표현한다.
히스테리(Hy) Hysteria	현실에 직면한 어려움이나 갈등을 회피하는 방법인 부인기제를 사용하는 경향 정도를 진단하려는 것으로서 특정한 신체적 증상을 나타내는 문항들과 아무런 심리적·정서적 장애도 가지고 있지 않다고 주장하는 것을 나타내는 문항들의 두 가지 다른 유형으로 구성되어 있다.
반사회성(Pd) Psychopathic Deviate	가정이나 일반사회에 대한 불만, 자신 및 사회와의 격리, 권태 등을 주로 측정하는 것으로서 반사회적 성격, 비도덕적인 성격 경향 정도를 알아보기 위한 척도이다.
남성-여성특성(Mf) Masculinity-Femininity	직업에 관한 관심, 취미, 종교적 취향, 능동·수동성, 대인감수성 등의 내용을 담고 있으며, 흥미형태의 남성특성과 여성특성을 측정하고 진단하는 검사이다.
편집증(Pa) Paranoia	편집증을 평가하기 위한 것으로서 정신병적인 행동과 과대의심, 관계망상, 피해망상, 과대망상, 과민함, 비사교적 행동, 타인에 대한 불만감 같은 내용의 문항들로 구성되어 있다.
강박증(Pt) Psychasthenia	병적인 공포, 불안감, 과대근심, 강박관념, 자기 비판적 행동, 집중력 곤란, 죄책감 등을 검사하는 내용으로 구성되어 있으며, 주로 오랫동안 지속된 만성적인 불안을 측정한다.
정신분열증(Sc) Schizophrenia	정신적 혼란을 측정하는 척도로서 가장 많은 문항에 내포하고 있다. 이 척도는 별난 사고방식이나 행동양식을 지닌 사람을 판별하는 것으로서 사회적 고립, 가족관계의 문제, 성적 관심, 충동억제불능, 두려움, 불만족 등의 내용으로 구성되어 있다.
경조증(Ma) Hypomania	정신적 에너지를 측정하는 것으로서, 사고의 다양성과 과장성, 행동영역의 불안정성, 흥분성, 민감성 등을 나타낸다. 이 척도가 높으면 무엇인가를 하지 않고는 못 견디는 정력적인 사람이다.
내향성(Si) Social Introversion	피검사자의 내향성과 외향성을 측정하기 위한 척도로서, 개인의 사회적 접촉 회피, 대인관계의 기피, 비사회성 등의 인성요인을 측정한다. 이 척도의 내향성과 외향성은 어느 하나가 좋고 나쁨을 나타내는 것이 아니라, 피검사자가 어떤 성향의 사람인가를 알아내는 것이다.

2. CPI 척도구성

〈18 척도〉

척도	내용
지배성 척도 (Do)	강력하고 지배적이며, 리더십이 강하고 대인관계에서 주도권을 잡는 지배적인 사람을 변별하고자 하는 척도이다.
지위능력 척도 (Cs)	현재의 개인 자신의 지위를 측정하는 것이 아니라, 개인의 내부에 잠재되어 있어 어떤 지위에 도달하게끔 하는 자기 확신, 야심, 자신감 등을 평가하기 위한 척도이다.
사교성 척도 (Sy)	사교적이고 활달하며 참여기질이 좋은 사람과, 사회적으로 자신을 나타내기 싫어하고 참여기질이 좋지 않은 사람을 변별하고자 하는 척도이다.
사회적 태도 척도 (Sp)	사회생활에서의 안정감, 활력, 자발성, 자신감 등을 평가하기 위한 척도로서, 사교성과 밀접한 관계가 있다. 고득점자는 타인 앞에 나서기를 좋아하고, 타인의 방어기제를 공격하여 즐거움을 얻고자 하는 성격을 가지고 있다.
자기수용 척도 (Sa)	자신에 대한 믿음, 자신의 생각을 수용하는 자기확신감을 가지고 있는 사람을 변별하기 위한 척도이다.
행복감 척도 (Wb)	근본 목적은 행복감을 느끼는 사람과 그렇지 않은 사람을 변별해 내는 척도 검사이지만, 긍정적인 성격으로 가장하기 위해서 반응한 사람을 변별해 내는 타당성 척도로서의 목적도 가지고 있다.
책임감 척도 (Re)	법과 질서에 대해서 철저하고 양심적이며 책임감이 강해 신뢰할 수 있는 사람과 인생은 이성에 의해서 지배되어야 한다고 믿는 사람을 변별하기 위한 척도이다.
사회성 척도 (So)	사회생활에서 이탈된 행동이나 범죄의 가능성이 있는 사람을 변별하기 위한 척도로서 범죄자 유형의 사람은 정상인보다 매우 낮은 점수를 나타낸다.
자기통제 척도 (Sc)	자기통제의 유무, 충동, 자기중심에서 벗어날 수 있는 통제의 적절성, 규율과 규칙에 동의하는 정도를 측정하는 척도로서, 점수가 높은 사람은 지나치게 자신을 통제하려 하며, 낮은 사람은 자기 통제가 잘 안되므로 충동적이 된다.
관용성 척도 (To)	침묵을 지키고 어떤 사실에 대하여 성급하게 판단하기를 삼가고 다양한 관점을 수용하려는 사회적 신념과 태도를 재려는 척도이다.
좋은 인상 척도 (Gi)	타인이 자신에 대해 어떻게 반응하는가, 타인에게 좋은 인상을 주었는가에 흥미를 느끼는 사람을 변별하고, 자신을 긍정적으로 보이기 위해 솔직하지 못한 반응을 하는 사람을 찾아내기 위한 타당성 척도이다.
추종성 척도 (Cm)	사회에 대한 보수적인 태도와 생각을 측정하는 척도검사이다. 아무렇게나 적당히 반응한 피검사자를 찾아내는 타당성 척도로서의 목적도 있다.
순응을 위한 성취 척도 (Ac)	강한 성취욕구를 측정하기 위한 척도로서 학업성취에 관련된 동기요인과 성격요인을 측정하기 위해서 만들어졌다.
독립성을 통한 성취 척도 (Ai)	독립적인 사고, 창조력, 자기실현을 위한 성취능력의 정도를 측정하는 척도이다.
지적 능률 척도 (Ie)	지적 능률성을 측정하기 위한 척도이며, 지능과 의미 있는 상관관계를 가지고 있는 성격특성을 나타내는 항목을 제공한다.
심리적 예민성 척도 (Py)	동기, 내적 욕구, 타인의 경험에 공명하고 흥미를 느끼는 정도를 재는 척도이다.
유연성 척도 (Fx)	개인의 사고와 사회적 행동에 대한 유연성, 순응성 정도를 나타내는 척도이다.
여향성 척도 (Fe)	흥미의 남향성과 여향성을 측정하기 위한 척도이다.

03 인성검사 시 유의사항

(1) 충분한 휴식으로 불안을 없애고 정서적인 안정을 취한다. 심신이 안정되어야 자신의 마음을 표현할 수 있다.

(2) 생각나는 대로 솔직하게 응답한다. 자신을 너무 과대포장하지도, 너무 비하하지 않도록 한다. 답변을 꾸며서 하면 앞뒤가 맞지 않게끔 구성돼 있어 불리한 평가를 받게 되므로 솔직하게 답하도록 한다.

(3) 검사문항에 대해 지나치게 골똘히 생각해서는 안 된다. 지나치게 몰두하면 엉뚱한 답변이 나올 수 있으므로 불필요한 생각은 삼간다.

(4) 인성검사는 대개 문항수가 많기에 자칫 건너뛰는 경우가 있는데, 가능한 모든 문항에 답해야 한다. 응답하지 않은 문항이 많을 경우 평가자가 정확한 평가를 내리지 못해 불리한 평가를 받을 수 있기 때문이다.

04 인성검사 모의연습

1. 1단계 검사

※ 다음 질문내용을 읽고 본인에 해당하는 응답의 '예', '아니요'에 ○표 하시오. **[1~140]**

번호	질문	응답	
1	조심스러운 성격이라고 생각한다.	예	아니요
2	사물을 신중하게 생각하는 편이라고 생각한다.	예	아니요
3	동작이 기민한 편이다.	예	아니요
4	포기하지 않고 노력하는 것이 중요하다.	예	아니요
5	일주일의 예정을 만드는 것을 좋아한다.	예	아니요
6	노력의 여하보다 결과가 중요하다.	예	아니요
7	자기주장이 강하다.	예	아니요
8	장래의 일을 생각하면 불안해질 때가 있다.	예	아니요
9	소외감을 느낄 때가 있다.	예	아니요
10	훌쩍 여행을 떠나고 싶을 때가 자주 있다.	예	아니요
11	대인관계가 귀찮다고 느낄 때가 있다.	예	아니요
12	자신의 권리를 주장하는 편이다.	예	아니요
13	낙천가라고 생각한다.	예	아니요
14	싸움을 한 적이 없다.	예	아니요
15	자신의 의견을 상대에게 잘 주장하지 못한다.	예	아니요
16	좀처럼 결단하지 못하는 경우가 있다.	예	아니요
17	하나의 취미를 오래 지속하는 편이다.	예	아니요
18	한 번 시작한 일은 끝을 맺는다.	예	아니요
19	행동으로 옮기기까지 시간이 걸린다.	예	아니요

번호	질문	응답	
20	다른 사람들이 하지 못하는 일을 하고 싶다.	예	아니요
21	해야 할 일은 신속하게 처리한다.	예	아니요
22	병이 아닌지 걱정이 들 때가 있다.	예	아니요
23	다른 사람의 충고를 기분 좋게 듣는 편이다.	예	아니요
24	다른 사람에게 의존적이 될 때가 많다.	예	아니요
25	타인에게 간섭받는 것은 싫다.	예	아니요
26	의식 과잉이라는 생각이 들 때가 있다.	예	아니요
27	수다를 좋아한다.	예	아니요
28	잘못된 일을 한 적이 한 번도 없다.	예	아니요
29	모르는 사람과 이야기하는 것은 용기가 필요하다.	예	아니요
30	끙끙거리며 생각할 때가 있다.	예	아니요
31	다른 사람에게 항상 움직이고 있다는 말을 듣는다.	예	아니요
32	매사에 얽매인다.	예	아니요
33	잘하지 못하는 게임은 하지 않으려고 한다.	예	아니요
34	어떠한 일이 있어도 출세하고 싶다.	예	아니요
35	막무가내라는 말을 들을 때가 많다.	예	아니요
36	신경이 예민한 편이라고 생각한다.	예	아니요
37	쉽게 침울해한다.	예	아니요
38	쉽게 싫증을 내는 편이다.	예	아니요
39	옆에 사람이 있으면 싫다.	예	아니요
40	토론에서 이길 자신이 있다.	예	아니요
41	친구들과 남의 이야기를 하는 것을 좋아한다.	예	아니요
42	푸념을 한 적이 없다.	예	아니요
43	남과 친해지려면 용기가 필요하다.	예	아니요
44	통찰력이 있다고 생각한다.	예	아니요
45	집에서 가만히 있으면 기분이 우울해진다.	예	아니요
46	매사에 느긋하고 차분하게 매달린다.	예	아니요
47	좋은 생각이 떠올라도 실행하기 전에 여러모로 검토한다.	예	아니요
48	누구나 권력자를 동경하고 있다고 생각한다.	예	아니요
49	몸으로 부딪혀 도전하는 편이다.	예	아니요
50	당황하면 갑자기 땀이 나서 신경 쓰일 때가 있다.	예	아니요
51	친구들이 진지한 사람으로 생각하고 있다.	예	아니요
52	감정적으로 될 때가 많다.	예	아니요
53	다른 사람의 일에 관심이 없다.	예	아니요
54	다른 사람으로부터 지적받는 것은 싫다.	예	아니요
55	지루하면 마구 떠들고 싶어진다.	예	아니요
56	부모에게 불평을 한 적이 한 번도 없다.	예	아니요
57	내성적이라고 생각한다.	예	아니요
58	돌다리도 두들기고 건너는 타입이라고 생각한다.	예	아니요
59	굳이 말하자면 시원시원하다.	예	아니요
60	나는 끈기가 강하다.	예	아니요

번호	질문	응답	
61	전망을 세우고 행동할 때가 많다.	예	아니요
62	일에는 결과가 중요하다고 생각한다.	예	아니요
63	활력이 있다.	예	아니요
64	항상 천재지변을 당하지는 않을까 걱정하고 있다.	예	아니요
65	때로는 후회할 때도 있다.	예	아니요
66	다른 사람에게 위해를 가할 것 같은 기분이 든 때가 있다.	예	아니요
67	진정으로 마음을 허락할 수 있는 사람은 없다.	예	아니요
68	기다리는 것에 짜증내는 편이다.	예	아니요
69	친구들로부터 줏대 없는 사람이라는 말을 듣는다.	예	아니요
70	사물을 과장해서 말한 적은 없다.	예	아니요
71	인간관계가 폐쇄적이라는 말을 듣는다.	예	아니요
72	매사에 신중한 편이라고 생각한다.	예	아니요
73	눈을 뜨면 바로 일어난다.	예	아니요
74	난관에 봉착해도 포기하지 않고 열심히 해본다.	예	아니요
75	실행하기 전에 재확인할 때가 많다.	예	아니요
76	리더로서 인정을 받고 싶다.	예	아니요
77	어떤 일이 있어도 의욕을 가지고 열심히 하는 편이다.	예	아니요
78	다른 사람의 감정에 민감하다.	예	아니요
79	다른 사람들이 남을 배려하는 마음씨가 있다는 말을 한다.	예	아니요
80	사소한 일로 우는 일이 많다.	예	아니요
81	반대에 부딪혀도 자신의 의견을 바꾸는 일은 없다.	예	아니요
82	누구와도 편하게 이야기할 수 있다.	예	아니요
83	가만히 있지 못할 정도로 침착하지 못할 때가 있다.	예	아니요
84	다른 사람을 싫어한 적은 한 번도 없다.	예	아니요
85	그룹 내에서는 누군가의 주도하에 따라가는 경우가 많다.	예	아니요
86	차분하다는 말을 듣는다.	예	아니요
87	스포츠 선수가 되고 싶다고 생각한 적이 있다.	예	아니요
88	모두가 싫증을 내는 일에도 혼자서 열심히 한다.	예	아니요
89	휴일은 세부적인 예정을 세우고 보낸다.	예	아니요
90	완성된 것보다 미완성인 것에 흥미가 있다.	예	아니요
91	잘하지 못하는 것이라도 자진해서 한다.	예	아니요
92	가만히 있지 못할 정도로 불안해질 때가 많다.	예	아니요
93	자주 깊은 생각에 잠긴다.	예	아니요
94	이유도 없이 다른 사람과 부딪힐 때가 있다.	예	아니요
95	타인의 일에는 별로 관여하고 싶지 않다고 생각한다.	예	아니요
96	무슨 일이든 자신을 가지고 행동한다.	예	아니요
97	유명인과 서로 아는 사람이 되고 싶다.	예	아니요
98	지금까지 후회를 한 적이 없다.	예	아니요
99	의견이 다른 사람과는 어울리지 않는다.	예	아니요
100	무슨 일이든 생각해 보지 않으면 만족하지 못한다.	예	아니요
101	다소 무리를 하더라도 피로해지지 않는다.	예	아니요

번호	질문	응답	
102	굳이 말하자면 장거리 주자에 어울린다고 생각한다.	예	아니요
103	여행을 가기 전에는 세세한 계획을 세운다.	예	아니요
104	능력을 살릴 수 있는 일을 하고 싶다.	예	아니요
105	성격이 시원시원하다고 생각한다.	예	아니요
106	굳이 말하자면 자의식 과잉이다.	예	아니요
107	자신을 쓸모없는 인간이라고 생각할 때가 있다.	예	아니요
108	주위의 영향을 받기 쉽다.	예	아니요
109	지인을 발견해도 만나고 싶지 않을 때가 많다.	예	아니요
110	다수의 반대가 있더라도 자신의 생각대로 행동한다.	예	아니요
111	번화한 곳에 외출하는 것을 좋아한다.	예	아니요
112	지금까지 다른 사람의 마음에 상처준 일이 없다.	예	아니요
113	다른 사람에게 자신이 소개되는 것을 좋아한다.	예	아니요
114	실행하기 전에 재고하는 경우가 많다.	예	아니요
115	몸을 움직이는 것을 좋아한다.	예	아니요
116	나는 완고한 편이라고 생각한다.	예	아니요
117	신중하게 생각하는 편이다.	예	아니요
118	커다란 일을 해보고 싶다.	예	아니요
119	계획을 생각하기보다 빨리 실행하고 싶어한다.	예	아니요
120	작은 소리도 신경 쓰인다.	예	아니요
121	나는 자질구레한 걱정이 많다.	예	아니요
122	이유도 없이 화가 치밀 때가 있다.	예	아니요
123	융통성이 없는 편이다.	예	아니요
124	나는 다른 사람보다 기가 세다.	예	아니요
125	다른 사람보다 쉽게 우쭐해진다.	예	아니요
126	다른 사람을 의심한 적이 한 번도 없다.	예	아니요
127	어색해지면 입을 다무는 경우가 많다.	예	아니요
128	하루의 행동을 반성하는 경우가 많다.	예	아니요
129	격렬한 운동도 그다지 힘들어하지 않는다.	예	아니요
130	새로운 일에 처음 한 발을 좀처럼 떼지 못한다.	예	아니요
131	앞으로의 일을 생각하지 않으면 진정이 되지 않는다.	예	아니요
132	인생에서 중요한 것은 높은 목표를 갖는 것이다.	예	아니요
133	무슨 일이든 선수를 쳐야 이긴다고 생각한다.	예	아니요
134	다른 사람이 나를 어떻게 생각하는지 궁금할 때가 많다.	예	아니요
135	침울해지면서 아무 것도 손에 잡히지 않을 때가 있다.	예	아니요
136	어린 시절로 돌아가고 싶을 때가 있다.	예	아니요
137	아는 사람을 발견해도 피해버릴 때가 있다.	예	아니요
138	굳이 말하자면 기가 센 편이다.	예	아니요
139	성격이 밝다는 말을 듣는다.	예	아니요
140	다른 사람이 부럽다고 생각한 적이 한 번도 없다.	예	아니요

2. 2단계 검사

※ 다음 질문내용을 읽고 A, B 중 해당되는 곳에 ○표 하시오. [1~36]

번호	질문	응답	
1	A 사람들 앞에서 잘 이야기하지 못한다. B 사람들 앞에서 이야기하는 것을 좋아한다.	A	B
2	A 엉뚱한 생각을 잘한다. B 비현실적인 것을 싫어한다.	A	B
3	A 친절한 사람이라는 말을 듣고 싶다. B 냉정한 사람이라는 말을 듣고 싶다.	A	B
4	A 예정에 얽매이는 것을 싫어한다. B 예정이 없는 상태를 싫어한다.	A	B
5	A 혼자 생각하는 것을 좋아한다. B 다른 사람과 이야기하는 것을 좋아한다.	A	B
6	A 정해진 절차에 따르는 것을 싫어한다. B 정해진 절차가 바뀌는 것을 싫어한다.	A	B
7	A 친절한 사람 밑에서 일하고 싶다. B 이성적인 사람 밑에서 일하고 싶다.	A	B
8	A 그때그때의 기분으로 행동하는 경우가 많다. B 미리 행동을 정해두는 경우가 많다.	A	B
9	A 다른 사람과 만났을 때 화제로 고생한다. B 다른 사람과 만났을 때 화제에 부족함이 없다.	A	B
10	A 학구적이라는 인상을 주고 싶다. B 실무적이라는 인상을 주고 싶다.	A	B
11	A 친구가 돈을 빌려달라고 하면 거절하지 못한다. B 본인에게 도움이 되지 않는 차금은 거절한다.	A	B
12	A 조직 안에서는 독자적으로 움직이는 타입이라고 생각한다. B 조직 안에서는 우등생 타입이라고 생각한다.	A	B
13	A 문장을 쓰는 것을 좋아한다. B 이야기하는 것을 좋아한다.	A	B
14	A 직감으로 판단한다. B 경험으로 판단한다.	A	B
15	A 다른 사람이 어떻게 생각하는지 신경 쓰인다. B 다른 사람이 어떻게 생각하든 신경 쓰지 않는다.	A	B
16	A 틀에 박힌 일은 싫다. B 절차가 정해진 일을 좋아한다.	A	B
17	A 처음 사람을 만날 때는 노력이 필요하다. B 처음 사람을 만나는 것이 아무렇지도 않다.	A	B
18	A 꿈을 가진 사람에게 끌린다. B 현실적인 사람에게 끌린다.	A	B

번호	질문	응답	
19	A 어려움에 처한 사람을 보면 동정한다. B 어려움에 처한 사람을 보면 원인을 생각한다.	A	B
20	A 느긋한 편이다. B 시간을 정확히 지키는 편이다.	A	B
21	A 회합에서는 소개를 받는 편이다. B 회합에서는 소개를 하는 편이다.	A	B
22	A 굳이 말하자면 혁신적이라고 생각한다. B 굳이 말하자면 보수적이라고 생각한다.	A	B
23	A 지나치게 합리적으로 결론짓는 것은 좋지 않다. B 지나치게 온정을 표시하는 것은 좋지 않다.	A	B
24	A 융통성이 있다. B 자신의 페이스를 잃지 않는다.	A	B
25	A 사람들 앞에 잘 나서지 못한다. B 사람들 앞에 나서는 데 어려움이 없다.	A	B
26	A 상상력이 있다는 말을 듣는다. B 현실적이라는 이야기를 듣는다.	A	B
27	A 다른 사람의 의견에 귀를 기울인다. B 자신의 의견을 밀어붙인다.	A	B
28	A 틀에 박힌 일은 너무 딱딱해서 싫다. B 방법이 정해진 일은 안심할 수 있다.	A	B
29	A 튀는 것을 싫어한다. B 튀는 것을 좋아한다.	A	B
30	A 굳이 말하자면 이상주의자이다. B 굳이 말하자면 현실주의자이다.	A	B
31	A 일을 선택할 때에는 인간관계를 중시하고 싶다. B 일을 선택할 때에는 일의 보람을 중시하고 싶다.	A	B
32	A 임기응변에 능하다. B 계획적인 행동을 중요하게 여긴다.	A	B
33	A 혼자 꾸준히 하는 것을 좋아한다. B 변화가 있는 것을 좋아한다.	A	B
34	A 가능성에 눈을 돌린다. B 현실성에 눈을 돌린다.	A	B
35	A 매사에 감정적으로 생각한다. B 매사에 이론적으로 생각한다.	A	B
36	A 스케줄을 짜지 않고 행동하는 편이다. B 스케줄을 짜고 행동하는 편이다.	A	B

3. 답안지

(1) 1단계 검사

1	15	29	43	57	71	85	99	113	127
예 아니요	예 아니요	예 아니요	예 아니요	예 아니요	예 아니요	예 아니요	예 아니요	예 아니요	예 아니요
2	16	30	44	58	72	86	100	114	128
예 아니요	예 아니요	예 아니요	예 아니요	예 아니요	예 아니요	예 아니요	예 아니요	예 아니요	예 아니요
3	17	31	45	59	73	87	101	115	129
예 아니요	예 아니요	예 아니요	예 아니요	예 아니요	예 아니요	예 아니요	예 아니요	예 아니요	예 아니요
4	18	32	46	60	74	88	102	116	130
예 아니요	예 아니요	예 아니요	예 아니요	예 아니요	예 아니요	예 아니요	예 아니요	예 아니요	예 아니요
5	19	33	47	61	75	89	103	117	131
예 아니요	예 아니요	예 아니요	예 아니요	예 아니요	예 아니요	예 아니요	예 아니요	예 아니요	예 아니요
6	20	34	48	62	76	90	104	118	132
예 아니요	예 아니요	예 아니요	예 아니요	예 아니요	예 아니요	예 아니요	예 아니요	예 아니요	예 아니요
7	21	35	49	63	77	91	105	119	133
예 아니요	예 아니요	예 아니요	예 아니요	예 아니요	예 아니요	예 아니요	예 아니요	예 아니요	예 아니요
8	22	36	50	64	78	92	106	120	134
예 아니요	예 아니요	예 아니요	예 아니요	예 아니요	예 아니요	예 아니요	예 아니요	예 아니요	예 아니요
9	23	37	51	65	79	93	107	121	135
예 아니요	예 아니요	예 아니요	예 아니요	예 아니요	예 아니요	예 아니요	예 아니요	예 아니요	예 아니요
10	24	38	52	66	80	94	108	122	136
예 아니요	예 아니요	예 아니요	예 아니요	예 아니요	예 아니요	예 아니요	예 아니요	예 아니요	예 아니요
11	25	39	53	67	81	95	109	123	137
예 아니요	예 아니요	예 아니요	예 아니요	예 아니요	예 아니요	예 아니요	예 아니요	예 아니요	예 아니요
12	26	40	54	68	82	96	110	124	138
예 아니요	예 아니요	예 아니요	예 아니요	예 아니요	예 아니요	예 아니요	예 아니요	예 아니요	예 아니요
13	27	41	55	69	83	97	111	125	139
예 아니요	예 아니요	예 아니요	예 아니요	예 아니요	예 아니요	예 아니요	예 아니요	예 아니요	예 아니요
14	28	42	56	70	84	98	112	126	140
예 아니요	예 아니요	예 아니요	예 아니요	예 아니요	예 아니요	예 아니요	예 아니요	예 아니요	예 아니요

(2) 2단계 검사

1	5	9	13	17	21	25	29	33
A B	A B	A B	A B	A B	A B	A B	A B	A B
2	6	10	14	18	22	26	30	34
A B	A B	A B	A B	A B	A B	A B	A B	A B
3	7	11	15	19	23	27	31	35
A B	A B	A B	A B	A B	A B	A B	A B	A B
4	8	12	16	20	24	28	32	36
A B	A B	A B	A B	A B	A B	A B	A B	A B

4. 분석표

(1) 1단계 검사

합계 1

합계 2

합계 3

합계 4

합계 5

합계 6

합계 7

합계 8

합계 9

합계 10

합계 11

합계 12

합계 13

합계 14

척도		0	1	2	3	4	5	6	7	8	9	10
행동적 측면	사회적 내향성 (합계 1)											
	내성성 (합계 2)											
	신체활동성 (합계 3)											
	지속성 (합계 4)											
	신중성 (합계 5)											
의욕적 측면	달성의욕 (합계 6)											
	활동의욕 (합계 7)											
정서적 측면	민감성 (합계 8)											
	자책성 (합계 9)											
	기분성 (합계 10)											
	독자성 (합계 11)											
	자신감 (합계 12)											
	고양성 (합계 13)											
타당성	신뢰도 (합계 14)											

(2) 2단계 검사

합계 15
합계 16
합계 17
합계 18

척도		0	1	2	3	4	5	6	7	8	9	
성격 유형	흥미관심 방향 (합계 15)											외향
	사물에 대한 견해 (합계 16)											감각
	판단의 방법 (합계 17)											사고
	사회에 대한 접근 방법 (합계 18)											판단

5. 채점방식

(1) 1단계 검사

① 답안지에 '예', '아니요'를 체크한다.

② 답안지의 문제번호 줄 1, 15, 29, 43, 57, 71, 85, 99, 113, 127 중 '예'에 체크한 개수의 합계를 '합계 1'란에 숫자로 기입한다.

③ 위와 같이 문제번호 줄 2, 16, 30, 44, 58, 72, 86, 100, 114, 128 중 '예'에 체크한 개수의 합계를 '합계 2'란에 기입한다.

④ 마찬가지로 문제번호 줄 14까지 이렇게 '예'에 체크한 개수의 합계를 차례대로 '합계 14'란까지 숫자로 기입한다.

⑤ 집계는 각각 10문제씩 한다.

⑥ 집계가 끝나면 집계결과를 분석표에 옮겨 적는다.

(2) 2단계 검사

① 답안지의 문제번호 줄 1, 5, 9, 13, 17, 21, 25, 29, 33의 'B'에 ○표 체크한 개수의 합계를 '합계 15'란에 숫자로 기입한다.

② 마찬가지로 문제번호 줄 4까지 이렇게 'B'에 ○표 체크한 개수의 합계를 차례대로 '합계 18'란까지 숫자로 기입한다.

③ 집계는 각각 옆으로 9문제씩 한다.

④ 집계가 끝나면 집계결과를 분석표에 옮겨 적는다.

6. 결과 분석

(1) 1단계 검사

① '합계 1'에서부터 '합계 5'까지는 성격 특성을 나타내는 어떠한 행동적 특징이 있는지 나타낸다. 즉, 행동적 측면은 행동으로 나타내기 쉬운 경향을 나타내는 것이다. 행동적인 경향은 겉모습으로도 금방 알 수 있기 때문에 면접에서 다루어지기 쉬운 부분이다.

② '합계 6'과 '합계 7'은 의욕적인 측면을 나타낸다. 의욕적 측면은 의욕이나 활력을 나타내는 것이다. 인재를 채용하는 조직에 있어 의욕적인 사람은 열심히 일할 가능성이 높기 때문에 중요한 측면이라고 할 수 있다.

③ '합계 8'에서부터 '합계 13'까지는 정서적인 측면을 나타내는데, 이는 사회에서의 적응력이나 감정의 안정도를 나타내고 있다. 조직 내에서의 업무나 인간관계에 원활하게 적응할 수 있는지 등을 측정하는 것이다.

④ '합계 14'는 라이스케일, 즉 타당성 척도로서 허위성을 나타낸다. 업무상의 과실을 얼버무리거나 자신을 잘 보이게 하기 위해 거짓말을 하는 정도를 측정하는 것이다.

⑤ '합계 1'에서 '합계 13'까지는 평가치가 높을수록 측정된 특성 경향이 강하다는 것을 나타낸다. '합계 14'는 평가치가 높을수록 응답에 대한 신뢰성이 낮고, 평가치가 낮을수록 응답에 대한 신뢰성이 높다는 의미이다.

(2) 2단계 검사

① 2단계 검사는 성격유형에 관한 부분으로, 개인의 성향을 분류하기 위한 요소이다. 성격유형이 채용 여부에 직접 영향을 주는 일은 다소 적지만, 장래에 이동이나 승진 시 자료로 이용될 가능성이 있는 항목이다.

② 평가치는 높고 낮음을 나타내는 것이 아니라, 피검사자의 성향이 어느 방면에 치우쳐 있는가를 판단하는 것이다. 예를 들어, '흥미관심'의 평가치가 9인 경우 외향적인 경향이 강하고, 2인 경우에는 내향적인 경향이 강하다고 할 수 있다. 평가치가 4 또는 5일 경우에는 어느 한 성향으로 치우쳐 있지 않고 중립적인 성향을 가지고 있다고 볼 수 있다.

05 인성검사 결과로 알아보는 예상 면접 질문

인성검사는 특히 면접 질문과 관련성이 높은 부분이다. 면접관은 지원자의 인성검사 결과를 토대로 질문을 하게 된다. 그렇다고 해서 자신의 성격을 꾸미는 것은 바람직하지 않다. 실제 시험은 매우 복잡하여 전문가라 해도 일정 성격을 유지하면서 답변을 하는 것이 불가능하기 때문이다. 따라서 인성검사는 솔직하게 임하되 인성검사 모의연습으로 자신의 성향을 정확히 파악하고 아래 예상 면접질문을 참고하여, 자신의 단점은 보완하면서 강점은 어필할 수 있는 답변을 준비하도록 하자.

1. 사회적 내향성 척도

(1) 득점이 낮은 사람

- 자기가 선택한 직업에 대해 어떤 인상을 가지고 있습니까?
- 부모님을 객관적으로 봤을 때 어떻게 생각합니까?
- 당사의 사장님 성함을 알고 있습니까?

수다스럽기 때문에 내용이 없다는 인상을 주기 쉽다. 질문의 요지를 파악하여 논리적인 발언을 하도록 유의하자. 한 번에 많은 것을 이야기하려 하면 요점이 흐려지게 되므로 내용을 정리하여 간결하게 발언한다.

(2) 득점이 높은 사람

- 친구들에게 있어 당신은 어떤 사람입니까?
- 특별히 무언가 묻고 싶은 것이 있습니까?
- 친구들의 상담을 받는 쪽입니까?

높은 득점은 마이너스 요인이다. 면접에서 보완해야 하므로 자신감을 가지고 끝까지 또박또박 주위에도 들릴 정도의 큰 소리로 말하도록 하자. 절대 얼버무리거나 기어들어가는 목소리는 안 된다.

2. 내성성 척도

(1) 득점이 낮은 사람

- 학생시절에 후회되는 일은 없습니까?
- 학생과 사회인의 차이는 무엇이라고 생각합니까?
- 당신이 가장 흥미를 가지고 있는 것에 대해 이야기해 주십시오.

답변 내용을 떠나 일단 평소보다 천천히 말하자. 생각나는 대로 말해버리면 이야기가 두서없이 이곳저곳으로 빠져 부주의하고 경솔하다는 인식을 줄 수 있으므로 머릿속에서 내용을 정리하고 이야기하도록 유의하자. 응답은 가능한 간결하게 한다.

(2) 득점이 높은 사람

- 인생에는 무엇이 중요하다고 생각합니까?
- 좀 더 큰소리로 이야기해 주십시오.

과도하게 긴장할 경우 불필요한 생각을 하게 되어 반응이 늦어버리면 곤란하다. 특히 새로운 질문을 받았는데도 했던 대답을 재차 하거나 하면 전체 흐름을 저해하게 되므로 평소부터 이러한 습관을 의식하면서 적절한 타이밍의 대화를 하도록 하자.

3. 신체활동성 척도

(1) 득점이 낮은 사람

- 휴일은 어떻게 보냅니까?
- 학창시절에 무엇에 열중했습니까?

졸업논문이나 영어회화, 컴퓨터 등 학생다움이나 사회인으로서 도움이 되는 것에 관심을 가지고 있는 것을 적극 어필한다. 이미 면접담당자는 소극적이라고 생각하고 있기 때문에 말로 적극적이라고 말해도 성격프로필의 결과와 모순되므로 일부러 꾸며 말하지 않는다.

(2) 득점이 높은 사람

- 제대로 질문을 듣고 있습니까?
- 희망하는 직종으로 배속되지 않으면 어떻게 하겠습니까?

일부러 긴장시키고 반응을 살피는 경우가 있다. 활동적이지만 침착함이 없다는 인상을 줄 수 있으므로 머릿속에 생각을 정리하는 습관을 들이자. 행동할 때도 마찬가지로, 편하게 행동하는 것은 플러스 요인이지만, 반사적인 언동이 많으면 마이너스가 되므로 주의한다.

4. 지속성 척도

(1) 득점이 낮은 사람

- 일에 활용할 수 있을 만한 자격이나 특기, 취미가 있습니까?
- 오랫동안 배운 것에 대해 들려주십시오.

금방 싫증내서 오래 지속하지 못하는 것은 마이너스다. 쉽게 포기하고 내팽개치는 사람은 어느 곳에서도 필요로 하지 않는다는 것을 상기한다. 면접을 보는 동안과 마찬가지로, 대기 시간에도 주의하여 차분하지 못한 동작을 하지 않도록 한다.

(2) 득점이 높은 사람

- 이런 것도 모릅니까?
- 이 직업에 맞지 않는 것은 아닙니까?

짓궂은 질문을 받으면 감정적이 되거나 옹고집을 부릴 가능성이 있다. 냉정하고 침착하게 받아넘겨야 한다. 비슷한 경험을 쌓으면 차분하게 응답할 수 있게 되므로 모의면접 등의 기회를 활용한다.

5. 신중성 척도

(1) 득점이 낮은 사람

- 당신에게 부족한 것은 어떤 점입니까?
- 결점을 극복하기 위해 어떻게 노력하고 있습니까?

질문의 요지를 잘못 받아들이거나, 불필요한 이야기까지 하는 등 대답에 일관성이 없으면 마이너스다. 직감적인 언동을 하지 않도록 평소부터 논리적으로 생각하는 습관을 키우자.

(2) 득점이 높은 사람

- 주위 사람에게 욕을 들으면 어떻게 하겠습니까?
- 출세하고 싶습니까?
- 제 질문에 대한 답이 아닙니다.

예상외의 질문에 답이 궁해지거나 깊이 생각하게 되면 역시나 신중이 지나쳐 결단이 늦다는 인상을 주게 된다. 주위의 상황을 파악하고 발언하려는 나머지 반응이 늦어지고, 집단면접 등에서 시간이 걸리게 되면 행동이 느리다는 인식을 주게 되므로 주의한다.

6. 달성의욕 척도

(1) 득점이 낮은 사람

- 인생의 목표를 들려주십시오.
- 입사하면 무엇을 하고 싶습니까?
- 지금까지 목표를 향해 노력하여 달성한 적이 있습니까?

결과에 대한 책임감이 낮다, 지시에 따르기만 할 뿐 주체성이 없다는 인상을 준다면 매우 곤란하다. 목표의식이나 의욕의 유무, 주위 상황에 휩쓸리는 경향 등에 대해 물어오면 의욕이 낮다는 인식을 주지 않도록 목표를 향해 견실하게 노력하려는 자세를 강조하자.

(2) 득점이 높은 사람

- 도박을 좋아합니까?
- 다른 사람에게 지지 않는다고 말할 수 있는 것이 있습니까?

행동이 따르지 않고 말만 앞선다면 평가가 나빠진다. 목표나 이상을 바라보고 노력하지 않는 것은 한 번의 도박으로 일확천금을 노리는 것과 같다는 것을 명심하고 자신이 어떤 목표를 이루기 위해 노력한 경험이 있는지 미리 생각해서 행동적인 부분을 어필하는 답변을 하도록 하자.

7. 활동의욕 척도

(1) 득점이 낮은 사람

- 어떤 일을 할 때 주도적으로 이끄는 편입니까?
- 신념이나 신조에 대해 말해 주십시오.
- 질문의 답이 다른 사람과 똑같습니다.

의표를 찌르는 질문을 받더라도 당황하지 말고 수비에 강한 면을 어필하면서 무모한 공격을 하기보다는 신중하게 매진하는 성격이라는 점을 강조할 수 있는 답을 준비해 두자.

(2) 득점이 높은 사람

- 친구들로부터 어떤 성격이라는 이야기를 듣습니까?
- 협동성이 있다고 생각합니까?

사고과정을 전달하지 않으면 너무 막무가내이거나, 경박하고 생각 없이 발언한다는 인식을 줄 수 있으므로 갑자기 결론을 내리거나 단숨에 본인이 하고 싶은 말만 하는 것은 피하자.

8. 민감성 척도

(1) 득점이 낮은 사람

- 좌절한 경험에 대해 이야기해 주십시오.
- 당신이 약하다고 느낄 때는 어떤 때입니까?

> 구체적으로 대답하기 어려운 질문이나 의도를 알기 어려운 질문을 통해 감수성을 시험하게 된다. 냉정하게 자기분석을 하여 독선적이지 않은 응답을 하자.

(2) 득점이 높은 사람

- 지금까지 신경이 예민하다는 이야기를 들은 적이 있습니까?
- 채용되지 못하면 어떻게 하시겠습니까?
- 당신의 성격에서 고치고 싶은 부분이 있습니까?

> 예민한 성격이라는 부분을 마음에 두고 있으면 직접적인 질문을 받았을 때 당황하게 된다. 신경이 예민하다기보다 세세한 부분도 눈에 잘 들어오는 성격이라고 어필하자.

9. 자책성 척도

(1) 득점이 낮은 사람

- 학생시절을 통해 얻은 것은 무엇이라고 생각합니까?
- 자기 자신을 분석했을 때 좋아하는 면은 무엇입니까?

> 낙관적인 것은 면접관이 이미 알고 있으므로 솔직한 부분이나 신념을 가지고 의의가 있는 삶을 살고 있다는 점을 어필하자.

(2) 득점이 높은 사람

- 곤란한 상황에 어떻게 대처하겠습니까?
- 실수한 경험과 그 실수에서 얻은 교훈을 들려주십시오.

> 좋지 않은 쪽으로 생각해서 불필요하게 긴장하면 더욱 사태가 악화된다. 쉽게 비관하는 성격이므로, 면접을 받는 동안은 면접담당자의 눈을 보며 밝게 응답하고, 말끝을 흐리지 않고 또박또박 말하도록 유의하자. 또한 '할 수 없다.', '자신이 없다.' 등의 발언이 많으면 평가가 떨어지므로 평소부터 부정적인 말을 사용하지 않도록 긍정적으로 사고하는 습관을 들여야 한다.

PART 5
에세이

CHAPTER 01

에세이 작성법

01 에세이란 무엇인가?

1. 에세이 작성은 성공취업의 첫걸음

취업준비생들에게 에세이는 외국대학과 대학원에 입학하기 위해 작성해야 하는 것으로 여겨져 왔다. 10년 전만 해도 외국계 컨설팅 회사에서만 사용하는 독특한 채용방식이었던 에세이가 한국의 채용시장에 신입사원 채용전형 요소로 들어오기 시작하면서, 대기업을 중심으로 '경험과 경력을 기술할 수 있는 에세이'로 자기소개서를 제출하는 방식이 탈스펙 채용과 함께 확산되고 있다.

입사지원 시에 제출 또는 입력하는 서류전형 요소는 이력사항과 자기소개서가 있다. 이력사항의 경우, 정부의 개인정보보호 법률에 따라 과거에 기록했던 주민등록번호, 신체사항 그리고 재산여부를 묻는 항목들은 사라지고 있으며, 경력사항이나 자격, 교육수료사항을 더 자세하게 적는 방향으로 바뀌고 있다. 자기소개서도 성장과정, 성격의 장단점, 사회경험, 지원동기 및 입사 후 포부 등의 정형화된 항목에서 벗어나, 에세이 형식의 '학업 이외에 관심과 열정을 가지고 했던 다양한 경험 중 가장 기억에 남는 것을 구체적으로 기술해 주세요.'와 같이 지원자의 변화되어 온 과정과 함께 지금 가지고 있는 생각을 글로써 알아보기 위한 구체적인 항목으로 대체되고 있다.

최근 기업들의 에세이 평가방법을 보면 크게 현장 에세이 작성과 자기소개서 작성 후 제출하는 두 가지로 나누어 볼 수 있다. 예전의 채용전형에서는 지원자들을 시험 현장에 모아놓고 일정 주제를 준 후 프레젠테이션(PT 면접)을 시키는 면접은 있었지만, 에세이를 작성하게 하는 경우는 없었다. 하지만 2013년 채용부터 대기업을 중심으로 직무적성검사 때 회사에서 준비한 주제를 제시하고 1,000자 내외로 작성하여 제출하는 전형방법이 도입되어, 지원자들이 면접까지 가는 데 큰 결정요소로 작용하였다. 현장에서가 아닌 자기소개서 항목에 추가 또는 변경하여 에세이 형식으로 제출하라고 하는 기업들도 늘어나고 있다. 현장 작성과는 달리 3,000 ~ 6,500자로 많은 분량을 제출하도록 요구하고 있어 기존에 여러 개의 짧은 항목으로 나누어 글을 쓰고, 길게 쓰지 못할 경우 소제목으로 문단을 구분하여 작성하는 꼼수는 더 이상 통하지 않게 되었다. 일부 취업준비생들은 "에세이 형식에서도 문단을 나누어 쓰는 게 채용담당자가 보기에 더 편하지 않느냐?"는 질문을 한다. 회사에서는 질문의 목적에 맞게 자신의 경험과 생각을 재구성하여 글로 표현해 보라는 것인데, 300 ~ 400자 정도로 다른 기업의 자기소개서에서도 썼을 법한 내용을 몇 개씩 넣어서 쓰겠다는 것은 적합하지 않다. 글에서 보고자 하는 것은 개인의 경험과 당시 상황에서의 문제해결능력 그리고 경험 이후에 나의 행동에 반영된 결과이기 때문에 내용과 형식면에서 짜임새가 있고 납득 가능한 설명을 제공하는 것이 바람직한 기술 방법이라고 할 수 있을 것이다.

2010년 하반기부터 인턴 후 정규직 전환이라는 채용방식이 본격적으로 도입되어 지금은 대다수의 기업들이 정규공채와 별도로 인턴사원을 선발하여 현장실습 후 정규직으로 전환하거나, 정규공채를 폐지하고 인턴으로만 선발하여 근무평가와 면접을 통해 정규직 승급사원을 선발하고 있다. 이러한 채용방식이 도입되기 이

전에는 어학점수, 외국 워킹홀리데이 경험, 자격증 등으로 대표되던 '숫자' 스펙이 시간이 지날수록 변별력을 잃어감에 따라 2～3년을 주기로 기업들의 신입사원 채용방법도 계속 변화를 겪고 있다. 이처럼 현재 취업시장은 과도기적 성향을 나타내고 있으며, 에세이 작성도 이제 도입 초기의 단계지만, 향후 많은 기업에서 평가방식의 전환을 이룰 것으로 예측해 볼 수 있다.

2. 기업의 채용에 있어 지원자에게 작성하라는 에세이란?

에세이 작성 분야 중 가장 많이 알려진 곳이 경영대학원의 MBA 과정 입학 에세이 작성이다. 실제로 취업준비생들이 인터넷에 에세이란 단어로 검색을 해보면 어렵지 않게 MBA 과정 입학을 위한 에세이에 대한 내용을 많이 찾아볼 수 있다. 제시하는 에세이 주제는 MBA 과정에 입학해야 하는 이유와 이를 위해 노력해온 단기계획, 과정 수료 후의 장기계획에 대해서 작성하는 것이다. 삼성그룹의 에세이 3,000자 항목 중 '현재 자신의 위치에 오기 위해 수행해온 노력과 지원한 직무분야에서 성공을 위한 노력(계획)을 기술하라.'는 항목이 MBA 과정 입학의 에세이와 비슷하며, 취업준비생들이 생각하는 것보다 훨씬 더 높은 수준의 에세이 작성을 요구하고 있다고 볼 수 있다. 그래서 기존에 인터넷 등에서 유료 다운로드로 구매하여 보는 자기소개서 샘플이나 대필 자기소개서 등은 큰 도움이 되지 못한다.

스토리텔링과 에세이 작성은 자신의 생각이나 의도를 상대방에게 알린다는 공통점이 있지만, 스토리텔링으로만 자기소개서를 구성하다 보면 다른 사람의 스토리에 나의 소재만 이식하여 스토리형식을 베끼는 형태로 글을 작성하는 경우가 많다. 이와 달리, 에세이는 자신의 논리력과 설득력을 잘 드러내기 위해서 상대적으로 자신이 스펙 중에 열위에 있다고 판단되는 부분에서부터 우위에 있다고 판단되는 것까지 모두 생각해서 적어야 한다. 즉, 글을 읽는 사람이 어느 정도의 개요를 한눈에 볼 수 있을 정도로 구성력이 있으면서 완성된 글의 형태로 작성해야 하기 때문에 단순한 스토리텔링의 글과는 다른 부분이 존재한다. 에세이의 경우, 면접관으로 들어오는 회사의 관계자들이 모두 읽어보거나 지참해서 가지고 오기 때문에 면접을 편안하게 보기 위해서는 반드시 시간과 노력을 투자하여 작성하는 것이 좋다.

3. 그렇다면 왜 기업들은 에세이 작성을 요구하게 된 것일까?

기업의 인사담당자를 만나면 가장 많이 하는 이야기 중 하나가 바로 신입사원들의 조기퇴사이다. 실제로 한 대기업의 신입 채용을 담당하는 과장은 신입사원 연수 수료에 대한 임원보고에서, 많은 비용을 들여서 선발을 하고 교육을 함에도 불구하고 왜 퇴사자가 있는지 다시 보고하라며 문책을 당했던 이야기를 털어 놓았다. 기업에서 채용기준이 변화하고 있는 이유는 바로 어렵게 선발한 직원들의 조기퇴사에서 비롯되었다고 할 수 있다. 직무내용과 인간관계 문제가 대졸 신입사원의 조기퇴사의 주된 원인으로 지목되며 과거 범용적 인재를 선발하던 기준을 바꾸었다. 즉, 학창 시절의 경험 기술을 통하여 대학 시절부터 직무에 관심을 가지고 쌓아온 노력과 원만한 대인관계, 조직 내에서 수행할 수 있는 역할 등을 알아보고자 하며, 전문적인 지식과 인성에 바탕을 둔 통섭형 인재를 선발하는 방향으로 점차 변화하게 된 것이다. 삼성경제연구소에서도 신세대의 특성과 조직관리방안이라는 연구보고서를 통해 국내에서도 신세대 직장인을 올바르게 이해하고 이들의 강점을 기업의 경쟁력으로 연결시키기 위한 조직관리 방안을 심도 있게 연구해야 한다고 밝히고 있다. 한국직업능력개발원을 비롯한 국책연구기관들 그리고 언론사들의 특집기사에서 신입사원들이 1년도 되지 않아 퇴사하는 이유와 원인에 대해 집중적으로 보도하는 사례 등을 통하여 이제는 기업과 사회에서 신입사원과 저경력 사원들에 대해 관심을 가지고 연구를 하고 있다는 것을 알 수가 있다.

이러한 내용들을 종합해 보면 바늘구멍을 뚫고 입사한 신입사원들이 떠나는 주된 이유를 '직무적응 실패'와 '대기업에 맞춰져 있는 신입사원의 눈높이'를 꼽고 있다. 그렇기 때문에, 기업에서는 입사하고자 하는 구직자가 어떠한 생각을 가지고 있으며 직무에 어느 정도 관심을 가지고 있는지에 대한 판단을 보다 심도 있게 하기 위하여, 에세이 제출과 구조화된 면접전형 등의 다각적인 평가를 진행하여 신입사원을 선발하는 인사 정책으로 변화시키고 있다고 볼 수 있다.

02 에세이 작성요령 및 유의사항

취업을 위해 자기소개서 항목 또는 직무적성검사 현장에서 에세이를 작성할 경우 해당 에세이를 작성하는 구체적인 목적과 이유를 잘 파악하고 시작해야 한다. 회사의 인사담당자나 내가 지원한 직무의 실무 담당자가 나의 글을 읽는 대상이기 때문에 반대적인 문제나 논의를 가지고 글을 쓰거나 어떠한 사물이나 사건 혹은 감정들을 자세하게 나열하며 묘사할 필요가 전혀 없다. 이럴 경우, 읽는 사람으로 하여금 지루함과 함께 관심을 갖지 못하게 하는 방해요소가 될 수 있으므로 합격여부를 가리는 에세이 작성에서는 좋은 방법이 아니다. 취업을 위한 에세이 작성은 '과정분석 에세이(The process Analysis Essay) 방식'이나 '원인결과분석 에세이(The cause and effective Analysis Essay) 방식'을 통해 글을 작성하여 이 직무에 대한 관심과, 회사에 지원하여 일자리를 얻고자 하는 의지를 논리적으로 서술하는 방법을 선택해야 한다.

- 과정분석 에세이 작성법
  어떠한 사건이나 일이 완성되기까지 이어지는 단계를 서술하는 기술법
- 원인결과분석 에세이 작성법
  두괄식으로 사건이나 결과를 놓고 그 원인과 결과를 분석하는 기술법

보통 인사담당자는 서류를 꼼꼼히 읽을 시간이 없고 처음 읽을 때 보는 부분이 소제목이기 때문에 구직자 입장에서 소제목에 신경을 쓰거나 두괄식 구성으로 글을 쓰는 것이 서류합격에 유리한 측면이 있다. 하지만 에세이 작성을 요구하는 경우 지원자의 자기소개서를 모두 읽고 평가한다고 밝히는 기업들이 늘어나고 있고 면접 전형에 대한 지원자의 백데이터 확보라는 기능을 가지고 있기 때문에 자기소개서의 항목에 따라 적절하게 작성 방법을 달리해야 한다. 예를 들어, 가장 강하게 소속감을 느꼈던 경험에 대해서 물어본다면 한 조직에 어느 정도 기간 동안 어떠한 역할로 몸을 담으며 어떤 생각으로 시작했는가, 소속해 있는 기간 동안 일어난 여러 가지 일 중 어떠한 일이나 경험으로 내가 가진 생각이 변화하고 성장하였는가, 지금의 내가 회사를 지원하는 데 있어 어떠한 생각을 가지게 되었고 조직에서 어떠한 모습으로 성장할 것인가 하는 식으로 나의 생각이 완성되는 과정을 계속해서 기술하는 방식이 적합할 것이다. 가장 어려웠던 경험을 물어보는 항목이라면 반대로 어떠한 경험을 통해 배운 것에 대한 결론부터 작성을 하고 이러한 결과를 얻기까지 있었던 일들을 정리해간다. 나의 입장과 다른 사람들이 바라볼 때의 입장을 비교하면서 그 경험이 지금의 나에게 어떠한 가르침으로 남아서 현재는 내가 이러한 강점을 가진 사람으로 성장하였다는 식으로, 결과에 대한 나의 경험과 생각을 구체적으로 풀어 놓는 기술방법이 적합할 것이다.

현장에서 작성하여 제출하는 방식이 아닌, 자기소개서 항목을 에세이 형식으로 제출을 해야 한다면 내가 쓸 에세이의 전체적인 개요와 생각의 틀을 먼저 만들어 놓고 작성을 시작하는 것이 도움이 된다. 기업에서 요구하는 에세이는 영어 번역대로 수필을 작성하라는 것이 아니고 논리적인 사고를 볼 수 있는 글을 작성하라는 것이다. 그래서 전통적 방식인'서론 – 본론 – 결론' 구조를 가지거나 프레젠테이션에서 많이 사용하는 '결 – 승 – 전(결론 – 소주제1 – 소주제2)' 구조 방식으로 작성한다면 전체적인 짜임새와 함께 에세이를 읽는 인사담당자로부터 관심을 지속시키며 판단을 내리는 데 도움을 줄 수가 있을 것이다. 한 기업의 자기소개서 항목 중, 에세이라고 명시하지는 않았지만 같은 형식으로 500자를 제출해야 하는 항목을 통해 글의 틀을 짜본다면 다음과 같을 것이다.

"입사 후 포부 : 입사 후 10년 동안의 회사생활 시나리오와 그것을 추구하는 이유를 기술해 주세요."

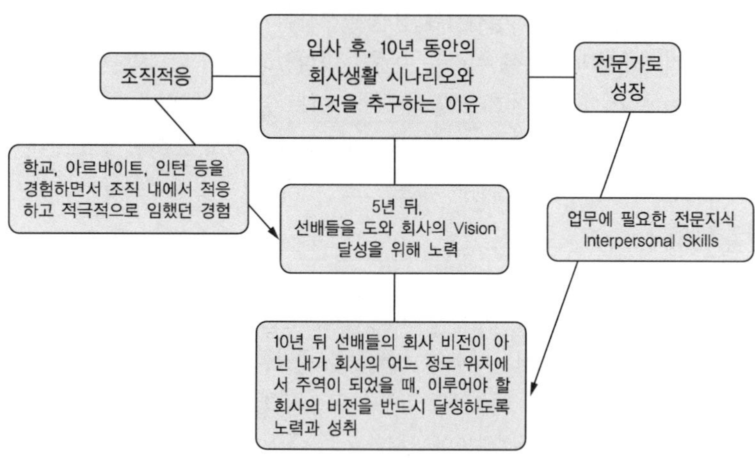

입사 후 포부를 물어보는 항목에서 기존에 자기소개서를 작성하던 구직자들이 처음으로 글을 작성하기 시작할 때 많이 사용하는 방법이 '첫째, 둘째, 셋째, ……'식으로 작성하는 방식일 것이다. 하지만 계속 구직활동을 하면서 글을 수정하다 보면 조직 내에서 어떠한 사람으로 성장하겠다는 내용으로 바뀌게 된다. 이를 에세이 형식으로 쓰기 위해서는 질문에 대해서 확실하게 전달해야 할 개요를 세우는 것이 중요하다.

위의 도식에서는 '조직적응'과 '전문가로 성장'이라는 두 가지 큰 개요를 가지고 글을 작성하였다. 이처럼 하나의 항목을 작성하기 위해서는 일단 비슷한 경험들을 끌어다가 억지로 스토리텔링으로 만들어 내기 보다는 틀(Frame)을 가지고 에세이를 완성하려고 노력하는 것이 가장 좋은 방법이라고 할 수 있다.

※ 에세이 작성 시 유의해야 할 사항

- 취업만이 목표인 사람으로 글을 쓰지 말 것
- 취업 후, 회사 내에서 성장하는 계획을 반드시 적을 것
- 수상경력이나 짧은 기간 동안 한 일에 대해서 부풀리지 말 것
- 다양한 아르바이트, 다양한 경험 식의 표현은 쓰지 말 것
- 과정부터 천천히 써야 할지 결론부터 써야 할지 고민하고 시작할 것
- 누구나 겪는 경험을 자신만의 경험으로 확대하지 말 것
- 문어체로 쓸 것

CHAPTER 02 에세이 기출

01 삼성그룹 에세이

삼성그룹 공채는 2012년 하반기에 많은 부분이 변화되었다. 2012년 상반기까지는 형식적인 자기소개서를 제출한 후 합격 유무 없이 직무적성검사에 전원 응시하여 여기에서 합격할 경우 면접을 보는 채용 과정이었다. 이때 자기소개서의 항목은 어려운 수준은 아니었고 합격의 당락을 좌우하지 않으며 면접 전형 시 준비된 질문이 오기 때문에 자기소개서는 대충 써도 된다는 분위기가 있었다. 하지만 2012년 하반기부터 이러한 방식은 완전히 사라졌다. 에세이가 도입되면서 3,000자 정도로 분량이 늘어났고, 직무적성검사에 합격한 사람들에게만 에세이 제출을 요구했다. 그리고 삼성그룹은 2015년 공채에서 다시 한 번 변화를 택했다.

2015년 상반기 삼성그룹의 채용에서는 에세이 제출 시기, 질문, 분량이 이전과는 다르게 변화되었다. 첫째, 직무적성검사에 합격한 사람들만 에세이를 제출하는 방식에서 온라인 지원서 작성 시 에세이를 함께 제출하도록 했다. 둘째, 이전에는 에세이의 질문이 그룹 전체가 같았지만, 이번 채용에서는 계열사별·직군별로 에세이의 질문을 다르게 구성하였다. 셋째, 기존 에세이의 경우 3,000자 정도의 글을 작성했지만, 바뀐 에세이의 경우 계열사와 직군에 따라서 최소 2,000자에서 최대 6,000자의 글을 작성해야 했다.

2015년 하반기 삼성그룹의 채용에서는 에세이 질문 및 분량이 다시 한 번 바뀌어, 2019년 상반기까지 동일한 질문 및 분량을 유지하고 있다. 2015년 상반기까지는 계열사별·직군별로 에세이의 질문 및 분량이 다르게 구성되었지만, 2015년 하반기부터 그룹 전체가 공통으로 구성되고 있다. 2019년 하반기부터는 기존 기출질문이 공통으로 나왔고 직무별로 질문이 하나씩 추가되었다. 추가된 직무별 질문은 다음과 같다.

에세이

[CE / IM부문] SW개발

프로그램 개발, 알고리즘 풀이 등 SW개발 관련 경험 중 가장 어려웠던 경험과 해결방안에 대해 구체적으로 서술하여 주시기 바랍니다(과제 개요, 어려웠던 점, 해결방법, 결과 포함, 1000자 이내).

[CE / IM부문] 회로개발, 기구개발, 재료개발

지원 직무 관련 프로젝트 / 과제 중 기술적으로 가장 어려웠던 과제와 해결방안에 대해 구체적으로 서술하여 주시기 바랍니다(과제 개요, 어려웠던 점, 해결방법, 결과 포함, 1000자 이내).

[CE / IM부문] 품질서비스, 생산기술

실험 / 과제의 효과성을 제고하기 위해 해당 과제를 기술적으로 개선한 경험에 대해 구체적으로 서술하여 주시기 바랍니다(과제 개요, 어려웠던 점, 해결방법, 결과 포함, 1000자 이내).

[CE / IM부문] 마케팅

본인의 경험 중 대상의 니즈를 파악하고 상황을 분석하여 전략적으로 해결방안을 제시한 경험에 대해 기술해 주시기 바랍니다(당시 상황, 본인의 해결방법, 결과 포함, 1000자 이내).

[CE / IM부문] 해외영업

본인의 경험 중 다양한 배경과 생각을 가진 사람들과 의견을 조율하여 문제를 해결한 경험에 대해 기술해 주시기 바랍니다(당시 상황, 본인의 해결방법, 결과 포함, 1000자 이내).

[CE / IM부문] 국내영업

지원 직무 관련 경험 또는 리더십을 발휘하여 주어진 성과를 달성한 경험에 대해 기술해 주시기 바랍니다(당시 상황, 본인의 해결방법, 결과 포함, 1000자 이내).

[CE / IM부문] 제품디자인, 비주얼 인터랙션 디자인

본인이 수행했던 디자인 프로젝트 / 과제 중 사용자 경험 관점에서 기존 대비 개선한 경험에 대해 기술해 주시기 바랍니다(해당 과제에서 사용한 방법, 본인의 기여도, 결과 포함, 1000자 이내).

[CE / IM부문] SCM물류

지원 직무 관련 프로젝트 / 과제 중 기존 프로세스를 새로운 관점에서 접근하여 해결방안을 제시한 경험에 대해 기술해 주시기 바랍니다(과제 개요, 어려웠던 점, 해결방법, 결과 포함, 1000자 이내).

[CE / IM부문] 구매

본인이 수행했던 프로젝트 / 과제 중 전략적으로 상황을 분석해 해결 방안을 제시했거나, 특별한 협상 또는 거래를 했던 경험에 대해 기술해 주시기 바랍니다(당시 상황, 본인의 해결방법, 결과 포함, 1000자 이내).

[CE / IM부문] 환경안전

본인이 지금까지 환경안전과 관련하여 실제 개선, 예방활동을 해 본 경험을 기술해 주시기 바랍니다(당시 상황, 본인의 해결방법, 결과 포함, 1000자 이내).

[CE / IM부문] 재무

본인이 수행했던 프로젝트 / 과제 중 수치적 분석을 통해 해결방안을 도출하고 이를 적용한 경험에 대해 기술해 주시기 바랍니다(당시 상황, 본인의 해결방법, 결과 포함, 1000자 이내).

[DS부문]

지원 직무에 대해 본인이 이해한 내용을 서술하고, 본인이 해당 직무에 적합한 사유를 전공능력 측면에서 구체적으로 서술해 주시기 바랍니다(1000자 이내).

02 기출질문 및 예시 답안

구분	내용
취미 / 특기 / 존경인물	본인의 취미 / 특기, 존경인물 및 존경하는 이유를 자유롭게 작성하여 주시기 바랍니다.
에세이1	삼성 취업을 선택한 이유와 입사 후 회사에서 이루고 싶은 꿈을 기술하십시오(750자 이내).
에세이2	본인의 성장과정을 간략하게 기술하되 현재의 자신에게 가장 큰 영향을 끼친 사건, 인물 등을 포함하여 기술하시기 바랍니다(작품 속 가상인물도 가능, 1,500자 이내).
에세이3	최근 사회이슈 중 중요하다고 생각되는 한 가지를 선택하고 이에 관한 자신의 견해를 기술해 주시기 바랍니다(1,000자 이내).

에세이 01 삼성 취업을 선택한 이유와 입사 후 회사에서 이루고 싶은 꿈을 기술하십시오(750자 이내).

삼성그룹 영업마케팅직에 지원합니다. 삼성그룹 대학생 기자단으로 활동했습니다. 활동 당시 교내·외에 삼성을 홍보하는 활동을 했습니다. 삼성 제품을 타사와 비교하면서 어떻게 하면 더 효과적으로 홍보할 수 있을까 고민하면서 자연스럽게 관심을 두게 되었고, 제품에 대해 더 알기 위해 삼성 모바일 서비스 센터를 매주 방문하였습니다. 무엇보다도 '삼성 브랜드 인식 제고'만으로도 이미 제품 성능에서 인정받고 있다는 점이 놀라웠습니다. 저는 10년 이내에 이러한 삼성의 브랜드 인식을 국외의 작은 소도시에도 알리는 그룹원이 되겠습니다. 미국 교환학생 당시 텍사스 주의 한 시골마을에서 지냈습니다. 대도시와는 달리 삼성전자 제품의 비율이 타제품과 비교해봤을 때 적은 편이었습니다. 그중 한 미국 친구가 삼성의 휴대전화를 들고, '휴대전화는 삼성이지. 삼성이면 믿고 쓸 수 있어'라며 삼성 제품의 장점에 관해 설명했습니다. 그 모습을 보며 제가 직접 삼성전자의 영업 마케터가 되어 소도시에도 알리고 싶다는 생각을 했습니다. 3년 후, 끊임없는 자기계발을 통해 전문성을 갖추겠습니다. 인문계열 전공자인 만큼 국제마케팅 자격증과 유통관리사를 취득하겠습니다. 7년 후 전문성을 바탕으로 해외 맞춤 전략을 세우겠습니다. 세계 각국 고객의 감성, NEEDS를 자극하고 차별화하여 접근하는 경쟁력을 갖추는 선두주자가 되겠습니다.

에세이 02 본인의 성장과정을 간략하게 기술하되 현재의 자신에게 가장 큰 영향을 끼친 사건, 인물 등을 포함하여 기술하시기 바랍니다(작품 속 가상인물도 가능, 1,500자 이내).

[일주일의 기적]
30%에 불과했던 문화 교류 프로그램의 참여도를 과반수로 끌어올렸습니다. 국제 교류처에서 인턴 당시, 한국 학생과 미국 학생들이 대화할 수 있는 환경을 만들어주는 프로그램이 있었습니다. 하지만 기존 프로그램의 참여도가 현저하게 떨어져 새로운 방안이 필요했습니다. 프로그램을 유지하기 위해서는 1주일 안에 참여도를 최소 10% 이상 올려야 했습니다. 가장 먼저 참여 대상을 재설정하는 방향으로 접근했습니다. 미국 학생들 대신, 당시 한국 유학생들을 대상으로 봉사활동을 했던 지역 교회 주민들을 설정했습니다. 학교 옆의 교회에 직접 찾아가는 것은 물론, 한국 학생들을 돌봐주시던 가족분들께도 직접 메일을 보내 참여를 이끌었습니다. 또한, 이 프로그램의 주요 대상인 어학연수 과정의 한국 학생들의 참여도를 높이기 위한 색다른 방안을 모색했습니다. 이에 각 수업의 교수님과 함께 의논하여 프로그램에 참여한 학생들에게는 추가 가산점을 주는 등 수업의 연장선으로 프로그램을 연결 시켜 학생들의 참여를 유도하였습니다. 기존의 목표 인원이었던 30명의 2배에 해당하는 60명의 한국 학생들의 참여를 끌어낼 수 있었습니다. 그뿐만 아니라 학생 및 지역 주민을 포함하여 미국인 40명의 참여도 끌어낼 수 있었습니다. 입사 후에도 불가능해 보이는 목표라도 도전 정신으로 접근하여 가능하게 바꾸겠습니다.

[낯선 땅에서의 펀드레이징]
말레이시아 학생들과 팀을 이루어 펀드레이징을 성공적으로 이뤘습니다. 기존 목표량뿐만 아니라 추가 모금까지 달성했습니다. 각 팀은 연필 200자루를 판매해야 했습니다. 우선 펀드레이징을 시작하기 전, 말레이시아 학생들을 통해 현지 분위기를 파악하고, 그것을 토대로 구체적인 계획을 수립하고자 했습니다. 당시 말레이시아는 라마단 기간이라 대낮에 활동하는 사람은 찾아볼 수 없었습니다. 게다가 말레이시아에서의 펀드레이징의 인식은 우호적이지 않았습니다. 효과적인 모금활동을 위해 두 가지 방법으로 전략적으로 접근했습니다. 먼저, 사람이 없는 거리가 아닌 실내로 장소를 변경했습니다. 두 번째, 직장인이나 어른들에게 맞추려고 했었던 대상층을, 같은 위치에서 교육의 필요성을 느낄 수 있는 학생들로 초점을 맞췄습니다. 특히 교육에 관해 민감하게 받아들일 수 있는 대학생을 주 대상으로 잡았습니다. 이를 바탕으로 대학교 건물과 그 주변을 공략하였습니다. 예상치 못한 상황이었지만 두려워하지 않았고, 좋은 성과를 얻을 수 있었습니다. 입사 후에도 어떠한 변화에도 빠르게 적응하여 고객들이 원하는 정보를 누구보다 먼저 제공하겠습니다.

에세이 03 최근 사회이슈 중 중요하다고 생각되는 한 가지를 선택하고 이에 관한 자신의 견해를 기술해 주시기 바랍니다(1,000자 이내).

[기어 S2의 경쟁력 확보]
9월 4일부터 9일까지 독일 베를린에서 열렸던 유럽 최대 가전전시회 'IFA'에서 삼성전자의 '기어 S2'가 공개되었습니다. 기어 S2의 등장으로 소비자 선택이 제한적이었던 스마트워치 시장에 디자인, 기능 등이 다양화된 제품이 등장하면서 시장 확대 기대감 역시 늘고 있습니다. 기어 S2는 기존 제품에서의 무리수들을 버리고 스마트 폰에서 과감하게 버릴 것은 버리고 더할 것은 더하여 스마트 워치로 재탄생했다는 것이 특징입니다. 무엇보다도 저는 기어 S2만이 가진 경쟁력으로 여성 고객들을 공략할 수 있을 것이라 확신했습니다.
첫째, 패션 아이템으로 손색이 없습니다. 스마트 워치가 주는 첫 이미지는 IT기계, 남성적인 이미지입니다. 하지만 기어 S2는 원형 디자인의 매끄러운 테두리로 세련미를 높였을 뿐만 아니라, 여성 모델의 팔목에도 크지 않은 크기입니다. IT 기계가 아닌 하나의 패션 아이템으로도 어색하지 않다는 점입니다. 두 번째, S헬스입니다. 여성들이 주로 사용하는 어플을 보면, 전문적인 헬스케어 기능의 부분에서는 미약한 부분을 보입니다. 하지만 전문적이고 수치화 기능이 가능한 헬스케어 기능을 보며 실제 환경을 고민하고 만들었음을 느낄 수 있었습니다. '운동', '건강'은 남성들뿐만 아니라 여성들에게도 주된 키워드입니다. 많은 업무량에 반비례하는 운동량을 가진 직장 여성들을 위해, 신체와 관련된 간단한 정보만으로 빠르고 손쉽게 확인할 수 있는 헬스케어 기능은 많은 여성에게 큰 주목을 받을 것입니다.
스마트 워치 시장에서, 기어 S2만의 경쟁력을 확보하고 전략적 접근을 통한 고객 유인의 핵심적 모습을 보며, 영업 마케팅의 전략적 접근을 다시 한 번 깨달았습니다. 기존제품에 대한 비판적 시각 및 관심이 개선으로 이어질 수 있다는 것을 배울 수 있었습니다. 입사 후 항상 비판적인 시각으로, 다양한 고객의 사소한 의견까지 분석하고 고려하여 맞춤 전략을 수립하겠습니다.

1. 삼성 SDI

(1) 연구개발직, 기술직

구분	내용
에세이1	본인의 성장 과정 및 지원동기를 기술해 주시기 바랍니다(2,000자 이내). - 성장 과정은 자신에게 가장 큰 영향을 끼친 사건 포함 - 지원동기는 회사 및 직무를 선택한 이유, 직무에 필요한 역량을 갖추기 위한 노력, 입사 후 포부 포함

(2) 영업직

구분	내용
에세이1	본인의 성장 과정 및 지원동기를 기술해 주시기 바랍니다(1,000자 이내). - 성장 과정은 자신에게 가장 큰 영향을 끼친 사건 포함 - 지원동기는 회사 및 직무를 선택한 이유, 직무에 필요한 역량을 갖추기 위한 노력, 입사 후 포부 포함
에세이2	본인이 세웠던 가장 도전적인 목표와 그것을 성취하기 위해 어떠한 노력을 했는지 기술해 주시기 바랍니다(1,000자 이내). - 일을 추진하게 된 계기, 가장 어려웠던 점과 극복하기 위해 본인이 했던 행동, 당시 느꼈던 감정이나 생각, 결과와 아쉬운 점 포함
에세이3	팀의 구성원으로 활동한 경험 중 향후 고객과 시장 지향적 직무수행에 가장 도움이 될 것으로 생각되는 경험을 기술해 주시기 바랍니다(1,000자 이내). - 경험의 배경, 본인의 역할, 동료와 도움을 주고받은 부분, 당시 감정이나 생각, 성과와 아쉬운 점 포함

2. 삼성 SDS

(1) S/W Academy(SCSA)

구분	내용
에세이1	본인의 성장 과정 및 지원동기를 기술해 주시기 바랍니다(1,000자 이내). - 성장 과정은 자신에게 가장 큰 영향을 끼친 사건 포함 - 지원동기는 회사 및 직무를 선택한 이유, 직무에 필요한 역량을 갖추기 위한 노력, 입사 후 포부 포함
에세이2	지금까지 경험해 본 일 중 본인에게 가장 새로웠던 분야에 도전한 경험을 기술해 주시기 바랍니다(소프트웨어 분야 제외, 1,000자 이내). - 해당 분야를 접하게 된 동기, 가장 어려웠던 일과 그것의 해결 과정, 결과 외 아쉬운 점, 해당 경험이 향후 소프트웨어 직무를 수행하는 데 어떻게 도움이 될 수 있는지 포함
에세이3	다른 사람들과 팀워크를 발휘하여 의미 있는 변화를 시도하거나 만들어 낸 경험을 기술해 주시기 바랍니다(1,000자 이내). - 일의 배경, 기존방식의 문제점, 스스로 기여한 일과 주변의 도움을 구한 일, 결과와 아쉬운 점 포함

(2) ICT개발 / 운영, 인프라

구분	내용
에세이1	본인의 성장 과정 및 지원동기를 기술해 주시기 바랍니다(2,000자 이내). - 성장 과정은 자신에게 가장 큰 영향을 끼친 사건 포함 - 지원동기는 회사 및 직무를 선택한 이유, 직무에 필요한 역량을 갖추기 위한 노력, 입사 후 포부 포함

(3) 경영지원

구분	내용
에세이1	본인의 성장 과정 및 지원동기를 기술해 주시기 바랍니다(1,000자 이내). – 성장 과정은 자신에게 가장 큰 영향을 끼친 사건 포함 – 지원동기는 회사 및 직무를 선택한 이유, 직무에 필요한 역량을 갖추기 위한 노력, 입사 후 포부 포함
에세이2	자신이 속했던 단체 혹은 모임의 발전을 위해 헌신적으로 활동하고 노력했던 경험 중 가장 기억에 남는 것을 기술해 주시기 바랍니다(1,000자 이내). – 단체 / 모임에 대한 설명, 가입 동기 및 활동 기간, 본인이 공헌한 내용, 결과와 아쉬운 점, 당시 느꼈던 감정과 생각, 해당 경험이 향후 회사와 본인의 발전에 기여할 부분 포함
에세이3	지금까지 리더십을 발휘했던 경험 중 팀 목표달성의 관점에서 가장 보람되거나 기억에 남는 경험을 기술해 주시기 바랍니다(1,000자 이내). – 활동의 계기 및 배경, 본인의 역할과 활동, 동료들과 관계, 당시 느꼈던 감정과 생각, 성과와 아쉬운 점, 본인의 리더십 형성에 끼친 영향 포함

3. 삼성디스플레이 / 삼성엔지니어링 / 삼성전기

구분	내용
에세이1	본인의 성장 과정 및 지원동기를 기술해 주시기 바랍니다(2,000자 이내). – 성장 과정은 자신에게 가장 큰 영향을 끼친 사건 포함 – 지원동기는 회사 및 직무를 선택한 이유, 직무에 필요한 역량을 갖추기 위한 노력, 입사 후 포부 포함

PART 5

4. 삼성물산

(1) 건설 – 기술직

구분	내용
에세이1	본인의 성장 과정 및 지원동기를 기술해 주시기 바랍니다(2,000자 이내). – 성장 과정은 자신에게 가장 큰 영향을 끼친 사건 포함 – 지원동기는 회사 및 직무를 선택한 이유, 직무에 필요한 역량을 갖추기 위한 노력, 입사 후 포부 포함

(2) 건설 – 경영지원직, 재정직

구분	내용
에세이1	본인의 성장 과정 및 지원동기를 기술해 주시기 바랍니다(1,000자 이내). – 성장 과정은 자신에게 가장 큰 영향을 끼친 사건 포함 – 지원동기는 회사 및 직무를 선택한 이유, 직무에 필요한 역량을 갖추기 위한 노력, 입사 후 포부 포함
에세이2	자신이 속했던 단체 혹은 모임의 발전을 위해 헌신적으로 활동하고 노력했던 경험 중 가장 기억에 남는 것을 기술해 주시기 바랍니다(1,000자 이내). – 단체 / 모임에 대한 설명, 가입 동기 및 활동 기간, 본인이 공헌한 내용, 결과와 아쉬운 점, 당시 느꼈던 감정과 생각, 해당 경험이 향후 회사와 본인의 발전에 기여할 부분 포함
에세이3	지금까지 리더십을 발휘했던 경험 중 팀 목표달성의 관점에서 가장 보람되거나 기억에 남는 경험을 기술해 주시기 바랍니다(1,000자 이내). – 활동의 계기 및 배경, 본인의 역할과 활동, 동료들과 관계, 당시 느꼈던 감정과 생각, 성과와 아쉬운 점, 본인의 리더십 형성에 끼친 영향 포함

(3) 건설 – 마케팅직

구분	내용
에세이1	본인의 성장 과정 및 지원동기를 기술해 주시기 바랍니다(1,000자 이내). - 성장 과정은 자신에게 가장 큰 영향을 끼친 사건 포함 - 지원동기는 회사 및 직무를 선택한 이유, 직무에 필요한 역량을 갖추기 위한 노력, 입사 후 포부 포함
에세이2	본인이 세웠던 가장 도전적인 목표와 그것을 성취하기 위해 어떠한 노력을 했는지 기술해 주시기 바랍니다(1,000자 이내). - 일을 추진하게 된 계기, 가장 어려웠던 점과 극복하기 위해 본인이 했던 행동, 당시 느꼈던 감정이나 생각, 결과와 아쉬운 점 포함
에세이3	팀의 구성원으로 활동한 경험 중 향후 고객과 시장 지향적 직무수행에 가장 도움이 될 것으로 생각되는 경험을 기술해 주시기 바랍니다(1,000자 이내). - 경험의 배경, 본인의 역할, 동료와 도움을 주고받은 부분, 당시 감정이나 생각, 성과와 아쉬운 점 포함

(4) 상사 – 해외영업직

구분	내용
에세이1	본인의 성장 과정 및 지원동기를 기술해 주시기 바랍니다(1,000자 이내). - 성장 과정은 자신에게 가장 큰 영향을 끼친 사건 포함 - 지원동기는 회사 및 직무를 선택한 이유, 직무에 필요한 역량을 갖추기 위한 노력, 입사 후 포부 포함
에세이2	본인이 세웠던 가장 도전적인 목표와 그것을 성취하기 위해 어떠한 노력을 했는지 기술해 주시기 바랍니다(1,000자 이내). - 일을 추진하게 된 계기, 가장 어려웠던 점과 극복하기 위해 본인이 했던 행동, 당시 느꼈던 감정이나 생각, 결과와 아쉬운 점 포함
에세이3	팀의 구성원으로 활동한 경험 중 향후 고객과 시장 지향적 직무수행에 가장 도움이 될 것으로 생각되는 경험을 기술해 주시기 바랍니다(1,000자 이내). - 경험의 배경, 본인의 역할, 동료와 도움을 주고받은 부분, 당시 감정이나 생각, 성과와 아쉬운 점 포함
에세이4	과거와 달리 개별회사들이 글로벌 판매역량을 갖추고 직접 고객사 대상 영업을 전개하는 등 脫상사화가 가속화되고 있는 現상황에서 商社가 취해야 할 사업전략을 구체적으로 기술하시오(1,500자 이내).

(5) 상사 – 경영지원직

구분	내용
에세이1	본인의 성장 과정 및 지원동기를 기술해 주시기 바랍니다(1,000자 이내). - 성장 과정은 자신에게 가장 큰 영향을 끼친 사건 포함 - 지원동기는 회사 및 직무를 선택한 이유, 직무에 필요한 역량을 갖추기 위한 노력, 입사 후 포부 포함
에세이2	자신이 속했던 단체 혹은 모임의 발전을 위해 헌신적으로 활동하고 노력했던 경험 중 가장 기억에 남는 것을 기술해 주시기 바랍니다(1,000자 이내). - 단체 / 모임에 대한 설명, 가입 동기 및 활동 기간, 본인이 공헌한 내용, 결과와 아쉬운 점, 당시 느꼈던 감정과 생각, 해당 경험이 향후 회사와 본인의 발전에 기여할 부분 포함
에세이3	지금까지 리더십을 발휘했던 경험 중 팀 목표달성의 관점에서 가장 보람되거나 기억에 남는 경험을 기술해 주시기 바랍니다(1,000자 이내). - 활동의 계기 및 배경, 본인의 역할과 활동, 동료들과 관계, 당시 느꼈던 감정과 생각, 성과와 아쉬운 점, 본인의 리더십 형성에 끼친 영향 포함
에세이4	과거와 달리 개별회사들이 글로벌 판매역량을 갖추고 직접 고객사 대상 영업을 전개하는 등 脫상사화가 가속화되고 있는 現상황에서 商社가 취해야 할 사업전략을 구체적으로 기술하시오(1,500자 이내).

5. 삼성바이오로직스 / 삼성바이오에픽스

(1) 연구개발직

구분	내용
에세이1	본인의 성장 과정 및 지원동기를 기술해 주시기 바랍니다(2,000자 이내). - 성장 과정은 자신에게 가장 큰 영향을 끼친 사건 포함 - 지원동기는 회사 및 직무를 선택한 이유, 직무에 필요한 역량을 갖추기 위한 노력, 입사 후 포부 포함

(2) 경영지원직(재무)

구분	내용
에세이1	본인의 성장 과정 및 지원동기를 기술해 주시기 바랍니다(1,000자 이내). - 성장 과정은 자신에게 가장 큰 영향을 끼친 사건 포함 - 지원동기는 회사 및 직무를 선택한 이유, 직무에 필요한 역량을 갖추기 위한 노력, 입사 후 포부 포함
에세이2	자신이 속했던 단체 혹은 모임의 발전을 위해 헌신적으로 활동하고 노력했던 경험 중 가장 기억에 남는 것을 기술해 주시기 바랍니다(1,000자 이내). - 단체 / 모임에 대한 설명, 가입 동기 및 활동 기간, 본인이 공헌한 내용, 결과와 아쉬운 점, 당시 느꼈던 감정과 생각, 해당 경험이 향후 회사와 본인의 발전에 기여할 부분 포함
에세이3	지금까지 리더십을 발휘했던 경험 중 팀 목표달성의 관점에서 가장 보람되거나 기억에 남는 경험을 기술해 주시기 바랍니다(1,000자 이내). - 활동의 계기 및 배경, 본인의 역할과 활동, 동료들과 관계, 당시 느꼈던 감정과 생각, 성과와 아쉬운 점, 본인의 리더십 형성에 끼친 영향 포함

6. 삼성생명

(1) 영업마케팅직

구분	내용
에세이1	본인의 성장 과정 및 지원동기를 기술해 주시기 바랍니다(1,000자 이내). - 성장 과정은 자신에게 가장 큰 영향을 끼친 사건 포함 - 지원동기는 회사 및 직무를 선택한 이유, 직무에 필요한 역량을 갖추기 위한 노력, 입사 후 포부 포함
에세이2	본인이 경험한 일 중 가장 어려웠던 일과 그것을 극복하기 위해 했던 노력을 구체적으로 기술해 주시기 바랍니다(1,000자 이내). - 배경이나 계기, 어려웠던 점 및 그것을 극복하기 위해 본인이 했던 행동과 이유, 그때 느꼈던 감정이나 생각, 결과와 아쉬운 점 포함
에세이3	단체나 팀 활동 경험 중 보험사의 직무수행에 도움이 될 것으로 생각되는 경험을 대인관계 관련 내용을 중심으로 기술해 주시기 바랍니다(1,000자 이내). - 경험의 배경이나 계기, 본인 역할, 주요 동료와의 관계, 당시 감정과 생각, 결과와 아쉬운 점 포함
에세이4	보험 컨설턴트를 관리하는 보험영업 마케팅 관리직에 대한 장점 및 예상되는 어려움, 이에 대한 극복방법에 대해 기술해 주시기 바랍니다(1,500자 이내). - 직간접경험을 통하여 알고 있거나 본인이 생각하는 보험영업 관리 직무의 구체적 내용, 장단점 서술 - 본인의 역량, 성격, 경험을 바탕으로 직무수행 시 예상되는 어려움과 이에 대한 극복방안 등을 기술

(2) 상품계리직, 자산운용직, 디자인직

구분	내용
에세이1	본인의 성장 과정 및 지원동기를 기술해 주시기 바랍니다(1,000자 이내). - 성장 과정은 자신에게 가장 큰 영향을 끼친 사건 포함 - 지원동기는 회사 및 직무를 선택한 이유, 직무에 필요한 역량을 갖추기 위한 노력, 입사 후 포부 포함
에세이2	자신이 속했던 단체 혹은 모임의 발전을 위해 헌신적으로 활동하고 노력했던 경험 중 가장 기억에 남는 것을 기술해 주시기 바랍니다(1,000자 이내). - 단체 / 모임에 대한 설명, 가입 동기 및 활동 기간, 본인이 공헌한 내용, 결과와 아쉬운 점, 당시 느꼈던 감정과 생각, 해당 경험이 향후 회사와 본인의 발전에 기여할 부분 포함
에세이3	지금까지 리더십을 발휘했던 경험 중 팀 목표달성의 관점에서 가장 보람되거나 기억에 남는 경험을 기술해 주시기 바랍니다(1,000자 이내). - 활동의 계기 및 배경, 본인의 역할과 활동, 동료들과 관계, 당시 느꼈던 감정과 생각, 성과와 아쉬운 점, 본인의 리더십 형성에 끼친 영향 포함
에세이4	3低시대(低금리, 低출산, 低고용) 생명보험 산업의 성장과 발전을 저해하는 요소는 무엇이며, 생명보험의 사회적 순기능에 대해 설명하시오(1,500자 이내). - 低금리 / 低출산 / 低고용 현상이 생보사에 미치는 영향과 이를 타개하기 위한 방안을 포함 - 생명보험의 필요성과 긍정적 기능을 설명

7. 삼성전자

(1) S/W Academy(SCSA)

구분	내용
에세이1	본인의 성장 과정 및 지원동기를 기술해 주시기 바랍니다(1,500자 이내). - 성장 과정은 자신에게 가장 큰 영향을 끼친 사건 포함 - 지원동기는 회사 및 직무를 선택한 이유, 직무에 필요한 역량을 갖추기 위한 노력, 입사 후 포부 포함
에세이2	지금까지 경험해 본 일 중 본인에게 가장 새로웠던 분야에 도전한 경험을 기술해 주시기 바랍니다(소프트웨어 분야 제외, 1,500자 이내). - 해당 분야를 접하게 된 동기, 가장 어려웠던 일과 그것의 해결 과정, 결과 외 아쉬운 점, 해당 경험이 향후 소프트웨어 직무를 수행하는 데 어떻게 도움이 될 수 있는지 포함
에세이3	다른 사람들과 팀워크를 발휘하여 의미 있는 변화를 시도하거나 만들어 낸 경험을 기술해 주시기 바랍니다(1,500자 이내). - 일의 배경, 기존방식의 문제점, 스스로 기여한 일과 주변의 도움을 구한 일, 결과와 아쉬운 점 포함
에세이4	사물인터넷(IoT)기술의 발전으로 인간의 삶의 편리성은 증대될 전망입니다. 본인이 미래에 가장 필요할 것으로 예상하는 IoT에 적용 가능한 소프트웨어에 대해 자유롭게 논하시기 바랍니다(1,500자 이내).

(2) 판매(영업직)

구분	내용
에세이1	본인의 성장 과정 및 지원동기를 기술해 주시기 바랍니다(1,000자 이내). - 성장 과정은 자신에게 가장 큰 영향을 끼친 사건 포함 - 지원동기는 회사 및 직무를 선택한 이유, 직무에 필요한 역량을 갖추기 위한 노력, 입사 후 포부 포함
에세이2	본인이 세웠던 가장 도전적인 목표와 그것을 성취하기 위해 어떠한 노력을 했는지 기술해 주시기 바랍니다(1,000자 이내). - 일을 추진하게 된 계기, 가장 어려웠던 점과 극복하기 위해 본인이 했던 행동, 당시 느꼈던 감정이나 생각, 결과와 아쉬운 점 포함
에세이3	팀의 구성원으로 활동한 경험 중 향후 고객과 시장 지향적 직무수행에 가장 도움이 될 것으로 생각되는 경험을 기술해 주시기 바랍니다(1,000자 이내). - 경험의 배경, 본인의 역할, 동료와 도움을 주고받은 부분, 당시 감정이나 생각, 성과와 아쉬운 점 포함
에세이4	최근에 방문하였던 전자제품 관련 소매유통 매장에 대하여 가장 기억에 남는 것을 매장의 특징 및 장점, 개선이 필요한 사항이나 제안사항 등을 포함하여 기술해 주시기 바랍니다(1,000자 이내).

(3) CE / IM 부문 및 전사직속(공통) : 경영지원직(재무)

구분	내용
에세이1	본인의 성장 과정 및 지원동기를 기술해 주시기 바랍니다(1,500자 이내). - 성장 과정은 자신에게 가장 큰 영향을 끼친 사건 포함 - 지원동기는 회사 및 직무를 선택한 이유, 직무에 필요한 역량을 갖추기 위한 노력, 입사 후 포부 포함
에세이2	자신이 속했던 단체 혹은 모임의 발전을 위해 헌신적으로 활동하고 노력했던 경험 중 가장 기억에 남는 것을 기술해 주시기 바랍니다(1,500자 이내). - 단체 / 모임에 대한 설명, 가입 동기 및 활동 기간, 본인이 공헌한 내용, 결과와 아쉬운 점, 당시 느꼈던 감정과 생각, 해당 경험이 향후 회사와 본인의 발전에 기여할 부분 포함
에세이3	지금까지 리더십을 발휘했던 경험 중 팀 목표달성의 관점에서 가장 보람되거나 기억에 남는 경험을 기술해 주시기 바랍니다(1,500자 이내). - 활동의 계기 및 배경, 본인의 역할과 활동, 동료들과 관계, 당시 느꼈던 감정과 생각, 성과와 아쉬운 점, 본인의 리더십 형성에 끼친 영향 포함
에세이4	삼성전자와 같은 글로벌 IT 회사들의 재무 구조적 특징을 설명하고 현재 글로벌 경영 환경에 적합한 재무관리 전략을 구체적으로 제시하기 바랍니다(1,500자 이내).

(4) CE / IM 부문 및 전사직속(공통, 한국총괄) : 영업마케팅직

구분	내용
에세이1	본인의 성장 과정 및 지원동기를 기술해 주시기 바랍니다(1,500자 이내). - 성장 과정은 자신에게 가장 큰 영향을 끼친 사건 포함 - 지원동기는 회사 및 직무를 선택한 이유, 직무에 필요한 역량을 갖추기 위한 노력, 입사 후 포부 포함
에세이2	본인이 세웠던 가장 도전적인 목표와 그것을 성취하기 위해 어떠한 노력을 했는지 기술해 주시기 바랍니다(1,500자 이내). - 일을 추진하게 된 계기, 가장 어려웠던 점과 극복하기 위해 본인이 했던 행동, 당시 느꼈던 감정과 생각, 결과와 아쉬운 점 포함
에세이3	팀의 구성원으로 활동한 경험 중 향후 고객과 시장 지향적 직무수행에 가장 도움이 될 것으로 생각되는 경험을 기술해 주시기 바랍니다(1,500자 이내). - 경험의 배경, 본인의 역할, 동료와 도움을 주고받은 부분, 당시 감정이나 생각, 성과와 아쉬운 점 포함
에세이4	웨어러블 기기 시장이 빠르게 팽창하고 있는 가운데 시장 우위를 선점하기 위한 경쟁이 치열합니다. 웨어러블 기기 內헬스케어 기능의 미래 모습을 제시하고, 가장 중요하다고 판단되는 고객층을 선정하여, 이를 홍보하기 위한 효과적인 마케팅 전략을 함께 기술해 주시기 바랍니다(1,500자 이내).

(5) CE / IM 부문 및 전사직속(공통) : 연구개발직, 기술직, 디자인직(제품), 소프트웨어직 DS부문(공통) : 연구개발직, 설비엔지니어직

구분	내용
에세이1	본인의 성장 과정 및 지원동기를 기술해 주시기 바랍니다(2,000자 이내). - 성장 과정은 자신에게 가장 큰 영향을 끼친 사건 포함 - 지원동기는 회사 및 직무를 선택한 이유, 직무에 필요한 역량을 갖추기 위한 노력, 입사 후 포부 포함

(6) DS 부문(공통) : 경영지원직(재무)

구분	내용
에세이1	본인의 성장 과정 및 지원동기를 기술해 주시기 바랍니다(1,500자 이내). - 성장 과정은 자신에게 가장 큰 영향을 끼친 사건 포함 - 지원동기는 회사 및 직무를 선택한 이유, 직무에 필요한 역량을 갖추기 위한 노력, 입사 후 포부 포함
에세이2	자신이 속했던 단체 혹은 모임의 발전을 위해 헌신적으로 활동하고 노력했던 경험 중 가장 기억에 남는 것을 기술해 주시기 바랍니다(1,500자 이내). - 단체 / 모임에 대한 설명, 가입 동기 및 활동 기간, 본인이 공헌한 내용, 결과와 아쉬운 점, 당시 느꼈던 감정과 생각, 해당 경험이 향후 회사와 본인의 발전에 기여할 부분 포함
에세이3	지금까지 리더십을 발휘했던 경험 중 팀 목표달성의 관점에서 가장 보람되거나 기억에 남는 경험을 기술해 주시기 바랍니다(1,500자 이내). - 활동의 계기 및 배경, 본인의 역할과 활동, 동료들과 관계, 당시 느꼈던 감정과 생각, 성과와 아쉬운 점, 본인의 리더십 형성에 끼친 영향 포함
에세이4	최근 美달러 환율 변동과 관련해서 전자 DS 부문의 손익 영향과 이를 헷지할 수 있는 전략을 수립하여 기술해 주시기 바랍니다(1,500자 이내).

(7) DS 부문(공통) : 영업마케팅직

구분	내용
에세이1	본인의 성장 과정 및 지원동기를 기술해 주시기 바랍니다(1,500자 이내). - 성장 과정은 자신에게 가장 큰 영향을 끼친 사건 포함 - 지원동기는 회사 및 직무를 선택한 이유, 직무에 필요한 역량을 갖추기 위한 노력, 입사 후 포부 포함
에세이2	본인이 세웠던 가장 도전적인 목표와 그것을 성취하기 위해 어떠한 노력을 했는지 기술해 주시기 바랍니다(1,500자 이내). - 일을 추진하게 된 계기, 가장 어려웠던 점과 극복하기 위해 본인이 했던 행동, 당시 느꼈던 감정이나 생각, 결과와 아쉬운 점 포함
에세이3	팀의 구성원으로 활동한 경험 중 향후 고객과 시장 지향적 직무수행에 가장 도움이 될 것으로 생각되는 경험을 기술해 주시기 바랍니다(1,500자 이내). - 경험의 배경, 본인의 역할, 동료와 도움을 주고받은 부분, 당시 감정이나 생각, 성과와 아쉬운 점 포함
에세이4	삼성 SSD 판매를 늘리기 위해서 기존의 HDD 사용자에게 SSD로 교체하도록 하는 마케팅 포인트를 본인의 생각으로 기술해 주시기 바랍니다(1,500자 이내).

8. 삼성중공업

(1) 경영지원직

구분	내용
에세이1	본인의 성장 과정 및 지원동기를 기술해 주시기 바랍니다(1,000자 이내). - 성장 과정은 자신에게 가장 큰 영향을 끼친 사건 포함 - 지원동기는 회사 및 직무를 선택한 이유, 직무에 필요한 역량을 갖추기 위한 노력, 입사 후 포부 포함
에세이2	자신이 속했던 단체 혹은 모임의 발전을 위해 헌신적으로 활동하고 노력했던 경험 중 가장 기억에 남는 것을 기술해 주시기 바랍니다(1,000자 이내). - 단체 / 모임에 대한 설명, 가입 동기 및 활동 기간, 본인이 공헌한 내용, 결과와 아쉬운 점, 당시 느꼈던 감정과 생각, 해당 경험이 향후 회사와 본인의 발전에 기여할 부분 포함
에세이3	지금까지 리더십을 발휘했던 경험 중 팀 목표달성의 관점에서 가장 보람되거나 기억에 남는 경험을 기술해 주시기 바랍니다(1,000자 이내). - 활동의 계기 및 배경, 본인의 역할과 활동, 동료들과 관계, 당시 느꼈던 감정과 생각, 성과와 아쉬운 점, 본인의 리더십 형성에 끼친 영향 포함

(2) 해외영업직

구분	내용
에세이1	본인의 성장 과정 및 지원동기를 기술해 주시기 바랍니다(1,000자 이내). - 성장 과정은 자신에게 가장 큰 영향을 끼친 사건 포함 - 지원동기는 회사 및 직무를 선택한 이유, 직무에 필요한 역량을 갖추기 위한 노력, 입사 후 포부 포함
에세이2	본인이 세웠던 가장 도전적인 목표와 그것을 성취하기 위해 어떠한 노력을 했는지 기술해 주시기 바랍니다(1,000자 이내). - 일을 추진하게 된 계기, 가장 어려웠던 점과 극복하기 위해 본인이 했던 행동, 당시 느꼈던 감정이나 생각, 결과와 아쉬운 점 포함
에세이3	팀의 구성원으로 활동한 경험 중 향후 고객과 시장 지향적 직무수행에 가장 도움이 될 것으로 생각되는 경험을 기술해 주시기 바랍니다(1,000자 이내). - 경험의 배경, 본인의 역할, 동료와 도움을 주고받은 부분, 당시 감정이나 생각, 성과와 아쉬운 점 포함

(3) 설계 · 기술직, 생산 · 공정관리직

구분	내용
에세이1	본인의 성장 과정 및 지원동기를 기술해 주시기 바랍니다(2,000자 이내). - 성장 과정은 자신에게 가장 큰 영향을 끼친 사건 포함 - 지원동기는 회사 및 직무를 선택한 이유, 직무에 필요한 역량을 갖추기 위한 노력, 입사 후 포부 포함

PART 5

9. 삼성화재

구분	내용
에세이1	본인의 성장 과정 및 지원동기를 기술해 주시기 바랍니다(1,500자 이내). - 성장 과정은 자신에게 가장 큰 영향을 끼친 사건 포함 - 지원동기는 회사 및 직무를 선택한 이유, 직무에 필요한 역량을 갖추기 위한 노력, 입사 후 포부 포함
에세이2	자신이 속했던 단체 혹은 모임의 발전을 위해 헌신적으로 활동하고 노력했던 경험 중 가장 기억에 남는 것을 기술해 주시기 바랍니다(1,500자 이내). - 단체 / 모임에 대한 설명, 가입 동기 및 활동 기간, 본인이 공헌한 내용, 결과와 아쉬운 점, 당시 느꼈던 감정과 생각, 해당 경험이 향후 회사와 본인의 발전에 기여할 부분 포함
에세이3	지금까지 리더십을 발휘했던 경험 중 팀 목표달성의 관점에서 가장 보람되거나 기억에 남는 경험을 기술해 주시기 바랍니다(2,000자 이내). - 활동의 계기 및 배경, 본인의 역할과 활동, 동료들과 관계, 당시 느꼈던 감정과 생각, 성과와 아쉬운 점, 본인의 리더십 형성에 끼친 영향 포함

10. 제일기획

구분	내용
에세이1	본인의 성장 과정 및 지원동기를 기술해 주시기 바랍니다(2,000자 이내). - 성장 과정은 자신에게 가장 큰 영향을 끼친 사건 포함 - 지원동기는 회사 및 직무를 선택한 이유, 직무에 필요한 역량을 갖추기 위한 노력, 입사 후 포부 포함
에세이2	제일기획은 급변하는 마케팅 환경변화에 발맞추어 기존사업을 넘어 차원이 다른 아이디어와 서비스 역량을 개발하고 향상시켜, 지속성장 토대를 만들고 있습니다. 제일기획의 지속성장을 가능케 하는 핵심키워드를 선정(3개까지 가능)하고 그에 대한 본인의 견해와 본인이 기여할 부분을 구체적이고 설득력 있게 밝혀주시기 바랍니다(1,500자 이내).

11. 제일모직

(1) 패션 – 상품기획, Retail 영업

구분	내용
에세이1	본인의 성장 과정 및 지원동기를 기술해 주시기 바랍니다(1,000자 이내). - 성장 과정은 자신에게 가장 큰 영향을 끼친 사건 포함 - 지원동기는 회사 및 직무를 선택한 이유, 직무에 필요한 역량을 갖추기 위한 노력, 입사 후 포부 포함
에세이2	본인이 세웠던 가장 도전적인 목표와 그것을 성취하기 위해 어떠한 노력을 했는지 기술해 주시기 바랍니다(1,000자 이내). - 일을 추진하게 된 계기, 가장 어려웠던 점과 극복하기 위해 본인이 했던 행동, 당시 느꼈던 감정이나 생각, 결과와 아쉬운 점 포함
에세이3	팀의 구성원으로 활동한 경험 중 향후 고객과 시장 지향적 직무수행에 가장 도움이 될 것으로 생각되는 경험을 기술해 주시기 바랍니다(1,000자 이내). - 경험의 배경, 본인의 역할, 동료와 도움을 주고받은 부분, 당시 감정이나 생각, 성과와 아쉬운 점 포함

(2) 리조트 / 건설 – 기술직[기계시공, 전기시공, 안전, 수의(동물 진료)]

구분	내용
에세이1	본인의 성장 과정 및 지원동기를 기술해 주시기 바랍니다(2,000자 이내). – 성장 과정은 자신에게 가장 큰 영향을 끼친 사건 포함 – 지원동기는 회사 및 직무를 선택한 이유, 직무에 필요한 역량을 갖추기 위한 노력, 입사 후 포부 포함

12. 호텔신라

(1) 면세유통(영업 / 마케팅) / 호텔(영업 / 마케팅, 서비스)

구분	내용
에세이1	본인의 성장 과정 및 지원동기를 기술해 주시기 바랍니다(1,000자 이내). – 성장 과정은 자신에게 가장 큰 영향을 끼친 사건 포함 – 지원동기는 회사 및 직무를 선택한 이유, 직무에 필요한 역량을 갖추기 위한 노력, 입사 후 포부 포함
에세이2	본인이 세웠던 가장 도전적인 목표와 그것을 성취하기 위해 어떠한 노력을 했는지 기술해 주시기 바랍니다(1,000자 이내). – 일을 추진하게 된 계기, 가장 어려웠던 점과 극복하기 위해 본인이 했던 행동, 당시 느꼈던 감정이나 생각, 결과와 아쉬운 점 포함
에세이3	팀의 구성원으로 활동한 경험 중 향후 고객과 시장 지향적 직무수행에 가장 도움이 될 것으로 생각되는 경험을 기술해 주시기 바랍니다(1,000자 이내). – 경험의 배경, 본인의 역할, 동료와 도움을 주고받은 부분, 당시 감정이나 생각, 성과와 아쉬운 점 포함

PART 5

(2) 공통 : 경영지원

구분	내용
에세이1	본인의 성장 과정 및 지원동기를 기술해 주시기 바랍니다(1,000자 이내). – 성장 과정은 자신에게 가장 큰 영향을 끼친 사건 포함 – 지원동기는 회사 및 직무를 선택한 이유, 직무에 필요한 역량을 갖추기 위한 노력, 입사 후 포부 포함
에세이2	자신이 속했던 단체 혹은 모임의 발전을 위해 헌신적으로 활동하고 노력했던 경험 중 가장 기억에 남는 것을 기술해 주시기 바랍니다(1,000자 이내). – 단체 / 모임에 대한 설명, 가입 동기 및 활동 기간, 본인이 공헌한 내용, 결과와 아쉬운 점, 당시 느꼈던 감정과 생각, 해당 경험이 향후 회사와 본인의 발전에 기여할 부분 포함
에세이3	지금까지 리더십을 발휘했던 경험 중 팀 목표달성의 관점에서 가장 보람되거나 기억에 남는 경험을 기술해 주시기 바랍니다(1,000자 이내). – 활동의 계기 및 배경, 본인의 역할과 활동, 동료들과 관계, 당시 느꼈던 감정과 생각, 성과와 아쉬운 점, 본인의 리더십 형성에 끼친 영향 포함

PART 6
면접

면접 유형 및 실전 대책

01 면접 주요사항

면접의 사전적 정의는 면접관이 지원자를 직접 만나보고 인품(人品)이나 언행(言行) 따위를 시험하는 일로, 흔히 필기시험 후에 최종적으로 심사하는 방법이다.

최근 주요 기업의 인사담당자들을 대상으로 채용 시 면접이 차지하는 비중을 설문조사했을 때, 50 ~ 80% 이상이라고 답한 사람이 전체 응답자의 80%를 넘었다. 이와 대조적으로 지원자들을 대상으로 취업 시험에서 면접을 준비하는 기간을 물었을 때, 대부분의 응답자가 2 ~ 3일 정도라고 대답했다.

지원자가 일정 수준의 스펙을 갖추기 위해 자격증 시험과 토익을 치르고 이력서와 자기소개서까지 쓰다 보면 면접까지 챙길 여유가 없는 것이 사실이다. 그리고 서류전형과 인적성검사를 통과해야만 면접을 볼 수 있기 때문에 자연스럽게 면접은 취업시험 과정에서 그 비중이 작아질 수밖에 없다. 하지만 아이러니하게도 실제 채용 과정에서 면접이 차지하는 비중은 절대적이라고 해도 과언이 아니다.

기업들은 채용 과정에서 토론 면접, 인성 면접, 프레젠테이션 면접, 역량 면접 등의 다양한 면접을 실시한다. 1차 커트라인이라고 할 수 있는 서류전형을 통과한 지원자들의 스펙이나 능력은 서로 엇비슷하다고 판단되기 때문에 서류상 보이는 자격증이나 토익 성적보다는 지원자의 인성을 파악하기 위해 면접을 더욱 강화하는 것이다. 일부 기업은 의도적으로 압박 면접을 실시하기도 한다. 지원자가 당황할 수 있는 질문을 던져서 그것에 대한 지원자의 반응을 살펴보는 것이다.

면접은 다르게 생각한다면 '나는 누구인가?'에 대한 물음에 해답을 줄 수 있는 가장 현실적이고 미래적인 경험이 될 수 있다. 취업난 속에서 자격증을 취득하고 토익 성적을 올리기 위해 앞만 보고 달려온 지원자들은 자신에 대해서 고민하고 탐구할 수 있는 시간을 평소 쉽게 가질 수 없었을 것이다. 자신을 잘 알고 있어야 자신에 대해서 자신감 있게 말할 수 있다. 대체로 사람들은 자신에게 관대한 편이기 때문에 자신에 대해서 어떤 기대와 환상을 가지고 있는 경우가 많다. 하지만 면접은 제삼자에 의해 개인의 능력을 객관적으로 평가받는 시험이다. 어떤 지원자들은 다른 사람에게 자신을 표현하는 것을 어려워한다. 평소에 잘 사용하지 않는 용어를 내뱉으면서 거창하게 자신을 포장하는 지원자도 많다. 면접에서 가장 기본은 자기 자신을 면접관에게 알기 쉽게 표현하는 것이다.

이러한 표현을 바탕으로 자신이 앞으로 하고자 하는 것과 그에 대한 이유를 설명해야 한다. 최근에는 자신감을 향상시키거나 말하는 능력을 높이는 학원도 많기 때문에 얼마든지 자신의 단점을 극복할 수 있다.

1. 자기소개의 기술

자기소개를 시키는 이유는 면접자가 지원자의 자기소개서를 압축해서 듣고, 지원자의 첫인상을 평가할 시간을 가질 수 있기 때문이다. 면접을 위한 워밍업이라고 할 수 있으며, 첫인상을 결정하는 과정이므로 매우 중요한 순간이다.

(1) 정해진 시간에 자기소개를 마쳐야 한다.

쉬워 보이지만 의외로 지원자들이 정해진 시간을 넘기거나 혹은 빨리 끝내서 면접관에게 지적을 받는 경우가 많다. 본인이 면접을 받는 마지막 지원자가 아닌 이상, 정해진 시간을 지키지 않는 것은 수많은 지원자를 상대하기에 바쁜 면접관과 대기 시간에 지친 다른 지원자들에게 불쾌감을 줄 수 있다.

또한 회사에서 시간관념은 절대적인 것이므로 반드시 자기소개 시간을 지켜야 한다. 말하기는 1분에 200자 원고지 2장 분량의 글을 읽는 만큼의 속도가 가장 적당하다. 이를 A4 용지에 10point 글자 크기로 작성하면 반 장 분량이 된다.

(2) 간단하지만 신선한 문구로 자기소개를 시작하자.

요즈음 많은 지원자가 이 방법을 사용하고 있기 때문에 웬만한 소재의 문구가 아니면 면접관의 관심을 받을 수 없다. 이러한 문구는 시대적으로 유행하는 광고 카피를 패러디하는 경우와 격언 등을 인용하는 경우, 그리고 지원한 회사의 IC나 경영이념, 인재상 등을 사용하는 경우 등이 있다. 지원자는 이러한 여러 문구 중에 자신의 첫인상을 북돋아 줄 수 있는 것을 선택해서 말해야 한다. 자신의 이름을 문구 속에 적절하게 넣어서 말한다면 좀 더 효과적인 자기소개가 될 것이다.

(3) 무엇을 먼저 말할 것인지 고민하자.

면접관이 많이 던지는 질문 중 하나가 지원동기이다. 그래서 성장기를 바로 건너뛰고, 지원한 회사에 들어오기 위해 대학에서 어떻게 준비했는지를 설명하는 자기소개가 대세이다.

(4) 면접관의 호기심을 자극해 관심을 불러일으킬 수 있게 말하라.

면접관에게 질문을 많이 받는 지원자의 합격률이 반드시 높은 것은 아니지만, 질문을 전혀 안 받는 것보다는 좋은 평가를 기대할 수 있다.

지원한 분야와 관련된 수상 경력이나 프로젝트 등을 말하는 것도 좋다. 이는 지원자의 업무 능력과 직접 연결되는 것이므로 효과적인 자기 홍보가 될 수 있다. 일부 지원자들은 자신만의 특별한 경험을 이야기하는데, 이때는 그 경험이 보편적으로 사람들의 공감대를 얻을 수 있는 것인지 다시 생각해봐야 한다.

(5) 마지막 고개를 넘기가 가장 힘들다.

첫 단추도 중요하지만, 마지막 단추도 중요하다. 하지만 왠지 격식을 따지는 인사말은 지나가는 인사말 같고, 다르게 하자니 예의에 어긋나는 것 같은 기분이 든다. 이때는 처음에 했던 자신만의 문구를 다시 한 번 말하는 것도 좋은 방법이다. 자연스러운 끝맺음이 될 수 있도록 적절한 연습이 필요하다.

2. 1분 자기소개 시 주의사항

(1) 자기소개서와 자기소개가 똑같다면 감점일까?

아무리 자기소개서를 외워서 말한다 해도 자기소개가 자기소개서와 완전히 똑같을 수는 없다. 자기소개서의 분량이 더 많고 회사마다 요구하는 필수 항목들이 있기 때문에 굳이 고민할 필요는 없다. 오히려 자기소개서의 내용을 잘 정리한 자기소개가 더 좋은 결과를 만들 수 있다. 하지만 자기소개서와 상반된 내용을 말하는 것은 적절하지 않다. 지원자의 신뢰성이 떨어진다는 것은 곧 불합격을 의미하기 때문이다.

(2) 말하는 자세를 바르게 익혀라.

지원자가 자기소개를 하는 동안 면접관은 지원자의 동작 하나하나를 관찰한다. 그렇기 때문에 바른 자세가 중요하다는 것은 우리가 익히 알고 있다. 하지만 문제는 무의식적으로 나오는 습관 때문에 자세가 흐트러져 나쁜 인상을 줄 수 있다는 것이다. 이러한 습관을 고칠 수 있는 가장 좋은 방법은 캠코더 등으로 자신의 모습을 담는 것이다. 거울을 사용할 경우에는 시선이 자꾸 자기 눈과 마주치기 때문에 집중하기 힘들다. 하지만 촬영된 동영상은 제삼자의 입장에서 자신을 볼 수 있기 때문에 많은 도움이 된다.

(3) 정확한 발음과 억양으로 자신 있게 말하라.

지원자의 모양새가 아무리 뛰어나도, 목소리가 작고 발음이 부정확하면 큰 감점을 받는다. 이러한 모습은 지원자의 좋은 점에까지 악영향을 끼칠 수 있다. 직장을 흔히 사회생활의 시작이라고 말하는 시대적 정서에서 사람들과 의사소통을 하는 데 문제가 있다고 판단되는 지원자는 부적절한 인재로 평가될 수밖에 없다.

3. 대화법

전문가들이 말하는 대화법의 핵심은 '상대방을 배려하면서 이야기하라.'는 것이다. 대화는 나와 다른 사람의 소통이다. 내용에 대한 공감이나 이해가 없다면 대화는 더 진전되지 않는다.

『카네기 인간관계론』이라는 베스트셀러의 작가인 철학자 카네기가 말하는 최상의 대화법은 자신의 경험을 토대로 이야기하는 것이다. 즉, 살아오면서 직접 겪은 경험이 상대방의 관심을 끌 수 있는 가장 좋은 이야깃거리인 것이다. 특히, 어떤 일을 이루기 위해 노력하는 과정에서 겪은 실패나 희망에 대해 진솔하게 얘기한다면 상대방은 어느새 당신의 편에 서서 그 이야기에 동조할 것이다.

독일의 사업가이자, 동기부여 트레이너인 위르겐 힐러의 연설법 중 가장 유명한 것은 '시즐(Sizzle)'을 잡는 것이다. 시즐이란, 새우튀김이나 돈가스가 기름에서 지글지글 튀겨질 때 나는 소리이다. 즉, 자신의 말을 듣고 시즐처럼 반응하는 상대방의 감정에 적절하게 대응하라는 것이다.

말을 시작한 지 10 ~ 15초 안에 상대방의 '시즐'을 알아차려야 한다. 자신의 이야기에 대한 상대방의 첫 반응에 따라 말하기 전략도 달라져야 한다. 첫 이야기의 반응이 미지근하다면 가능한 한 그 이야기를 빨리 마무리하고 새로운 이야깃거리를 생각해내야 한다. 길지 않은 면접 시간 내에 몇 번 오지 않는 대답의 기회를 살리기 위해서 보다 전략적이고 냉철해야 하는 것이다.

4. 차림새

(1) 구두

면접에 어떤 옷을 입어야 할지를 며칠 동안 고민하면서 정작 구두는 면접 보는 날 현관을 나서면서 즉흥적으로 신고 가는 지원자들이 많다. 특히, 남자 지원자들이 이러한 실수를 많이 한다. 구두를 보면 그 사람의 됨됨이를 알 수 있다고 한다. 면접관 역시 이러한 것을 놓치지 않기 때문에 지원자는 자신의 구두에 더욱 신경을 써야 한다. 스타일의 마무리는 발끝에서 이루어지는 것이다. 아무리 멋진 옷을 입고 있어도 구두가 어울리지 않는다면 전체 스타일이 흐트러지기 때문이다.

정장용 구두는 디자인이 깔끔하고, 에나멜 가공처리를 하여 광택이 도는 페이턴트 가죽 소재 제품이 무난하다. 검정 계열 구두는 회색과 감색 정장에, 브라운 계열의 구두는 베이지나 갈색 정장에 어울린다. 참고로 구두는 오전에 사는 것보다 발이 충분히 부은 상태인 저녁에 사는 것이 좋다. 마지막으로 당연한 일이지만 반드시 면접을 보는 전날 구두 뒤축이 닳지는 않았는지 확인하고 구두에 광을 내 둔다.

(2) 양말

양말은 정장과 구두의 색상을 비교해서 골라야 한다. 특히 검정이나 감색의 진한 색상의 바지에 흰 양말을 신는 것은 시대에 뒤처지는 일이다. 일반적으로 양말의 색깔은 바지의 색깔과 같아야 한다. 또한 양말의 길이도 신경 써야 한다. 남성의 경우에 의자에 바르게 앉거나 다리를 꼬아서 앉을 때 다리털이 보여서는 안 된다. 반드시 긴 정장 양말을 신어야 한다.

(3) 정장

지원자는 평소에 정장을 입을 기회가 많지 않기 때문에 면접을 볼 때 본인 스스로도 옷을 어색하게 느끼는 경우가 많다. 옷을 불편하게 느끼기 때문에 자세마저 불안정한 지원자도 볼 수 있다. 그러므로 면접 전에 정장을 입고 생활해 보는 것도 나쁘지는 않다.

일반적으로 면접을 볼 때는 상대방에게 신뢰감을 줄 수 있는 남색 계열의 옷이나 어떤 계절이든 무난하고 깔끔해 보이는 회색 계열의 정장을 많이 입는다. 정장은 유행에 따라서 재킷의 디자인이나 버튼의 개수가 바뀌기 때문에 특히 남성 지원자의 경우, 너무 오래된 옷을 입어서 아버지 옷을 빌려 입고 나온 듯한 인상을 주어서는 안 된다.

(4) 헤어스타일과 메이크업

헤어스타일에 자신이 없다면 미용실에 다녀오는 것도 좋은 방법이다. 그리고 여성 지원자의 경우에는 자신에게 어울리는 메이크업을 하는 것도 괜찮다. 메이크업은 상대에 대한 예의를 갖추는 것이므로 지나치게 화려한 메이크업이 아니라면 보다 준비된 지원자처럼 보일 수 있다.

5. 첫인상

취업을 위해 성형수술을 받는 사람들에 대한 이야기는 더 이상 뉴스거리가 되지 않는다. 그만큼 많은 사람이 좁은 취업문을 뚫기 위해 이미지 향상에 신경을 쓰고 있다. 이는 면접관에게 좋은 첫인상을 주기 위한 것으로, 지원서에 올리는 증명사진을 이미지 프로그램을 통해 수정하는 이른바 '사이버 성형'이 유행하는 것과 같은 맥락이다. 실제로 외모가 채용 과정에서 영향을 끼치는가에 대한 설문조사에서도 60% 이상의 인사담당자들이 그렇다고 답변했다.

하지만 외모와 첫인상을 절대적인 관계로 이해하는 것은 잘못된 판단이다. 외모가 첫인상에서 많은 부분을 차지하지만, 외모 외에 다른 결점이 발견된다면 그로 인해 장점들이 가려질 수도 있다. 이러한 현상은 아래에서 다시 논하겠다.

첫인상은 말 그대로 한 번밖에 기회가 주어지지 않으며 몇 초 안에 결정된다. 첫인상을 결정짓는 요소 중 시각적인 요소가 80% 이상을 차지한다. 첫눈에 들어오는 생김새나 복장, 표정 등에 의해서 결정되는 것이다. 면접을 시작할 때 자기소개를 시키는 것도 지원자별로 첫인상을 평가하기 위해서이다. 첫인상이 중요한 이유는 만약 첫인상이 부정적으로 인지될 경우, 지원자의 다른 좋은 면까지 거부당하기 때문이다. 이러한 현상을 심리학에서는 초두효과(Primacy Effect)라고 한다. 그래서 한 번 형성된 첫인상은 여간해서 바꾸기 힘들다. 이는 첫인상이 나중에 들어오는 정보까지 영향을 주기 때문이다. 첫인상의 정보가 나중에 들어오는 정보 처리의 지침이 되는 것을 심리학에서는 맥락효과(Context Effect)라고 한다. 따라서 평소에 첫인상을 좋게 만들기 위한 노력을 꾸준히 해야만 하는 것이다.

좋은 첫인상이 반드시 외모에만 집중되는 것은 아니다. 오히려 깔끔한 옷차림과 부드러운 표정 그리고 말과 행동 등에 의해 전반적인 이미지가 만들어진다. 누구나 이러한 것 중에 한두 가지 단점을 가지고 있다. 요즈음은 이미지 컨설팅을 통해서 자신의 단점들을 보완하는 지원자도 있다. 특히, 표정이 밝지 않은 지원자는 평소 웃는 연습을 의식적으로 하여 면접을 받는 동안 계속해서 여유 있는 표정을 짓는 것이 중요하다. 성공한 사람들은 인상이 좋다는 것을 명심하자.

02 면접의 유형 및 실전 대책

1. 면접의 유형

과거 전번일률적인 일대일 면접과 달리 면접에는 다양한 유형이 도입되어 현재는 "면접은 이렇게 보는 것이다."라고 말할 수 있는 정해진 유형이 없어졌다. 그러나 삼성그룹 면접에서는 현재까지는 집단 면접과 다대일 면접이 진행되고 있으므로 어느 정도 유형을 파악하여 사전에 대비가 가능하다. 면접의 기본인 단독 면접부터, 다대일 면접, 집단 면접의 유형과 그 대책에 대해 알아보자.

(1) 단독 면접

단독 면접이란 응시자와 면접관이 1대1로 마주하는 형식을 말한다. 면접위원 한 사람과 응시자 한 사람이 마주 앉아 자유로운 화제를 가지고 질의응답을 되풀이하는 방식이다. 이 방식은 면접의 가장 기본적인 방법으로 소요시간은 10 ~ 20분 정도가 일반적이다.

① 장점

필기시험 등으로 판단할 수 없는 성품이나 능력을 알아내는 데 가장 적합하다고 평가받아 온 면접방식으로 응시자 한 사람 한 사람에 대해 여러 면에서 비교적 폭넓게 파악할 수 있다. 응시자의 입장에서는 한 사람의 면접관만을 대하는 것이므로 상대방에게 집중할 수 있으며, 긴장감도 다른 면접방식에 비해서는 적은 편이다.

② 단점

면접관의 주관이 강하게 작용해 객관성을 저해할 소지가 있으며, 면접 평가표를 활용한다 하더라도 일면적인 평가에 그칠 가능성을 배제할 수 없다. 또한 시간이 많이 소요되는 것도 단점이다.

단독 면접 준비 Point

단독 면접에 대비하기 위해서는 평소 1대1로 논리 정연하게 대화를 나눌 수 있는 능력을 기르는 것이 중요하다. 그리고 면접장에서는 면접관을 선배나 선생님 혹은 아버지를 대하는 기분으로 면접에 임하는 것이 부담도 훨씬 적고 실력을 발휘할 수 있는 방법이 될 것이다.

(2) 다대일 면접

다대일 면접은 일반적으로 가장 많이 사용되는 면접방법으로 보통 2 ~ 5명의 면접관이 1명의 응시자에게 질문하는 형태의 면접방법이다. 면접관이 여러 명이므로 다각도에서 질문을 하여 응시자에 대한 정보를 많이 알아낼 수 있다는 점 때문에 선호하는 면접방법이다.

하지만 응시자의 입장에서는 질문도 면접관에 따라 각양각색이고 동료 응시자가 없으므로 숨 돌릴 틈도 없게 느껴진다. 또한 관찰하는 눈도 많아서 조그만 실수라도 지나치는 법이 없기 때문에 정신적 압박과 긴장감이 높은 면접방법이다. 따라서 응시자는 긴장을 풀고 한 시험관이 묻더라도 면접관 전원을 향해 대답한다는 기분으로 또박또박 대답하는 자세가 필요하다.

① 장점

면접관이 집중적인 질문과 다양한 관찰을 통해 응시자가 과연 조직에 필요한 인물인가를 완벽히 검증할 수 있다.

② 단점

면접시간이 보통 10～30분 정도로 좀 긴 편이고 응시자에게 지나친 긴장감을 조성하는 면접방법이다.

다대일 면접 준비 Point

질문을 들을 때 시선은 면접위원을 향하고 다른 데로 돌리지 말아야 하며, 대답할 때에도 고개를 숙이거나 입속에서 우물거리는 소극적인 태도는 피하도록 한다. 면접위원과 대등하다는 마음가짐으로 편안한 태도를 유지하면 대답도 자연스러운 상태에서 좀 더 충실히 할 수 있고, 이에 따라 면접위원이 받는 인상도 달라진다.

(3) 집단 면접

집단 면접은 다수의 면접관이 여러 명의 응시자를 한꺼번에 평가하는 방식으로 짧은 시간에 능률적으로 면접을 진행할 수 있다. 각 응시자에 대한 질문내용, 질문횟수, 시간배분이 똑같지는 않으며, 모두에게 같은 질문이 주어지기도 하고, 각각 다른 질문을 받기도 한다.

또한 어떤 응시자가 한 대답에 대한 의견을 묻는 등 그때그때의 분위기나 면접관의 의향에 따라 변수가 많다. 집단 면접은 응시자의 입장에서는 개별 면접에 비해 긴장감은 다소 덜한 반면에 다른 응시자들과의 비교가 확실하게 나타나므로 응시자는 몸가짐이나 표현력·논리성 등이 결여되지 않도록 자신의 생각이나 의견을 솔직하게 발표하여 집단 속에 묻히거나 밀려나지 않도록 주의해야 한다.

① 장점

집단 면접의 장점은 면접관이 응시자 한 사람에 대한 관찰시간이 상대적으로 길고, 비교 평가가 가능하기 때문에 결과적으로 평가의 객관성과 신뢰성을 높일 수 있다는 점이며, 응시자는 동료들과 함께 면접을 받기 때문에 긴장감이 다소 덜하다는 것을 들 수 있다. 또한 동료가 답변하는 것을 들으며, 자신의 답변 방식이나 자세를 조정할 수 있다는 것도 큰 이점이다.

② 단점

응답하는 순서에 따라 응시자마다 유리하고 불리한 점이 있고, 면접위원의 입장에서는 각각의 개인적인 문제를 깊게 다루기가 곤란하다는 것이 단점이다.

집단 면접 준비 Point

너무 자기 과시를 하지 않는 것이 좋다. 대답은 자신이 말하고 싶은 내용을 간단명료하게 말해야 한다. 내용이 없는 발언을 한다거나 대답을 질질 끄는 태도는 좋지 않다. 또 말하는 중에 내용이 주제에서 벗어나거나 자기중심적으로만 말하는 것도 피해야 한다. 집단 면접에 대비하기 위해서는 평소에 설득력을 지닌 자신의 논리력을 계발하는 데 힘써야 하며, 다른 사람 앞에서 자신의 의견을 조리 있게 개진할 수 있는 발표력을 갖추는 데에도 많은 노력을 기울여야 한다.

- 실력에는 큰 차이가 없다는 것을 기억하라.
- 동료 응시자들과 서로 협조하라.
- 답변하지 않을 때의 자세가 중요하다.
- 개성 표현은 좋지만 튀는 것은 위험하다.

(4) 집단 토론식 면접

집단 토론식 면접은 집단 면접과 형태는 유사하지만 질의응답이 아니라 응시자들끼리의 토론이 중심이 되는 면접방법으로 최근 들어 급증세를 보이고 있다. 이는 공통의 주제에 대해 다양한 견해들이 개진되고 결론을 도출하는 과정, 즉 토론을 통해 응시자의 다양한 면에 대한 평가가 가능하다는 집단 토론식 면접의 장점이 널리 확산된 데 따른 것으로 보인다. 사실 집단 토론식 면접을 활용하면 주제와 관련된 지식 정도와 이해력, 판단력, 설득력, 협동성은 물론 리더십, 조직 적응력, 적극성과 대인관계 능력 등을 쉽게 파악할 수 있다.

토론식 면접에서는 자신의 의견을 명확히 제시하면서도 상대방의 의견을 경청하는 토론의 기본자세가 필수적이며, 지나친 경쟁심이나 자기 과시욕은 접어두는 것이 좋다. 또한 집단 토론의 목적이 결론을 도출해 나가는 과정에 있다는 것을 감안하여 무리하게 자신의 주장을 관철시키기보다 오히려 토론의 질을 높이는 데 기여하는 것이 좋은 인상을 줄 수 있다는 점을 알아야 한다. 취업 희망자들은 토론식 면접이 급속도로 확산되는 추세임을 감안해 특히 철저한 준비를 해야 한다. 평소에 신문의 사설이나 매스컴 등의 토론 프로그램을 주의 깊게 보면서 논리 전개방식을 비롯한 토론 과정을 익히도록 하고, 친구들과 함께 간단한 주제를 놓고 토론을 진행해 볼 필요가 있다. 또한 사회·시사문제에 대해 자기 나름대로의 관점을 정립해두는 것도 꼭 필요하다.

(5) PT 면접

PT 면접, 즉 프레젠테이션 면접은 최근 들어 집단 토론 면접과 더불어 그 활용도가 점차 커지고 있다. PT 면접은 기업마다 특성이 다르고 인재상이 다른 만큼 인성 면접만으로는 알 수 없는 지원자의 문제해결 능력, 전문성, 창의성, 기본 실무능력, 논리성 등을 관찰하는 데 중점을 두는 면접으로, 지원자 간의 변별력이 높아 대부분의 기업에서 적용하고 있으며, 확산되는 추세이다.

면접 시간은 기업별로 차이가 있지만, 전문지식, 시사성 관련 주제를 제시한 다음, 보통 20 ~ 50분 정도 준비하여 5분가량 발표할 시간을 준다. 면접관과 지원자의 단순한 질의응답식이 아닌, 주제에 대해 일정 시간 동안 지원자의 발언과 발표하는 모습 등을 관찰하게 된다. 정확한 답이나 지식보다는 논리적 사고와 의사표현력이 더 중시되기 때문에 자신의 생각을 어떻게 설명하느냐가 매우 중요하다.

PT 면접에서 같은 주제라도 직무별로 평가요소가 달리 나타난다. 예를 들어, 영업직은 설득력과 의사소통 능력에 중점을 둘 수 있겠고, 관리직은 신뢰성과 창의성 등을 더 중요하게 평가한다.

PT 면접 준비 Point

- 면접관의 관심과 주의를 집중시키고, 발표 태도에 유의한다.
- 모의 면접이나 거울 면접을 통해 미리 점검한다.
- PT 내용은 세 가지 정도로 정리해서 말한다.
- PT 내용에는 자신의 생각이 담겨 있어야 한다.
- 중간에 자문자답 방식을 활용한다.
- 평소 지원하는 업계의 동향이나 직무에 대한 전문지식을 쌓아둔다.
- 부적절한 용어 사용이나 무리한 주장 등은 하지 않는다.

(6) 합숙 면접

합숙 면접은 대체로 1박 2일이나 2박 3일 동안 해당 기업의 연수원이나 수련원 등에서 이루어지는 면접으로, 평가 항목으로는 PT 면접, 토론 면접, 인성 면접 등을 기본으로 새벽등산, 레크리에이션, 게임 등 다양한 형태로 진행된다. 경쟁자들과 함께 생활하고 협동해야 하는 만큼 스트레스도 많이 받는 경우가 허다하다.

모든 지원자를 하루 동안 평가하게 되므로 지원자 1명을 평가하는 데 걸리는 시간은 짧게는 5분에서 길게는 1시간 이상 정도인데, 이 시간으로는 지원자를 제대로 평가하기에는 한계가 있다. 합숙 면접은 24시간 이상을 지원자와 면접관이 함께 생활하면서 다양한 프로그램을 통해 지원자의 역량을 폭넓게 평가할 수 있기 때문에 기업에서는 합숙 면접을 선호한다. 대체로 은행, 증권 등 금융권에서 합숙 면접을 통해 지원자의 의도되고 꾸며진 모습 외에 창의력, 의사소통 능력, 협동심, 책임감, 리더십 등 다양한 모습을 평가하였지만, 최근에는 기업에서도 많이 실시되고 있다.

합숙 면접에서 좋은 점수를 얻기 위해서는 무엇보다 팀워크를 중시하는 모습을 보여야 한다. 합숙 면접은 일반 면접과는 달리 개인보다는 그룹별로 과제가 주어지고 해결해야 하므로 조원 또는 동료와 얼마나 잘 어울리느냐가 중요한 평가기준이 된다. 장시간에 걸쳐 평가하기 때문에 힘든 부분도 있지만, 지원자들이 지쳐 있거나 당황하고 있는 사이에도 면접관들은 지원자들의 조직 적응력, 적극성, 사회성, 친화력 등을 꼼꼼하게 체크하기 때문에 잠시도 긴장을 늦춰서는 안 된다.

2. 면접의 실전 대책

(1) 면접 대비사항

① 지원 회사에 대한 사전지식을 충분히 준비한다.

필기시험에서 합격 또는 서류전형에서의 합격통지가 온 후 면접시험 날짜가 정해지는 것이 보통이다. 이때 수험자는 면접시험을 대비해 사전에 자기가 지원한 계열사 또는 부서에 대해 폭넓은 지식을 준비할 필요가 있다.

지원 회사에 대해 알아두어야 할 사항

- 회사의 연혁
- 회장 또는 사장의 이름, 출신학교, 관심사
- 회장 또는 사장이 요구하는 신입사원의 인재상
- 회사의 사훈, 사시, 경영이념, 창업정신
- 회사의 대표적 상품, 특색
- 업종별 계열회사의 수
- 해외지사의 수와 그 위치
- 신 개발품에 대한 기획 여부
- 자기가 생각하는 회사의 장단점
- 회사의 잠재적 능력개발에 대한 제언

② 충분한 수면을 취한다.

충분한 수면으로 안정감을 유지하고 첫 출발의 상쾌한 마음가짐을 갖는다.

③ 얼굴을 생기 있게 한다.

첫인상은 면접에 있어서 가장 결정적인 당락요인이다. 면접관에게 좋은 인상을 줄 수 있도록 화장하는 것도 필요하다. 면접관들이 가장 좋아하는 인상은 얼굴에 생기가 있고 눈동자가 살아 있는 사람, 즉 기가 살아 있는 사람이다.

④ 아침에 인터넷 뉴스를 읽고 간다.

그날의 뉴스가 질문 대상에 오를 수가 있다. 특히 경제면, 정치면, 문화면 등을 유의해서 볼 필요가 있다.

출발 전 확인할 사항

이력서, 자기소개서, 지갑, 신분증(주민등록증), 손수건, 휴지, 볼펜, 메모지, 예비스타킹 등을 준비하자.

(2) 면접 시 옷차림

면접에서 옷차림은 간결하고 단정한 느낌을 주는 것이 가장 중요하다. 색상과 디자인 면에서 지나치게 화려한 색상이나, 노출이 심한 디자인은 자칫 면접관의 눈살을 찌푸리게 할 수 있다. 단정한 차림을 유지하면서 자신만의 독특한 멋을 연출하는 것, 지원하는 회사의 분위기를 파악했다는 센스를 보여주는 것 또한 코디네이션의 포인트이다.

복장 점검

- 구두는 잘 닦여 있는가?
- 옷은 깨끗이 다려져 있으며 스커트 길이는 적당한가?
- 손톱은 길지 않고 깨끗한가?
- 머리는 흐트러짐 없이 단정한가?

(3) 면접 요령

① 첫인상을 중요시한다.

상대에게 인상을 좋게 주지 않으면 어떠한 얘기를 해도 이쪽의 기분이 충분히 전달되지 않을 수 있다. 예를 들어, '저 친구는 표정이 없고 무엇을 생각하고 있는지 전혀 알 길이 없다.'처럼 생각되면 최악의 상태이다. 우선 청결한 복장, 바른 자세로 침착하게 들어가야 한다. 건강하고 신선한 이미지를 주어야 하기 때문이다.

② 좋은 표정을 짓는다.

얘기를 할 때의 표정은 중요한 사항의 하나다. 거울 앞에서 웃는 연습을 해본다. 웃는 얼굴은 상대를 편안하게 하고, 특히 면접 등 긴박한 분위기에서는 천금의 값이 있다 할 것이다. 그렇다고 하여 항상 웃고만 있어서는 안 된다. 자기의 할 얘기를 진정으로 전하고 싶을 때는 진지한 얼굴로 상대의 눈을 바라보며 얘기한다. 면접을 볼 때 눈을 감고 있으면 마이너스 이미지를 주게 된다.

③ 결론부터 이야기한다.

자기의 의사나 생각을 상대에게 정확하게 전달하기 위해서 먼저 무엇을 말하고자 하는가를 명확히 결정해 두어야 한다. 대답을 할 경우에는 결론을 먼저 이야기하고 나서 그에 따른 설명과 이유를 덧붙이면 논지(論旨)가 명확해지고 이야기가 깔끔하게 정리된다.

한 가지 사실을 이야기하거나 설명하는 데는 3분이면 충분하다. 복잡한 이야기라도 어느 정도의 길이로 요약해서 이야기하면 상대도 이해하기 쉽고 자기도 정리할 수 있다. 긴 이야기는 오히려 상대를 불쾌하게 할 수가 있다.

④ 질문의 요지를 파악한다.

면접 때의 이야기는 간결성만으로는 부족하다. 상대의 질문이나 이야기에 대해 적절하고 필요한 대답을 하지 않으면 대화는 끊어지고 자기의 생각도 제대로 표현하지 못하여 면접자로 하여금 수험생의 인품이나 사고방식 등을 명확히 파악할 수 없게 한다. 무엇을 묻고 있는지, 무슨 이야기를 하고 있는지 그 요점을 정확히 알아내야 한다.

면접에서 고득점을 받을 수 있는 성공요령

1. 자기 자신을 겸허하게 판단하라.
2. 지원한 회사에 대해 100% 이해하라.
3. 실전과 같은 연습으로 감각을 익히라.
4. 단답형 답변보다는 구체적으로 이야기를 풀어나가라.
5. 거짓말을 하지 말아라.
6. 면접하는 동안 대화의 흐름을 유지하라.
7. 친밀감과 신뢰를 구축하라.
8. 상대방의 말을 성실하게 들으라.
9. 근로조건에 대한 이야기를 풀어나갈 준비를 하라.
10. 끝까지 긴장을 풀지 말아라.

삼성그룹 실제 면접

삼성그룹은 '창의 · 열정 · 소통의 가치창조인(열정과 몰입으로 미래에 도전하는 인재, 학습과 창의로 세상을 변화시키는 인재, 열린 마음으로 소통하고 협업하는 인재)'을 인재상으로 내세우며, 이에 적합한 인재를 채용하기 위하여 면접전형을 시행하고 있다.
2019년 이전에는 '인성검사 – 직무면접 – 창의성 면접 – 임원면접' 순서로 시행되었지만 2020년부터 코로나로 인해 화상으로 진행되며, 직무역량 면접은 프레젠테이션(PT)을 하던 방식에서 질의응답 형식으로 대체된다. 또한 창의성 면접을 시행하지 않으며 대신 수리논리와 추리 2영역을 평가하는 약식 GSAT를 30분간 실시한다.

1. 약식 GSAT

구분	문항 수	제한시간
수리논리	10문항	30분
추리	15문항	

2. 직무 면접

구분	인원수	면접 시간
면접관	3명	30분 내외
지원자	1명	

기출질문
- 1분 자기소개
- 해당 직무 지원동기
- 직무와 관련한 자신의 역량
- 전공관련 용어
- 마지막으로 하고 싶은 말

3. 임원 면접

구분	인원수	면접 시간
면접관	3명	30분 내외
지원자	1명	

기출질문

- 졸업은 언제 하였는가?
- 졸업하고 취업 준비는 어떻게 하고 있는지 말해 보시오.
- 경쟁력을 쌓기 위해 어떤 것들을 준비했는지 말해 보시오.
- 학점이 낮은데 이유가 무엇인가?
- 면접 준비는 어떻게 했는지 말해 보시오.
- 다른 지원자와 차별되는 자신만의 강점이 무엇인가?
- 살면서 가장 치열하게, 미친 듯이 몰두하거나 노력했던 경험을 말해 보시오.
- 자신이 리더이고, 모든 것을 책임지는 자리에 있다. 본인은 A프로젝트가 맞다고 생각하고 다른 모든 팀원은 B프로젝트가 맞다고 생각할 때 어떻게 할 것인가?
- 마지막으로 하고 싶은 말은 무엇인가?
- 자신의 약점은 무엇이며, 그것을 극복하기 위해 어떤 노력을 했는가?
- 무노조 경영에 대한 자신의 생각을 말하시오.
- 삼성을 제외하고 좋은 회사와 나쁜 회사의 예를 들어 말하시오.
- 우리 사회가 정의롭다고 생각하는가?
- 존경하는 인물은 누구인가?
- 삼성전자의 사회공헌활동에 대해 알고 있는가?
- 삼성전자의 경제적 이슈에 대해 말하시오.
- 삼성화재 지점 관리자에게 가장 필요한 역량은 무엇이라 생각하는가?
- 가장 열심히 했던 학교 활동은 무엇인가?
- 다른 직무로 배정된다면 어떻게 하겠는가?
- 기업의 사회적 역할에 대해 말하시오.
- 자기소개
- 대외활동 경험
- 직무 수행에 있어서 자신의 강점은 무엇인가?
- 지원동기
- 출신 학교 및 학과를 지원한 이유는 무엇인가?
- (대학 재학 중 이수한 비전공 과목을 보고) 해당 과목을 이수한 이유는 무엇인가?
- (인턴경험이 있는 지원자에게) 인턴 기간 동안 무엇을 배웠는가?
- 회사에 어떤 식으로 기여할 수 있는가?
- 목 놓아 울어본 적이 있는가?
- 선의의 거짓말을 해본 적이 있는가?
- 학점이 낮은 이유가 무엇인가?
- 자신의 성격에 대해 말해 보시오.
- 지원한 부서와 다른 부서로 배치될 경우 어떻게 하겠는가?
- 상사가 본인이 싫어하는 업무를 지속적으로 지시한다면 어떻게 하겠는가?
- (해병대 출신 지원자에게) 해병대에 지원한 이유는 무엇인가?
- 친구들은 본인에 대해 어떻게 이야기하는가?
- 좌우명이 있는가? 있다면 그것이 좌우명인 이유는 무엇인가?

- 대학생활을 열심히 한 것 같은데 그 이유가 무엇인가?
- 회사에 대한 가치관
- 과외 경험이 없는데 잘 할 수 있는가?
- 전역을 아직 못 했는데 이후 일정에 다 참여할 수 있겠는가?
- 자동차 회사를 가도 될 것 같은데 왜 삼성SDI 면접에 오게 되었나?
- Backlash를 줄이는 방법에 대해 설명해 보시오.
- 전공에 대해서 말해 보시오.
- 취미가 노래 부르기인데 정말 노래를 잘 하는가?
- 가족 구성원이 어떻게 되는가?
- 동생과 싸우지는 않는가?
- 학점이 낮은데 왜 그런가?
- 학교를 8년 다녔는데 왜 이렇게 오래 다녔는가?
- 영어 점수가 토익은 괜찮은데 오픽이 낮다. 우리 회사는 영어를 많이 쓰는데 어떻게 할 것인가?
- 우리 회사에 대해 아는 것을 말해 보시오.
- 우리 회사에서 하고 싶은 일은 무엇인가?
- 프로젝트를 진행 중 의견충돌 시 어떻게 대처할 것인가?
- 지원한 직무와 관련해서 준비해온 것을 말해 보시오.
- 지원자가 현재 부족한 점은 무엇이고 어떻게 채워나갈 것인가?
- 회사와 관련하여 관심 있는 기술이 있으면 설명해 보시오.
- 우리 회사가 지원자를 뽑아야 하는 이유를 말해 보시오.
- 간단히 1분간 자기소개를 해 보시오.
- 성격의 장단점을 말해 보시오.
- 자격증 등 취업을 위해 준비한 사항이 있다면 말해 보시오.
- 입사하게 되면 일하고 싶은 분야는 어디인지 말해 보시오.
- 여행하면서 가장 인상 깊었던 곳은?
- 입사 희망 동기를 말해 보시오.
- 교환학생으로 다른 학교를 가서 어떤 수업을 들었는지 말해 보시오.
- 본인이 최근에 이룬 버킷리스트는 무엇이고 가장 하고 싶은 버킷리스트는 무엇인가?
- 좋아하는 삼성 브랜드는 무엇인가?
- 스트레스는 어떻게 푸는가?
- 회사에서 나이 많은 어른들과 함께 일해야 하는데 잘할 수 있겠는가?
- 다른 회사에 지원 하였다면 어떤 직무로 지원하였는가?
- 일탈을 해본 적이 있는가?
- 인생에서 실패한 경험이 있는가?
- 회사에서는 실패의 연속일텐데 잘 할 수 있겠는가?
- 이름이 유명한 사람과 동일해서 좋은 점과 나쁜 점이 있었을 것 같은데 무엇이 있었는지 말해 보시오.
- 봉사활동은 어떻게 시작하게 된 건지 말해 보시오.
- 스마트폰에 관심이 많은데 어떻게 관심을 가지게 된 건지 말해 보시오.

4. PT 면접

- 실리콘
- 포토고정
- 집적도
- 자율주행차의 경쟁력에 대해 말하시오.
- 공진주파수와 임피던스의 개념에 대해 설명하시오.
- 보의 처짐을 고려했을 때 유리한 단면형상을 설계하시오.
- Object Orientation Programming에 대해 설명하시오.
- DRAM과 NAND의 구조원리와 미세공정한계에 대해 설명하시오.
- 공정(8대공정 및 관심있는 공정)에 대해 설명하시오.
- LCD, 광학소재, 광학필름의 활용 방법을 다양하게 제시하시오.
- 특정 제품의 마케팅 방안에 대해 설명하시오.
- 갤럭시 S8과 관련한 이슈
- 반도체의 개념과 원리
- 다이오드
- MOSFET
- 알고리즘
- NAND FLASH 메모리와 관련된 이슈
- 공정에 대한 기본적인 지식, 공정과 연관된 factor, 현재 공정 수준으로 문제점을 해결할 수 있는 방안
- 현재 반도체 기술의 방향, 문제점 및 해결방안
- TV 두께를 얇게 하는 방안

5. 창의성 면접

- 창의적인 생각을 평소에 하고 사는가?
- 창의성을 발휘해 본 작품이 있는가?
- 감성마케팅
- 폐수 재이용에 대한 자신의 견해를 말하시오.
- 기업의 사회적 책임
- 본인이 작성한 글과 주제에 대한 질문 및 응용, 그리고 발전 방향에 대한 질문
- 본인의 경험 중 가장 창의적이었던 것에 대해 말해 보시오.
- 존경하는 인물이 있는가?
- 트렌드 기술에 대해 설명
- 공유 경제 서비스에 대한 문제와 솔루션 제시(제시어 : 책임, 공유, 스마트폰 등)

앞선 정보 제공! 도서 업데이트

언제, 왜 업데이트될까?

도서의 학습 효율을 높이기 위해 자료를 추가로 제공할 때!
공기업 · 대기업 필기시험에 변동사항 발생 시 정보 공유를 위해!
공기업 · 대기업 채용 및 시험 관련 중요 이슈가 생겼을 때!

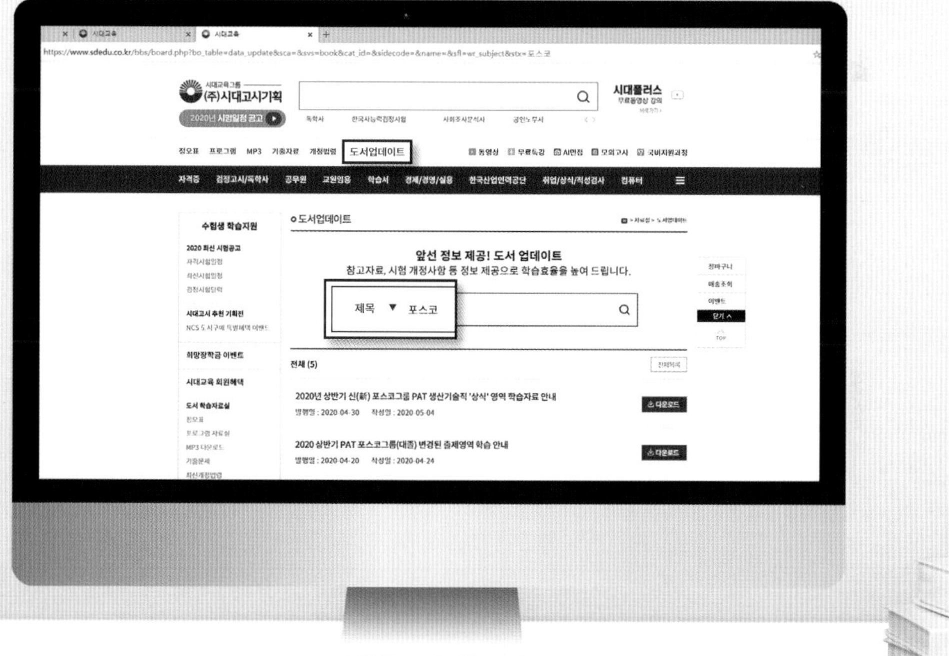

01 SD에듀 도서 www.sdedu.co.kr/book 홈페이지 접속

02 상단 카테고리 「도서업데이트」 클릭

03 해당 기업명으로 검색

참고자료, 시험 개정사항 등 정보 제공으로 학습효율을 높여 드립니다.

2023 최신판 ALL NEW 100% 전면개정

GSAT

온라인 삼성직무적성검사

편저 | SD적성검사연구소

3개년 기출복원문제 + 모의고사 8회 + 무료삼성특강

정답 및 해설

도서 동형 온라인 실전연습 서비스 | [합격시대] 온라인 모의고사 무료쿠폰 | [WIN시대로] AI면접 무료쿠폰 | 10대기업 면접 기출 질문 자료집

SD에듀
(주)시대고시기획

PART 1
정답 및 해설

잠깐!

도서 관련 최신 정보 및 정오사항이 있는지
우측 QR을 통해 확인해 보세요!

2022년 하반기 기출복원문제

01 수리논리

01	02	03	04	05	06	07	08	09	10
④	②	②	③	④	③	③	②	①	②

01 정답 ④

첫 번째 날 또는 일곱 번째 날에 총무부 소속 팀이 봉사활동을 하게 될 확률은 1에서 마케팅 소속 팀이 첫 번째 날과 일곱 번째 날에 봉사활동을 반드시 하는 확률을 제외한 것과 같다. 마케팅부의 5팀 중 첫 번째 날과 일곱 번째 날에 봉사활동 할 팀을 배치하는 순서의 경우의 수는 $_5P_2=5\times4=20$가지이고, 총무부 2팀을 포함한 5팀을 배치하는 경우의 수는 5!가지이므로 총 $20\times5!$가지이다.

첫 번째 날과 일곱 번째 날에 마케팅팀이 봉사활동 하는 확률은 $\frac{20\times5!}{7!}=\frac{20\times5\times4\times3\times2\times1}{7\times6\times5\times4\times3\times2\times1}=\frac{10}{21}$이므로 첫 번째 날 또는 일곱 번째 날에 총무부 소속 팀이 봉사활동 하는 확률은 $1-\frac{10}{21}=\frac{11}{21}$이다.

따라서 $a-b=21-11=10$이다.

02 정답 ②

7회 말까지 B팀이 얻은 점수를 X점이라 가정하면 8, 9회에서는 A팀이 얻은 점수는 $(12-X)$점, B팀은 $(9-X)$점이다.

방정식을 세우면 $2(9-X)=12-X \rightarrow X=6$이다.

따라서 8, 9회에서 B팀은 $9-6=3$점을 획득하였다.

03 정답 ②

전 직원의 주 평균 야간근무 빈도는 직급별 사원 수를 알아야 구할 수 있는 값이다. 단순히 직급별 주 평균 야간근무 빈도를 모두 더하여 평균을 구하는 것은 적절하지 않다.

오답분석

① 자료를 통해 확인할 수 있다.

③ 0.2시간은 60분×0.2=12분이다. 따라서 4.2시간은 4시간 12분이다.

④ 대리는 주 평균 1.8일, 6.3시간의 야간근무를 한다. 야근 1회 시 평균 6.3÷1.8=3.5시간 근무로 가장 긴 시간 동안 일한다.

⑤ 과장은 60분×4.8=288분(4시간 48분) 야간근무를 한다. 60분의 3분의 2(40분) 이상 채울 시 1시간으로 야간근무수당을 계산한다. 즉, 5시간으로 계산하여 50,000원을 받는다.

04 정답 ③

- A기업
  - 화물자동차 : 200,000+(1,000×5×100)+(100×5×100)=750,000원
  - 철도 : 150,000+(900×5×100)+(300×5×100)=750,000원
  - 연안해송 : 100,000+(800×5×100)+(500×5×100)=750,000원
- B기업
  - 화물자동차 : 200,000+(1,000×1×200)+(100×1×200)=420,000원
  - 철도 : 150,000+(900×1×200)+(300×1×200)=390,000원
  - 연안해송 : 100,000+(800×1×200)+(500×1×200)=360,000원

따라서 A는 모든 수단의 운임이 같고, B는 연안해송이 가장 저렴하다.

05 정답 ④

미혼모 가구 수는 2019년까지 감소하다가 2020년부터 증가하였고, 미혼부 가구 수는 2018년까지 감소하다가 2019년부터 증가하였으므로 증감 추이가 바뀌는 연도는 같지 않다.

오답분석

① 한부모 가구 중 모자 가구 수의 전년 대비 증가율은 다음과 같다.

- 2018년 : 2,000÷1,600=1.25배
- 2019년 : 2,500÷2,000=1.25배
- 2020년 : 3,600÷2,500=1.44배
- 2021년 : 4,500÷3,600=1.25배

따라서 2020년을 제외하고 1.25배씩 증가하였다.

② 한부모 가구 중 모자 가구 수의 20%를 구하면 다음과 같다.

- 2017년 : 1,600×0.2=320천 명
- 2018년 : 2,000×0.2=400천 명
- 2019년 : 2,500×0.2=500천 명
- 2020년 : 3,600×0.2=720천 명
- 2021년 : 4,500×0.2=900천 명

따라서 부자 가구가 20%를 초과한 해는 2020년(810천 명), 2021년(990천 명)이다.

③ 2020년 미혼모 가구 수는 모자 가구 수의 $\frac{72}{3,600}\times100$ =2%이다.

⑤ 2018년 부자 가구 수는 미혼부 가구 수의 340÷17=20배이다.

06 정답 ③

㉠ 2018 ~ 2020년까지 전년 대비 세관 물품 신고 수가 증가와 감소를 반복한 것은 '증가 – 감소 – 증가'인 B와 D이다. 따라서 가전류와 주류는 B와 D 중 하나에 해당한다.

㉡ A ~ D의 전년 대비 2021년 세관 물품 신고 수의 증가량은 다음과 같다.

- A : 5,109−5,026=83만 건
- B : 3,568−3,410=158만 건
- C : 4,875−4,522=353만 건
- D : 2,647−2,135=512만 건

C가 두 번째로 증가량이 많으므로 담배류에 해당한다.

㉢ B, C, D를 제외하면 잡화류는 A임을 바로 알 수 있지만, 표의 수치를 보면 A가 2018 ~ 2021년 동안 매년 세관물품 신고 수가 가장 많음을 확인할 수 있다.

㉣ 2020년도 세관 물품 신고 수의 전년 대비 증가율을 구하면 D의 증가율이 세 번째로 높으므로 주류에 해당하고, ㉠에 따라 B가 가전류가 된다.

- A : $\frac{5,026-4,388}{4,388}\times100 ≒ 14.5\%$
- B : $\frac{3,410-3,216}{3,216}\times100 ≒ 6.0\%$
- C : $\frac{4,522-4,037}{4,037}\times100 ≒ 12.0\%$
- D : $\frac{2,135-2,002}{2,002}\times100 ≒ 6.6\%$

따라서 A는 잡화류, B는 가전류, C는 담배류, D는 주류이다.

07 정답 ③

월평균 매출액이 35억 원이므로 연매출액은 35×12=420억 원이며, 연매출액은 상반기와 하반기 매출액을 합한 금액이다. 상반기의 월평균 매출액은 26억 원이므로 상반기 총매출액은 26×6=156억 원이고, 하반기 총매출액은 420−156=264억 원이다.

따라서 하반기 평균 매출액은 264÷6=44억 원이며, 상반기 때보다 44−26=18억 원 증가하였다.

08 정답 ②

2021년 4/4분기의 생활물가지수가 95.9라면, 총합은 407포인트이므로 이를 4분기로 나누면 101.75포인트이다. 따라서 2020년 생활물가지수는 100.175포인트이므로 상승지수는 2포인트 미만이다.

오답분석

① 2020년 소비자물가지수 분기 총합이 401.4로, 1분기당 평균 100.35이므로 2018년 지수 100과 거의 같다고 할 수 있다.

③ 2018년 이후 분기마다 지수가 약간씩 상승하고 있으므로 매년 상승했다.

④ 2020년에는 소비자물가지수가 생활물가지수보다 약 0.7포인트 높으므로 적절한 판단이다.

⑤ 전년 동기와 비교하여 상승 폭이 가장 클 때는 2018년 4/4분기 소비자물가지수(4.2%)이고, 가장 낮을 때는 2019년 2/4분기 생활물가지수(2.4%)와 2019년 3/4분기 소비자물가지수(2.4%)이다.

09 정답 ①

- X조건에서 Z세균은 피보나치 수열의 계차로 번식한다.

구분	1일차	2일차	3일차	4일차	5일차	6일차	7일차	8일차	9일차	10일차
X조건에서의 Z세균	10	30	50	90	150	250	410	670	1,090	(A)
계차		20	20	40	60	100	160	260	420	680

따라서 (A)=1,090+680=1,770이다.

- Y조건에서 Z세균은 전날의 2배로 번식한다.

구분	1일차	2일차	3일차	4일차	5일차	6일차	7일차	8일차	9일차	10일차
Y조건에서의 Z세균	1	1×2^1	1×2^2	1×2^3	1×2^4	1×2^5	1×2^6	1×2^7	1×2^8	(B)

따라서 (B)=1×2^9=512이다.

10 정답 ②

최초 투입한 원유의 양을 aL라 하자.

- LPG를 생산하고 남은 원유의 양 : $(1-0.05a)=0.95a$L
- 휘발유를 생산하고 남은 원유의 양 : $0.95a(1-0.2)=0.76a$L
- 등유를 생산하고 남은 원유의 양 : $0.76a(1-0.5)=0.38a$L
- 경유를 생산하고 남은 원유의 양 : $0.38a(1-0.1)=0.342a$L

따라서 아스팔트의 생산량은 $0.342a \times 0.04 = 0.01368a$L이고, 아스팔트는 최초 투입한 원유량의 $0.01368 \times 100 = 1.368\%$가 생산된다.

02 추리

01	02	03	04	05	06	07	08	09	10
③	②	①	④	④	④	⑤	①	②	②
11	12	13	14	15	16	17	18	19	20
④	⑤	⑤	②	①	③	③	③	③	⑤

01 정답 ③

'환율이 하락하다.'를 A, '수출이 감소한다.'를 B, 'GDP가 감소한다.'를 C, '국가 경쟁력이 떨어진다.'를 D라고 했을 때, 첫 번째 명제는 A → D, 세 번째 명제는 B → C, 네 번째 명제는 B → D이므로 마지막 명제가 참이 되려면 C → A라는 명제가 필요하다. 그러므로 C → A의 대우 명제인 ③이 답이 된다.

02 정답 ②

'공부를 열심히 한다.'를 A, '지식을 함양하지 않는다.'를 B, '아는 것이 적다.'를 C, '인생에 나쁜 영향이 생긴다.'를 D로 놓고 보면 첫 번째 명제는 C → D, 세 번째 명제는 B → C, 네 번째 명제는 ~A → D이므로 네 번째 명제가 도출되기 위해서는 ~A → B가 필요하다. 따라서 대우 명제인 ②가 답이 된다.

03 정답 ①

주어진 조건에 따라 시험 과목의 순서를 배치해보면 다음 표와 같다.

첫 번째	두 번째	세 번째	네 번째	다섯 번째	여섯 번째
ㅁ	ㄹ	ㄱ	ㄴ	ㅅ	ㅂ

첫 번째	두 번째	세 번째	네 번째	다섯 번째	여섯 번째
ㅁ	ㄹ	ㄱ	ㄴ	ㅂ	ㅅ

따라서 ㄱ 다음에 보게 될 시험 과목은 ㄴ이다.

04 정답 ④

먼저 첫 번째 조건과 두 번째 조건에 따라 6명의 신입 사원을 부서별로 1명, 2명, 3명으로 나누어 배치한다. 이때, 세 번째 조건에 따라 기획부에 3명, 구매부에 1명이 배치되므로 인사부에는 2명의 신입 사원이 배치된다. 또한 1명이 배치되는 구매부에는 마지막 조건에 따라 여자 신입 사원이 배치될 수 없으므로 반드시 1명의 남자 신입 사원이 배치된다. 남은 5명의 신입 사원을 기획부와 인사부에 배치하는 방법은 다음과 같다.

구분	기획부(3명)	인사부(2명)	구매부(1명)
경우 1	남자 1명, 여자 2명	남자 2명	남자 1명
경우 2	남자 2명, 여자 1명	남자 1명, 여자 1명	

경우 1에서는 인사부에 남자 신입 사원만 배치되므로 '인사부에는 반드시 여자 신입 사원이 배치된다.'의 ④는 적절하지 않다.

05 정답 ④

B와 C의 말이 모순되므로 B와 C 중 한 명은 반드시 진실을 말하고 다른 한 명은 거짓을 말한다.

1) B가 거짓, C가 진실을 말하는 경우
   B가 거짓을 말한다면 E의 말 역시 거짓이 되어 롤러코스터를 타지 않은 사람은 E가 된다. 그러나 A는 E와 함께 롤러코스터를 탔다고 했으므로 A의 말 또한 거짓이 된다. 이때, 조건에서 5명 중 2명만 거짓을 말한다고 했으므로 이는 성립하지 않는다.
2) C가 거짓, B가 진실을 말하는 경우
   B가 진실을 말한다면 롤러코스터를 타지 않은 사람은 D가 되며, E의 말은 진실이 된다. 이때, D는 B가 회전목마를 탔다고 했으므로 D가 거짓을 말하는 것을 알 수 있다. 따라서 거짓을 말하는 사람은 C와 D이며, 롤러코스터를 타지 않은 사람은 D이다.

06 정답 ④

A는 엘리베이터보다 계단이 더 가까운 곳에 살고 있으므로 1001호나 1002호에 살고 있다. C와 D는 계단보다 엘리베이터에 더 가까운 곳에 살고 있다고 하였으므로 1003호와 1004호에 살고 있다. D는 A 바로 옆에 살고 있으므로, D는 1003호에 살고 있고, A는 1002호에 살고 있음을 알 수 있다. 이를 정리하면 다음과 같다.

계단	1001호	1002호	1003호	1004호	엘리베이터
	B	A	D	C	

따라서 B가 살고 있는 곳에서 엘리베이터 쪽으로는 3명이 살고 있으므로 ④는 항상 거짓이다.

07 정답 ⑤

제시된 단어는 유의 관계이다.
'간섭'은 '다른 사람의 일에 참견함'을 뜻하고, '참견'은 '자기와 별로 관계없는 일이나 말 따위에 끼어들어 쓸데없이 아는 체하거나 이래라저래라 함'을 뜻한다. 따라서 '간절히 바라고 구함'의 뜻인 '갈구'와 유의 관계인 단어는 '열렬하게 바람'의 뜻인 '열망'이다.

오답분석

① 관여 : 어떤 일에 관계하여 참여함
② 개입 : 자신과 직접적인 관계가 없는 일에 끼어 듦
③ 경외 : 공경하면서 두려워함
④ 관조 : 고요한 마음으로 사물이나 현상을 관찰하거나 비추어 봄

08 정답 ①

제시된 단어는 반의 관계이다.
'호평'은 '좋게 평함. 또는 그런 평판이나 평가'를 뜻하고, '악평'은 '나쁘게 평함. 또는 그런 평판이나 평가'를 뜻한다. 따라서 '보통 있는 일'의 뜻인 '예사'와 반의 관계인 단어는 '보통 수준보다 훨씬 뛰어나게'의 뜻인 '비범'이다.

오답분석

② 통상 : 특별하지 아니하고 예사임
③ 보통 : 특별하지 아니하고 흔히 볼 수 있음. 또는 뛰어나지도 열등하지도 아니한 중간 정도
④ 험구 : 남의 흠을 들추어 헐뜯거나 험상궂은 욕을 함
⑤ 인기 : 어떤 대상에 쏠리는 대중의 높은 관심이나 좋아하는 기운

09 정답 ②

아리스토텔레스에게는 물체의 정지 상태가 물체의 운동 상태와는 아무런 상관이 없었으며, 물체에 변화가 있어야만 운동한다고 이해했다.

오답분석

㉠ 이론적인 선입견을 배제한다면 일상적인 경험에 의거해 아리스토텔레스의 논리가 더 그럴듯하게 보일 수는 있다고 했지만, 뉴턴 역학이 적절하지 않다고 언급하지는 않았다.
㉡ 제시문의 두 번째 줄에서 '아리스토텔레스에 의하면 물체가 똑같은 운동 상태를 유지하기 위해서는 외부에서 끝없이 힘이 제공되어야만 한다.'고 하고 있다. 그러므로 아리스토텔레스의 주장과 반대되는 내용이다.
㉢ 제시문만으로는 당시에 뉴턴이나 갈릴레오가 아리스토텔레스의 논리를 옳다고 판단했는지는 알 수 없다.

10 정답 ②

기계화·정보화의 긍정적인 측면보다는 부정적인 측면을 부각시키고 있는 본문을 통해 기계화·정보화가 인간의 삶의 질 개선에 기여하고 있음을 경시한다고 지적할 수 있다.

11 정답 ④

제시문은 소음의 규제에 대한 이야기를 하고 있다. 따라서 소리가 시공간적 다양성을 담아내는 문화 구성 요소라는 주장을 통해 단순 소음 규제에 반박할 수 있다.

오답분석

① 관현악단 연주 사례를 통해 알 수 있는 사실이다.
②·③·⑤ 지문의 내용으로 적절하다.

12 정답 ⑤

자기 공명 방식이 상용화되기 위해서는 현재 사용되는 코일 크기로는 일반 가전제품에 적용할 수 없으므로 코일을 소형화해야 할 필요가 있다고 언급하였다.

오답분석

① 자기 유도 방식은 유도 전력을 이용하지만, 무선 전력 전송을 하기 때문에 철심을 이용하지 않는다.
② 자기 유도 방식은 전력 전송율이 높으나 1차 코일에 해당하는 송신부와 2차 코일에 해당하는 수신부가 수 센티미터 이상 떨어지거나 송신부와 수신부의 중심이 일치하지 않게 되면 전력 전송 효율이 급격히 저하된다.
③ 자기 유도 방식의 2차 코일은 교류 전류 방식이다.
④ 자기 공명 방식에서 2차 코일은 공진 주파수를 전달 받는다. 1차 코일에서 공진 주파수를 만든다.

13 정답 ⑤

프리드만의 항상소득가설은 일시적인 소득을 임시소득으로 보며, 소비에 직접적인 영향을 주지 않는다고 보았다.

오답분석

①·② 프리드만의 항상소득가설에 대한 설명이다.
③ 프리드만의 항상소득가설에 따르면 재난지원금은 임시소득으로 소비에 고려되지 않는다.
④ 케인즈의 절대소득가설에 대한 설명이다.

14 정답 ②

규칙은 가로로 적용된다.
첫 번째 도형을 데칼코마니처럼 좌우로 펼친 도형이 두 번째 도형이고, 두 번째 도형을 수평으로 반을 잘랐을 때의 아래쪽 도형이 세 번째 도형이다.

15 정답 ①

규칙은 세로로 적용된다.
첫 번째 도형과 두 번째 도형을 겹쳤을 때, 생기는 면에 색을 칠한 도형이 세 번째 도형이다.

16 정답 ③

규칙은 가로로 적용된다.
첫 번째 도형을 수직으로 반을 잘랐을 때의 왼쪽 도형이 두 번째 도형이고, 두 번째 도형을 수평으로 반을 자른 후 아래쪽 도형을 시계 방향으로 90° 회전시킨 도형이 세 번째 도형이다.

17 정답 ③

♨ : 각 자릿수 +2, +1, +2, +1
◀ : 각 자릿수 −4, −3, −2, −1
◈ : 1234 → 4231

S4X8 → U5Z9 → 95ZU
　　♨　　　◈

18 정답 ③

W53M → S21L → L21S
　　◀　　　◈

19 정답 ③

T83I → V95J → R63I
　　♨　　　◀

20 정답 ⑤

6SD2 → 2PB1 → 1PB2 → 3QD3
　　◀　　　◈　　　♨

CHAPTER 02

2022년 상반기 기출복원문제

01 수리논리

01	02	03	04	05	06	07	08	09	10
④	②	①	⑤	③	④	④	③	⑤	②

01 정답 ④

네 사람이 모두 한 번씩 출장을 가고 그 중 한 사람이 출장을 한 번 더 가면 된다. 네 사람을 A, B, C, D라고 하고 두 번 출장 가는 사람을 A라 하면 경우의 수는 $\frac{5!}{2}=60$가지이다.

따라서 네 사람이 적어도 한 번 이상씩 출장 갈 경우의 수는 $60\times4=240$가지이다.

02 정답 ②

작년 B부서의 신입사원 수를 x명이라고 하면 올해 A부서와 B부서의 신입사원은 각각 $55+5=60$명, $(x+4)$명이다.

올해 B부서의 신입사원 수의 1.2배가 A부서의 신인사원 수와 같으므로

$(x+4)\times1.2=60 \rightarrow x+4=50$

$\therefore x=46$

따라서 작년 B부서의 신입사원 수는 46명이다.

03 정답 ①

6개의 팀을 배치할 경우의 수는 $6\times5\times4\times3\times2\times1=720$가지이고, A팀과 B팀이 2층에 들어갈 경우의 수는 $4\times3\times2\times1\times2=48$가지이다.

따라서 A팀과 B팀이 2층에 들어갈 확률은 $\frac{48}{720}=\frac{1}{15}$이다.

04 정답 ⑤

두 제품 A와 B의 원가를 각각 a원, b원이라고 하면 다음과 같다.

$a+b=50,000$

$(a\times0.1+b\times0.12)\times5=28,200$

정리하면

$a+b=50,000$

$5a+6b=282,000$

따라서 $b=282,000-50,000\times5=32,000$원이다.

05 정답 ③

인사 이동 전 A부서와 B부서의 인원을 각각 a명, b명이라고 하면 $a\times\frac{15}{100}=6$, $b\times\frac{12}{100}=6$이므로 $a=40$, $b=50$이다.

따라서 인사이동 전 두 부서의 인원 차이는 10명이다.

06 정답 ④

8명 중 3명을 선택하는 경우의 수는 ${}_8C_3=56$가지이고, 각 조에서 한 명씩 선택하는 경우의 수는 $4\times2\times2=16$가지이다.

따라서 이번 주 청소 당번이 각 조에서 한 명씩 뽑힐 확률은 $\frac{16}{56}=\frac{2}{7}$이다.

07 정답 ④

ㄱ. 휴대폰 A ~ D의 항목별 기본점수를 계산하면 다음과 같다.

구분	A	B	C	D
디자인	5	4	2	3
가격	2	3	4	5
해상도	3	4	5	2
음량	4	2	5	3
화면크기 · 두께	4	5	2	3
내장 · 외장 메모리	2	3	4	5
합계	20	21	22	21

따라서 기본점수가 가장 높은 휴대폰은 22점인 휴대폰 C이다.

ㄷ. 휴대폰 A ~ D의 항목별 고객평가 점수를 단순 합산하면 다음과 같다.

구분	A	B	C	D
디자인	8	7	4	6
가격	4	6	7	8
해상도	5	6	8	4
음량	6	4	7	5
화면크기 · 두께	7	8	3	4
내장 · 외장 메모리	5	6	7	8
합계	35	37	36	35

따라서 각 항목의 점수를 단순 합산한 점수가 가장 높은 휴대폰은 제품 B이다.

ㄹ. 성능점수인 해상도, 음량, 내장 · 외장메모리 항목의 점수를 제외한, 디자인, 가격, 화면크기 · 두께 항목의 점수만을 단순 합산한 점수를 계산하면 다음과 같다.

기본점수	A	B	C	D
디자인	8	7	4	6
가격	4	6	7	8
화면크기 · 두께	7	8	3	4
합계	19	21	14	18

따라서 휴대폰 B의 점수는 휴대폰 C 점수의 $\frac{21}{14}=1.5$배이다.

오답분석

ㄴ. 휴대폰 A ~ D의 성능점수를 계산하면 다음과 같다.

구분	A	B	C	D
해상도	3	4	5	2
음량	4	2	5	3
내장 · 외장 메모리	2	3	4	5
합계	9	9	14	10

따라서 성능점수가 가장 높은 휴대폰은 14점인 휴대폰 C이다.

08 정답 ③

먼저 표의 빈칸을 구하면 다음과 같다.

- A의 서류점수 : $\frac{㉠+66+65+80}{4}=70.75$점

  $\therefore$ ㉠=72
- A의 평균점수 : $\frac{72+85+68}{3}=75$점

  $\therefore$ ㉡=75
- C의 필기점수 : $\frac{85+71+㉢+88}{4}=80.75$점

  $\therefore$ ㉢=79
- C의 평균점수 : $\frac{65+79+84}{3}=76$점

  $\therefore$ ㉣=76

이에 따라 각 부서에 배치할 인원은 다음과 같다.

- 홍보팀 : 면접점수가 85점으로 가장 높은 B
- 총무팀 : 평균점수가 76점으로 가장 높은 C
- 인사팀 : A와 D의 서류점수와 필기점수의 평균을 구하면 A가 $\frac{72+85}{2}=78.5$점, D가 $\frac{80+88}{2}=84$점이다.

  따라서 인사팀에는 D가 적절하다.
- 기획팀 : 가장 마지막 배치순서이므로 A가 배치될 것이다.

09 정답 ⑤

2019 ~ 2021년 국가채무는 아래와 같다.

- 2019년 : 334.7+247.2+68.5+24.2+48.6=723.2조 원
- 2020년 : 437.5+256.4+77.5+27.5+47.7=846.6조 원
- 2021년 : 538.9+263.5+92.5+27.5+42.9=965.3조 원

ㄷ. 2020년 공적자금 등으로 인한 국가채무는 47.7조 원으로, 27.5조 원인 지방정부 순채무의 $\frac{47.7}{27.5}\times100 ≒ 173$%이므로 60% 이상 많음을 알 수 있다.

ㄹ. 한 해의 GDP는 'GDP$\times\left(\frac{\text{GDP 대비 국가채무 비율}}{100}\right)=$국가채무'이므로 국가채무와 GDP 대비 비율을 이용하여 도출할 수 있다.

2019년 GDP를 미지수 x라고 하자. 위 식에 각 항목을 대입하면 $x\times\frac{37.6}{100}=723.2$조 원이므로 2019년 GDP는 약 1,923.4조 원이 된다.

그리고 이렇게 도출한 GDP에서 외환시장안정용 국가채무가 차지하는 비율은 $\left(\frac{\text{외환시장안정용 국가채무}}{\text{(GDP)}}\right)\times100=\frac{247.2}{1,923.4}\times100$ ≒ 12.9%이다.

동일한 방식으로 구하면 2020년 GDP를 y라 하였을 때 $y\times\frac{43.8}{100}=846.6$조 원이므로 2020년 GDP는 약 1,932.9조 원이 된다. 그 중 2020년 외환시장안정용 국가채무가 차지하는 비율은

$\frac{256.4}{1,932.9}\times100\fallingdotseq13.3\%$로 2019년의 12.9%보다 높으므로 적절한 설명이다.

오답분석

ㄱ. 2020년에 서민주거안정용 국가채무가 국가채무에서 차지하는 비중은 $\frac{77.5}{846.6}\times100\fallingdotseq9.2\%$이며, 2021년에 서민주거안정용 국가채무가 국가채무에서 차지하는 비중은 $\frac{92.5}{965.3}\times100\fallingdotseq9.6\%$이다. 따라서 2021년에 전년 대비 증가하였으므로 적절하지 않은 설명임을 알 수 있다.

ㄴ. GDP 대비 국가채무 비율은 2020년과 2021년 모두 증가하였지만, 지방정부 순채무의 경우 2020년에는 전년 대비 증가하고, 2021년에는 전년 대비 불변이다.

10 정답 ②

환경 A에서 배양하는 세균은 1부터 $+2^1$, $+2^2$, $+2^3$, … 규칙으로 증가하고, 환경 B에서 배양하는 세균은 10부터 +10, +20, +30, … 규칙으로 증가한다.

환경 A의 세균이 더 많아질 때까지 표를 그려보면 아래와 같다.

구분	1시간	2시간	3시간	4시간	5시간	6시간	7시간	8시간	9시간
환경 A	1	3	7	15	31	63	127	255	511
환경 B	10	20	40	70	110	160	220	290	370

따라서 9시간 후에 환경 A의 세균이 환경 B의 세균보다 더 많아진다.

02 추리

01	02	03	04	05	06	07	08	09	10
④	②	②	④	②	⑤	③	①	⑤	③

01 정답 ④

'수학을 좋아한다.'를 '수', '과학을 잘한다.'를 '과', '호기심이 많다.'를 '호'라고 하자.

구분	명제	대우
전제1	수 → 과	과× → 수×
전제2	호× → 과×	과 → 호

전제1과 전제2의 대우에 의해 수 → 과 → 호이다. 따라서 수 → 호 또는 호× → 수×이므로 결론은 '호기심이 적은 사람은 수학을 좋아하지 않는다.'인 ④이다.

02 정답 ②

'물에 잘 번진다'를 '물', '수성 펜이다.'를 '수', '뚜껑이 있다'를 '뚜', '잉크 찌꺼기가 생긴다.'를 '잉'이라고 하자.

구분	명제	대우
전제1	물 → 수	수× → 물×
전제2	수 → 뚜	뚜× → 수×
전제3	물× → 잉	잉× → 물

전제1, 전제2의 대우와 전제3에 의해 뚜× → 수× → 물× → 잉이다. 따라서 뚜× → 잉이므로 결론은 '뚜껑이 없는 펜은 잉크 찌꺼기가 생긴다.'인 ②이다.

03 정답 ②

각각의 명제를 벤다이어그램으로 나타내면 아래와 같다.

전제1.

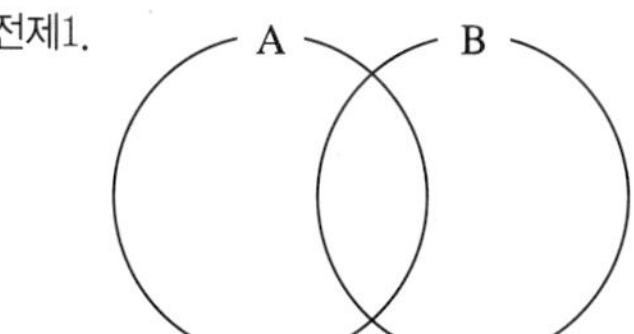

결론.

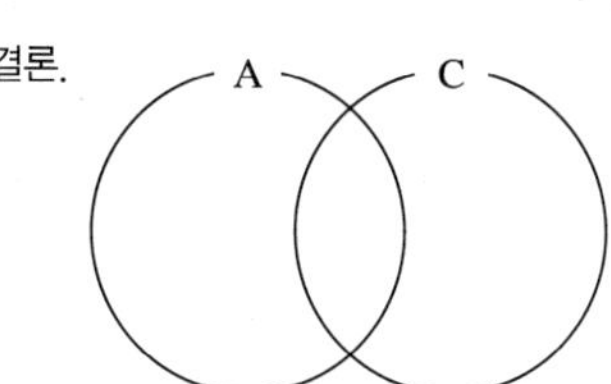

마지막 명제가 참이 되기 위해서는 A와 공통되는 부분의 B와 C가 연결되어야 하므로 B를 C에 모두 포함시켜야 한다. 따라서 전제2에 들어갈 명제는 'B를 구매한 모든 사람은 C를 구매했다.'인 ②이다.

오답분석

다음과 같은 경우 성립하지 않는다.

①·③

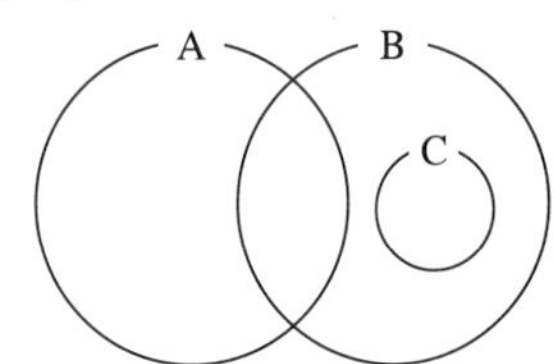

④

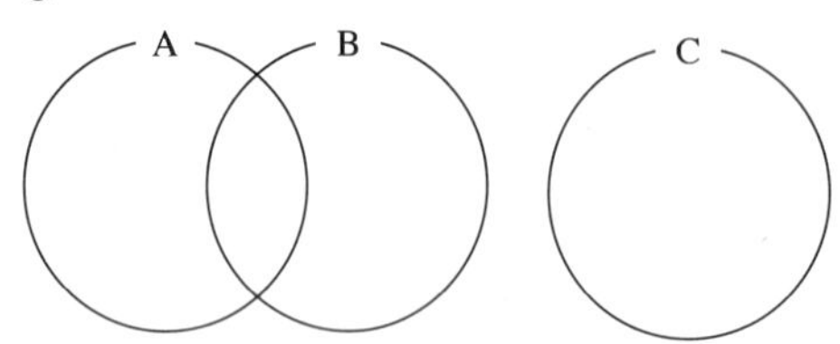

⑤

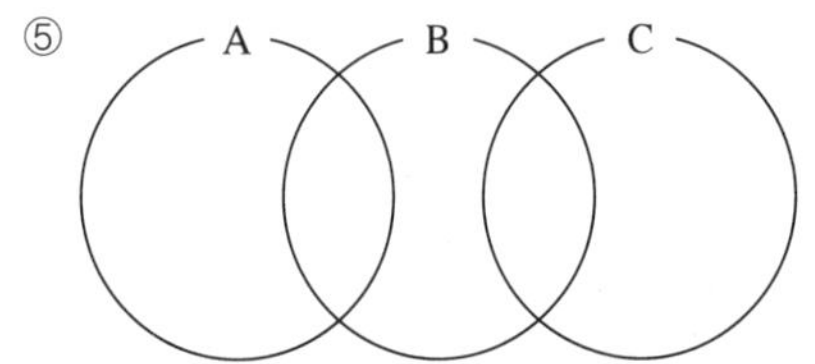

04 정답 ④

단 한 명이 거짓말을 하고 있으므로 C와 D 중 한 명은 반드시 거짓을 말하고 있다. 즉, C의 말이 거짓일 경우 D의 말은 참이 되며, D의 말이 참일 경우 C의 말은 거짓이 된다.

1) D의 말이 거짓일 경우
   C와 B의 말이 참이므로, A와 D가 모두 신발 당첨자가 되어 모순이 된다.
2) C의 말이 거짓일 경우
   A는 신발 당첨자가 되지 않으며, 나머지 진술에 따라 D가 신발 당첨자가 된다.

따라서 C가 거짓을 말하고 있으며, 신발 당첨자는 D이다.

05 정답 ②

주어진 조건을 표로 정리하면 다음과 같다.

구분	아메리카노	카페라테	카푸치노	에스프레소
A	○	×	×	×
B				○
C				×

오답분석

①·⑤ 주어진 조건만으로는 C가 좋아하는 커피를 알 수 없다.

③ B는 에스프레소를 좋아하지만, C는 에스프레소를 좋아하지 않는다.

④ A와 B는 좋아하는 커피가 다르다고 했으므로, A는 에스프레소를 좋아하지 않는다. 또한 주어진 조건에서 카페라테와 카푸치노도 좋아하지 않는다고 했으므로 A가 좋아하는 커피는 아메리카노이다.

06 정답 ⑤

조건에 따라 사용할 수 있는 숫자는 1, 5, 6을 제외한 나머지 2, 3, 4, 7, 8, 9의 총 6개이다. (한 자리 수)×(두 자리 수)=156이 되는 수를 알기 위해서는 156의 소인수를 구해보면 된다. $156=2^2\times3\times13$이고, 156이 되는 수의 곱 중에 조건을 만족하는 것은 2×78과 4×39이다. 따라서 선택지 중에 A팀 또는 B팀에 들어갈 수 있는 암호배열은 39밖에 없으므로 답은 ⑤이다.

07 정답 ③

A～D 네 명의 진술을 정리하면 다음과 같다.

구분	진술 1	진술 2
A	C는 B를 이길 수 있는 것을 냈다.	B는 가위를 냈다.
B	A는 C와 같은 것을 냈다.	A가 편 손가락의 수는 B보다 적다.
C	B는 바위를 냈다.	A～D는 같은 것을 내지 않았다.
D	A, B, C 모두 참 또는 거짓을 말한 순서가 동일하다.	이 판은 승자가 나온 판이었다.

먼저 A～D는 반드시 가위, 바위, 보 세 가지 중 하나를 내야 하므로 그 누구도 같은 것을 내지 않았다는 C의 진술 2는 거짓이 된다. 따라서 C의 진술 중 진술 1은 참이 되므로 B가 바위를 냈다는 것을 알 수 있다. 이때, B가 가위를 냈다는 A의 진술 2는 참인 C의 진술 1과 모순되므로 A의 진술 중 진술 2가 거짓이 되는 것을 알 수 있다. 결국 A의 진술 중 진술 1이 참이 되므로 C는 바위를 낸 B를 이길 수 있는 보를 냈다는 것을 알 수 있다.

한편, 바위를 낸 B는 손가락을 펴지 않으므로 A가 편 손가락의 수가 자신보다 적었다는 B의 진술 2는 거짓이 된다. 따라서 B의 진술 중 진술 1이 참이 되므로 A는 C와 같은 보를 냈다는 것을 알 수 있다. 이를 바탕으로 A～C의 진술에 대한 참, 거짓 여부와 가위바위보를 정리하면 다음과 같다.

구분	진술 1	진술 2	가위바위보
A	참	거짓	보
B	참	거짓	바위
C	참	거짓	보

따라서 참 또는 거짓에 대한 A～C의 진술 순서가 동일하므로 D의 진술 1은 참이 되고, 진술 2는 거짓이 되어야 한다. 이때, 승자가 나오지 않으려면 D는 반드시 A～C와 다른 것을 내야 하므로 가위를 낸 것을 알 수 있다.

오답분석

① B와 같은 것을 낸 사람은 없다.
② 보를 낸 사람은 2명이다.
④ B가 기권했다면 가위를 낸 D가 이기게 된다.
⑤ 바위를 낸 사람은 1명이다.

08 정답 ①

'근면'은 부지런히 일하며 힘쓰는 것이고, '태만'은 열심히 하려는 마음이 없고 게으른 것으로 서로 반의 관계이다. '긴장'의 반의어는 '완화'이다.

- 긴장(緊張) : 마음을 조이고 정신을 바짝 차림
- 완화(緩和) : 긴장된 상태나 급박한 것을 느슨하게 함

오답분석

② 경직(硬直) : 몸 따위가 굳어서 뻣뻣하게 됨
③ 수축(收縮) : 부피나 규모가 줄어듦
④ 압축(壓縮) : 일정한 범위나 테두리를 줄임
⑤ 팽창(膨脹) : 부풀어서 부피가 커짐

09 정답 ⑤

'고집'은 자기의 의견을 바꾸거나 고치지 않고 굳게 버티는 것이고, '집념'은 한 가지 일에 매달려 마음을 쏟는 것으로 서로 유의 관계이다. '정점'의 유의어는 '절정'이다.

- 정점(頂點) : 사물의 진행이나 발전이 최고의 경지에 달한 상태
- 절정(絕頂) : 사물의 진행이나 발전이 최고의 경지에 달한 상태

오답분석

① 제한(制限) : 일정한 한도를 정하거나 그 한도를 넘지 못하게 막음
② 경계(境界) : 사물이 어떠한 기준에 의하여 분간되는 한계
③ 한도(限度) : 한정된 정도
④ 절경(絕景) : 더할 나위 없이 훌륭한 경치

10 정답 ③

가해자의 징벌을 위해 부과되는 것은 벌금이다.

오답분석

① 불법 행위를 감행하기 쉬운 상황일수록 이를 억제하는 데에는 금전적 제재 수단이 효과적이다.
② 벌금은 형사적 제재이고, 과징금은 행정적 제재이다. 두 제재는 서로 목적이 다르므로 한 가지 행위에 대해 동시 적용이 가능하다.
④ 우리나라에서는 기업의 불법 행위에 대해 손해 배상 소송이 제기되거나 벌금이 부과되는 경우는 드물며, 과징금 등 행정적 제재 수단이 억제 기능을 수행하는 경우가 많다.
⑤ 행정적 제재인 과징금은 국가에 귀속되므로 피해자에게 직접적인 도움이 되지는 못한다.

CHAPTER 03 2021년 하반기 기출복원문제

01 수리논리

01	02	03	04	05	06	07	08	09	10
②	②	②	④	⑤	④	②	①	②	⑤
11	12	13	14						
④	④	②	②						

01 정답 ②

A가 가장 첫 번째 자리에 앉았으므로 남은 자리는 총 일곱 자리이다. 남은 일곱 자리에 B와 C가 붙어 앉을 수 있는 경우는 6가지이고, 나머지 다섯 자리에 D가 앉는 경우는 5가지이다. 또한 B와 C가 자리를 서로 바꾸어 앉는 경우도 생각해야 한다.

따라서 총 $6\times5\times2=60$가지이다.

02 정답 ②

공기청정기와 선풍기를 모두 구매한 사람은 20명이므로 공기청정기만을 구매한 사람은 100명이다. 공기청정기와 선풍기를 구매한 사람 수에서 두 개를 모두 구매한 사람 수와 공기청정기만을 구매한 사람 수를 제외하면 선풍기만을 구매한 사람의 수를 구할 수 있다. 그러므로 선풍기만을 구매한 사람은 80명이다.

따라서 총 매출액은 $100\times15+80\times7+20\times(15+7-2)=$ 2,460만 원이다.

03 정답 ②

전월 여자와 남자 인원수를 각각 x, y명이라고 하면 전월 인원수는 총 1,000명이므로 $x+y=1,000$이다. 이번 달에는 전월 대비 여자는 20% 증가했고, 남자는 10% 감소하여 총 인원수가 80명 증가했으므로 $0.2x-0.1y=80$이다. 두 식을 정리하여 연립하면 다음과 같다.

$x+y=1,000$ ⋯ ㉠

$0.2x-0.1y=80 \rightarrow 2x-y=800$ ⋯ ㉡

㉠+㉡ → $3x=1,800$

$\therefore x=600,\ y=400$

04 정답 ④

1회차에 당첨된 한 명은 2회차 추첨에서 제외되고, 2회차에 당첨된 다른 한 명은 3회차 추첨에서 제외된다. 1회차에 당첨된 한 명은 3회차 추첨에 다시 포함된다. 그러므로 A가 이번 달에 총 2번 당첨되려면 1회차와 3회차에 당첨되어야 함을 알 수 있다.

1, 2, 3회차에 10명의 참여자 중 당첨자를 추첨하는 경우의 수는 $10\times9\times9$가지이다.

A가 1회차에 당첨되고 2회차에는 A를 제외한 9명 중 1명이 당첨되며, 3회차에 다시 A가 당첨되는 경우의 수는 $1\times9\times1$가지이다.

따라서 이번 달에 A가 2번 당첨될 확률은 $\frac{1\times9\times1}{10\times9\times9}=\frac{1}{90}$이다.

05 정답 ⑤

20대가 적어도 1명 이상 포함될 경우는 전체의 경우에서 20대가 1명도 포함되지 않을 경우를 제외한 것과 같다.

전체의 경우의 수는 ${}_6C_2$가지이고 20대를 1명도 포함시키지 않고 2명을 뽑는 경우의 수는 30대에서 2명을 모두 뽑는 경우의 수와 같으므로 ${}_3C_2$가지이다.

$\therefore \frac{{}_6C_2-{}_3C_2}{{}_6C_2}=\frac{15-3}{15}=\frac{12}{15}=\frac{4}{5}$

06 정답 ④

Y는 6시간 동안 1개를 생산하였으므로 60시간 동안에는 10개를 생산한다. Y와 Z가 함께 60시간 동안 21개를 생산하였으므로 Z는 11개를 생산하였다. 그러므로 X가 15시간 동안 1개, Y는 6시간 동안 1개, Z는 60시간 동안 11개를 생산한다.

따라서 X, Y, Z가 함께 360시간 동안 생산하는 A제품은 $360\div15\times1+360\div6\times1+360\div60\times11=24+60+66=150$개이다.

07 정답 ②

2019년의 인원수는 2018년 대비 25% 감소하였으므로 $300\times(1-0.25)$명이다.

2020년의 인원수는 2019년 대비 20% 증가하였으므로 $300\times(1-0.25)\times(1+0.2)$명이다.

따라서 2018년과 2020년의 인원수 차이는 $300-300\times(1-0.25)\times(1+0.2)=300-300\times0.75\times1.2=300-270=30$명이다.

08 정답 ①

10명인 S부서에서 3명을 뽑는 경우의 수는 ${}_{10}C_3$가지이다.

6명인 제조팀에서 2명, 4명인 영업팀에서 1명이 뽑히는 경우의 수는 ${}_6C_2\times{}_4C_1$가지이다.

따라서 S부서에서 3명을 뽑을 때 제조팀에서 2명, 영업팀에서 1명이 뽑힐 확률은 $\frac{{}_6C_2\times{}_4C_1}{{}_{10}C_3}=\frac{\frac{6\times5}{2\times1}\times4}{\frac{10\times9\times8}{3\times2\times1}}=\frac{15\times4}{120}=\frac{1}{2}$이다.

09 정답 ②

ㄴ. 기계장비 부문의 상대수준은 일본이다.

ㄷ. 한국의 전자 부문 투자액은 301.6억 달러, 전자 외 부문 투자액의 총합은 3.4+4.9+32.4+16.4=57.1억 달러로, 57.1×6=342.6>301.6이다. 따라서 적절하지 않다.

오답분석

ㄱ. 제시된 자료를 통해 한국의 IT서비스 부문 투자액은 최대 투자국인 미국 대비 상대수준이 1.7%임을 알 수 있다.

ㄹ. 일본은 '전자 – 바이오・의료 – 기계장비 – 통신 서비스 – IT서비스' 순이고, 프랑스는 '전자 – IT서비스 – 바이오・의료 – 기계장비 – 통신 서비스' 순서이다.

10 정답 ⑤

S사의 부서별 전년 대비 순이익의 증감률은 다음과 같다.

(단위 : %)

구분	리조트	보험	물류	패션	건설
2017년	60	0	25	50	20
2018년	150	25	60	0	50
2019년	25	50	25	400	100
2020년	20	40	20	−70	−50
2021년	15	0	25	200	100

2018년 건설 부서의 순이익은 전년 대비 50% 증가하였는데 ⑤번 그래프에서는 40%보다 낮다.

11 정답 ①

(X상품 생산지수)=10일 때, (Y상품 생산지수)=52이므로

$52=a\times(10\div10)^2+b\times10\rightarrow52=a+10b$ … (가)

(X상품 생산지수)=20일 때, (Y상품 생산지수)=108이므로

$108=a\times(20\div10)^2+b\times20\rightarrow108=4a+20b\rightarrow27=a+5b$ … (나)

(가)와 (나)를 연립하면

(가)−(나) → $a=2$, $b=5$ → (Y상품 생산지수)=2×[(X상품 생산지수)÷10]^2+5×(X상품 생산지수)

(X상품 생산지수)=30일 때

(Y상품 생산지수)=$2\times(30\div10)^2+5\times30=168$ … ㉡

(Y상품 생산지수)=300일 때

300=2×[(X상품 생산지수)÷10]^2+5×(X상품 생산지수)

→ (X상품 생산지수)^2÷50+5×(X상품 생산지수)−300=0

→ (X상품 생산지수)^2+250×(X상품 생산지수)−15,000=0

→ {(X상품 생산지수)+300}{(X상품 생산지수)−50}=0

→ (X상품 생산지수)=50 … ㉠ (∵ X, Y상품의 생산지수는 양수)

따라서 ㉠=50, ㉡=168이다.

12 정답 ④

A회사와 B회사 매출액의 증감 규칙은 다음과 같다.

- A회사

3,500 → 5,000 → 6,400 → 7,700

+1,500 +1,400 +1,300

−100 −100

주어진 수열의 계차는 공차가 −100인 등차수열이다.

- B회사

1,500 → 2,100 → 2,700 → 3,300

+600 +600 +600

앞의 항에 +600을 하는 등차수열이다.

2020년을 기준으로 n년 후에 A회사의 매출액은 $7,700+\sum_{k=1}^{n}(1,300-100k)$백만 원이고, B회사의 매출액은 $3,300+600n$백만 원이다.

B회사 매출액이 A회사 매출액의 절반을 뛰어넘는 연도를 구하라고 하였으므로 다음과 같다.

$$\frac{7,700+\sum_{k=1}^{n}(1,300-100k)}{2}<3,300+600n$$

$\rightarrow -50n^2+1,250n+7,700<2\times(3,300+600n)$

$\left[\because \sum_{k=1}^{n}k=\frac{n(n+1)}{2},\ \sum_{k=1}^{n}m=nm\ (\text{단, } m\text{은 상수이다})\right]$

$\rightarrow -50n^2+1,250n+7,700<6,600+1,200n$

$\rightarrow -50n^2+50n+1,100<0$

$\rightarrow -50(n^2-n-22)<0$

$\rightarrow n^2-n-22>0$

$\therefore n\geq 6$

따라서 n이 6보다 크거나 같아야 n^2-n-22이 0보다 크므로 2020년으로부터 6년 후인 2026년에 B회사 매출액이 A회사 매출액의 절반을 뛰어넘는다.

직접 계산하는 방법으로 하면 A, B회사의 매출액은 다음과 같다.

(단위 : 백만 원)

구분	2020년	2021년	2022년	2023년	2024년	2025년	2026년
A회사	7,700	8,900	10,000	11,000	11,900	12,700	13,400
B회사	3,300	3,900	4,500	5,100	5,700	6,300	6,900

따라서 2026년에 B회사 매출액이 A회사 매출액의 절반을 뛰어넘는 것을 알 수 있다.

13 정답 ②

A사원과 B사원이 T상품에 가입시킨 고객 수의 증가 규칙은 다음과 같다.

• A사원

2 7 12 17 22 27

+5 +5 +5 +5 +5

공차가 +5인 등차수열이다.

• B사원

1 3 7 13 21 31

+2 +4 +6 +8 +10

+2 +2 +2 +2

주어진 수열의 계차는 공차가 +2인 등차수열이다.

증가 규칙에 따라 12월에 A사원과 B사원이 가입시킨 고객 수를 구하면 다음과 같다.

(단위 : 명)

구분	6월	7월	8월	9월	10월	11월	12월
A사원	27	32	37	42	47	52	57
B사원	31	43	57	73	91	111	133

A사원과 B사원의 12월 성과금은 각각 114(=57×2)만 원, 266(=133×2)만 원이다.

14 정답 ②

X상품과 Y상품의 수익의 증가 규칙은 다음과 같다.

• A사원

25,000 26,000 27,000 28,000 29,000

+1,000 +1,000 +1,000 +1,000

공차가 +1,000인 등차수열이다.

• B사원

5,000 6,000 9,000 14,000 21,000

+1,000 +3,000 +5,000 +7,000

+2,000 +2,000 +2,000

주어진 수열의 계차는 공차가 +2,000인 등차수열이다.

2021년 5월을 기준으로 n달 후에 X상품의 수익은 $29,000+1,000n$천만 원이고, Y상품의 수익은 $21,000+\sum_{k=1}^{n}(7,000+2,000k)$천만 원이다.

Y상품 수익이 X상품 수익의 3배가 되는 달을 구하라고 하였으므로 다음과 같다.

$21,000+\sum_{k=1}^{n}(7,000+2,000k)=3\times(29,000+1,000n)$

$\rightarrow 21,000+7,000n+1,000n(n+1)=87,000+3,000n$

$\rightarrow 1,000n^2+5,000n-66,000=0$

$\rightarrow n^2+5n-66=0$

$\rightarrow (n-6)(n+11)=0$

$\therefore n=6(\because$ 2021년 5월 이후)

2021년 5월을 기준으로 6달 후인 2021년 11월에 Y상품 수익이 X상품 수익의 3배가 된다.

직접 계산하는 방법으로 하면 X상품과 Y상품의 수익은 다음과 같다.

(단위 : 천만 원)

구분	5월	6월	7월	8월	9월	10월	11월
X상품	29,000	30,000	31,000	32,000	33,000	34,000	35,000
Y상품	21,000	30,000	41,000	54,000	69,000	86,000	105,000

따라서 2021년 11월에 Y상품 수익이 X상품 수익의 3배가 되는 것을 알 수 있다.

02 추리

01	02	03	04	05	06	07	08	09	10
④	⑤	②	②	⑤	③	⑤	②	②	③
11	12	13	14	15	16	17	18	19	20
⑤	②	①	③	②	③	⑤	①	②	④
21	22	23	24	25	26	27			
③	⑤	②	①	③	⑤	④			

01 정답 ④

'연극을 좋아한다.'를 '연', '발레를 좋아한다.'를 '발', '영화를 좋아한다.'를 '영'이라고 하자.

구분	명제	대우
전제1	연 → 발	발× → 연×
전제2	영× → 발×	발 → 영

전제1과 전제2의 대우에 의해 연 → 발 → 영이다. 따라서 연 → 영이므로 결론은 '연극을 좋아하면 영화를 좋아한다.'인 ④이다.

02 정답 ⑤

'부품을 만든다.'를 '부', '공장이 있다.'를 '공', '제조를 한다.'를 '제'라고 하자.

구분	명제	대우
전제1	부 → 공	공× → 부×
결론	부 → 제	제× → 부×

전제1이 결론으로 연결되려면, 전제2는 공 → 제가 되어야 한다. 따라서 전제2는 '공장이 있는 회사는 제조를 한다.'인 ⑤이다.

03 정답 ②

'와인을 좋아한다.'를 '와', '치즈를 좋아한다.'를 '치', '포도를 좋아한다.'를 '포'라고 하면 다음과 같이 벤다이어그램으로 나타낼 수 있다.

전제1.

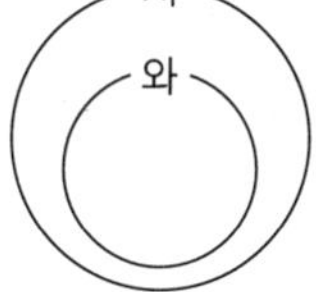

결론.

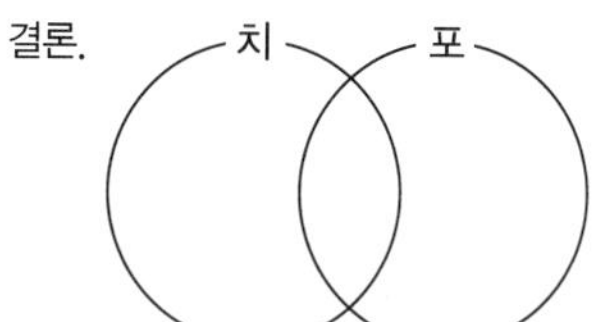

결론이 참이 되기 위해서는 '와'와 공통되는 '치'의 부분과 '포'가 연결되어야 한다. 즉, 다음과 같은 벤다이어그램이 성립할 때 결론이 참이 될 수 있으므로 전제2에 들어갈 명제는 어떤 와 → 포이거나 어떤 포 → 와이다. 따라서 전제2에 들어갈 명제는 '와인을 좋아하는 어떤 회사원은 포도를 좋아한다.'인 ②이다.

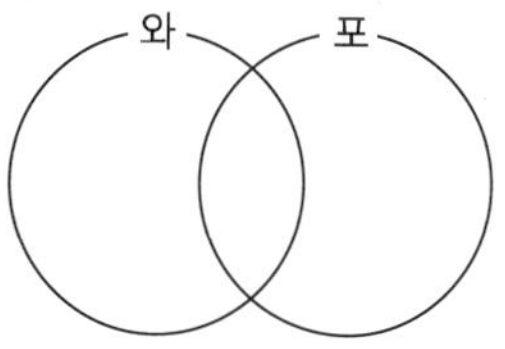

04 정답 ②

'연극을 좋아하는 아이'를 '연', '드라마를 보는 아이'를 '드', '영화를 보는 아이'를 '영'이라고 하면, 전제1과 전제2는 다음과 같은 벤다이어그램으로 나타낼 수 있다.

전제1.

전제2.

이를 정리하면 다음과 같은 벤다이어그램이 성립한다.

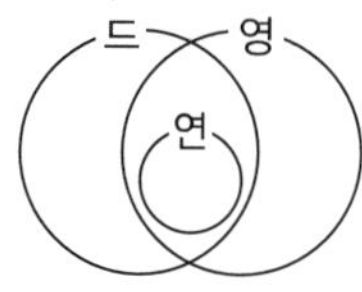

따라서 '영화를 보는 어떤 아이는 드라마를 본다.'라는 결론이 도출된다.

오답분석

⑤

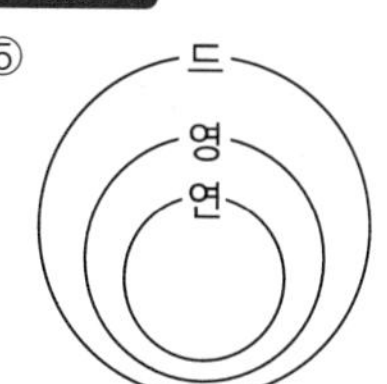

이 경우에는 성립하지 않으므로 적절하지 않다.

05 정답 ⑤

'C언어를 한다'를 'C', '파이썬을 한다.'를 '파', 'Java를 한다.'를 'J'라고 하자.

구분	명제	대우
전제1	C → 파	파× → C×
전제2	J → C	C× → J×

전제2와 전제1에 의해 J → C → 파이다. 따라서 J → 파이므로 결론은 'Java를 하는 사원은 파이썬을 한다.'의 대우명제인 ⑤이다.

06 정답 ③

E는 B보다 먼저 포장을 완료했고 B는 보관함 2열, E는 보관함 3행에 넣어졌으므로 B는 8번 보관함, E는 7번 보관함에 넣어졌다.
D는 A보다 한 행 아래, C보다 왼쪽 열에 넣어졌고, C는 두 번째로 포장이 완료되었으므로 A → C → D 순서로 포장이 완료되었음을 알 수 있다. 또한 짝수 번의 보관함에는 한 개의 상품만 넣어졌으므로 8번에 넣어진 B를 제외하고는 모두 홀수 번의 보관함에 넣어졌다.
따라서 A는 1번 보관함, C는 3번 보관함, D는 5번 보관함에 넣어졌다.

07 정답 ⑤

C는 가장 마지막에 출근하였으므로 여섯 번째로 출근했고, 케냐 커피를 마셨다. F는 바로 앞에 출근한 사원이 마신 커피와 다른 종류의 커피를 마셨으므로 네 번째로 출근했고 케냐 커피를 마셨다. A와 B는 연이어 출근하였고 B는 E보다 나중에 출근하였으므로 E는 첫 번째로 출근했다. A와 B는 두 번째, 세 번째로 연이어 출근했고, D는 다섯 번째로 출근했다.

구분	에티오피아 커피			케냐 커피		
	첫 번째	두 번째	세 번째	네 번째	다섯 번째	여섯 번째
경우 1	E	A	B	F	D	C
경우 2	E	B	A	F	D	C

08 정답 ②

첫 번째와 세 번째 조건에 의해 F>(A, B)>E이다.
두 번째와 네 번째 조건까지 고려하면 다음과 같다.

구분	첫 번째	두 번째	세 번째	다섯 번째	여섯 번째	일곱 번째
경우 1	F	C	A	B	D	E
경우 2	F	C	B	A	D	E
경우 3	F	A	C	B	E	D
경우 4	F	A	D	B	E	C
경우 5	F	B	C	A	E	D

따라서 E가 맨 끝에 서 있는 경우는 경우 1, 2이므로 C는 F 바로 뒤에 서 있다.

오답분석

① 경우 4에서 D는 E와 떨어져 있다.
③ 경우 3, 4에서 A는 C보다 앞에 서 있다.
④ 경우 5에서 E가 여섯 번째로 서 있지만 A는 B보다 뒤에 서 있다.
⑤ 경우 3, 4에서 A가 F 바로 뒤에 서 있지만 B는 다섯 번째에 서 있다.

09 정답 ②

D가 첫 번째 경기에 출전했으므로 1, 2번 자리에 배치되었고, F는 두 번째 경기에 출전했으므로 3, 4번 자리에 배치되었다. D는 결승전에 진출했고 B는 준결승전에서 패배하였으므로 B와 D는 준결승전에서 만났다. D는 1, 2번 자리에 배치되었으므로 B는 3, 4번 자리에 배치되었다.
준결승에서 만난 G와 E는 5, 6, 7번 자리에 배치되었다.
따라서 준결승에 진출한 네 명은 B, D, E, G이므로 C는 1라운드에서 승리할 수 없다.

오답분석

① D는 결승전에 진출했고, G와 E는 준결승에서 만났으므로 G가 E를 이긴다면 D와 결승전에서 만날 수도 있다.
③ 5, 6, 7번 자리에 배치된 G와 E가 준결승에서 만났으므로 A는 부전승으로 준결승전에 출전할 수 없다.
④ B와 F는 3, 4번 자리에 배치되었으므로 1라운드에서 만났다.
⑤ G나 E가 7번 자리에 배치될 수 있으므로 A와 C는 경기를 3번 했다.

10 정답 ③

각 직무의 담당자는 2명이고 C와 D가 담당하는 직무는 서로 다르므로 A와 B가 담당하는 직무는 서로 다르다. B는 공정설계 직무를 담당하므로 A는 공정설계 직무를 담당하지 않는다. D는 설비기술 직무를 담당하므로 C는 설비기술 직무를 담당하지 않는다.
D가 회로설계 직무를 담당하면 C는 공정설계와 품질보증 직무를 담당한다. A와 C는 1개의 직무를 함께 담당하고 A는 공정설계를 담당하지 않으므로 A와 C는 품질보증 직무를 함께 담당한다.

구분	공정설계	설비기술	회로설계	품질보증
A	×			○
B	○			×
C	○	×	×	○
D	×	○	○	×

오답분석

① B가 회로설계 직무를 담당하면 A는 설비기술과 품질보증 직무를 담당한다. A와 C가 1개의 직무를 함께 담당해야 하므로 C는 품질보증 직무를 담당한다. C와 D가 담당하는 직무는 서로 다르므로 D는 품질보증 직무를 담당하지 않는다.

구분	공정설계	설비기술	회로설계	품질보증
A	×	○	×	○
B	○	×	○	×
C		×		○
D		○		×

② A가 설비기술 직무를 담당하지 않으면 회로설계와 품질보증 직무를 담당한다. A와 C는 1개의 직무를 함께 담당하므로 C는 회로설계와 품질보증 직무 중 1개의 직무를 담당한다.

구분	공정설계	설비기술	회로설계	품질보증
A	×	×	○	○
B	○	○	×	×
C		×		
D		○		

④ C가 품질보증 직무를 담당하지 않으면 공정설계와 회로설계 직무를 담당한다. A와 C는 1개의 직무를 함께 담당하므로 A는 회로설계 직무를 담당한다. A와 B는 담당하는 직무가 서로 다르므로 B는 회로설계 직무를 담당하지 않는다.

구분	공정설계	설비기술	회로설계	품질보증
A	×		○	
B	○		×	
C	○	×	○	×
D	×	○	×	○

⑤ B가 설비기술 직무를 담당하지 않으면 A는 설비기술 직무를 담당한다. A는 회로설계와 품질보증 직무 중 1개의 직무를 담당할 수 있으므로 회로설계 직무를 담당하지 않는지는 알 수 없다.

구분	공정설계	설비기술	회로설계	품질보증
A	×	○		
B	○	×		
C		×		
D		○		

11 정답 ⑤

가장 작은 숫자가 적힌 카드를 가지고 있다는 A와 A가 가지고 있는 카드의 숫자보다 작은 수가 적힌 카드를 가지고 있다는 E의 진술이 서로 모순된다.

- A의 진술이 거짓일 때
  A가 가진 카드에 적힌 숫자는 1이 아니며, C의 진술에 의해 A는 2가 적힌 카드를 가지고 있다. E의 진술에 의해 E는 1이 적힌 카드를 가지고 있고, D의 진술에 의해 D는 0이 적힌 카드를 가지고 있다. 그런데 카드에는 1부터 5까지의 자연수가 적혀있다고 하였으므로 모순이다.
- E의 진술이 거짓일 때
  A는 1이 적힌 카드를 가지고 있고, C의 진술에 의해 C는 2가 적힌 카드를 가지고 있다. B는 C보다는 큰 수이고 5보다는 작은 수가 적힌 카드를 가지고 있으므로 3 또는 4가 적힌 카드를 가지고 있다. D의 진술에 의해 D는 E보다 1만큼 작은 수가 적힌 카드를 가지고 있으므로 D와 E는 각각 4, 5 또는 3, 4가 적힌 카드를 가지고 있다. 그러므로 B는 3, D는 4, E는 5가 적힌 카드를 가지고 있다.

따라서 가장 큰 숫자가 적힌 카드를 가지고 있는 사람은 E이다.

12 정답 ②

- A의 진술이 거짓일 때
  A는 거짓을 말했으므로 나팀이고, A와 C는 같은 팀이 아니다. C는 나팀이 아니므로 E가 나팀이라는 C의 말은 참이다. E는 나팀이므로 B가 나팀이 아니라는 진술은 거짓이다. B가 나팀이므로 한 팀은 2명 이하로 구성되어 있다는 전제에 모순된다.
- A의 진술이 참일 때
  A는 진실을 말했으므로 A와 C는 같은 팀이고 나팀이 아니다. C도 진실을 말했으므로 E는 나팀이다. E는 나팀이므로 B는 나팀이 아니라는 E의 진술은 거짓이다. B는 나팀이므로 B의 진술은 거짓이다. 따라서 A와 C는 가팀, B와 E는 나팀, D는 다팀이다.

13 정답 ①

규칙은 세로 방향으로 적용된다.
첫 번째 도형과 두 번째 도형을 합쳤을 때 검은색과 검은색, 흰색과 흰색이 합쳐지는 부분은 흰색, 검은색과 흰색이 합쳐지는 부분은 검은색으로 표현된 것이 세 번째 도형이다.

14 정답 ③

규칙은 가로 방향으로 적용된다.
원은 시계 방향으로 한 칸씩 이동하면서 해당 칸의 색으로 바뀐다. 원이 위치한 칸의 색은 항상 흰색이고, 원이 다른 칸으로 이동하면 원래 색으로 바뀐다.

15 정답 ②

규칙은 가로 방향으로 적용된다.
첫 번째 도형을 시계 반대 방향으로 90° 회전한 것이 두 번째 도형이고, 이를 180° 회전한 것이 세 번째 도형이다.

16 정답 ③

- △ : 각 자릿수 +1, −1, +2, −2
- ○ : 1234 → 2143
- □ : 각 자릿수 +1, −1, −1, +1
- ☆ : 1234 → 1324

BROW → CQQU → QCUQ
△ ○

17 정답 ⑤

QWXE → RVWF → RWVF
□ ☆

18 정답 ①

GKHE → GHKE → HGEK
☆ ○

19 정답 ②

XOST → YNUR → ZMTS
△ □

20 정답 ④

- △ : 각 자릿수 +1, +2, +1, +2
- ○ : 1234 → 4321
- □ : 각 자릿수 +0, +1, +0, −1
- ☆ : 1234 → 1324

HLJW → HMJV → HJMV
□ ☆

21 정답 ③

SEMV → TGNX → TNGX
△ ☆

22 정답 ⑤

EHFP → PFHE → QHIG
○ △

23 정답 ②

ALVK → AMVJ → JVMA
□ ○

24 정답 ①

제시된 단어의 대응 관계는 반의 관계이다.
'조잡하다'는 '말이나 행동 따위가 거칠고 품위가 없다.'라는 뜻으로 '자세하고 꼼꼼하다.'라는 뜻의 '치밀하다'와 반의 관계이다. 따라서 '활동 범위나 세력을 넓혀 나아가다.'라는 뜻을 가진 '진출하다'와 반의 관계인 단어는 '거두어들이거나 걷어치우다.'라는 뜻인 '철수하다'이다.

오답분석

② 자립하다 : 남에게 의지하지 않고 스스로 서다.
③ 인식하다 : 사물을 분별하고 판단하여 알다.
④ 막론하다 : 이것저것 따지고 가려 말하지 아니하다.
⑤ 분별하다 : 서로 다른 일이나 사물을 구별하여 가르다.

25 정답 ③

아보카도는 실내 온도에서 3일 정도밖에 보관되지 않는다.

26 정답 ⑤

해시 함수 3은 해시 값이 02와 03으로 다르지만 입력 값이 같으므로 해시 함수라고 할 수 없다.

오답분석

① 입력 값과 해시 함수 1에 의해 대응하는 해시 값이 서로 다르므로 해시 충돌이 발생하지 않았다.
② 해시 함수 2는 입력 값 B와 C에 대응하는 해시 값이 02로 같으므로 해시 충돌이 발생했다.
③ 해시 함수 3은 해시 함수라고 할 수 없으므로 암호로 사용될 수 없다.
④ 주어진 자료만으로 판단했을 때 해시 함수 2는 해시 충돌이 발생했고, 해시 함수 1은 해시 충돌이 발생하지 않았으므로 해시 함수 2보다는 해시 함수 1이 검색 비용이 적게 들 것이다.

27 정답 ④

전자식 보정은 광학식 보정보다 성능은 떨어지지만 가격이 저렴한 장점이 있으므로 상황에 따라 적절하게 선택하여 활용하는 것이 좋다.

오답분석

① 광학식 보정은 전자식 보정보다는 가격이 높다는 단점이, 성능이 우수하다는 장점이 있다.
② 전자식 보정은 사진을 찍은 후 떨림을 보정하는 기술이므로 사진을 찍기 전까지는 보정되는 정도를 확인할 수 없다.
③ 거치대를 이용하여 사진을 찍는 경우에는 손떨림이 없으므로 보정 기술이 거의 필요 없다. 따라서 광학식 보정보다는 전자식 보정을 선택하는 것이 가격 면에서 이득이다.
⑤ 광학식 보정은 손이 떨리는 방향과 반대 방향으로 렌즈를 이동시켜 흔들림을 상쇄하는 기술이므로 손이 왼쪽으로 떨리면 렌즈를 오른쪽으로 이동시켜 흔들림을 상쇄한다.

2021년 상반기 기출복원문제

01 수리논리

01	02	03	04	05	06	07	08	09	10
②	②	③	④	④	③	①	②	④	④

01 정답 ②

스마트패드만 구입한 고객의 수를 x명, 스마트패드와 스마트폰을 모두 구입한 고객의 수를 y명이라고 하자.
스마트폰만 구입한 고객은 19명이고, S사에서 스마트패드와 스마트폰을 구매한 고객은 총 69명이므로 $x+y+19=69$이다.
한 달 동안 S사의 매출액은 4,554만 원이므로 $80\times x+91\times y+17\times 19=4,554$이다.
두 식을 정리하여 연립하면 다음과 같다.
$x+y=50 \cdots$ ㉠
$80x+91y=4,231 \cdots$ ㉡
㉡$-80\times$㉠ → $x=29,\ y=21$
따라서 스마트패드와 스마트폰을 모두 구입한 고객의 수는 21명이다.

02 정답 ②

20대, 30대, 40대 직원 수를 각각 $a,\ b,\ c$명이라고 하자.
20대가 30대의 50%이므로 $a=b\times 50\%=b\times \frac{1}{2}$이다.
40대가 30대보다 15명이 많으므로 $c=b+15$이다.
총 직원의 수는 100명이므로 $a+b+c=100$이고, 앞서 구한 식을 이용하여 b에 관한 식으로 만들면 $b\times \frac{1}{2}+b+b+15=100$이다.
따라서 $b=34$이므로 30대 직원은 총 34명이다.

03 정답 ③

투자금	100억 원	
주식 종류	A	B
수익률	10%	6%
수익금	7억 원	

100억 원을 A와 B에 분산투자하므로 A에 투자하는 금액을 x억 원이라고 하고, B에 투자하는 금액을 y억 원이라 하자.
$x+y=100$ → $y=100-x$
A의 수익률 10%, B의 수익률 6%로 7억 원의 수익을 내면 다음과 같다.
$x\times 10\%+(100-x)\times 6\%=7$
→ $0.1x+0.06(100-x)=7$
→ $10x+6(100-x)=700$
→ $10x+600-6x=700$
→ $4x=100$
$\therefore\ x=25$
따라서 7억 원의 수익을 내기 위해서 A에 투자할 금액은 25억 원이다.

04 정답 ④

고급반 가, 나, 다 수업은 이어서 개설되므로 하나의 묶음으로 생각한다. 고급반 가, 나, 다 수업이 하나의 묶음 안에서 개설되는 경우의 수는 3!가지이다.
초급반 A, B, C수업은 이어서 개설되지 않으므로 6개 수업을 순차적으로 개설하는 방법은 다음과 같은 두 가지 경우가 있다.

초급반 A, B, C	고급반 가, 나, 다	초급반 A, B, C	초급반 A, B, C

초급반 A, B, C	초급반 A, B, C	고급반 가, 나, 다	초급반 A, B, C

두 가지 경우에서 초급반 A, B, C수업의 개설 순서를 정하는 경우의 수는 3!가지이다.
따라서 6개 수업을 순차적으로 개설하는 경우의 수는 $3!\times 2\times 3!=72$가지이다.

05 정답 ④

• 전체 경우

구분	1년	2년	3년
조장 가능 인원	6명	5명(첫 번째 연도 조장 제외)	5명(두 번째 연도 조장 제외)

연임이 불가능할 때 3년 동안 조장을 뽑는 경우의 수는 6×5×5가지이다.

• A가 조장을 2번 하는 경우

구분	1년	2년	3년
조장	1명 (A)	5명 (A 제외 5명 중 1명)	1명 (A)

연임은 불가능하므로 3년 동안 A가 조장을 2번 할 수 있는 경우는 첫 번째와 마지막에 조장을 하는 경우이다. 그러므로 A가 조장을 2번 하는 경우의 수는 1×5×1가지이다.

$\therefore \frac{1\times5\times1}{6\times5\times5}=\frac{1}{30}$

06 정답 ③

인천과 세종의 여성 공무원 비율은 다음과 같다.

• 인천 : $\frac{10,500}{20,000}\times100=52.5\%$

• 세종 : $\frac{2,200}{4,000}\times100=55\%$

따라서 비율 차이는 55−52.5=2.5%p이다.

오답분석

① 남성 공무원 수가 여성 공무원 수보다 많은 지역은 서울, 경기, 부산, 광주, 대전, 울산, 강원, 경상, 제주로 총 9곳이다.

② 광역시의 남성 공무원 수와 여성 공무원 수의 차이는 다음과 같다.
- 인천 : 10,500−9,500=1,000명
- 부산 : 7,500−5,000=2,500명
- 대구 : 9,600−6,400=3,200명
- 광주 : 4,500−3,000=1,500명
- 대전 : 3,000−1,800=1,200명
- 울산 : 2,100−1,900=200명

따라서 차이가 가장 큰 광역시는 대구이다.

④ 수도권(서울, 경기, 인천)과 광역시(인천, 부산, 대구, 광주, 대전, 울산)의 공무원 수는 다음과 같다.
- 수도권 : 25,000+15,000+20,000=60,000명
- 광역시 : 20,000+12,500+16,000+7,500+4,800+4,000=64,800명

따라서 차이는 64,800−60,000=4,800명이다.

⑤ 제주의 전체 공무원 중 남성 공무원의 비율은 $\frac{2,800}{5,000}\times100=56\%$이다.

07 정답 ①

대부분의 업종에서 2019년 1분기보다 2019년 4분기의 영업이익이 더 높지만, 철강업에서는 2019년 1분기(10,740억 원)가 2019년 4분기(10,460억 원)보다 높다.

오답분석

② 2020년 1분기 영업이익이 전년 동기(2019년 1분기) 대비 영업이익보다 높은 업종은 다음과 같다.
- 반도체(40,020 → 60,420)
- 통신(5,880 → 8,880)
- 해운(1,340 → 1,660)
- 석유화학(9,800 → 10,560)
- 항공(−2,880 → 120)

③ 2020년 1분기 영업이익이 적자가 아닌 업종 중 영업이익이 직전 분기(2019년 4분기) 대비 감소한 업종은 건설(19,450 → 16,410), 자동차(16,200 → 5,240), 철강(10,460 → 820)이다.

④ 2019년 1, 4분기에 흑자였다가 2020년 1분기에 적자로 전환된 업종은 디스플레이, 자동차부품, 조선, 호텔로 4개이다.

⑤ 항공업은 2019년 1분기(−2,880억 원)와 4분기(−2,520억 원) 모두 적자였다가 2020년 1분기(120억 원)에 흑자로 전환되었다.

08 정답 ②

제시된 식으로 응시자와 합격자 수를 계산하였을 때 다음과 같다.

구분	2016년	2017년	2018년	2019년	2020년
응시자	2,810	2,660	2,580	2,110	2,220
합격자	1,310	1,190	1,210	1,010	1,180

응시자 중 불합격자 수는 응시자에서 합격자 수를 뺀 값으로 연도별 수치는 다음과 같다.

- 2016년 : 2,810−1,310=1,500명
- 2017년 : 2,660−1,190=1,470명
- 2018년 : 2,580−1,210=1,370명
- 2019년 : 2,110−1,010=1,100명
- 2020년 : 2,220−1,180=1,040명

제시된 수치는 접수자에서 합격자 수를 뺀 값으로 적절하지 않은 그래프이다.

오답분석

① 미응시자 수는 접수자 수에서 응시자 수를 제외한 값이다.
- 2016년 : 3,540−2,810=730명
- 2017년 : 3,380−2,660=720명
- 2018년 : 3,120−2,580=540명
- 2019년 : 2,810−2,110=700명
- 2020년 : 2,990−2,220=770명

09 정답 ④

(운동시간)=1일 때, (운동효과)=4이므로

$4=a\times1-b^2$ ⋯ (가)

(운동시간)=2일 때, (운동효과)=62이므로

$62=a\times2-\frac{b^2}{2}$ ⋯ (나)

(가)와 (나)를 연립하면

2(가)−(나) → $a=40$, $b^2=36$

→ (운동효과)=40×(운동시간)−$\frac{36}{(운동시간)}$

(운동시간)=3일 때

(운동효과)=$40\times3-\frac{36}{3}=108$=㉠

(운동시간)=4일 때

(운동효과)=$40\times4-\frac{36}{4}=151$=㉡

따라서 ㉠=108, ㉡=151이다.

10 정답 ④

A제품과 B제품 매출액의 증감 규칙은 다음과 같다.

• A제품

100 101 103 107 115

+1 +2 +4 +8

$+2^0$, $+2^1$, $+2^2$, $+2^3$, ⋯인 수열이다.

2020년을 기준으로 n년 후의 A제품 매출액은 $115+\sum_{k=1}^{n}2^{k+3}$억 원이다.

• B제품

80 78 76 74 72

−2 −2 −2 −2

앞의 항에 −2를 하는 수열이다.

2020년을 기준으로 n년 후의 B제품 매출액은 $72-2n$억 원이다.

2020년을 기준으로 n년 후 두 제품의 매출액의 합은 $(115+\sum_{k=1}^{n}2^{k+3}+72-2n)$억 원이다.

300억 원을 초과하는 연도를 구하라고 하였으므로 $115+\sum_{k=1}^{n}2^{k+3}+72-2n>300$인 n값을 구한다.

$115+\sum_{k=1}^{n}2^{k+3}+72-2n>300 \rightarrow 187+2^4\sum_{k=1}^{n}2^{k-1}-2n>300 \rightarrow 187+2^4\times\frac{2^n-1}{2-1}-2n>300$

$\rightarrow 187+2^4\times2^n-16-2n>300 \rightarrow 16\times2^n-2n>129$

n	$16\times2^n-2n$
1	30
2	60
3	122
4	248

따라서 2020년을 기준으로 4년 후에 매출액이 300억 원을 초과하므로 2024년이다.

02 추리

01	02	03	04	05	06	07	08	09	10
③	④	①	④	②	②	⑤	③	②	②
11	12	13	14	15	16	17	18	19	20
②	④	③	⑤	⑤	③	⑤	⑤	③	①
21	22	23	24	25					
④	⑤	③	②	②					

01 정답 ③

'대한민국에 산다.'를 '대', '국내 여행을 간다.'를 '국', '김치찌개를 먹는다.'를 '김'이라고 하자.

구분	명제	대우
전제1	대 → 국	국× → 대×
전제2	김× → 국×	국 → 김

전제1과 전제2의 대우에 의해 대 → 국 → 김이다. 따라서 대 → 김이므로 결론은 '대한민국에 사는 사람은 김치찌개를 먹는다.'인 ③이다.

02 정답 ④

'작곡가를 꿈꾼다.'를 '작', 'TV 시청을 한다.'를 'T', '안경을 썼다.'를 '안'이라고 하자.

구분	명제	대우
전제1	작 → T	T× → 작×
결론	안× → 작×	작 → 안

전제1의 대우가 결론으로 연결되려면, 전제2는 안× → T×가 되어야 한다. 따라서 전제2는 '안경을 쓰지 않은 사람은 TV 시청을 하지 않는다.'인 ④이다.

03 정답 ①

'피아노를 배운다.'를 '피', '바이올린을 배운다.'를 '바', '필라테스를 배운다.'를 '필'이라고 하자.

구분	명제	대우
전제2	바 → 필	필× → 바×
결론	피 → 필	필× → 피×

전제2가 결론으로 연결되려면, 전제1은 피 → 바가 되어야 한다. 따라서 전제1은 '피아노를 배우는 사람은 바이올린을 배운다.'인 ①이다.

04 정답 ④

'커피를 좋아한다.'를 '커', '와인을 좋아한다.'를 '와', '생강차를 좋아한다.'를 '생'이라고 하자.

구분	명제	대우
전제1	커× → 와×	와 → 커
결론	커× → 생	생× → 커

전제1이 결론으로 연결되려면, 전제2는 와× → 생이 되어야 한다. 따라서 전제2는 '와인을 좋아하지 않으면, 생강차를 좋아한다.'인 ④이다.

05 정답 ②

'유행에 민감하다.'를 '유', '고양이를 좋아한다.'를 '고', '쇼핑을 좋아한다.'를 '쇼'라고 하면 다음과 같은 벤다이어그램으로 나타낼 수 있다.

전제1.

결론.

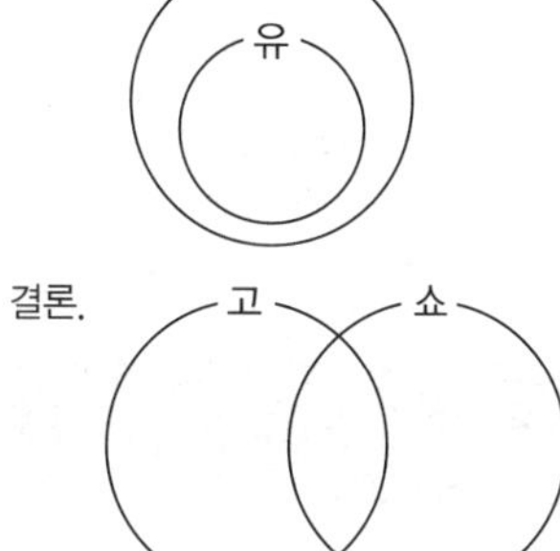

결론이 참이 되기 위해서는 '유'와 공통되는 '고'의 부분과 '쇼'가 연결되어야 한다. 즉, 다음과 같은 벤다이어그램이 성립할 때 결론이 참이 될 수 있으므로 전제2에 들어갈 명제는 어떤 유 → 쇼이거나 어떤 쇼 → 유이다. 따라서 전제2에 들어갈 명제는 '유행에 민감한 어떤 사람은 쇼핑을 좋아한다.'인 ②이다.

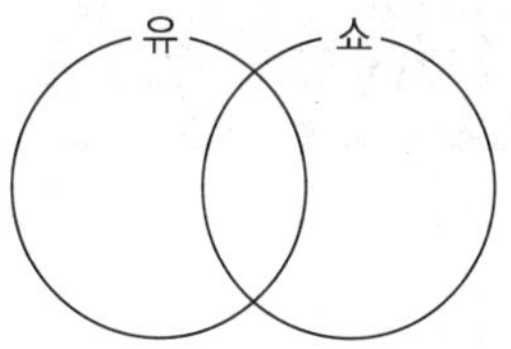

06 정답 ②

C 혼자 딸기맛을 선택했고, A와 D는 서로 같은 맛을 선택했으므로 A와 D는 바닐라맛 또는 초코맛을 선택했음을 알 수 있다. 또한 B와 E는 서로 다른 맛을 선택했고 마지막에 주문한 E는 인원 초과로 선택한 아이스크림을 먹지 못했으므로 E는 A, D와 같은 맛을 선택했다.

구분	A	B	C	D	E
경우 1	바닐라	초코맛	딸기맛	바닐라	바닐라
경우 2	초코맛	바닐라	딸기맛	초코맛	초코맛

따라서 C가 딸기맛이 아닌 초코맛을 선택했어도 B는 C와 상관없이 아이스크림을 먹을 수 있으므로 ②는 적절하지 않다.

07 정답 ⑤

B는 검은색 바지를, C는 흰색 셔츠를 입어보았고, 티셔츠를 입어본 사람은 바지를, 코트를 입어본 사람은 셔츠를 입어보지 않았다. B는 티셔츠를 입어보지 않았고, C는 코트를 입어보지 않았다.

종류	티셔츠		바지		코트		셔츠	
색상	검은색	흰색	검은색	흰색	검은색	흰색	검은색	흰색
A			×					×
B	×	×	○	×				×
C			×		×	×	×	○
D			×					×

코트는 A, B가, 티셔츠는 A, C가 입어보았고, 검은색 코트와 셔츠는 A와 D가 입어보았으므로 검은색 코트는 A가 입어본 것을 알 수 있다. 또, 검은색 셔츠는 D가, 흰색 코트는 B, 흰색 바지는 D가 입어보았음을 알 수 있다.

종류	티셔츠		바지		코트		셔츠	
색상	검은색	흰색	검은색	흰색	검은색	흰색	검은색	흰색
A			×	×	○	×	×	×
B	×	×	○	×	×	○	×	×
C			×	×	×	×	×	○
D	×	×	×	○	×	×	○	×

같은 색상으로 입어본 사람은 2명이라고 하였으므로, A는 검은색 티셔츠를, C는 흰색 티셔츠를 입어보았음을 알 수 있다.

종류	티셔츠		바지		코트		셔츠	
색상	검은색	흰색	검은색	흰색	검은색	흰색	검은색	흰색
A	○	×	×	×	○	×	×	×
B	×	×	○	×	×	○	×	×
C	×	○	×	×	×	×	×	○
D	×	×	×	○	×	×	○	×

따라서 D는 흰색 바지와 검은색 셔츠를 입었다.

08 정답 ③

B가 세 번째에 뽑은 카드에 적힌 숫자를 a라고 하면 A가 세 번째에 뽑은 카드에 적힌 숫자는 $a+1$이고, B가 첫 번째에 뽑은 카드에 적힌 숫자는 $a-1$이다.

또한 첫 번째, 두 번째, 세 번째에 A가 뽑은 카드에 적힌 숫자는 B가 뽑은 카드에 적힌 숫자보다 1만큼 크므로 A가 첫 번째로 뽑은 카드에 적힌 숫자는 $a-2$이다.

또한 B가 두 번째에 뽑은 카드에 적힌 숫자를 b라고 하면, A가 두 번째에 뽑은 카드에 적힌 숫자는 $b+1$이다.

구분	첫 번째	두 번째	세 번째
A	a	$b+1$	$a+1$
B	$a-1$	b	a

A와 B는 같은 숫자가 적힌 카드를 한 장 뽑았고, 그 숫자는 2라고 하였으므로 $a=2$이다.

구분	첫 번째	두 번째	세 번째
A	2	$b+1$	3
B	1	b	2

2가 적힌 카드를 제외하고 A, B가 뽑은 카드에 적힌 숫자가 달라야 하므로 $b=4$임을 알 수 있다.

구분	첫 번째	두 번째	세 번째
A	2	5	3
B	1	4	2

따라서 A와 B가 뽑은 카드에 적힌 숫자의 합 중 가장 큰 조합은 A가 두 번째, B가 두 번째인 경우이다.

09 정답 ②

B는 3번 콘센트를 사용하고, A와 E, C와 D는 바로 옆 콘센트를 이용하므로 B를 기준으로 A와 E, C와 D가 이용한 콘센트가 나뉜다. 또한 D는 5번 콘센트를 이용하지 않고, A는 1번이나 5번 콘센트를 이용하므로 다음과 같이 3가지 경우가 나온다.

구분	1번 콘센트 (작동 ○)	2번 콘센트 (작동 ○)	3번 콘센트 (작동 ○)	4번 콘센트 (작동 ○)	5번 콘센트 (작동 ×)
경우 1	A	E	B	D	C
경우 2	D	C	B	E	A
경우 3	C	D	B	E	A

C가 B의 바로 옆 콘센트를 이용하는 것은 경우 2이므로, A의 휴대폰에는 전원이 켜지지 않는다.

오답분석

① C의 휴대폰에 전원이 켜지지 않는 것은 C가 5번 콘센트를 이용하는 경우 1이므로, E는 2번 콘센트를 이용한다.
③ E가 4번 콘센트를 이용하는 것은 경우 2, 3이므로, C는 B의 바로 옆 콘센트를 이용할 수도 있고 그렇지 않을 수도 있다.
④ A의 휴대폰에 전원이 켜지지 않는 것은 A가 5번 콘센트를 이용하는 경우 2, 3이므로, D는 1번 콘센트를 이용할 수도 있고 그렇지 않을 수도 있다.
⑤ D가 2번 콘센트를 이용하는 것은 경우 3이므로, E는 4번 콘센트를 이용하고 휴대폰에 전원이 켜진다.

10 정답 ②

A가 가 마을에 살고 있다고 가정하면, B 또는 D는 가 마을에 살고 있다. F가 가 마을에 살고 있다고 했으므로 C, E는 나 마을에 살고 있음을 알 수 있다. 하지만 C는 A, E 중 한 명은 나 마을에 살고 있다고 말한 것은 진실이므로 모순이다.
A가 나 마을에 살고 있다고 가정하면, B, D 중 한 명은 가 마을에 살고 있다는 말은 거짓이므로 B, D는 나 마을에 살고 있다. A, B, D가 나 마을에 살고 있으므로 나머지 C, E, F는 가 마을에 살고 있음을 알 수 있다.

11 정답 ②

제시된 단어의 대응 관계는 반의 관계이다.
'영겁'은 '영원한 세월'의 뜻으로 '아주 짧은 동안'이라는 뜻인 '순간'과 반의 관계이다. 따라서 '훌륭하고 귀중함'의 뜻을 가진 '고귀'와 반의 관계인 단어는 '격이 낮고 속됨'이라는 뜻인 '비속'이다.

오답분석

① 숭고 : 뜻이 높고 고상함
③ 고상 : 고귀한 인상
④ 존귀 : 지위나 신분이 높고 귀함
⑤ 신성 : 고결하고 거룩함

12 정답 ④

제시된 단어의 대응 관계는 반의 관계이다.
'팽대'는 '세력이나 기운 따위가 크게 늘어나거나 퍼짐'의 뜻으로 '세력이나 기운, 사업 따위가 약화됨 또는 그런 세력'이라는 뜻인 '퇴세'와 반의 관계이다. 따라서 '그릇된 것이나 묵은 것을 버리고 새롭게 함'의 뜻을 가진 '쇄신'과 반의 관계인 단어는 '예로부터 해오던 방식이나 수법을 좇아 그대로 행함'이라는 뜻인 '답습'이다.

오답분석

① 진보 : 정도나 수준이 나아지거나 높아짐
② 은폐 : 덮어 감추거나 가리어 숨김
③ 세파 : 모질고 거센 세상의 어려움
⑤ 개혁 : 제도나 기구 따위를 새롭게 뜯어고침

13 정답 ③

'임대'는 '자기 물건을 남에게 돈을 받고 빌려줌'이라는 뜻이므로 '남에게 물건을 빌려서 사용함'이라는 뜻인 '차용'과 반의 관계이고, 나머지는 유의 관계이다.

오답분석

① • 참조 : 참고로 비교하고 대조하여 봄
  • 참고 : 살펴서 도움이 될 만한 재료로 삼음
② • 숙독 : 글의 뜻을 생각하면서 차분하게 읽음
  • 탐독 : 어떤 글이나 책 따위를 열중하여 읽음
④ • 정세 : 일이 되어 가는 형편
  • 상황 : 일이 되어 가는 과정
⑤ • 분별 : 서로 다른 일이나 사물을 구별하여 가름
  • 인식 : 사물을 분별하고 판단하여 앎

14 정답 ⑤

'겸양하다'는 '겸손한 태도로 남에게 양보하거나 사양하다.'라는 뜻이므로 '잘난 체하며 남을 업신여기는 데가 있다.'이라는 뜻인 '거만하다'와 반의 관계이고, 나머지는 유의 관계이다.

오답분석

① • 옹호하다 : 두둔하고 편들어 지키다.
  • 편들다 : 어떤 편을 돕거나 두둔하다.
② • 상정하다 : 어떤 정황을 가정적으로 생각하여 단정하다.
  • 가정하다 : 사실이 아니거나 또는 사실인지 아닌지 분명하지 않은 것을 임시로 인정하다.
③ • 혁파하다 : 묵은 기구, 제도, 법령 따위를 없애다.
  • 폐지하다 : 실시하여 오던 제도나 법규, 일 따위를 그만두거나 없애다.
④ • 원용하다 : 자기의 주장이나 학설을 세우기 위하여 문헌이나 관례 따위를 끌어다 쓰다.
  • 인용하다 : 남의 말이나 글을 자신의 말이나 글 속에 끌어 쓰다.

15 정답 ⑤

규칙은 세로 방향으로 적용된다.
첫 번째 도형을 색 반전한 것이 두 번째 도형이고, 이를 시계 반대 방향으로 90° 회전한 것이 세 번째 도형이다.

16 정답 ③

규칙은 가로 방향으로 적용된다.
첫 번째 도형을 시계 반대 방향으로 90° 회전한 것이 두 번째 도형이고, 이를 시계 방향으로 45° 회전한 것이 세 번째 도형이다.

17 정답 ⑤

규칙은 세로 방향으로 적용된다.
첫 번째 도형을 180° 회전한 것이 두 번째 도형이고, 이를 색 반전한 것이 세 번째 도형이다.

18 정답 ⑤

△ : 각 자릿수 0, +1, −1, +1
○ : 1234 → 4123
☆ : 각 자릿수 −1, 0, 0, +1
□ : 1234 → 2314

QE1O	→	E1QO	→	D1QP
	□		☆	

19 정답 ③

JW37	→	JX28	→	8JX2
	△		○	

20 정답 ①

UNWD	→	UOVE	→	OVUE
	△		□	

21 정답 ④

6753	→	5754	→	5845
	☆		△	

22 정답 ⑤

의료용 3D프린팅 기술의 안전성 검증의 과정에서 전체적 동식물 유전자 조작에 대한 부정적 견해를 유발할 수 있다.

오답분석

① 3D프린터는 재료와 그 크기에 따라 사람의 치아나 피부, 자동차까지 다양한 사물을 인쇄할 수 있다.
② 3D프린터 기술의 발전에 따라 환자의 필요한 장기를 인쇄함으로써 별도의 장기기증자를 기다리지 않아도 될 것이다.
③ 피부를 직접 환자에게 인쇄하기 위해서는 피부 세포와 콜라겐 섬유소 등으로 구성된 바이오 잉크가 필요하다.
④ 환자 본인의 세포에서 유래된 바이오 잉크를 사용했느냐에 따라 거부 반응의 유무가 달라지기 때문에 같은 바이오 잉크를 사용한다 하더라도 거부 반응이 발생할 수 있다.

23 정답 ③

제시문을 통해 산업 및 가정에서 배출된 생활폐기물을 바이오매스 자원으로 활용하여 에너지를 생산하기 위한 화이트 바이오 연구가 진행되고 있음을 알 수 있다.

오답분석

① 바이오매스를 살아있는 유기물로 정의하는 생태학과 달리, 산업계에서는 산업용 폐자재나 가축의 분뇨, 생활폐기물과 같이 죽은 유기물이라 할 수 있는 유기성 폐자원 또한 바이오매스로 정의하고 있다.
② 산업계는 미생물을 활용한 화이트 바이오를 통해 온실가스 배출, 악취 발생, 수질오염 등 환경적 문제를 해결할 것으로 기대하고 있다.
④ 보건 및 의료 분야의 바이오산업인 레드 바이오나, 농업 및 식량 분야의 그린 바이오보다 늦게 발전을 시작했다는 점에서 앞선 두 바이오산업에 비해 규모가 작을 것임을 추측할 수 있다.
⑤ 화이트 바이오 산업이 대체하려는 기존 화학 산업의 경우 화석원료를 이용하는 제조방식으로 인한 이산화탄소 배출이 문제가 되고 있음을 추측할 수 있다.

24 정답 ②

제시문은 현재의 정치, 경제적 구조로는 제로섬적인 요소를 지니는 경제 문제에 전혀 대처할 수 없다고 하였다. 그리고 이러한 특성 때문에 평균적으로는 사회를 더 잘살게 해주는 해결책이라고 할지라도 사람들은 자신이 패자가 될 경우에 줄어들 수입을 보호하기 위해 경제적 변화가 일어나는 것을 막거나 이러한 정책이 시행되는 것을 막기 위해 싸울 것이라는 내용을 담고 있다. 따라서 이 글이 비판의 대상으로 삼는 것은 앞서 언급한 '평균적으로 사회를 더 잘살게 해주는 해결책'을 지지하는 것이 되어야 하므로 ②가 가장 적절하다.

25 정답 ②

그린 컨슈머는 환경과 건강을 위한 소비자로 소비자가 할 수 있는 Refuse, Reduce, Reuse, Recycle 등을 활동한다. 과대 포장 공정 같은 경우는 소비자가 직접 조정할 수 있는 것이 아니고 기업이 행하여야 할 행동이다.

오답분석

① 커피숍에 텀블러를 가지고 가 일회용품 소비를 줄이고, 물품을 구입할 때 필요 없는 것을 사지 않는 것은 그린 컨슈머의 행동이다.
③ 패션업계도 환경을 생각하는 것에 동참한다면 옷을 만들 때 친환경적인 것을 고려하고 알리는 컨셔스 패션 활동을 할 것이다.
④ 필환경 시대가 아니라고 생각한다면 그린 컨슈머의 활동을 안 할 것이고, 이는 지금과 생활과 같을 것이다.
⑤ A씨는 집에 쌓여있는 필요 없는 잡동사니를 보고 그린 컨슈머에 동참하였으므로 불필요한 물건을 사는 것 등에서 쓰레기 생산에 관여했다고 느꼈을 것이다.

CHAPTER 05 2020년 하반기 기출복원문제

01 수리논리

01	02	03	04	05	06	07	08	09	10
③	②	④	③	②	②	④	⑤	③	⑤

01 정답 ③

주어진 정보를 표로 나타내고 미지수를 설정한다.

구분	소금물 1		소금물 2		섞은 후
농도	25%		10%		$\frac{55}{y}\times100$
소금의 양	$200\times\frac{25}{100}$ $=50g$	+	$x\times0.1g$	=	55g
소금물의 양	200g		xg		yg

섞기 전과 섞은 후의 소금의 양과 소금물의 양으로 다음과 같이 식을 세울 수 있다.

$50+x\times0.1=55$

$200+x=y$

계산하면 $x=50$, $y=250$이다.

문제에서 섞은 후의 소금물의 농도를 구하라고 하였으므로 $\frac{55}{y}\times100=\frac{55}{250}\times100=22\%$이다.

02 정답 ②

(이익)=(할인가)−(원가)이므로 이익이 생산비용보다 같거나 많아야 손해를 보지 않을 수 있다.

S사에서 생산하는 A상품의 개수를 x개라고 하면 다음과 같다.

(A상품 1개당 할인가)=300×(1−25%)=225원

(A상품 1개당 이익)=(A상품 1개당 할인가)−(A상품 1개당 원가)=225−200=25원

(생산비용)=10억 원=1,000,000,000원

(A상품 x개의 이익)≥(생산비용)

$25\times x\geq1,000,000,000$

$\therefore x\geq40,000,000$

따라서 A상품을 4천만 개 이상 생산해야 손해를 보지 않는다.

03 정답 ④

20억 원을 투자하였을 때 기대수익은 (원가)×(기대수익률)로 구할 수 있다. 기대수익률은 {(수익률)×(확률)의 합}으로 구할 수 있으므로 기대수익은 (원가)×{(수익률)×(확률)의 합}이다.

20×{10%×50%+0%×30%+(−10%)×20%}=0.6억 원이다. 따라서 기대수익은 0.6억 원=6,000만 원이다.

(원가)+(수익)을 구하여 마지막에 (원가)를 빼서 (수익)을 구하는 방법도 있다.

{(원가)+(수익)}은 20×(110%×50%+100%×30%+90%×20%)=20.6억 원이다.

따라서 기대수익은 20.6−20=0.6억 원=6,000만 원이다.

04 정답 ③

일의 양을 1이라고 하고 A, B, C가 각자 혼자 일을 하였을 때 걸리는 기간을 각각 a, b, c일이라고 하면 다음과 같다.

- A가 혼자 하루에 할 수 있는 일의 양 : $\frac{1}{a}$
- B가 혼자 하루에 할 수 있는 일의 양 : $\frac{1}{b}$
- C가 혼자 하루에 할 수 있는 일의 양 : $\frac{1}{c}$

A, B, C 모두 혼자 일했을 때의 능률과 함께 일을 하였을 때의 능률이 같다고 하였으므로 다음과 같다.

- A, B, C가 하루에 할 수 있는 일의 양 : $\frac{1}{a}+\frac{1}{b}+\frac{1}{c}=\frac{1}{6}$ …㉠
- A, B가 하루에 할 수 있는 일의 양 : $\frac{1}{a}+\frac{1}{b}=\frac{1}{12}$ …㉡
- B, C가 하루에 할 수 있는 일의 양 : $\frac{1}{b}+\frac{1}{c}=\frac{1}{10}$ …㉢

B가 혼자 일을 하였을 때 걸리는 기간을 구하는 문제이므로 ㉠, ㉡, ㉢을 다음과 같이 연립할 수 있다.

- ㉡+㉢ → $\frac{1}{a}+\frac{2}{b}+\frac{1}{c}=\frac{1}{12}+\frac{1}{10}=\frac{11}{60}$
- (㉡+㉢)−㉠ → $\frac{1}{a}+\frac{2}{b}+\frac{1}{c}-\left(\frac{1}{a}+\frac{1}{b}+\frac{1}{c}\right)=\frac{11}{60}-\frac{1}{6}$

→ $\frac{1}{b}=\frac{1}{60}$

따라서 B가 혼자 일을 하면 60일이 걸린다.

05 정답 ②

총 9장의 손수건을 구매했으므로 B손수건 3장을 제외한 나머지 A, C, D손수건은 각각 $\frac{9-3}{3}$=2장씩 구매하였다. 먼저 3명의 친구들에게 서로 다른 손수건을 3장씩 나눠 줘야하므로 B손수건을 1장씩 나눠준다. 나머지 A, C, D손수건을 서로 다른 손수건으로 2장씩 나누면 (A, C), (A, D), (C, D)로 묶을 수 있다. 이 세 묶음을 3명에게 나눠주는 방법은 $3!=3\times2=6$가지가 나온다. 따라서 친구 3명에게 종류가 다른 손수건 3장씩 나눠주는 경우의 수는 6가지이다.

06 정답 ②

A사와 B사로부터 동일한 양의 부품을 공급받는다고 하였으므로 x개라고 하자.

구분	A사	B사
개수	x개	x개
불량률	0.1%	0.2%
선별률	50%	80%

S사가 선별한 A사 부품의 개수는 $x\times50\%$개, B사 부품의 개수는 $x\times80\%$개다.
S사가 선별한 부품 중 불량품의 개수는 A사는 $x\times50\%\times0.1\%$개, B사는 $x\times80\%\times0.2\%$개다.
S사가 선별한 부품 중 불량품의 개수는 $x\times50\%\times0.1\%+x\times80\%\times0.2\%$개이므로 하자가 있는 제품이 B사 부품일 확률은 다음과 같다.

$$\frac{x\times80\%\times0.2\%}{x\times50\%\times0.1\%+x\times80\%\times0.2\%}$$

$$=\frac{x\times80\times0.2}{x\times50\times0.1+x\times80\times0.2}=\frac{16}{5+16}=\frac{16}{21}$$

07 정답 ④

지방 전체 주택 수의 10%(1,115×0.1=111.5만 호) 이상을 차지하는 수도권 외(지방) 지역은 부산, 경북, 경남이다. 이 중 지방 주택보급률인 109%보다 낮은 지역은 부산(103%)이며, 부산의 주택보급률과 전국 주택보급률의 차이는 약 104−103=1%p이다.

오답분석

① 전국 주택보급률(104%)보다 낮은 지역은 수도권(서울, 인천, 경기), 지방에는 부산, 대전이 있다.
② 수도권 외(지방) 지역 중 주택 수가 가장 적은 지역은 12만 호인 세종이며, 세종의 주택보급률 109%보다 높은 지역은 '울산, 강원, 충북, 충남, 전북, 전남, 경북, 경남'으로 여덟 곳이다.
③ 가구 수가 주택 수보다 많은 지역은 주택보급률이 100% 미만인 서울이며, 전국에서 가구 수가 두 번째로 많다.
⑤ 주택 수가 가구 수의 1.1배 이상인 지역은 주택보급률이 110% 이상인 지역을 말한다. '울산, 강원, 충북, 충남, 전북, 전남, 경북, 경남'에서 가구 수가 세 번째로 적은 지역인 충북의 주택보급률은 지방 주택보급률보다 약 113−109=4%p 높다.

08 정답 ⑤

ㄷ. 출산율은 2017년까지 계속 증가하였으며, 2018년에는 감소하였다.
ㄹ. 출산율과 남성 사망률의 차이는 2014년부터 2018년까지 각각 18.2%p, 20.8%p, 22.5%p, 23.7%p, 21.5%p로 2017년이 가장 크다.

오답분석

ㄱ. 2014년 대비 2018년의 전체 인구수의 증감률은 $\frac{12,808-12,381}{12,381}\times100≒3.4\%$이다.
ㄴ. 가임기 여성의 비율과 출산율은 서로 증감 추이가 다르다.

09 정답 ③

ⓛ 전체 인구수는 계속하여 증가하고 있다.
ⓓ 여성 사망률이 가장 높았던 해는 7.8%로 2017년이다.
ⓜ 2018년은 출산율이 계속 증가하다가 감소한 해이다.

10 정답 ⑤

첫 항은 220개이고 n시간($n\geq1$) 경과할 때마다 2^{n-1}개가 증가한다. n시간 경과했을 때의 세포 수를 a_n개라고 하면

$a_n=220+\sum_{k=1}^{n}2^{k-1}$이고 $\sum_{k=1}^{n}2^{k-1}=\frac{2^n-1}{2-1}=2^n-1$이므로

$a_n=220+2^n-1=219+2^n$이다.

따라서 9시간 경과 후인 a_9는 $219+2^9=731$개이다.

02 추리

01	02	03	04	05	06	07	08	09	10
②	①	③	②	⑤	⑤	②	⑤	④	①
11	12	13	14	15	16	17			
①	④	⑤	①	⑤	④	②			

01 정답 ②

'야근을 하는 사람'을 A, 'X분야의 업무를 하는 사람'을 B, 'Y분야의 업무를 하는 사람'을 C라고 하면, 전제1과 전제2는 다음과 같은 벤다이어그램으로 나타낼 수 있다.

전제1.

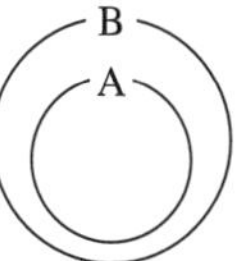

전제2.

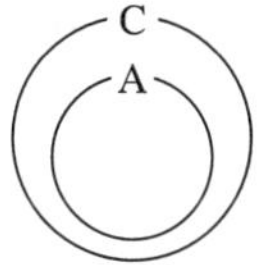

이를 정리하면 다음과 같은 벤다이어그램이 성립한다.

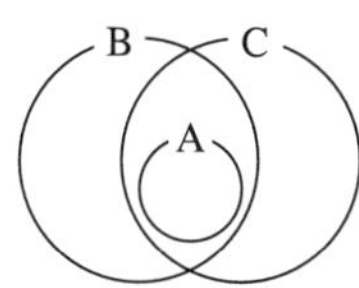

따라서 'Y분야의 업무를 하는 어떤 사람은 X분야의 업무를 한다.'라는 결론이 도출된다.

02 정답 ①

K씨는 2020년 상반기에 입사하였으므로 K씨의 사원번호 중 앞의 두 자리는 20이다. 또한 K씨의 사원번호는 세 번째와 여섯 번째 자리의 수가 같다고 하였으므로 세 번째와 여섯 번째 자리의 수를 x, 나머지 네 번째, 다섯 번째 자리의 수는 차례로 y, z라고 하자.

자리	첫 번째	두 번째	세 번째	네 번째	다섯 번째	여섯 번째
사원번호	2	0	x	y	z	x

사원번호 여섯 자리의 합은 9이므로 $2+0+x+y+z+x=9$이다. 이를 정리하면 $2x+y+z=7$이다. K씨의 사원번호 자리의 수는 세 번째와 여섯 번째 자리의 수를 제외하고 모두 다르다는 것을 주의하며 1부터 대입해보면 다음과 같다.

구분	x	y	z
경우 1	1	2	3
경우 2	1	3	2
경우 3	2	0	3
경우 4	2	3	0
경우 5	3	0	1
경우 6	3	1	0

네 번째 조건에 따라 y와 z자리에는 0이 올 수 없으므로 경우 1, 경우 2만 성립하고 K씨의 사원번호는 '201231'이거나 '201321'이다.

오답분석

② '201321'은 가능한 사원번호이지만 문제에서 항상 적절한 것을 고르라고 하였으므로 답이 될 수 없다.
③ K씨의 사원번호는 '201231'이거나 '201321'이다.
④ 사원번호 여섯 자리의 합이 9가 되어야 하므로 K씨의 사원번호는 '211231'이 될 수 없다.
⑤ K씨의 사원번호 네 번째 자리의 수가 다섯 번째 자리의 수보다 작다면 '201231'과 '201321' 중 K씨의 사원번호로 적절한 것은 '201231'이다.

03 정답 ③

1행과 2행에 빈자리가 한 곳씩 있고 a자동차는 대각선을 제외하고 주변에 주차된 차가 없다고 하였으므로 a자동차는 1열이나 3열에 주차되어 있다. b자동차와 c자동차는 바로 옆에 주차되어 있다고 하였으므로 같은 행에 주차되어 있다. 1행과 2행에 빈자리가 한 곳씩 있다고 하였으므로 b자동차와 c자동차가 주차된 행에는 a자동차와 d자동차가 주차되어 있을 수 없다. 따라서 a자동차와 d자동차는 같은 행에 주차되어 있다. 이를 정리하면 다음과 같다.

• 경우 1

a		d
	b	c

• 경우 2

a		d
	c	b

• 경우 3

d		a
b	c	

• 경우 4

d		a
c	b	

따라서 a자동차는 2열에 주차되어 있다는 ③은 항상 거짓이다.

오답분석

① 경우 1, 4에서는 b자동차의 앞 주차공간이 비어있지만, 경우 2, 3에서는 b자동차의 앞 주차공간에 d자동차가 주차되어 있으므로 항상 거짓은 아니다.
② 경우 1, 4에서는 c자동차의 옆 주차공간에 빈자리가 없지만, 경우 2, 3에서는 c자동차의 옆 주차공간에 빈자리가 있으므로 항상 거짓은 아니다.
④ 경우 1, 2, 3, 4에서 모두 a자동차와 d자동차는 1행에 주차되어 있으므로 항상 참이다.
⑤ 경우 1, 4에서는 d자동차와 c자동차가 같은 열에 주차되어 있지만, 경우 2, 3에서는 d자동차와 c자동차가 같은 열에 주차되어 있지 않으므로 항상 거짓은 아니다.

04 정답 ②

가장 최근에 입사한 사람이 D이므로 D의 이름은 가장 마지막인 다섯 번째에 적혔다. C와 D의 이름은 연달아 적히지 않았으므로 C의 이름은 네 번째에 적힐 수 없다. 또한 E는 C보다 먼저 입사하였으므로 E의 이름은 C의 이름보다 앞에 적는다. 따라서 C의 이름은 첫 번째에 적히지 않았다. 이를 정리하면 다음과 같이 3가지 경우가 나온다.

구분	첫 번째	두 번째	세 번째	네 번째	다섯 번째
경우 1	E	C			D
경우 2	E		C		D
경우 3		E	C		D

여기서 경우 2와 경우 3은 A와 B의 이름이 연달아서 적혔다는 조건에 위배된다. 경우 1만 성립하므로 정리하면 다음과 같다.

구분	첫 번째	두 번째	세 번째	네 번째	다섯 번째
경우 1	E	C	A	B	D
경우 2	E	C	B	A	D

E의 이름은 첫 번째에 적혔으므로 E는 가장 먼저 입사하였다. 따라서 B가 E보다 먼저 입사하였다는 ②는 항상 거짓이다.

오답분석

① C의 이름은 두 번째로 적혔고 A의 이름은 세 번째나 네 번째에 적혔으므로 항상 적절하다.
③ E의 이름은 첫 번째에 적혔고 C의 이름은 두 번째로 적혔으므로 항상 적절하다.
④ A의 이름은 세 번째에 적히면 B의 이름은 네 번째에 적혔고, A의 이름이 네 번째에 적히면 B의 이름은 세 번째에 적혔다. 따라서 참일 수도, 거짓일 수도 있다.
⑤ B의 이름은 세 번째 또는 네 번째에 적혔고, C는 두 번째에 적혔으므로 항상 적절하다.

05 정답 ⑤

제시된 단어의 대응 관계는 유의 관계이다.
'변변하다'는 '지체나 살림살이가 남보다 떨어지지 아니하다.'는 뜻으로 '살림살이가 모자라지 않고 여유가 있다.'라는 뜻인 '넉넉하다'와 유의 관계이다. 따라서 '여럿이 떠들썩하게 들고 일어나다.'는 뜻을 가진 '소요(騷擾)하다'와 유의 관계인 단어는 '시끄럽고 어수선하다.'라는 뜻인 '소란하다'이다.

오답분석

① 치유하다 : 치료하여 병을 낫게 하다.
② 한적하다 : 한가하고 고요하다.
③ 공겸하다 : 삼가는 태도로 겸손하게 자기를 낮추다.
④ 소유하다 : 가지고 있다.

06 정답 ⑤

제시된 단어의 대응 관계는 유의 관계이다.
'공시하다'는 '일정한 내용을 공개적으로 게시하여 일반에게 널리 알리다.'는 뜻으로 '세상에 널리 퍼뜨려 모두 알게 하다.'라는 뜻인 '반포하다'와 유의 관계이다. 따라서 '서로 이기려고 다투며 덤벼들다.'는 뜻을 가진 '각축하다'와 유의 관계인 단어는 '같은 목적에 대하여 이기거나 앞서려고 서로 겨루다.'라는 뜻인 '경쟁하다'이다.

오답분석

① 공들이다 : 어떤 일을 이루는 데 정성과 노력을 많이 들이다.
② 통고하다 : 서면(書面)이나 말로 소식을 전하여 알리다.
③ 독점하다 : 혼자서 모두 차지하다.
④ 상면하다 : 서로 만나서 얼굴을 마주 보다.

07 정답 ②

제시된 단어의 대응 관계는 반의 관계이다.
'침착하다'는 '행동이 들뜨지 아니하고 차분하다.'는 뜻으로 '말이나 행동이 조심성 없이 가볍다.'라는 뜻인 '경솔하다'와 반의 관계이다. 따라서 '곱고 가늘다.'라는 뜻을 가진 '섬세하다'와 반의 관계인 단어는 '거칠고 나쁘다.'라는 뜻인 '조악하다'이다.

오답분석

① 찬찬하다 : 동작이나 태도가 급하지 않고 느릿하다.
③ 감분(感憤)하다 : 마음속 깊이 분함을 느끼다.
④ 치밀하다 : 자세하고 꼼꼼하다.
⑤ 신중하다 : 매우 조심스럽다.

08 정답 ⑤

제시된 단어의 대응 관계는 유의 관계이다.
'겨냥하다'는 '목표물을 겨누다.'는 뜻으로 '목표나 기준에 맞고 안 맞음을 헤아려 보다.'라는 뜻인 '가늠하다'와 유의 관계이다. 따라서 '기초나 터전 따위를 굳고 튼튼하게 하다.'는 뜻을 가진 '다지다'와 유의 관계인 단어는 '세력이나 힘을 더 강하고 튼튼하게 하다.'라는 뜻인 '강화하다'이다.

오답분석

① 진거하다 : 앞으로 나아가다.
② 겉잡다 : 겉으로 보고 대강 짐작하여 헤아리다.
③ 요량하다 : 앞일을 잘 헤아려 생각하다.
④ 약화하다 : 세력이나 힘이 약해지다.

09 정답 ④

'유지(維持)'는 '어떤 상태나 상황을 그대로 보존하거나 변함없이 계속하여 지탱함'이라는 뜻이므로 '상당히 어렵게 보존하거나 유지하여 나감'이라는 뜻인 '부지(扶持 / 扶支)'와 유의 관계이고, 나머지는 반의 관계이다.

오답분석

① • 황혼 : 해가 지고 어스름해질 때. 또는 그때의 어스름한 빛
  • 여명 : 희미하게 날이 밝아 오는 빛. 또는 그런 무렵
② • 유별 : 여느 것과 두드러지게 다름
  • 보통 : 특별하지 아니하고 흔히 볼 수 있음
③ • 낭설 : 터무니없는 헛소문
  • 진실 : 거짓이 없는 사실
⑤ • 서막 : 일의 시작이나 발단
  • 결말 : 어떤 일이 마무리되는 끝

10 정답 ①

규칙은 가로 방향으로 적용된다.
두 번째는 첫 번째 도형을 시계 반대 방향으로 120° 회전시킨 도형이고, 세 번째는 두 번째 도형을 시계 방향으로 60° 회전시킨 도형이다.

11 정답 ①

▼ : 1234 → 4321
△ : 각 자릿수 −1, +1, −1, +1
● : 각 자릿수 0, −1, 0, −1
□ : 1234 → 1324

ㅅㄴㄹㅁ → ㅁㄹㄴㅅ → ㅁㄴㄹㅅ
  ▼ □

12 정답 ④

isog → irof → hsng
  ● △

13 정답 ⑤

wnfy → yfnw → yenv
  ▼ ●

14 정답 ①

ㅈㄹㅋㄷ → ㅈㅋㄹㄷ → ㅇㅌㄷㄹ
  □ △

15 정답 ⑤

케플러식 망원경은 상의 상하좌우가 뒤집힌 도립상을 보여주며, 갈릴레이식 망원경은 상의 상하좌우가 같은 정립상을 보여준다..

오답분석

① 최초의 망원경은 네덜란드의 안경 제작자인 한스 리퍼쉬(Hans Lippershey)에 의해 만들어졌지만, 이 최초의 망원경 발명에는 리퍼쉬의 아들이 발견한 렌즈 조합이 계기가 되었다.
② 갈릴레오는 초점거리가 긴 볼록렌즈를 망원경의 대물렌즈로 사용하고 초점 거리가 짧은 오목렌즈를 초점면 앞에 놓아 접안렌즈로 사용하였다.
③ 갈릴레오는 자신이 발명한 망원경으로 금성의 각크기가 변한다는 것을 관측함으로써 금성이 지구를 중심으로 공전하는 것이 아니라 태양을 중심으로 공전하고 있다는 것을 증명하였다.
④ 케플러식 망원경은 장초점의 볼록렌즈를 대물렌즈로 하고 단초점의 볼록렌즈를 초점면 뒤에 놓아 접안렌즈로 사용한 구조이다.

16 정답 ④

제시문에서는 비타민D의 결핍으로 인해 발생하는 건강문제를 근거로 신체를 태양빛에 노출하여 건강을 유지해야 한다고 주장하고 있다. 따라서 태양빛에 노출되지 않고도 충분한 비타민D 생성이 가능하다는 근거가 있다면 지문에 대한 반박이 되므로 ④가 정답이 된다.

오답분석

① 태양빛에 노출될 경우 피부암 등의 질환이 발생하는 것은 사실이나, 이것이 비타민D의 결핍을 해결하는 또 다른 방법을 제시하거나 지문에서 주장하는 내용을 반박하고 있지는 않다.

② 비타민D는 칼슘과 인의 흡수 외에도 흉선에서 면역세포를 생산하는 작용에 관여하고 있다. 따라서 칼슘과 인의 주기적인 섭취만으로는 문제를 해결할 수 없으며, 지문에 대한 반박이 되지 못한다.

③ 지문에서는 비타민D 보충제에 대해 언급하고 있지 않다. 따라서 비타민D 보충제가 태양빛 노출을 대체할 수 있을지 판단하기 어렵다.

⑤ 지문에서는 자외선 차단제를 사용했을 때 중파장 자외선이 어떻게 작용하는지 언급하고 있지 않다. 또한 자외선 차단제를 사용한다는 사실이 태양빛에 노출되어야 한다는 지문의 주장을 반박한다고는 보기 어렵다.

17 정답 ②

제시문에서는 제품의 굽혀진 곡률을 나타내는 R의 값이 작을수록 패널이 받는 폴딩 스트레스가 높아진다고 언급하고 있다. 따라서 1.4R의 곡률인 S전자의 인폴딩 폴더블 스마트폰은 H기업의 아웃폴딩 스마트폰보다 곡률이 작을 것이므로 폴딩 스트레스가 높다고 할 수 있다.

오답분석

① H기업은 아웃폴딩 패널을 사용하였다.

③ 동일한 인폴딩 패널이라고 해도 S전자의 R값이 작으며, R값의 차이에 따른 개발 난이도는 지문에서 확인할 수 없다.

④ 인폴딩 패널은 아웃폴딩 패널보다 상대적으로 곡률이 작아 개발 난이도가 높다. 따라서 아웃폴딩 패널을 사용한 H기업의 폴더블 스마트폰의 R값이 인폴딩 패널을 사용한 A기업의 폴더블 스마트폰보다 작을 것이라고 보기엔 어렵다.

⑤ 지문에서 여러 층으로 구성된 패널을 접었을 때 압축응력과 인장응력이 동시에 발생한다고는 언급하고 있으나 패널의 수가 스트레스와 연관된다는 사실은 확인할 수 없다. 따라서 S전자의 폴더블 스마트폰의 R값이 작은 이유라고는 판단하기 어렵다.

CHAPTER 06

2020년 상반기 기출복원문제

01 수리논리

01	02	03	04	05	06	07	08		
③	⑤	②	④	⑤	③	③	①		

01 정답 ③

처음 5% 소금물의 양을 xg이라고 하자.

$$\frac{\frac{5}{100}\times x+40}{x+40}\times 100=25$$

→ $5x+4,000=25x+1,000$

→ $20x=3,000$

∴ $x=150$

02 정답 ⑤

욕조에 물을 가득 채웠을 때 물의 양을 1이라고 하면 A는 1분에 $\frac{1\times 75\%}{18}=\frac{0.75}{18}$ 만큼 채울 수 있고 B는 1분에 $\frac{0.75}{18}\times 1.5$만큼 채울 수 있다.

A가 15분간 욕조를 채운 양은 $\frac{0.75}{18}\times 15$이다. 욕조를 가득 채우기까지 남은 양은 $1-\frac{0.75}{18}\times 15$이다.

따라서 남은 양을 B가 채웠을 때 걸리는 시간은

$$\frac{1-\frac{0.75}{18}\times 15}{\frac{0.75}{18}\times 1.5}=\frac{18-0.75\times 15}{0.75\times 1.5}=\frac{18-11.25}{1.125}=\frac{6.75}{1.125}=$$

6분이다.

03 정답 ②

대리는 X프로젝트와 Z프로젝트를 선택할 수 있으며, 사원은 Y프로젝트와 Z프로젝트를 선택할 수 있으므로, 대리와 사원은 한 사람당 2가지의 선택권이 있다. 대리 2명, 사원 3명이 프로젝트를 선택하여 진행하는 경우의 수는 $(2\times 2)\times(2\times 2\times 2)=2^2\times 2^3\times=2^5=32$가지이다.

04 정답 ④

A가 목적지까지 이동하는 거리와 걸리는 시간을 계산하면 다음과 같다.

- 이동거리 : $0.8+36\times\frac{8}{60}=5.6$, 5.6km
- 소요시간 : 12분+8분=20분

따라서 자전거를 이용해 같은 시간 동안 같은 경로로 이동할 때 평균 속력은 $5.6\div 20=0.28$km/분이다.

05 정답 ⑤

X경로의 거리를 $x$km, Y경로의 거리를 $y$km, A의 이동 속력을 $r$km/h, B의 이동 속력은 $z$km/h라 하자.

$\frac{x}{r}=\frac{x}{z}+1 \cdots$(ⅰ)

$\frac{x}{r}+1=\frac{y}{z} \cdots$(ⅱ)

$x+160=y$이므로 (ⅱ)에 대입하면 $\frac{x}{r}+1=\frac{x+160}{z}$이고, (ⅰ)과 연립하면 $\frac{x}{z}+1+1=\frac{x+160}{z}$ → $\frac{x}{z}+2=\frac{x}{z}+\frac{160}{z}$ → $2=\frac{160}{z}$ → $z=80$이다.

06 정답 ③

영희는 철수보다 높은 수가 적힌 카드를 뽑는 경우는 다음과 같다.

구분	철수	영희
카드에 적힌 수	1	2~9
	2	3~9
	…	…
	8	9

따라서 영희가 철수보다 큰 수가 적힌 카드를 뽑는 모든 경우의 수는 1부터 8까지의 합이므로 $\frac{8\times9}{2}=36$가지이다.

07 정답 ③

이벤트에 당첨될 확률은 다음과 같다.

- 처음 주사위를 던져서 당첨이 될 확률 : $\frac{1}{6}$
- 처음 주사위를 던져서 5, 6이 나오고, 가위바위보를 하여 당첨될 확률 : $\frac{2}{6}\times\frac{1}{3}$
- 처음 주사위를 던져서 5, 6이 나오고, 가위바위보를 하여 비겨서 다시 가위바위보를 하여 당첨될 확률 : $\frac{2}{6}\times\frac{1}{3}\times\frac{1}{3}$

$\therefore\ \frac{1}{6}+\frac{2}{6}\times\frac{1}{3}+\frac{2}{6}\times\frac{1}{3}\times\frac{1}{3}=\frac{17}{54}$

08 정답 ①

작년 직원 중 안경을 쓴 사람을 x명, 안경을 쓰지 않은 사람을 y명이라고 하면 $x+y=45$이므로 $y=45-x$이다.
또한 올해는 작년보다 58−45=13명 증가하였으므로 다음과 같다.
$x\times0.2+(45-x)\times0.4=13$
$\rightarrow -0.2x=13-45\times0.4$
$\rightarrow -0.2x=-5$
$\therefore\ x=25$
따라서 올해 입사한 사람 중 안경을 쓴 사람의 수는 $x\times0.2=25\times0.2=5$명이다.

02 추리

01	02	03	04	05	06	07	08	09	10
②	④	③	⑤	④	①	②	②	④	①
11	12								
①	③								

01 정답 ②

②는 '반의 관계'이며 나머지 단어는 '유의 관계'이다.
- 엄정(嚴正) : 엄격하고 바름
- 해이 : 긴장이나 규율 따위가 풀려 마음이 느슨함

02 정답 ④

④는 '유의 관계'이며 나머지 단어는 '반의 관계'이다.
- 판이하다 : 비교 대상의 성질이나 모양, 상태 따위가 아주 다르다.
- 다르다 : 비교가 되는 두 대상이 서로 같지 아니하다.

오답분석

① • 득의 : 일이 뜻대로 이루어져 만족해하거나 뽐냄
  • 실의 : 뜻이나 의욕을 잃음
② • 엎어지다 : 서 있는 사람이나 물체 따위가 앞으로 넘어지다.
  • 자빠지다 : 뒤로 또는 옆으로 넘어지다.
③ • 화해 : 싸움하던 것을 멈추고 서로 가지고 있던 안 좋은 감정을 풀어 없앰
  • 결렬 : 교섭이나 회의 따위에서 의견이 합쳐지지 않아 각각 갈라서게 됨
⑤ • 고상 : 품위나 몸가짐이 속되지 아니하고 훌륭함
  • 저열 : 품격이 낮고 보잘것없는 특성이나 성질

03 정답 ③

'뇌까리다'와 '지껄이다'는 각각 '아무렇게나 되는대로 마구 지껄이다.'와 '약간 큰 소리로 떠들썩하게 이야기하다.'는 뜻의 유의 관계이다. 따라서 빈칸에는 '복되고 길한 일이 일어날 조짐이 있다.'는 뜻의 '상서롭다'와 유의 관계인 '운이 좋거나 일이 상서롭다.'는 뜻의 '길하다'가 오는 것이 적절하다.

오답분석

① 망하다 : 개인, 가정, 단체 따위가 제 구실을 하지 못하고 끝장이 나다.
② 성하다 : 물건이 본디 모습대로 멀쩡하다.
④ 실하다 : 실속 있고 넉넉하다.
⑤ 달하다 : 일정한 표준, 수량, 정도 따위에 이르다.

04 정답 ⑤

'초췌하다'와 '수척하다'는 각각 '병, 근심, 고생 따위로 얼굴이나 몸이 여위고 파리하다.'와 '몸이 몹시 야위고 마른 듯하다.'는 뜻의 유의 관계이다. 따라서 빈칸에는 '능력이나 품성 따위를 길러 쌓거나 갖춤'이란 뜻의 '함양'과 유의 관계인 '길러 자라게 함'이란 뜻의 '육성'이 오는 것이 적절하다.

오답분석

① 집합 : 사람들을 한곳으로 모으거나 모임
② 활용 : 충분히 잘 이용함
③ 결실 : 일의 결과가 잘 맺어짐
④ 도출 : 어떤 생각이나 결론, 반응 따위를 이끌어냄

05 정답 ④

'피자를 좋아하는 사람'을 p, '치킨을 좋아하는 사람'을 q, '감자튀김을 좋아하는 사람'을 r, '나'를 s라고 하면, 첫 번째 명제는 $p \rightarrow q$, 두 번째 명제는 $q \rightarrow r$, 세 번째 명제는 $s \rightarrow p$이다. 따라서 $s \rightarrow p \rightarrow q \rightarrow r$이 성립되며, ④의 $s \rightarrow r$이 답임을 확인할 수 있다.

06 정답 ①

'갈매기'를 p, '육식을 하는 새'를 q, '바닷가에 사는 새'를 r, '헤엄을 치는 새'를 s라고 하면, 첫 번째 명제는 $p \rightarrow q$, 세 번째 명제는 $r \rightarrow p$, 네 번째 명제는 $s \rightarrow q$이다. 따라서 $s \rightarrow r$이 빈칸에 들어가야 $s \rightarrow r \rightarrow p \rightarrow q$가 되어 네 번째 명제인 $s \rightarrow q$가 성립된다. 참인 명제의 대우 역시 참이므로 '바닷가에 살지 않는 새는 헤엄을 치지 않는다.'가 답이 된다.

07 정답 ②

조건대로 원탁에 인원을 배치할 경우 A를 기준으로 오른쪽으로 돌았을 때 'A → D → F → B → C → E'와 'A → D → F → C → B → E' 두 가지 경우의 수가 생긴다. 두 경우에서 A와 D는 늘 붙어있으므로 ②가 정답이다.

08 정답 ②

네 사람이 진실을 말하고 있으므로 거짓말을 하는 사람이 한 명만 발생하는 경우를 찾아내면 된다. 확실하게 순서를 파악할 수 있는 C, D, E의 증언대로 자리를 배치할 경우 A는 첫 번째, C는 두 번째, D는 세 번째로 줄을 서게 된다. 이후 A와 B의 증언대로 남은 자리에 배치할 경우 B의 증언에서 모순이 발생하게 된다. 또한 B의 증언은 A의 증언과도 모순이 생기므로 ②가 정답임을 확인할 수 있다.

09 정답 ④

셔츠를 구입한 정을 기준으로 제시된 조건을 풀어내면 다음과 같다.

- 정은 셔츠를 구입했으므로, 치마와 원피스를 입지 않는 을은 바지를 구입하게 된다.
- 갑은 셔츠와 치마를 입지 않으므로 을이 구입한 바지 대신 원피스를 고르게 된다.
- 병은 원피스, 바지, 셔츠 외에 남은 치마를 구입하게 된다.

따라서 정답은 ④이다.

10 정답 ①

규칙은 세로로 적용된다.
두 번째 도형은 첫 번째 도형을 시계 방향으로 90° 돌린 도형이고, 세 번째 도형은 두 번째 도형을 좌우 반전시킨 도형이다.

11 정답 ①

규칙은 가로로 적용된다.
두 번째 도형은 첫 번째 도형을 좌우 대칭하여 합친 도형이다.
세 번째 도형은 두 번째 도형을 시계 방향으로 90° 돌린 도형이다.

12 정답 ③

오골계는 살과 가죽, 뼈 등이 검은 것 외에도 일반 닭에 비해 발가락 수가 5개로 하나 더 많기 때문에 일반 닭과 큰 차이가 없다고 보기는 어렵다.

오답분석

① 검은색 털을 지닌 오계와 달리 오골계는 흰색이나 붉은 갈색의 털을 지니고 있어 털의 색으로도 구분이 가능하다.
② 손질된 오골계와 오계 고기는 살과 가죽, 뼈가 모두 검정이기 때문에 구분이 쉽지 않을 것이다.
④ 오계의 병아리는 일반 병아리와 달리 털이 검은색이며 발가락 수가 다르기 때문에 구분하기가 쉽다고 할 수 있다.
⑤ 오계는 야생성이 강하고 사육기간이 길어 기르는 것이 쉽지 않은 데다 동의보감에서 약효와 쓰임새가 기록되어 있는 것을 통해 식재보다는 약용으로 더 많이 쓰였을 것으로 짐작할 수 있다.

PART 2
정답 및 해설

CHAPTER 01 수리논리

CHAPTER 02 추리

CHAPTER 01 수리논리

01	02	03	04	05	06	07	08	09	10
③	⑤	②	④	①	②	②	⑤	③	②
11	**12**	**13**	**14**	**15**	**16**	**17**	**18**	**19**	**20**
④	④	④	③	⑤	④	⑤	①	②	①

01 정답 ③

장난감 A기차와 B기차가 터널을 완전히 지났을 때의 이동거리는 터널의 길이에 기차의 길이를 더한 값이다. A, B기차의 길이를 각각 $a$cm, $b$cm로 가정하고, 터널을 나오는 데 걸리는 시간에 대한 방정식을 세우면, 다음과 같다.

- A기차 : $12\times4=30+a \rightarrow 48=30+a \rightarrow a=18$
- B기차 : $15\times4=30+b \rightarrow 60=30+b \rightarrow b=30$

따라서 A, B기차의 길이는 각각 18cm, 30cm이며, 합은 48cm이다.

02 정답 ⑤

구입한 볼펜의 개수를 x자루, 색연필 개수는 y자루라고 가정하면, 다음 개수와 금액에 대한 각각의 방정식이 성립한다.

$x+y=12 \cdots$ ㉠

$500x+700y+1{,}000=8{,}600 \rightarrow 5x+7y=76 \cdots$ ㉡

두 방정식을 연립하면 $x=4$, $y=8$이므로 볼펜은 4자루, 색연필은 8자루를 구입했다.

03 정답 ②

A트럭의 적재량을 a톤이라 하자. 하루에 두 번 옮기므로 $2a$톤씩 12일 동안 192톤을 옮기므로 A트럭의 적재량은 $2a\times12=192 \rightarrow a=\frac{192}{24}=8$톤이 된다. A트럭과 B트럭이 동시에 운행했을 때는 8일이 걸렸으므로 A트럭이 옮긴 양은 $8\times2\times8=128$톤이며, B트럭은 8일 동안 $192-128=64$톤을 옮기므로 B트럭의 적재량은 $\frac{64}{2\times8}=4$톤이다.

B트럭과 C트럭을 같이 운행했을 때 16일 걸렸다면 B트럭이 16일 동안 옮긴 양은 $16\times2\times4=128$톤이며, C트럭은 64톤을 같은 기간 동안 옮겼다.

따라서 C트럭의 적재량은 $\frac{64}{2\times16}=2$톤이다.

04 정답 ④

과일의 가격을 사과 x, 배 y, 딸기 z원으로 가정하여 식을 세워보면 다음과 같다.

$x=10{,}000$, $y=2z$, $x+z=y-20{,}000$

$\rightarrow 10{,}000+z=2z-20{,}000$

$\rightarrow z=30{,}000$

$\therefore x+y+z=x+3z=10{,}000+90{,}000=100{,}000$

따라서 10명의 동네 주민들에게 선물을 준다고 하였으므로 지불해야 하는 총금액은 $100{,}000\times10=1{,}000{,}000$원이다.

05 정답 ①

농도가 14%인 A설탕물 300g과 18%인 B설탕물 200g을 합친 후 100g의 물을 더 넣으면 600g의 설탕물이 되고, 이 설탕물에 녹아있는 설탕의 양은 $300\times0.14+200\times0.18=78$g이다. 여기에 C설탕물을 합치면 $600+150=750$g의 설탕물이 되고, 이 설탕물에 녹아있는 설탕의 양은 $78+150\times0.12=96$g이다.

따라서 합친 후 200g에 들어있는 설탕의 질량은 $200\times\frac{96}{750}=200\times0.128=25.6$g이다.

06 정답 ②

VIP초대장을 만드는 일의 양을 1이라고 가정하자. 혼자서 만들 때 걸리는 기간은 A대리는 6일, B사원은 12일이므로 각각 하루에 끝낼 수 있는 일의 양은 $\frac{1}{6}$, $\frac{1}{12}$이다. 두 사람이 함께 일할 경우 하루에 끝내는 양은 $\frac{1}{6}+\frac{1}{12}=\frac{3}{12}=\frac{1}{4}$이다.

따라서 A대리와 B사원이 함께 초대장을 만들 경우 하루에 할 수 있는 일의 양은 $\frac{1}{4}$이므로 완료하는 데 걸리는 시간은 4일이다.

07 정답 ②

영희는 세 종류의 과일을 주문한다 하였으며, 그중 감, 귤, 포도, 딸기에 대해서는 최대 두 종류의 과일을 주문한다고 하였다. 그러므로 감, 귤, 포도, 딸기 중에서 과일이 0개, 1개, 2개 선택된다고 하였을 때, 영희는 나머지 과일에서 3개, 2개, 1개를 선택한다.
따라서 영희의 주문에 대한 경우의 수는 ${}_4C_3 + {}_4C_2 \times {}_4C_1 + {}_4C_1 \times {}_4C_2 = 52$가지이다.

08 정답 ⑤

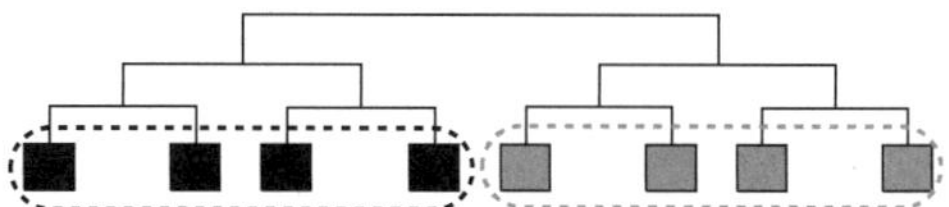

위의 그림과 같이 8강전 대진표를 살펴보면 결승전은 4명 중에서 1명씩 진출하는 것을 알 수 있다. 결승전 전까지 같은 국가의 선수 대결을 피하기 위해서는 검은색 그룹과 회색 그룹에 두 명의 선수들이 나누어 들어가야 한다.
대진표상 검은색 그룹과 회색 그룹은 따로 구별이 필요하지 않다. 하지만 두 명의 한국 선수가 각 그룹에 들어갔다고 하였을 때, 선수를 기준으로 두 그룹의 구별이 발생한다. 해당 그룹에 각 나머지 나라의 선수들이 배치되는 경우의 수는 $2\times2\times2=8$가지다.
분배된 인원들의 경기의 경우의 수를 구하면 ${}_4C_2 \times {}_2C_2 \div 2 \times {}_4C_2 \times {}_2C_2 \div 2 = 9$가지이다.
따라서 $8\times9=72$가지이다.

09 정답 ③

두 명의 사원을 뽑을 때 같은 성인 사람을 뽑을 확률은 다음과 같다.

i) 모두 최씨일 확률 : $\frac{40}{100}\times\frac{39}{99}=\frac{156}{990}$

ii) 모두 김씨일 확률 : $\frac{20}{100}\times\frac{19}{99}=\frac{38}{990}$

iii) 모두 이씨일 확률 : $\frac{20}{100}\times\frac{19}{99}=\frac{38}{990}$

iv) 모두 윤씨일 확률 : $\frac{20}{100}\times\frac{19}{99}=\frac{38}{990}$

따라서 뽑힌 두 사람의 성이 같을 확률은 $\frac{156}{990}+\frac{38}{990}+\frac{38}{990}+\frac{38}{990}=\frac{270}{990}=\frac{27}{99}=\frac{3}{11}$이다.

10 정답 ②

전체 당원을 120명이라고 가정하고 조건부 확률로 표로 나타내면 다음과 같다. 전체 당원 중 여당이 뽑힐 확률은 $\frac{2}{3}$이므로 여당은 80명이고, 전체 당원 중 여자가 뽑힐 확률은 $\frac{3}{10}$이므로 여자는 총 36명이 된다.

구분	야당	여당	합계
남자			84
여자			36
합계	40	80	120

여당에서 뽑혔을 때 남자일 확률이 $\frac{3}{4}$이므로 80명 중 60명이 남자임을 알 수 있다.

구분	야당	여당	합계
남자	24	60	84
여자	16	20	36
합계	40	80	120

따라서 남자가 의장으로 뽑혔을 때, 의장이 야당일 확률은 84명 중 24명이므로 $\frac{24}{84}=\frac{2}{7}$이다.

11 정답 ④

ㄴ. 전체 경징계 건수는 $3+174+171+160+6=514$건이고 중징계 건수는 $23+42+47+55+2=169$건으로 전체 징계 건수는 $514+169=683$건이다. 이 중 경징계 건수는 $\frac{514}{683}\times100 ≒ 75.3\%$로 70% 이상이다.

ㄷ. D로 인한 징계건수 중 중징계의 비율은 $\frac{55}{(160+55)}\times100 ≒ 25.6\%$이고, 전체 징계 건수 중 중징계 비율은 $\frac{169}{683}\times100 ≒ 24.7\%$로 D로 인한 징계 건수 중 중징계의 비율이 더 높다.

오답분석

ㄱ. 전체 경징계 건수는 $3+174+171+160+6=514$건이고, 중징계 건수는 $23+42+47+55+2=169$건으로 3배 이상이다.

ㄹ. 징계 중 C의 사유가 218건으로 가장 많다.

12 정답 ④

ㄴ. 무료급식소 봉사자 중 40・50대는 274+381=655명으로 전체 1,115명의 절반 이상이다.

ㄹ. 노숙자쉼터 봉사자는 800명이고 이 중 30대는 118명이다. 따라서 노숙자쉼터 봉사자 중 30대가 차지하는 비율은 $\frac{118}{800}\times100=14.75\%$이다.

오답분석

ㄱ. 전체 보육원 봉사자는 총 2,000명으로 이 중 30대 이하 봉사자는 148+197+405=750명이다. 따라서 전체 보육원 봉사자 중 30대 이하가 차지하는 비율은 $\frac{750}{2,000}\times100=37.5\%$이다.

ㄷ. 전체 봉사자 중 50대의 비율은 $\frac{1,500}{5,000}\times100=32\%$이고, 20대의 비율은 $\frac{650}{5,000}\times100=13\%$이다. 따라서 전체 봉사자 중 50대의 비율은 20대의 $\frac{32}{13}\fallingdotseq2.5$배이다.

13 정답 ④

2019년과 2021년의 30대의 전년 대비 데이트폭력 경험횟수 증가율을 구하면 다음과 같다.

- 2019년 : $\frac{11.88-8.8}{8.8}\times100=35\%$
- 2021년 : $\frac{17.75-14.2}{14.2}\times100=25\%$

따라서 30대의 2021년 전년 대비 데이트폭력 경험횟수 증가율은 2019년보다 작다.

오답분석

① 2020년 이후 연도별 20대와 30대의 평균 데이트폭력 경험횟수와 전 연령대 평균 데이트폭력 경험횟수를 구하면 다음과 같다.

구분	2020년	2021년	2022년
전체	5.7+15.1+14.2+9.2+3.5=47.7회	7.9+19.2+17.75+12.8+3.3=60.95회	10.4+21.2+18.4+18+2.9=70.9회
전체의 절반	23.85회	30.475회	35.45회
20・30대	15.1+14.2=29.3회	19.2+17.75=36.95회	21.2+18.4=39.6회

따라서 20대와 30대의 평균 데이트폭력 경험횟수의 합은 전 연령대 평균 데이트폭력 경험횟수의 절반 이상임을 알 수 있다.

② 10대의 평균 데이트폭력 경험횟수는 3.2회, 3.9회, 5.7회, 7.9회, 10.4회로 매년 증가하고 있고, 50대의 평균 데이트폭력 경험횟수는 4.1회, 3.8회, 3.5회, 3.3회, 2.9회로 매년 감소하고 있다.

③ 2022년 40대의 평균 데이트폭력 경험횟수 18회로, 2018년 데이트폭력 경험횟수인 2.5회의 $\frac{18}{2.5}=7.2$배에 해당한다.

⑤ 2018년부터 2022년까지 연도별 평균 데이트폭력 경험횟수가 가장 높은 연령대는 20대로 동일하다.

14 정답 ③

ㄱ. 대형마트의 종이봉투 사용자 수는 2,000×0.05=100명으로, 중형마트의 종이봉투 사용자 수인 800×0.02=16명의 $\frac{100}{16}=6.25$배이다.

ㄷ. 비닐봉투 사용자 수를 정리하면 다음과 같다.
- 대형마트 : 2,000×0.07=140명
- 중형마트 : 800×0.18=144명
- 개인마트 : 300×0.21=63명
- 편의점 : 200×0.78=156명

따라서 비닐봉투 사용률이 가장 높은 곳은 78%로 편의점이며, 비닐봉투 사용자 수가 가장 많은 곳도 156명으로 편의점이다.

ㄹ. 마트규모별 개인장바구니의 사용률을 살펴보면, 대형마트가 44%, 중형마트가 36%, 개인마트가 29%이다. 따라서 마트의 규모가 커질수록 개인장바구니 사용률이 커짐을 알 수 있다.

오답분석

ㄴ. 전체 종량제봉투 사용자 수를 구하면 다음과 같다.
- 대형마트 : 2,000×0.28=560명
- 중형마트 : 800×0.37=296명
- 개인마트 : 300×0.43=129명
- 편의점 : 200×0.13=26명
- 전체 종량제봉투 사용자 수 : 560+296+129+26=1,011명

따라서 대형마트의 종량제봉투 사용자 수인 560명은, 전체 종량제봉투 사용자 수인 1,011명의 절반을 넘는다.

15 정답 ⑤

3인 가구의 26℃ 이상 28℃ 미만일 때 일평균 에어컨가동시간은 10.4시간으로 30℃ 이상일 때 16시간의 $\frac{10.4}{16}\times100=65\%$ 수준이다.

오답분석

① 1인 가구의 30℃ 이상일 때 일평균 에어컨가동시간은 6.3시간으로 26℃ 미만일 때의 1.4시간보다 $\frac{6.3}{1.4}$=4.5배 더 많다.
② 평균실내온도가 28℃ 미만일 때, 자녀가 있는 2인 가구의 일평균 에어컨가동시간은 자녀가 없을 때보다 2배 이상 많지만, 28℃ 이상일 경우에는 2배 미만이다.
③ 평균실내온도가 28℃ 이상 30℃ 미만일 때 4인 가구의 일평균 에어컨가동시간은 18.8시간이다.
④ 평균실내온도가 26℃ 미만일 때와 28℃ 이상 30℃ 미만일 때는 6인 가구 이상에서의 일평균 에어컨가동시간은 5인 이상 가구보다 많지만, 나머지 두 구간에서는 적다.

16 정답 ④

ㄴ. 대구의 냄새에 대한 민원건수는 414건으로 강원의 $\frac{414}{36}$=11.5배에, 제주의 $\frac{414}{23}$=18배에 해당하는 수치이다.

ㄷ. 세종과 대전의 민원내용별 민원건수의 합계와 부산의 수치를 정리하면 다음과 같다.

구분	낮은 수압	녹물	누수	냄새	유충
대전	133	108	56	88	18
세종	47	62	41	31	9
대전+세종	180	170	97	119	27
부산	248	345	125	274	68

따라서 세종과 대전의 민원내용별 민원건수의 합계는 부산보다 작음을 확인할 수 있다.

오답분석

ㄱ. 경기 지역의 민원은 총 (120+203+84+152+21)=580건으로 이 중 녹물에 대한 민원 비율이 $\frac{203}{580}$×100=35%이다.

ㄹ. 수도권인 서울, 경기, 인천에서 가장 많은 민원 건수가 발생한 것은 녹물에 대한 것이다. 하지만, 가장 적게 민원 건수가 발생한 것은 경기와 인천은 유충에 대한 것이고, 서울은 누수에 대한 것이다.

17 정답 ⑤

자료상 유충에 대한 민원건수는 알 수 있지만, 실제로 유충이 발생한 건수에 대한 것은 알 수 없다.

18 정답 ①

ㄱ. 연도별 층간소음 분쟁은 2017년 430건, 2018년 520건, 2019년 860건, 2020년 1,280건이다.

ㄴ. 2018년 전체 분쟁 신고에서 각 항목이 차지하는 비중을 구하면 다음과 같다.

- 2018년 전체 분쟁 신고 건수 : 280+60+20+10+110+520=1,000건
- 관리비 회계 분쟁 : $\frac{280}{1,000}$×100=28%
- 입주자대표회의 운영 분쟁 : $\frac{60}{1,000}$×100=6%
- 정보공개 분쟁 : $\frac{20}{1,000}$×100=2%
- 하자처리 분쟁 : $\frac{10}{1,000}$×100=1%
- 여름철 누수 분쟁 : $\frac{110}{1,000}$×100=11%
- 층간소음 분쟁 : $\frac{520}{1,000}$×100=52%

오답분석

ㄷ. 연도별 분쟁 건수를 구하면 다음과 같다.

- 2017년 : 220+40+10+20+80+430=800건
- 2018년 : 280+60+20+10+110+520=1,000건
- 2019년 : 340+100+10+10+180+860=1,500건
- 2020년 : 350+120+30+20+200+1,280=2,000건

전년 대비 아파트 분쟁 신고 증가율이 잘못 입력되어 있어, 바르게 구하면 다음과 같다.

- 2018년 : $\frac{1,000-800}{800}$×100=25%
- 2019년 : $\frac{1,500-1,000}{1,000}$×100=50%
- 2020년 : $\frac{2,000-1,500}{1,500}$×100≒33%

ㄹ. 2018년 값이 2017년 값으로 잘못 입력되어 있다.

19 정답 ②

장비대수가 2대일 때, 생산량이 7이므로,
$a^2-2^b+2=7$
$a^2-2^b=5$ …ⓐ
장비대수가 3대일 때, 생산량이 20이므로,
$a^3-3^b+2=20$
$a^3-3^b=18$ …ⓑ
장비대수가 4대일 때, 생산량이 67이므로,
$a^4-4^b+2=67$
$a^4-4^b=65$ …ⓒ
$a^2=A$로, $2^b=B$로 각각 치환하면 식 ⓐ과 ⓒ은
$A-B=5$과 $A^2-B^2=65$이다.

PART 2 | 01 | 02

여기서 $A^2-B^2=(A+B)(A-B)=65$이고, $A-B=5$이므로 $A+B=13$이 된다.

따라서 $A-B=5$와 $A+B=13$을 서로 연립하면 $A=9$, $B=4$가 된다.

$a^2=9$이므로 a는 $+3$ 또는 -3이고, $2^b=4$이므로 b는 2인데, ⓑ에서 $a^3-3^b=18$이므로 조건에 맞는 것은 $a=3$, $b=2$가 된다.

그러므로 장비대수가 5대일 때의 생산량은 $3^5-5^2+2=220$이 된다.

20 정답 ①

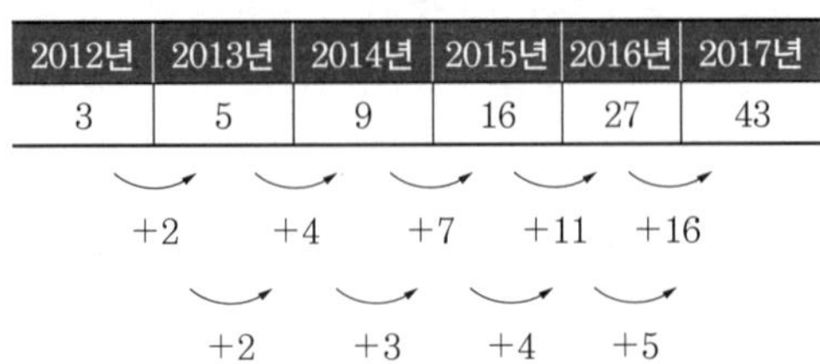

2012년	2013년	2014년	2015년	2016년	2017년
3	5	9	16	27	43

앞의 항에 +2, +4, +7, +11, … 1씩 커지는 수(+2, +3, +4 …)를 더하면서 커지는 수이다.

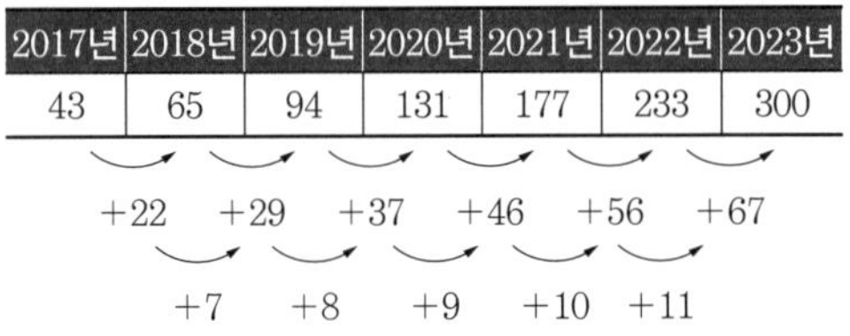

2017년	2018년	2019년	2020년	2021년	2022년	2023년
43	65	94	131	177	233	300

따라서 2023년도 채용 인원은 300명이다.

CHAPTER 02

추리

01	02	03	04	05	06	07	08	09	10
②	②	③	④	②	③	②	①	②	③
11	12	13	14	15	16	17	18	19	20
⑤	④	②	④	⑤	②	③	②	③	④
21	22	23	24	25	26	27	28	29	30
③	①	⑤	⑤	③	①	①	⑤	⑤	⑤

01 정답 ②

'봄이 온다.'를 A, '꽃이 핀다.'를 B, '제비가 돌아온다.'를 C라고 하자.

구분	명제	대우
전제1	A → B	~B → ~A
결론	A → C	~C → ~A

전제1이 결론으로 연결되려면, 전제2는 B → C나 ~C → ~B가 되어야 한다. 따라서 전제2는 '제비가 돌아오지 않으면, 꽃이 피지 않는다.'인 ②이다.

02 정답 ②

'로맨스를 좋아한다.'를 A, '액션을 좋아한다.'를 B, '코미디를 좋아한다.'를 C라고 하자.

구분	명제	대우
전제1	A → ~B	B → ~A
결론	A → C	~C → ~A

전제1이 결론으로 연결되려면, 전제2는 ~B → C가 되어야 한다. 따라서 전제2는 '액션을 싫어하면, 코미디를 좋아한다.'인 ②이다.

03 정답 ③

'운동을 한다.'를 A, '기초대사량이 증가한다.'를 B, '체력이 좋아진다.'를 C라고 하자.

구분	명제	대우
전제1	A → B	~B → ~A
결론	A → C	~C → ~A

전제1이 결론으로 연결되려면, 전제2는 B → C가 되어야 한다. 따라서 전제2는 '기초대사량이 증가하면, 체력이 좋아진다.'인 ③이다.

04 정답 ④

'영양제를 먹는 사람'을 A, '빈혈이 없는 사람'을 B, '운동을 하는 사람'을 C라고 하면, 전제1과 결론은 다음과 같은 벤다이어그램으로 나타낼 수 있다.

1) 전제1

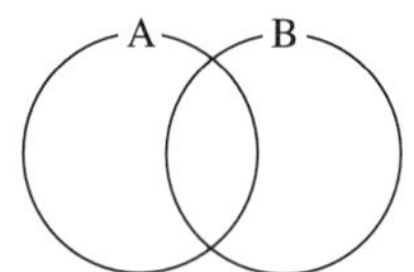

2) 결론

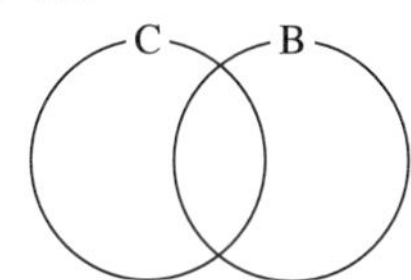

결론이 참이 되기 위해서는 B와 공통되는 부분의 A와 C가 연결되어야 하므로 A를 C에 모두 포함시켜야 한다. 즉, 다음과 같은 벤다이어그램이 성립할 때 마지막 명제가 참이 될 수 있으므로 빈칸에 들어갈 명제는 '영양제를 먹는 사람은 모두 운동을 한다.'의 ④이다.

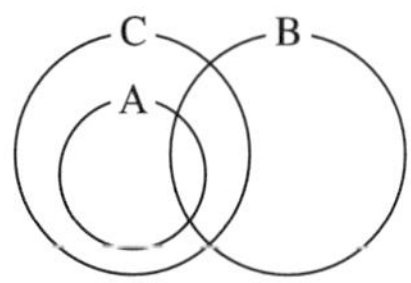

오답분석

① 다음과 같은 경우 성립하지 않는다.

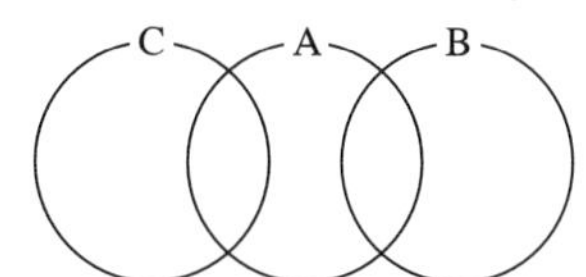

③ 다음과 같은 경우 성립하지 않는다.

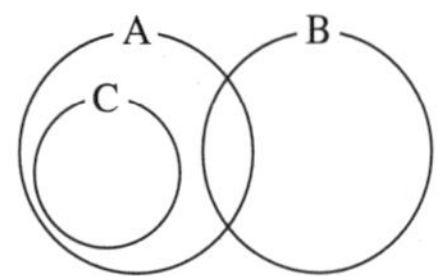

05 정답 ②

'회계를 하는 사람'을 A, 'X분야의 취미 활동을 하는 사람'을 B, 'Y분야의 취미 활동을 하는 사람'을 C라고 하면, 전제1과 전제2는 다음과 같은 벤다이어그램으로 나타낼 수 있다.

1) 전제1

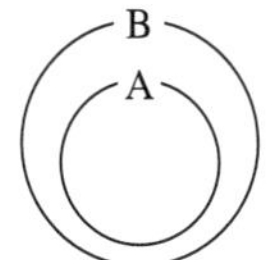

2) 전제2

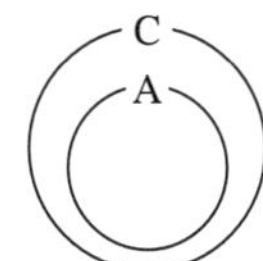

이를 정리하면 다음과 같은 벤다이어그램이 성립한다.

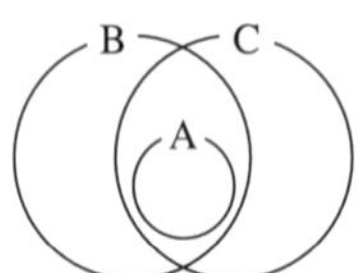

따라서 'Y분야의 취미 활동을 하는 어떤 사람은 X분야의 취미 활동을 한다.'라는 결론이 도출된다.

06 정답 ③

주어진 조건에 따라 A～D업체가 유통하는 재료를 정리하면 다음과 같다.

구분	A업체	B업체	C업체	D업체
커피 원두	○	○	○	
우유	○	○	×	×
아이스크림	×	×	○	
팥	○	×	○	○
딸기	×	○	×	○

위 표처럼 D업체가 유통하는 재료가 전부 정해지지 않았어도, 모든 업체가 유통하는 재료는 커피 원두임을 알 수 있다. 따라서 D업체는 커피 원두를 유통하고, 아이스크림을 유통하지 않는다.

이를 바탕으로 A～D업체가 담당할 수 있는 메뉴는 다음과 같다.

- A업체 : 카페라테
- B업체 : 카페라테, 딸기라테
- C업체 : 아포가토, 팥빙수
- D업체 : 없음

따라서 서로 다른 메뉴를 담당하면서 4가지 메뉴의 재료를 유통할 수 있는 업체는 B업체와 C업체뿐이므로 S씨는 B업체와 C업체를 선정한다.

07 정답 ②

조건에 따라 A, B, C, D의 사무실 위치를 정리하면 다음과 같다.

구분	2층	3층	4층	5층
경우 1	부장	B과장	대리	A부장
경우 2	B과장	대리	부장	A부장
경우 3	B과장	부장	대리	A부장

B가 과장이므로 대리가 아닌 A는 부장의 직책을 가진다.

오답분석

① A부장 외의 또 다른 부장은 2층, 3층 또는 4층에 근무한다.
③ 대리는 3층 또는 4층에 근무한다.
④ B는 2층 또는 3층에 근무한다.
⑤ C의 직책은 알 수 없다.

08 정답 ①

B와 E의 말이 서로 모순되므로 둘 중 한 명은 반드시 거짓을 말하고 있다.

1) B의 말이 거짓일 경우
   E의 말이 참이 되므로 D의 말에 따라 아이스크림을 사야 할 사람은 A가 된다. 또한 나머지 A, C, D의 말 역시 모두 참이 된다.
2) E의 말이 거짓일 경우
   B의 말이 참이 되므로 아이스크림을 사야 할 사람은 C가 된다. 그러나 B의 말이 참이라면 참인 C의 말에 따라 D의 말은 거짓이 된다. 결국 D와 E 2명이 거짓을 말하게 되므로 한 명만 거짓말을 한다는 조건이 성립하지 않으며, A의 말과도 모순된다.

따라서 거짓말을 하는 사람은 B이며, 아이스크림을 사야 할 사람은 A이다.

09 정답 ②

E사원의 진술에 따라 C사원과 E사원의 진술은 동시에 참이 되거나 거짓이 된다.

1) C사원과 E사원이 모두 거짓말을 한 경우
   참인 B사원의 진술에 따라 D사원이 금요일에 열리는 세미나에 참석한다. 그러나 이때 C와 E 중 한 명이 참석한다는 D사원의 진술과 모순되므로 성립하지 않는다.

2) C사원과 E사원이 모두 진실을 말했을 경우
C사원과 E사원의 진술에 따라 C, D, E사원은 세미나에 참석할 수 없다. 따라서 D사원이 세미나에 참석한다는 B사원의 진술은 거짓이 되며, C와 E사원 중 한 명이 참석한다는 D사원의 진술도 거짓이 된다. 또한 A사원은 세미나에 참석하지 않으므로 결국 금요일 세미나에 참석하는 사람은 B사원이 된다.

따라서 B사원과 D사원이 거짓말을 하고 있으며, 이번 주 금요일 세미나에 참석하는 사람은 B사원이다.

10 정답 ③

B의 발언이 참이라면 C가 범인이고 F도 참이 된다. F는 C 또는 E가 범인이라고 했으므로 C가 범인이라면 E는 범인이 아니고, E의 발언 역시 참이 되어야 한다. 하지만 E의 발언이 참이라면 F가 범인이어야 하므로 모순이다. 따라서 B의 발언이 거짓이며, C 또는 E가 범인이라는 F 역시 범인임을 알 수 있다.

11 정답 ⑤

제시된 단어는 반의 관계이다.
'이단'은 '전통이나 권위에 반항하는 주장이나 이론'을 뜻하고, '정통'은 '바른 계통'을 뜻한다. 따라서 '다른 것을 본뜨거나 본받음'의 뜻인 '모방'과 반의 관계인 단어는 '어떤 방안, 물건 따위를 처음으로 생각하여 냄'의 뜻인 '창안'이다.

오답분석

① 사설 : 신문이나 잡지에서, 글쓴이의 주장이나 의견을 써 내는 논설
② 종가 : 족보로 보아 한 문중에서 맏이로만 이어 온 큰집
③ 모의 : 실제의 것을 흉내 내어 그대로 해 봄
④ 답습 : 예로부터 해 오던 방식이나 수법을 좇아 그대로 행함

12 정답 ④

제시된 단어는 유의 관계이다.
'위임'은 '어떤 일을 책임 지워 맡김'을 뜻하고, '의뢰'는 '남에게 부탁함'을 뜻한다. 따라서 '지식수준이 낮거나 인습에 젖은 사람을 가르쳐서 깨우침'의 뜻인 '계몽'과 유의 관계인 단어는 '사람의 지혜가 열려 새로운 사상, 문물, 제도 따위를 가지게 됨'의 뜻인 '개화'이다.

오답분석

① 대리 : 남을 대신하여 일을 처리함
② 주문 : 다른 사람에게 어떤 일을 하도록 요구하거나 부탁함
③ 효시 : 어떤 사물이나 현상이 시작되어 나온 맨 처음을 비유적으로 이르는 말
⑤ 미개 : 사회가 발전되지 않고 문화 수준이 낮은 상태

13 정답 ②

제시된 단어는 유의 관계이다.
'준거'와 '표준'은 '사물의 정도나 성격 따위를 알기 위한 근거나 기준'을 뜻한다. 따라서 '어떤 것이 남긴 표시나 자리'의 뜻을 가진 '자취'와 유의 관계인 단어는 '어떤 현상이나 실체가 없어졌거나 지나간 뒤에 남은 자국이나 자취'의 뜻의 '흔적'이다.

오답분석

① 척도 : 평가하거나 측정할 때 의거할 기준
③ 주관 : 어떤 일을 책임을 지고 맡아 관리함
④ 반영 : 다른 것에 영향을 받아 어떤 현상이 나타남
⑤ 보증 : 어떤 사물이나 사람에 대하여 책임지고 틀림이 없음을 증명함

14 정답 ④

'원고'는 '법원에 민사 소송을 제기한 사람'이라는 뜻이므로 '민사 소송에서 소송을 당한 측의 당사자'라는 뜻인 '피고'과 반의 관계이고, 나머지는 유의 관계이다.

오답분석

① • 시종 : 처음과 끝을 아울러 이르는 말
  • 수미 : 일의 시작과 끝
② • 시비 : 옳음과 그름
  • 선악 : 착한 것과 악한 것을 아울러 이르는 말
③ • 추세 : 어떤 형상이 일정한 방향으로 나아가는 경향
  • 형편 : 일이 되어 가는 상태나 경로 또는 결과
⑤ • 구속 : 행동이나 의사의 자유를 제한하거나 속박함
  • 속박 : 어떤 행위나 권리의 행사를 자유로이 하지 못하도록 강압적으로 얽어매거나 제한함

15 정답 ⑤

'구제'는 '자연적인 재해나 사회적인 피해를 당하여 어려운 처지에 있는 사람을 도와줌'이라는 뜻이므로 '사회적 또는 국가적 차원에서 재난을 당한 사람이나 빈민에게 금품을 주어 구제함'라는 뜻인 '구휼'과 유의 관계이고, 나머지는 반의 관계이다.

오답분석

① • 발신 : 소식이나 우편 또는 전신을 보냄. 또는 그런 것
  • 수신 : 우편이나 전보 따위의 통신을 받음. 또는 그런 일
② • 번잡 : 번거롭게 뒤섞여 어수선함
  • 한산 : 인적이 드물어 한적하고 쓸쓸함
③ • 허가 : 행동이나 일을 하도록 허용함
  • 금지 : 법이나 규칙이나 명령 따위로 어떤 행위를 하지 못하도록 함
④ • 흉조 : 불길한 징조
  • 길조 : 좋은 일이 있을 조짐

16 정답 ②

규칙은 가로 방향으로 적용된다.
첫 번째 도형을 시계 방향으로 90° 회전한 것이 두 번째 도형, 이를 x축 기준으로 대칭한 것이 세 번째 도형이다.

17 정답 ③

규칙은 세로 방향으로 적용된다.
첫 번째 도형을 y축 기준으로 대칭한 것이 두 번째 도형, 이를 시계 반대 방향으로 60° 회전한 것이 세 번째 도형이다.

18 정답 ②

규칙은 가로 방향으로 적용된다.
첫 번째 도형을 시계 반대 방향으로 45° 회전한 것이 두 번째 도형, 이를 y축 기준으로 대칭 이동한 것이 세 번째 도형이다.

19 정답 ③

규칙은 가로 방향으로 적용된다.
첫 번째 도형을 시계 반대 방향으로 90° 회전한 것이 두 번째 도형, 이를 색 반전한 것이 세 번째 도형이다.

20 정답 ④

ㄑ : 1234 → 2134
ㄏ : 1234 → 4321
Z : 1234 → 4231
⊹ : 각 자리수마다 +1

KIFR → IKFR → RFKI
　　ㄑ　　　ㄏ

21 정답 ③

SAN2 → 2ANS → 3BOT
　　Z　　　⊹

22 정답 ①

ㄱ33ㅏ → 3ㄱ3ㅏ → ㅏㄱ33
　　ㄑ　　　Z

23 정답 ⑤

★ : 각 자릿수 +1, −2, +3, −4
△ : 1234 → 1324
※ : 각 자릿수 +3

6ㅜ1ㅂ → 61ㅜㅂ → 94ㅣㅈ
　　△　　　※

24 정답 ⑤

4ㄷㅅ7 → 5ㄱㅊ3 → 8ㄹㅍ6
　　★　　　※

25 정답 ③

ㅛㅅ68 → ㅜㅁ94 → ㅜ9ㅁ4
　　★　　　△

26 정답 ①

라투르가 제시한 '새로운 행위자'라는 개념은 기술결정론과 사회결정론 모두를 비판하기 위해 등장한 것으로 잡종 행위자를 막기 위해 총기 사용을 규제해야 한다고 하는 것은 그의 주장과는 거리가 멀다. 따라서 적절하지 않은 내용이다.

오답분석

② 라투르는 서양의 학문이 자연, 사회, 인간만을 다루었고 기술과 같은 '비인간'을 학문의 대상에서 제외했다고 하였으므로 적절한 내용이다.
③ 라투르는 행위자로서 기술의 능동적 역할에 주목하면서 서구의 근대적 과학과 철학이 범했던 자연 / 사회, 주체 / 객체의 이분법을 극복하고자 하였으므로 적절한 내용이다.
④ · ⑤ 라투르는 과속방지용 둔덕을 '잠자는 경찰'이라고 부르면서 인간이 했던 역할을 기술이 대신 수행함으로써 우리 사회의 훌륭한 행위자가 된다고 하였으므로 적절한 내용이다.

27 정답 ①

A가 산업 민주주의를 옹호한 이유는 노동자들의 소득을 증진시키기 때문이 아니라 자치에 적합한 시민역량을 증진시키기 때문이라고 하였으므로 적절하지 않은 내용이다.

오답분석

② B는 민주주의가 성공하기 위해서는 거대 기업에 대응할 만한 전국 단위의 정치권력과 시민 정신이 필요하다고 하였고 이를 위해 연방 정부의 역량을 증가시켜 독점자본을 통제하는 노선을 택했으므로 적절한 내용이다.

③ A와 B의 정책에는 차이가 있지만 자치에 적합한 시민 도덕을 장려하는 것을 중시했다고 하였으므로 적절한 내용이다.
④ 1930년대 대공황 이후 미국의 경제 회복은 A나 B가 주장한 것과 같은 시민의 자치 역량과 시민 도덕을 육성하는 경제 구조 개혁보다는 케인즈 경제학에 입각한 중앙정부의 지출 증가에서 시작되었고, 이에 따라 미국은 자치에 적합한 시민 도덕을 강조할 필요가 없는 경제 정책을 펼쳐나갔다고 하였으므로 적절한 내용이다.
⑤ 케인즈 경제학에 기초한 정책은 시민들을 자치하는 자, 즉 스스로 통치하는 자가 되기보다 공정한 분배를 받는 수혜자로 전락시켰다고 하였으므로 적절한 내용이다.

28 정답 ⑤

제시문은 투표 이론 중 합리적 선택 모델에 대해 말하고 있다. 합리적 선택 모델은 유권자들이 개인의 목적을 위해 투표를 한다고 본다. 따라서 투표 행위가 사회적인 배경을 무시할 수 없다는 반박을 제시할 수 있다.

오답분석

①·②·③·④ 지문의 내용으로 적절하지 않은 주장이다.

29 정답 ⑤

두 번째 문단에 따르면 현대인은 타인의 고통을 대부분 그 사람의 잘못된 행위에서 비롯된 필연적 결과로 보며, 자신은 그러한 불행을 예방할 수 있다고 생각한다. 보기에 나타난 '영주' 또한 이러한 경향을 드러내고 있다. '영주'는 '할머니'의 불행이 예방 가능하다고 생각하지만 '할머니'에 대해 연민을 느끼고 있다.

30 정답 ⑤

도덕적 다원주의자에 따르면 갈등 당사자들은 한 공동체 안에서 상호 작용하며 살아가야 하는 구성원들이므로 갈등 상황에서 가치의 옳고 그름을 판단하는 것보다 갈등 당사자 간의 인간관계가 훼손되지 않는 것이 중요하다. 따라서 도덕적 다원주의자는 ○○시장의 A씨와 B씨의 인간관계가 훼손되지 않는 것이 중요하다고 주장할 수 있다.

오답분석

① 도덕적 원칙주의자는 갈등 상황이 생겼을 때 주관적 욕구나 개인이 처한 상황을 고려하지 말고 도덕 법칙에 따라 행동해야 한다고 주장하므로 적절하지 않다.
② 도덕적 다원주의자의 입장에 해당하므로 적절하지 않다.
③ 도덕적 자유주의자는 선험적인 도덕 법칙이 존재하지 않는다고 보며, 이는 도덕적 원칙주의자의 입장에 해당하므로 적절하지 않다.
④ 도덕적 자유주의자의 입장에 해당하므로 적절하지 않다.

PART 3
정답 및 해설

제1회 최종점검 모의고사

제2회 최종점검 모의고사

제3회 최종점검 모의고사

제4회 최종점검 모의고사

제 1 회 최종점검 모의고사

01 수리논리

01	02	03	04	05	06	07	08	09	10	11	12	13	14	15	16	17	18	19	20
②	⑤	②	③	④	④	④	②	③	④	②	④	①	③	①	④	③	②	②	②

01 정답 ②

박대리의 이동시간을 x시간이라 가정하면, 김부장의 이동시간은 $\left(x+\frac{1}{2}\right)$시간이 된다. 두 사람의 이동 거리가 같아지는 시간을 구하면 다음과 같다.

$x\times4=\left(x+\frac{1}{2}\right)\times3 \rightarrow 4x-3x=\frac{3}{2} \rightarrow x=\frac{3}{2}$

따라서 박대리가 회사에서 출발하여 90분$\left(=\frac{3}{2}\text{시간}\right)$ 후에 김부장을 따라잡는다.

02 정답 ⑤

작년 A제품의 생산량을 x개, B제품의 생산량을 y개라고 하자.

$x+y=1{,}000$ … ㉠

$\frac{10}{100}\times x-\frac{10}{100}\times y=\frac{4}{100}\times1{,}000 \rightarrow x-y=400$ … ㉡

㉠과 ㉡을 연립하면,

$x=700,\ y=300$

따라서 올해에 생산된 A제품의 수는 $700\times1.1=770$개이다.

03 정답 ②

첫 번째 조건에서 2022년 11월 요가 회원은 $a=50\times1.2=60$명이고, 세 번째 조건에서 2023년 1월 필라테스 예상 회원 수는 2022년 4분기 월평균 회원 수가 되어야 하므로 2023년 1월 필라테스 예상 회원 수는 $d=\frac{106+110+126}{3}=\frac{342}{3}=114$명이다.

두 번째 조건에 따라 2022년 12월 G.X 회원 수 c를 구하면 $(90+98+c)+37=106+110+126 \rightarrow c=342-225=117$명이다.

b를 구하기 위해 방정식 $2a+b=c+d$에 a, c, d에 해당하는 수를 대입하면 $b+2\times60=117+114 \rightarrow b=231-120 \rightarrow b=111$이다.

따라서 2022년 12월의 요가 회원 수는 $b=111$명이다.

04 정답 ③

1. 규칙 파악
   - 청개구리 개체 수

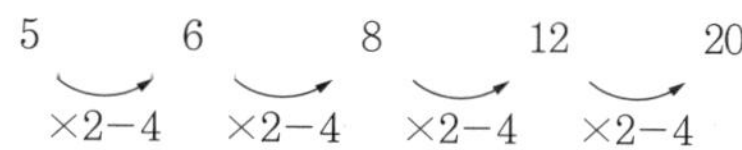

∴ 청개구리의 개체 수는 증가하고 있으며, 바로 앞 항 ×2−4의 규칙을 가진 수열이다.

   - 황소개구리 개체 수

50 47 44 41 38

−3 −3 −3 −3

∴ 황소개구리의 개체 수는 감소하고 있으며, 첫째 항은 50이고 공차가 3인 등차수열이다.

2. 계산

㉠ 직접 계산하기

   - 청개구리 개체 수

2020년	2021년	2022년	2023년	2024년
20	36	68	132	260

×2−4 ×2−4 ×2−4 ×2−4

   - 황소개구리 개체 수

2020년	2021년	2022년	2023년	2024년
38	35	32	29	26

−3 −3 −3 −3

㉡ 식 세워 계산하기

   - 황소개구리 개체 수

$n \geq 2$인 자연수일 때 n번째 항을 a_n이라 하면 $a_n = a_{n-1} - 3 = a_1 - 3(n-1)$인 수열이므로 $a_9 = 50 - 3 \times 8 = 26$만 마리이다.

05 정답 ④

아이스크림의 개수를 최소화해야 하므로 아이스크림 소비자 판매가를 최대로 하여 이윤 또한 최대가 되도록 해야 한다. 공장 판매가의 5배가 최대 판매가이므로 모든 아이스크림을 5배 높은 가격으로 팔아야 한다. 또한, 가격이 높은 아이스크림부터 팔아야 최소 개수로 최대 이익을 볼 수 있다.

- A아이스크림
  - 가격 : 500원, 개당 이윤 : 500원−100원=400원
  - 총 이윤 : 400원×250개=10만 원
- B아이스크림
  - 가격 : 750원, 개당 이윤 : 750원−150원=600원
  - 총 이윤 : 600원×300개=18만 원
- C아이스크림
  - 가격 : 1,000원, 개당 이윤 : 1,000원−200원=800원
  - 총 이윤 : 800원×400개=32만 원

따라서 총 60만 원의 이윤을 볼 수 있다.

06 정답 ④

〈가로〉

1. 2018년과 2019년 초등학교 환자 수의 합 : 507+586=1,093명
   2021년과 2022년 중학교 환자 수의 합 : 842+222=1,064명
   따라서 더 큰 숫자는 1,093명
2. $\frac{586-507}{507}\times100 ≒ 15.58\%$

〈세로〉

1. 2020년과 2021년 고등학교 환자 수의 합 : 985+2,510=3,495명
2. 2018년과 2019년 총환자 수의 차 : 3,185−2,061=1,124명

따라서 (㉮+㉯)×㉰−ⓐ+ⓑ=(2+0)×5−9+8=9

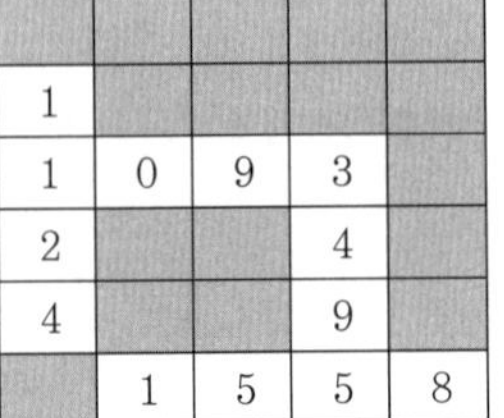

1				
1	0	9	3	
2			4	
4			9	
	1	5	5	8

07 정답 ④

A, B, E구의 1인당 소비량을 각각 a, b, e라고 하자.
제시된 조건을 식으로 나타내면 다음과 같다.

- 첫 번째 조건 : $a+b=30$ … ㉠
- 두 번째 조건 : $a+12=2e$ … ㉡
- 세 번째 조건 : $e=b+6$ … ㉢

㉢을 ㉡에 대입하여 식을 정리하면, $a+12=2(b+6) \rightarrow a-2b=0$ … ㉣
㉠−㉣을 하면 $3b=30 \rightarrow b=10$, $a=20$, $e=16$
A ~ E구의 변동계수를 구하면 다음과 같다.

- A구 : $\frac{5}{20}\times100=25\%$
- B구 : $\frac{4}{10}\times100=40\%$
- C구 : $\frac{6}{30}\times100=20\%$
- D구 : $\frac{4}{12}\times100 ≒ 33.33\%$
- E구 : $\frac{8}{16}\times100=50\%$

따라서 변동계수가 3번째로 큰 구는 D구이다.

08 정답 ②

취업 관련 도서를 선호하는 3학년 학생 수는 $368\times0.066 ≒ 24$명이고, 철학·종교 도서를 선호하는 1학년 학생 수는 $375\times0.03 ≒ 11$명이다.

따라서 취업 관련 도서를 선호하는 3학년 학생 수 대비 철학·종교 도서를 선호하는 1학년 학생 수의 비율은 $\frac{11}{24}\times100 ≒ 46\%$이다.

09 정답 ③

- 충원 수=내부임용 수+외부임용 수이므로, 166=(가)+72이다.
  ∴ (가)=94
- 외부임용률=$\frac{(\text{외부임용 수})}{(\text{충원 수})}\times100$이므로, $\frac{67}{149}\times100$=(나)이다.
  ∴ (나) ≒ 45.0

10 정답 ④

부서	투입 인원(명)	개인별 투입시간(시간)	총 투입시간(시간)
A	2	41+3×1=44	44×2=88
B	3	30+2×2=34	34×3=102
C	4	22+1×4=26	26×4=104
D	3	27+2×1=29	29×3=87
E	5	17+3×2=23	23×5=115

따라서 업무효율이 가장 높은 부서는 총 투입시간이 가장 적은 D부서이다.

11 정답 ②

(가)~(라)에 들어갈 정확한 값을 찾으려 계산하기보다는 자료에서 해결할 수 있는 실마리를 찾아 적절하지 않은 선택지를 제거하는 방식으로 접근하는 것이 좋다.

먼저 종합순위가 4위인 D과장의 점수는 모두 공개되어 있으므로 총점을 계산해보면, 80+80+60+70=290점이다.

종합순위가 5위인 A사원의 총점은 70+(가)+80+70=220+(가)점이며, 4위 점수인 290점보다 낮아야 하므로 (가)에 들어갈 점수는 70점 미만이다.

종합순위가 3위인 C대리의 총점은 (다)+85+70+75=230+(다)점이며, 290점보다 높아야 하므로 (다)에 들어갈 점수는 60점을 초과해야 한다.

②, ③에 따라 (가)=65점, (다)=65점을 대입하면, C대리의 종합점수는 230+65=295점이 된다. 종합순위가 2위인 E부장의 총점은 85+85+70+(라)=240+(라)이므로, (라)에 들어갈 점수는 55점보다 높은 점수여야 한다. 이때 ②, ③ 모두 조건을 만족시킨다.

종합순위가 1위인 B사원의 총점은 80+85+(나)+70=235+(나)점이다. 종합순위가 2위인 E부장의 총점은 240+(라)점이므로 (나)에 들어갈 점수는 (라)+5보다 높은 점수여야 한다.

따라서 (나)와 (라)의 점수가 같은 ③은 제외된다. 이제 ①·②만 남는데, C대리의 총점 230+(다)>290이어야 한다. 즉 (다)는 60보다 커야 하니 (가), (나), (다), (라)에 들어갈 점수로 가장 적절한 것은 ②임을 알 수 있다.

12 정답 ④

1원 당 부피를 판별하면 되므로, 총 부피를 가격으로 나누어 가장 큰 값을 갖는 생수를 고르면 된다.

- A : 500×20÷6,000≒1.67mL/원
- B : 700×15÷4,000≒2.63mL/원
- C : 1,000×10÷5,000=2.00mL/원
- D : 1,500×8÷4,500≒2.67mL/원
- E : 2,000×6÷5,500≒2.18mL/원

1원 당 부피가 가장 큰 D업체의 생수를 고르는 것이 가장 이득이다.

13 정답 ①

구분	공회전 발생률(%)	공회전 시 연료소모량(cc)	탄소포인트의 총합(P)
A	$\frac{20}{200}\times100=10$	$20\times20=400$	$100+0=100$
B	$\frac{15}{30}\times100=50$	$15\times20=300$	$50+25=75$
C	$\frac{10}{50}\times100=20$	$10\times20=200$	$80+50=130$
D	$\frac{5}{25}\times100=20$	$5\times20=100$	$80+75=155$
E	$\frac{25}{50}\times100=50$	$25\times20=500$	$50+0=50$

∴ D > C > A > B > E

14 정답 ③

(단위 : 권)

나이	9 ~ 11세	12 ~ 14세	15 ~ 17세	18 ~ 20세	21 ~ 24세	평균
연평균 독서량	$4a$	20	$3a$	a	$b=2a$	16

18 ~ 20세의 연평균 독서량을 a라 할 때, 21 ~ 24세의 연평균 독서량은 $2a$이다. 18 ~ 20세와 21 ~ 24세의 연평균 독서량의 합($a+2a$)은 15 ~ 17세의 연평균 독서량과 같으므로 $3a$이다.

18 ~ 20세 연평균 독서량은 9 ~ 11세 연평균 독서량의 25%이므로 9 ~ 11세 연평균 독서량은 $4a$이다.

평균$=16=\frac{4a+20+3a+a+2a}{5}$, $a=6$

따라서 15 ~ 17세의 연평균 독서량은 $3a=18$권이다.

15 정답 ①

1 ~ 4월까지의 총 반품금액에 대한 4월 반품금액의 비율의 경우는 다음과 같다.

2월 반품금액은 1,700,000원−(2월 반품금액)−160,000원−30,000원=1,360,000원이므로, 2월 반품금액은 150,000원이다. 다음으로 4월 반품금액을 구하면 300,000원+150,000원+180,000원+(4월 반품금액)=900,000원이므로, 4월 반품금액은 270,000원이며, 1 ~ 4월까지의 총 반품금액에 대한 4월 반품금액의 비율은 $\frac{270,000}{900,000}\times100=30\%$이다.

1 ~ 4월까지의 총배송비에 대한 1월 배송비의 비율은 다음과 같다.

3월 배송비는 2,200,000원−180,000원−140,000원−(3월 배송비)=1,840,000원이므로, 3월 배송비는 40,000원이다. 다음으로 1월 배송비를 구하면 (1월 배송비)+30,000원+40,000원+60,000원=160,000원이므로, 1월 배송비는 30,000원이다. 그러므로 1 ~ 4월까지의 총배송비에 대한 1월 배송비의 비율은 $\frac{30,000}{160,000}\times100=18.75\%$이다.

따라서 1 ~ 4월까지의 총배송비에 대한 1월 배송비의 비율을 뺀 값은 30%−18.75%=11.25%p이다.

16 정답 ④

방법 1) 규칙 파악

(단위 : 억 원)

구분	2012년	2013년	2014년	2015년	2016년	2017년	2018년	2019년	2020년	2021년	2022년	2023년
제조업	1	3	7	13	21	31	43	57	73	91	111	133

앞의 항에 +2, +4, +6 ⋯ 2씩 커지는 수를 더하는 수열이다.

(단위 : 억 원)

구분	2012년	2013년	2014년	2015년	2016년	2017년	2018년	2019년	2020년	2021년	2022년	2023년
소재/부품	3	5	9	17	33	65	129	257	513	1,025	2,049	4,097

앞의 항에 +2, +4, +8, ⋯ ×2씩 커지는 수를 더하는 수열이다.

따라서 2023년 투자 합은 133+4,097=4,230억 원이다.

방법 2) 수열식 계산

- 제조업

$a_{n+1}=a_n+2n\,(n\geq 2)$

$a_n=a_1+\sum_{k=1}^{n-1}2k=1+n(n-1)=n^2-n+1$

n이 2일 때,

$a_{12}=144-12+1=133$

- 소재 / 부품

$a_{n+1}=a_n+2^n\,(n\geq 2)$

$a_n=a_1+\sum_{k=1}^{n-1}2^k=3+\frac{2(2^{n-1}-1)}{2-1}=2^n+1$

n이 2일 때,

$a_{12}=2^{12}+1=4,096+1=4,097$

따라서 2023년 투자 합은 133+4,097=4,230억 원이다.

17 정답 ③

이윤은 '(판매 가격−생산 단가)×판매량'이다.

메뉴	월간 판매량(개)	생산 단가(원)	판매 가격(원)	이윤(원)
A	500	3,500	4,000	250,000
B	300	5,500	6,000	150,000
C	400	4,000	5,000	400,000
D	200	6,000	7,000	200,000
E	150	3,000	5,000	300,000

따라서 이윤이 가장 높은 C메뉴로 고를 것이다.

18 정답 ②

평균 반응 속도$=\frac{\text{기체의 부피 변화}}{\text{시간 변화}}=\frac{34-28}{90-60}=\frac{1}{5}=0.2\text{mL/s}$

19 정답 ②

비사업용 특수차를 보면, 4년 이하인 경우부터 순서대로 소수점 첫째 자리가 '6, 2'가 반복되고, 자연수 부분을 보면, 연수가 4년 이하인 경우부터 순서대로 +6, −4가 번갈아 적용되는 수열이다.
따라서 빈칸에 들어갈 수의 자연수 부분은 17−4=13이고, 소수점 첫째 자릿수는 6이다.

20 정답 ②

A금붕어, B금붕어가 팔리는 일을 n일이라고 하고, 남은 금붕어의 수를 각각 a_n, b_n이라고 하자.
A금붕어는 하루에 121마리씩 감소하고 있으므로 $a_n=1,675-121(n-1)=1,796-121n$을 적용하면 다음과 같다.
$1,796-121\times10=1,796-1,210=586$
따라서 10일 차에 남은 A금붕어는 586마리이다.
B금붕어는 매일 3, 5, 9, 15, …씩 감소하고 있고, 계차의 차는 2, 4, 6, …이다.

1,000	997	992	983	968	945	912	867	808	733
−3	−5	−9	−15	−23	−33	−45	−59	−75	
−2	−4	−6	−8	−10	−12	−14	−16		

따라서 10일 차에 남은 B금붕어는 733마리이다.

02 추리

01	02	03	04	05	06	07	08	09	10	11	12	13	14	15	16	17	18	19	20
①	③	④	④	④	④	②	④	⑤	⑤	③	②	④	③	②	⑤	①	②	④	③
21	22	23	24	25	26	27	28	29	30										
①	③	⑤	②	④	①	①	④	②	④										

01 정답 ①

'박세리'를 A, '골프 선수'를 B, '지구력이 좋다.'를 C라고 하자.

구분	명제	대우
전제1	A → B	~B → ~A
결론	A → C	~C → ~A

전제1이 결론으로 연결되려면, 전제2는 B → C나 ~C → ~B가 되어야 한다.
따라서 전제2는 '지구력이 좋지 않으면, 골프 선수가 아니다.'인 ①이다.

02 정답 ③

'한 씨'를 A, '부동산을 구두로 양도했다.'를 B, '부동산 양도는 무효다.'를 C라고 하자.

구분	명제	대우
전제1	A → B	~B → ~A
결론	A → C	~C → ~A

전제1이 결론으로 연결되려면, 전제2는 B → C가 되어야 한다.
따라서 전제2는 '부동산을 구두로 양도하면, 부동산 양도는 무효다.'인 ③이다.

03 정답 ④

'연예인이 모델이다.'를 '연', '매출액이 증가한다.'를 '매', '브랜드 인지도가 높아진다.'를 '브'라고 하자.

구분	명제	대우
전제1	연 → 매	매× → 연×
결론	연 → 브	브× → 연×

전제1이 결론으로 연결되려면, 전제2는 '매 → 브'가 되어야 한다.
따라서 전제2는 '매출액이 증가하면, 브랜드 인지도가 높아진다.'인 ④이다.

04 정답 ④

'독서모임에 참여한다.'를 A, '봉사활동에 참여한다.'를 B, '문화 동아리에 참여한다.'를 C라고 하면, 전제1과 결론을 다음과 같은 벤다이어그램으로 나타낼 수 있다.

1) 전제1

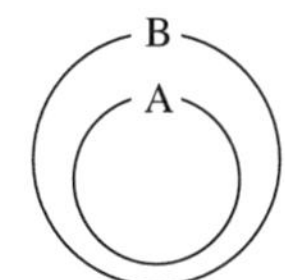

2) 결론

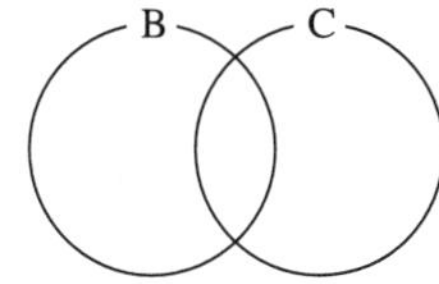

결론이 참이 되기 위해서는 B와 공통되는 부분의 A와 C가 연결되어야 한다.

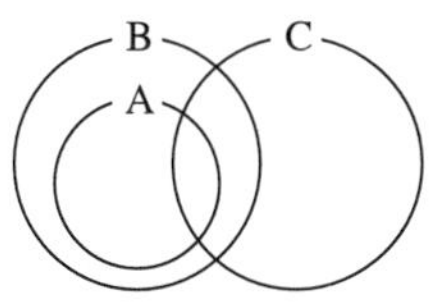

즉, 다음과 같은 벤다이어그램이 성립할 때 결론이 참이 될 수 있으므로 전제2에 들어갈 명제는 '독서모임에 참여하는 어떤 사람은 문화 동아리에 참여한다.'의 ④이다.

05 정답 ④

'자기관리를 하는 사람'을 A, '공부를 하는 사람'을 B, '미라클 모닝을 실천하는 사람'을 C라고 하면, 전제1과 전제2는 다음과 같은 벤다이어그램으로 나타낼 수 있다.

1) 전제1

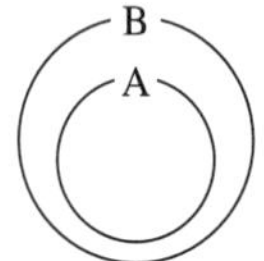

2) 전제2

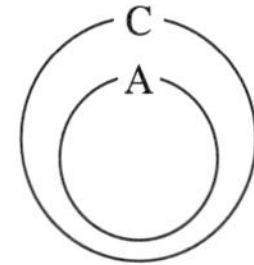

이를 정리하면 다음과 같은 벤다이어그램이 성립한다.

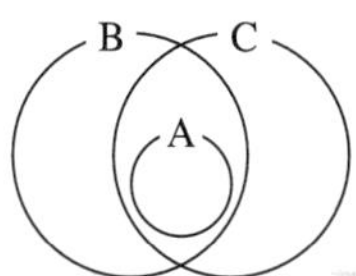

따라서 '미라클 모닝을 실천하는 어떤 사람은 공부를 한다.'라는 결론이 도출된다.

06 정답 ④

주어진 조건을 정리하면 두 가지 경우로 구분되며, 표로 정리하면 다음과 같다.

경우 1)

첫 번째 공휴일	두 번째 공휴일	세 번째 공휴일	네 번째 공휴일	다섯 번째 공휴일
A약국 D약국	D약국 E약국	A약국 C약국	B약국 C약국	B약국 E약국

경우 2)

첫 번째 공휴일	두 번째 공휴일	세 번째 공휴일	네 번째 공휴일	다섯 번째 공휴일
D약국 E약국	A약국 D약국	A약국 C약국	B약국 C약국	B약국 E약국

따라서 네 번째 공휴일에 영업하는 약국은 B와 C이다.

오답분석

① A약국은 이번 달에 공휴일에 연달아 영업할 수도 그렇지 않을 수도 있다.
② 다섯 번째 공휴일에는 B약국과 E약국이 같이 영업한다.
③ B약국은 네 번째, 다섯 번째 공휴일에 영업을 한다.
⑤ E약국은 두 번째 공휴일, 다섯 번째 공휴일에 영업을 할 수 있다.

07 정답 ②

E는 고추만 가꿀 수 있으므로 E는 고추 밭을 맡고, 토마토와 고추만 가꿀 수 있는 A는 토마토 밭을 맡는다. A는 토마토 밭을 가꾸므로 감자와 토마토만 가꿀 수 있는 C는 감자 밭을 맡는다. D는 오이를 가꿀 수 없으므로 나머지 고구마와 오이 중에 D는 고구마 밭을 맡는다. 마지막으로 B는 나머지 오이 밭을 맡는다.

08 정답 ④

라는 파란색을 선택하였으므로 보라색을 사용하지 않고, 나와 다팀도 보라색을 사용한 적이 있으므로 가팀은 보라색을 선택한다. 나팀은 빨간색을 사용한 적이 있고, 파란색과 보라색은 사용할 수 없으므로 노란색을 선택한다. 다팀은 나머지 빨간색을 선택한다.

가	나	다	라
보라색	노란색	빨간색	파란색

따라서 항상 참인 것은 ④이다.

오답분석

①·③·⑤ 주어진 정보만으로는 판단하기 힘들다.
② 가팀의 상징색은 보라색이다.

09 정답 ⑤

라는 1분단에 배정되었으므로 가, 나, 다는 1분단에 앉을 수 없다. 나는 1분단에 앉을 수 없고, 2, 3분단에 앉은 적이 있으므로 4분단에 배정된다. 다는 1분단에 앉을 수 없고, 2분단과 4분단에 앉은 적이 있으므로 3분단에 배정된다. 가는 나머지 2분단에 배정된다.

가	나	다	라
2분단	4분단	3분단	1분단

따라서 항상 참인 것은 ⑤이다.

10 정답 ⑤

B는 1층에 배정되었고, E는 5층에 배정되었으므로 2층과 4층을 사용한 적이 있는 D는 3층에 배정된다. 나머지 2층과 4층에는 A와 C가 배정된다. 이를 표로 정리하면 다음과 같다.

구분	1층	2층	3층	4층	5층
경우 1	B팀	A팀	D팀	C팀	E팀
경우 2	B팀	C팀	D팀	A팀	E팀

따라서 항상 참인 것은 ⑤이다.

오답분석

① 주어진 정보만으로는 판단하기 힘들다.
② A팀은 2층 또는 4층에 배정되므로 2층에 배정되는지는 알 수 없다.
③ E는 5층을 사용한 적이 없다.
④ 2층을 쓰게 될 가능성이 있는 팀은 총 두 팀이다.

11 정답 ③

제시된 단어는 반의 관계이다.
'참여'는 '어떤 일에 끼어들어 관계함'을 뜻하고, '이탈'은 '어떤 범위나 대열 따위에서 떨어져 나오거나 떨어져 나감'을 뜻한다. 따라서 '일을 끝냄'의 뜻인 '종결'과 반의 관계인 단어는 '어떤 일에 손을 댐'의 뜻인 '착수'이다.

오답분석

① 귀결 : 어떤 결말이나 결과에 이름
② 소외 : 어떤 무리에서 기피하여 따돌리거나 멀리함
④ 단락 : 일이 어느 정도 다 된 끝
⑤ 탈선 : 말이나 행동 따위가 나쁜 방향으로 빗나감

12 정답 ②

제시된 단어는 유의 관계이다.
'치환'은 '바꾸어 놓음'을 뜻하고, '대치'는 '다른 것으로 바꾸어 놓음'을 뜻한다. 따라서 '일반에게 널리 알림'의 뜻인 '포고'와 유의 관계인 단어는 '일반 대중에게 널리 알림'의 뜻인 '공포'이다.

오답분석

① 국면 : 어떤 일이 벌어진 장면이나 형편
③ 전위 : 위치가 변함
④ 극명 : 속속들이 똑똑하게 밝힘
⑤ 은닉 : 남의 물건이나 범죄인을 감춤

13 정답 ④

'상의'는 '어떤 일을 서로 의논함'이라는 뜻이므로 '어떤 문제에 대하여 서로 의견을 내어 토의함. 또는 그런 토의'라는 뜻인 '논의'와 유의 관계이고, 나머지는 반의 관계이다.

오답분석

① • 나태 : 행동, 성격 따위가 느리고 게으름
  • 근면 : 부지런히 일하며 힘씀
② • 사실 : 실제로 있었던 일이나 현재에 있는 일
  • 허구 : 사실에 없는 일을 사실처럼 꾸며 만듦
③ • 제정 : 제도나 법률 따위를 만들어서 정함
  • 폐지 : 실시하여 오던 제도나 법규, 일 따위를 그만두거나 없앰
⑤ • 발생 : 어떤 일이나 사물이 생겨남
  • 소멸 : 사라져 없어짐

14 정답 ③

'도야'는 '훌륭한 사람이 되도록 몸과 마음을 닦아 기름을 비유적으로 이르는 말'이라는 뜻이므로 '인격, 기술, 학문 따위를 닦아서 단련함'이라는 뜻인 '수련'과 유의 관계이고, 나머지는 반의 관계이다.

오답분석

① • 반제 : 빌렸던 돈을 모두 갚음
  • 차용 : 돈이나 물건 따위를 빌려서 씀
② • 등귀 : 물건 값이 뛰어 오름
  • 하락 : 값이나 등급 따위가 떨어짐
④ • 미숙 : 일 따위에 익숙하지 않아서 서투름
  • 성숙 : 경험이나 습관을 쌓아 익숙해짐
⑤ • 간이 : 간단하고 편리함. 물건의 내용, 형식이나 시설 따위를 줄이거나 간편하게 하여 이용하기 쉽게 한 상태
  • 번잡 : 번거롭게 뒤섞여 어수선함

15 정답 ②

'과부'는 '남편을 잃고 혼자 사는 여자'라는 뜻이므로 '남편을 여읜 여자'라는 뜻인 '미망인'과 유의 관계이고, 나머지는 반의 관계이다.

오답분석

① • 우량 : 물건의 품질이나 상태가 좋음
  • 열악 : 품질이나 능력, 시설 따위가 매우 떨어지고 나쁨

③ • 우연 : 아무런 인과 관계가 없이 뜻하지 아니하게 일어난 일
• 필연 : 사물의 관련이나 일의 결과가 반드시 그렇게 될 수밖에 없음
④ • 문어 : 문자로 나타낸 말
• 구어 : 음성으로 나타내는 말
⑤ • 민감 : 자극에 빠르게 반응을 보이거나 쉽게 영향을 받음
• 둔감 : 무딘 감정이나 감각

16 정답 ⑤

규칙은 가로 방향으로 적용된다.
첫 번째 도형을 180° 회전한 것이 두 번째 도형, 이를 시계 방향으로 90° 회전한 것이 세 번째 도형이다.

17 정답 ①

규칙은 세로 방향으로 적용된다.
첫 번째 도형을 색 반전한 것이 두 번째 도형, 이를 y축 기준으로 대칭한 것이 세 번째 도형이다.

18 정답 ②

규칙은 가로 방향으로 적용된다.
첫 번째 도형을 좌우 대칭하여 합친 것이 두 번째 도형, 이를 시계 반대 방향으로 45° 회전한 것이 세 번째 도형이다.

19 정답 ④

규칙은 가로 방향으로 적용된다.
첫 번째 도형을 시계 방향으로 60° 회전한 것이 두 번째 도형, 이를 시계 반대 방향으로 120° 회전한 것이 세 번째 도형이다.

20 정답 ③

규칙은 세로 방향으로 적용된다.
첫 번째 도형을 x축 기준으로 대칭한 것이 두 번째 도형, 이를 색 반전한 것이 세 번째 도형이다.

21 정답 ①

◉ : 1234 → 1324
♧ : 각 자릿수 −1, 0, +1, +2
▣ : 1234 → 4321
♤ : 각 자릿수 +2, +1, −1, −1

7ㅅ3ㄷ → ㄷ3ㅅ7 → ㄷㅅ37
▣ ◉

22 정답 ③

PㄹㅎU → OㄹㄱW → QㅁㅎV
♧ ♤

23 정답 ⑤

126ㅊ	→	162ㅊ	→	371ㅈ	→	317ㅈ	→	ㅈ713
	◉		♤		◉		▣	

24 정답 ②

'에너지 하베스팅은 열, 빛, 운동, 바람, 진동, 전자기 등 주변에서 버려지는 에너지를 모아 전기를 얻는 기술을 의미한다.'라는 내용을 통해서 버려진 에너지를 전기라는 에너지로 다시 만든다는 것을 알 수 있다.

오답분석

① 무체물인 에너지도 재활용이 가능하다고 했으므로 적절하지 않은 내용이다.
③ '에너지 하베스팅은 열, 빛, 운동, 바람, 진동, 전자기 등 주변에서 버려지는 에너지를 모아 전기를 얻는 기술을 의미한다.'라는 내용에서 다른 에너지에 대한 언급은 없이 '전기를 얻는 기술'이라고 언급했으므로 적절하지 않은 내용이다.
④ 태양광을 이용하는 광 에너지 하베스팅, 폐열을 이용하는 열에너지 하베스팅이라고 구분하여 언급한 것을 통해 다른 에너지원에 속한다는 것을 알 수 있다.
⑤ '사람이 많이 다니는 인도 위에 버튼식 패드를 설치하여 사람이 밟을 때마다 전기가 생산되도록 하는 것이다.'라고 했으므로 사람의 체온을 이용한 신체에너지 하베스팅 기술이라기보다는 진동이나 압력을 가해 이용하는 진동에너지 하베스팅이다.

25 정답 ④

인간에게 체화된 무형의 지식(암묵지)을 공유하는 것은 쉬운 일이 아니라고 하고 있다.

오답분석

① 객관적이고 논리적으로 형식화된 지식을 명시지라 하며, 암묵지에 비해 상대적으로 지식의 공유 가능성이 높다.
② 암묵지에서 명시지로의 변환은 암묵적 요소 중 일부가 형식화되어 객관화되는 것으로서 '표출화'라 한다.
③ '연결화' 과정을 통해 명시지들을 결합하여 새로운 명시지를 형성한다.
⑤ 단순한 정보와 유용한 지식을 구분하기도 쉽지 않고, 이를 계량화하여 평가하는 것도 어렵다고 말하고 있다.

26 정답 ①

제시문에서 언급한 주파수 재사용률을 높이기 위해서 사용하는 방법은 일정 거리 이상 떨어진 기지국에서 동일한 주파수 대역을 다시 사용하는 것이다. 기지국의 전파 강도를 높이는 경우에 대한 내용은 제시문에서 찾을 수 없다.

오답분석

② 인접한 셀들은 서로 다른 주파수 대역을 사용하고, 인접하지 않은 셀에는 이미 사용하고 있는 주파수 대역을 다시 사용하게끔 셀을 구성하여 방대한 지역을 제한된 몇 개의 주파수 대역으로 서비스할 수 있다고 하였으므로 적절한 내용이다.
③ 주파수 간섭 문제를 피하기 위해 인접한 셀들은 서로 다른 주파수 대역을 사용한다고 하였으므로 이를 역으로 생각하면 인접 셀에서 같은 주파수 대역을 사용하면 주파수 간섭 문제가 발생할 수 있다.
④ 시스템 설계자는 통화량이 많은 곳은 셀의 반지름을 줄이고 통화량이 적은 곳은 셀의 반지름을 늘려 서비스 효율성을 높인다고 하였으므로 적절한 내용이다.
⑤ 하나의 기지국이 감당할 수 있는 최대 통화량은 일정하다고 하였으므로 기지국의 수를 늘리면 수용 가능한 통화량이 증가하는 것은 당연하다.

27 정답 ①

최초진입기업이 후발진입기업이 진입하는 것을 어렵게 하기 위해 마케팅 활동을 한다고는 하였지만 이를 위한 마케팅 비용이 후발진입기업보다 많아야 하는지는 언급되어 있지 않다.

오답분석

② 후발진입기업의 모방 비용은 최초진입기업이 신제품 개발에 투자한 비용 대비 65% 수준이라고 하였으므로 적절한 내용이다.
③ 기업이 시장에 최초로 진입하여 무형 및 유형의 이익을 얻는 것을 A효과라 하는데 시장에 최초로 진입하여 후발기업에 비해 소비자에게 우선적으로 인지되는 것은 무형의 이익 중 하나라고 볼 수 있으므로 적절한 내용이다.
④ 후발진입기업의 경우, 절감된 비용을 마케팅 등에 효과적으로 투자하여 최초진입기업의 시장 점유율을 단기간에 빼앗아 와야 한다고 하였으므로 적절한 내용이다.
⑤ B효과는 후발진입기업이 최초진입기업과 동등한 수준의 기술 및 제품을 보다 낮은 비용으로 개발할 수 있을 때만 가능하다고 하였으므로 적절한 내용이다.

28 정답 ④

유명인의 중복 광고 출연으로 인한 부정적인 효과를 설명하고 있다. 따라서 사람들이 유명인과 브랜드 이미지를 연관 짓는 주장을 반박으로 내세울 수 있다.

오답분석

①·⑤ 지문의 내용으로 적절한 주장이다.
②·③ 유명인의 중복 출연으로 인한 부정적인 효과를 말하고 있다.

29 정답 ②

최저소득보장제가 저소득층의 생계를 지원하나, 성장 또한 제한할 수 있다는 점을 한계로 지적할 수 있다.

오답분석

① 실업률이 증가하면 사회적으로 경제적 취약 계층인 저소득층도 늘어나게 된다.
③ 최저소득보장제는 경제적 취약 계층에게 일정 생계비를 보장해 주는 제도이다.
④ 세금이 부과되는 기준 소득을 '면세점'이라 한다.
⑤ 총소득이 면세점을 넘는 경우 총소득 전체에 대해 세금이 부과되어 순소득이 총소득보다 줄어들게 된다.

30 정답 ④

미래주의 회화는 비례, 통일, 조화 등을 강조한 기존의 서양 회화와 달리 움직이는 대상의 속도와 운동이라는 미적 가치에 주목하여 새로운 미의식을 제시하였다. 따라서 인간과 동물의 조화를 강조하였다는 내용의 ④는 미래주의 회화 작품에 대한 설명으로 적절하지 않다.

오답분석

① 미래주의 화가들은 활기찬 움직임을 보여 주는 모습을 주요 소재로 삼아 산업 사회의 역동적인 모습을 표현하였다.
② 미래주의 화가들은 움직이는 대상의 잔상을 바탕으로 시간의 흐름에 따른 대상의 움직임을 겹쳐서 나타내는 이미지 겹침을 통해 대상의 연속적인 움직임을 효과적으로 표현하였다.
③ 미래주의 화가들은 사물이 각기 특징적인 움직임을 갖고 있다고 보고, 움직임의 궤적을 여러 개의 선으로 구현하는 역선을 통해 표현하였다.
⑤ 미래주의 화가들은 대상이 다른 대상이나 배경과 구분이 모호해지는 상호 침투를 통해 움직이는 대상의 속도와 운동을 효과적으로 나타내었다.

제 2 회 최종점검 모의고사

01 수리논리

01	02	03	04	05	06	07	08	09	10	11	12	13	14	15	16	17	18	19	20
②	①	③	①	③	⑤	②	①	①	②	⑤	③	②	④	⑤	③	④	④	⑤	④

01 정답 ②

열차의 길이를 xm라고 하자.

• 열차가 다리를 완전히 통과하는 데 움직인 거리 : $(x+260)$m

• 열차의 끝이 터널 안에 완전히 들어간 상태에서 움직인 거리 : $(1,180-x)$m

열차의 속력은 일정하므로

$\frac{x+260}{40}=\frac{1,180-x}{120} \rightarrow 3(x+260)=1,180-x \rightarrow 4x=400$

$\therefore x=100$

02 정답 ①

출장 지역마다 대리급 이상이 한 명 이상 포함되어야 하므로 과장 2명과 대리 2명을 먼저 각 지역에 배치하면 $({}_2C_2\times{}_3C_2\times4!)$가지이고, 남은 대리 1명과 사원 3명이 각 지역에 출장 가는 경우의 수는 4!가지이다.

즉, A, B, C, D지역으로 감사팀이 출장 가는 전체 경우의 수는 $({}_2C_2\times{}_3C_2\times4!\times4!)$가지이다.

다음으로 대리급 이상이 네 지역에 한 명씩 출장을 가야하므로 한 명의 대리만 과장과 짝이 될 수 있다. 과장과 대리가 한 조가 되어 4개 지역 중 한 곳에 출장 가는 경우의 수는 $({}_2C_1\times{}_3C_1\times4)$가지이다. 그리고 남은 과장 1명, 대리 2명, 사원 3명이 세 지역으로 출장가는 경우의 수는 $({}_1C_1\times{}_2C_2\times3!\times3!)$가지이다.

즉, 과장과 대리가 한 조가 되는 경우의 수는 $({}_2C_1\times{}_3C_1\times4\times{}_1C_1\times{}_2C_2\times3!\times3!)$가지이다.

따라서 과장과 대리가 한 조로 출장에 갈 확률은 $\frac{24\times3!\times3!}{{}_2C_2\times{}_3C_2\times4!\times4!}=\frac{1}{2}$이다.

03 정답 ③

2018 ~ 2022년의 남성 근로자 수와 여성 근로자 수 차이를 구하면 다음과 같다.

• 2018년 : 9,061－5,229＝3,832천 명

• 2019년 : 9,467－5,705＝3,762천 명

• 2020년 : 9,633－5,902＝3,731천 명

• 2021년 : 9,660－6,103＝3,557천 명

• 2022년 : 9,925－6,430＝3,495천 명

즉, 2018 ~ 2022년 동안 남성과 여성의 차이는 매년 감소한다.

오답분석

① 제시된 자료를 통해 알 수 있다.
② 성별 2018년 대비 2022년 근로자 수의 증가율은 다음과 같다.

- 남성 : $\frac{9,925-9,061}{9,061}\times 100 \fallingdotseq 9.54\%$
- 여성 : $\frac{6,430-5,229}{5,229}\times 100 \fallingdotseq 22.97\%$

따라서 여성의 증가율이 더 높다.
④ 제시된 자료를 통해 전체 근로자 중 여성 근로자 수의 비중이 가장 큰 것은 2022년임을 알 수 있다.
⑤ 2021년 대비 2022년 여성 근로자 수의 증가율 : $\frac{6,430-6,103}{6,103}\times 100 \fallingdotseq 5\%$

04 정답 ①

2021년 대비 2022년 자동차 수출액의 감소율은 $\frac{713-650}{713}\times 100 \fallingdotseq 8.8\%$이다.

오답분석

㉠ 연도별 전년 대비 자동차 생산량의 증가량을 구하면 다음과 같다.

- 2016년 : 4,272−3,513=759천 대
- 2017년 : 4,657−4,272=385천 대
- 2018년 : 4,562−4,657=−95천 대
- 2019년 : 4,521−4,562=−41천 대
- 2020년 : 4,524−4,521=3천 대
- 2021년 : 4,556−4,524=32천 대
- 2022년 : 4,229−4,556=−327천 대

즉, 전년 대비 자동차 생산량의 증가량이 가장 큰 해는 2016년이다.
㉢ 제시된 자료를 통해 자동차 수입액은 지속적으로 증가했음을 알 수 있다.
㉣ 2022년의 자동차 생산량 대비 내수량의 비율은 다음과 같다.

$\frac{1,600}{4,229}\times 100 \fallingdotseq 37.8\%$

05 정답 ③

2021년 3/4분기와 2022년 3/4분기 항만별 내항의 입항 선박 수의 차이를 구하면 다음과 같다.

- 부산항 : |11,433−11,603|=170
- 울산항 : |10,744−10,242|=502
- 인천항 : |11,392−12,897|=1,505
- 광양항 : |8,584−8,824|=240
- 목포항 : |5,988−8,222|=2,234
- 포항항 : |3,292−4,044|=752

따라서 내항의 입항 선박 수의 차이가 가장 큰 항만은 목포항이다.

오답분석

①·⑤ 제시된 자료를 통해 알 수 있다.
② 입항 선박 수가 감소한 울산항을 제외한 2021년 3/4분기 대비 2022년 3/4분기의 항구별 입항 선박의 증가율을 구하면 다음과 같다.

- 부산항 : $\frac{28,730-27,681}{27,681}\times 100 \fallingdotseq 3.8\%$

• 인천항 : $\frac{17,751-16,436}{16,436}\times100 \fallingdotseq 8.0\%$

• 광양항 : $\frac{14,372-14,165}{14,165}\times100 \fallingdotseq 1.5\%$

• 목포항 : $\frac{8,496-6,261}{6,261}\times100 \fallingdotseq 35.7\%$

• 포항항 : $\frac{5,950-5,242}{5,242}\times100 \fallingdotseq 13.5\%$

따라서 목포항의 증가율이 가장 크다.

④ 전년 동분기 대비 2022년 3/4분기에 입항 선박 수가 감소한 항만은 울산항으로 1곳이다.

06 정답 ⑤

5년 동안 전체 사고 발생 수는 262,814+270,646+284,286+273,097+266,051=1,356,894건이고, 자전거사고 발생 수는 6,212+4,571+7,498+8,529+5,330=32,140건이다. 따라서 전체 사고 발생 수 중 자전거사고 발생 수의 비율은 $\frac{32,140\text{건}}{1,356,894\text{건}}\times100 \fallingdotseq 2.37\%$로 3% 미만이다.

오답분석

① 연도별 화재사고 발생 수의 5배와 도로교통사고 발생 수를 비교하면 다음과 같다.

구분	화재사고 건수 5배	도로교통사고 건수
2018년	40,932건×5=204,660건	215,354건
2019년	42,135건×5=210,675건	223,552건
2020년	44,435건×5=222,175건	232,035건
2021년	43,413건×5=217,065건	220,917건
2022년	44,178건×5=220,890건	216,335건

2022년에는 화재사고 건수의 5배가 도로교통사고 발생 수보다 많으므로 적절하지 않은 설명이다.

② 환경오염사고 발생 수는 2020년부터 2022년까지 전년보다 감소하므로 증가와 감소가 반복된다는 분석은 적절하지 않다.

③ 환경오염사고 발생 수는 2021년부터 가스사고 발생 수보다 적다.

④ 매년 사고 발생 총 건수를 구하면 다음과 같다.

구분	매년 사고 발생 총 건수
2018년	215,354+40,932+72+244+6,212=262,814건
2019년	223,552+42,135+72+316+4,571=270,646건
2020년	232,035+44,435+72+246+7,498=284,286건
2021년	220,917+43,413+122+116+8,529=273,097건
2022년	216,335+44,178+121+87+5,330=266,051건

2018년 ~ 2022년까지 사고 발생 수는 증가했다가 감소하는 추세이다.

07 정답 ②

• 김대리 : 표의 전 산업생산지수의 기준인 2022년 1월에 비해 2022년 7월에 부가가치가 감소한 산업분야는 2022년 7월 생산지수가 100 미만이어야 한다. 이러한 산업은 공공행정뿐이므로 적절한 설명이다.

• 한사원 : 공공행정 생산지수는 2022년 9월에 비해 2022년 11월에 $\frac{103.9-100.0}{100.0}\times100=3.9\%$ 상승하였으므로 적절한 설명이다.

오답분석

- 이주임 : 2022년 7월부터 2022년 12월까지의 전 산업생산지수는 공통적으로 2022년 1월을 기준으로 한다. 따라서 2022년 7월 대비 2022년 12월에 부가가치가 증가한 산업은 생산지수가 2022년 7월에 비해 2022년 12월에 더 크다. 이러한 산업은 광공업, 건설업, 서비스업, 공공행정이므로 적절하지 않은 설명이다.
- 최주임 : 서비스업 생산지수는 2022년 8월에 비해 2022년 10월에 $\frac{107.9-105.6}{105.6}\times 100 \fallingdotseq 2.18\%$ 상승하였으므로 적절하지 않은 설명이다.

08 정답 ①

영화의 매출액은 매년 전체 매출액의 약 50%를 차지함을 알 수 있다.

풀이 꿀팁

영화 매출액이 전체 매출액의 30% 이상임을 확인하려면 $\frac{(\text{영화 매출액})}{(\text{전체 매출액})}\times 100$을 계산해봐야 한다. 하지만 모두 직접적으로 계산해 볼 수 없으므로 영화 매출액이 전체의 30%라고 생각하고 전체 매출액을 대략적으로 계산해본다. 2012년의 영화 매출액은 371억 원이므로 대략 300억 원이라 하면 전체 매출액은 $300\times\frac{100}{30}=3{,}000$억 원 이상이어야 한다. 이런 식으로 대략적인 계산을 하여 빠르게 풀이할 수 있다.

오답분석

② 2016 ~ 2017년 전년 대비 매출액의 증감 추이는 게임의 경우 '감소 – 증가'이고, 음원은 '증가 – 증가'이다.
③ 2020년과 2022년 음원 매출액은 SNS 매출액의 2배 미만이다.
④ 2017년에 SNS의 매출액은 전년에 비해 감소하였다.
⑤ 영화와 음원의 경우 2020년 매출액이 2019년 매출액의 2배 미만이지만, SNS의 경우 2020년 매출액이 전년 매출액의 5배 이상이다.

09 정답 ①

2020년 프랑스의 자국 영화 점유율은 한국보다 높다.

오답분석

② 모든 국가에서 자국 영화 점유율이 감소한 해가 있다.
③ 2019년 대비 2022년 자국 영화 점유율이 하락한 국가는 한국, 영국, 독일, 프랑스, 스페인이고, 이 중 한국이 4.3%p 하락으로, 가장 많이 하락한 국가이다.
④ 일본, 독일, 스페인, 호주, 미국이 해당하므로 절반이 넘는다.
⑤ 2021년을 제외하고 프랑스, 영국, 독일, 스페인 순서로 자국 영화 점유율이 높다.

10 정답 ②

2022년 3월에 가장 사고가 많이 발생한 도로 종류는 특별・광역시도이지만, 가장 사망자 수가 많은 도로는 시도이다.

오답분석

① 특별・광역시도의 교통사고 발생건수는 지속적으로 증가했다.
③ 해당 기간 동안 부상자 수가 감소하는 도로는 없다.
④ 사망자 수가 100명을 초과하는 것은 3월과 4월의 시도가 유일하다.
⑤ 고속국도는 2022년 2월부터 4월까지 부상자 수가 746명, 765명, 859명으로 가장 적다.

11 정답 ⑤

2016 ~ 2021년 평균 지진 발생 횟수는 (42+52+56+93+49+44)÷6=56회이다. 2022년에 발생한 지진은 2016 ~ 2021년 평균 지진 발생 횟수에 비해 492÷56≒8.8배 증가했으므로 적절한 설명이다.

오답분석

① 2020년과 2021년에 전년 대비 지진 횟수는 감소했다.
② 2019년의 지진 발생 횟수는 93회이고 2018년의 지진 발생 횟수는 56회이다. 2019년에는 2018년보다 지진이 93−56=37회 더 발생했다.
③ 2022년에 일어난 규모 5.8의 지진이 2016년 이후 우리나라에서 발생한 지진 중 가장 강력한 규모이다.
④ 2017년보다 2018년에 지진 횟수는 증가했지만 최고 규모는 감소했다.

12 정답 ③

제시된 자료에 의하면 중국의 디스플레이 세계시장의 점유율은 계속 증가하고 있고, 2016년 대비 2022년의 세계시장 점유율의 증가율을 구하면 $\frac{17.4-4.0}{4.0}\times 100=335\%$이다.

오답분석

① 제시된 자료에 의하면 일본의 디스플레이 세계시장 점유율은 2018년까지 하락한 후 2019년에 소폭 증가한 뒤 이후 15% 정도대를 유지하고 있다.
② 디스플레이 세계시장 점유율은 매해 한국이 1위를 유지하고 있는 것은 맞다. 그러나 한국 이외의 국가의 순위는 2021년까지 대만 – 일본 – 중국 – 기타 순서를 유지하다 2022년에 대만 – 중국 – 일본 – 기타 순서로 바뀌었다.
④ 국가별 2021년 대비 2022년의 국가별 디스플레이 세계시장 점유율의 증감률을 구하면 다음과 같다.

- 한국 : $\frac{45.8-45.2}{45.2}\times 100 \fallingdotseq 1.33\%$
- 대만 : $\frac{20.8-24.6}{24.6}\times 100 \fallingdotseq -15.45\%$
- 일본 : $\frac{15.0-15.4}{15.4}\times 100 \fallingdotseq -2.60\%$
- 중국 : $\frac{17.4-14.2}{14.2}\times 100 \fallingdotseq 22.54\%$
- 기타 : $\frac{1.0-0.6}{0.6}\times 100 \fallingdotseq 66.67\%$

따라서 2021년 대비 2022년의 디스플레이 세계시장 점유율의 증감률이 가장 낮은 국가는 일본이 아니다.

⑤ 연도별 한국의 디스플레이 세계시장 점유율의 전년 대비 증가폭을 구하면 다음과 같다.

- 2017년 : 47.6−45.7=1.9%p
- 2018년 : 50.7−47.6=3.1%p
- 2019년 : 44.7−50.7=−6%p
- 2020년 : 42.8−44.7=−1.9%p
- 2021년 : 45.2−42.8=2.4%p
- 2022년 : 45.8−45.2=0.6%p

따라서 한국의 디스플레이 세계시장 점유율의 전년 대비 증가폭은 2018년이 가장 컸다.

13 정답 ②

폐기물을 통한 신재생에너지 공급량은 2016년에 감소하였으므로 적절하지 않은 설명이다.

오답분석

① 2017년 수력 공급량은 792.3천 TOE로, 같은 해 바이오와 태양열의 공급량 합인 754.6+29.3=783.9천 TOE보다 크다.
③ 2017년부터 수소·연료전지를 통한 공급량은 지열을 통한 공급량을 추월한 것을 확인할 수 있다.
④ 2018년부터 전년 대비 공급량이 증가한 신재생에너지는 '태양광, 폐기물, 지열, 수소·연료전지, 해양' 5가지이다.
⑤ 해양을 제외하고 2014년도에 비해 2022년도에 공급량이 감소한 신재생에너지는 '태양열, 수력' 2가지이다.

14 정답 ④

전년 대비 신재생에너지 총 공급량의 증가율은 다음과 같다.

- 2016년 : $\frac{6,086.2-5,858.4}{5,858.4}\times100≒3.9\%$
- 2017년 : $\frac{6,856.2-6,086.2}{6,086.2}\times100≒12.7\%$
- 2018년 : $\frac{7,582.7-6,856.2}{6,856.2}\times100≒10.6\%$
- 2019년 : $\frac{8,850.7-7,582.7}{7,582.7}\times100≒16.7\%$
- 2020년 : $\frac{9,879.3-8,850.7}{8,850.7}\times100≒11.6\%$

따라서 전년 대비 신재생에너지 총 공급량의 증가율이 가장 큰 해는 2019년이다.

15 정답 ⑤

건설업 분야의 취업자 수는 2019년과 2022년에 각각 전년 대비 감소했다.

오답분석

① 2014년 도소매·음식·숙박업 분야에 종사하는 사람의 수는 총 취업자 수의 $\frac{5,966}{21,156}\times100≒28.2\%$이므로 30% 미만이다.

② 2014 ~ 2022년 농·임·어업 분야의 취업자 수는 꾸준히 감소하는 것을 확인할 수 있다.

③ 2022년 사업·개인·공공서비스 및 기타 분야의 취업자 수는 2014년 대비 7,633−4,979=2,654천 명으로 가장 많이 증가했다.

④ 2021년 전기·운수·통신·금융업 분야 취업자 수는 2014년 대비 $\frac{7,600-2,074}{2,074}\times100≒266\%$ 증가했고, 사업·개인·공공서비스 및 기타 분야 취업자 수는 $\frac{4,979-2,393}{4,979}\times100≒52\%$ 감소했다.

16 정답 ③

ㄱ. 2017년 어업 분야의 취업자 수는 농·임·어업 분야의 취업자 수 합계에서 농·임업 분야 취업자 수를 제외한 수이다. 따라서 1,950−1,877=73천 명이다.

ㄴ. 전기·운수·통신·금융업 분야의 취업자 수가 7,600천 명으로 가장 많다.

오답분석

ㄷ. 농·임업 분야 종사자와 어업 분야 종사자 수는 계속 감소하기 때문에 어업 분야 종사자 수가 현상을 유지하거나 늘어난다고 보기 어렵다.

17 정답 ④

졸업 후 창업하는 학생들은 총 118+5+5+1+37=166명이며, 이 중 특성화고 졸업생은 37명이다. 따라서 졸업 후 창업하는 졸업생들 중 특성화고 졸업생이 차지하는 비율은 $\frac{37}{166}\times100≒22.3\%$이다.

오답분석

① 일반고 졸업생 중 대학에 진학하는 졸업생 수는 6,773명, 특성화고 졸업생 중 대학에 진학하는 졸업생 수는 512명이다. 따라서 일반고 졸업생 중 대학에 진학하는 졸업생 수는 특성화고 졸업생 중 대학에 진학하는 졸업생 수보다 $\frac{6,773}{512}≒13.2$배 많다.

② 졸업 후 군입대를 하거나 해외 유학을 가는 졸업생들은 297+5+3+6+86=397명이며 이 중 과학고·외고·국제고와 마이스터고 졸업생들은 5+6=11명이다. 따라서 졸업 후 군 입대를 하거나 해외 유학을 가는 졸업생들 중 과학고·외고·국제고와 마이스터고 졸업생들이 차지하는 비율은 $\frac{11}{397}\times100≒2.8\%$이다.

③ 진로를 결정하지 못한 졸업생의 수가 가장 많은 학교유형은 일반고이다.

⑤ 졸업생들 중 대학 진학률이 가장 높은 학교유형은 과학고·외고·국제고이며, 창업률이 가장 높은 학교유형은 예술·체육고이다.

18 정답 ④

ⓒ 졸업 후 취업한 인원은 457+11+3+64+752=1,287명으로 1,200명을 넘었다.
ⓔ 특성화고 졸업생 중 진로를 결정하지 못한 졸업생 수는 260명, 대학에 진학한 졸업생 수는 512명이다.

따라서 특성화고에서 진로를 결정하지 못한 졸업생은 대학에 진학한 졸업생의 수의 $\frac{260}{512}\times100≒50.8\%$이다.

오답분석

㉠ 마이스터고와 특성화고의 경우 대학에 진학한 졸업생 수보다 취업한 졸업생 수가 더 많았다.
ⓒ 일반고 졸업생 중 취업한 졸업생 수는 457명으로 창업한 졸업생 수의 4배인 118명×4=472명보다 적으므로 옳지 않은 설명이다.

19 정답 ⑤

4월의 전월 대비 수출액은 감소했고, 5월의 전월 대비 수출액은 증가했는데, 반대로 나타나 있다.

20 정답 ④

1. 규칙 파악
   • A지역

   87 → 85 → 82 → 78 → 73 → 67 → 60
   −2 −3 −4 −5 −6 −7

   ∴ A지역의 지진 발생 건수는 감소하고 있으며, 감소량은 첫째 항이 2이고 공차가 1인 등차수열이다.

   • B지역

   2 → 3 → 4 → 6 → 9 → 14 → 22
   +1 → +1 → +2 → +3 → +5 → +8
   +(1+1) +(1+2) +(2+3) +(3+5)

   ∴ B지역의 지진 발생 건수는 증가하고 있으며, 증가량은 처음 두 항이 1이고 세 번째 항부터는 바로 앞 두 항의 합인 피보나치수열이다.

2. 계산
   ㉠ 직접 계산하기
   • A지역

2020년	2021년	2022년	2023년	2024년	2025년
60	52	43	33	22	10

   60 → 52 → 43 → 33 → 22 → 10
   −8 −9 −10 −11 −12

   • B지역

2020년	2021년	2022년	2023년	2024년	2025년
22	35	56	90	145	234

   22 → 35 → 56 → 90 → 145 → 234
   +13 +21 +34 +55 +89

   ㉡ 식 세워 계산하기
   • A지역

구분	2014년	2015년	…	2025년
n번째 항	1번째 항	2번째 항	…	12번째 항
A지역	87	85	…	?

2014년의 지진 발생 건수를 첫 항이라 하면 $a_1=87$이다. 감소량은 2014년 대비 2015년에 감소한 지진 발생 건수를 첫 항이라 하면 $b_1=2$이고 공비 $d=1$이므로 $b_n=2+1\times(n-1)=n+1$이다. 그러므로 $a_n=a_1-\sum_{k=1}^{n-1}(k+1)$이고, 2025년은 12번째 항이므로 $a_{12}=87-\sum_{k=1}^{11}(k+1)=87-\left(\frac{11\times12}{2}+1\right)=10$이다.

02 추리

01	02	03	04	05	06	07	08	09	10	11	12	13	14	15	16	17	18	19	20
⑤	⑤	③	②	②	②	⑤	②	③	③	①	③	①	②	①	②	①	①	①	④
21	22	23	24	25	26	27	28	29	30										
④	①	③	④	④	②	⑤	④	②	⑤										

01 정답 ⑤

'홍보실'을 A, '워크숍에 간다.'를 B, '출장을 간다.'를 C라 하면, 첫 번째 명제와 마지막 명제는 각각 A → B, ~C → B이다. 따라서 마지막 명제가 참이 되려면 ~C → A 또는 ~A → C가 필요하므로 빈칸에 들어갈 명제는 '홍보실이 아니면 출장을 간다.'가 적절하다.

02 정답 ⑤

내구성을 따지지 않는 사람 → 속도에 관심이 없는 사람 → 디자인에 관심 없는 사람

03 정답 ③

'환경 보호 단체'를 A, '일회용품은 사용하는 단체'를 B, '에너지 절약 캠페인에 참여하는 단체'를 C라고 하면, 전제1과 전제2를 다음과 같은 벤다이어그램으로 나타낼 수 있다.

1) 전제1

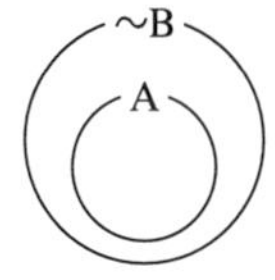

2) 전제2

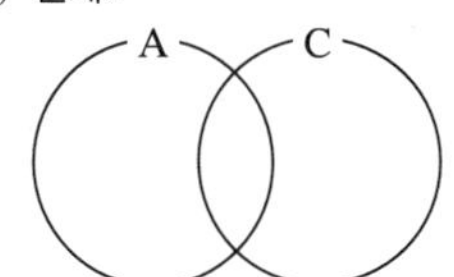

이를 정리하면 다음과 같은 벤다이어그램이 성립한다.

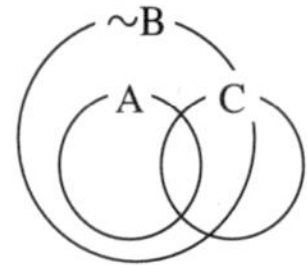

04 정답 ②

첫 번째, 네 번째 조건을 이용하면 미국 – 일본 – 캐나다 순서로 여행한 사람의 수가 많음을 알 수 있다.
두 번째 조건에 의해 일본을 여행한 사람은 미국 또는 캐나다 여행을 했다. 따라서 일본을 여행했지만 미국을 여행하지 않은 사람은 캐나다 여행을 했고, 세 번째 조건에 의해 중국을 여행하지 않았다.

오답분석

①·④·⑤ 주어진 조건만으로는 알 수 없다.
③ 미국을 여행한 사람이 가장 많지만 일본과 중국을 여행한 사람을 합한 수보다 많은지는 알 수 없다.

05 정답 ②

조건에 따라 가능한 경우를 정리하면 다음과 같다.
조건에 의해서 A, B, C, D는 1층에 살 수 없다. 따라서 E는 1층에 산다.

구분	1층	2층	3층	4층	5층
경우 1	E	A	B	C	D
경우 2	E	A	B	D	C
경우 3	E	A	C	D	B
경우 4	E	A	D	C	B

06 정답 ②

다섯 번째 조건에 의해 F는 점검받는 순서가 네 번째부터 가능하다. 또한 네 번째, 여섯 번째 조건에 의해 F가 네 번째로 점검받음을 알 수 있다. 주어진 조건을 이용하여 가능한 경우를 나타내면 다음과 같다.
G – C – E – F – B – A – D
G – C – E – F – D – A – B
두 번째, 세 번째, 다섯 번째 조건에 의해 G, E는 귀금속점이고, C는 은행이다.

07 정답 ⑤

은진이가 예상한 '브라질, 불가리아, 이탈리아, 루마니아'는 서로 대결할 수 없다.
수린이가 예상한 팀은 은진이가 예상한 팀과 비교했을 때, '스웨덴과 독일'이 다르다.
따라서 '불가리아와 스웨덴' 또는 '불가리아와 독일', '루마니아와 스웨덴' 또는 '루마니아와 독일'이 대결함을 알 수 있다.
여기서 민수가 예상한 팀에 루마니아와 독일이 함께 있으므로, '루마니아와 스웨덴', '불가리아와 독일'이 대결함을 알 수 있다.
또한 수린이가 예상한 팀과 비교했을 때, 이탈리아 대신에 스페인이 있으므로 '이탈리아와 스페인'이 대결함을 알 수 있다.
결국 네덜란드와 상대할 팀은 브라질이다.

08 정답 ②

수영이 가장자리에 살지 않으므로, 수영이 왼쪽에서 두 번째, 세 번째, 네 번째에 사는 경우로 나눌 수 있다.

i) 수영이 왼쪽에서 두 번째에 사는 경우

유리는 수영과 이웃해서 살고 있으므로 첫 번째 또는 세 번째에 사는데, 만약 세 번째에 산다면 서현은 유리보다 오른쪽에 살아야 하므로 네 번째나 다섯 번째에 살아야 하고, 이 경우 윤아가 태연의 옆집에 살 수 없다. 따라서 유리는 첫 번째에 살고, 태연과 윤아가 세 번째·네 번째 또는 네 번째·다섯 번째에 살며, 서현은 세 번째나 다섯 번째에 산다.

ii) 수영이 왼쪽에서 세 번째에 사는 경우

유리는 두 번째나 네 번째에 사는데, 만약 두 번째에 산다면 태연과 윤아는 네 번째·다섯 번째에 살아야 하고, 서현이 첫 번째에 살아야 하므로 유리보다 오른쪽에 산다는 조건을 만족시킬 수 없다. 따라서 유리는 네 번째에 살고 서현은 다섯 번째에 살며, 태연과 윤아는 첫 번째·두 번째에 산다.

iii) 수영이 왼쪽에서 네 번째에 사는 경우

유리가 세 번째, 서현이 다섯 번째에 살고, 태연은 유리와 이웃해서 살지 않으므로 첫 번째에, 윤아가 두 번째에 산다.

이를 정리하면 다음과 같이 7가지의 경우의 수가 있음을 알 수 있다.

유리 – 수영 – 윤아 – 태연 – 서현
유리 – 수영 – 태연 – 윤아 – 서현
유리 – 수영 – 서현 – 윤아 – 태연
유리 – 수영 – 서현 – 태연 – 윤아
태연 – 윤아 – 수영 – 유리 – 서현
윤아 – 태연 – 수영 – 유리 – 서현
태연 – 윤아 – 유리 – 수영 – 서현

다섯 번째와 일곱 번째 경우에서 태연이 가장 왼쪽에 살 때, 가장 오른쪽에 서현이 살아야함을 확인할 수 있다.

09 정답 ③

B는 영어·독어만, D는 중국어·프랑스어만 하기 때문에 서로 언어가 통하지 않는다.

구분	A	B	C	D
한국어	○	×	○	×
영어	○	○	×	×
독일어	×	○	×	×
프랑스어	×	×	○	○
중국어	×	×	×	○

10 정답 ③

네 번째, 다섯 번째 조건에 의해, A와 C는 각각 2종류의 동물을 키운다. 또한 두 번째, 세 번째 조건에 의해, A는 토끼를 키우지 않는다. 따라서 A는 개와 닭, C는 고양이와 토끼를 키운다. 표로 정리하면 다음과 같다.

구분	개	고양이	닭	토끼
A	○	×	○	×
B	○		○	×
C	×	○	×	○
D			○	

오답분석

① 세 번째 조건에 의해, B는 개를 키운다.
② B는 고양이를 키울 수도 아닐 수도 있다.
④ A, B, D 또는 B, C, D가 같은 동물을 키울 수 있다.
⑤ B 또는 D는 3종류의 동물을 키울 수 있다.

11 정답 ①

다섯 번째 조건에 따르면 나타날 수 있는 경우는 다음과 같다.

구분	1순위	2순위	3순위
경우 1	A	B	C
경우 2	B	A	C
경우 3	A	C	B
경우 4	B	C	A

두 번째 조건 : 경우 1+경우 3=11

세 번째 조건 : 경우 1+경우 2+경우 4=14

네 번째 조건 : 경우 4=6

따라서 C에 3순위를 부여한 사람의 수는 14−6=8명이다.

12 정답 ③

i) 월요일에 진료를 하는 경우

첫 번째 명제에 의해, 수요일에 진료를 하지 않는다. 그러면 네 번째 명제에 의해, 금요일에 진료를 한다. 또한 세 번째 명제의 대우에 의해, 화요일에 진료를 하지 않는다. 따라서 월요일, 금요일에 진료를 한다.

ii) 월요일에 진료를 하지 않는 경우

두 번째 명제에 의해, 화요일에 진료를 한다. 그러면 세 번째 명제에 의해, 금요일에 진료를 하지 않는다. 또한 네 번째 명제의 대우에 의해, 수요일에 진료를 한다. 따라서 화요일, 수요일에 진료를 한다.

13 정답 ①

i) F영화가 3일에 상영되는 경우

C영화와 D영화는 이틀 차이로 봐야 하고, 이보다 앞서 B영화를 봐야 하므로 C영화와 D영화를 2일과 4일에 보는 경우와 4일과 6일에 보는 경우 두 가지로 나눌 수 있다. C영화를 2일에 보는 경우 B영화는 1일에 보고, C영화를 4일에 보는 경우 B영화는 1일에 보거나 2일에 본다.

ii) F영화가 4일에 상영되는 경우

C영화와 D영화는 3일과 5일에 보고, 그보다 앞서 봐야 하는 B영화는 1일 또는 2일에 본다.

F영화가 3일이나 4일에 상영될 경우의 수는 다음 표와 같다.

1일	2일	3일	4일	5일	6일
B	C	F	D	A 또는 E	A 또는 E
B	A 또는 E	F	C	A 또는 E	D
A 또는 E	B	F	C	A 또는 E	D
B	A 또는 E	C	F	D	A 또는 E
A 또는 E	B	C	F	D	A 또는 E

1일에 A, E영화보다는 B영화를 볼 가능성이 높다. 따라서 5일에 A영화를 보게 된다. 표를 다시 정리하면 다음과 같다.

1일	2일	3일	4일	5일	6일
B	C	F	D	A	E
B	E	F	C	A	D
E	B	F	C	A	D

14 정답 ②

조건에 따라 배정된 객실을 정리하면 다음과 같다.

301호	302호	303호	304호
C, D, F사원(영업팀) / H사원(홍보팀)			
201호	202호	203호	204호
	사용 불가		
101호	102호	103호	104호
I사원		A사원(영업팀) / B, E사원(홍보팀)	

※ 홍보팀 G사원은 201, 203, 204호 중 한 곳에 묵는다.

먼저 주어진 조건에 따르면 A, C, D, F사원은 영업팀이며, B, E, G, H사원은 홍보팀임을 알 수 있다.

2층에 A, B, E사원이 묵으면 첫 번째와 네 번째 조건에 맞지 않기 때문에 A, B, E사원은 1층에 묵는다. 네 번째 조건에 의해 H사원은 3층에 묵어야 하고 홍보팀 G사원은 2층에 묵는다.

오답분석

① 주어진 조건만으로는 I사원의 소속팀을 확인할 수 없으므로 워크숍에 참석한 영업팀의 직원 수는 정확히 알 수 없다.
③ 주어진 조건만으로는 C사원이 사용하는 객실 호수와 2층 객실을 사용하는 G사원의 객실 호수를 정확히 알 수 없으므로 항상 참이 될 수 없다.
④ 1층 객실을 사용하는 A, B, E, I사원을 제외한 C, D, F, G, H사원은 객실에 가기 위해 반드시 엘리베이터를 이용해야 한다. 이들 중 C, D, F사원은 영업팀이므로 영업팀의 수가 더 많다.
⑤ E사원은 1층의 숙소를 사용하므로 엘리베이터를 이용할 필요가 없다.

15 정답 ①

제시된 문제의 조건과 안내문에 따라 정리하면 다음과 같다.

㉠ 방 A의 안내문이 참일 때 : 방 B에는 폭발물이 들어 있고, 방 C는 비어 있고, 방 A에는 지역특산물이 들어 있다.
㉡ 방 B의 안내문이 참일 때 : 방 B는 비어 있고, 방 C에는 폭발물이 들어 있고, 방 A에는 지역특산물이 들어 있다.
㉢ 방 C의 안내문이 참일 때 : 방 B는 비어있지도, 폭발물이 들어 있지도 않아야 하므로 지역특산물이 들어 있어야 한다. 따라서 모순이 발생한다.

따라서 ㉠, ㉡ 모두 방 A에는 지역특산물이 들어있다.

16 정답 ②

제시된 단어의 대응 관계는 반의 관계이다.

'산만하다'는 '어수선하여 질서나 통일성이 없다.'는 뜻으로 '가지런하고 질서가 있다.'라는 뜻인 '정연하다'와 반의 관계이다. 따라서 '빨아서 거두어들이다.'라는 뜻을 가진 '흡수하다'와 반의 관계인 단어는 '안에서 밖으로 밀어 내보내다.'라는 뜻인 '배출하다'이다.

오답분석

① 섭취하다 : 좋은 요소를 받아들이다.
③ 영입하다 : 환영하여 받아들이다.
④ 흡착하다 : 어떤 물질이 달라붙다.
⑤ 흡인하다 : 빨아들이거나 끌어당기다.

17 정답 ①

'과실'은 '부주의나 태만 등에서 비롯되어 발생된 잘못이나 허물'을 뜻하므로 '일부러 하는 태도나 생각'이라는 뜻인 '고의'와 반의 관계이고, 나머지는 유의 관계이다.

오답분석

② • 구속(拘束) : 행동이나 의사의 자유를 제한하거나 속박함
  • 속박 : 어떤 행위나 권리의 행사를 자유로이 하지 못하도록 강압적으로 얽어매거나 제한함
③ • 구획 : 토지 따위를 경계를 지어 가름. 또는 그런 구역
  • 경계(境界) : 사물이 어떠한 기준에 의하여 분간되는 한계. 또는 지역이 구분되는 한계
④ • 귀향 : 고향으로 돌아가거나 돌아옴
  • 귀성(歸省) : 부모를 뵙기 위하여 객지에서 고향으로 돌아가거나 돌아옴
⑤ • 추적(追跡) : 도망하는 사람의 뒤를 밟아서 쫓음
  • 수사(搜査) : 찾아서 조사함

18 정답 ①

규칙은 세로 방향으로 적용된다.
첫 번째 도형과 두 번째 도형의 겹치는 부분을 제외하면 세 번째 도형이다.

19 정답 ①

규칙은 가로 방향으로 적용된다.
첫 번째 도형과 두 번째 도형을 겹쳤을 때, 검은색이 안 들어가면 줄이 안 들어간 마름모, 한 번 들어가면 가로세로 줄이 들어간 마름모, 두 번 들어가면 세로 줄이 들어간 마름모로 세 번째 칸에서 나타난다.

20 정답 ④

규칙은 세로 방향으로 적용된다.
첫 번째 도형을 색 반전시킨 도형이 두 번째 도형이고, 두 번째 도형을 x축 대칭시킨 도형이 세 번째 도형이다.

21 정답 ④

▲ : 1234 → 2143
△ : 각 자릿수 +2
⊙ : 1234 → 3214
■ : 각 자릿수 −4, +3, −2, +1

N⊏ㄱT → ⊏NTㄱ → ㅁPV⊏
　　　　▲　　　　△

22 정답 ①

ㅍIMㄹ → MIㅍㄹ → ILㅋㅁ
　　　　⊙　　　　■

23 정답 ③

H ㅊ G ㅁ → D ㅍ E ㅂ → ㅍ D ㅂ E
■ ▲

24 정답 ④

waqp → ycsr → ufqs
△ ■

25 정답 ④

북극성은 자기 나침반보다 더 정확하게 천구의 북극점을 가리킨다고 하였으므로 적절하지 않은 내용이다.

오답분석

① 고대에는 별이 뜨고 지는 것을 통해 방위를 파악하였는데, 최근까지 서태평양 캐롤라인 제도의 주민은 이 방법을 통해 현대식 항해 장치 없이도 방위를 파악하였다고 하였으므로 적절한 내용이다.
② 캐롤라인 제도의 주민은 남극점 자체를 볼 수 없으나 남십자성이 천구의 남극점 주위를 돌고 있으므로 남쪽을 파악하는 데 큰 어려움이 없다고 하였으므로 적절한 내용이다.
③ 천구의 북극점은 지구 자전축의 북쪽 연장선상에 있기 때문에 천구의 북극점에 있는 별은 공전을 하지 않고 정지된 것처럼 보인다고 하였으므로 적절한 내용이다.
⑤ 천구의 북극점에 있는 별을 제외하고 북극성을 포함한 별이 천구의 북극점을 중심으로 공전하는 것처럼 보이는 것은 지구가 자전하기 때문이라고 하였으므로 적절한 내용이다.

26 정답 ②

사그레도와 살비아티 모두 지동설을 인정하는 것은 동일하지만 항성의 시차에 대한 관점은 다르다고 볼 수 있다. 살비아티는 이를 기하학적으로 예측하여 받아들이지만, 사그레도는 실제로 그것이 관측된 바 없다는 심플리치오의 반박으로 인해 이를 지동설의 근거로 명시적으로는 받아들이고 있지 않기 때문이다.

오답분석

① 심플리치오는 아리스토텔레스의 자연철학을 대변하는 인물이며, 세 번째 날의 대화에서 아리스토텔레스의 이론을 옹호하면서 지동설에 대해 반박했다고 하였으므로 적절한 내용이다.
③ 사그레도가 지동설을 지지하는 세 가지 근거 중 행성의 겉보기 운동이 포함되어 있으며, 살비아티 역시 지동설을 입증하기 위한 첫 번째 단계로 행성의 겉보기 운동을 언급하고 있으므로 적절한 내용이다.
④ 세 번째 날의 대화에서 심플리치오가 아리스토텔레스의 이론을 옹호하면서 지동설에 대한 반박 근거로 공전에 의한 항성의 시차가 관측되지 않음을 지적하였다고 하였으므로 적절한 내용이다.
⑤ 살비아티의 입장에서는 지구의 공전을 전제로 해야만 공전 궤도의 두 맞은편 지점에서 관측자에게 보이는 항성의 위치가 달라지는 현상, 곧 항성의 시차를 기하학적으로 설명할 수 있다고 하였으므로 적절한 내용이다.

27 정답 ⑤

에피쿠로스의 주장에 따르면 신은 인간사에 개입하지 않으며, 육체와 영혼은 함께 소멸되므로 사후에 신의 심판도 받지 않는다. 그러므로 인간은 사후의 심판을 두려워할 필요가 없고, 이로 인해 죽음에 대한 모든 두려움에서 벗어날 수 있다고 주장한다. 따라서 이러한 주장에 대한 반박으로 ⑤가 가장 적절하다.

28 정답 ④

제시문에서는 드론이 개인의 정보 수집과 활용에 대한 사전 동의 없이도 개인 정보를 저장할 수 있어 사생활 침해 위험이 높으므로 '사전 규제' 방식을 적용해야 한다고 주장한다. 따라서 이러한 주장에 대한 반박으로는 개인 정보의 복제, 유포, 위조에 대해 엄격한 책임을 묻는다면 사전 규제 없이도 개인 정보를 보호할 수 있다는 ④가 가장 적절하다.

29 정답 ②

보기에 따르면 피카소의 그림 「게르니카」는 1937년 게르니카에서 발생한 비극적 사건의 참상을 그린 작품으로, 보기는 그림 「게르니카」가 창작된 당시의 역사적 정보를 바탕으로 작품이 사회에 미친 효과를 평가하고 있다. 따라서 보기는 예술 작품이 창작된 사회적·역사적 배경을 중요시하는 맥락주의 비평의 관점에 따라 비평한 내용임을 알 수 있다.

오답분석

①·④·⑤ 형식주의 비평
③ 인상주의 비평

30 정답 ⑤

제도론에 따르면 일정한 절차와 관례를 거쳐 감상의 후보 자격을 수여받은 인공물은 모두 예술 작품으로 볼 수 있다. 따라서 제도론자는 뒤샹이 전시한 「샘」을 예술 작품으로 인정할 것이며, 일반적인 변기 역시 절차를 거친다면 예술 작품으로 인정할 것이다.

오답분석

① 모방론자는 대상을 그대로 모방한 작품을 예술로 인정하는 입장이지만, 뒤샹의 「샘」은 변기를 모방한 것이 아닌 변기 그 자체의 작품이므로 적절하지 않다.
② 작가의 내면보다 작품 자체의 고유 형식을 중시한 형식론자의 입장에 해당하므로 적절하지 않다.
③ 예술가의 마음을 예술의 조건으로 규정한 표현론자의 입장에 해당하므로 적절하지 않다.
④ 예술 정의 불가론에 따르면 예술의 정의에 대한 논의 자체가 불필요하며, 예술 감각이 있는 비평가들만이 예술 작품을 식별할 수 있다는 것은 형식론자의 입장에 해당한다.

제3회 최종점검 모의고사

01 수리논리

01	02	03	04	05	06	07	08	09	10	11	12	13	14	15	16	17	18	19	20
②	③	③	③	②	③	②	③	⑤	⑤	④	②	④	③	②	②	①	③	②	①

01 정답 ②

증발하기 전 농도가 20%인 소금물의 양을 xg이라고 하자. 이 소금물의 소금의 양은 $0.2x$g이고, 20% 증발했으므로 증발한 후의 소금물의 양은 $0.8x$g이다. 또한 농도가 10%인 소금물의 소금의 양은 200×0.1=20g이다.

$\frac{0.2x+20}{0.8x+200}=0.2$

→ $0.2x+20=0.2\times(0.8x+200)$

→ $0.2x+20=0.16x+40$

→ $0.04x=20$

∴ $x=500$

증발 전 소금물의 양은 500g이고 소금의 양은 500×0.2=100g이다.

따라서 여기에 소금 20g과 물 80g을 섞으면

$\frac{100+20}{500+100}\times100=\frac{120}{600}\times100=20\%$이다.

02 정답 ③

전 직원의 수를 100명이라 가정하고 남직원과 여직원의 인원을 구하면 다음 표와 같다.

(단위 : 명)

구분	남직원	여직원	합계
경력직	$60\times0.25=15$	$40\times0.15=6$	21
신입	$60-15=45$	$40-6=34$	79
합계	$100\times\frac{3}{5}=60$	$100\times\frac{2}{5}=40$	100

따라서 경력직 사원 중 한 명을 뽑을 때, 그 사원이 여직원일 확률은 $\frac{6}{21}=\frac{2}{7}$이다.

풀이 꿀팁

경력직만 물어봤으므로 신입은 제외하고 경력직의 인원만 구하여 빠르게 확률을 구한다.

오답분석

전 직원에서 경력직 남직원과 여직원의 비율은 $\frac{3}{5}\times0.25+\frac{2}{5}\times0.15=0.15+0.06=0.21$이다. 이 중에서 여직원일 확률은 $\left(\frac{2}{5}\times0.15\right)\div0.21=\frac{0.06}{0.21}=\frac{2}{7}$임을 알 수 있다.

03 정답 ③

사업 대상 전체 기록물 중 전부공개로 재분류된 기록물의 비율은 $\frac{269,599}{6,891,460}\times 100 \fallingdotseq 3.9\%$이고, 30년 경과 비공개기록물 중 전부공개로 재분류된 기록물의 비율은 $\frac{199,517}{6,228,952}\times 100 \fallingdotseq 3.2\%$이다.

오답분석

① 사업 대상 전체 기록물 중 비공개로 분류된 자료는 $\frac{630,358}{6,891,460}\times 100 \fallingdotseq 9\%$로 10% 미만이다.
② 30년 미경과 비공개기록물 중 전부공개로 재분류된 기록물은 70,082건이고, 30년 경과 비공개기록물 중 '개인 사생활 침해' 사유에 해당하여 비공개로 재분류된 기록물의 건수는 99,645건이다.
④ 제시된 자료를 통해 알 수 있다.
⑤ '국민의 생명 등 공익침해'에 해당하는 건수는 11,952건이고, '개인 사생활 침해'에 해당하는 건수는 99,645건으로 이 항목의 합은 $11,952+99,645=111,597$건이다. 이는 전체의 $\frac{111,597}{6,891,460}\times 100 \fallingdotseq 1.6\%$로 3% 이하이다.

04 정답 ③

A사와 B사의 전체 직원 수를 알 수 없으므로, 비율만으로는 판단할 수 없다.

오답분석

자료의 단위와 선택지에서 요구하는 단위가 일치하지 않으면 함정일 가능성이 있다. 제시된 자료에서는 단위가 %, 즉 비율이므로 서로 다른 회사의 직원 수를 비교할 수 없다.

오답분석

① 여직원 비율이 높을수록 남직원 비율이 낮을수록 값이 작아진다. 따라서 여직원 비율이 가장 높으면서, 남직원 비율이 가장 낮은 D사가 비율이 최저이고, 남직원 비율이 여직원 비율보다 높은 A사가 비율이 최고이다.
② B, C, D사 각각 남직원보다 여직원의 비율이 높다. 따라서 B, C, D사 모두에서 남직원 수보다 여직원 수가 많다. 즉, B, C, D사의 직원 수를 다 합했을 때도 남직원 수는 여직원 수보다 적다.
④ B사의 전체 직원 수를 a명, A사의 전체 직원 수를 $2a$명이라 하자.
B사의 남직원 수는 $0.48a$명, A사의 남직원 수는 $0.54\times 2a=1.08a$명이다.
$\therefore \frac{0.48a+1.08a}{a+2a}\times 100=\frac{156}{3}=52\%$
⑤ A, B, C사의 전체 직원 수를 a명이라 하자. 여직원의 수는 각각 $0.46a$, $0.52a$, $0.58a$명이다.
따라서 $0.46a+0.58a=2\times 0.52a$이므로 적절한 설명이다.

05 정답 ②

전체 고용인원의 반은 $16,178\div 2=8,089$이다. 태양광에너지 분야에 고용된 인원은 8,698명이므로 전체 고용인원의 반 이상을 차지한다.

오답분석

① 폐기물에너지 분야의 기업체 수가 가장 많다.
③ 전체 매출액 중 풍력에너지 분야의 매출액이 차지하는 비율은 $\frac{12,070}{100,000}\times 100=12.07\%$이므로 15%를 넘지 않는다.
④ 전체 수출액 중 바이오에너지 분야의 수출액이 차지하는 비율은 $\frac{550}{44,000}\times 100=1.25\%$로 1%를 넘는다.
⑤ 전체 매출액 대비 전체 투자액의 비율은 $\frac{7,966}{100,000}\times 100=7.966\%$로 7.5%를 초과한다.

06 정답 ③

2017년부터 공정자산총액과 부채총액의 차를 순서대로 나열하면 952, 1,067, 1,383, 1,127, 1,864, 1,908억 원이다.

오답분석

① 2020년에는 자본총액이 전년 대비 감소했다.
② 직전 해에 비해 당기순이익이 가장 많이 증가한 해는 2021년이다.
④ 총액 규모가 가장 큰 것은 공정자산총액이다.
⑤ 2017 ~ 2020년의 자본총액 중 자본금의 비율을 구하면 다음과 같다.

- 2017년 : $\frac{464}{952} \times 100 \fallingdotseq 48.7\%$
- 2018년 : $\frac{481}{1,067} \times 100 \fallingdotseq 45.1\%$
- 2019년 : $\frac{660}{1,383} \times 100 \fallingdotseq 47.7\%$
- 2020년 : $\frac{700}{1,127} \times 100 \fallingdotseq 62.1\%$

따라서 2018년에는 자본금의 비중이 감소했다.

풀이 꿀팁

2017년과 2018년을 비교하면, 분모증가율은 $\frac{1,067-952}{952} = \frac{115}{952} \fallingdotseq \frac{1}{8}$이고, 분자증가율은 $\frac{481-464}{464} = \frac{17}{464} \fallingdotseq \frac{1}{27}$이다.
따라서 2018년에는 비중이 감소했다.

07 정답 ②

뉴질랜드 무역수지는 8월에서 10월까지 증가했다가 11월에 감소한 후 12월에 다시 증가했다.

오답분석

① 한국의 무역수지가 전월 대비 증가한 달은 9월, 10월, 11월이며 증가량이 가장 많았던 달은 45,309−41,983=3,326백만 USD인 11월이다.
③ 그리스의 12월 무역수지는 2,426백만 USD이며 11월 무역수지는 2,409백만 USD이므로, 12월 무역수지의 전월 대비 증가율은 $\frac{2,426-2,409}{2,409} \times 100 \fallingdotseq 0.7\%$이다.
④ 10월부터 12월 사이 한국의 무역수지는 '증가 → 감소'의 추이이다. 이와 같은 양상을 보이는 나라는 독일과 미국으로 2개국이다.
⑤ 그리스(2,490 → 2,426), 독일(106,308 → 102,742), 미국(125,208 → 123,557)

08 정답 ③

2016년 대비 2022년에 발생률이 증가한 암은 폐암, 대장암, 유방암인 것을 확인할 수 있다.

오답분석

① 위암의 발생률은 점차 감소하다가 2019년부터 다시 증가하는 것을 확인할 수 있다.
② 전년 대비 2022년 암 발생률 증가폭은 다음과 같다.

- 위암 : 24.3−24.0=0.3%p
- 간암 : 21.3−20.7=0.6%p
- 폐암 : 24.4−22.1=2.3%p
- 대장암 : 8.9−7.9=1.0%p
- 유방암 : 4.9−2.4=2.5%p
- 자궁암 : 5.6−5.6=0%p

폐암의 발생률은 계속적으로 증가하고 있지만, 전년 대비 2022년 암 발생률 증가폭은 유방암의 증가폭이 더 크므로 적절하지 않은 설명이다.

④ 연도별 암으로 죽은 사망자 수를 알 수 없으므로 적절하지 않은 설명이다.
⑤ 자궁암의 발생비율은 2016 ~ 2020년까지 매년 감소하다가 2021년부터 감소하지 않고 있다.

09 정답 ⑤

ㄱ. 2021년 어린이보호구역 지정대상은 전년 대비 감소한 것을 알 수 있다.

ㄷ. 2021년 어린이보호구역으로 지정된 구역 중 학원이 차지하는 비중은 $\frac{36}{16,355}\times 100 \fallingdotseq 0.22\%$이며, 2020년에는 $\frac{56}{16,085}\times 100 \fallingdotseq 0.35\%$이므로 2021년도는 전년 대비 감소한 것을 알 수 있다.

풀이 꿀팁

분모인 어린이보호구역 지정 구역은 증가하였고, 분자인 학원 수는 감소하였다가 증가하였으므로 매년 증가하지 않았다.

ㄹ. 2016년 어린이보호구역으로 지정된 구역 중 초등학교가 차지하는 비중은 $\frac{5,917}{14,921}\times 100 \fallingdotseq 39.7\%$이므로 적절하지 않은 설명이며, 나머지 해에도 모두 40% 이하의 비중을 차지한다.

오답분석

ㄴ. 2017년 어린이보호구역 지정대상 중 어린이보호구역으로 지정된 구역의 비율은 $\frac{15,136}{18,706}\times 100 \fallingdotseq 80.9\%$이므로 적절한 설명이다.

10 정답 ⑤

ㄴ. 보험금 지급 부문에서 지원된 금융 구조조정 자금 중 저축은행이 지원받은 금액의 비중은 $\frac{72,892}{303,125}\times 100 \fallingdotseq 24.0\%$로 20%를 초과한다.

ㄷ. 제2금융에서 지원받은 금융 구조조정 자금 중 보험금 지급 부문으로 지원받은 금액이 차지하는 비중은 $\frac{182,718}{217,080}\times 100 \fallingdotseq 84.2\%$로, 80% 이상이다.

ㄹ. 부실자산 매입 부문에서 지원된 금융 구조조정 자금 중 은행이 지급받은 금액의 비중은 $\frac{81,064}{105,798}\times 100 \fallingdotseq 76.6\%$로, 보험사가 지급받은 금액의 비중의 20배인 $\frac{3,495}{105,798}\times 100\times 20 \fallingdotseq 66.1\%$ 이상이다.

풀이 꿀팁

비교할 비중의 분모는 같으므로 분자만으로 계산한다. $81,064>3,495\times 20$

오답분석

ㄱ. 출자 부문에서 은행이 지원받은 금융 구조조정 자금은 222,039억 원으로, 증권사가 지원받은 금융 구조조정 자금의 3배인 $99,769\times 3=299,307$억 원보다 작다.

11 정답 ④

아시아·태평양의 연도별 인터넷 이용자 수의 증가량은 다음과 같다.

- 2016년 : 872−726=146백만 명
- 2017년 : 988−872=116백만 명
- 2018년 : 1,124−988=136백만 명
- 2019년 : 1,229−1,124=105백만 명
- 2020년 : 1,366−1,229=137백만 명
- 2021년 : 1,506−1,366=140백만 명
- 2022년 : 1,724−1,506=218백만 명

따라서 전년 대비 아시아·태평양의 인터넷 이용자 수의 증가량이 가장 큰 해는 2022년이다.

오답분석

① 2015년 중동의 인터넷 이용자 수는 66백만 명이고, 2022년 중동의 인터넷 이용자 수는 161백만 명이다. 따라서 2022년 중동의 인터넷 이용자 수는 2015년에 비해 161−66=95백만 명이 늘었다.

②·⑤ 제시된 표에 의해 알 수 있다.

③ 2018년 아프리카의 인터넷 이용자 수는 124백만 명이고, 2022년 아프리카의 인터넷 이용자 수는 240백만 명이다. 따라서 2022년의 아프리카의 인터넷 이용자 수는 2018년에 비해 240÷124≒1.9배 증가했다.

12 정답 ②

제주공항 화물은 김해공항 화물의 $\frac{23,245}{14,469}$≒1.6배이다.

오답분석

① 제주공항, 대구공항은 도착 여객보다 출발 여객의 수가 많다.

③ $\frac{31,721}{70,699}\times100$≒44.9%

④ 도착편이 두 번째로 많은 공항은 제주공항이다. 그러나 도착 화물이 두 번째로 많은 공항은 김포공항이다.

⑤ 김해공항 운항은 9,094편, 제주공항 운항은 14,591편이다. 김해공항 운항과 제주공항 운항의 값을 합하면 9,094+14,591=23,685이므로, 김포공항 화물의 값인 23,100보다 크다.

13 정답 ④

20대의 실업자 수가 30대의 실업자 수보다 약 2배 많지만, 실업률의 차이가 2배 이상인 것은 20대의 경제활동인구가 더 적기 때문이다.

오답분석

① 연령별 실업률은 40대까지 감소하다가 50대에서 다시 증가하고, 60세 이상에서 다시 감소한다. 따라서 적절하지 않은 설명이다.

② 30대 경제활동인구는 6,415천 명이고, 50대 경제활동인구는 3,441천 명이므로 6,415<3,441×2=6,882이다. 따라서 2배 미만이다.

③ 연령별 취업자 수와 실업자 수의 증감 추이는 다음과 같다.
- 취업자 수 : 증가 – 증가 – 증가 – 감소 – 감소
- 실업자 수 : 증가 – 감소 – 감소 – 감소 – 감소

따라서 연령별 취업자 수와 실업자 수의 증감 추이는 동일하지 않다.

⑤ 60세 이상의 경제활동참가율은 $\frac{2,383}{6,110}\times100$≒39.0%이므로 40% 미만이다.

14 정답 ③

경제활동인구가 가장 많은 연령대는 30대(6,415천 명)이고, 30대의 실업률은 2.6%이다. 비경제활동인구가 가장 적은 연령대는 50대(1,462천 명)이고, 50대의 실업률은 2.0%이다. 따라서 30대의 실업률과 50대의 실업률 차이는 2.6−2.0=0.6%p이다.

15 정답 ②

조사 기간 동안 한 번도 0%를 기록하지 못한 곳은 '강원, 경남, 대전, 부산, 울산, 충남' 6곳이다.

오답분석

① 광주가 7.37%로 가장 적다.

③ 2018년부터 전년 대비 유출된 예산 비중이 지속적으로 상승하고 있다.

④ 조사 기간 동안 가장 높은 예산 비중을 기록한 지역은 2018년 수도권으로 비중은 23.71%이다.

⑤ 강원은 2020년에 2019년 대비 5.73%p로 가장 큰 폭으로 증가하였다.

16 정답 ②

㉠ 대전은 2018, 2019, 2020년에 유출된 예산 비중이 전년 대비 감소하였다.
㉣ 2016년 강원의 유출된 예산 비중은 21.9%로 다른 모든 지역의 비중의 합인 18.11%p보다 높다.

오답분석

㉡ 지역별로 유출된 예산 비중의 총합이 가장 높은 연도는 2018년이다.
㉢ 2018년에 전년 대비 유출된 예산 비중이 1%p 이상 오르지 못한 곳은 경남, 광주, 대전 총 3곳이다.

17 정답 ①

ㄱ. 2022년 서울의 단독 멸실 수는 전년 서울의 단독 멸실 수에서 5% 증가한 8,559보다 작다.
ㄴ. 2020년에 아파트 멸실 수가 네 번째로 많았던 지역은 대구이지만 2022년에도 아파트 멸실 수가 네 번째로 많은 지역은 부산이다.
ㄷ. 2021년 서울의 연립 멸실 수는 경기의 연립 밀실 수의 4배인 1,872보다 작다.

오답분석

ㄹ. 전국의 단독 멸실 수와 충남의 단독 멸실 수는 2021년 전년 대비 증가하고, 2022년 전년 대비 감소하여 증감 추이가 동일하다.

18 정답 ③

멸실된 연립 주택의 경우, 2020년에는 1,000호 이상 멸실된 지역은 없었으며, 2022년에는 서울 1곳이었다.

오답분석

① 2020년부터 2022년까지 전국의 아파트 멸실 주택 수는 계속하여 증가하였다.
② 단독 주택의 멸실 주택은 서울의 경우, 2022년에 2020년 대비 약 18% 증가하였으며, 대전의 경우 2분의 1인 888.5 이하로 감소하였다.
④ 2022년에 멸실된 아파트가 없는 지역은 총 7곳이다.
⑤ 2022년에 멸실된 연립 주택이 전년 대비 6% 감소한 것으로 나타났다.

19 정답 ②

남녀 국회의원의 여야별 SNS 이용자 구성비 중 여자의 경우 여당이 $(22\div38)\times100\fallingdotseq57.9\%$이고, 야당은 $(16\div38)\times100\fallingdotseq42.1\%$이므로 잘못된 그래프이다.

오답분석

① 국회의원의 여야별 SNS 이용자 수는 각각 145명, 85명이다.
③ 야당 국회의원의 당선 횟수별 SNS 이용자 구성비는 85명 중 초선 36명, 2선 28명, 3선 14명, 4선 이상 7명이므로 각각 계산해 보면 42.4%, 32.9%, 16.5%, 8.2%이다.
④ 2선 이상 국회의원의 정당별 SNS 이용자는 A당 63명, B당 44명, C당 5명이다.
⑤ 여당 국회의원의 당선 유형별 SNS 이용자 구성비는 145명 중 지역구가 126명이고, 비례대표가 19명이므로 각각 86.9%와 13.1%이다.

20 정답 ①

1. 규칙 파악
   - A물고기 알의 부화 수

     2 → 4 → 10 → 28 → 82
     (×3−2, ×3−2, ×3−2, ×3−2)

     ∴ A물고기 알의 부화 수는 바로 앞 항 ×3−2의 규칙을 가진 수열이다.
   - B물고기 알의 부화 수

     1 → 3 → 7 → 15 → 31
     (×2+1, ×2+1, ×2+1, ×2+1)

     ∴ A물고기 알의 부화 수는 바로 앞 항 ×2+1의 규칙을 가진 수열이다.

2. 계산
   - A물고기 알의 부화 수

5번째 주		6번째 주		7번째 주		8번째 주		9번째 주
82	→	244	→	730	→	2,188	→	6,562
	×3−2		×3−2		×3−2		×3−2	

   - B물고기 알의 부화 수

5번째 주		6번째 주		7번째 주		8번째 주		9번째 주
31	→	63	→	127	→	255	→	511
	×2+1		×2+1		×2+1		×2+1	

02 추리

01	02	03	04	05	06	07	08	09	10	11	12	13	14	15	16	17	18	19	20
①	④	④	②	④	⑤	③	①	③	⑤	①	①	④	④	①	③	④	②	④	⑤
21	22	23	24	25	26	27	28	29	30										
④	③	④	④	①	④	⑤	③	⑤	④										

01 정답 ①

삼단논법이 성립하기 위해서는 '호야는 노력하지 않았다.'라는 명제가 필요하다.

02 정답 ④

'에어컨을 과도하게 쓰다.'를 A, '프레온 가스가 나온다.'를 B, '오존층이 파괴된다.'를 C, '지구 온난화가 진행된다.'를 D로 놓고 보면 첫 번째 명제는 ~C → ~B, 세 번째 명제는 ~D → ~C, 네 번째 명제는 ~D → ~A이므로 네 번째 명제가 도출되기 위해서는 빈칸에 ~B → ~A가 필요하다. 따라서 그 대우 명제인 ④가 빈칸에 들어가야 한다.

03 정답 ④

'환경정화 봉사활동에 참여하는 사람'을 A, '재난복구 봉사활동에 참여하는 사람'을 B, '유기동물 봉사활동에 참여하는 사람'을 C라고 하면, 전제1과 결론을 다음과 같은 벤다이어그램으로 나타낼 수 있다.

1) 전제1

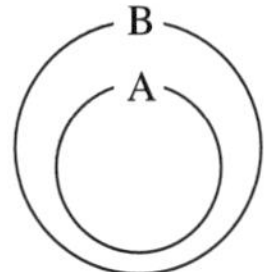

2) 결론

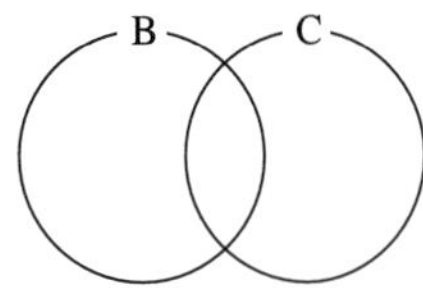

결론이 참이 되기 위해서는 B와 공통되는 부분의 A와 C가 연결되어야 한다. 즉, 다음과 같은 벤다이어그램이 성립할 때 결론이 참이 될 수 있으므로 전제2에 들어갈 명제는 '환경정화 봉사활동에 참여하는 어떤 사람은 유기동물 봉사활동에 참여한다.'의 ④이다.

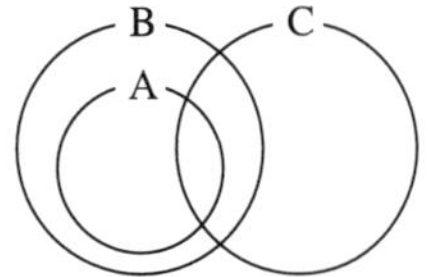

04 정답 ②

동주는 관수보다, 관수는 보람보다, 보람이는 창호보다 크다. 따라서 동주 – 관수 – 보람 – 창호 순서로 크다.

오답분석

①·③·④ 인성이는 보람이보다 작지 않은 것은 알 수 있지만, 다른 사람과의 관계는 알 수 없다.
⑤ 창호는 키가 가장 작다.

05 정답 ④

서울 대표를 기준으로 하여 시계 방향으로 '서울 – 대구 – 춘천 – 경인 – 부산 – 광주 – 대전 – 속초' 순서로 앉아 있다. 따라서 경인 대표의 맞은편에 앉은 사람은 속초 대표이다.

풀이 꿀팁

원탁에서 오른쪽은 시계 반대 방향을 말하고, 왼쪽은 시계 방향을 말한다.

06 정답 ⑤

가장 높은 등급을 1등급, 가장 낮은 등급을 5등급이라 하면, 네 번째 조건에 의해 A는 3등급을 받는다. 또한 첫 번째 조건에 의해, E는 4등급 또는 5등급이다. 이때, 두 번째 조건에 의해, C가 5등급, E가 4등급을 받고, 세 번째 조건에 의해, B는 1등급, D는 2등급을 받는다. 측정결과를 표로 정리하면 다음과 같다.

등급	1등급	2등급	3등급	4등급	5등급
환자	B	D	A	E	C

따라서 발송 대상자는 C와 E이다.

07 정답 ③

주어진 조건을 정리하면 다음과 같다.

구분	(가)	(나)	(다)	(라)	(마)
영어	○	○		×	
수학	×	○	○		○
국어					
체육	×		○	○	

따라서 (가) 학생이 듣는 수업은 영어와 국어이므로 (마) 학생은 이와 겹치지 않는 수학과 체육 수업을 듣는다.

08 정답 ①

첫 번째 조건에서 원탁 의자에 임의로 번호를 적고 회의 참석자들을 앉혀 본다.

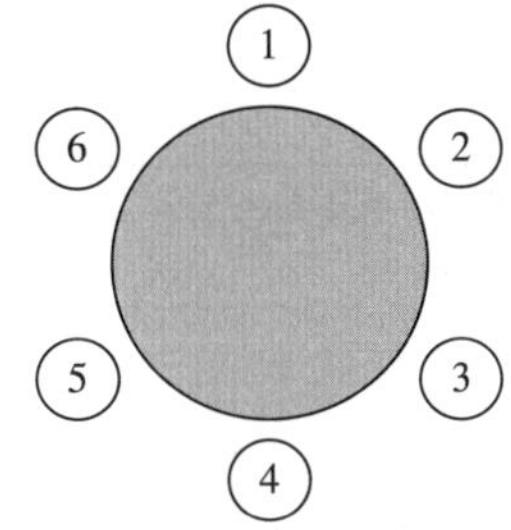

네 번째 조건에서 A와 B 사이에 2명이 앉으므로 임의로 1번 자리에 A가 앉으면 4번 자리에 B가 앉는다. 그리고 B자리 바로 왼쪽에 F가 앉기 때문에 F는 5번 자리에 앉는다. 만약 6번 자리에 C 또는 E가 앉게 되면 2번과 3번 자리에 D와 E 또는 D와 C가 나란히 앉게 되어 세 번째 조건에 부합하지 않는다. 따라서 6번 자리에 D가 앉아야 하고 두 번째 조건에서 C가 A 옆자리에 앉아야 하므로 2번 자리에 C가, 나머지 3번 자리에는 E가 앉게 된다.
따라서 나란히 앉게 되는 참석자들은 선택지 중 A와 D이다.

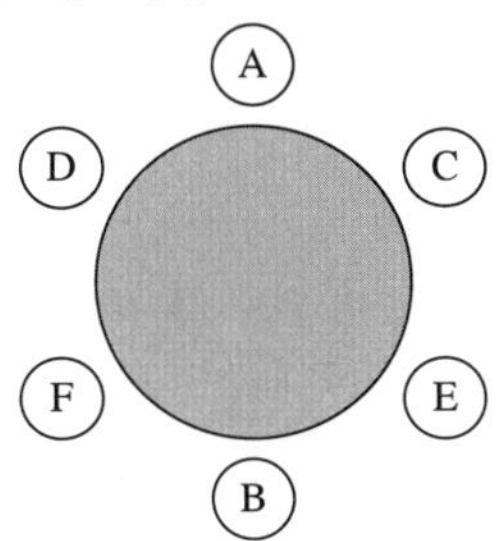

09 정답 ③

주어진 조건을 정리하면 다음과 같다.

구분	A	B	C	D	E
짱구		×		×	
철수				×	
유리			○		
훈이		×			
맹구		×		×	×

유리는 C를 제안하였으므로 D는 훈이가, B는 철수가 제안하였음을 알 수 있고, A는 맹구가, 나머지 E는 짱구가 제안하였음을 알 수 있다. 따라서 제안자와 그 제안이 바르게 연결된 것은 철수 – B, 짱구 – E이다.

10 정답 ⑤

E는 교양 수업을 신청한 A보다 나중에 수강한다고 하였으므로 목요일 또는 금요일에 강의를 들을 수 있다. 이때, 목요일과 금요일에는 교양 수업이 진행되므로 'E는 반드시 교양 수업을 듣는다.'의 ⑤는 항상 참이 된다.

오답분석

① A가 수요일에 강의를 듣는다면 E는 교양2 또는 교양3 강의를 들을 수 있다.
② B가 수강하는 전공 수업의 정확한 요일을 알 수 없으므로 C는 전공1 또는 전공2 강의를 들을 수 있다.
③ C가 화요일에 강의를 듣는다면 D는 교양 강의를 듣는다. 이때, 교양 수업을 듣는 A는 E보다 앞선 요일에 수강하므로 E는 교양2 또는 교양3 강의를 들을 수 있다.

구분	월(전공1)	화(전공2)	수(교양1)	목(교양2)	금(교양3)
경우1	B	C	D	A	E
경우2	B	C	A	D	E
경우3	B	C	A	E	D

④ D는 전공 수업을 신청한 C보다 나중에 수강하므로 전공 또는 교양 수업을 들을 수 있다.

11 정답 ①

조건을 충족하는 경우를 표로 나타내보면 다음과 같다.

구분	첫 번째	두 번째	세 번째	네 번째	다섯 번째	여섯 번째
경우 1	교육	보건	농림	행정	국방	외교
경우 2	교육	보건	농림	국방	행정	외교
경우 3	보건	교육	농림	행정	국방	외교
경우 4	보건	교육	농림	국방	행정	외교

12 정답 ①

원탁 자리에 다음과 같이 임의로 번호를 지정하고, 기준이 되는 C를 앉히고 나머지를 배치한다.

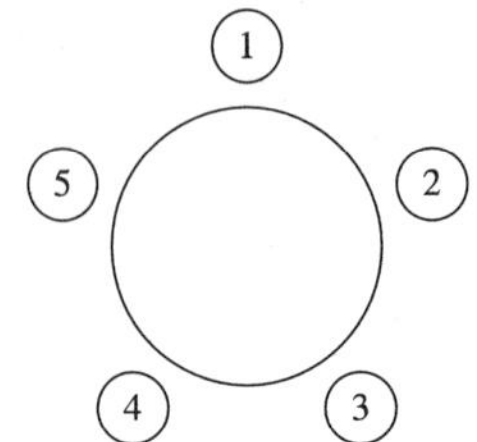

C를 1번에 앉히면, 첫 번째 조건에서 C 바로 옆에 E가 앉아야 하므로 E는 5번 또는 2번에 앉는다. 만약 E가 2번에 앉으면 세 번째 조건에 따라 D가 A의 오른쪽에 앉아야 한다. A, D가 4번과 3번에 앉으면 B가 5번에 앉게 되어 첫 번째 조건에 부합하지 않는다. 또한 A가 5번, D가 4번에 앉는 경우 B는 3번에 앉게 되지만 두 번째 조건에서 D와 B는 나란히 앉을 수 없어 불가능하다. E를 5번에 앉히고 A는 3번, D는 2번에 앉게 되면 B는 4번에 앉아야 하므로 모든 조건을 만족하게 된다. 따라서 C를 포함하여 세 번째에 있는 사람은 3번 자리에 앉는 A이다.

13 정답 ④

주어진 조건에 따라 부서별 위치를 정리하면 다음과 같다.

구분	경우1	경우2
1층	해외사업부	해외사업부
2층	인사 교육부	인사 교육부
3층	기획부	기획부
4층	디자인부	서비스개선부
5층	서비스개선부	디자인부
6층	연구·개발부	연구·개발부

따라서 3층에 위치한 기획부의 직원은 출근 시 반드시 계단을 이용해야 하므로 ④는 항상 적절하다.

오답분석

① 경우 1일 때 김 대리는 출근 시 엘리베이터를 타고 4층에서 내린다.
② 경우 2일 때 디자인부의 김 대리는 서비스개선부의 조 대리보다 엘리베이터에서 나중에 내린다.
③ 커피숍과 같은 층에 위치한 부서는 해외사업부이다.
⑤ 엘리베이터 이용에만 제한이 있을 뿐 계단 이용에는 층별 이용 제한이 없다.

14 정답 ④

지원자 4의 진술이 거짓이면 지원자 5의 진술도 거짓이고, 지원자 4의 진술이 참이면 지원자 5의 진술도 참이다. 1명의 진술만 거짓이므로 지원자 4, 5의 진술은 참이다.
다음으로, 지원자 1과 지원자 2의 진술이 모순이므로 둘 중 한 명은 거짓이다.

i) 지원자 1의 진술이 참인 경우
지원자 2는 A 부서에 선발이 되었고, 지원자 3은 B 또는 C부서에 선발되었다. 이때, 지원자 3의 진술에 따라, 지원자 4가 B부서, 지원자 3이 C부서에 선발되었다.
∴ A－지원자 2, B－지원자 4, C－지원자 3, D－지원자 5

ii) 지원자 2의 진술이 참인 경우
지원자 3은 A부서에 선발이 되었고, 지원자 2는 B 또는 C부서에 선발되었다. 이때, 지원자 3의 진술에 따라, 지원자 4가 B부서, 지원자 2가 C부서에 선발되었다.
∴ A－지원자 3, B－지원자 4, C－지원자 2, D－지원자 5

15 정답 ①

거짓말은 한 명이고, C와 D가 C의 역할에 대해 서로 다른 진술을 하고 있으므로 둘 중 한 명이 거짓을 말하고 나머지 한 명이 참인 것을 알 수 있다. 그러면 A의 말은 반드시 참이므로 C의 말도 참이 되며, 따라서 D의 말이 거짓이 된다.
따라서 A는 홍보, C는 섭외, E는 예산을 담당하고 있다. D의 말은 거짓이므로 '구매' 담당은 B가 되며, D는 '기획'을 맡게 된다.

16 정답 ③

제시된 단어의 대응 관계는 유의 관계이다.
'보유하다'는 '가지고 있거나 간직하고 있다.'는 뜻으로 '가지고 있다.'라는 뜻인 '소유하다'와 유의 관계이다. 따라서 '어떤 큰 현상이나 사업 따위를 이루다.'라는 뜻을 가진 '이룩하다'와 유의 관계인 단어는 '꿈, 기대 따위를 실제로 이루다.' 라는 뜻인 '실현하다'이다.

오답분석

① 벗어나다 : 어떤 힘이나 영향 밖으로 빠져나오다.
② 내보내다 : 밖으로 나가게 하다.
④ 받아들이다 : 다른 문화, 문물을 받아서 자기 것으로 되게 하다.
⑤ 실패하다 : 일을 잘못하여 뜻한 대로 되지 아니하거나 그르치다.

17 정답 ④

'전거(轉居)'는 '살던 곳을 떠나 다른 곳으로 옮겨 삶'이라는 뜻이므로 '장소나 주소 따위를 다른 데로 옮김'이라는 뜻인 '이전'과 유의 관계이고, 나머지는 반의 관계이다.

오답분석

① • 개방 : 문이나 어떠한 공간 따위를 열어 자유롭게 드나들고 이용하게 함
  • 폐쇄 : 문 따위를 닫아걸거나 막아 버림
② • 환희 : 매우 기뻐함. 또는 큰 기쁨
  • 비애 : 슬퍼하고 서러워함. 또는 그런 것
③ • 자립 : 남에게 예속되거나 의지하지 아니하고 스스로 섬
  • 의존 : 다른 것에 의지하여 존재함
⑤ • 일반 : 특별하지 아니하고 평범한 수준
  • 특수 : 특별히 다름

풀이 꿀팁

먼저 단어의 뜻을 정확하게 알고 있는 선택지 2개를 기준으로 대응 관계를 파악한다. 선택지 2개 각각의 대응 관계가 같다면 이와 반대되는 대응 관계가 정답이다.

18 정답 ②

규칙은 세로 방향으로 적용된다.
첫 번째 도형을 시계 방향으로 90° 회전시킨 도형이 두 번째 도형이고, 두 번째 도형을 시계 방향으로 90° 회전시킨 도형이 세 번째 도형이다.

19 정답 ④

규칙은 세로 방향으로 적용된다.
첫 번째 도형을 180° 회전시킨 도형이 두 번째 도형이고, 두 번째 도형을 색 반전시킨 도형이 세 번째 도형이다.

20 정답 ⑤

규칙은 가로 방향으로 적용된다.
첫 번째 도형을 색 반전시킨 도형이 두 번째 도형이고, 두 번째 도형을 시계 방향으로 90° 회전시킨 도형이 세 번째 도형이다.

21 정답 ④

◁ : 각 자릿수 +2, +1, +1, +2
♧ : 1234 → 3412
▲ : 각 자릿수 −4, −3, −2, −1
□ : 1234 → 1324

ㄷ5ㅇ6 → ㅁ6ㅈ8 → ㄱ3ㅅ7
　　　◁　　　　▲

22 정답 ③

ㅇ2ㄴ8 → ㅇㄴ28 → 28ㅇㄴ
　　　□　　　　♧

23 정답 ④

ㅅ7ㄷ3 → ㄷ4ㄱ2 → ㄷㄱ42
　　　▲　　　　□

24 정답 ④

ㄱKN2 → N2ㄱK → P3ㄴM
　　　♧　　　　◁

25 정답 ①

연금술사들은 유럽에 창궐한 매독을 치료하기 위해 연금술에서 가장 강력한 금속으로 간주된 수은을 바탕으로 한 치료법을 개발했다. 하지만 모든 치료행위에 수은을 사용하였는지는 알 수 없다.

오답분석

② 연금술사들은 그때까지의 의약품이 대체로 약초에 의존한 것에서 벗어나 거리낌 없이 의학에 금속을 도입했다고 하였다.
③ 연금술사들은 모든 금속들은 수은과 황이 합성되어 자라난다고 하였다.
④ 연금술사들은 연금술을 의학에도 도입하여 자연만이 아니라 인간에게도 적용했다.
⑤ 연금술사들은 우주 안의 모든 물체들이 수은과 황으로 만들어졌다고 하였다.

26 정답 ④

제국이 시장경제의 출현과 함께 생산자와 소비자 사이의 교환을 촉진했다고 하였으므로 경제의 독점과는 거리가 멀다.

오답분석

①·③ 제국이 발전함에 따라 낡은 자급자족 경제 대신 시장경제가 출현하여 독립된 생산자와 소비자 사이의 교환을 촉진했다고 하였다.
② 지배 엘리트가 사용하는 언어가 사회의 보편적인 언어가 되었으며, 각 지방의 토속신은 왕과 제국이 섬겨왔던 범접하기 어려운 강력한 신들, 즉 일종의 만신전에 모신 우주의 신들에게 자리를 양보했다고 하였다.
⑤ 제국은 개인이 씨족이나 종교 조직 또는 유력 집단에 흡수되는 것을 막는 언어적·종교적·법적 여건을 마련함으로써 개인이 좀 더 개방된 사회에서 활동할 수 있게 해주었다고 하였다.

27 정답 ⑤

제시문의 화제는 '과학적 용어'이다. 필자는 '모래언덕'의 높이, '바람'의 세기, '저온'의 온도를 사례로 들어 과학자들은 모호한 것은 싫어하지만 '대화를 통해 그 상황에 적절한 합의를 도출'하는 것으로 문제화하지 않는다고 한다. 따라서 ⑤의 주장을 들어 이 글의 논지를 반박할 수 있다.

28 정답 ③

본문의 핵심 논지는 4차 산업혁명의 신기술로 인해 금융의 종말이 올 것임을 예상하는 것이다. 따라서 앞으로도 기술 발전은 금융업의 본질을 바꾸지 못할 것임을 나타내는 ③이 반론으로 가장 적절하다.

29 정답 ⑤

여씨춘추에서는 도덕적 기능이 있는 선왕들의 음악을 중시하였고, 장자 역시 선왕들이 백성들을 위해 제대로 된 음악을 만들었다고 보았다. 따라서 장자는 여씨춘추와 같이 선왕의 음악에 대한 가치를 긍정적으로 평가하였음을 알 수 있다.

오답분석

① 여씨춘추에서는 음악을 즐거움을 주는 욕구의 대상으로 보고 인간의 자연적 욕구를 긍정적으로 평가하였으나, 장자는 욕구가 일어나지 않는 마음 상태를 이상적으로 보았다.
② 여씨춘추에서는 음악이 우주 자연의 근원에서 비롯되었다고 주장하였으며, 장자 역시 음악이 우주 자연의 근원에서 비롯되었다고 보았다.
③ 여씨춘추에서 조화로운 소리는 적절함을 위해 인위적 과정을 거쳐야 한다고 주장하였고, 장자는 의미 있는 음악은 사람의 감정에 근본을 두면서도 형식화되어야 한다고 주장하였다. 따라서 장자와 여씨춘추 모두 인위적으로 창작된 음악에 대해 긍정적임을 알 수 있다.
④ 음악에 담겨야 하는 인간의 감정 수준에 대한 장자의 입장은 알 수 없으며, 여씨춘추에서는 개인적인 욕구에 따른 일차적인 자연적 음악보다 인간의 감정과 욕구를 절도 있게 표현한 선왕들의 음악을 더 중시하였으므로 정제된 인간의 감정이 담겨야 한다고 주장할 수 있다.

30 정답 ④

보기에 따르면 국민의 기본적 권리인 언론 출판의 자유는 국가를 비롯하여 다른 누구의 권능에도 지배받지 않으며, 타인에게 양도될 수 없다. 즉, 국가는 국민에게 언론 출판의 자유를 제한할 권능을 가지고 있지 않으므로 언론 출판의 자유는 상대방이 법률관계를 형성, 변경, 소멸시킬 수 있는 권능을 가지고 있지 않다는 의미의 면제권으로 설명할 수 있다.

오답분석

① 보기의 언론 출판의 자유는 국가의 의무와 관련이 없으므로 Y가 X에게 A라는 행위를 할 법적 의무가 있다면 X는 상대방 Y에 대하여 A라는 행위를 할 것을 법적으로 청구할 수 있다는 의미의 청구권으로 설명하기 어렵다.
② 자유권은 X가 상대방 Y에 대하여 A라는 행위를 하거나 하지 않아야 할 법적 의무가 없다면 X는 Y에 대하여 A를 행하지 않거나 행할 법적 자유가 있다는 의미이므로 권리를 타인에게 양도할 수 없다고 해서 권리를 가진다고 설명할 수 없다.
③ 보기에 따르면 언론 출판의 자유를 헌법으로 보장하는 이유는 이를 국민에게 부여함으로써 국민이 얻는 이익이 중요하기 때문일 뿐이며, 국가가 국민에게 이익을 초래할 수 있는 법적 권능을 가진다는 것은 아니다.
⑤ 보기의 언론 출판의 자유는 청구권, 자유권, 권능으로서의 권리로 설명할 수 없으며, 면제권으로만 설명할 수 있다.

제4회 최종점검 모의고사

01 수리논리

01	02	03	04	05	06	07	08	09	10	11	12	13	14	15	16	17	18	19	20
④	②	④	②	④	④	⑤	②	③	③	⑤	③	③	④	②	⑤	④	②	②	⑤

01 정답 ④

프로젝트를 끝내는 일의 양을 1이라고 가정한다. 혼자 할 경우 서주임은 하루에 할 수 있는 일의 양은 $\frac{1}{24}$이고, 김대리는 $\frac{1}{16}$이며, 함께 할 경우 $\frac{1}{24}+\frac{1}{16}=\frac{5}{48}$만큼 할 수 있다. 문제에서 함께 한 일수는 3일간이며, 김대리 혼자 한 날을 x일이라 하면 총 일의 양에 대한 방정식은 다음과 같다.

$\frac{5}{48}\times3+\frac{1}{16}\times x=1 \rightarrow \frac{5}{16}+\frac{1}{16}\times x=1 \rightarrow \frac{1}{16}\times x=\frac{11}{16} \rightarrow x=11$

따라서 김대리가 혼자 일하는 기간은 11일이고, 보고서를 제출할 때까지 3+11=14일이 걸린다.

풀이 꿀팁

전체 일의 양을 꼭 1로 둘 필요는 없다. 분수 계산이 어렵다면 1이 아닌 각 사람이 걸리는 시간의 공배수로 가정할 수도 있다.

02 정답 ②

80팀을 5팀씩 묶어서 리그전으로 진행하면 16개의 리그가 만들어 진다. 한 리그에 속한 5명이 서로 한 번씩 경기를 진행하면 4+3+2+1=10회의 경기가 진행된다. 즉, 리그전으로 진행되는 경기 수는 10×16=160회이다.

다음으로 토너먼트 방식으로 경기를 진행하면 16팀이 경기에 참가하게 된다. 토너먼트 경기 수는 참가 팀이 n팀이라고 하면 $(n-1)$번이므로 총 16−1=15회의 경기가 진행된다. 즉, 최종 우승팀이 나올 때까지의 경기 수는 160+15=175회이다.

따라서 우승팀의 상금은 175×2,000=350,000원이고, 준우승팀의 상금은 175×1,000=175,000원이므로 총 상금은 350,000+175,000=525,000원이다.

03 정답 ④

독일과 일본의 국방예산 차액은 461−411=50억 원이고, 영국과 일본의 차액은 487−461=26억 원이다.

따라서 영국과 일본의 차액은 독일과 일본의 차액의 $\frac{26}{50}\times100=52\%$를 차지한다.

오답분석

① 국방예산이 가장 많은 국가는 러시아(692억 원)이며, 가장 적은 국가는 한국(368억 원)으로 두 국가의 예산 차액은 692−368=324억 원이다.

② 사우디아라비아 국방예산은 프랑스 예산보다 $\frac{637-557}{557}\times100 \fallingdotseq 14.4\%$ 많다.

③ 인도보다 국방예산이 적은 국가는 영국, 일본, 독일, 한국, 프랑스이다.

⑤ 8개 국가 국방예산 총액은 692+637+487+461+411+368+559+557=4,172억 원이며, 한국이 차지하는 비중은 $\frac{368}{4,172}$ $\times 100 \fallingdotseq 8.8\%$이다.

04 정답 ②

㉠ 2022년 전체 업종 대비 상위 2개 업종이 차지하는 비율은 $\frac{40,223+5,949}{51,019} \times 100 \fallingdotseq 90.5\%$이고, 2021년 전체 업종 대비 상위 2개 업종이 차지하는 비율은 $\frac{40,874+6,047}{51,556} \times 100 \fallingdotseq 91.0\%$이다. 따라서 2021년에 비해 낮아졌다.

㉢ 외국인근로자의 수는 전년 대비 2021년과 2022년에 감소하는 것을 확인할 수 있다.

㉣ $\frac{3,079}{38,481} \times 100 \fallingdotseq 8.0\%$이므로 6% 이상이다.

오답분석

㉡ 서비스업에 종사하는 외국인근로자 수는 2022년에 2019년보다는 증가했지만 2021년보다는 오히려 감소하였다.

㉤ 주어진 자료만으로는 알 수 없다.

05 정답 ④

싱가포르는 독일보다 수입금액은 적지만 수입중량이 크다.

오답분석

① 2019 ~ 2022년 동안 수출금액은 매년 감소했고, 수출중량 추이는 '감소 – 증가 – 감소'이다.

② 2022년 5개국 수입금액 총합은 39,090+14,857+25,442+12,852+18,772=111,013천 달러로 전체 수입금액의 $\frac{111,013}{218,401}$ $\times 100 \fallingdotseq 50.8\%$를 차지한다.

③ 무역수지는 수출금액에서 수입금액을 제외한 것으로 2019년부터 2022년까지 무역수지는 다음과 같다.
- 2019년 : 24,351−212,579=−188,228천 달러
- 2020년 : 22,684−211,438=−188,754천 달러
- 2021년 : 22,576−220,479=−197,903천 달러
- 2022년 : 18,244−218,401=−200,157천 달러

따라서 매년 전년 대비 감소함을 알 수 있다.

⑤ 2022년 5개 국가에서 무역수지가 가장 낮은 국가는 미국이다.
- 미국 : 518−39,090=−38,572천 달러
- 중국 : 6,049−14,857=−8,808천 달러
- 말레이시아 : 275−25,442=−25,167천 달러
- 싱가포르 : 61−12,852=−12,791천 달러
- 독일 : 1−18,772=−18,771천 달러

06 정답 ④

ㄴ. 2021년 11월 운수업과 숙박 및 음식점업의 국내카드 승인액의 합은 159+1,031=1,190억 원으로, 도매 및 소매업의 국내카드 승인액의 40%인 3,261×0.4=1,304.4억 원보다 작다.

ㄹ. 2021년 9월 협회 및 단체, 수리 및 기타 개인 서비스업의 국내카드 승인액은 보건업 및 사회복지 서비스업 국내카드 승인액의 $\frac{155}{337} \times 100 \fallingdotseq 46.0\%$이다.

오답분석

ㄱ. 교육 서비스업의 2022년 1월 국내카드 승인액의 전월 대비 감소율은 $\frac{145-122}{145} \times 100 \fallingdotseq 15.9\%$이다.

ㄷ. 2021년 10월부터 2022년 1월까지 사업시설관리 및 사업지원 서비스업의 국내카드 승인액의 전월 대비 증감 추이는 '증가 – 감소 – 증가 – 증가'이고, 예술, 스포츠 및 여가관련 서비스업은 '증가 – 감소 – 감소 – 감소'이다.

07 정답 ⑤

보전관리지역 지가변동률 대비 농림지역 지가변동률의 비율은 경기도가 $\frac{3.04}{2.1} \times 100 \fallingdotseq 144.8\%$, 강원도가 $\frac{2.49}{1.23} \times 100 \fallingdotseq 202.4\%$로 강원도가 더 높다.

오답분석

① 부산광역시의 경우 전년 대비 공업지역의 지가는 감소하였으나, 농림지역 지가는 변동이 없었다.

② 전라북도 상업지역의 지가변동률은 충청북도 주거지역의 지가변동률보다 $\frac{1.83-1.64}{1.64} \times 100 \fallingdotseq 12\%$ 더 높다.

③ 대구광역시 공업지역의 지가변동률과 경상남도 보전관리지역의 지가변동률 차이는 $|-0.97-1.77|=2.74\%$p이다.

④ 경기도의 경우, 전국 평균 지가변동률인 3.14%보다 평균 지가변동률이 3.23%로 더 높지만, 주거지역 지가변동률은 3.47%로 전국 평균인 3.53%보다 낮다.

08 정답 ②

인천광역시의 총가구 중 무주택 가구가 차지하는 비중은 $\frac{450,057}{1,080,285} \times 100 \fallingdotseq 41.7\%$이므로 옳은 설명이다.

오답분석

① 전국 총가구 중 전라북도와 경상남도의 총가구가 차지하는 비중은 $\frac{728,871+1,292,998}{19,673,875} \times 100 \fallingdotseq 10.3\%$이므로 옳지 않은 설명이다.

③ 총가구 중 주택소유 가구의 비중은 충청북도의 경우 $\frac{362,726}{629,073} \times 100 \fallingdotseq 57.7\%$이며, 강원도의 경우 $\frac{345,955}{620,729} \times 100 \fallingdotseq 55.7\%$이다. 충청북도가 강원도보다 57.7%−55.7%=2%p 더 크므로 옳지 않은 설명이다.

④ 부산광역시의 주택소유 가구 대비 무주택 가구의 비율은 $\frac{562,912}{791,489} \times 100 \fallingdotseq 71.1\%$이다. 따라서 옳지 않은 설명이다.

⑤ 세종특별자치시의 무주택 가구 수는 48,400가구로, 광주광역시의 무주택 가구 수의 20%인 247,469×0.2=49,493.8가구보다 작다. 따라서 옳지 않은 설명이다.

09 정답 ③

총 감염자 수 대비 사망자 수 비율이 50% 미만인 도시는 서울, 대구, 대전, 제주 4곳이다.

오답분석

① 자료의 사망 합계를 보면 전체 기간 동안 사망자가 발생하지 않은 도시는 대구, 제주, 세종으로 3곳이다.

② 매년 서울, 경기, 부산 감염자 수의 합과 전체 감염자 수는 다음과 같다.

구분	서울, 경기, 부산 감염자 수	전체 감염자 수
2018년	6+12+5=23	51
2019년	12+10+6=28	64
2020년	10+9+4=23	56
2021년	1+8+10=19	61
2022년	6+6+4=16	37

따라서 서울, 경기, 부산 감염자 수의 합은 매년 전체 감염자 수의 50% 미만이다.

④ 2020년 서울, 경기, 부산 사망자 수의 합은 2+7+3=12명이고 전체 사망자 수는 30명이므로 $\frac{12}{30}\times100=40\%$이다.

따라서 2020년 서울, 경기, 부산의 사망자 수의 합은 2020년 전체 사망자 수의 30% 이상이다.

⑤ 2022년을 제외하고 2018 ~ 2021년의 총 감염자 수 대비 사망자 수의 비율은 50%를 넘는다.

10 정답 ③

2021년 1 ~ 4분기의 전년 동분기 대비 증가폭을 구하면 다음과 같다.

- 1분기 : 109,820−66,541=43,279
- 2분기 : 117,808−75,737=42,071
- 3분기 : 123,650−89,571=34,079
- 4분기 : 131,741−101,086=30,655

따라서 2021년 중 전년 동분기 대비 확정기여형을 도입한 사업장 수가 가장 많이 증가한 시기는 1분기이다.

오답분석

① 통계자료 중 '합계'를 통해 확인할 수 있다.

② 분기별 확정급여형과 확정기여형 취급실적을 비교하면 확정기여형이 항상 많은 것을 확인할 수 있다.

④·⑤ 자료를 통해 확인할 수 있다.

11 정답 ⑤

- 2022년 11월 일본어선과 중국어선의 한국 EEZ 내 어획량 합 : 2,176+9,445=11,621톤
- 2022년 11월 중국 EEZ와 일본 EEZ 내 한국어선 어획량 합 : 64+500=564톤

$564\times20=11,280<11,621$이므로 20배 이상이다.

오답분석

① 2022년 12월 중국 EEZ 내 한국어선 조업일수는 전월 대비 증가하였다.

② 주어진 자료로는 알 수 없다.

③ • 2022년 12월 일본 EEZ 내 한국어선의 조업일수 : 3,236일

• 2022년 12월 중국 EEZ 내 한국어선의 조업일수 : 1,122일

$1,122\times3=3,366>3,236$이므로 3배 이하이다.

④ • 2022년 12월 일본어선의 한국 EEZ 내 입어척수당 조업일수 : $\frac{277}{57}\fallingdotseq4.86$일

• 2021년 12월 일본어선의 한국 EEZ 내 입업척수당 조업일수 : $\frac{166}{30}\fallingdotseq5.53$일

12 정답 ③

20 ~ 30대 청년들 중에서 자가에 사는 청년은 $\frac{5,657}{80,110}\times100\fallingdotseq7.1\%$이며, 20대 청년 중에서 자가의 비중은 $\frac{537+795}{13,874+15,258}\times100=\frac{1,332}{29,132}\times100\fallingdotseq4.6\%$이므로 전체 청년 인원 대비 자가 비율보다 20대 청년 중에서 자가가 차지하는 비율이 더 낮다.

오답분석

① 20 ~ 24세 전체 가구 수 중 월세 비중은 $\frac{5,722}{13,874}\times100\fallingdotseq41.2\%$이고, 자가는 $\frac{537}{13,874}\times100\fallingdotseq3.9\%$이다.

② 20 ~ 24세를 제외한 연령대 청년 중에서 무상이 차지하는 비중은 $\frac{13,091-5,753}{80,110-13,874}\times100=\frac{7,338}{66,236}\times100\fallingdotseq11.1\%$로 월세 비중 $\frac{45,778-5,722}{80,110-13,874}\times100=\frac{40,056}{66,236}\times100\fallingdotseq60.5\%$보다 낮다.

④ 연령대가 높아질수록 자가를 가진 청년들은 늘어나지만 30 ~ 34세에서 자가 비율은 $\frac{1,836}{21,383}\times100 \fallingdotseq 8.6\%$로 35 ~ 39세의 자가 비율 $\frac{2,489}{29,595}\times100 \fallingdotseq 8.4\%$보다 높다. 또한 월세 비중은 다음과 같다.

- 20 ~ 24세 : $\frac{5,722}{13,874}\times100 \fallingdotseq 41.2\%$
- 25 ~ 29세 : $\frac{7,853}{15,258}\times100 \fallingdotseq 51.5\%$
- 30 ~ 34세 : $\frac{13,593}{21,383}\times100 \fallingdotseq 63.6\%$
- 35 ~ 39세 : $\frac{18,610}{29,595}\times100 \fallingdotseq 62.9\%$

따라서 연령대가 높아질수록 계속 낮아진다고 볼 수 없다.

⑤ 20 ~ 30대 연령대에서 월세에 사는 25 ~ 29세 연령대가 차지하는 비율은 $\frac{7,853}{80,110}\times100 \fallingdotseq 9.8\%$로 10% 미만이다. 또한, 전체 청년 수의 10%는 8,011명이고 25 ~ 29세 연령대가 월세에 사는 청년 7,853명보다 많음으로 적절하지 않다는 것을 알 수 있다.

13 정답 ③

2020 ~ 2022년 가정 어린이집을 이용하는 0 ~ 2세 영유아 수의 전년 대비 차이는 다음과 같다.

- 2020년 : 222,332−193,412=28,920명 증가
- 2021년 : 269,243−222,332=46,911명 증가
- 2022년 : 298,470−269,243=29,227명 증가

따라서 가정 어린이집을 이용하는 0 ~ 2세 영유아 수는 2018년에 전년 대비 가장 크게 증가했다.

오답분석

① 2019 ~ 2022년 0 ~ 2세와 3 ~ 4세 국·공립 어린이집 이용 영유아 수는 꾸준히 증가하고 있다.
② 2019 ~ 2022년 부모협동 어린이집과 직장 어린이집을 이용하는 영유아 수는 모든 연령대에서 꾸준히 증가하고 있다.
④ 법인 어린이집을 이용하는 5세 이상 영유아 수는 매년 감소하고 있다.
⑤ 3 ~ 4세 영유아가 가장 많이 이용하는 곳을 순서대로 나열한 상위 3곳은 매년 '민간 어린이집, 국·공립 어린이집, 법인 어린이집' 순서이다.

14 정답 ④

- 2019년 전체 어린이집 이용 영유아 수의 합 : 501,838+422,092+211,521=1,135,451명
- 2022년 전체 어린이집 이용 영유아 수의 합 : 739,332+455,033+154,364=1,348,729명

따라서 2019년과 2022년 전체 어린이집 이용 영유아 수의 차는 1,348,729−1,135,451=213,278명이다.

15 정답 ②

부산광역시와 인천광역시는 2020년에 2015년 대비 어가인구가 각각 약 23%, 27% 감소하였으므로 적절한 설명이다.

오답분석

① 2020년 대구광역시는 어가인구 중 여자와 남자 수가 같았고, 울산광역시, 충청남도, 경상북도, 제주특별자치도는 어가인구 중 여자가 남자의 수보다 많았다.
③ 2015년에는 844×4=3,376>3,039이므로 강원도 어가 수는 경기도 어가 수의 4배 미만이다.
④ 2015년에 어가 수가 두 번째로 많은 지역은 충청남도이고, 2020년에 어가인구가 두 번째로 많은 지역은 경상남도로 동일하지 않다.
⑤ 2020년 제주특별자치도의 남자 어가인구 수는 4,634명이고 전라북도 남자 어가인구 수는 3,259명이다. 3,259×1.5=4,888.5 >4,634이므로 적절하지 않은 설명이다.

16 정답 ⑤

ⓒ 대전의 경우 어가가 소멸하였으므로 적절하지 않은 설명이다.
ⓔ 서울특별시만이 어가인구가 증가하였으므로 적절하지 않은 설명이다.

오답분석

ⓐ 2015년 해수면어업 종사 가구가 가장 많은 구역은 전라남도이므로 적절한 내용이다.
ⓑ 가구 수가 가장 적은 행정구역은 대전이 맞으며, 가구, 인구 측면에서 모두 최저이다.

17 정답 ④

ㄱ. 운행연수가 4년 이하인 차량 중 부적합률이 가장 높은 차종은 화물차가 아닌 특수차이다.

ㄷ. 표의 경우, 4년 이하와 15년 이상을 제외하고는 모두 2년 단위로 항목이 구분되어 있다. 따라서 1년 단위로 운행연수를 구분할 수는 없으므로 운행연수에 따른 부적합률은 판단할 수 없다. 예를 들어, 승합차 중 운행연수가 7 ~ 8년에 해당하는 차량의 경우, 운행연수가 7년인 차량과 8년인 차량의 수가 동일하다고 가정하자. 7년인 차량의 부적합률이 12.9%, 8년인 차량의 부적합률이 12.5%인 경우 운행연수가 7 ~ 8년인 차량의 부적합률은 표와 같이 12.7%이지만, 운행연수가 7년으로 더 낮은 차량의 부적합률이 8년인 차량보다 더 높게 된다. 따라서 위에 자료만 참고하여 명확히 알 수 없으므로 적절하지 않은 설명이다.

ㄹ. 운행연수가 13 ~ 14년인 차량 중 화물차의 부적합률 대비 특수차의 부적합률의 비율은 $\frac{16.2}{23.5}\times 100 \fallingdotseq 69\%$이다.

오답분석

ㄴ. 운행연수가 11 ~ 12년인 승용차의 부적합률은 16.4%, 5 ~ 6년인 승용차의 부적합률은 7.2%이다. 11 ~ 12년인 승용차의 부적합률은 5 ~ 6년인 승용차의 부적합률의 $\frac{16.4}{7.2} \fallingdotseq 2.28$배이므로 적절한 설명이다.

18 정답 ②

ⓐ 운행연수가 15년 이상인 차량의 부적합률은 운행연수가 4년 이하인 부적합률보다 높다.
ⓒ 모든 운행연수를 합한 화물차의 부적합률은 18.2%로 가장 높으며, 모든 운행연수를 합한 부적합률이 13.8%인 가장 낮은 차종은 승용차이고 4.4%p의 차이를 보인다.

오답분석

ⓑ 자료를 보면 가장 우측 맨 아래 항목이 15.2%로 15% 이상임을 알 수 있다.
ⓔ 특수차의 경우 15년 이상인 차량의 부적합률은 18.7%로, 4년 이하인 차량의 부적합률 8.3%의 $\frac{18.7}{8.3} \fallingdotseq 2.25$로 2.5배 미만이므로 적절한 설명이다.

19 정답 ②

오답분석

① 자료보다 2000년 원/달러 절상률 수치가 낮다.
③ 자료보다 2008년 엔/달러 절상률 수치는 낮고, 원/100엔 절상률 수치는 높다.
④·⑤ 자료에서 1995년은 원/100엔 절상률>원/달러 절상률>엔/달러 절상률 순으로 수치가 높다.

20 정답 ⑤

1. 규칙 파악

• A박테리아 개체 수

5 → 7 → 11 → 17 → 25

+2 +4 +6 +8

∴ 첫 번째 항은 5이고 개체 수는 증가하고 있다. 증가량은 첫째 항이 2이고 공차가 2인 등차수열이다.

• B박테리아 개체 수

5 → 10 → 20 → 40 → 80

×2 ×2 ×2 ×2

∴ 개체 수는 증가하고 있으며, 첫 번째 항은 5이고 공비가 2인 등비수열이다.

2. 계산

㉠ 직접 계산하기

• A박테리아 개체 수

5시간		6시간		7시간		8시간		9시간
25	→	35	→	47	→	61	→	77
	+10		+12		+14		+16	

• B박테리아 개체 수

5시간		6시간		7시간		8시간		9시간
80	→	160	→	320	→	640	→	1,280
	×2		×2		×2		×2	

㉡ 식 세워 계산하기

• A박테리아 개체 수

첫 번째 항은 5이고 $n \geq 2$인 자연수일 때 $a_n = a_{n-1} + 2(n-1)$인 수열이므로 $a_n = 5 + \sum_{k=1}^{n-1} 2k = 5 + 2 \times \frac{(n-1) \times n}{2} = 5 + (n-1) \times n$이다. 따라서 $a_9 = 5 + 8 \times 9 = 77$마리이다.

• B박테리아 개체 수

$n \geq 2$인 자연수일 때 n번째 항을 a_n이라 하면 $a_n = 5 \times 2^{n-1}$인 수열이므로 $a_9 = 5 \times 2^8 = 1{,}280$마리이다.

02 추리

01	02	03	04	05	06	07	08	09	10	11	12	13	14	15	16	17	18	19	20
③	⑤	②	③	②	④	④	③	③	④	③	③	④	④	②	②	③	⑤	④	②
21	22	23	24	25	26	27	28	29	30										
④	②	③	⑤	④	②	②	④	⑤	⑤										

01 정답 ③

'영화를 좋아한다.'를 A, '드라마를 좋아한다.'를 B, '음악을 좋아한다.'를 C라 하면, 첫 번째 명제와 마지막 명제는 각각 A → ~B, C → ~A이다. 이때, 첫 번째 명제의 대우는 B → ~A이므로 마지막 명제가 참이 되려면 C → B 또는 ~B → ~C가 필요하다. 따라서 빈칸에 들어갈 명제는 '드라마를 싫어하는 사람은 음악을 싫어한다.'가 적절하다.

02 정답 ⑤

'좋은 자세로 공부한다.'를 A, '허리의 통증이 심하지 않다.'를 B, '공부를 오래하다.'를 C, '성적이 올라간다.'를 D라고 하면, 첫 번째 명제는 ~B → ~A, 두 번째 명제는 C → D, 네 번째 명제는 ~D → ~A이므로 네 번째 명제가 도출되기 위해서는 빈칸에 ~C → ~B 또는 B → C가 필요하다. 따라서 대우 명제인 ⑤가 답이 된다.

03 정답 ②

'환율이 오른다.'를 A, 'X주식을 매도하는 사람'을 B, 'Y주식을 매수하는 사람'을 C라고 하면, 전제1과 전제2를 다음과 같은 벤다이어그램으로 나타낼 수 있다.

1) 전제1

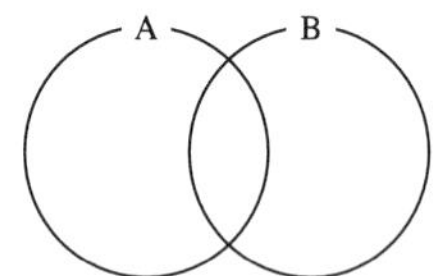

2) 전제2

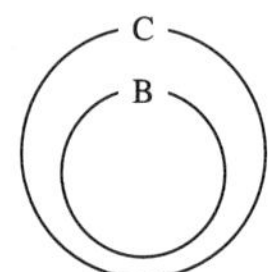

이를 정리하면 다음과 같은 벤다이어그램이 성립한다.

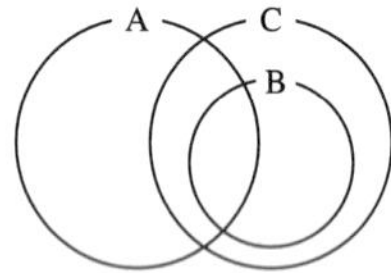

따라서 '환율이 오르면 어떤 사람은 Y주식을 매수한다.'라는 결론이 도출된다.

04 정답 ③

우선 E는 애완동물이 없기 때문에 1층과 2층에는 입주할 수 없다. 그리고 5층에는 D가 살고 있기 때문에 남은 층은 3, 4, 6, 7층이다. A는 개를 키우고 있기 때문에 1층이나 2층에 살고 있을 것이고 남은 B와 C가 어느 층에 살고 있을지를 유추해야 하는데 B는 A보다 높은 홀수 층에 살고 있으므로 3층이나 7층에 살고 있다. 그런데 B의 바로 아래층에 사는 C가 애완동물이 없으므로 C는 6층에 살고 있다. 따라서 B는 7층에 산다. 즉, E가 입주할 수 있는 층은 3층 또는 4층이다.

05 정답 ②

네 번째 조건에서 갑의 점수가 될 수 있는 경우는 빨강 2회, 노랑 2회, 검정 1회이거나 빨강 1회, 노랑 2회, 파랑 2회로 2가지이다. 다음으로 병의 점수가 될 수 있는 경우를 정리하면 다음과 같다.

구분	빨강	노랑	파랑	검정
경우 1	–	–	1	4
경우 2	–	1	–	4
경우 3	1	–	–	4
경우 4	–	–	2	3

또한 을의 점수는 갑의 점수보다 높아야 하므로 빨강, 노랑에 각각 2회, 파랑에 1회로 41점인 경우가 된다. 그러나 나머지 경우는 빨강 또는 노랑에 3회를 맞춰야 하므로 다섯 번째 조건에 부합하지 않는다.
따라서 갑, 을, 병의 점수로 가능한 경우의 수는 총 $2\times4\times1=8$가지이다.

06 정답 ④

첫 번째, 두 번째 조건에 의해 A・B・C・D가 각각 입지 않는 색상도 서로 겹치지 않음을 알 수 있다. A가 빨간색을 입지 않고 C가 초록색을 입지 않으므로 B와 D는 노란색이나 파란색을 입지 않아야 하는데, D가 노란색 티셔츠를 입으므로 D는 파란색을 입지 않고, B는 노란색을 입지 않았다. 그러면 티셔츠 중 초록색, 빨간색, 파란색이 남는데, C는 초록색은 입지 않고 빨간색 바지를 입었으므로 파란색 티셔츠를 입고, A는 빨간색을 입지 않으므로 초록색 티셔츠를 입으며, B는 빨간색 티셔츠를 입는다. 또한, C는 초록색을 입지 않으므로 노란색 모자를 쓴다. 그러면 노란색 중 남은 것은 바지인데, B는 노란색을 입지 않으므로 A가 노란색 바지를 입고, 파란색 모자를 쓴다. 다음으로 모자 중에는 빨간색과 초록색, 바지 중에는 파란색과 초록색이 남는데, B가 이미 빨간색 티셔츠를 입고 있으므로 D가 빨간색 모자를 쓰고 B가 초록색 모자를 쓰며, D는 파란색을 입지 않으므로 초록색 바지를, B는 파란색 바지를 입는다. 이를 표로 정리하면 다음과 같다.

구분	A	B	C	D
모자	파란색	초록색	노란색	빨간색
티셔츠	초록색	빨간색	파란색	노란색
바지	노란색	파란색	빨간색	초록색

07 정답 ④

주어진 조건을 표로 나타내면 다음과 같다.

구분	월	화	수	목	금
A	○		×	○	
B	○	×	×	○	○
C	○		×	○	
D	○		○	○	
E	○	○	×	○	×

따라서 수요일에 야근하는 사람은 D이다.

08 정답 ③

다음의 논리 순서를 따라 주어진 조건을 정리하면 쉽게 접근할 수 있다.

- 첫 번째 조건 : 0, 1, 2, 3, 4, 5, 6, 7, 8, 9 중 소수인 2, 3, 5, 7을 제외하면 0, 1, 4, 6, 8, 9가 남는다.
- 두 번째, 세 번째, 네 번째 조건 : 9를 제외하여 0, 1, 4, 6, 8이 남고 6과 8중에 하나만 사용된다.

이 사실을 종합하여 가능한 경우의 수를 정리하면 다음과 같다.

구분	첫 번째	두 번째	세 번째	네 번째
경우 1	8	4	1	0
경우 2	6	4	1	0

따라서 주어진 정보를 모두 만족하는 비밀번호는 8410과 6410으로 두 개다.

오답분석

① 두 비밀번호 모두 0으로 끝나므로 짝수이다.
② 두 비밀번호의 앞에서 두 번째 숫자는 4이다.
④ 두 비밀번호 모두 1을 포함하지만 9는 포함하지 않는다.
⑤ 두 비밀번호 중에서 작은 수는 6410이다.

09 정답 ③

제시된 조건을 정리하면 ㉠ A대리>B사원>C과장>D사원, ㉡ G사원>F대리>B사원, ㉢ G사원>F대리>E부장, ㉣ E부장은 가장 낮은 점수를 받지 않았다는 것이다. ㉠·㉡에 따르면 B사원보다 높은 사람은 A대리, G사원, F대리 3명, B사원보다 낮은 사람은 C과장, D사원 2명이므로, B사원을 4등과 5등에 두고 생각해보면 다음과 같은 가능한 경우가 나온다.

• B사원이 4등일 때 6가지

1등	2등	3등	4등	5등	6등	7등
G사원	F대리	A대리	B사원	C과장	E부장	D사원
G사원	F대리	A대리	B사원	E부장	C과장	D사원
G사원	A대리	F대리	B사원	E부장	C과장	D사원
G사원	A대리	F대리	B사원	C과장	E부장	D사원
A대리	G사원	F대리	B사원	E부장	C과장	D사원
A대리	G사원	F대리	B사원	C과장	E부장	D사원

• B사원이 5등일 때 4가지

1등	2등	3등	4등	5등	6등	7등
G사원	F대리	E부장	A대리	B사원	C과장	D사원
G사원	F대리	A대리	E부장	B사원	C과장	D사원
G사원	A대리	F대리	E부장	B사원	C과장	D사원
A대리	G사원	F대리	E부장	B사원	C과장	D사원

오답분석

① B사원이 4등이면 G사원은 2등도 될 수 있다.
② 자신의 등수를 확실히 알 수 있는 사람은 D사원(7등) 한 명이다.
④ B사원이 4등일 때, E사원은 5등이 될 수도 있다.
⑤ F대리가 3등일 때, A대리는 1등 또는 2등이 될 수 있다.

10 정답 ④

• 첫 번째 조건 : A가 받는 상여금은 75만 원이다.
• 두 번째, 네 번째 조건 : (B의 상여금)<(C의 상여금), (B의 상여금)<(D의 상여금)<(E의 상여금)이므로 B가 받는 상여금은 25만 원이다.
• 세 번째 조건 : C가 받는 상여금은 50만 원 또는 100만 원이다.

이를 정리하여 가능한 경우를 표로 나타내면 다음과 같다.

구분	A	B	C	D	E
경우 1	75만 원	25만 원	50만 원	100만 원	125만 원
경우 2	75만 원	25만 원	100만 원	50만 원	125만 원

따라서 C의 상여금이 A보다 많은 경우는 경우 2로 이때, B의 상여금(25만 원)은 C의 상여금(100만 원)의 25%이다.

오답분석

① 모든 경우에서 A를 제외한 나머지 네 명의 상여금 평균은 $\frac{25\text{만}+50\text{만}+100\text{만}+125\text{만}}{4}$=75만 원이므로 A의 상여금과 같다.
② 어떠한 경우에서도 A와 B의 상여금은 각각 75만 원, 25만 원이므로 A의 상여금이 반드시 B보다 많다.
③ C의 상여금은 경우 1에서 50만 원으로 두 번째로 적고, 경우 2에서 100만 원으로 두 번째로 많다.
⑤ C의 상여금이 D보다 적은 경우는 경우 1로 이때, D의 상여금(100만 원)은 E의 상여금(125만 원)의 80%이다.

11 정답 ③

다음의 논리 순서를 따라 주어진 조건을 정리하면 쉽게 접근할 수 있다.

• 두 번째 조건 : 홍보팀은 5실에 위치한다.
• 첫 번째 조건 : 홍보팀이 5실에 위치하므로, 마주보는 홀수실인 3실 또는 7실에 기획조정 1팀과 미래전략 2팀 각각 위치한다.
• 네 번째 조건 : 보안팀은 남은 홀수실인 1실에 위치하고, 이에 따라 인사팀은 8실에 위치한다.
• 세 번째 조건 : 7실에 미래전략 2팀, 3실에 기획조정 1팀이 위치한다.
• 다섯 번째 조건 : 2실에 기획조정 3팀, 4실에 기획조정 2팀이 위치하고, 남은 6실에는 자연스럽게 미래전략 1팀이 위치함을 알 수 있다.

이 사실을 종합하여 주어진 조건에 따라 사무실을 배치하면 다음과 같다.

1실 보안팀	2실 기획조정 3팀	3실 기획조정 1팀	4실 기획조정 2팀
복도			
5실 홍보팀	6실 미래전략 1팀	7실 미래전략 2팀	8실 인사팀

따라서 기획조정 1팀(3실)은 기획조정 2팀(4실)과 3팀(2실) 사이에 위치한다.

오답분석

① 인사팀은 8실에 위치한다.
② 미래전략 2팀과 기획조정 3팀은 복도를 사이에 두고 위치한다.
④ 미래전략 1팀은 6실에 위치한다.
⑤ 홍보팀이 있는 라인에서 가장 높은 번호의 사무실은 8실로 인사팀이 위치한다.

12 정답 ③

• 두 번째, 세 번째, 여섯 번째 조건 : A는 주황색, B는 초록색(C와 보색), C는 빨간색 구두를 샀다.
• 일곱 번째 조건 : B와 D는 각각 노란색 / 남색 또는 남색 / 노란색(B와 D는 보색) 구두를 샀다.
• 다섯 번째 조건 : 남은 구두는 파란색과 보라색 구두인데 A가 두 켤레를 구매하였으므로, C와 D는 각각 한 켤레씩 샀다.
• 네 번째 조건 : A는 파란색, B는 보라색 구두를 샀다.

이 사실을 종합하여 주어진 조건을 표로 정리하면 다음과 같다.

A	B	C	D
주황색	초록색	빨간색	남색 / 노란색
파란색	노란색 / 남색		
	보라색		

따라서 A는 주황색과 파란색 구두를 구매하였다.

13 정답 ④

주어진 조건에서 적어도 한 사람은 반대를 한다고 하였으므로, 한 명씩 반대한다고 가정하고 접근한다.

• A가 반대한다고 가정하는 경우
  첫 번째 조건에 의해 C는 찬성하고 E는 반대한다. 네 번째 조건에 의해 E가 반대하면 B도 반대한다. 이것은 두 번째 조건에서 B가 반대하면 A가 찬성하는 것과 모순되므로 A는 찬성한다.
• B가 반대한다고 가정하는 경우
  두 번째 조건에 의해 A는 찬성하고 D는 반대한다. 세번째 조건에 의해 D가 반대하면 C도 반대한다. 이것은 첫 번째 조건과 모순되므로 B는 찬성한다.

두 경우에서의 결론과 네 번째 조건의 대우(B가 찬성하면 E도 찬성한다)를 함께 고려하면 E도 찬성함을 알 수 있다. 그리고 첫 번째 조건의 대우(E가 찬성하거나 C가 반대하면, A와 D는 모두 찬성한다)에 의해 D도 찬성한다. 따라서 다섯 번째 조건에 의해 C를 제외한 A, B, D, E 모두 찬성한다.

14 정답 ④

한 분야의 모든 인원이 한 팀에 들어갈 수 없으므로 가와 나는 한 팀이 될 수 없다.

오답분석

① 한 분야의 모든 사람이 한 팀에 들어갈 수 없기 때문에 갑과 을이 한 팀이 되는 것과 상관없이 가와 나는 반드시 다른 팀이어야 한다.
② 두 팀에 남녀가 각각 2명씩 들어갈 수도 있지만, (남자 3명, 여자 1명), (여자 3명, 남자 1명)인 경우도 있다.
예 (a, c, 나, 을), (b, 가, 갑, 병)인 경우 각 팀에는 남녀가 각각 2명씩 포함되지 않는다.
③ a와 c는 성별이 다르기 때문에 같은 팀으로 구성될 수 있다.
⑤ c와 갑이 한 팀이 되면, 그 팀의 인원은 5명이 된다.

15 정답 ②

A와 C가 공통적으로 'D가 훔쳤다.'라고 하고 있으므로 먼저 살펴보면, 'D가 훔쳤다.'가 참일 경우 D의 '나는 훔치지 않았다.'와 'A가 내가 훔쳤다고 말한 것은 거짓말이다.'가 모두 거짓이 되므로, 한 가지만 거짓이라는 문제의 조건에 어긋난다. 따라서 'D가 훔쳤다.'는 거짓이고, A의 진술에 따라 A와 C는 훔치지 않았으며, D의 발언에서 'E가 훔쳤다.'가 거짓이므로 E도 훔치지 않았다. 따라서 지갑을 훔친 사람은 B이다.

16 정답 ②

제시된 단어의 대응 관계는 유의 관계이다.
'참하다'는 '성질이 찬찬하고 얌전하다.'는 뜻으로 '성품이나 태도가 침착하고 단정하다.'라는 뜻인 '얌전하다'와 유의 관계이다. 따라서 '단아하며 깨끗하다.'는 뜻을 가진 '아결(雅潔)하다'와 유의 관계인 단어는 '성품이 고상하고 순결하다.'라는 뜻인 '고결(高潔)하다'이다.

오답분석

① 반성(反省)하다 : 자신의 언행에 대하여 잘못이나 부족함이 없는지 돌이켜 보다.
③ 도도하다 : 잘난 체하여 주제넘게 거만하다.
④ 아름답다 : 보이는 대상이나 음향, 목소리 따위가 균형과 조화를 이루어 눈과 귀에 즐거움과 만족을 줄 만하다.
⑤ 결심(決心)하다 : 할 일에 대하여 어떻게 하기로 마음을 굳게 정하다.

17 정답 ③

①·②·④·⑤는 주동사와 그 주동사에 접사가 결합하여 그 동작을 하도록 시키는 것을 나타내는 사동사의 관계이나, ③은 능동사와 그 능동사에 접사가 결합하여 남에 의해 그 동작을 당하게 되는 것을 나타내는 피동사의 관계이다.

18 정답 ⑤

규칙은 가로 방향으로 적용된다.
첫 번째 도형을 상하로 대칭시킨 도형이 두 번째 도형이고, 두 번째 도형을 시계 방향으로 90° 회전시킨 도형이 세 번째 도형이다.

19 정답 ④

규칙은 가로 방향으로 적용된다.
첫 번째 도형을 시계 방향으로 90° 회전시킨 도형이 두 번째 도형이고, 두 번째 도형을 x축 대칭시킨 도형이 세 번째 도형이다.

20 정답 ②

규칙은 가로 방향으로 적용된다.
첫 번째 도형을 색 반전시킨 도형이 두 번째 도형이고, 두 번째 도형을 y축 대칭시킨 도형이 세 번째 도형이다.

21 정답 ④

● : 1234 → 4321
※ : 각 자릿수 +1
▽ : 1234 → 1324
◆ : 각 자릿수 +2, +3, +2, +3

g7n1 → h8o2 → 2o8h
※ ●

22 정답 ②

5va1 → 5av1 → 7dx4
▽ ◆

23 정답 ③

87yh → 8y7h → h7y8
▽ ●

24 정답 ⑤

h26o → j58r → k69s
◆ ※

25 정답 ④

피타고라스주의자들이 수를 실재라고 여겼고 여기서 수는 실재와 무관한 수가 아니라 실재를 구성하는 수를 가리켰다는 점에서 적절하지 않은 내용이다.

오답분석

① 제시문에서 피타고라스가 음정 간격과 수치 비율이 대응하는 원리를 발견하였다는 부분을 통해 알 수 있는 내용이다.
② 제시문의 말미에 피타고라스주의자들이 자연을 이해하는 데 수학이 중요하다는 점을 알아차린 최초의 사상가들이라고 한 부분을 통해 알 수 있는 내용이다.
③ 피타고라스주의자들은 '기회', '정의', '결혼'과 같은 추상적인 개념을 특정한 수와 연결시켰다는 점에서 적절한 내용이다.
⑤ 피타고라스주의자들은 수와 기하학의 규칙이 자연에 질서를 부여하고 변화를 조화로운 규칙으로 환원할 수 있다고 생각하였으므로 적절한 내용이다.

26 정답 ②

중국 범종은 종신의 중앙 부분에 비해 종구가 나팔처럼 벌어져 있는 반면, 한국 범종은 종구가 항아리처럼 오므라져 있다고 하였다. 즉 중국 범종은 종신 중앙 부분의 지름이 종구의 지름보다 작다.

오답분석

① 제시문에서 언급된 상원사 동종, 성덕대왕 신종, 용주사 범종이 모두 국보로 지정되어 있다고 하였다.
③ 땅속으로 음파를 밀어 넣어 주려면 뒤에서 받쳐주는 지지대가 있어야 하는데, 한국 범종에서는 거대한 종신이 이 역할을 하고 있으며, 이를 음향공학에서는 뒷판이라고 한다고 하였다.
④ 한국 범종은 종신과 대칭 형태로 바닥에 커다란 반구형의 구덩이를 파두는데, 바로 여기에 에밀레종이나 여타 한국 범종의 숨은 진가가 있다고 하였다.
⑤ 땅을 거쳐 나온 저주파 성분은 종신 꼭대기에 있는 음통관을 거쳐 나온 고주파 성분과 조화를 이루면서 장중하고 그윽하며 은은히 울려 퍼지는 여음이 발생한다고 하였다.

27 정답 ②

글의 핵심 논점을 잡으면 첫째 문단의 끝에서 '제로섬(Zero-sum)적인 요소를 지니는 경제 문제'와 둘째 문단의 끝에서 '우리 자신의 수입을 보호하기 위해 경제적 변화가 일어나는 것을 막거나 혹은 사회가 우리에게 손해를 입히는 공공정책이 강제로 시행되는 것을 막기 위해 싸울 것'에 대한 것이 핵심 주장이다. 따라서 사회경제적인 총합이 많아지는 정책, 즉 '사회의 총생산량이 많아지게 하는 정책이 좋은 정책'이라고 반론할 수 있다.

28 정답 ④

제시문에서는 인간에게 사회성과 반사회성이 공존하고 있다고 설명하고 있으며, 이 중 반사회성이 없다면 재능을 꽃피울 수 없다고 하였으므로 사회성만으로도 자신의 재능을 키울 수 있다는 주장인 ④가 반론이 될 수 있다.

오답분석

② 반사회성이 재능을 계발한다는 주장을 포함하는 동시에 반사회성을 포함한 다른 어떤 요소가 있어야 한다는 주장인 ②는 제시문에 대한 직접적인 반론은 될 수 없다.

29 정답 ⑤

보기의 김교사는 교내 정보 알림판이 제 기능을 하지 못하는 문제를 해결하기 위해 알림판을 인포그래픽으로 만들 것을 건의하였다. 설문 조사 결과에 따르면 알림판에 대한 학생들의 무관심이 문제 상황에 대한 가장 큰 원인이 되므로 김교사는 학생들의 관심을 끌기 위한 방안을 제시한 것임을 알 수 있다. 따라서 김교사는 인포그래픽의 관심 유발 효과를 고려한 것임을 알 수 있다.

풀이 꿀팁

먼저 보기부터 읽어 지문에서 확인해야 하는 내용을 미리 파악해놓으면 필요한 내용에 집중할 수 있다.

30 정답 ⑤

보기에 나타난 C형 간염 바이러스는 사람에 따라 증세가 나타나거나 나타나지 않기도 하고, 나중에 나타나기도 하므로 만성감염의 상태에 해당하는 것을 알 수 있다. 따라서 C형 간염 바이러스에 감염된 사람은 감염성 바이러스가 숙주로부터 계속 배출되어 증세와 상관없이 항상 다른 사람에게 옮길 수 있다.

오답분석

① 만성감염은 감염성 바이러스가 항상 검출되는 감염 상태이므로 적절하지 않다.
② 증상이 사라졌다가 특정 조건에서 다시 바이러스가 재활성화되는 것은 잠복감염에 대한 설명이므로 적절하지 않다.
③ 반드시 특정 질병을 유발한다는 것은 지연감염에 대한 설명이므로 적절하지 않다.
④ 프로바이러스는 잠복감염 상태의 바이러스를 의미하므로 적절하지 않다.

최종점검 모의고사 수리 문제풀이 용지

성명 :

수험번호 :

①	②
③	④
⑤	

최종점검 모의고사 수리 문제풀이 용지

성명 : 수험번호 :

⑥

⑦

⑧

⑨

⑩

최종점검 모의고사 수리 문제풀이 용지

성명 :

수험번호 :

⑪

⑫

⑬

⑭

⑮

최종점검 모의고사 수리 문제풀이 용지

성명 : 수험번호 :

⑯

⑰

⑱

⑲

⑳

최종점검 모의고사 추리 문제풀이 용지

성명 : **수험번호 :**

①	②
③	④
⑤	⑥

최종점검 모의고사 추리 문제풀이 용지

성명 :

수험번호 :

⑦	⑧
⑨	⑩
⑪	⑫

추리

최종점검 모의고사 추리 문제풀이 용지

성명 :

수험번호 :

⑬	⑭
⑮	⑯
⑰	⑱

최종점검 모의고사 추리 문제풀이 용지

성명 :

수험번호 :

⑲	⑳
㉑	㉒
㉓	㉔

최종점검 모의고사 추리 문제풀이 용지

성명 : **수험번호 :**

㉕	㉖
㉗	㉘
㉙	㉚

2023 최신판 All-New 삼성 온라인 GSAT
3개년 기출 + 모의고사 8회 + 무료삼성특강

개정30판1쇄 발행	2023년 03월 10일 (인쇄 2022년 11월 22일)
초 판 발 행	2005년 04월 10일 (인쇄 2005년 03월 11일)
발 행 인	박영일
책 임 편 집	이해욱
편 저	SD적성검사연구소
편 집 진 행	이근희 · 구현정
표지디자인	이미애
편집디자인	김지수 · 곽은슬
발 행 처	(주)시대고시기획
출 판 등 록	제 10-1521호
주 소	서울시 마포구 큰우물로 75 [도화동 538 성지 B/D] 9F
전 화	1600-3600
팩 스	02-701-8823
홈 페 이 지	www.sdedu.co.kr
I S B N	979-11-383-3790-8 (13320)
정 가	23,000원